（明）黄淮 楊士奇 編

歷代名臣奏議

五

附
篇名目録
作者索引

上海古籍出版社

禦邊

漢文帝時，太子家令晁錯言守邊備塞急務曰：臣聞秦時北攻胡貉，築塞河上，南攻揚粵，置戍卒焉。其起兵而攻胡粵者，非以衛邊地而救民死也，貪戾而欲廣大也。故功未立而天下亂。且夫起兵而不知其勢，戰則為人禽，屯則卒積死。夫胡貉之地，積陰之處也，木皮三寸，冰厚六尺，食肉而飲酪，其人密理，鳥獸毳毛，其性能（讀曰耐，下同）寒。揚粵之地少陰多陽，其人疏理，鳥獸希毛，其性能暑。秦之戍卒不能其水土，戍者死於邊，輸者僨於道。秦民見行，如往棄市，因以謫發之，名曰謫戍。先發吏有謫及贅壻、賈人，後以嘗有市籍者，又後以大父母、父母嘗有市籍者，後入閭，取其左。發之不順，行者深怨，有背畔之心。凡民守戰至死而不降北者，以計為之也。故戰勝守固則有拜爵之賞，攻城屠邑則得其財鹵以富家室，故能使其眾蒙矢石，赴湯火，視死如生。今秦之發卒也，有萬死之害而無銖兩之報，死事之後不得一筭之復，天下明知禍烈及己也。陳勝行戍，至於大澤，為天下先倡，天下從之如流水者，秦以威劫而行之之敝也。胡人衣食之業不著於地，其勢易以擾亂邊境。何以明之？胡人食肉飲酪衣皮毛，非有城郭田宅之歸居，如飛鳥走獸於廣野，美草甘水則止，草盡水竭則移。以是觀之，往來轉徙，時至時去，此胡人之生業，而中國之所以離南畮也。今使胡人數處轉牧行獵於塞下，或當燕代，或當上郡、北地、隴西，以候備塞之卒，卒少則入。陛下不救，則邊民絕望而有降敵之心；救之少發則不足，多發遠縣纔至，則胡又已去。聚而不罷，為費甚大；罷之則胡復入。如此連年，則中國貧苦而民不安矣。陛下幸憂邊境，遣將吏發卒以治塞，甚大惠也。然令遠方之卒守塞，一歲而更，不知胡

人之能，不如選常居者，家室田作，且以備之。以便為之高城深塹，具藺石，布渠荅（藺石，城上雷石也。渠荅，鐵蒺藜也。）復為一城其內，城間百五十步。要害之處，通川之道，調立城邑，毋下千家，為中周虎落（虎落，外蕃也。若今時竹虎也。一說以竹箯相連遮落之也。）先為室屋，具田器，迺募罪人及免徒復作令居之；不足，募以丁奴婢贖罪及輸奴婢欲以拜爵者；不足，迺募民之欲往者。皆賜高爵，復其家，予冬夏衣，廩食，能自給而止。郡縣之民得買其爵以自增至卿。其亡夫若妻者，縣官買予之。人情非有匹敵，不能久安其處。塞下之民，祿利不厚，不可使久居危難之地。胡人入驅而能止其所驅者，以其半予之，縣官為贖其民。如是，則邑里相救助，赴胡不避死。非以德上也，欲全親戚而利其財也。此與東方之戍卒不習地勢而心畏胡者，功相萬也。以陛下之時，徙民實邊，使遠方亡屯戍之事，塞下之民父子相保，亡係虜之患，利施後世，名稱聖明，其與秦之行怨

民相去遠矣。上從其言，募民徙塞下。錯復言：陛下幸募民相徙以實塞下，使屯戍之事益省，輸將之費益寡，甚大惠也。下吏誠能稱厚惠，奉明法，存恤所徙之老弱，善遇其壯士，和輯其心而勿侵刻，使先至者安樂而不思故鄉，則貧民相募而勸往矣。臣聞古之徙遠方以實廣虛也，相其陰陽之和，嘗其水泉之味，審其土地之宜，觀其屮木之饒，然後營邑立城，製里割宅，通田作之道，正阡陌之界，先為築室，家有一堂二內，門戶之閉，置器物焉。民至有所居，作有所用，此民所以輕去故鄉而勸之新邑也。為置醫巫以救疾病，以脩祭祀，男女有昏，生死相卹，墳墓相從，種樹畜長，室屋完安，此所以使民樂其處而有長居之心也。臣又聞古之制邊縣以備敵也，使五家為伍，伍有長；十長一里，里有假士；四里一連，連有假五百（五百，帥名也。假音假借之假，大也。）十連一邑，邑有假候。皆擇其邑之賢材有識、習地形、知民心者，居則習民於

射法。出則教民於應敵。故卒伍成於內。則軍政定於外。服習以成。勿令遷徙。幼則同遊。長則共事。夜戰聲相知則足以相救。晝戰目相見則足以相識。驩愛之心足以相死。如此而勸以厚賞。威以重罰。則前死不還踵矣。所從之民。非壯有材力。但費衣糧。不可用也。雖有材力不得良吏。猶亡功也。陛下絕匈奴不與和親。臣竊意其冬來南也。壹大治則終身創矣。欲立威者始於折膠。來而不能困。使得氣去。後未易服也。愚臣亡識。唯陛下財察。

宣帝元康三年。先零遂與諸羌種豪二百餘人。解仇交質盟詛。羌之大君長為諸種豪迭相殺伐。故每有仇讎。往來相帥。今解仇交質者。自相親結。欲入漢為寇也 上聞之。以問趙充國。對曰。羌人所以易制者。以其種自有豪。數相攻擊。勢不壹也。往三十餘歲西羌反。時亦先解仇合約攻令居。與漢相距五六年。迺定。至征和五年。先零豪封煎等通使匈奴。煎讀曰翦 匈奴使人至小月氐。傳告諸

羌曰。漢貳師將軍眾十餘萬人降匈奴。羌人為漢事苦。言使性也 張掖酒泉本我地。地肥美。可共擊居之。以此觀匈奴欲與羌合。非一世也。間者匈奴困於西方。聞烏桓來保塞。恐兵復從東方起。數使使尉黎危須諸國。設以子女貂裘。欲沮解之。設謂開許之也。沮壞也。欲壞其計令解散之 其計不合。疑匈奴更遣使至羌中。道從沙陰地。出鹽澤。過長阬。入窮水塞。南抵屬國。與先零相直。臣恐羌變未止此。且復結聯他種。宜及未然為之備。後月餘。羌侯狼何果遣使至匈奴藉兵。藉借也 欲擊鄯善敦煌。以絕漢道。充國以為狼何小月氐種。在陽關西南。勢不能獨造此計。疑匈奴使已至羌中。先零罕幵迺解仇作約。到秋馬肥。變必起矣。宜遣使者行邊兵。豫為備。敕視諸羌毋令解仇。以發覺其謀。於是兩府復白遣義渠安國行視諸羌。分別善惡。安國至。召先零諸豪三十餘人。以尤桀黠。皆斬之。縱兵擊其種人。斬首千餘級。於是諸降羌及歸義羌

侯楊玉等恐怒。亡所信鄉。遂劫略小種。背畔犯塞。攻城邑。殺長吏。安國以騎都尉將騎三千屯備羌。至浩亹。為虜所擊。失亡車重兵器甚眾。安國引還。至令居以聞。是歲神爵元年春也。時充國年七十餘。上老之。使御史大夫丙吉問誰可將者。充國對曰。亡踰於老臣者矣。上遣問焉。曰。將軍度羌虜何如。當用幾人。充國曰。百聞不如一見。兵難隃度。隃遙也 臣願馳至金城。圖上方略。然羌戎小夷。逆天背畔。滅亡不久。願陛下以屬老臣。勿以為憂。上笑曰。諾。充國至金城。須兵滿萬騎欲渡河。恐為虜所遮。即夜遣三校銜枚先渡。銜枚者。欲其無聲。使虜不覺 渡。輒營陳。會明畢。遂以次盡渡。虜數十百騎來出入軍傍。充國曰。吾士馬新倦。不可馳逐。此皆驍騎難制。又恐其為誘兵也。擊虜以殄滅為期。小利不足貪。令軍勿擊。遣騎候四望陿中。亡虜。夜引兵上至落都。召諸校司馬謂曰。吾知羌虜不能為兵矣。使虜發數千人守杜四望陿中

兵豈得入哉。陿塞也 充國常以遠斥候為務。行必為戰備。止必堅營壁。尤能持重。愛士卒。先計而後戰。遂西至西部都尉府。日饗軍士。士皆欲為用。虜數挑戰。充國堅守。捕得生口。言羌豪相數責曰。語汝亡反。今天子遣趙將軍來。年八九十矣。善為兵。今請欲壹鬭而死。可得邪。充國子右曹中郎將卬將期門佽飛羽林孤兒胡越騎為支兵。至令居。虜並出絕轉道。卬以聞。有詔將八校尉與驍騎都尉金城太守合疏捕山間虜。疏搜索也 通轉道津渡。初。罕幵豪靡當兒使弟雕庫來告都尉曰。先零欲反。後數日果反。雕庫種人頗在先零中。都尉即留雕庫為質。充國以為亡罪。迺遣歸告種豪。大兵誅有罪者。明白自別。毋取并滅。天子告諸羌人。犯法者能相捕斬。除罪。斬大豪有罪者一人。賜錢四十萬。中豪十五萬。下豪二萬。大男三千。女子及老小千錢。又以其所捕妻子財物盡與之。充國計欲以威信招降罕幵及劫略者。解

散虜謀徼極延擊之（徼[illegible]也極者也）時上已發三輔太常徒弛刑（弛刑謂不加鉗釱者也弛之言解也）三河潁川沛郡淮陽汝南材官金城隴西天水安定北地上郡騎士羌騎與武威張掖酒泉太守各屯其郡者合六萬人矣酒泉太守辛武賢奏言郡兵皆屯備南山北邊空虛勢不可久或曰至秋冬廼進兵此虜在境外之冊今虜朝夕為寇土地寒苦漢馬不能冬（能讀曰耐）屯兵在武威張掖酒泉萬騎以上皆多羸瘦可益馬食以七月上旬齎三十日糧分兵並出張掖酒泉合擊罕幵在鮮水上者虜以畜產為命今皆離散兵即分出雖不能盡誅亶奪其畜產虜其妻子（亶讀曰但）復引兵還冬復擊之大兵仍出虜必震壞（仍頻也）天子下其書充國令與校尉以下吏士知羌事者博議充國及長史董通年以為武賢欲輕引萬騎分為兩道出張掖回遠千里（回謂路迂曲也）以一馬自佗負三十日食為米二斛四斗麥八斛又有衣裝兵器難以追逐勤勞而至虜必商軍進退稍引去（商謂計度也）逐水屮入山林隨而深入虜即據前險守後阸以絕糧道必有傷危之憂為夷狄笑千載不可復而武賢以為可奪其畜產虜其妻子此殆空言非至計也又武威縣張掖日勒皆當北塞有通谷水草臣恐匈奴與羌有謀且欲大入幸能要杜張掖酒泉以絕西域（要音一遙反）其郡兵尤不可發先零首為畔逆它種劫略故臣愚冊欲捐罕幵闇昧之過隱而勿章先行先零之誅以震動之宜悔過反善因赦其罪選擇良吏知其俗者拊循和輯此全師保勝安邊之冊天子下其書公卿議者咸以為先零兵盛而負罕幵之助（負恃也）不先破罕幵則先零未可圖也上廼拜侍中樂成侯許延壽為強弩將軍即拜酒泉太守武賢為破羌將軍賜璽書嘉納其冊以書敕讓充國曰皇帝問後將軍甚苦暴露將軍計欲至正月廼擊罕羌羌人當獲麥已遠其妻子精兵萬人欲為酒泉敦煌寇邊

兵少民守保不得田作今張掖以東粟石百餘芻藁束數十轉輸並起百姓煩擾將軍將萬餘之眾不早及秋共水草之利爭其畜食欲（畜讀曰蓄蓄聚積也）至冬虜皆當畜食多藏匿山中依險阻將軍士寒手足皸瘃（皸坼裂也瘃寒創也皸音軍瘃音竹足反）寧有利哉將軍不念中國之費欲以歲數而勝微（歷年歲乃勝小敵也數音所具反）將軍誰不樂此者（言凡為將者皆樂此）將軍今詔破羌將軍武賢將兵六千一百人敦煌太守快將二千人長水校尉富昌酒泉侯奉世將婼月氏兵四千人（服虔曰婼音兒遮反師古曰婼羌名也蘇林曰婼音是也）亡慮萬二千人（亡慮大計也）齎三十日食以七月二十二日擊罕羌入鮮水北句廉上（句廉謂水岸曲而有廉稜也）去酒泉八百里去將軍可千二百里將軍其引兵便道西並進雖不相及使虜聞東方北方兵並來分散其心意離其黨與雖不能殄滅當有瓦解者已詔中郎將卬將胡越佽飛射士步兵二校益將軍兵今五星出東方中國大利蠻夷大敗（五星所聚其下勝羌人在西星在東則為漢）太白出高用兵深入敢戰者吉弗敢戰者凶將軍急裝因天時誅不義萬下必全勿復有疑充國既得讓以為將任兵在外便宜有守以安國家廼上書謝罪因陳兵利害曰臣竊見騎都尉安國前幸賜書擇羌人可使使罕諭告以大軍當至漢不誅罕以解其謀恩澤甚厚非臣下所能及臣獨私美陛下盛德至計亡已故遣幵豪雕庫宣天子至德罕幵之屬皆聞知明詔今先零羌楊玉此羌之首帥名王將騎四千及煎鞏騎五千阻石山木候便為寇罕羌未有所犯今置先零先擊罕釋有罪誅亡辜起壹難就兩害誠非陛下本計也臣聞兵法攻不足者守有餘又曰善戰者致人不致於人（致人引致而取之也致於人為人所引也）今罕羌欲為敦煌酒泉寇宜飭兵馬練戰士以須其至坐得致敵之術以逸擊勞取勝之道也今恐二郡兵少不足以守而發之行攻釋致虜之術而從為虜所致之道臣愚以為不便

先零羌虜欲為背畔，故與罕开解仇結約，然其私心不能亡恐漢兵至而罕开背之也。臣愚以為其計常欲先赴罕开之急，以堅其約。先擊罕羌，先零必助之。今虜馬肥，糧食方饒，擊之恐不能傷害，適使先零得施德於罕羌，堅其約，合其黨。虜交堅黨合，精兵二萬餘人，迫脅諸小種，附著者稍衆，莫須之屬，不輕得離也。（莫須小種羌名也）如是，虜兵寖多，誅之用力數倍，臣恐國家憂累繇十年數，不二三歲而已。臣得蒙天子厚恩，父子俱為顯列，臣位至上卿，爵為列侯，犬馬之齒七十六，為明詔塡溝壑，死骨不朽，亡所顧念。獨思惟兵利害至熟悉也，於臣之計，先誅先零已，則罕开之屬不煩兵而服矣。先零已誅而罕开不服，涉正月擊之，得計之理，又其時也。以今進兵，誠不見其利，唯陛下裁察。六月戊申奏，七月甲寅璽書報從充國計焉。充國引兵至先零在所，虜久屯聚，解弛，望見大軍，棄車重，欲渡湟水，道阨狹，充國徐行驅之。或曰：逐利行遲。充國曰：此窮寇不可迫也。緩之則走不顧，急之則還致死。諸校皆曰：善。虜赴水溺死者數百，降及斬首五百餘人，鹵馬牛羊十萬餘頭，車四千餘兩。兵至罕地，令軍毋燔聚落芻牧田中。罕羌聞之，喜曰：漢果不擊我矣。豪靡忘使人來言，願得還復故地。（靡忘羌豪名也）充國以聞，未報。靡忘來自歸，充國賜飲食，遣還諭種人。護軍以下皆爭之曰：此反虜，不可擅遣。充國曰：諸君但欲便文自營，（苟取文墨之便而自營衛）非為公家忠計也。語未卒，璽書報，令靡忘以贖論。後罕竟不煩兵而下。其秋，充國病，上賜書曰：制詔後將軍，聞苦腳脛、寒泄，（脛膝以下骨也。寒泄下利也。言其病足脛又苦下利。脛音下定反。泄音息列反）將軍年老加疾，一朝之變不可諱，朕甚憂之。今詔破羌將軍詣屯所，為將軍副，急因天時大利，吏士銳氣，以十二月擊先零羌。即疾劇，留屯毋行，獨遣破羌、彊弩將軍。時羌降者萬餘人矣。充國度其必壞，欲罷騎兵屯田，以待其敝。作奏未上，會

得進兵璽書，中郎將卬懼，使客諫充國曰：誠令兵出，破軍殺將以傾國家，將軍守之可也。即利與病，又何足爭？一旦不合上意，遣繡衣來責將軍，將軍之身不能自保，（繡衣謂御史）何國家之安？充國歎曰：是何言之不忠也！本用吾言，羌虜得至是邪？往者舉可先行羌者，吾舉辛武賢，丞相御史復白遣義渠安國，竟沮敗羌。金城、湟中穀斛八錢，吾謂耿中丞：糴二百萬斛穀，羌人不敢動矣。耿中丞請糴百萬斛，廼得四十萬斛耳。義渠再使，且費其半。失此二冊，羌人故敢為逆。失之毫釐，差以千里，是既然矣。今兵久不決，四夷卒有動搖，相因而起，雖有知者不能善其後，羌獨是憂邪！吾固以死守之，明主可為忠言。遂上屯田奏曰：臣聞兵者，所以明德除害也，故舉得於外，則福生於內，不可不慎。臣所將吏士馬牛食，月用糧穀十九萬九千六百三十斛，鹽千六百九十三斛，茭藁二十五萬二百八十六石。難久不解，繇役不息。又恐它夷卒有不虞之變，相因並起，為明主憂，誠非素定廟勝之策。且羌虜易以計破，難用兵碎故也。臣愚以為擊之不便。計度臨羌東至浩亹，羌虜故田及公田，民所未墾，可二千頃以上，其間郵亭多壞敗者。臣前部士入山，伐材木大小六萬餘枚，皆在水次。願罷騎兵，留弛刑應募，及淮陽、汝南步兵與吏士私從者，合凡萬二百八十一人，用穀月二萬七千三百六十三斛，鹽三百八斛，分屯要害處。冰解漕下，繕鄉亭，浚溝渠，治湟陿以西道橋七十所，令可至鮮水左右。田事出，賦人二十晦。至四月草生，發郡騎及屬國胡騎伉健各千，倅馬什二，就草，為田者游兵，以充入金城郡，益積畜，省大費。今大司農所轉穀至者，足支萬人一歲食。謹上田處及器用簿，唯陛下裁許。上報曰：皇帝問後將軍，言欲罷騎兵萬人留田，即如將軍之計，虜當何時伏誅，兵當何時得決？孰計其便，復奏。充國上狀曰：臣聞帝王之兵，以全

取勝。是以貴謀而賤戰。戰而百勝。非善之善者也。故先為不可勝以待敵之可勝。蠻夷習俗雖殊於禮義之國。然其欲避害就利。愛親戚畏死亡一也。今虜亡其美地薦草。愁於寄託遠遁。骨肉離心。人有畔志。而明主般師罷兵萬人留田。順天時。因地利。以待可勝之虜。雖未即伏辜。兵決可期月而望。羌虜瓦解前後降者萬七百餘人。及受言去者凡七十輩。此坐支解羌虜之具也。臣謹條不出兵留田便宜十二事。步兵九校。吏士萬人。留屯以為武備。因田致穀。威德並行。一也。又因排折羌虜。令不得歸肥饒之地。貧破其眾。以成羌虜相畔之漸。二也。居民得並田作。不失農業。三也。軍馬一月之食。度支田士一歲。罷騎兵以省大費。四也。至春省甲士卒。循河湟漕穀至臨羌。以眎羌虜。揚威武。傳世折衝之具。五也。以閒暇時下所伐材。繕治郵亭。充入金城。六也。兵出乘危徼幸。不出令反畔之虜竄於風寒之地。離霜露

疾疫瘃墮之患。坐得必勝之道。七也。亡經阻遠追死傷之害。八也。內不損威武之重。外不令虜得乘間之勢。九也。又亡驚動河南大开小开使生它變之憂。十也。治湟陿中道橋。令可至鮮水。以制西域。信威千里。從枕席上過師。十一也。大費既省。繇役豫息。以戒不虞。十二也。留屯田得十二便。出兵失十二利。臣充國材下。犬馬齒衰。不識長冊。唯明詔博詳公卿議臣采擇。上復賜報曰。皇帝問後將軍。言十二便。聞之。虜雖未伏誅。兵決可期月而望。期月而望者謂今冬邪。謂何時也。將軍獨不計虜聞兵頗罷。且丁壯相聚。攻擾田者及道上屯兵。復殺略人民。將何以止之。又大开小开前言曰。我告漢軍先零所在。兵不往擊。久留。得亡效五年時不分別人。而并擊我。其意常恐。今兵不出。得亡變生。與先零為一。將軍孰計復奏。充國奏曰。臣聞兵以計為本。故多算勝少算。先零羌精兵今餘不過七八千人。失地遠客。分散

飢凍。罕开莫須又頗暴略其羸弱畜產。畔還者不絕。皆聞天子明令相捕斬之賞。臣愚以為虜破壞可日月冀。遠在來春。故曰兵決可期月而望。竊見北邊自敦煌至遼東萬一千五百餘里。乘塞列隧有吏卒數千人。虜數大眾攻之而不能害。今留步士萬人屯田。地勢平易。多高山遠望之便。部曲相保。為塹壘木樵。校聯不絕。便兵弩。飭鬬具。烽火幸通。勢及并力。以逸待勞。兵之利者也。臣愚以為屯田內有亡費之利。外有守禦之備。騎兵雖罷。虜見萬人留田。為必禽之具。其土崩歸德。宜不久矣。從今盡三月。虜馬羸瘦。必不敢捐其妻子於它種中。遠涉河山而來為寇。又見屯田之士精兵萬人。終不敢復將其累重還歸故地。是臣之愚計。所以度虜且必瓦解其處。不戰而自破之策也。至於虜小寇盜。時殺人民。其原未可卒禁。臣聞戰不必勝。不苟接刃。攻不必取。不苟勞眾。誠令兵出。雖不能滅先零。亶能令虜絕不

為小寇。則出兵可也。即今同是。而釋坐勝之道。從乘危之勢。往終不見利。空內自罷敝。貶重而自損。非所以視蠻夷也。又大兵一出。還不可復留。湟中亦未可空。如是。繇役復發也。且匈奴不可不備。烏桓不可不憂。今久轉運煩費。傾我不虞之用。以贍一隅。臣愚以為不便。校尉臨眾幸得承盛德。奉厚幣。拊循眾羌。諭以明詔。宜皆鄉風。雖其前辭嘗曰得亡效五年。宜亡它心。不足以故出兵。臣竊自惟念。奉詔出塞。引軍遠擊。窮天子之精兵。散車甲於山野。雖無尺寸之功。媮得避嫌之便。而無後咎餘責。此人臣不忠之利。非明主社稷之福也。臣幸得奮精兵。討不義。久留天誅。罪當萬死。陛下寬仁。未忍加誅。令臣數得孰計。愚臣伏計孰甚。不敢避斧鉞之誅。昧死陳愚。唯陛下省察。充國奏每上。輒下公卿議臣。初是充國計者什三。中什五。最後什八。有詔詰前言不便者。皆頓首服。丞相魏相曰。臣愚不習兵事利害。後將

軍數晝軍冊。其言常是臣任其計可必用也。上於是報充國曰皇帝問後將軍上書言羌虜可勝之道。今聽將軍將軍計善。其上留屯田及當罷者人馬數。將軍強食慎兵事自愛。上以破羌強弩將軍數言當擊。又用充國屯田處離散。恐虜犯之。於是兩從其計。詔兩將軍與中郎將卬出擊。強弩出降四千餘人。破羌斬首二千級。中郎將卬斬首降者亦二千餘級。而充國所降復得五千餘人。詔罷兵。獨充國留屯田。明年五月充國奏言羌本可五萬人軍。凡斬首七千六百級。降者三萬一千二百人。溺河湟飢餓死者五六千人。定計遺脫與煎鞏黃羝俱亡者不過四千人。羌靡忘等自詭必得。請罷屯兵。奏可。充國振旅而還。

元帝竟寧元年。以後宮良家子王嬙字昭君賜單于。單于驩喜。上書願保塞上谷以西至敦煌。傳之無窮。請罷邊備塞吏卒。以休天子人

民。天子令下有司議。議者皆以為便。郎中侯應習邊事。以為不可許。上問狀。應曰。周秦以來。匈奴暴桀。寇侵邊境。漢興尤被其害。臣聞北邊塞至遼東。外有陰山。東西千餘里。草木茂盛。多禽獸。本冒頓單于依阻其中。治作弓矢。來出為寇。是其苑囿也。至孝武世出師征伐。斥奪此地。攘之於幕北。建塞徼。起亭隧。築外城。設屯戍以守之。然後邊境得用少安。幕北地平。少草木。多大沙。匈奴來寇。少所蔽隱。從塞以南。徑深山谷。往來差難。邊長老言匈奴失陰山之後。過之未嘗不哭也。如罷備塞戍卒。示夷狄之大利。不可一也。今聖德廣被。天覆匈奴。匈奴得蒙全活之恩。稽首來臣。夫夷狄之情。困則卑順。彊則驕逆。天性然也。前以罷外城。省亭隧。今裁足以候望通烽火而已。古者安不忘危。不可復罷。二也。中國有禮義之教。刑罰之誅。愚民猶尚犯禁。又況單于能必其衆不犯約哉。三也。自中國尚建關梁。以制諸侯。所以絕臣下之覬欲也。設塞徼。置屯戍。非獨為匈奴而已。亦為諸屬國降民本故匈奴之人。恐其思舊逃亡。四也。近西羌保塞。與漢人交通。吏民貪利。侵盜其畜產妻子。以此怨恨。起而背畔。世世不絕。今罷乘塞則生嫚易分爭之漸。五也。往者從軍多沒不還者。子孫貧困。一旦亡出。從其親戚。六也。又邊人奴婢愁苦。欲亡者多。曰聞匈奴中樂。無奈候望急何。然時有亡出塞者。七也。盜賊桀黠。羣輩犯法。如其窘急亡走北出。則不可制。八也。起塞以來百有餘年。非皆以土垣也。或因山巖石。木柴僵落。谿谷水門。稍稍平之。卒徒築治。功費久遠。不可勝計。臣恐議者不深慮其終始。欲以壹切省繇戍。十年之外。百歲之內。卒有它變。障塞破壞。亭隧滅絕。當更發屯繕治。累世之功。不可卒復。九也。如罷戍卒。省候望。單于自以保塞守禦。必深德漢。請求無已。小失其意。則不可測。開夷狄之隙。虧中國之固。十也。非所以永持至安。威

制百蠻之長策也。對奏。天子有詔。勿議罷邊塞事。

光武建武九年。隗囂死。司徒掾班彪上言曰。今涼州部皆有降羌。羌胡被髮左袵。而與漢人雜處。習俗既異。言語不通。數為小吏黠人所見侵奪。窮恚無聊。故致反叛。夫蠻夷寇亂。皆為此也。舊制益州部置蠻夷騎都尉。幽州部置領烏桓校尉。涼州部置護羌校尉。皆持節領護。理其怨結。歲時循行。問所疾苦。又數遣使驛通動靜。使塞外羌夷為吏耳目。州郡因此可得儆備。今宜復如舊制。以明威防。光武從之。即以牛邯為護羌校尉。持節如舊。

時遼西烏桓大人郝旦等九百二十二人率衆向化。詣闕朝貢。獻奴婢。牛馬及弓虎豹貂皮。是時四夷朝賀。絡繹而至。天子乃命大會勞饗。賜以珍寶。烏桓或願留宿衛。於是封其渠帥為侯王君長者八十一人。皆居塞內。布於緣邊諸郡。令招來種人。給其衣食。遂為漢偵候

助擊匈奴鮮卑。麃又上言曰：烏桓天性輕黠，好爲寇賊，若久放縱而無總領者，必復侵掠居人。但委主降掾史，恐非所能制。臣愚以爲宜復置烏桓校尉，誠有益於附集，省國家之邊慮。帝從之，於是始復置校尉於上谷寧城，開營府，并領鮮卑，賞賜質子，歲時互市焉。

和帝時，安定降羌燒何種脅諸羌數百人反叛，郡兵擊滅之，悉沒入弱口爲奴婢。時西海及大小榆谷左右無復羌寇，隃麋相曹鳳上言曰：西戎爲害，前世所患，臣不能紀，古且以近事言之。自建武以來，其犯法者常從燒當種起，所以然者，以其居大小榆谷，土地肥美，又近塞內，諸種易以爲非，難以攻伐。南得鍾存以廣其眾，北阻大河因以爲固，又有西海魚鹽之利，緣山濱水，以廣田蓄，故能彊大，常雄諸種，恃其權勇，招誘羌胡。今者衰困，黨援壞沮，親屬離叛，餘勝兵者不過數百，亡逃栖竄，遠依發羌。臣愚以爲宜及此時建復西海郡縣，規固二榆，廣設屯田，隔塞羌胡交關之路，遏絕狂狡窺欲之源，又殖穀富邊，省委輸之役，國家可以無西方之憂。於是拜鳳爲金城西部都尉，將徙士屯龍耆。

安帝時，北虜與車師連兵入寇河西，朝廷不能禁，議者因欲閉玉門、陽關以絕其患。延光二年，敦煌太守張璫上書陳三策，以爲北虜呼衍王常展轉蒲類、秦海之間，專制西域，共爲寇鈔。今以酒泉屬國吏士二千餘人集昆侖塞，先擊呼衍王，絕其根本，因發鄯善兵五千人脅車師後部，此上計也。若不能出兵，可置軍司馬，將士五百人，四郡供其犂牛、穀食，出據柳中，此中計也。如又不能，則宜棄交河城，收鄯善等悉使入塞，此下計也。朝廷下其議。尚書陳忠上疏曰：臣聞八蠻之寇，莫甚北虜。漢興，高祖窘平城之圍，太宗屈供奉之恥。故孝武憤怒，深惟久長之計，命遣虎臣，浮河絕漠，窮破虜庭。當斯之役，黔首隕於狼望之北，財幣縻於盧山之壑，府庫單竭，杼柚空虛，算至舟車，貲及六畜。夫豈不懷，慮久故也。遂開河西四郡，以隔絕南羌，收三十六國，斷匈奴右臂。是以單于孤特，鼠竄遠藏。至於宣、元之世，遂備蕃臣，關徼不閉，羽檄不行。由此察之，戎狄可以威服，難以化狎。西域內附日久，區區東望扣關者數矣，此其不樂匈奴、慕漢之效也。今北虜已破車師，勢必南攻鄯善，棄而不救，則諸國從矣。若然，則虜財賄益增，膽勢益殖。殖，生也。威臨南羌，與之交連。如此，河西四郡危矣。河西既危，不得不救，則百倍之役興，不訾之費發矣。議者但念西域絕遠，卹之煩費，不見先世苦心勤勞之意也。方今邊境守禦之具不精，內郡武衛之備不脩，敦煌孤危，遠來告急，復不輔助，內無以慰勞吏民，外無以威示百蠻。蹙國減土，經有明誡。臣以爲敦煌宜置校尉，案舊增四郡屯兵，以西撫諸國，庶足折衝萬里，震怖匈奴。帝納之。

順帝時，大將軍梁商以羌胡新反，黨眾初合，難以兵服，宜用招降，乃上表曰：匈奴寇畔，自知罪極，窮鳥困獸，皆知救死，況種類繁熾，不可單盡。今轉運日增，三軍疲苦，虛內給外，非中國之利。竊見度遼將軍馬續素有謀謨，且典邊日久，深曉兵要，每得續書，與臣策合。宜令續深溝高壁，以恩信招降，宣示購賞，明其期約，如此則醜類可服，國家無事矣。帝從之，乃詔續招降畔虜。商又移書續等曰：中國安寧，忘戰日久。良騎野合，交鋒接矢，決勝當時，戎狄之所長，而中國之所短也；強弩乘城，堅營固守，以待其衰，中國之所長，戎狄之所短也。宜務先所長，以觀其變，設購開賞，宣示後悔，勿貪小功，以亂大謀。續及諸郡並各遵行。於是右賢王部抑鞮等萬三千口詣續降。

桓帝時，以陳龜世諳邊俗，拜爲度遼將軍。龜臨行上疏曰：臣龜蒙恩累世，馳騁邊陲，雖展鷹犬之用，頓斃胡虜之庭，魂骸不返，薦享狐狸，

猶無以塞厚責荅萬分也至臣頑駑器無鉛刀一割之用過受國恩
榮秩兼優生年死日永懼不報臣聞三辰不軌擢士為相蠻夷不恭
拔卒為將臣無文武之才而忝鷹揚之任上慙聖朝下懼素餐雖殁
軀體無所云補今西州邊鄙土地塉埆鞍馬為居射獵為業男寡耕
稼之利女乏機杼之饒守塞候望懸命鋒鏑聞急長驅去不圖反自
頃年以來匈奴數攻營郡殘殺長吏侮略良細戰夫身膏沙漠居人
首係馬鞍或舉國掩戶盡種灰滅孤兒寡婦號哭空城野無青草室
如懸磬雖含生氣實同枯朽往歲并州水雨災螟互生稼穡荒耗租
更空闕老者慮不終年少壯懼於困厄陛下以百姓為子品庶以陛
下為父焉可不日昃勞神垂撫循之恩哉唐堯親捨其子以禪虞舜
者是欲民遭聖君不令遇惡主也故古公杖策其民五倍文王西伯
天下歸之豈復輿金輦寶以為民惠乎近孝文皇帝感一女之言除

肉刑之法體德行仁為漢賢主陛下繼中興之統承光武之業臨朝
聽政而未留聖意且牧守不良或出中官懼逆上旨取過目前呼嗟
之聲招致災害胡虜凶悍因衰緣隙而令倉庫單於豺狼之口功業
無銖兩之効皆由將帥不忠聚姦所致前涼州刺史祝良初除到州
多所糾罰太守令長貶黜將半政未踰時功效卓然實應賞異以勸
功能改任牧守去斥姦殘又宜更選匈奴烏桓護羌中郎將校尉簡
練文武授之法令除并涼二州今年租更寬赦罪隸埽除更始則善
吏知奉法之祐惡者覺營私之禍胡馬可不窺長城塞下無候望之
患矣帝覺悟乃更選幽并刺史自營郡太守都尉以下多所革易下
詔為陳將軍除并涼一年租賦以賜吏民

靈帝時西羌反邊章韓遂作亂隴右徵發天下役賦無已司徒崔烈
以為宜弃涼州詔會公卿百官烈堅執先議議郎傅燮厲言曰斬司
徒天下乃安尚書郎楊贊奏燮廷辱大臣帝以問燮燮對曰昔冒頓
至逆也樊噲為上將願得十萬眾橫行匈奴中憤激思奮未失人臣
之節顧計當從與不耳季布猶曰噲可斬也今涼州天下要衝國家
藩衛高祖初興使酈商別定隴右世宗拓境列置四郡議者以為斷
匈奴右臂今牧御失和使一州叛逆海內為之騷動陛下臥不安寢
烈為宰相不念為國思所以弭之之策乃欲割弃一方萬里之土臣
竊惑之若使左衽之虜得居此地士勁甲堅因以為亂此天下之至
慮社稷之深憂也若烈不知之是極蔽也知而故言是不忠也帝從
燮議

諫議大夫劉陶上疏曰臣聞事之急者不能安言心之痛者不能緩
聲竊見天下前遇張角之亂後遭邊章之寇每聞羽書告急之聲心
灼內熱四體驚竦今西羌逆類私署將帥皆多段熲時吏曉習戰陳

識知山川變詐萬端臣常懼其輕出河東馮翊鈔西軍之後東之函
谷據阸高望今果已攻河東恐遂轉更豕突上京如是則南道斷絕
車騎之軍孤立關東破膽四方動搖威之不來叫之不應雖有田單
陳平之策計無所用臣前驛馬上便宜急絕諸郡賦調冀尚可安事
付主者留連至今莫肯求問今三郡之民皆以奔亡南出武關北徙
壺谷冰解風散唯恐在後今其存者尚十三四軍吏士民悲愁相守
民有百走退死之心而無一前鬬生之計西寇浸前去營咫尺胡騎
分布已至諸陵將軍張溫天性精勇而主者旦夕迫促軍無後殿假
令失利其敗不救臣自知言數見厭而言不自裁者以為國安則臣
蒙其慶國危則臣亦先亡也

吳孫權時呂岱從交州召出薛綜懼繼岱者非其人上疏吳主曰昔
帝舜南巡卒於蒼梧秦置桂林南海象郡然則四國之內屬也有自

來矣趙佗起番禺懷服百越之君珠官之南是也漢武帝誅呂嘉
九郡設交阯刺史以鎮監之山川長遠習俗不齊言語同異重譯乃
通民如禽獸長幼無別椎結徒跣貫頭左袵長吏之設雖有若無自
斯以來頗徙中國罪人雜居其間稍使學書粗知言語使驛往來觀
其禮化及後錫光為交阯任延為九真太守乃教其耕犂使之冠履
為設媒官始知聘娶建立學校導之經義由此已降四百餘年頗有
似類自臣昔客始至之時珠崖除州縣嫁娶皆須八月引戶人民集
會之時男女自相可適乃為夫妻父母不能止交阯糜泠九真都龐
二縣皆兄死弟以妻其嫂世以此為俗長吏恣聽不能禁制日南郡
男女倮體不以為羞由此言之可謂蟲豸有靦面目耳然而土廣人
衆阻險毒害易以為亂難使從治縣官羈縻示令威服田戶之租賦
裁取供辦貴致遠珍名珠香藥象牙犀角瑇瑁珊瑚琉璃鸚鵡翡翠

孔雀奇物充備寶玩不必仰其賦入以益中國也然在九甸之外長
吏之選類不精覈漢時法寬多自放恣故數反違法珠崖之廢起於
長吏覩其好髮髡取為髲及臣所見南海黃蓋為日南太守下車以
供設不豐檛殺主簿仍見驅逐九真太守儋萌為妻父周京作主人
并請大吏酒酣作樂功曹番歆起舞屬京京不肯起歆猶迫彊萌忿
杖歆亡於郡內歆弟苗帥衆攻府毒矢射萌萌至物故交阯太守士
燮遣兵致討卒不能克又故刺史會稽朱符多以鄉人虞褒劉彥之
徒分作長吏侵虐百姓彊賦於民黃魚一枚收稻一斛百姓怨叛山
賊並出攻州突郡符走入海流離喪亡次得南陽張津與荊州牧劉
表為隙兵弱敵彊歲歲興軍諸將厭患去留自在津小檢攝威武不
足為所陵侮遂至殺沒後得零陵賴恭先輩仁謹不曉時事表又遣
長沙吳巨為蒼梧太守巨武夫輕悍不為恭服所取相怨恨逐出恭

求步騭是時津故將夷廖錢博之徒尚多騭以次鉏治綱紀適定會
仍召出呂岱既至有士氏之變越軍南征平討之日改置長吏章明
王綱威加萬里大小承風由此言之綏邊撫裔實有其人牧伯之任
既宜清能荒流之表禍福尤甚今日交州雖名粗定尚有高涼宿賊
其南海蒼梧鬱林珠官四郡界未綏依作寇盜專為亡叛逋逃之藪
若岱不復南新刺史宜得精密檢攝八郡方略智計能稍稍以漸能
治高流者假其威寵備之形勢責其成効庶幾可補復但如中人近
守常法無奇數異術者則群惡日滋久遠成害故國之安危在於所
任不可不察也竊懼朝廷忽輕其選故敢竭愚情以廣聖思
晉武帝時吳既平普減州郡兵冠軍將軍陶璜上言曰交土荒裔斗
絕一方或重譯而言連帶山海又南郡去州海行千有餘里外距林
邑纔七百里夷帥范熊世為逋寇自稱為王數攻百姓且連接扶南

種類猥多朋黨相倚負險不賓往隸吳時數作寇逆攻破郡縣殺害
長吏臣以尪駑昔為故國所採偏戍在南十有餘年雖前後征討翦
其魁桀深山僻穴尚有逋竄又臣所統之卒本七千餘人南土溫濕
多有氣毒加累年征討死亡減耗其見在者二千四百二十人今四
海混同無思不服當卷甲消刃禮樂是務而此州之人識義者寡厭
其安樂好為禍亂又廣州南岸周旋六千餘里不賓屬者乃五萬餘
戶及桂林不羈之輩復當萬戶至於服從官役纔五千餘家二州脣
齒唯兵是鎮又寧州興古接據上流去交阯郡千六百里水陸並通
互相維衛州兵未宜約損以示單虛夫風塵之變出於非常臣亡國
之餘議不足採聖恩廣厚猥垂飾擢蠲其罪釁改授方任去辱即寵
拭目更視誓念投命以報所受臨履所見謹冒瞽陳
孝武帝時徵益州刺史郭銓犍為太守卞苞於坐勸銓以蜀反殺仲

捻斬之以聞朝廷以仲堪事不預察降號鷹揚將軍尚書下以益州所統梁州三郡人丁一千番戍漢中益州未肯承遣仲堪乃奏之曰夫制險分國各有攸宜劍閣之險實蜀之關鍵巴西梓潼宕渠三郡去漢中遼遠在劍閣之內成敗與蜀為一而統屬梁州蓋定鼎中華慮在後伏所以分斗絕之勢開荷戟之路自皇居南遷守在岷邛衿帶之形事異曩昔是以李勢初平割此三郡配隸益州將欲重複上流為習坎之防事經英略歷年數紀梁州以統接曠遠求還得三郡志王侯設險之義背地勢內外之實成隙事力之寡弱飾哀矜之苦言今華陽乂清沂隴順軌關中餘燼自相魚肉梁州以論求三郡益州以本統有定更相牽制莫知所從致令巴宕二郡為群獠所覆城邑空虛士庶流亡要害膏腴皆為獠有今遠慮長規宜保全險塞又蠻獠熾盛兵力寡弱如遂經理乖緣號令不一則劍閣非我保醜類

轉難制此乃藩扞之大機上流之至要昔三郡全實止差文武三百以助梁州今俘沒蠻獠十不遺一加逐食鳥散資生未立苟順符指以副梁州恐公私困弊無以堪命則劍閣之守無擊柝之備號令選用不專於益州虛有監統之名而無制御之用懼非分位之本旨經國之遠術謂今正可更加梁州文武五百合前為一千五百自此之外一仍舊貫設梁州有急蜀當傾力救之書奏朝廷許焉

桓沖為荊州刺史持節將軍既到江陵欲移阻江南乃上疏曰自中興以來荊州所鎮隨宜迴轉臣亡兄溫以石季龍死經略中原因江陵路便即而鎮之事與時遷勢無常安且兵者詭道示之以弱今宜全重江南輕戍江北南平孱陵縣界地名上明田土膏良可以資業軍人在吳時樂鄉城以上四十餘里北枕大江西接三峽若狂狡送死則舊郢以北堅壁不戰接會濟活路不云法乘其疲墮撲滅為易臣司存閫外輒隨宜處分於是移鎮上明使冠軍將軍劉波守江陵諮議參軍楊亮守江夏

宋文帝時索虜南侵遂至瓜步太祖使百官議防禦之術御史中丞袁淑上議曰臣聞函車之戰離山必斃絕波之鱗宕流則枯竭寇遺醜趨致畿甸蟻萃螽集聞已崩殪天險巖曠地限深遐故今魏戢其圖盛晉毅其議情屈力殫氣挫勇竭諒不虞於未臨本無怵於能濟矣乃習殲定攜遠阻違授律由將有施拙故士少鬭志望潰之衆匪寇傾淪二制之師空自[illegible]散西勁驕急戰蹙旅淮上訓卒簡備靡旗是由綏整寡衷戎略多昧遂使拷潞入患泉伊來擾紛殄姬風泯毒爲績騰書有渭陰之迫懸烽均咸陽之警然而切揣虛實伏匿先彰校素伎能譎詭既顯綜地千里孫行阻深表裹蹟破後先介逼捨陵衍之習競湍沙之利今虹見萍生土膏泉動澤陸陷濘痁禍游興

薪葉已畢未累莫條水寓衿帶進必傾實河隘偏固退亦隨據所謂棲鳥於烈火之上養魚於叢棘之它或謂損緩江右寬繕淮內竊謂捉扼閫城舊史為允棄遠涼土前言稱非限此要荒猶弗委割況聯被京國咫尺神甸數州摧掃列邑殲夷山淵反覆草木塗地今且賦千乘井牢萬集肩摩倍於長安綿秩百於臨淄什一而籍寡懷惆願履畝以稅既協農和戶競戰必人含銳志皆欲贏糧請奮釋緯乘城謂宜懸金鑄印要壯果之士重幣甘辭招摧決之將舉應板築之下抽登臺皂之間賞之以焚書報之以相爵俄而賊才賀闕異能間至丸貪而無謀肆而不整迷乎向背之務謬於合散之宜犯軍志之極害觸兵家之甚諱咸喜憤矣僉策戰矣稱願影從謠言給命宜選敢悍數千鶩行潛掩偃旗裹甲鉗馬銜枚會稽而者晨壓未陳旌譟亂舉火鼓四臨使景不暇移塵不及起無不奮燋散讐求解霧散掃洗

峭類濮固濮山。如有決孚禍網。逸冥遼穴。命誰汝戈船。遼其逕逕究部勁卒。使其埽塗必剪元兇。懸首麾下。乃將藉輸不辰。臥轍無旋矣。於是信臣騰威。武士繕力。縱組接除。鄭析聯響。若其偽遁贏張。出沒無際。焚言漢旆。顯默如神。固已日月蔽虧。川谷蕩覆。孽殘孽阻山墟。黨收險竊命。憑城借土。則當因威席卷。乘機致勦。泗汴秀士。星流電燭。徐阜嚴兵。雨湊雲集。屢亂桑溪之壯。搖漬瀚海以南。絕其心根。多使能植。銜索之枯。穀何不塞。是由涸澤而漁。焚林而狩。若峻風之僻輕籜。杲日之拂浮霜。既而尉洽荷椋之餘。叢吊網悲之鬼。然後天行摇運。舉煙升青蓋。西巡翠華。北狩經啓州野。滌一影。策俾高闕再勒。燕然後銘。方乃奠山沉河。創禮輯策。蘭燿炎昊之泥。退則貫軼商夏之舊文。今衆賈拳勇。而將術疎愞。意者稔泰日積。承平歲久。邑無驚赴之急。家緩餽戟之勤。闕閱訓之禮。簡參屬之飾。且亦薦搡之法

肅未競。斯若乃邦造里選。權論深切。躬採盡幽。斬帶尋遠。設有沉明能照。俊偉自宣。誠感泉雨。流通金石。氣播飛音。賞知窮莫。此審邪正順逆之數。達昏明盈損之宜。能睽合民心。悉敵物性。登升一揮而敷策。躡青蒲而揚謀。上說宸聽。下弭素言。足以安民紓國。救災恤患。則宜授過寵貴之上。衰升威舊之右。別其旂章。榮其班秩。出得專興。使不要命降席折節。同廣武之請。設壇致禮。均淮陰之授。必有要盟之功。竊符之捷。戎尚暴狠。內外侮棄。始附之衆。分茷無序。蠢以盛利。勢必攜離。首順之徒。靡然自及。今䌷繹故典。歷土纓綫。翦為幽播。折旨必救。是猶恥者願明。痿之思步。商過會功。終易感劫。皆在於善覘。全鄭實寄良謀。多縱反間。汨威心耳。發陰易之府。底興虔之術。衡其情狀。措其嫌嗜。汨以連率之貴。餌以祈懽。寄覺擊筆端之用。展辭鋒之銳。振辮則堅圍可解。馳羽而嚴邑易傾。金府禹土崩。枝幹瓦裂。故燕樂

相悔。項范交疑矣。或乃言約功深。事邇應廣。齊圍反駕。趙養還君。盍興誦之道。畢能事之効。臣幸得出內曾禁。游心明代。澤與身泰。思隨年行。無以達迎昌運。潤飾鴻法。今塗有遺鏃。蕢未息烽。敢思涼識。少酬閔施。但坐慕既乏昭文兔冑。不能致果。竊覩都護之邊論。屬國之兵謨。終㲹之抗辭。杜耿之言事。咸云叉經之棘。猶關上策。燭郭之敝。我收下策。自恥儒木。智不綜徵。敢露昧見。無會昭採。

虜自彭城北歸。復求互市。頗竣議。曰。臣愚以為與虜和親無益。已然之明效。何以言其然。夷狄之欲侵暴。正苦力之不足耳。未嘗拘制信義。罔轂其誤。昔年江上之役。乃是和親之所招。歷稔交爭。遂求國婚。朝廷羈縻之義。依違不絕。既獲歲月。漸不可誣獸心無厭。重以忿怒。故至於深入。幸今因兵交之後。華戎隔判。若言互市。則復開釁端之曏議者不過言互市之利。在得馬。今棄此所重。得彼下駟。千匹以上。

尚不足言。況所得之數。裁不十百邪。一相交關。卒難閉絕。寇負力玩勝。驕黠已甚。雖云互市。實覘國情。多贍其求。則桀傲罔已。通而為節。則必生邊虞。不如塞其端漸。杜其觖望。內修德化。外經邊事。保境以觀其釁。於事為長。

御史中丞何承天上安邊論。凡陳四事。曰。伏見北藩上需。虜犯青兗。天慈降鑒。矜此黎元。博逮群策。經綸戎政。臣以愚陋。預聞訪及。率其管窺。謹撰安邊論。庶或闕引群慮。延盡衆謀。短長畢陳。當否可見。其論曰。寇雖習戰來久。又全據燕趙。跨帶秦魏。山河之險。終古如一。自非大田淮泗。內實青徐。使民有贏儲。野有積穀。然後分命方召。總率虎旅。精卒十萬。使一舉盪夷。則不足稍勤王師。以勞天下。何以言之。今遺黎習亂。志在偷安。非皆恥為左衽。遠慕冠冕。徒以殘害剝辱。視息無寄。故繈負歸國。先後相尋。虜既不能校勝循理。攻城略地。而輕

兵捲甲急在驅殘是所以速怨召禍滅亡之日今若遣軍追討報其侵暴夫窮幽墓屠城破邑則聖朝愛育黎元方濟之以道若但欲撫其歸附伐阜平民則彼必輕騎奔走不肯會戰徒與巨費無損於彼復奇兵深入殺敵破軍苟陵患未盡則困獸思鬬報復之役將遂無已斯秦漢之末策輪臺之所悔也安邊固守於計為長曹孫之霸才均智敵江淮之間所居各數百里魏舍合肥退保新城江陵移民南涘濡須之戍家停羨溪及夷陵之屯民夷散雜晉宣王以為宜從江南以北岸曾與不許果亡祖中此皆前代之殷鑑也何者斥候之郊非畜牧之地非耕桑之邑故堅壁清野以俟其來整甲繕兵以乘其敝雖時有古今勢有彊弱保民全境不出此塗要而歸之有四一曰移遠就近以實內地今青兗舊民並冀州新附在界首者三萬家此寇之資也今悉可內徙青州民移東萊平昌北海諸郡大山以南南至

下邳左沭右沂田良野沃西阻蘭陵北阨大峴四塞之內其號險固民性重遷闇於圖始無虜之時喜生咨怨今新被鈔掠餘懼未息若曉示安危居以樂土宜其歌忭就路視遷如歸二曰浚復城隍以增阻防舊秋冬收斂民人入保所以警備暴客使防衛有素也古之城池處處皆有今雖頹毀猶可修治粗計戶數量其所容新徙之家悉著城內假其經用為之閭伍納稼築場還在一處婦子守家長吏為師丁夫匹婦春夏佃牧寇至之時一城千室堪戰之士不下二千其餘羸弱猶能登陴鼓譟十則圍之兵家舊說戰士二千足抗羣虜三萬矣三曰纂偶車牛以飾戎械計千家之資不下五百偶牛為車五百兩參合鉤連以衛其衆設使城不可固平行趨險賊所不能干既已族居易可檢括號令先明民知夙戒有急徵發信宿可聚四曰計丁課仗勿使有闕千家之邑戰士二千隨其便能各自有仗素所服

習銘刻由己還保輸之於庫出行請以自衛弓幹利鐵民不辦得者官以漸充之數年之內軍用粗備矣臣聞軍國異容施於封畿之內兵農並脩在於疆埸之表攻守之宜皆由其習任其怯勇山陵川陸之形寒暑溫涼之氣各由本性易則害生是故戍申作鄙遠屯清濟功費既重嗟怨亦深以臣料之未若即用彼衆之易也管子治齊寄令在民商君為秦設以耕戰終申威定霸行其志業非苟任彊實由有數梁用走卒其邦自滅齊用技擊厥衆亦離漢魏以來漸制漸絕蒐田非復先王之禮治兵徒逞耳目之欲有急之日民不知戰至乃廣延賞募奉以厚秩發遽奔救天下騷然方伯刺史拱手坐聽自無經略唯望朝廷遣軍此皆忘戰之害不教之失也今移民實內浚治城隍族居聚處課其騎射長吏簡試差品能不甲科上第漸就優別明其勳才表言州郡如此則屯部有常不遷其業內護老弱外通官

途朋曹素定同憂等樂情由習親藝因事著書戰見貌足相識夜鬬聞聲足相救斯教戰之一隅先哲之遺術論者必以古城荒毀難可修復今不謂頓便加功整麗如舊但欲先定民營其間術墉壍存者因而即之其有毀缺權時柵斷足以禦彼輕兵防過游騎假以方將漸就只立車牛之賦課仗之勞攻守所資軍國之要今因民所利導而率之耕農之器為府庫之實田蠶之暇無扞城之用千家總倍旅之兵萬戶具全軍之衆兵強而敵不戒國富而民不勞比於僑復隊伍坐食廩糧者不可同年而校矣今承平未久邊令猶緩弓幹利鐵既不都斷往歲棄甲蓋二十年課其所住埋瘞消壞謂宜申明舊制延加禁塞諸商賈往來幢隊挾藏者皆以軍法治之又界上嚴立關候杜廢間蹊城保之境諸所課仗並加雕鐫別造程式若有遺鏃亡刃及私為竊盜者皆可立驗於事為長又鉅野湖澤廣大南通洙泗

北連青齊有舊縣城正在澤內宜立式修復舊堵利其埭遏給輕艦百艘寇若入境引艦出戰左右隨宜應接據其師津毀其航漕此以利制車違我所長亦徽撤敵之要也

後魏大武帝延和中薄骨律鎮將刁雍表曰臣聞安不忘亂先聖之政也況綏服之外帶接邊城防守不備無以禦敵者也臣鎮所管河西爰在邊表常懼不虞平地積穀實難守護兵人散居無所依恃脫有妖姦必致狼狽雖欲自固無以得全今求造城儲穀置兵備守鎮自建立更不煩官又欲三時之隙不令廢農一歲二歲不訖三歲必成立城之所必在水陸之次大小高下量力取辦詔許之

帝蒐于河西詔司徒崔浩詣行在所議軍事浩表曰昔漢武帝患匈奴彊盛故開涼州五郡通西域勸農積穀為滅賊之資東西迭擊故漢未疲而匈奴已弊後遂入朝昔平涼州臣愚以為北賊未平征役

不息可不徙其民案前世故事計之長者若遷民人則土地空虛雖有鎮戍適可禦邊而已至於大舉軍資必之陛下知此事闊遠竟不施用如臣愚意猶如前議募徙豪彊大家充實涼土軍舉之日東西齊勢此計之得者

孝文帝延興中尚書奏以敦煌一鎮介遠西北寇賊路衝慮或不固欲移就涼州羣官會議僉以為然給事中韓秀獨謂非便曰此蹙國之事非闢土之宜愚謂敦煌之立其來已久雖土鄰彊寇而兵人素習縱有姦竊不能為害循常置戍足以自全進斷北狄之覘途退塞西夷之闚路若徙就姑臧慮人懷異意或貪留重遷情不願徙脫引寇內侵深為國患且敦煌去涼州及千餘里捨遠就近遙防有闕一旦廢罷是啟戎心則夷狄交構互相往來恐醜徒協契侵竊涼土及近諸戍則關右荒擾烽警不息邊役煩興艱難方甚乃從秀議

時車駕南伐以李沖兼左僕射留守洛陽車駕渡淮別詔安南大將軍元英平南將軍劉藻討漢中召雍涇岐三州兵六千人擬戍南鄭尅城則遣沖表諫曰秦州險阨地接羌夷自西師出後餉援連續加氐胡叛逆所在奔命運糧擐甲迄茲未已今復豫差戍卒懸擬山外雖加優復恐猶驚駭脫終攻不尅徒動民情連胡結夷事或難測輙依旨密下刺史待軍尅鄭城然後差遣如臣愚見猶謂未足何者西道險阨單徑千里今欲深戍絕界之外孤據羣賊之口敵攻不可卒援食盡不可運糧古人有言雖鞭之長不及馬腹南鄭於國實為馬腹也且昔人攻伐或城降而不取仁君用師或撫民而遺地且王者之舉情在拯民夷寇所守意在惜地校之二義德有淺深惠聲已遠何遽於一城哉且魏境所掩九州過八民人所臣十分而九所未民者唯漢北之與江外耳羈之在近豈急急於今日也宜待大開疆宇

廣拔城聚多積資糧食足支敵然後置邦樹將為吞并之舉今鍾離壽陽密迩未拔諸城新野跂步弗降所尅者舍之而不取所降者撫之而旋戮東道既未可以近力守西藩寧可以遠兵固若果欲置者臣恐終以資敵也又今建都土中地接寇壤方須大收死士平蕩江會輕遣單寡棄令陷沒恐後舉之日衆以留守致懼求其死效未易可獲推此而論不戍為上高祖從之

尚書中書監高閭上表曰臣聞為國之道其要有五一曰文德二曰武功三曰法度四曰防固五曰刑賞故遠人不服則脩文德以來之荒狡放命則播武功以威之民未知戰則制法度以齊之暴敵輕侵則設防固以禦之臨事制勝則明刑賞以勸之用能闢國寧方征伐四剋北狄悍愚同於禽獸所長者野戰所短者攻城若以狄之所短奪其所長則雖衆不能成患雖來不能內逼又狄散居野澤隨逐水

草。戰則與家產並至。奔則與畜牧俱逃。不齎資糧而飲食足。是以古人伐北方。攘其侵掠而已。歷代爲邊患者。良以倏忽無常故也。六鎮勢分。倍衆不鬬。互相圍逼。難以制之。昔周命南仲城彼朔方。趙靈秦始。長城是築。漢之孝武。踵其前事。此四代之君。皆帝王之雄傑。所以同此役者。非智術之不長。兵衆之不足。乃防狄之要事。其理宜然故也。易稱天險不可升。地險山川丘陵。王公設險以守其國。長城之謂歟。今宜依故於六鎮之北築長城以禦北虜。雖有暫勞之勤。乃有永逸之益。如其一成。惠及百世。即於要害往往開門。造小城於其側。因地卻敵。多有弓弩。狄來有城可守。有兵可捍。既不攻城。野掠無獲。草盡則走。終必懲艾。宜發近州武勇四萬人。及京師二萬人。合六萬人爲武士。於苑內立征北大將軍府。選忠勇有志幹者以充其選。下置官屬。分爲三軍。二萬人專習弓射。二萬人專習戈楯。二萬人專習騎矟。修立戰場。十日一習。採諸葛亮八陣之法。爲平地禦寇之方。使其解兵革之宜。識旌旗之節。器械精堅。必堪禦寇。使將有定兵。兵有常主。上下相信。晝夜如一。七月發六部兵六萬人。各備戎作之具。敕臺北諸屯倉庫。隨近作米。俱送北鎮。至八月征北部率所領與六鎮之兵直至磧南。揚威漠北。狄若來拒。與之決戰。若其不來。然後散分其地以築長城。計六鎮東西不過千里。若一夫一月之功當三步之地。三百人三里。三千人三十里。三萬人三百里。則千里之地。彊弱相兼。計十萬人。一月必就。運糧一月。不足爲多。人懷永逸。勞而無怨。計築長城其利有五。罷遊防之苦。其利一也。北部放牧。無抄掠之患。其利二也。登城觀敵。以逸待勞。其利三也。省境防之虞。息無時之備。其利四也。歲常遊運。永得不匱。其利五也。又任將之道。特須委信。遣之以禮。恕之以情。閫外之事。有利輒決。赦其小過。要其大功。足其兵力。資

其給用。君臣相體。若身之使臂。然後忠勇可立。制勝可果。是以忠臣盡其心。征將竭其力。雖三敗而逾榮。雖三背而弥寵

歷代名臣奏議卷之三百二十

禦邊

後魏宣武帝正始間議選邊戍事豫州中正袁翻議曰臣聞兩漢警於西北魏晉備在東南是以鎮邊守塞必寄威重伐叛柔服寔賴温良故田叔魏尚聲高於沙漠當陽鉅平績流於江漢紀籍用爲美談今古以爲盛德自皇上以叡明纂御風凝化遠威厲秋霜恩霑春露故能使淮海輸誠華陽即序遠城請面北屋歸仁懸車劍閣豈伊曩載鼓譟金陵復在茲日然荆揚之牧宜盡一時名望梁益之君尤須當今秀異自比緣邊州郡官至便登疆埸統戍階當即用或值穢德凡人或遇貪家惡子不識字民温恤之方唯知重役殘忍之法廣開戍邏多置帥領或用其左右姻親或受人貨財請屬皆無防寇禦賊之心唯有通商聚斂之意其勇力之兵驅令抄掠若值強敵即爲奴虜如有執獲奪爲已富其羸弱老小之輩微解金鐵之工少閑草木之作無不搜營窮壘苦役百端自餘或伐木深山或耘草平陸販貿往還相望道路此等祿既不多資亦有限皆收其實絹給其虛粟窮其力薄其衣用其工節其食綿冬歷夏加之疾苦死於溝瀆者常十七八焉是以吳楚間伺審此虛實皆云糧匱兵疲易可乘擾故驅率犬羊屢犯疆埸頃年已來甲冑生蟣十萬在郊千金日費爲弊之深一至於此皆由邊任不得其人故延若斯之患賈生所以痛哭良有以也夫潔其流者清其源理其末者正其本既失之在始庸可止乎愚謂自今已後荆揚徐豫梁益諸藩及所統郡縣府佐統軍至于戍主皆令朝臣王公已下各舉所知必選其才不拘階級若能統御有方清高獨著威足臨戎信能懷遠撫循將士得其忻心不營私潤專修公利者則就加爵賞使久於其任以時褒賚厲其忠款所舉之人亦垂優異獎其得士嘉其誠節若不能一心奉公才非捍禦貪惏日富經略無聞人不見德兵厭其勞者即加顯戮用彰其罪所舉之人隨事免降責其謬薦罰其僞薄如此則舉人不得挾其私受任不得孤其舉善惡既審沮勸亦明庶邊患永消讒議攸息矣

宣武帝時蠕蠕入寇詔侍中源懷征之懷至雲中蠕蠕亡遁懷旋至恒代案視諸鎮左右要害之地可以築城置戍之處皆量其高下揣其厚薄及儲糧積仗之宜犬牙相救之勢凡表五十八條表曰蠕蠕不羈自古而爾遊魂鳥集水草爲家中國患者皆斯類耳歷代驅逐莫之能制雖北拓榆中遠臨瀚海而智臣勇將力算俱竭胡人頗遁中國以疲于時賢哲思造化之至理推生民之習業量夫中夏粒食邑居之民蠶衣儒步之士荒表茹毛飲血之類鳥宿禽居之徒親校短長因宜防制知城郭之固暫勞永逸自皇魏統極都於平城威震天下德籠宇宙今定鼎成周去北遂遠代表諸蕃北固高車外叛尋遭旱儉戎馬甲兵十分闕八去歲復鎮陰山庶事蕩盡遣尚書郎中韓貞宋世量等檢行要險防遏形便謂準舊鎮東西相望令形勢相接築城置戍分兵要害勸農積粟警急之日隨便翦討如此則威形增廣兵勢亦盛且北方沙漠夏乏水草時有小泉不濟大衆脫有非意要待秋冬因雲而動若至冬日冰沙凝厲遊騎之寇終不敢攻城亦不敢越城南出如此北方無憂矣帝從之

孝明帝神龜末袁翻遷冠軍將軍涼州刺史蠕蠕主阿那瓌後主婆羅門並以國亂來降朝廷問翻安置之所翻表曰謬以非才忝荷邊任猥垂訪逮安置蠕蠕主阿那瓌婆羅門等處所遠近利害之宜竊惟匈奴爲患其來久矣雖隆周盛漢莫能障服衰弱則降富強則叛是以方叔召虎不遑自息衛霍去病勤亦勞止或修文德以來之或

興干戈以伐之。而一得一失。利害相侔。故呼韓來朝。左賢入侍。史籍謂之盛事。千載以為美談。至于皇代勃興。威馭四海。爰在北京。仍梗彊場。自卜惟洛。食定鼎伊瀍。高車蠕蠕迭相吞噬。始則蠕蠕衰微。高車彊盛。蠕蠕則自救靡暇。高車則僻遠西北。及蠕蠕復振。反破高車。主喪民離。不絕如綫。而高車今能終雪其恥。復摧蠕蠕者。正由種類繁多。不可頓滅故也。然鬭此兩敵。即卞莊之筭。得使境上無塵數十年中者。抑此之由也。今蠕蠕為高車所討滅。外憑大國之威靈。兩主投身一朞而至。百姓歸誠。萬里相屬。進希朝廷哀矜。冀復宗社。退望庇身有道。保其妻兒。雖乃遠夷荒桀。不識信順。終無純固之節。必有孤負之心。然興亡繼絕。列聖同規。撫降卹附。綿經共軌。若棄而不受。則虧我大德。若納而禮待。則損我資儲。來者既多。全徙內地。非直其情不願。迎送艱難。然夷不亂華。殷鑒無遠。覆車在於劉石。毀轍固不

可尋。且蠕蠕尚存。則高車猶有內顧之憂。未暇窺窬上國。若蠕蠕全滅。則高車跋扈之計。豈易可知。今蠕蠕雖主奔於上。民散於下。而餘黨實繁。部落猶衆。處處棊布。以望今主耳。高車亦未能一時并兼盡令率附。又高車士馬雖衆。主甚愚弱。上不制下。下不奉上。唯以掠盜為資。陵奪為業。河西捍禦彊敵。唯涼州敦煌而已。涼州土廣民希。糧仗素闕。燉煌酒泉空虛尤甚。若蠕蠕無復豎立。令高車獨擅北垂。則西顧之憂。匪旦伊夕。愚謂蠕蠕二主。皆宜存之。居阿那瓌於東偏。處婆羅門於西裔。分其降民。各有攸屬。那瓌住所。非所經見。其中事勢。不敢輒陳。其婆羅門。請修西海故城以安處之。西海郡本屬涼州。今在酒泉直北張掖西北千二百里。去高車所住金山一千餘里。正是北虜往來之衝要。漢家行軍之舊道。土地沃衍。大宜耕殖。非但今處婆羅門。於事為便。即可永為重戍。鎮防西北。宜遣一良將。加以配衣

糧。仍令監護婆羅門。凡諸州鎮應徙之兵。隨宜割配。且田且戍。雖外為置蠕蠕之舉。內實防高車之策。一二年後。足食足兵。斯固安邊保塞之長計也。若婆羅門能自克厲。使餘燼歸心。收離聚散。復興其國者。乃漸令北轉。徙渡流沙。即是我之外藩。高車勍敵。西北之虞可無過慮。如其姦回返覆。孤恩背德者。此不過為逋逃之寇。於我何損。今不早圖。戎心一啟。脫先據西海。奪我險要。則酒泉張掖自然孤危。長河以西。終非國有。不圖厥始。而憂其終。噬臍之恨。悔將何及。愚見如允。乞遣大使往涼州敦煌及於西海。躬行山谷要害之所。親閱亭障遠近之宜。商量士馬。校練糧仗。部分見定。處置得所。入春西海之間即令播種。至秋收一年之食。使不復勞轉輸之功也。且西海北垂。即是大磧。野獸所聚。千百為羣。正是蠕蠕射獵之處。殖田以自供。藉獸以自給。彼此相資。足以自固。今之豫度。微似小損。歲終大計。其利實

多。高車豺狼之心。何足以信。假令稱臣致款。正可外加優納。而復內備彌深。所謂先人有奪人之心者也。時朝議是之

孝明帝時。尚書左僕射拓跋暉上疏曰。安人寧邊。觀時而動。頃來邊將。亡遠大之略。貪萬一之功。楚梁之好未聞。而蠶婦之怨屢結。斯乃庸人所為。銳於姦利之所致也。平吳之討。自有良圖。不在於一城一戍也。又河北數州。國之基本。飢荒多年。戶口流散。方今境上。兵復徵發。即如此日。何易舉動。愚謂數年以來。唯宜靜邊以息占役。安人勸農。惠此中夏。請嚴勅邊將。自今有賊戍求內附者。不聽輒遣援接。皆須表聞。違者雖有功。請以違詔書論

隋文帝以隴西頻被寇掠。甚患之。彼俗不設村塢。勑大將軍賀婁子幹勒民為堡。營田積穀。以備不虞。子幹上書曰。比者凶寇侵擾。蕩滅之期。匪朝伊夕。伏願聖慮。勿以為懷。今臣在此。觀機而作。不得準詔

行事。且隴西河右土曠民稀。邊境未寧。不可廣為田穡。比先屯田之
所獲少。費多。虛役人功。卒逢賊畧。屯田疎遠者。請皆廢省。但隴右之
民。以畜牧為業。若更屯聚。終不獲安。只可嚴謹斥候。豈容集人聚畜。
請要路之所。加其防守。但使鎮戍連接。烽候相望。民雖散居。必謂無
虞。帝從之
唐高宗永淳中。突厥圍豐州。都督崔智辯戰死。朝廷議棄豐。保靈夏。
朔州長史唐休璟以為不可。上疏曰。豐州控河遏寇。號為襟帶。自秦
漢以來。常郡縣之。土田良美。宜耕牧。隋季喪亂。不能堅守。乃遷就寧
慶。戎羯得以乘利而交侵。始以靈夏為邊。唐初募人以實之。西北一
隅。得以完固。今而廢之。則河傍地復為賊有。而靈夏亦不足自安。非
國家利也。高宗從其言
武后永昌中。詔右鷹揚衛將軍王孝傑為武威道行軍總管。率西州

都督唐休璟。左武衛大將軍阿史那忠節擊吐蕃。大破其衆。復取四
鎮。更置安西都護府於龜茲。以兵鎮守。議者請廢四鎮勿有也。右史
崔融獻議曰。戎狄為中國患尚矣。五帝三王所不臣。漢以百萬衆困
平城。其後武帝赫然發憤。甘心四夷。張騫始通西域。列四郡。據玉關。
斷匈奴右臂。稍稍度河湟。築令居。以絶南羌。於是障候亭燧。出長城
數千里。傾府庫。殫士馬。行人使者。歲月不絶。至作皮幣筭緡法。稅舟
車。榷酒酤。夫豈不懷為長久計。然匈奴於是孤特遠竄。遂開西域。置
使者領護。光武中興。皆復內屬。至於延光。三絶三通。太宗文皇帝。踐
漢舊迹。並南山。抵葱嶺。剖裂府鎮。烟火相望。吐蕃不敢內侮。高宗時。
有司無狀。棄四鎮不能有。而吐蕃遂張。入焉耆之西。長鼓右驅。踰高
昌。歷車師。鈔常樂。絶莫賀延磧。以臨燉煌。今孝傑一舉而取四鎮。還
先帝舊封。若又棄之。是自毀成功而破完策也。夫四鎮無守。胡兵必

臨西域。西域震。則威憺南羌。南羌連衡。河西必危。且莫賀延磧袤二
千里。無水草。若北接虜。唐兵不可度而北。則伊西北庭安西諸蕃悉
亡。議乃格
永昌中。歲以兵五百戍姚州。地險瘴。到屯即死。蜀州刺史張柬之論
其弊曰。姚州古者哀牢之舊國。絶域荒外。山高水深。自生人以來。洎
於後代。不與中國交通。前漢唐蒙開夜郎滇笮。而哀牢不附。至光武
季年。始請內屬。漢置永昌郡以統理之。乃收其鹽布氈罽之稅。以利
中土。其國西通大秦。南通交趾。奇珍異寶。進貢歲時不闕。劉備據有
巴蜀。常以甲兵不充。及備死。諸葛亮五月渡瀘。收其金銀鹽布。以益
軍儲。使張伯歧選其勁卒勇兵。以增武備。故蜀志稱自亮南征而國
以富饒。甲兵充足。由此言之。則前代置郡。其利頗深。今鹽布之稅不
供。珍奇之貢不入。戈戟之用不實於戎行。寶貨之資不輸於天國。而

空竭府庫。驅率平人。受役蠻夷。肝腦塗地。臣竊為國家惜之。漢以得
利既多。歷博南山。涉蘭倉水。更置博南哀牢二縣。蜀人愁怨。行者作
歌曰。歷博南。越蘭津。渡蘭倉。為他人。蓋譏漢貪珍奇鹽布之利。而使
蠻夷之所驅役也。漢獲其利。人且怨歌。今減耗國儲。費用日廣。而使
陛下之赤子。身膏野草。骸骨不歸。老母幼子。哀號望祭於千里之外。
於國家無絲髮之利。在百姓受終身之酷。臣竊為國家痛之。往者諸
葛亮破南中。使其渠率自相統領。不置漢官。亦不留兵鎮守。人問其
故。亮言置官留兵有三不易。大意以置官夷漢雜居。猜嫌必起。留兵
運糧。為患更重。忽若反叛。勞費更多。粗設綱紀。自然久定。臣竊以亮
之此策。妙得羈縻蠻夷之術。今姚府所置之官。既無安邊靜寇之心。
又無葛亮且縱且擒之技。唯知詭謀狡算。恣情割剝。貪殘劫畧。積以
為常。扇動酋渠。遣成朋黨。折支諂笑。取媚蠻夷。拜跪趨伏。無復慙恥。

提挈子弟嘯引兇愚聚會蒲博一鄉累萬劫南道遊中原七命有二千餘戶見散在彼州專以掠奪為業姚州本龍朔中武陵縣主簿石子仁奏置之後長史李孝讓辛文協並為羣蠻所殺前朝遣郎將趙武貴討擊貴及蜀兵應時破敗噍類無遺又使將軍李義揔等往征郎將劉惠基在陣戰死其州遂廢臣竊以諸葛亮置官留兵有三不易其言乃驗至垂拱四年蠻郎將王善寶昆州刺史爨乾福又請置州奏言所有課稅自出姚府管內更不勞擾蜀中及置州後錄事參軍李陵為蠻所殺延載中司馬成琛奏請於瀘南置鎮七所遣蜀兵防守自此蜀中損擾于今不息且姚府揔管五十七州巨猾遊客不可勝數國家設官分職以化俗防姦無恥無厭狼藉至此今不問夷夏負罪並深見道路劫殺不能禁止臣恐一朝驚擾為禍轉大伏乞省罷姚州使隸嶲府歲時朝覲同之蕃國瀘南諸鎮亦皆廢於瀘北置關百姓自非奉使入蕃不許交通來往增嶲府兵選擇清良宰牧以統理之臣愚將為穩便

萬歲通天中發兵戍疏勒四鎮同鳳閣鸞臺平章事狄仁傑諫曰臣聞天生四夷皆在先王封域之外故東距滄海西阻流沙北橫大漠南阻五嶺此天所以限夷狄而隔中外也自典籍所紀聲教所及三代不能至者國家盡兼之矣此則今日之四境已踰於夏殷者也詩人矜薄伐於太原美化行於江漢是則前代之遠裔而國家之域中至前漢時匈奴無歲不犯邊殺掠吏人後漢則西羌侵軼漢中東寇三輔入河東上黨幾至洛陽由此言之則陛下今日之土宇過於漢朝遠矣若其用武荒外邀功絕域竭府庫之實以爭硗确不毛之地得其人不足以增賦獲其土不可以耕織苟求冠帶遠夷之稱不務固本安人之術此秦皇漢武之所行非五帝三王之事業也若使越

荒外以為限竭資財以騁欲非但不愛人力亦所以失天心也昔始皇窮兵極武以求廣地男子不得耕於野女子不得蠶於室長城之下死者如亂麻於是天下潰叛漢武追高文之宿憤藉四帝之儲實於是定朝鮮討西域平南越擊匈奴府庫空虛盜賊蜂起百姓嫁妻賣子流離於道路者萬計末年覺悟息兵罷役封丞相為富民侯故能為天所祐也昔人有言曰與覆車同軌者未嘗安此言雖小可以喻大近者國家頻歲出師所費滋廣西戍四鎮東戍安東調發日加百姓虛弊開守西域事等石田費用不支有損無益轉輸靡絕杼軸殆空越磧踰海分兵防守行役既久怨曠亦多昔詩人云王事靡盬不能藝稷黍豈不懷歸畏此罪罟念彼蒸人涕零如雨此則前代怨思之辭也上不是恤則政不行而邪氣作邪氣作蟲螟生而水旱起若此雖禱祀百神不能調陰陽矣方今關東饑饉蜀漢逃亡江淮已南徵求不息人不復業則相率為盜本根一搖憂患不淺其所以然者皆為遠戍方外以竭中國爭蠻貊不毛之地乖子育蒼生之道也昔漢元納賈捐之之謀而罷朱崖郡宣帝用魏相之策而棄車師之田豈不欲慕尚虛名蓋憚勞人力也近貞觀年中克平九姓冊李思摩為可汗使統諸部者蓋以夷狄叛則伐之降則撫之得推亡固存之義無遠戍勞人之役此則近日之令典綏邊之故事竊見阿史那斛瑟羅陰山貴種代雄沙漠若委之四鎮使統諸蕃封為可汗遣禦寇患則國家有繼絕之美荒外無轉輸之役如臣所見請捐四鎮以肥中國罷安東以實遼西省軍費於遠方并甲兵於塞上則恒代之鎮重而邊州之備實矣況綏撫夷狄蓋防其越逸苟無侵侮之患則可矣何必窮其窟穴與螻蟻計校長短哉且王者外寧必有內憂蓋為不勤修政故也伏惟陛下棄之度外無以絕域未平為念但當勑

邊兵謹守備蓄銳以待敵待其自致然後擊之。此李牧所以制匈奴
也。當今所要者莫若令邊城警守備遠斥候審軍實蓄威武。以逸待
勞則戰士力倍。以主禦客則我得其便。堅壁清野則寇無所得。自然
賊深入必有顛躓之慮。淺入必無擄掠之益。如此數年可使二虜不
擊而服矣
玄宗開元六年張說上書曰。臣頓首死罪。皇帝陛下。先帝以臣忝履
忠孝使臣啓發聖明。故得侍讀春宮。夙承天眷。景雲中歲兼掌樞密
內當沸騰之日。外禦傾奪之勢。陛下監撫既安。自天所祐。臣協贊之
意明神啓之。開元之始首典鈞軸。智小任大。福過災生。出守三州。違
離六載。出自非已。昇降由人。惟君知臣。事不待說。今改秩邊鎮。委重
戎麾。竊以兩蕃近和。能無同異。九姓遠附。未闕撫納。欲賊殺無侵擾
之慮。保寧兩蕃受徵發之盟。臣愚料之。恐未然矣。何者。賊殺新音必
遲兵威賊兵所加必收九姓。九姓若去。兩蕃搖矣。九姓雖屬并州節
度。然共幽州密邇。脫有風塵倚事不至。臣孰問幽州兵馬寡弱。若欲
排扎。未可即戎。城中倉糧全無貯積。設若來迫。臣實憂之。伏乞聖慈
深以垂意。傳詢舊將。預為籌畫。若早圖之。必無後悔。且孤臣總眾易
起猜嫌。寬大失濟事之宜。嚴整招怨讟之謗。遠辭天聽。臨路徬徨。如
有論告臣身。奏劾軍事者。乞追臣面問對定真虛。則日月無可蔽之
期。幽遠有自通之望。伏願留書在內。時加矜察
玄宗時張九齡論東北軍未可輕動狀奏曰。右高力士宣奉勅張守
珪所進送突厥生口。具問知委曲。故令劉思賢去者。臣等伏以北虜
凶狡。誠以難保其心。然陛下以恩澤懷柔。歲月已久。使彼豺武頓改
頑暴。以事觀察。信然不虛。何者。昨李佺使迴。虜亦具云東下。中間或
言難信。至今果如所說。即是輸誠於國。未有他詐。且契丹等翻覆或

往或來。今其東討雖未稟命。在於夷狄亦不可責於常理。若曰而署
之。今亦使除患。陛下先有聖料以為如此。臣等常竊志之。固非所及。今
其來也。若契丹等偶勝北虜。勢衰因而乘之。滅其太半。審料必取。始
可決行。事若不然。而軍將安動。復結大隙。亦以不停為國生患。莫甚
於此。臣伏以在邊諸將苟利一軍。使即行之。以邀榮賞。不思遠計。誠
是大失。今劉思賢往。望將降書處分守珪。必為遠圖。無得妄動。切約
諸將。使知聖心。縱虜廷聞之。尤彰天澤。未審可否。謹錄狀奏聞。
代宗大曆八年。元載上言曰。四鎮北庭既治涇州。無險要可守。隴山高峻
南連秦嶺。北抵大河。今國家西境盡潘原。而吐蕃戍摧沙堡。原州居其中
間。當隴山之口。其西皆監牧故地。草肥水美。平涼在其東。獨耕一縣可給
軍食。故壘尚存。吐蕃棄而不居。每歲夏吐蕃畜牧青海。去塞甚遠。若乘間
築之。二旬可畢。移京西軍戍原州。移郭子儀軍戍涇州。為之根本。分兵守
石門木峽。漸開隴右。進達安西。據吐蕃腹心。則朝廷可高枕矣。
九年。郭子儀入朝。對延英。帝與語吐蕃方強。慷慨至流涕。退上書曰。朔方
國北門。西禦犬戎。北虞獫狁。五城相去三千里。開元天寶中戰士十萬。馬
三萬匹。僅支一隅。自先帝受命靈武。戰士從陛下征討無寧歲。頃以懷恩
亂。痍傷彫耗。亡三分之二。比天寶中止十之一。今吐蕃兼吞河隴。雜羌渾
之衆。歲深入畿郊。勢踰十倍。與之角勝。豈易得邪。屬者虜來稱四節度。
將別萬人。人兼數馬。臣所統士不當賊四之一。馬不當賊百之二。外畏內
懼。將何以安。臣惟陛下制勝力非不足。但簡練不至。進退未一。時淹師老。
地廣勢分。願於諸道料精卒滿五萬者。列屯北邊。則制勝可必。竊惟河
南河北江淮大鎮數萬眾者數千。殫屈稟給。未始蒐擇。臣請追赴關中。
勒步隊示金鼓。則攻必破。守必全。長久之策也。
中書侍郎同中書門下平章事陸贄論緣邊守備事宜狀奏曰。右臣

歷覽前代史書皆謂鎮撫四夷宰相之任臣猥蒙獎擢敢上言誠以備邊禦戎國家之重事理兵足食備禦之大經兵不理則無可用之師食不足則無可固之地理兵在制置得所足食在斂導有方陛下幸聽愚言先務積穀人無加賦官不費財坐致邊儲數逾百萬諸鎮收糴今已向終分貯軍城用防艱急縱有寇戎之患必無乏絕之憂守此成規以為永制恒收冗費益贍邊農則更經二年可積十萬人三歲之糧矣足食之原粗立理兵之術未精敢試籌量庶備採擇伏以戎狄為患自古有之其於制禦之方得失之理備存史籍可得而言大抵尊即序者則曰非德無以化要荒曾莫知威不立則德不能馴也樂武威者則曰非兵無以服凶獷曾莫知德不修則兵不可恃也務和親者則曰要結可以睦鄰好曾莫知我結之而彼復解之也美長城者則曰設險可以固邦國而扞寇讎曾莫知力不足而人不

堪則險之不能恃城之不能有也尚薄伐者則曰驅遏可以禁侵暴而省征徭曾莫知兵不銳壘不完則遏之不能勝驅之不能去也議邊之要略盡於斯雖互相譏評然各有偏駁聽一家之說則理例可徵考歷代所行則成敗異效是由執常理以御其不常之勢徇所見而昧於所遇之時夫中夏有盛衰夷狄有強弱事機有利害措置有安危故無必定之規亦無長勝之法夏后以序戎而聖化茂古公以避狄而王業興周城朔方而獫狁攘秦築臨洮而宗社覆漢武討匈奴而貽悔太宗征突厥而致安文景約和親而不能弭患於當年宣元弘撫納而是以保寧於累葉蓋以中夏之盛衰異勢夷狄之強弱異時事機之利害異情措置之安危異便知其事而不度其時則敗附其時而不失其稱則成形變不同胡可專一夫以中國強盛夷狄衰微而能屈膝稱臣歸心受制拒之則阻其嚮化威之則類於殺降

安得不存而撫之即而序之也又如中國強盛夷狄衰微而尚棄信扞盟蔑恩肆毒諭之不變責之不懲安得不取亂推亡息人固境也其有遇中國衰亂之弊當夷狄強盛之時圖之則彼釁未萌禦之則我力不足安得不卑詞降禮約好通和啗之以利以引其懽心結之以親以紓其交禍縱不必信且無大侵雖非御戎之善經蓋時事亦有不得已而然也儻或夷夏之勢強弱適同撫之不寧威之不靖力足以自保勢不足以出攻安得不設險以固軍訓師以待寇來則薄伐以遏其深入去則攘斥而戒於遠追雖非安邊之令圖蓋勢力亦有不得已而然也故夏之即序周之于攘太宗之翦亂皆乘其時而善用其勢者也古公之避狄文景之和親神堯之降禮皆順其時而不失其稱者也秦皇之長城漢武之窮討皆知其事而不度其時者也向若遏孔熾之勢行即序之方則見侮而不從矣乘可取之資懷

畏避之志則失機而養寇矣有攘卻之力用和親之謀則示弱而勞費矣當降屈之時務翦伐之略則召禍而危殆矣故曰知其事而不度其時則敗附其時而不失其稱則成是無必定之規亦無長勝之法得失著效不其然歟至於察安危之大情計成敗之大數百代之不變易者蓋有之矣其要在於失人肆欲則必墜任人從眾則必全此乃古今所同而物理之所一也國家自祿山構亂肅宗中興撤邊備以靖中邦借外威以寧內難於是吐蕃乘釁吞噬無厭迴紇矜功馮陵亦甚中國不遑振旅四十餘年使傷耗遺甿竭力蠶織西輸賄幣北償馬資尚不足塞其煩言滿其驕志復又遠徵士馬列戍疆陲猶不能遏其奔衝止其侵侮小入則驅略黎庶深入則震驚邦畿時有議安邊之策者多務於所難而忽於所易勉於所短而略於所長遂使所易所長者行之而其要不精所難所短者圖之而其功靡就

憂患未弭戎斯之由夫料敵行師必量事勢勢有難易事有後先力大而敵脆則先其所難是謂奪人之心暫勞而久逸者也力寡而敵堅則先其所易是謂固國之本觀釁而後動者也頃屬多故人勞未瘳而欲廣發師徒深踐寇境復其侵地攻其堅城前有勝負未必之虞後有餽運不繼之患儻或挫敗適所以啓戎心而挫國威以此為安邊之謀可謂不量事勢而務於所難矣天之授者有分事無全功地之產者有物宜無兼利是以五方之俗長短各殊長者不可踰短者不可企勉所短而校其所長必殆用所長而乘其所短必安強者乃以水草為邑居以射獵供飲茹多馬而尤便馳突輕生而不恥敗亡此戎狄之所長也戎狄之所長乃中國之所短而欲益兵蒐乘角力爭驅交鋒原野之間決命尋常之內以此為禦寇之術可謂勉所短而校其所長矣務所難勉所短勞費百倍終於無成雖果成之不

挫則廢豈不以越天授而違地產虧時勢以反物宜者哉將欲去危就安息費從省在其慎守所易精用所長而已若乃擇將吏以撫寧衆庶修紀律以訓齊師徒耀德以佐威能邇以柔遠禁侵掠之暴以彰吾信抑攻取之議以安戎心彼求和則善待而勿與結盟彼為寇則嚴備而不務報復此當今之所易也賤力而貴智惡殺而好生輕利而重人忍小以全大安其居而後動俟其時而後行是以脩封疆守要害塹蹊隧壘軍營謹禁防明斥候務農以足食練卒以蓄威非萬全不謀非百剋不鬭寇小至則張聲勢以遏其入寇大至則謀其大以邀其歸據險以乘之多方以誤之使其勇無所加衆無所用掠則靡獲攻則不能進有腹背受敵之虞退有首尾難救之患所謂乘其弊不戰而屈人之兵此中國之所長也我之所長乃戎狄之所短我之所易乃戎狄之所難以長制短則用力寡而見功多以易敵難則

財不匱而事速就捨此不務而反為所乘斯謂倒持戈矛以鐏授寇者也今則皆務之矣然猶守封未固寇戎未懲者何也其病在於謀無定用衆無適從所任不必才才者不必信所聞不必實實者不必聞所信不必誠誠者不必信所行不必當當者未必行故令措置乖方課責虧度財匱於兵衆力分於將多怨生於不均機失於遙制臣請為陛下粗陳六者之失惟明主慎聽而熟察之臣聞工欲善其事必先利其器欲勝其敵必先練其兵練兵之中所用復異用之於救急則權以紓難用之於暫敵則緩以應機故事有便宜而不拘常制謀有奇詭而不徇衆情進退死生唯將所命此所謂攻討之兵也用之於屯戍則事資可久勢異從權非物理所愜不寧非人情所欲不固夫人情者利焉則勸習焉則安保親戚則樂生顧家業則忘死故可以理術馭不可以法制驅此所謂鎮守之兵也夫欲備封疆禦

戎狄非一朝一夕之事固當選鎮守之兵以置焉古之善選置者必量其性習辨其土宜察其技能知其欲惡用其力而不違其性齊其俗而不易其宜引其善而不責其所不能禁其非而不處其所不欲而又類其部伍安其室家然後能使之樂其居定其志奮其氣勢結其恩情撫之以惠則感而不驕臨之以威則肅而不怨靡督課而人自為用弛禁防而衆自不攜故出則足兵居則足食守則固戰則強其術無他便於人情而已矣今者散徵士卒分戍邊陲更代往來以為守備是則不量性習不辨土宜邀其所不能強其所不欲求廣其數而不考其用將致其力而不察其情斯可以為羽衛之儀而無益於備禦之實也何者窮邊之地千里蕭條寒風裂膚驚沙慘目與豺狼為鄰伍以戰鬭為嬉遊晝則荷戈而耕夜則倚烽而覘日有剽害之慮永無休暇之虞地惡人勤於斯為甚自非生於其域習於其風

幼而覩焉長而安焉不見樂土而不遷焉則寧能寧其居而狎其敵也關東之壤百物阜殷從軍之徒充被優養恬於溫飽狎於徼康比諸邊隅若異天地閒絕塞荒陬之苦則辛酸動容聆強蕃勁虜之名則懾駭奪氣而乃使之去親族捨園廬甘其所辛酸抗其所懾駭將冀爲用不亦疎乎矧又有休代之期無統帥之馭資奉若驕子姑息如倩人進不邀之以成功退不處之以嚴憲其來也咸負得色其止也莫有固心屈指計歸張頤待飼僥倖者猶患還期之踰緩恒人念戍醜之充斥王師挫傷則將乘其亂離布路東潰情志且爾得之奚爲平居則殫耗資儲以奉浮冗之衆臨難則拔棄城鎮以搖遠近之心其弊豈惟無益哉固亦將有所撓也復有抵犯刑禁謫徙軍城意欲增戶實邊兼令展效自贖既是無良之類且加懷土之情思亂幸災又甚戍卒適足煩於防衛諒無望於功庸雖前代時或行之固非良

奏議卷之三百二十　十五

筭之可遵者也復有擁旄之帥身不臨邊但分偏師俾守疆埸大抵軍中壯鋭元戎例選自隨委其疲羸乃配諸鎮節將既居內地精兵祇備紀綱遂令守要禦衝恒在寡弱之卒寇戎每至力勢不支入壘者纔足閉關在野者悉遭劫執資其芟蹂盡其搜毆比及都府聞知虜已魁獲旋返且安邊之本所切在兵理兵若斯可謂措置乖方矣夫賞以存勸罰以示懲勸以懋有庸懲以威不恪故賞罰之於馭衆也猶繩墨之於曲直權衡之揣重輕輗軏之所以行車銜勒之所以服馬也馭衆而不用賞罰則善惡相混而能否莫殊用之而不當功過則姦妄寵榮而忠實擯抑夫如是若聰明可衛律度無章則用與不用其弊一也自頃權移於下柄失於朝將之號令既鮮克行之於軍國之典常又不能施之於將務相遵養苟度歲時欲賞一有功翻慮無功者反側欲罰一有罪復慮同惡者憂虞罪以隱忍而不彰功

以嫌疑而不賞姑息之道乃至於斯故使忘身効節者獲誚於等夷率衆先登者取怨於士卒僨軍蹙國者不懷於愧畏緩救失期者自以爲智能褒貶既闕而不行稱毀復紛然相亂人雖欲善誰爲言之況又公忠者直己而不求於人反罹困厄敗撓者行私而苟媚於衆例獲優崇此義士所以痛心勇夫所以解體也又有遇敵而所守不固陳謀而其效靡成將帥則以資糧不足爲詞有司復以供給無闕爲解既相執證理合辨明朝廷每爲含糊未嘗窮究曲直措理者含聲而靡訴誣善者罔上而不懲馭將若斯可謂課責虧度矣課責虧度措置乖方將不得竭其才卒不得盡其力屯集雖衆戰陣莫前虜每越境橫行若涉無人之地遞相推倚無敢誰何虛張賊勢上聞則曰兵少不敵朝廷莫之省察唯務徵發益師無裨備禦之功重增供億之弊閭井日耗徵求日繁以編戶傾家破產之資兼有司榷鹽稅

奏議卷之三百二十　十六

酒之利總其所入半以事邊制用若斯可謂財匱於兵衆矣今四夷之最強盛爲中國甚患者莫大於吐蕃舉國勝兵之徒纔當中國十數大郡而已其於內虞外備亦與中國不殊所能寇邊數則蓋寡且又器非犀利甲不堅完識迷韜鈐藝乏趫敏動則中國懼其衆而不敢抗靜則中國憚其強而不敢侵厥理何哉良以中國之節制多門蕃醜之統帥專一故也夫統帥專一則人心不分人心不分則號令不貳號令不貳則進退可齊進退可齊則疾徐如意疾徐如意則機會靡愆機會靡愆則氣勢自壯斯乃以少爲衆以弱爲強變化翕闢在於反掌之內是由臂之使指心之制形若所任得人則何敵之有夫節制多門則人心不一人心不一則號令不行號令不行則進退難必進退難必則疾徐失宜疾徐失宜則機會不及機會不及則氣勢自衰斯乃勇廢爲尪衆散爲弱逗撓離析兆乎戰陣之前是由一

國三公十羊九牧。欲令齊肅。其可得乎。開元天寶之間。控禦西北兩蕃。唯朔方河西隴右三節度而已。猶慮權分勢散。或使兼而領之。中興已來。未遑外討。僑隸四鎮於安定。權附隴右於扶風。所當西北兩蕃。亦朔方涇原隴右河東四節度而已。關東戍卒。至則屬焉。雖委任未盡得人。而措置尚存典制。自頃逆泚誘涇原之衆。叛懷光汙朔方之軍。割裂誅鋤。所餘無幾。而又分朔方之地。建牙擁節者凡三使焉。其餘鎮軍。數且四十。皆承特詔委寄。各降中貴監臨。人得抗衡。莫相稟屬。每俟邊書告急。方令計會用兵。既無軍法下臨。唯以客禮相待。是乃從容拯溺。揖讓救焚。冀無阽危。固亦難矣。夫兵以氣勢為用者也。氣聚則盛。散則消。勢合則威。析則弱。今之邊備。勢弱氣消。建軍若斯。可謂力分於將多矣。理戎之要。最在均齊。故軍法無貴賤之差。軍實無多少之異。是將所以同其志而盡其力也。如有誘其志意。勉其

藝能。則當閱其材。程其勇。校其勞逸。度其安危。明申練覈優劣之科。以為衣食等級之制。使能者企及。否者息心。雖有厚薄之殊。而無觖望之釁。蓋所謂日省月試。餼廩稱事。如權量之無情於萬物。人莫不安其分而服其平也。今者窮邊之地。長鎮之兵。皆百戰傷夷之餘。終年勤苦之劇。角其所能則練習。度其所處則孤危。考其服役則勞。察其臨敵則勇。然衣糧所給。唯止當身。例為妻子所分。常有凍餒之色。而關東戍卒。歲月踐更。不安危城。不習戎備。怯於應敵。懈於服勞。然衣糧所頒。厚踰數等。繼於茶藥之饋。益以蔬醬之資。豐約相形。懸絕斯甚。又有素非禁旅。本是邊軍。將校詭為媚詞。因請遙隸神策。不離舊所。唯改虛名。其於稟賜之饒。遂有三倍之益。此則儔類所以忿恨。忠良所以憂嗟。疲人所以流亡。經費所以褊匱。夫事業未異而給養有殊。人情不能甘也。況乎矯佞行而稟賜厚。績藝劣而衣食優。苟未

忘懷。孰能無慍。不為戎首則已可嘉。而欲使其協力同心。以攘寇難。雖有韓白孫吳之將。臣知其必不能焉。養士若斯。可謂怨生於不均矣。凡欲選任將帥。必先考察行能。然後指以所授之方。語以所委之事。令其自揣可否。自陳規模。須某色甲兵。藉某人參佐。要若干士馬。用若干資糧。某處置營。某時成績。始終要領。悉俾經綸。於是觀其計謀。校其聲實。若謂材無足取。言不可行。則當退之於初。不宜貽慮於其後也。若謂志氣足任。方略可施。則當要之於終。不宜掣肘於其間也。夫如是。則疑者不使。使者不疑。勞神於選才。端拱於委任。既委其事。既責其成。然後可以覈其否臧。行其賞罰。受其賞者不以為濫。當其罰者無得而辭。付授之柄既專。苟且之心自息。是以古之遣將帥者。君親推轂而命之曰。自閫以外。將軍裁之。又賜鈇鉞。示令專斷。故軍容不入國。國容不入軍。將在軍。君命有所不受。誠謂機宜不可以

遠決。號令不可以兩從。未有委任不專而望其克敵成功者也。自頃邊軍去就。裁斷多出宸衷。選置戎臣。先求易制。多其部以分其力。輕其任以弱其心。雖有所懲。亦有所失。遂令分閫責成之義廢。死綏任咎之志衰。一則聽命。二亦聽命。爽於軍情亦聽命。乖於事宜亦聽命。若所置將帥。必取於承順無違。則如斯可矣。若有意乎平凶靖難。則不可也。夫兩疆相接。兩軍相持。事機之來。間不容息。蓄謀而俟。猶恐失之。臨時始謀。固已疏矣。況乎千里之遠。九重之深。陳述之難明。聽覽之不一。欲其事無遺策。雖聖者亦有所不能焉。設使謀慮能周。其如權變無及。戎虜馳突。迅如風飆。驛書上聞。旬月方報。守土者以兵寡不敢抗敵。分鎮者以無詔不肯出師。逗留之間。寇已奔逼。託於救援未至。各且閉壘自全。牧馬屯牛。鞠為椎剽。嗇夫樵婦。罄作俘囚。雖詔諸鎮發兵。唯以虛聲應援。互相瞻顧。莫敢遮邀。賊既縱掠退歸。此

乃陳功告捷其敗衂則減百而為一其捃獲則張百而成千將帥既幸
於總制在朝不憂罪累陛下又以為大權由己不究事情用師若斯
可謂機失於遙制矣理兵而措置乖方馭將而賞罰虧度用而財
匱建軍而力分養士而怨生用師而機失此六者疆埸之蠹賊軍旅
之膏肓也蠹賊不除而但滋之以糞溉膏肓不療而苟啗之以滑甘
適足以養其害速其災欲求稼穡豐登膚革充美固不可得也臣愚
謂宜罷諸道將士番替防秋之制率因舊數而三分之其一分委本
道節度使募少壯願住邊城者以徙焉其一分則本道但供衣糧委
關內河東諸軍州募蕃漢子弟願傅邊事者以給焉又一分亦令本
道但出衣糧加給應募之人以資新徙之業又令度支散於諸道和
市耕牛雇召工人就諸軍城繕造器具募人至者每家給耕牛一頭
又給田農水火之器皆令充備初到之歲與家口二人糧并賜種子

勸之播植待經一稔俾自給家若有餘糧官為收糴各酬倍價務獎
營田既息踐更徵發之煩且無幸災苟免之弊寇至則人自為戰時
至則家自力農是乃兵不得不強食不得不足與夫倏來忽往豈可
同等而論哉臣又謂宜擇文武能臣一人為隴右元帥應涇隴鳳翔
長武城山南西道等節度管內兵馬悉以屬焉又擇一人為朔方
元帥應鄜坊邠寧靈夏等節度管內兵馬悉以屬焉又擇二人為河
東元帥河東振武等節度管內兵馬悉以屬焉三帥各選臨邊要會
之州以為理所見置節度有非要者隨所便近而併之唯元帥得置
統軍餘並停罷其三帥部內太原鳳翔等府及諸郡戶口稍多者慎
柬良吏以為尹守外奉師律內課農桑俾為軍糧以壯戎府理兵之
宜既得選帥之道既明然後減姦濫虛浮之費以豐財定衣糧等級
之制以和衆弘委任之道以宣其用懸賞罰之典以考其成而又慎

守中國之所長謹行當今之所易則八利可致六失可除如是而戎
狄不威懷疆埸不寧謐者未之有也諸侯軌道庶類服從如是而教
令不行天下不理者亦未之有也以陛下之英聖人心之思安四方
之小休兩寇之方靜加以頻年豐稔所在積糧此皆天贊國家可以
立制垂統之時也時不久居事不常兼已過而追雖悔無及明主者
不以言為罪不以人廢言輒陳狂愚惟所省擇謹奏
贄又請邊城貯備米粟等狀奏曰右兵之所恃食最為急若無儲蓄
是棄封疆自昔敗亂之由多因餽餉不足臣以任當體國職合分憂
奏減河運脚錢用充軍鎮和糴幸蒙聖恩允許又屬頻歲順成二年
之間緣邊諸軍共計收糴米粟一百八十餘萬石准元敕各委當道
節度及監軍中使度支知巡院官同勾當檢納仍以貯備軍糧為名
非緣城守乏絕及不承別敕處分並不得輒有費用若能堅守此制

有用隨即却填則是邊城當貯十五萬人一歲之糧以為急難之備
永無懸絕之困軍情去歲版築五原大興師旅所司素無備擬臨事
支計決然齎送悉貸此糧乃得軍行辦集過事之後准敕合填迨今
二年竟不支遣加以諸鎮軍食例皆闕供及其告急上聞宣旨下邊
則又請貸貯粟以充將士月糧既務廢蘗且無愧畏所未盡竭其能
幾何哉栽植至難毀拔至易古人以樹楊為喻能不為之歎惜哉況
水旱流行固宜有備戎狄為患可不為虞將欲安邊先宜積穀今當
歲稔令益軍儲反罄聚蓄之資用供朝夕之費倘遇災難則如之何
惟陛下詳思後圖不貽他日所悔臣之願也疆場之幸也不勝區區
憂患之意謹冒昧以聞
贄又請邊鎮儲糧狀奏曰臣伏見陛下每垂睿心經略邊境增築城
壘加置戍兵至於春秋衣裝歲時宴犒先後遲速悉由宸衷其為憂

勤可謂至矣。其為資費。以多矣。蓋以安人固國。不憚煩勞。此誠慎慮之深者也。然於儲蓄大計。則未降意。良圖但任有司。隨月供應。近歲蓄戎小息。年穀屢登。度支軍糧猶有匱乏。邊書告闕。相繼于朝。儻遇水旱為災。粟糴翔貴。先[illegible]。如寇擾淹時。負戟力殫。或饋餉路絕。則戍兵雖衆。不足恃。城壘雖固。不克居。是使積年完聚之勞。適貽一夕潰敗之辱。此乃理有必至。而事無幸濟者也。臣竊為陛下惜之。軍志曰。雖有石城十仞。湯池百步。無粟不能守也。故鼂錯論安邊之策。要在積穀。充國建破羌之議。先務屯田。歷代制禦四夷。常為國之大事。勇者奮其力。智者貢其謀。攻守異宜。盛衰殊勢。柔服而不勞師旅者。則常聞之矣。屯師而不務農食者。未嘗有焉。今陛下廣徵甲兵。分守城鎮。除所在營田稅畝自供之外。仰給於度支者。尚八九萬人。千里饋糧。涉履艱險。運來一斛。達于邊軍。遠或費錢五六千。近者猶過其半。犯雪霜。毀家之苦。冒豺狼剽掠之虞。四時之間。無日休息。傾財用而竭物力。猶苦日給之不充。其於儲蓄以備非常。固亦絕意而不暇思也。夫屯兵守土。以備寇戎。至而無糧。守必不固矣。遇寇不守。則如勿屯。平居有殘人耗國之煩。臨難有啓敵納侮之禍。所養非所用。所失非所虞。以為制備之規。臣竊謂疎矣。

貞元十三年。上以方渠合道木波皆吐蕃要路。欲城之。使問邠寧節度使楊朝晟須幾何兵。對曰。邠寧兵足以城之。上曰。鄕城鹽州。用兵七萬。今三城尤逼虜境。如此何也。對曰。今發本鎮兵。不旬日至。出其不意而城之。虜謂吾衆不減七萬。不敢輕來。不過三旬。吾城已畢。虜雖至。城旁草盡。不能久留。虜退則運芻糧以實之。此萬全之策也。若大集諸道兵。踰月始至。虜亦集衆而來。與我爭戰。勝負未可知。何暇築城哉。上從之。朝晟分軍為三。各築一城。三日三城成。朝晟軍還至馬嶺。吐蕃始出。追之。相距數日而去。朝晟遂城馬嶺而還。

德宗時。兩河罷兵。轉運使韓滉上言。吐蕃盜河湟久。近歲浸弱。而西迫大食。北抗回鶻。東抗南詔。分軍外戰。兵在河隴者不過五六萬。若朝廷命將以十萬衆城涼鄯洮渭。各置兵二萬為守禦。臣請以本道財賦饋軍給三年費。然後營田積粟。且耕且戰。則河隴之地可翹足而復。帝善其言。

憲宗元和八年。振武河溢。毀受降城。節度使李光進奏請修城。兼理河防。李吉甫請徙於天德故城。以避河患。李絳盧坦以為受降城張仁愿所築。當磧口。據虜要衝。美水草。守邊之利地。欲避河患。退二三里可矣。天德故城僻處确瘠。烽候不相應接。虜忽唐突。勢無由知。是無故而蹙國二百里也。城使周懷義奏利害與坦絳同。上卒用吉甫策。以受降城騎士隸天德軍。李絳言於上曰。邊兵徒有其數而無其實。將帥但緣私役使。聚其貨財以結權倖而已。未嘗訓練以備不虞。此不可不於無事之時豫留聖意也。受降兵籍舊四百人。及天德交兵。纔五十人。器械一弓而已。故絳言及之。

元和九年。李吉甫奏。開元中置宥州以領降戶。寶應以來因循遂廢。今請復之。以備回鶻撫党項。上從之。先是。回鶻屢請昏。朝廷以費廣未許。李絳言。回紇凶強。不可無備。淮西窮蹙。事要經營。萬一北方有警。則非步騎數萬不足抗禦。而淮西遺醜復延歲月之命。為國家費。豈特降主之比。上不聽。

憲宗時。宰臣李絳嘗因延英論及邊事。上言曰。自古及今。戎狄與中國並。雖代有衰盛強弱。然常須邊境備擬。烽候精明。雖繫頸屈膝。而亭障未嘗一日弛其備也。何者。夷狄無親。見利則進。不知仁義。惟務侵盜。故強則寇掠。弱則卑伏。此其天性也。是以聖王以禽獸蚊蚋待之。其至也。則驅除之。其去也。則嚴備之。今北虜蕃臣復多歷年載。雖實有功於國家。報之以厚。然施者已倦。求者未厭。滿其意則曰事當宜尒。悍氣益驕。酌其中則曰効之難圖。怨辭立至。故印馬孟廣。望價轉多無猒之心實難為足若不如此異日必有不顧恩德為患封疆寇至而謀事則不及矣今西北兩都皆無備擬兵但虛數坐盜衣糧將無成効嵗邀官爵衣甲器械之類破官錢空有其名部伍訓練之方務酒樂都亡其制古者兵無二事志在殺敵將無異望專在誅寇器用犀利斥候精明若有煙塵咸為力戰若無警急即營生業今則不然戰士採拾以供上命惟責程課不卹飢寒主將刻削以結內寵不輯戎事惟濟己身今戎狄繼來婚媾於國情實叵細必知邊塞空虛有無成悉至於山川要害道途險易已皆採知熟習委曲諳識朕或見利忘義因便乘間風塵暴至羽檄交馳急詔徵兵無及倏景之苦閑辟進禍寧救驅掠之災使邊人仰天而呼望國而泣蓄甲不足以衛疆場命將不足以扼寇讎此聖主所宜圖之不可忘於終食之間也伏望詔勑邊鎮節度俾其虛實有無少關事宜分析聞奏仍請於

八座丞郎兩省中選擇公忠清幹不撓之臣奉使各與大鎮節度俾各與點閱軍中訪問事理一時上聞然後申明制度增緝募兵謹其殿最行其賞罰罪在不捨刑罰必加功有可褒爵賞必及如此則陛下高枕邊人永寧古人曰備豫不虞有備無患此經國之常制也上驚曰今邊上豈如此空虛也卿等使令點檢切為殿最時天德軍中城舊屬振武有鎮兵四百人今其時却割屬天德軍交割惟有十人弃軍將在此其器械惟有弓一張餘可知也數月後李絳罷相遂因循舊弊

元和中左拾遺元稹論西戎表奏曰臣蒙恩顧問竊見陛下患戎之意深矣自貞元以來國家所以甘億兆之費於塞下蓋以犬戎有侵軼之患而邊人思守禦之利也然而河湟之地日削田桑之業日空塞下之人日亡戎狄之心日熾若此非他不得備之之術也且臣聞

之君之命帥帥之命將將之使卒猶心之使臂臂之使指然後敵可擒而軍可制也今之屯戍者則不然衆其城保寡其師長獲一馬則圖功虜一戎則告捷至於屠縣邑掠萬人則曰力弱不足以應敵援寡不足以摧凶苟謹閑繕完不失其守者則朝廷議賞之不給又孰肯摧鋒刃冒殊死出入於條虜哉此又非俗衆分力散而責師之刑無所加也而又加之以為農者不教戰戰者不兼農寇至則卒伍被甲而乘城野人空拳以應敵此又耕戰之術不修而屯聚之方太逸也今夫邠岐汧隴之地皆后稷公劉之所理也土宜植物人務稼穡陛下誠能使本道節制廣於荒隙大建屯田塞下諸軍除使令守防之外一切出之於野限人名田復其租入然後因其阡陌制之閭井因其卒伍樹之師長固其壁壘以備不虞犬戎適至則有遠阡接吟之兵戎騎纔歸則復耰鋤耰耨之事若此則曩時之聚食者盡

歸之於服勤之農矣前此之係虜者盡化為守禦之兵矣三五年間塞下有相因之粟邊人無侵軼之虞陛下又董之以良帥威之以必刑則彼瑣瑣之戎陛下將署其君長征其牛羊奴虜以擒之可也螻蟻以據之可也又何必詢王恢使蘇武用晁錯訪婁敬而後復河湟稱即叙哉此備戎之大畧也方今獨有急於此者臣敢冒昧殊死而言之臣聞善弈棊者將劫其棊必固其羸是以敵可務而地不危今庸蜀有犬吠之驚南蠻絕貢誠之路陛下又輟遣將以統問罪之師肬或蜂蠆相完尚稽天討兵連不解綿夏涉秋則犬戎乘釁啟心之日也陛下其圖之臣無任懇款憂邊之至

杜佑拜司徒封岐國公党項陰導吐蕃為亂諸將邀功請討之佑以為無良邊臣有為而叛即上疏曰昔周宣中興獫狁為害追之太原及境而止不欲弊中國怒遠夷也秦恃兵力北拒匈奴西逐諸羌結

怨階亂實生請戍蓋聖王之治天下惟欲綏靜生人西至於流沙東漸于海在北與南止存禁敎豈疲内而事外邪昔馮奉世矯詔斬莎車王傳首京師威震西域宣帝議加爵土蕭望之獨謂矯制違命雖有功不可爲法恐後奉使者爲國家生事兾狄比突厥默啜寇害中國開元初郝靈佺捕斬之自謂功莫與二宋璟慮邊臣由此邀功但授郎將而已由是訖開元之盛不復議邊中國遂安此成敗鑒戒之不遠也党項小蕃與中國雜處間者邊將侵剥利其善馬子女斂求繇役遂致叛亡與北狄西戎相誘爲邊傳曰遠人不服則修文德以來之管仲有言國家無使勇猛者爲邊境此誠聖哲識微知著之畧也今戎醜方彊邊備未實誠宜慎擇良將使之完輯禁絶誅求示以信誠來則懲禦去則謹備彼當懷柔革其姦謀何必亟興師徒坐取勞費我帝嘉納之

穆宗立時吐蕃寇涇原西北騷然又畧雅州劒南節度使王涯調兵拒之上言蜀有兩道直搗賊腹一繇龍川清川以抵松州一繇綿州威蕃栅抵棲雞城皆虜險要地臣願不愛金帛使信臣持節與北虜約曰能發兵深入者殺其人取其地受其賞開懷以示之所以要約諄熟異它日者則匈奴之銳可岀西戎之力衰矣帝不報

長慶四年上命李德裕修塞清溪關以斷南詔入寇之路德裕上言通蠻細路至多不可塞惟重兵鎮守可保無虞時北兵皆歸本道惟河中陳許三千人在成都有詔來年亦歸蜀人恟懼德裕奏乞鄭滑五百人陳許千人以鎮蜀且言蜀兵脆弱新爲蠻寇所困皆破膽不堪征戍若北兵盡歸則與杜元穎時無異朝廷建言罷兵盡由搞不在身望人責一狀留入堂案他日敗事不可令臣獨當國憲朝廷皆從其請

歷代名臣奏議卷之三百二十一

歷代名臣奏議卷之三百二十二

禦邊

宋太宗時。王化基權御史中丞。一日侍便殿。問以邊事。對曰。治天下猶植木焉。所患根本未固。固則枝幹不足憂。朝廷治。則邊鄙何患乎不安。

朝廷議城古威州。遣內侍馮從順訪于工部員外郎鄭文寶。文寶上言。威州在清遠軍西北八十里樂山之西。唐大中時。靈武朱叔明收長樂州。邠寧張君緒收六關。即其地也。故壘未圮。水甘土沃。有良木薪秸之利。約葫蘆臨洮二河。壓明沙蕭關兩戍。東控五原。北固峽口。足以襟帶西涼。咽喉靈武。城之便。然環州至伯魚。伯魚抵青岡。青岡拒清遠。皆兩舍。而清遠當羣山之口。扼塞門之要。芻車野宿。行旅頓絕。威州隔城東隅堅石盤互。不可浚池。城中舊乏井脉。又飛烏泉去城尚千餘步。一旦緣邊警急。賊引平夏勝兵三千。據清遠之衝。乘高守險。數百人守環州甘水谷。獨家原傳箭野貍十族。脅從山中熟戶党項。孰敢不從。又分千騎守磧北清遠軍之口。即自環至靈七百里之地。非國家所有。豈威州可禦哉。請先建伯魚青岡清遠三城。爲頓師歸重之地。古人有言。金城湯池。非粟不能守。俟二年間。秦民息肩。臣請建營田積粟實邊之策。修五原故城。專三池鹽利。以金帛啖党項酋豪子弟。使爲朝廷用。不唯安朔方。制豎子。至於經營安西。綏復河湟。此其漸也。詔從其議

端拱二年。右拾遺直史館王禹偁上禦戎十事狀。奏曰。臣伏以中國之病匈奴。其來久矣。故書云。蠻夷猾夏。寇賊奸宄。則五帝之所不免也。又詩云。薄伐玁狁。至于太原。則三王之所爲患也。爰自秦漢。降及隋唐。擊伐通和。布在方冊。皆陛下之所詳覽矣。臣今獨引漢之文帝時事跡。以爲鑒戒。望陛下留意而覽之。則天下幸甚。蓋以漢之十二帝。言乎聖明者。文景也。言乎昏亂者。哀平也。然而文景之時。單于最爲強盛。大肆侵掠。候騎至雍。火照甘泉宮。哀平之時。呼韓耶單于每歲來朝。委職稱臣。邊烽罷警。此豈繫乎曆數。而不由于道德耶。臣以爲不然矣。且漢文景當單于強盛之時。而外能任人。內能修德。使不爲深患者。由乎德也。哀平當單于衰弱之際。外無良將。內無賢臣。而使之來朝者。繫于時也。臣以爲國家廣大。不下漢朝。陛下聖明。豈減文帝。犬戎之強盛。未及單于時。至如撓亂邊土。觸犯天威。豈有候騎至雍。而火照甘泉之患乎。在陛下外任其人。內修其德矣。以臣計之。外任其人。內修其德之道。各有五焉。謹列如左。外任其人有五者。一曰。兵勢患在不合。將臣患在無權。陛下固未能專委一人。則請於沿邊要害之地。爲三軍以備之。若有唐受降城之類。如國家有兵三十萬。則每軍十萬人。使互相救援。責以成功。有功者行賞。無功者明誅。則犬戎不能南下矣。二曰。伺邏邊事。罷用小臣。用小臣。則邊情有隱而不盡知也。臣伏見往來邊上者。多闒茸小臣。雖有愛君之心。而無愛君之實。恐邊疆塗炭而不盡奏。邊民哀苦而不盡聞。陛下誠能用老成大僚。往來宣撫。賜以溫顏。使盡情無隱。則邊事濟矣。三曰。行間諜以離之。因釁隙以取之。臣風聞犬戎中婦人任政。荒淫不法。陛下宜委邊上。重募邊民諳練蕃情者。間諜蕃中酋長。啗之以厚利。旌之以深恩。蕃人好利而無義。待其離心。因可取也。四曰。以夷狄攻夷狄。中國利也。今國家西有趙保忠折御卿。爲國心腹。陛下亦宜敕此二帥。率麟府銀夏綏五州。張其掎角。聲言直取勝州。則犬戎懼而北保矣。此實不用。但張其勢而已。五曰。下哀痛之詔。以感激邊民。頃歲陛下首伐燕薊。蓋以本是漢疆。晉朝已來。方入戎虜。既四海一統。誠宜

取之而邊民蚩蚩未知陛下之意皆以貪其土地致犬戎南牧陛下宜下哀痛之詔告諭邊民則三尺童子皆奮臂而擊之矣然後得著人一級者賜之帛得胡地一馬者還其償得酋帥者與之散官如此則人百其勇而士一其心也內修其德有五者一曰併省官吏惜經費也竊以唐虞稽古建官惟百夏商官倍亦克用乂周設六官寮屬漸廣秦併六國郡縣益多食祿者日增力田者日耗降及漢魏以至隋唐員數有加職名無減清介者止餘俸料貪濁者又恣侵漁是以約人命官斯為中矣今百官之內三班之中若備論冗食且恐迂迴有煩聽覽只如臣舊知蘇州長洲縣七千餘家自錢氏納土已來聖朝命官之後七年無縣尉使主簿領之未嘗缺一事三年置縣尉主簿又存之未嘗立一功以臣詳之天下大率如是臣請黜陟庶寮併省羣吏賢者得以陳力不肖得以歸耕誠能省官三千員減俸數十萬以供邊備以寬民賦亦平戎之大計也二曰重選舉伏自陛下臨御以來崇尚儒術親至文闈志在得人未嘗求備止自文士下及腐儒大則十數年之間便居富貴小則數月之內便預官常或一行可觀一言可采寵賜之數動踰千萬不獨破十家之產抑亦走三軍之心臣亦其人因自言尔臣恐擐甲之士有使鶴之言望陛下減儒官之賜均戰士之恩矣三曰信用大臣參決機務蓋以分閫外之事者在乎將帥用堂上之兵者在乎相臣宜資帷幄之謀以決安危之策方今君臣親愛率執資明振古而來未之有此然而限以常禮隔以朝儀情恐未通言恐不盡臣每見千官就列萬乘臨軒中書有平章之文密院有機務之奏三司有出納之計歷階而進禮成而退為定制也臣望陛下坐朝之暇聽政之餘頻召大臣共議邊事定而後行無容小臣間廁即係單于之頸斷匈奴之臂必有人矣　四曰不貴虛

名戒無益也臣以為聖人無名神人無功跡用不彰品物自化道德既衰功名始生五帝之時猶能不伐三代而下多有自矜討叛伐則重困生靈得土地則空標史冊禍敗之本何莫由斯方今萬國駿奔四方康樂聖德被矣神功著矣唯茲北狄未服中原以臣思之恐是宗廟之靈天地之意慮陛下驕于大寶怠于安民用廣聖謨以為警戒陛下誠宜作備邊之計示憂民之心不必輕用雄師深入虜境竭蒼生之衆力矜青史之虛名如此則天道順人心悅年歲之間可緩而圖也五曰禁止遊手寧民力也夫牧民者君也聚人者財也產財用者土地也闢土地者人民也民衆則土地闢土地闢則財用足財用足則國家安矣方今雖務農桑尚多游薄耕織者鮮矣衣食者衆矣加以飛芻輓粟之勞妨鑿井耕田之力若無條禁曷禦凶荒臣請陛下先問戶部則輸稅之家可見矣又問吏部則食祿之人可知矣又問兵部則軍人受食者可數矣又問祠部則僧道蠹人者可明矣復有臺寺之小吏府監之雜工總其數而計之聚其人而校之臣恐以三分勤耕苦織之人贍七分坐衣待食之輩欲望民泰不亦難乎況今邠蘇雖多蕪荒且遠河北備邊之民力可用者唯東至登萊西至秦鳳為抵淮西而已此數十州者乃中土之根本不可不惜也望陛下少度僧尼少崇寺觀勸其風俗務于田農則人力益而邊民實也若華逆勞於外游惰耗於內人力日削邊用日多不幸有水旱之災則寇不獨在外而在乎內也惟陛下熟計之

是年朝廷將討幽薊詔羣臣各言邊事吏部尚書宋琪上疏謂大舉精甲以事討除靈旗所指燕城必降但徑路所趨不無險易若取雄霸路直進未免更有陽城之圍蓋界河之北陂淀坦然北路行師非我所便況軍行不離於輜重賊來莫測其淺深欲望回轅西適山

路。令大軍會於易州循孤山之北漆水以西挾山而行援糧而進。涉
涿水並大房。抵桑乾河。出安祖砦則東瞰燕城裁及一舍此是周德
威收燕之路。自易水距此二百餘里並是沿山。村墅連延溪澗相接
採薪汲水我占上游東則林麓平岡非戎馬奔衝之地內排槍弩步
隊實王師備禦之方。而於山上列白幟以望之戎馬之來三十里外
可悉數也。從安祖砦西北。有盧師神祠是桑乾出山之口東及幽州
四十餘里趙德鈞作鎮之時欲遏西衝曾整此水。況河次半有崖岸
不可徑度其平處築城護之守以偏師此斷彼之右臂也。仍慮步奚
為寇可分雄勇兵士三五千人。至青白軍以來山中防遏此是新州
嬀川之間。南出易州大路。其桑乾河水屬燕城北隅繞西壁而轉大
軍如至城下於燕丹陵東北橫堰此水灌入高梁河。高梁岸狹桑水
必溢可於駐蹕寺東引入郊亭淀三五日。瀰漫百餘里即幽州隔在

奏議卷之三百二十二　五

水南。王師可於州北繫浮梁以通北路。賊騎來援已隔水矣視此孤
壘浹旬必克。幽州管內洎山後八軍聞薊門不守必盡歸降蓋勢使
然也。然後國家命重臣以鎮之敷恩澤以懷之奚霫部落當劉仁恭
及其男守光之時皆刺面為義兒服燕軍指使人馬疆土少劣於契
丹自被脅從役屬以來常懷骨髓之恨渤海兵馬土地盛於奚帳雖
勉事契丹俱懷殺主破國之怨。其薊門洎山後雲朔等州沙陀吐渾
元是割屬咸非叛黨此蕃漢諸部之眾如將來王師討伐雖臨陣擒
獲必貸其死命署置存撫使之懷恩但以罪契丹為名如此則蕃部
之心願報私憾契丹小醜克日殄乎。其奚霫渤海之國各選重望親
嫡封冊為王。仍賜弓劍鼓旗軍服戈甲以優遣之。必竭赤心永服皇
化。俟克平之後宣布守臣令於燕境及山後雲朔諸州厚給衣糧料
錢別作禁軍名額召募三五萬人教以騎射隸於本州此人生長塞

垣諳練戎事。乘機戰鬬。一以當十兼得奚霫渤海以為外臣乃守在
四夷也然自阿保機時至於近日河朔戶口虜掠極多。並在錦帳平
盧亦迩柳城遼海編戶數十萬耕墾千餘里既殊異類悉為王民變
其衣冠被以聲教願歸者俾復舊貫懷安者因而撫之申畫郊圻列
為州縣則前代所建松漠饒落等郡未為開拓之盛也俄又奏曰國
家將平幽薊臣敢陳十策。一契丹種族。二料賊眾寡。三賊來布置。四
備邊。五命將。六排陣討伐七和蕃八餽運九收幽州。十滅契丹。契丹
蕃部之別種代居遼澤中南界潢水西距邢山。疆土幅員千里而近。
其主自阿保機始強盛因攻渤海死於遼陽妻述律氏生三男長曰
東丹次曰德光德光南侵還死於殺胡林。季曰自在太子東丹生永
康。永康代德光為主謀起軍南侵被殺於大神淀。德光之子述律代
立號為睡王。二年為永康子明記所篡明記死幼主代立明記妻蕭

奏議卷之三百二十二　六

氏蕃將守興之女今幼主蕭氏所生也。晉末契丹主頭下兵謂之大
帳。有皮室兵約三萬皆精甲也為其爪牙。國母述律氏頭下謂之屬
珊。屬珊有眾二萬乃阿保機之牙將當是時半已老矣。南來時量分
借得三五千騎述律常留餘兵為部族根本。其諸大首領有太子偉
王永康南北王于越麻荅五押等于越謂其國舅也。大者千餘騎次
者數百騎皆私甲也別族則有奚霫勝兵亦萬餘人少馬多步奚其
王名阿保得者昔年犯闕時令送劉琋崔廷勳屯河洛者也。又有渤
海首領大舍利高模翰步騎萬餘人並髡髮左衽竊為契丹之飾復
有近界尉厥里室韋女真党項亦被脅屬每部不過千餘騎其三部
落吐渾沙陀洎幽州管內鴈門已北十餘州軍部落漢兵合二萬餘
眾。此是石晉割以賂蕃之地也。蕃漢諸族其數可見矣。每蕃部南侵
其眾不啻十萬。契丹入界之時步騎車帳不從阡陌東西一槩而行。

大帳前及東西面差大首領三人各率萬騎支散遊奕百十里外亦交相偵邏謂之欄子馬契丹主吹角為號衆即頓合環繞穹廬以近及遠折木稍屈之為弓子鋪不設槍營塹柵之備每軍行聽鼓三伐不問昏晝一匝便行未逢大敵不乘戰馬俟近我師即競乘之所以新羈戰蹄有餘力也。且用軍之術成列而不戰俟退而乘之多伏兵斷糧道冒夜舉火上風曳柴饋餉自齎退敗無恥散而復聚寒而益堅。此其所長也。中原所長秋夏霖霪天時也山林河津地利也槍突劍弩兵勝也。財豐士衆力強也。乘時互用較然可知。王師備邊破敵之討。每秋冬時。河朔州軍緣邊砦柵但專守境勿輒侵漁。令彼尋戈其詞無措或戎馬既肥長驅入寇契丹主行部落萃至寒雲翳日。朔雪迷空鞍馬相持氈褐之利。所宜守陴坐甲以逸待勞令騎士並屯於天雄軍貝磁相州以來若分在邊城緩急難於會合。近邊州府只

用步兵多屯弩手大者萬卒小者千人堅壁固守勿令出戰彼以全國之兵此以一郡之衆雖勇懦之有殊虞衆寡之不敵也。國家別命大將總統前軍以遏侵軼。只於天雄軍邢洺貝州以來設掎戎之備。俟其陽春啓候虜計既窮新草未生陳荄已朽蕃馬無力疲寇思歸逼而逐之必自奔北。前軍行陣之法。馬步精卒不過十萬。自招討以下更命三五人蕃侯充都監副戎。排陣先鋒等職臨事分布所貴有權。追戎之陣須列前後其前陣萬五千騎陣身萬人是四十指揮。左右梢各十指揮是二十將。每指揮作一隊自軍主都虞候指揮使押當每隊用馬突或刃子槍一百餘並弓劍骨朵其陣身解鐙排之。俟與戎相搏之時無問厚薄十分作氣擒突交衝賊逐往來後陣更進。彼若乘我深入陣身之後。更有馬步人五千分為十頭以捍竿鐙弩俱進為回騎之舍陣梢不可輕動。蓋防橫騎奔衝此陣以都監主之

進退賞罰使可裁決後陣以馬步軍八萬招討董之。與前陣不得過三五里展梢實心布常山之勢左右排陣分押之或前陣擊破寇兵。後陣亦禁其馳驟輕進蓋師正之律也。牧誓云四伐五伐乃止齊焉慎重之戒也。是以開運中晉軍掎戎未嘗放散三四年間雖德光為戎首多計較黠而無勝晉軍之處。蓋併力禦之然後以任人不當為奸譯之所誤。如將來殺獲驅攘之後聖人務好生之德設息兵之謀雖降志難甘亦和戎為便。魏絳嘗陳五利奉春僅得中策歷觀載籍前王皆然。易稱高宗用伐鬼方。詩美宣王薄伐玁狁是知戎狄侵軼其來尚矣。然則兵為凶器聖人不得已而用之。若精選使臣不辱君命。通盟繼好。弭戰息民。此亦策之得也。臣每見國朝發兵未至屯戍之所。已於兩河諸郡調民運糧。遠近騷然煩費十倍臣生居邊土習知其事。況幽州為國北門。押蕃重鎮養兵數萬應敵乃其常事。每逢

調發惟作糗糧之備。入蕃旬浹。軍糧自齎。每人給麨斗餘盛之於橐以自隨。得馬每匹給生穀二斗作口袋飼秣日以二升為限旬日之間人馬俱無飢色更以牙官子弟戮力津擎重寄則一月之糧不煩饋運俟大軍既至定議取捨然後圖轉饟。亦未為晚

淳化五年。琪又上書言邊事曰。臣頃任延州節度判官經涉五年。雖未嘗躬造夷落。然常令蕃落將和斷公事歲無虛月蕃部之事熟於聞聽。大約党項吐蕃風俗相類其帳族有生户熟户。接連漢界入州城者謂之熟户。居深山僻遠橫過寇略者謂之生户。其俗多有世讎不相來往遇有戰鬬則同惡相濟傳箭相率。其從如流。雖各有鞍甲而無魁首統攝並皆散漫山川居常不以為患党項界東自河西銀夏西至靈鹽。南距鄜延。北連豐會厥土多荒隙。是前漢呼韓邪所處河南之地幅員千里。從銀夏至青白兩池地惟沙磧俗謂平夏拓拔

蓋蕃姓也。自鄜延以北多土山栢林，謂之南山野利，蓋羌族之號也。
從延州入平夏有三路。一東北自豐林縣葦子驛至延川縣接綏州
入夏州界。一正北從金明縣入蕃界至蘆關四五百里，方入平夏州
南界。一西北歷萬安鎮經永安城出洪門至宥州四五百里，是夏州
西境。我師如入夏州之境，宜先招致接界熟戶，使為鄉導。其強壯有
馬者，令去官軍三五十里踏白先行。緣此三路土山栢林溪谷相接，
而復隘陿，不得成列。躡此鄉導，可使步卒多持弓弩槍鋸隨之，以三
二千人登山偵邏，俟見坦塗寧靜，可傳號勾馬遵路而行，我皆嚴備，
保無虞也。長興四年，夏州李仁福死，有男彝超擅稱留後，當時詔延
州安從進與李彝超換鎮。彝超據夏州，固不奉詔。朝廷命邠州藥彥
稠總兵五萬送從進赴任。時頓兵城下，議欲攻取，軍儲不繼，遽命班
師，而振旅之時，不能嚴整，奚戈棄甲，遂為邊人之利。臣又聞党項號

為小蕃，非是勍敵。若得出山布陣，足勞一戰，便可盪除。深入則饋運
艱難，窮追則窟穴幽隱，莫若緣邊州鎮分屯重兵，俟其入界侵漁，方
可隨時掩擊，非惟養勇，亦足安邊。凡烏合之徒，勢不能久，利於速鬬，
以騁兵鋒，莫若持重守疆，以挫其銳。彼無城守，衆乏餱糧，威賞不行，
部族分散，然後密令覘其保聚之處，預於麟府鄜延寧慶靈武等州
約期會兵，四面齊進，絕其奔走之路，合勢擊之，可以翦除無噍類矣。
仍先告諭諸軍擊賊，所獲生口資畜，許為己有，彼為利誘，則人百其
勇也。靈武路自通遠軍入青岡峽五百里，皆蕃部熟戶，向來人使商
旅經由，並在部族安泊，所求賂遺無幾，謂之打當，亦如漢界逆旅之
家宿食之直也。此時大軍或須入其境，則鄉導踏白當如夏州之法。
況彼靈州便是吾土，芻粟儲畜率皆有備，緣路五七程，不煩供饋。止
令逐部兵騎裹糧輕齎，便可足用，所謂縻鎖繫馬，劫一時之力也。

旬浹之餘，固無闕乏矣。又臣嘗受任西川數年，經歷江山，備見形勢
要害。利州最是咽喉之地，西過桔栢江去劍門百里，東南去閬州水
陸二百餘里，西北通白水清川，是龍州入川大路，鄧艾於此破蜀。至
今廟貌存焉。其外三泉西縣興鳳等州並為要衝，請選有武畧重臣
鎮守之。奏入，上密寫其奏，令繼隆擇利而行。
端拱二年，知制誥田錫吝詔論邊事，上奏曰：臣伏覩今月十一日御
札，宣示內外文武臣僚，以北鄙多虞，戎人為患，延佇良策，降諭德音，
詢禦侮之嘉謀，問安邊之遠畧，俾悉陳於異見，將擇用其所言。臣之
顓愚，豈足上副宸旨；臣之狂直，敢不罄盡鄙懷，儻效納可裨於事宜，
則明聖不罪於狂瞽。臣每讀史傳，詳觀古來戎狄騷邊，乃是常事。朝
廷設備，自有常規，舉其大畧而言之，不過訓練師徒，選擇將帥，廣蓄
儲備，多置屯田，嚴其池城，明於斥候，謹於烽火，利其甲兵，行間諜以
離狄心，禁侵擾以息戰，意待彼羸弱，因勢取之，俟其賓服，以德綏之。
此皆方冊備陳，采擇可用也。捨此，則未見禦戎之術。用此在臨事之
宜。兵機則不可定謀，遙議則須依古制。今具條奏，惟陛下擇而行之。

一，今之禦戎，無先於選將帥。既得將帥，請委任責成，不必降之以
陣圖，不須授之以方畧，自然因機設變，觀釁制宜，以此無不成
功，以是無不破敵。昔漢之西羌犯塞，攻城邑，殺長吏，趙充國年
七十矣。上使邴吉問曰：誰可為將？充國對曰：無踰老臣。以是言
之，則請令宰臣已下各舉堪為將帥者，又令宿舊武臣素有問
望者，亦令自舉，然後陛下詳擇而用之。又趙充國既為將，宣帝
遣問曰：將軍度羌虜如何，當用幾人？充國曰：百聞不如一見，兵
難踰度，臣願馳至金城，圖上方畧。然羌戎逆天背叛，滅亡不久，
願陛下以屬老臣，勿以為憂。以是言之，昔充國為老將，尚謂百

聞不如一見。況今委任將帥。而每事欲從中降詔授以方畧。或賜與陣圖。依從則有未合宜。專斷則是違上旨。以此制勝。未見其長。伏乞速命宰臣。令舉良將。及令素有問望宿舊之臣。各自舉其能。及舉所知者也。

一將帥行恩信。卹士卒。必豐財貨。方得士心。昔趙奢為將。所得王之賞賜。盡與軍吏。又李牧為將。軍市之租。皆用享士卒。魏尚守雲中。其軍市租盡以給士卒。出私養錢享賓客軍吏。是以匈奴不近雲中之塞。今國家所命將帥。雖古今異宜。凡有給賜。今則誰敢效古。散家財賞士卒。去吝嗇有幾何人哉。若以年年供億輓運老師費財。曷若厚給將帥使之賞用也。又聞近侯伯亦有廳直二五十人。習騎射為心腹。每出入陣敵。得以廳直隨身翼衛主帥。後來不敢養置。昨來楊業陷陣。訪聞亦是無自己腹心從人護助捍禦。以致為狄之所獲。今雖時異事殊。然廢置利害。亦繫詢訪行之。

一今之禦戎。以沿邊諸郡有勇智者。命為刺史。委之自用方畧。警急利便事。許方奏。使人人各盡其才術。此必為陛下各立殊勳。控制侵侮。昔後漢郭伋為漁陽太守。時匈奴數抄郡界。邊境苦之。伋乃整飭士馬。設攻守之畧。匈奴畏憚。不敢入塞。人得安業。在職五歲。戶口增倍。又張堪為騎都尉。破匈奴於高柳。拜漁陽太守。捕擊姦猾。賞罰必信。人皆樂為用。匈奴以萬騎入漁陽。堪乃率數千騎奔擊。大破之。郡界以靜。乃於狐奴開稻田八千餘頃。勸人耕種。以致豐富。百姓歌之。視事八年。匈奴不敢犯塞。以此言之。則沿邊諸郡。請令擇有智勇者為刺史。必副陛下之憂寄也。

一今之禦戎。更在悅取軍情。凡經揀退尚堪力役者。卻與元本料錢。其殁陣及守戍死亡兵士。所有在營老幼。宜矜憫優恤。或給賜。令各存活。勿使寒飢無所歸向。人不可取充洒掃執縫之隸。其次揀中新招到軍。雖稍有身首人材。未宜便令管轄舊人。須是經歷行陣。稍知軍伍次第。微有勞效者。方令充節員。所貴已下亦各甘心。無易為驅使。若曾有功勞。未得優賞者。即乞別作名目優異酬賞。臣未知朝廷府庫錢帛之大數。亦不知國家支費用度之衆寡。若陛下省罷塔廟之費耗。迴充軍旅之賞給。則孰不革其怨心。孰不致其死力。若是破敵。必副陛下平戎之心也。

一今之禦戎。亦宜別設條例等第立賞。若得一堡壘。或復一障亭。與其官與若干賞。賞不踰時。必誠必信。條例不煩。令軍中曉會此。必有果敢智謀之士。副陛下之立賞也。

一今之禦戎。又宜以重賞召募敢死之士。仍以古來選士之科以取士卒。亦於軍中擇取應得選士之條目。令舉其六者。更可詳酌增損。且據兵書言之。取曾習韜鈐者。有謀畫者。又取能知敵情偽者。取能知山川險易徑路迂直者。取強弓過人能斬虜搴旗者。又取往復數百里不及暮至者。又取能破格舒鉤或負數百斤行五十步者。又取趫捷若飛。能踰壁壘。出入無形。堪窺覘者。各區別技能。置立部分。以副將帥之指使也。

一今之禦戎。外則委任將帥。內則詢謀宰臣。行一事。必使宰臣知之。出一詔。必令宰臣議之。臣聞前年出師向北。命曹彬以下欲取幽州。是侯利用賀令圖之輩。僥惑聖聰。陳謀畫策。而宰臣昉等不知。又去年招置義軍。刺配軍分。宰相普等亦不知之。豈有議邊陲發師旅而宰相不與聞若宰相非才何不罷免宰相可任何不詢謀今宰相晉三入中書再出藩鎮重望碩德元老大臣人所具瞻事無不歷乞陛下以軍旅之事機密之謀悉與籌量盡其規畫此乃國體君父至公臣聞偏信生奸獨任成亂侯利用賀令圖等既悮陛下機宜於前無令似侯利用賀令圖者復悮陛下機宜於後伏乞陛下一一與宰臣謀議事事與宰相商量悔日前獨斷之明詳今後公共之理則事無不允雷下無不盡忠則大臣之間足以副陛下憂勤之旨也

一今之禦戎在乎辨邊上奏報之虛實察左右蒙蔽之有無失利則未必盡言報大捷則不足深信陛下未嘗信而先信陛下本欲知而未知如此何以料安危如此何以策成敗安危成敗之理乞陛下詳而察之

一今之禦戎無先用諜兵書曰事莫密於間賞莫重於間狄中自有諸國未審陛下曾採得凡有幾國否幾國與匈奴為讎者悉知否可以用重賞行間諜間諜若行則夷狄自亂夷狄自亂則邊鄙自寧昔李靖用間破突厥心腹之人自離貳也書在唐史其事可知以務能往絕域鬪亂蕃部使交相侵害如漢之陳湯傅介子之流則不勞師徒自然歸化此可以緩陛下憂邊之心也其餘謹烽候明斥候亦可以依古法為警備趙充國傳曰五星出東方中國大利蠻夷大敗太白出高用兵深入敢戰者吉雖天道遠而難知然昭昭垂象緯者為陛下言兵之利害也

一今之禦戎凡召發兵吉或儲糧草亦宜謹靜勿使喧煩臣竊聞去年於戶稅上折科馬草及官中和買當日納未足之間即有使臣催督貧下戶婦女有行科校者又聞汴河乾淺遂分南河水添注汴河以待漕運國家計度何處而然時一至於此輦轂之下豈無外國諜人臣即不知國家見在軍儲支得幾年若是無九年之糧實為無備若是無三年之糧實為窘急若不窘急則何以科校婦女而納草添注河水而待漕運也

一今國家富有天下精卒利兵計有百萬然無將帥為陛下治兵昔吳起為將為士卒吮癰霍去病為將漢帝欲為治第去病曰匈奴未滅豈以家為賞罰為將得所賜金千斤陳於廡下軍吏過者則量取為用未諭陛下以今之將帥知吳起霍去病否若以臣所見即將帥必無其人何以知之將帥肯與士卒吮癰否若賜第宅肯不畏乎將帥非材即無威名何以使匈奴望風而懼今有若顧位食厚祿為國之謀即不足奉身之謀即有餘何以副陛下致太平之心何以致陛下成清靜之理然以臣所見凡小小公事不勞陛下一一用心若以社稷之大計為子孫之遠圖則在乎舉大略求將相帝王之大體也設如人欲理身先理心心無邪則身自正欲理外先理內內既理則外自安臣謂邊上動由朝廷動之邊上靜由朝廷靜之任賢相於內則百職舉而紀綱振委良將於外則四夷服而邊鄙安臣之愚衷備於此矣已然之患既陛下徧訪直言未然之虞乞陛下常切留意

一已上條奏悉是國家已然之事所以勞陛下詢及芻言詢于芻蕘凡百臣寮悉陳所見然臣謂國家復有未然之事得不為陛下言之得不為陛下憂之今戎主一娃而已用黠虜為謀善頗有輕中國之志今春夏必漸退秋冬必復來制之禦之雖在前所籌數事而已若將狄人禦之而不去邊境備之而未寧加以匈奴間諜於西蕃漢家未斷其右臂即秦隴千里之外瓜沙王

關之西恐非國家之所有萬一兵歘相仍寇盜多起此時何以謀之此時何以禦之聖人不能不災而能禦災今陛下聖德合天二邊無虞萬里晏然居安思危之計得不由未然之事而豫防之此亦禦戎之遠意也

右臣備位掖垣忝司誥命秪奉睿旨俾陳方畧昧於時事思慮不精然於狂愚庶或可采

端拱中契丹撓邊節度副使何承矩上疏曰臣幼侍先臣關南征行熟知北邊道路川源之勢若於順安砦西開易河蒲口導水東注於海東西三百餘里南北五七十里資其陂澤築隄貯水為屯田可以遏敵騎之奔軼俟期歲間關南諸泊悉壅閡即播為稻田其緣邊州軍臨塘水者止留城守軍士不煩發兵廣戍收地利以實邊設險固以防塞春夏課農秋冬習武休息民力以助國經如此數年將見彼弱我強彼勞我逸此禦邊之要策也其順安軍以西抵西山百里許無水田處亦望選兵戍之簡其精銳去其冗繆夫兵不患寡患驕慢而不精將不患怯患偏見而無謀若兵精將賢則四境可以高枕而無憂太宗嘉納之

真宗即位李宗諤拜起居舍人從幸大名上疏曰國家馭邊之術制勝之謀將帥之短長兵衛之眾寡宸筭廟謨盡在吾術中矣今之言事者不過請陛下益兵貯糧分道掩殺言之甚易行之則難始受命則無不以攻堅陷陣為壯圖及遇敵則惟以閉壘塞關為上計孤君父之重委致生靈之重困興言及此誠可歎息自古行軍出師無不首擇將帥夫將帥隨材任使守一郡控一城分領驍勇爭據要害又豈直二路主帥之名然後能制六師生死之命乎今陛下選任非不至也權位非不重也告戒非不丁寧也處置非不專一也而外敵犯塞車駕親征曾不聞出丁人一騎為之救助不知深溝高壘秣馬厲兵欲安用哉臣以為驍軍易帥拔卒為將在此時也有功者拔於朝不用者戮於市亦在此時也惟陛下圖之然後下哀痛之詔行蠲復之恩回鑾上都垂衣當宁豈不盛哉

咸平元年京西轉運副使朱台符上言曰臣聞蠻夷猾夏帝典所載商周而下數為邊害或振旅薄伐或和親脩好歷代經營斯為良策至於秦築長城而黔首叛漢絕大漠而海內虛逞志一時貽笑萬代此商鑒不遠也頃者晉氏失御中原亂離太祖深鑒往古酌取中道與民休息邊使往來二十年間罕聞入寇況省戍邊之卒不興出塞之兵關防謐寧府庫充溢信深得制禦之道也幽薊之地實維我疆尚隔混同所宜開拓太宗平晉之後因其兵勢將遂取之人雖協謀天未厭亂螳斧拒轍用稽靈誅重興弔伐之師又作遷延之役自茲厥後大肆兇鋒殺畧軍民攻拔城砦長驅深入莫可禁止當是時也以河為塞而趙魏之間幾非國家所有既但歡盟乃為備禦屯士馬益將帥芻粟之飛輓金帛之委輸贍給賞賜不可勝數是國家之食貨匱於河朔矣陛下自天受命與物更始繼遷稽首黎桓加爵咸命使者頒燕其邦惟彼契丹未加渥澤非所以柔遠能邇昭王道之無偏也今祥禫將終中外引頸觀聽德音臣愚以為宜於此時赦契丹罪擇文武才畧習知邊境辯說之士為一介使以嗣位服除脩好隣國往告諭之彼十年以來不復犯塞以臣計之力有不足志欲歸欵而未得其間也今若乘天覆之仁假來王之使必懽悅慕義遣使制貢因與之盡捐前惡復尋舊盟利於貨財許以關市如太祖故事使之懷恩長感則兩國既和無北顧之憂可以專力西鄙繼遷自當革心而束手矣是一舉而兩得也

二年度支判官梁顥扈蹕大名詔訪羣臣邊事顥上疏曰臣聞自古用兵之道在乎明賞罰而已然而賞不可以獨任罰不可以少失故兵法曰罰之不行譬如驕子之不可用又曰善爲將者威振敵國令行三軍盡忠益時者雖讎必賞犯法敗事者雖親必罰故孫武斬隊長而兵皆整穰苴斬監軍而敵遂退以此言之兵法不可不正也昨者命將出師乘秋備塞而傅潛奉明詔握重兵逗撓無謀守隘設寇老精兵於不用以至蕃馬南牧邊塵晝驚河朔之民流移失所魏博以北蹂踐一空遂致殘妖未殄鑾輅親征此所謂以賊遺君父者也乃或赦而不問則何以謝橫死之民或黜而不戮則何以懲用兵之畧以軍法論之固合斬潛以徇軍中降詔以示天下如此則協前古之典章戒後來之將帥然后擇邊臣之可用者就委用之臣嘗讀漢史李廣之屯兵行師也無部伍行陣就善水草人人自便不擊刁斗

以自衛遠於斥候未嘗遇害而廣然爲名將士卒樂用又唐高祖之備北邊也選勁兵爲游騎不齎軍粮隨逐水草遇敵則殺當時以爲得策願於邊將中不以名位高卑但擇其武勇謀畧素爲衆所推服者取十人焉人付騎士五千器甲完備輕齎糧糗逐水草以爲利往復扞禦不令入郡邑不許聚處遇有寇兵隨時掩捕仍令烽候相望交相救應緣邊州郡守城兵帥即堅壁以待之遇游騎近城掩殺邊寇內量出兵甲援救如此則乘城者不堅閉壘門免生覬於勝負捍邊者不苟依郡郭可行備於寇攘雖匪良籌亦殊膠柱時論頗稱之

右司諫孫何論禦戎畫一利害上奏曰臣聞禦戎之道選將爲難將求邊鄙之乂寧必假英雄而鎮撫居其位不可一日無其寵得其人不可一日無其權責成之効既多錫命之儀須重謹按史記漢高祖將定三秦擇良日齋戒設壇場拜韓信爲大將軍部管諸將魏故事遣將出征符節即授節鉞跪而推轂北齊命將出征則太卜諸廟灼龜授旗鼓於廟皇帝陳法駕服袞冕拜於太廟徧告訖降就中階引上將操鉞授柄將軍既執斧鉞對曰國不可從外治軍不可從中御臣即授令有鼓旗斧鉞之命而無一言之命於臣帝曰苟利社稷將軍以之將軍就載斧鉞而出皇帝推轂度門曰從此已外將軍制之也今國提封萬里臣妾四夷唯此契丹獨迷聲教暴犯我疆埸殺傷我士民以陛下英武天資睿謀神授可以斷匈奴之右臂焚老上之龍庭而無戰之師或聞挫衂久安之地亦被憑陵者良由將帥或非其人委任未能盡善監制之臣寡稱衆倚毗之恩禮猶輕所賴陛下親御六師按巡河朔盡逐腥羶之類方安黎庶之心臣伏見駐泊行營都部管即古之將軍大總管之任也授任赴鎮之際錫賜甚厚公使稍優之外綏握十萬之師但受尺一之詔前所謂築壇告廟之禮

皆闕而未建良可惜也又都部管副部管之任多是將領父經營苦攀附鱗翼特沐寵光或決裂以無謀或遷延而玩寇所以動煩聖算鮮有成功謹按太公六韜有妻子之將有十人之將百人之將千人之將萬人之將首萬人之將則風彩名聲器度權變亦不可不察之察之亦不可不精也伏乞於中外文武臣寮中以將將之術求赫赫之名取其文武相資智勇兼備者盛其禮重其權使受命之初可以聳動人聽出疆之日可以震懾虜庭先是監陣先鋒之類本用中官內使者減去其半皆以偏將爲之庶其各稟指蹤無憂掣肘果用此道則四塞可以高枕萬里如有長城矣設若採刺邊情宣傳機事必藉使者以寧衆心則乞於親信臣寮中選如有所聞亦乞閱其實事然後指揮

一臣聞犬戎之爲患中國也久矣周曰獫狁漢曰匈奴晉有五胡

周有玁狁隋有突厥唐有吐蕃皆伺隙窺邊乘間犯塞蜂蠆有毒殺掠吏民豺狼無厭吞噬亭障前代憤其如此亦嘗按劒憑怒命將出征或十萬以橫行或五千而深入而犬羊之衆種落繁滋不諭文告之言不以遯肥為恥蜂屯大漠鳥散窮荒有利即來無得而去中國奪其地不足耕墾獲其人不足訓齊徒勞師而費財終有損而無益故宣王之詩曰薄伐獫狁至于太原蓋辟乎蚊虻螫人驅之而已終不與禽獸角乎勝負螻蟻計其短長唯始皇孝武秣馬利兵長驅萬里雖南牧暫息而中國蕭然故嚴尤以為漢得下策周得中策秦無策焉與夫保境庇民訓兵練將來則勿縱去即勿追固不可同年而語矣且契丹者腥羶小醜蛇豕異類料其土地計其人民固不敵中原之數郡多行不義公肆無厭惡既貫盈天當勦絕但沿邊將吏等亦有

奏議卷之三百二十二　十九

設奇沽譽恃勇貪功遇彼射鵰便稱虜衆逢其飲馬即舉邊烽間隙一生干戈不已及逢大敵又怯先登或堅壁以自安或死戰而無益兵連禍結何莫由斯伏乞嚴誡邊防俾謹疆界運權謀而制勝嚴斥堠以防奸彼將動以必知此有謀而皆秘若犬羊之侵軼必在驅除如將帥之張皇亦宜禁戢昔羊祜之鎮襄漢李牧之守鴈門破敵却胡皆此術也惟陛下不以臣愚而用其言則邊民幸甚

一臣聞唐堯建國有此冀方廉頗師師思用趙卒蓋土風雄毅民性剛方靜足以控壓四方動可以驅除七狄故杜牧有言曰河北視天下猶珠璣也天下視河北猶四支也當六雄之角立則大魏為擾滔三鎮之橫行則常山最盛豈不以慣聞金鼓狃習干戈不憚轉餉之勤采恣征戰之死國家恭行天討屢出王師雖曆歲所加舉無遺策靈旗所指告厥成功然推鋒陷堅之人斬將搴旗之士不居貝冀必出邢洺與夫河南之人主客既已不同勇怯又甚邊絕伏惟陛下去冬已來講求軍政詳究武經惻隱防虞形於詔旨憫疲民之轉粟蠲彼賦租念猛士以守方優其月給凡是驍直勁塞雲翼驍捷之類皆降宣旨昇為禁軍甚叶機宜頗聞效用但或聞沿邊屯駐駐泊兵士等尚多河南之人亦有江浙西川廣南等揀到軍伍臣恐土宜既異習俗不同緩急之間誤累邊事況當縣之地至屬鎮守之處亦多何必強其不能違其本性欲乞特降宣命應是河南及江南兩浙西川廣南軍人並不令邊上駐泊屯駐卻支分於別處防遏一則使趙魏之士固彼疆場一則免吳蜀之人彰其畏懦關志既皆齊一軍聲亦皆雄豪臣愚以為斯事亦防秋備冦之大端惟陛

奏議卷之三百二十二　二十

下采而行之

孫何從事大名詣訪邊事何上疏曰陛下嗣位以來訓師擇將可謂至多以高祖之大度繼爾王之赤心神武冠於百王精兵倍於前代分閫仗鉞者固當以身先士卒為心賊遺君父為恥而列城相望堅辟自全手握強兵坐違成算遂使腥羶得計虵豕肆行焚劫我郡縣係累我黎庶陛下據人神之憤怒憫河朔之生靈爰御六師親幸澶魏天聲一振敵騎四逃雖鎮定道路已通而德　烽塵未息此殆將帥或未得人邊奏或有壘關隣境不相救援糧種須俟轉輸之所致也將帥者何或恃勇無謀或忌功玩寇但令城壘不恤人民邊奏者何護塞之臣固祿守倖城池焚劫不以實聞老幼殺傷託言他盜不救援者何緣邊州縣城壘參錯如輔車脣齒之相依若頭目手足之相衛託稱兵少不出或待奏可乃行俟輦輸者何敵騎往還效馳鳥

逆藏糧景從萬兩方行追乎我來寇已遁去此四者當今急務擇將帥則莫若文武之內參用謀臣防壅閼則莫若凡奏邊防陛見庭問合救援則莫若督以軍令聽其便宜運糗糧則莫若較藏疾馳角彼遶捷今大駕既駐鄴下契丹終不敢萌心南牧所慮蠶食者惟東北無備之城繕完周防不可不慎且蜂蠆有毒豺狼無厭今契丹西畏大兵北無歸路獸窮則搏物不可輕餘孽尚或猖獗奔突亦宜預備大河津濟處處有之亦望量屯禁兵扼其要害則請和之使不日可待真宗覽而嘉之

契丹南侵屢遣內侍以密詔問禦邊之計密封以獻嘗詔聽邊民越拒馬河塞北市馬何承矩上言曰緣邊戰櫂司自淘河至泥姑海口屈曲九百餘里此天險也太宗置寨二十六鋪百二十五廷臣十一人戍卒三千餘部舟百艘往來巡警以屏姦詐則緩急之備大為要

害今聽公私貿市則人馬交度深非便宜且寨鋪皆為虛設矣疏奏即停前詔

三年承矩知雄州又上言曰契丹輕而不整貪而無親勝不相讓敗不相救以馳騁為容儀以弋獵為耕釣櫛風沐雨不以為勞露宿草行不以為苦復恃騎戰之利故頻年犯塞臣聞兵有三陣日月風雲天陣也山陵水泉地陣也兵車士卒人陣也今用地陣而設險以水泉而作固建設陂塘綿亘滄海縱有敵騎安能折衝昨者契丹犯邊高陽一路東負海西抵順安士庶安居即屯田之利也今順安西至西山地雖數軍路纔百里縱有丘陵岡阜亦多川瀆泉源因而廣之制為塘埭自可息邊患矣今緣邊守將多非其才不悅詩書不習禮樂不守疆界制御無方動誤國家雖提貔虎之師莫遏犬羊之衆臣按兵法凡用兵之道校之以計而索其情謂將孰有能天地孰得法令孰行兵衆孰強士卒孰練賞罰孰明此料敵制勝之道也知此而用戰者必勝否則必敗夫惟無慮而易敵者必擒於人也伏望慎擇疆吏出牧邊民厚之以奉祿使悅其心借之以威權使嚴其令然後深溝高壘秣馬厲兵為戰守之備修仁立德布政行惠廣安輯之道訓士卒闢田疇勸農桑畜芻粟以備凶年完長戟修勁弩謹烽燧繕保戍以防外患來則禦之去則備之如此則邊城按堵矣臣又聞古之明王安集吏民順俗而教簡募良材以備不虞齊桓晉文皆募兵以服鄰敵故強國之君必料其民有膽勇者聚為一卒樂進戰效力以顯忠勇者聚為一卒能逾高超遠輕足善鬬者聚為一卒此三者兵之練銳內出可以決圍外入可以屠城況大小異形強弱異勢險易異備卑身以事強小國之形也以蠻夷伐蠻夷中國之形也故陳湯統西域而郅支滅常惠用烏孫而邊部寡且聚膽勇驍戰輕足之

徒古稱良策請試行之凡邊郡之人多負壯勇識外邦之情偽知山川之形勝望於邊郡置營召募不須品度人才止求少壯有武藝者萬人俟契丹有警令智勇將統而用之必顯成功乃中國之長算也

工部侍郎集賢學士錢若水答詔論邊事奏曰臣官忝貳卿曾叨大用國家得失臣合先言但以仲夏朝廷舉兵以來秋末犬戎鈔邊之後凡有機事臣莫得聞是以不敢上言恐成狂瞽今陛下躬擐甲冑衆犯雪霜駐蹕大名已踰旬浹一日偏詢輿論明發德音夫寧不過即今禦戎之策將來安邊之術耳唯茲二事試為陛下言之臣聞孫武著書以伐謀為上漢高將將以用法為先伐謀者何蓋將帥料敵制勝也用法者何蓋朝廷能賞罰不私也今傅潛領數萬雄師閉門不出坐看戎虜俘掠生民上則孤陛下委注之恩下則挫陛下銳師之氣此蓋傅潛不能制勝朝廷未能用法使然也軍法臨陣不用命

者斬若陛下明申重法斬潛以徇然後擢如楊延昭楊嗣者五七人令增其爵秩分授兵柄使各將萬人間以強弩令分路討除孰敢不用命哉犬戎聞我將帥不用命退則有死豈不懼懾豈獨忌遁邪亦未嵗不敢犯邊矣如此則不出半月可以坐清邊塞然後鑾輅還京陛下哉聲振四海矣臣嘗讀五代史見周世宗即位之始劉崇結犬戎遣將楊袞領騎數萬以隨崇至高平當時懦將樊愛能何徽等臨敵不戰世宗知之翌日大陳宴會斬愛能徽等拔偏將十餘人令分兵擊太原劉崇謂之股慄不敢出犬戎即日而遁是以兵威大振爾後收淮甸下秦鳳平關南如席卷耳以陛下睿聖神武豈愧于周世宗乎此所謂即今禦戎之策也其將來安邊之術臣不敢廣引前事應煩聖聽止以近事言之太祖朝制最得其宜止以郭進在邢州李漢超在關南何繼筠在鎮定賀惟忠在易州李謙溥在隰州姚內斌在

慶州董遵誨在通遠軍王彥昇在原州然但得沿邊巡檢之名不授行營部署之號皆十餘年不易其任立功者厚加賞賚其罪皆不至譏察俾位不高則朝廷易制久不易則邊事盡知然後授以聖謀不令生事來則掩殺去則勿追所以十七年中北戎西蕃不敢犯塞以至屢遣戎使先來乞和此皆布在耳目陛下之所知也伏望遵太祖之故事察下臣之愚衷精擇名臣分理邊場罷部署之號使其不相統臨置巡檢之名俾其遞相救應如此則出必擊寇入則守城不數年間可致邊烽罷警矣

若水知開封府時北邊未寧內出手札訪若水以策若水陳備邊之要有五一曰擇郡守二曰募鄉兵三曰積芻粟四曰革將帥五曰明賞罰何謂擇郡守今之所患患在戰守不同心望陛下選沉厚有謀諸邊事者任為邊郡刺史令兼緣邊巡檢許召勇敢之士為隨身部曲廩賜不充則官為支給然後嚴亭障明斥候每得事宜密相報示寇來則互為救應齊出討除寇去則不令遠追各務安靜苟無大過勿為替移儻立微功就加爵賞如此則戰守必能同心而敵人不敢近塞矣何謂募鄉兵今之所患患在不知敵情望詔邊州召邊民為招收軍給與糧賜蠲其賦租彼緣兩地之中各有親族使其懷惠來布腹心彼若舉兵此必預知苟能預知則百戰百勝矣何謂積芻粟今之所患患在困民力望陛下令緣邊各廣營田以州郡長官兼其使額每歲秋夏較其課程立旗鼓以齊之行賞罰以勸之仍縱商人入粟緣邊儻鎮戍有三年之備則敵人不敢動矣何謂革將帥今之所患患在重兵居外輕兵居內去歲傅潛以八萬騎屯中山魏博之間鎮兵全少非鑾輅親征則城邑危矣望陛下慎選將臣任河北近鎮仍依舊事節制邊兵未能削部署之名望且減行營之號有警則

會巡邊徼無事則却復舊鎮豈惟不啓戎心兼復待勞以逸如此則不失備邊之要又無舉兵之名且使重兵不屯一處進退動靜無施不可矣何謂明賞罰今之所患患在戎卒驕惰臣自知府以來見侍衛殿前兩司送到邊上亡命軍卒人數甚多臣試訊之皆以思親為言此蓋令之不嚴也平時尚敢如此況臨大敵乎望陛下以此言示將帥俾申嚴號令以警其下古人云賞不勸謂之止善罰不懲謂之縱惡又曰法不可移令不可違臣嘗聞郭進出鎮西山太祖每遣戎卒必諭之曰汝等謹奉法我猶赦汝郭進殺汝矣其假借如此故郭進所至未嘗少衄陛下能鑒前日之事即今日之元龜也若水又言邊部用兵唯視太白與月為進退者蓋以太白者將軍也辰星者廷尉也合則有戰不合則無戰合於東則主勝合於西則客勝陛下能用臣言以謹邊備則邊部不召而自來矣太祖臨御十七年間未嘗

生事疆埸而敵人往往遣使乞和者以其任用得人而備禦有方也陛下苟思兵者凶器戰者危事而不倒持太阿授人以柄則守在四裔而常獲靜勝此備禦之上策也

右正言直集賢院趙安仁答詔論邊事上奏曰臣以爲當今有急務者二經久有大要者五急務二者其一曰激勵戎臣舉賞罰之典何者自防秋以來有保一軍守一壘而有功者有擁重兵居重地而無功者故未能屏黜屬之遷止猾夏之謀今若有功者被加等之賞益以強兵使居要害之地無効者奪主兵之柄賜之重罰以懲逗撓之失則軍威自振虜壘自消故賞罰不可不舉也其二曰振救邊民行優䘏之惠何者自犬戎入寇以來邊民有鬭敵之時沒於兵刃者遣使收瘞之有骨肉支離廬舍焚毀者本部撫䘏之陛下光宅中區照臨四海以一方之騷動勞萬乘之撫巡今封疆之臣既行信賞邊鄙之俗

又叶來蘇所宜歸奉宗祧以安遠近則神武不可不重也大要五者其一曰選將略當今兵卒素練而其數甚廣用之邊方立功至少誠由主將之無智畧也豈非有一夫之勇者不足以爲萬人之敵乎昔郤縠爲將說詩閱禮杜預平吳馬上治春秋蓋儒學之將則洞究存亡深知成敗求之今世亦代不乏賢太祖太宗親選天下士命布在中外不啻數千人其間有材武知兵法可以爲將者固有之矣若選而用之則總戎訓旅安邊制敵不猶愈於一夫之勇者乎況其識君臣父子之道知忠孝逆順之理與夫不知書者固亦異矣其二曰持兵勢京師天下之根本也澶魏河朔之咽喉也鎮定股肱之地也是知根本在乎深固咽喉在乎控制股肱在乎運用蓋用兵衆寡貴得其宜若支大於體末重於本是以利器授人也其三曰求軍謀古者用軍必有成算諮謀籌畫以贊戎機比來用軍都無此選今凡命將守邊仍取識孤虛成敗知寇戎情狀者爲參謀入官階資優與選職況今武舉已議復行其軍謀宏遠武藝絕倫科望依唐室故事復開此選其四修軍政古之名將必得衆心師克在和戰則必勝校醪挾纊史冊具陳若非畏愛兼行豈得士卒樂用故穀梁傳云善爲師者不戰言敵人畏其法令也今之將帥請先以軍政能不黜陟之則人人自謹於法令矣其五愛民力國家邊備尚嚴經費猶廣今茲輦運固已重勞苟或未議蠲租與免繇科折變不須給復亦息疲羸仍望特戒有司務令省事用全民力以備軍須陛下以上聖之資兼神武之略盪平醜虜止在朝夕臣之狂言姑以竭愚忠之一効爲是以資廟勝之成算也

歷代名臣奏議卷之三百二十二

禦邊

宋真宗咸平四年兵部尚書張齊賢論陝西事宜上奏曰臣竊見昨者清遠軍陷沒以來青崗寨燒棄之後靈武一郡援隔勢孤賊遷必窺覦城池劫脅孰戶兵力傷沮難固壘塼況塞北未寧方有調發若果分兵西面亦恐兩失機宜以今日西鄙事勢言之窮討則不足防遏則有餘其計無他惟在激勵自來與繼遷有讎蕃部招誘遠處大族首領啗之以官爵誘之以貨財推恩信以導其誠述利害以激其志若山西蕃部響應遠處族帳傾心則兇醜之勢減矣以弓箭手及旋點義軍對本城兵士只得十三州軍有二萬餘人若更於他州及近處對替又合得五六千人其本城兵士試加料揀亦甚有材勇可揀選者若沿邊兵得及五萬餘更誘蕃部踰十數萬但彼出則我歸東備則西擊使其奔命不暇則更能外侵哉仍許蕃漢兵獲得馬畜貲財悉令自取明行曉諭遠近皆知則蕃漢將士之心孰不見利爭進今靈州軍民不翅六七萬陷之死地危難可知臣又慮賊遷謂來春必發兵救援靈武於我未舉兵之際盡驅她豕併力攻圍則靈州孤城亦必難固萬一陷失賊勢益增縱使多聚兵革廣積財貨亦難保必勝矣所以臣乞封潘羅支為六谷王及厚賜金帛仍先敦諭彼必向風恐遷賊旦暮用兵斷彼族賣馬之路苟朝廷信使得達潘羅支則泥埋等族西南遠蕃不難招輯西蕃既已稟命沿邊兵勢自雄則鄜延環慶之淺蕃原渭鎮戎之熟戶自然齊心討賊竭力聖朝設能與對替兵甲及駐泊軍馬互為聲援伺間而興則鬼山閑客必不敢於靈州河西頓兵矣萬山退縮則賀蘭山舊部亦稍叛遷賊矣如此靈州孤壘未至憂虞今議者謂六谷虛名終宜吝惜靈州孤壘

翦未籌量與其濫賞而收羌夷之心臣謂濫賞之失輕矣苟若蹙地而稔豺狼之勢則蹙地之恥大矣今議者不過曰名器不可假人刑賞不可濫及此乃聖人治中國之道非議於夷狄者也陛下即位之初以銀夏之一管盡與繼遷委高爵於匪人位王臣於穹帳分儲廩以悅其志筆金帛以慰其心有以見陛下愛全生靈恥用凶器患此中國以綏四方者也朝廷於遷賊之恩可謂厚矣殊不知契丹慮遷賊感大國之恩斷右臂之勢防患甚切其謀甚深置王爵以賜之遣戎使以鎮之王爵至則旌節之命輕矣旌節之命適所以資之也戎使至則動靜皆伺之向背之心異矣我使往適所以堅之也夫西平之命亦虛名也契丹命之有何損哉以今日言之當時之策豈不為失乎且六谷者西北之遠蕃也羌夷之內推為雄豪若於平時但以布馬濟之為廢則一懷化將軍亦已厚矣酌今日事體似失權宜兼恐今後邊事兵機更有準前失中即於國家大有妨損昨清遠之陷是使奸宄轉成豐富兵民官吏六七千餘或含恨重泉或永囚異域傷和致沴患之痛心顧惟靈州邊同穽獸外則虞寇戎之逼內則憂變故之生朝夕之間垂餌虎口然而握兵者畏懦逗遛坐觀覆敗運籌者安然自若曾不憂邊臣雖至愚不勝忠憤且戎虜之性變詐多端必恐醜類之謀潛伺開隙伏望明諭邊將內備外虞臣不任憂國思報之至齊賢又請調江淮荊湘丁壯八萬以益防禦朝議以為動搖兼澤國人民遠戍西鄙亦非便計遂寢齊賢又言靈州斗絕一隅當城鎮完全磧路未梗之時中外已言合棄自繼遷為患以來危困彌甚南去鎮戎約五百餘里東去環州僅六七日程如此畏途未須攻奪則城中之民何由而出城中之兵何由而歸欲全軍民理須應接為今之計若能增益精兵以合西邊屯駐對替之兵從以原渭鎮戎

之師牽山西熟戶從東界而入。嚴約師期兩路交進。設若繼遷分兵以應敵。我則乘勢而易攻。且夯命道途首尾難衛。千里趨利。不敗則禽。臣謂兵鋒未交而靈州之圍自解。然後厥靈州軍民。而置砦於蕭關武延川險要處。以僑寓之。如此。則蕃漢土人之心有所依賴。裁候平寧。却歸舊貫。然後縱蕃漢之兵。乘時以為進退。則成功不難矣。時不能用。未幾。靈武果陷

齊賢改吏部尚書。上疏言曰。臣在先朝。常憂靈夏兩鎮終為繼遷并吞。言事者以臣所慮為太過。略舉既往之事以明本末。當時臣下皆以繼遷只是懷戀父祖舊地。別無他心。先帝與以銀州廉察。庶滿其意。爾後攻劫不已。直至降麟府州界八部族。蕃酋又脅制賀蘭山下帳族。言事者猶謂封奬未厚。洎陛下賜以銀夏土壤。寵以節旄。自此姦威愈滋。逆志猶暴。屢斷靈州糧路。復撓緣邊城池。數年之間。靈州

終為吞噬。當靈池清遠軍忽欲陷沒。臣方受經略之命。臣思繼遷須是得一兩處強大蕃族與之為敵。此乃以蠻夷攻蠻夷。古今之上策也。遂請以六谷名目封潘羅支。俾其展効。其時近臣所見。全與臣謀不同。多為沮撓。及繼遷為潘羅支射殺。邊患謂可少息。今其子德明依前攻劫。析逋遊龍鉢等蠱在部下。其志又似不小。臣慮德明乘大駕東幸之際。去攻六谷。則瓜沙甘肅于闐諸處。漸為控制矣。向使潘羅支尚在。則德明未足為虞。今潘羅支已亡。廝鐸督恐非其敵。望委大臣經制其事

咸平中。詔近臣議靈州棄守之事。左司諫知制誥楊億奏曰。臣奉御劄子。朕常覽古書。備詳邊事。得其人則舉無遺策。失其人則謀之不臧。朕已復斯文。終朝在念。未嘗不察言觀行。捨短從長。戮力於邦家。冀太康於宇縣。其如妖氛不息。邊塞未寧。北狄雖具於隄防。西鄙尚多於艱阻。靈武是中原巨屏。平夏乃近域小蕃。久興蛇豕之心。常作壘場之患。阻絕道路。侵犯軍城。狂妖轉恣於無厭。大郡翻成於孤壘。縱之則終成暴亂。討之則慮困生靈。兩途宜在於咨詢。首中須從於籌畧。卿職當綸綍。位列清華。披經史之遺文。大資智畧。觀古今之盛事。必蘊機謀。雖勞用何策以翦除。靈州以何方而發置。棄之則有何利害。存之則有何便宜。專聽必當之謀。無恡酌中之論。分明擘畫。密具奏聞。用符果決之誠。以副蕩滌之望者。竊以詢于芻蕘。前王之盛德。謀及卿士。載籍之格言。蓋所以竭盡下情。詳求中道。使舉無失策。動必有成。斯聖皇慎重之至也。然而狂夫之言。聖人擇焉。謀之欲多。斷之在獨。伏惟皇帝陛下。清問之宴。親紆睿覽。言可用者。行之不疑。臣某幸甚幸甚。臣嘗讀舊史。見漢武北築朔方之郡。平津侯諫以為罷敝中國。以奉無用之地。願罷之。上使辯士朱買臣等發十策以

難平津。平津不能對。臣以為平津侯為漢賢相。深明經術。習知利害。屬武帝以雄侈自任。志在開拓。買臣等以詞辯獲進。並侍左右。前史又稱平津每朝會議論。但開陳其端。使人主自擇。不肯面折廷諍。由此言之。非不能折買臣之舌。蓋所以將順人君之意耳。即朔方之非便。有自來矣。且其地非禹貢九州之內。非周官職方所領。在要荒之外。固聲教不及。元朔中。大將軍衛青攘却匈奴。取其河南地以列置郡縣。今靈州是赫連界地。後魏置州。蓋朔方之故墟。即匈奴之舊壤。僻介西鄙。懸絕諸華。數百里之間。無有水草。烽火不相應。亭障不相望。當邊境謐寧。羌戎即敘。道路不壅。饋餉無虞。猶足以張大國之威聲。為中原之扞蔽。自胡雛作梗。邊邑屢驚。雜虜為其脅從。兇黨因而倡熾。待之以爵賞。頗驕蹇而不恭。討之以甲兵。又逋逃而無獲。凡有贏糧之役。必興狙擊之謀。每至靈武。轉輸大須發兵防援。離去內地

皆無鬭心經涉畏途多有菜色而曹光實白守榮馬紹忠及王榮之
敗資糧靡費所失至多將士丁夫相枕而死以至募商人入穀輸芻
償以數倍之價復於積石之外別築清遠之一城邊民繹騷國帑
匱乏既不能制黠虜之死命又不能救靈武之急難數年之間竟棄
渝盛靈武危堞巋然僅存河外五城繼聞陷沒但堅壁清野坐食糗
糧閉壘枕戈苟度朝夕且使賊遷橫行沙漠假擾壅隳擊列鎮之戍
兵侵屬國之蕃部雖有警急無候望而得知縱或懲毖但繕完而自
保未嘗出一兵馳一騎敢與虜摘此靈武之存無益明矣平津所言
罷敝中國以奉無用之地正爲今日也臣以爲存之有大害棄之有
大利且如國家募人入粟價以十倍之直發卒轉餉涉茲不毛之地
此古人所謂率二十鍾而致一石毆民於死地者也今或棄之即可
以歲省戍卒分守內郡一卒之費可給十夫國家無飛芻輓粟之勞

士卒免暴露流離之苦必謂廢之即蹙失土地傷損威靈且如堯舜夏
禹聖之盛者也地不過數千里而明德格天四門穆穆武丁成王商
周之明主也然地東不過江黃西不過氐羌南不過荊蠻北不過太
原而頌聲並作號爲至治及秦漢拓土窮兵遠略雖疆理益廣而干
戈日尋府庫之資財屢空生靈之肝腦塗地校功比德豈可同年而
語哉夫蝮蛇螫手壯士斷腕蟻壤不塞將漏山河今靈武之存爲害
甚於蝮蛇供饋之費爲蠹逾於蟻壤無鴻毛之益有泰山之損豈可
忽遠大之畧徇悠悠之談昔西漢賈捐之嘗建議棄朱崖當時公卿
亦有異論元帝能排衆多之說奮獨見之明下詔廢之人頌其德元
帝之意寧欲自棄其地當其內屬爲郡固已置吏而拊循及其稱兵
搆亂豈可勞民而征戍故其詔書曰議者以棄朱崖羞威不行夫通
于時變即憂萬民萬民之饑餓危孰大焉且宗廟之祭凶年不備況

乎避不嫌之辱哉臣以爲正與今日靈武之事相類昔羌戎寧謐靡
有寇孽可以存而勿論及勞師費財無益保鄣固宜廢而不舉何足
以傷威重而貽羞辱哉必以失地爲言即燕薊八州河湟五郡所失
多矣何必此爲議者又以西北諸蕃戎馬是產資其控制以通貿易
環慶諸州內附蕃落藉其羈縻以免驚騷此又迂闊之甚也且戎人爲
利所誘故互市於邊閑蕃部之族自強故能庇於種類必來寇於環
慶固無隔於藩籬百雉危城千里懸隔自救不暇豈及於他議者又
以其土田沃饒有漢陂之利恐賊遷因而播種益以富強況戎人但
以攻剽爲能罔知耕稼之事河隴之外棄地甚多延袤百城提封萬
井西漢屯田之所羅畔猶存償事力耕可以積穀何必獨耕靈武乃
能足食若靈武於賊有大利即是必爭之地當朝夕攻取豈至於今
皆爲孟浪之談殊非經久之計況又歲有調發動致殺戮借寇兵而

齎盜糧竭民力而耗國用爲患之大無出於斯雖庸人豎子亦知其
可棄也然自清遠淪陷斥候不通孤城之人如釜中之魚躍黠虜之
勢若崑山之火炎朝廷必欲棄之須牙璋徵兵靈旗直指約齎深入
執殳前驅鼓行賊中傳于城下然後合其將卒遷其人民隳城復隍
塞井夷竈乃爲棄也臣伏料國家物力尚屈未暇此行雖曰棄之亦
空言耳今一城生齒足在焚溺之中咸懼必死以是憂思自脫而無
路若陛下慎選單介間道而行齎持詔書宣布王命令其盡焚廬舍
自狀而歸丁壯悉令荷兵老幼以之襁負因稱歸師不可遏又曰置
之死地而後生之當此之時人百其勇臨難思免其鋒莫當國家又
須申命偏師揚言出塞聲聲旣振賊勢自分即靈州東邊之民不虞
邀擊之患雖有掠劫必爲枝梧且國家所惜者士民所急者財用豈
可以賊界之狼委於熊虎之蹊府藏之寶填於盧山之壑今若棄去

靈武退守環慶卒使戎於絕域民思保其室家供饋不出於郊圻息德自淪於骨髓民力不竭士氣益揚何敵不摧何戎不克恭惟陛下欲康宇縣慮困生靈求必當之謀思酌中之論臣以靈州之廢置計無出於此望陛下採之而已陛下又憤茲黠虜思欲翦除臣以為不可黷武以窮兵止可伐謀而制勝臣竊料賊遷雖肝邊塞之外偃強沙漠之中脅制諸羌嘯聚不逞無耕農之業無蠶織之工為鼠竊之謀以資衣食聚烏合之衆以擾塞垣致蕃夷之服從用兇威而驅迫非有厚利餘誘其人心朝廷今廢弃靈州每歲更無饋運絕其覬望何所窺圖此困賊遷之一也平夏之西池鹽斯存先是貿易粟麥用資餱糧今條禁甚嚴法網尤密無敢踰越漸致攜離此困賊遷之二也嚴勑彊吏謹奉國經辯其非常禁其闌出使竹頭木骨不遂其求狗盜雞鳴無施其巧游魂空磧坐抵困窮此困賊遷之三也然須精選

餞師分守邊地慎擇名將授之廟謀訓練驍雄隄防侵軼驗其走集明其偵候苟鴟張而豕突必烽舉以燧燔併力翦除分路驅逐如秦人之鹿犄角以攻譬常山之蛇首尾相應叢爾兇醜坐致滅亡臣竊見太祖朝命姚內斌領慶州董遵誨領環州二人所統之兵纔五六千而已閫外之事一以付之軍市之租不從中覆用能士卒効命羌夷畏威朝廷無旰食之憂壇場無羽書之警臣欲望陛下於武臣中選有將帥之才知邊鄙之事者三數人分布諸郡各量其所將兵多少付之除廩祿之外賜與一大縣租賦恣其犒設令開幕府辟召髦俊為之僚佐咨以策畧勇力之士稟其指蹤之用軍旅之政許以便宜而行儻賊遷侵邊郡軍城擾內屬蕃部並脣齒相援腹背夾攻或戰馬正肥戎士思奮即徵發內屬討虜生羌俘獲之餘盡分麾下且戎人利於降附羌迫兇渠儻撓之以勁兵示之以大信懷[illegible]振遠推亡固存出金帛以購酋豪懸爵秩以寵降附明立賞格厚答戰功即賊遷之腹心稍稍奔潰親離衆叛事去運乖煢煢獨夫誰與為伍但塞外一胡人耳安能與大邦為讎哉陛下若欲謀成廟堂功在漏刻臣以為此虜方黠其財猶豐腥羶之羣如臂使指未可以歲月破也直須廢弃靈州退保環慶然後以計困之耳如臣之策祇得三兩驍將付以一二萬精卒以數縣租賦給其用度令分守邊郡賊遷可以計日成禽朝廷可以高枕無事矣臣從事儒學豈知軍旅耳剽日久心知其然輒罄謏聞仰祇清問談不稽古詞非據經進思盡忠盡事君之無隱謀或可用豈以人而廢言

刑部郎中陳貫上形勢選將練兵論三篇大畧言地有六害今北邊既失古北之險然自威虜城東距海三百里沮澤磽确所謂天設地造非敵所能輕入由威虜西極狼山不百里地廣平利馳突此必爭

之地凡爭地之利先居則佚後趨則勞宜有以待之昔李漢超守瀛州契丹不敢視關南尺寸地今將帥大抵用恩澤進雖謹重可信亦與敵遇方畧何從而出邪故敵勢益張兵折於外者二十年方國家收天下材勇以備禁旅賴廩給賜予而已恬于休息久不識戰可以衛京師而不可以戍邊境請募土人隸本軍籍丁民為府兵使北捍契丹西扞夏人敵之情僞地勢之險易彼皆素知可不戰而屈人之兵矣

都巡檢使平州刺史李繼和命兼涇原儀渭鈐轄時繼遷未殄命張齊賢梁顥經畧因訪繼和邊事繼和上言鎮戎軍為涇原儀渭北面扞蔽又為環慶原渭儀秦熟戶所依正當回鶻西涼六谷吐蕃咩逋賤遇馬臧梁家諸族之路自置軍已來克張邊備方於至道中所葺今已數倍誠能常用步騎五千守之涇原渭州苟有緩急會于此軍

并力戰守則賊必不敢過此軍而緣邊民戶不廢耕織熟戶老幼有
所歸宿此軍苟廢則過此新城止皆廢壘有數路來寇若自隴山下
南去則由三百堡入儀州制勝關自瓦亭路南去則由彈箏峽入渭
州安國鎮自清石嶺東南去則由小盧大盧潘谷入潘原縣若至潘
原而西則入渭州東則入涇州若自東石嶺東公主泉南去則由東
山砦故彭陽城西並入原州其餘細路不可盡數如以五千步騎令
四州各為備禦不相會合則兵勢分而力不足禦矣故置此城以扼
要路即今自靈環慶鄜延石隰麟府等州以外河曲之地皆屬於賊
若更攻陷靈州西取回鶻則吐蕃震懼皆為吞噬西北邊民將受驅
刼若以可惜之地甘受賊攻便思委棄以為良策是則有盡之地不
能供無已之求也臣慮議者以調發芻糧擾民為言則此軍所費止
出四州地里非遙輸送甚易又劉綜方興屯田屯田若成積蓄有備

則四州稅物亦不須得況今繼遷強盛有踰曩日從靈州至原渭儀
州界次東取鍛子山以西接環州山內及平夏并黃河以東以南
隴山內外接儀州界及靈州以北河外蕃部約數十萬帳賊來足以
鬬敵賊遷未盛不敢深入今則靈州北河外鎮戎軍環州並北徹靈
武平夏及山外黃河以東族帳悉為繼遷所吞縱有一二十族殘破
奔迸事力十無二三自官軍瀚海失利賊愈猖狂羣蕃震懼絕無鬬
志兼又咸平二年棄鎮戎後繼遷徑來侵掠軍界蕃族南至渭州安
國鎮北一二十里西至南市界三百餘里便於蕭關屯聚蕃子來適
西鼠等三千以脅原渭靈環熟戶常時族帳謀歸賊者甚多賴聖謨
深遠不惑羣議復置此軍一年以來蕃部咸已安集邊民無復愁苦
以此較之則存廢之說相失萬倍矣又靈州遠絕居常非有尺布斗
粟以供王府今關西老幼疲苦轉餉所以不可棄者誠恐滋大賊勢

使繼遷西取秦成之羣蕃北掠回鶻之健馬長驅南牧何以枝梧昨
朝廷訪問臣送芻糧道路臣欲自蕭關至鎮戎城砦西就胡盧河川
運送值恐靈州食盡或至不守清遠固亦難保青岡白馬曷足禦扞
則環州便為極邊若賊徙蕭關武延石門路入鎮戎有五七千兵
亦恐不敵即回鶻西涼路亦斷絕伏見咸平三年詔書緣邊不得出
兵生事蕃夷蓋謂賊如猛獸不拂其心必且不動臣愚慮此賊他日
愈熾不若聽驍將銳旅稟入其境彼或聚兵自固則勿與鬬妖黨締
散則令掩擊如此則王師逸而賊兵勞賊心內離然後大舉及靈州
孤壘戍守最苦望比他州尤加存恤且守邊之臣內憂家屬之窘匱
外憂姦邪之憎毀憂家則思為不廉憂身則思為退迹思不廉則官
局不治思退迹則庶事無心欲其奮不顧身令出惟行不可得已良
由賞未厚恩未深也賞厚則人無顧內之憂恩深則士有效死之志

古之帝王皆懸爵賞以拔英俊卒能成大功大凡君子求名小人徇
利臣為兒童時嘗聞齊州防禦使李漢超守關南齊州屬州城錢七
八萬貫悉以給與非次賞賚動及千萬漢超猶私販榷場規免商筭
當時有以此事達于太祖者即詔漢超私物所在悉免關征故漢超
居則營生戰則誓死貲產厚則心有所繫必死戰則動有成績故畢
太祖之世一方為之安靜今如漢超之材固亦不少苟能用皇祖之
遺法選擇英傑使守靈武高官厚賞不吝先與往日留半奉給其家
半奉資其用然後可以責潔廉之節保必勝之功也又戎事內制或
失權宜漢時渤海盜起龔遂為太守尚聽便宜從事且渤海漢之內
地盜賊國之飢民況靈武絕塞西鄙彊戎又非渤海之比苟許其專
制則無失事機縱有營私罔利民政不舉亦乞不問用將之術異於
他官貪勇知愚無不皆錄但使法寬而人有所慕則久居者安心展

體竭材盡處何患靈州之不可守哉又朝廷比禁青鹽甚爲允愜或聞議者欲開其禁且鹽之不入中土困賊之良策也今若爲糧食自蕃界來雖鹽禁不能困賊此蓋行賄者之妄談也蕃粟不入賊境而入于邊廩其利甚明況漢地不食青鹽熟戶亦不入蕃界博易所禁者非徒糧食也至於兵甲皮幹之物其名益多以朝廷雄富猶言摘山煮海一年商利不入則或闕軍須況蕃戎所賴止在青鹽禁之則彼自困矣望固守前詔爲便

真宗時權御史中丞賈昌朝上備邊六事其一曰馭將帥自古帝王以恩威馭將帥賞罰馭士卒用命則軍政行而戰功集太祖脫袞帽賜王全斌曰今日居此幄尚寒不可禦況伐蜀將士乎此馭之以恩也曹彬李漢瓊討江南太祖召彬至前立漢瓊等於後授以劒曰副將以下不用命者得專戮之漢瓊股栗而退此馭之以威也太祖雖削武臣之權然一時賞罰及用財集事皆聽其專有功則賞有敗則誅今每命將帥必先疑貳非近倖不信非姻舊不委今陝西四路総管而下鈐轄都監巡檢之屬悉參軍政謀之未成事已先漏甲可乙否上行下戾主將不專號令故動則必敗請自今命將去疑貳推恩意務責以大效得一切便宜從事偏裨有不聽令者以軍法論此馭將之道也其二曰復土兵今河北河東強壯陝西弓箭手之類土兵遺法也河北鄉軍其廢已久陝西土兵數爲賊破存者無幾臣以謂河北河東彊壯已詔近臣詳定法制每鄉爲軍其材能絕類者籍其姓名遞補之陝西番落弓箭手貪召募錢物利月入糧奉多就黥涅爲營兵宜優復田疇使力耕死戰世爲邊用可以減屯戍省供饋矣內地州縣增置弓手如鄉軍之法而閱試之其三曰訓營卒太祖朝令諸軍毋得食肉衣帛營舍有鬻酒肴則逐去士卒有服繒綵者笞

責之異時被鎧甲冒霜露戰勝攻取皆此習也今營卒驕惰臨敵無勇舊例三年轉員請之落權正授雖未能易此制即不必一例使爲総管鈐轄擇有才勇可任將帥者授之況今之兵仗製造殊不適用宜按八陣五兵之法以時教習使啓殿有次序左右有形勢前却相附上下相援令之曰失一隊長則斬一隊何慮衆不爲用哉其四曰制遠人今四夷蕩然與中國通在北則臣契丹其西則臣元昊二國合從有掎角中國之勢借使以歲幣縻之臣恐不可勝算古之備邊西有金城上郡北則雲中鴈門今自滄之秦綿亘數千里無山河之阻獨恃州縣鎮戍爾歲所供贍又不下數千萬一穀不熟或至狼狽契丹近歲兼用燕人治國建官一同中夏元昊據河南列郡而行賞罰此中國患也宜度西方諸國如沙州嗃厮明珠滅臧之族近北如黑水女真高麗新羅之屬舊通中國募人往使誘之使歸我則勢分而黨生體解而瓦裂矣其五曰綏蕃部屬戶者邊垂之屏翰也延有金明府有豐州皆戎人內附之地朝廷恩威不吉強敵迫之塞上諸州義馬孤蕃部既壞土兵亦衰破敵之日未可期也臣請陝西緣邊諸路守臣皆帶安撫蕃部之名擇其族大有勞者爲酋帥如河東折氏之比庶可爲吾藩籬之固也其六曰謹覘候古者守封疆出師旅居則有行人之覘鬭戰則有前茅之慮無其謹如此太祖命李漢超鎮關南馬仁瑀守瀛州韓令坤鎮常山賀惟忠守易州何繼筠領棣州郭進控山西武守琪戍晉陽李謙溥守隰州董遵誨屯環州王彥升守原州馮繼業鎮靈武筦榷之利悉輸之軍中聽其貿易而免其征稅邊臣富於財得以爲間諜羌夷情狀無不預知二十年間無外顧之憂今日西鄙任邊事者敵之情狀與山川道路險易之勢絕不通曉使蹈不測之淵入萬死之地肝腦塗地狼狽相藉何以破

敵制勝耶。頗監藝祖任將帥之制。邊城財用悉以委之。募勇敢之士為爪牙。臨陣自衛。無殺將之辱。募死力為覘候。而望敵知來。無陷兵之恥。書奏多施行之。

夏竦益部寇擾呈顯上疏曰。聞歲以來戎事未息。李繼遷負恩於靈夏。王小波干紀於巴邛。河右坤維並興師旅。而繼遷翻然向化。遣子入覲。頗備職貢。陛下曲加容納。許其內附。示以德信。申以恩錫。所以綏懷之者至矣。然而狼子野心。未可深信。所宜謹屯戍。固城壘。積芻糧。然後遴選才勇付以邊任。縱有緩急。則備禦有素。彼又奚能為患哉。至若蜀寇未平。神人共憤。謂宜申飭將帥。速期蕩平。既免老師以費財。且防事久則生變。又況邛蜀物產殷富。其間士卒驕悍遷留。頗戀寔蕃。有之。莫若勿憚往來。潛為更代。既可均其勞逸。抑可免於遷延。至於河北關防。所當加謹者。識以國家方事西南。寇謀與舉。若分中朝之勢力。則長外寇之姦謀矣。

時制沿邊糴斛不許過河西。河西青鹽不得過界販鬻。犯者不以多少處斬。顥請多者依法。自餘別為科斷。以差其罪。章上未報。移知秦州。

仁宗明道二年。劉平自雄州徙知成德軍。奏曰。臣嚮為沿邊安撫使。與安撫都監劉志嘗陳備邊之畧。臣今徙真定。路由順安安肅保定州界。自邊吳淀望趙曠川長城口。乃契丹出入要害之地。東西不及一百五十里。臣竊恨聖朝七十餘年。守邊之臣何可勝數。皆不能為朝廷預設深溝高壘以為阨塞。臣聞太宗朝嘗有建請置方田者。今契丹國多事。兵荒相繼。我乘此以引水植稻為名開方田。隨田塍四面穿溝渠。縱廣一丈。深二丈。鱗次交錯。兩溝間屈曲為徑路。才令通步兵。引曹河鮑河徐河雞距泉分注溝中。地高則用水車汲引。灌溉甚便。願以劉志知廣信軍。與楊懷敏共主其事。數年之後。必有成績。帝遣察敷平與懷敏漸建方田。

寶元二年。平為鄜延環慶路副都管。乞選用酋豪各守邊郡。疏曰。臣聞五代之末。中國多事。四方用兵。唯制西戎。似得長策。于時中國未嘗遣一騎一兵遠屯塞上。但任土豪為眾所伏者。以其州邑就封之。凡征賦所入。得以贍兵。由是兵精士勇。將得其人。而無邊陲之虞。太祖掃清天下。謂唐末諸侯跋扈難制。削其兵柄。收其賦入。自節度使以下。第其俸祿。或四方有急。則領王師行討。事已。兵歸宿衛。將還本鎮。雖無長策。然當時大臣不能遠討。亦以朔方李彝興靈武馮繼業移於內地。自此靈夏漸盛。中國命將出守。發兵屯戍。千里就糧。遠近擾擾。十年之中。兵民交困。靈武既失守。趙德明以僻守一隅。且懼問罪。亟馳驛奏。願備藩臣。朝廷姑務息民。即以靈夏兩鎮授之。德明潛洽甲兵日滋。邊患當時若止弃靈夏綏銀四州。限山為界。使德明遠遁漠北。則無今日之患。既以山界蕃漢人戶并授之。而鄜延環慶涇源秦隴歲宿兵數萬。今元昊僭逆。恣行殺害。衆叛親離。復與嗃廝囉

相持已久。結隙方深。此乃天亡之時。臣聞寇不可玩。敵不可縱。或元昊一旦為人殺戮。酋豪代之。與嗃廝囉通和。約契丹相為表裏。則西北之憂未可測矣。若以鄜延環慶涇原秦隴四路軍馬分為兩道。益以蕃漢弓箭手步騎。得精兵二十萬。比元昊之眾。三倍居多。乘人心離散。與嗃廝囉立敵之時。於邊州軍轉徙糧草二百餘里。不出一月可坐致山界洪宥等州。招集土豪。授以職名。給衣祿金帛。自防禦使以下。刺史以上。次第封之。以土人補將校。勇者貪於祿。富者安於家。不期月而人心自定。或授嗃廝囉以靈武軍節度使。西平王。使遏元昊河北族帳。復出鄜延石州蕃步騎攻西河部族。以厚賞招其酋帥。其衆離貳。則大軍進討。以所得城邑而封之。元昊不過竄身河外。一窮寇爾。今元昊倚山界洪宥等州蕃部為肘腋。以其勁勇而善戰鬪。若失之。是斷其左右臂。靈夏綏銀不產五谷。蕃部馳騁。素習山界道

路。每歲供給資糧以贍之。若非徙於省限以山界憑高據險。下瞰沙漠。各列保障。量以戍兵鎮守。此天險也。彼靈夏綏銀千里黃沙。本非華土。往年調發遠戍。老師費財。官私疲弊。以致小醜猖獗。此謀之不臧也。或朝廷或貸元昊之罪。更示含容。留兵轉多。經費尤甚。恐北狄謂朝廷養兵百萬。不能制一小戎。有輕中國之心。然亦須議守禦之長計。或元昊潛與契丹結為援。以張其勢。則安能減西兵以應河北。譬如一身二疾。不可並治。必輕者為先。重者為後也。請召夏竦范雍與兩府大臣。議定攻守之策。令邊臣遵守。

寶元元年張方平上平戎十策及表曰臣某言臣於景祐元年。以茂材異等對詔策。陛下擢臣秘書省校書郎。至寶元元年。以賢良方正能直言極諫對詔策。陛下擢臣秘書省著作佐郎。朕士感知己。猶許以死。況陛下自臨御已來十五年。中三策天下士。中選者止五人。而臣再濫揀拔。等比三人而已。今雖遠在江湖之外。而聞朝廷有鄙上之憂。其可悠悠自同常人者哉。臣不啻才見短淺。然歷代之書。倫嘗涉獵。至于成敗得失。尤用心探討。畧能言其梗槩。至于國論大體。時務細故。參詳措置。使臣間議其中。臣潜自量。亦未敢在諸生後。是陛下再選臣于大問之下。臣幸不辱也。頃聞元昊猖獗。敢干邊吏。出車遣戍。頗煩旰昊。臣竊投筆憤歎。西望毛竪。恨身在退遠。不得請纓闕下。思效愚者之慮。輒上平戎十策。臣未嘗遊函潼之西。故其山川地形。風土人物。不無闕畧。至于軍國機事。臣以疎遠。莫得詳知。今所論著。徒採歷代史冊兵謀地志。及所見朝廷施為顯然之事。臆度道聽。懼不精審。至有所得。或足以發。伏惟陛下神機天畧。固無遺筭。萬機之暇。清閑之餘。少迴日月之光。一登衡石之末。以臣策不甚迂疎。乞召兩府大臣。試於御前商榷。或有一得。上禰清衷。則於海嶽亦有涓

塵之益也。所撰平戎十策。謹別録實封附遞上進。干黷天威。臣無任戰汗殞越待罪之至。臣誠惶誠恐頓首頓首

攻心

臣聞上兵伐謀。又曰攻心為上。竊料戎心之蓄叛謀有日矣。國家自藝祖剗除五代之弊。始大一統。立太平之基。太宗真宗休養生息。仁澤霑霈。文德綏遠。戎狄侵軼。驅逐出疆。謹備邊而已。未嘗耀威靈勤遠畧。深入虜地。以恢封境也。今元昊猖狂負恩。且習我之舊。有輕我之志。而無備我之心。謂我必不能長驅出塞薄伐問罪也。臣謹按地志。麟府本銀勝之地。去銀州三百里。夏州五百里。其去興州封壤相接。賊巢穴在興州中都山。若因鄉導渡河直趨。五七日可到。賊來入寇。必自延渭。比還自救。程途自倍。若徒遣輕騎。姑謀犯邊。清野深溝足挫其鋭。儻悉發其衆。身來入寇。則中都守備勢當單寡。誠能先以精兵屯布旁河州郡。至元昊犯塞之時。為奇兵自麟府路。令卷甲掩其巢穴。使西邊城壘守險自固。勿與之戰。元昊聞兵臨國。正所必務。事出慮表。衆懷沮懼。數道伏擊。潰敗可保。且彼州父老。我之遺人。飲潼荷旃。猶懷華土。王師奄至。可以恩信招徠。則朔方之地。庶復歸國。伐其謀於已定。攻其心於不測。所謂出其不意。掩其不備。一舉破賊策之上也。臣聞兇人有奪人之心。軍之善志。自國家失朔方。棄靈武。置戍內地。控扼益艱。專為靜勝。深戒生事。然戎心貪婪。益思蠶食。今若屯兵邊郡。坐糜餽廪。來則自保。去又不追。費財無功。損威示弱。計者若不厚姑息之俵甘心而後止。則臣恐邊鄙之虞未能徹警也

伐交。

用兵之道。其次伐交。今元昊所恃為交者。豈非北虜乎。臣聞元昊與虜通姻援。其事勢必先要結。我與契丹通好餘三十年矣。自漢氏以

寒夷夏之和。而能謹守信誓。如今之久者。未之有也。非惟懷我恩信。利我聘幣。抑當我盛德之世。無釁可乘。今其與我之和好也。在外。而其與我人之親睦也。在內。外雖我疆陰爲我助。此又不可不過慮也。示我之有禮。防彼之有辭。此爲事機不可失者。臣願遣使一介。齎書一通。示之以元昊背義之由。朝廷備禦之意。其書曰。夏州自德明以來。受恩于國。至于元昊。綏撫彌隆。今忽恣睢。曠廢貢職。藩臣阻命。法當致討。如聞元昊適彼婚姻。遂與問罪之師。實損與國之好。彼誠矜其狂易。遣喻此情。若元昊悔過改圖。效順請命。則我爲之寬宥。待之如初。誠元昊不稟訓辭。居然怙惡。違我二國之命。自恃獨夫之强。則當明下詔書。削其爵命。申勑守將。蕩除餘醜。如此則我於契丹。以元昊之故。益示敦睦之道。契丹於我。雖元昊之姻。莫興間嫌之說。雖未能破彼之交。而我之親隣伐叛。兩有辭矣。

專勝。

善用兵者。我專而敵分。我專爲一。敵分爲十。是以十擊其一也。則我衆而敵寡。吾所與戰者約也。吾所與戰之地不可知。則敵所備者多。吾所與戰者寡矣。寡者備人者也。衆者使人備己者也。昔吳爲三軍而病楚。隋以易戍而弊陳。多方誤之。用此筭也。今緣邊城壘。縣接千里。臣慮元昊分布兇黨。間出討掠。示欲掩襲。分我守備。務以疲我。而諸守將輕請濟師。我備彼去。正墮其計。今鄜延環慶涇原諸路皆國家控制西陲。置兵之根本也。形勢影援。足相首尾。緣邊城壘。於茲倚重。臣請諸路上州軍擇守將使。備築堡戍。斥遠烽候。非時寇至。姑使斂衆清野。閉壘自保。勿與輕接。又元昊犯塞。路皆荒磧。地無水草。齎糧而至。假有攻圍。勢不能久。若賊亟來攻。我則遂路發師。設謀邀逐。無輕動衆。以損威重。如此。則不爲多方之誤。而取專勝之功矣。

以夷狄攻夷狄。

邈川大首領唃廝囉本吐蕃之遺種也。自潘羅支殺繼遷。而德明破滅六谷。世爲仇怨。今諸戎能爲元昊後患者。惟洮涼爾比間效順。來獻戎捷。朝廷撫納恩信亦厚。此誠以夷狄攻夷狄之策也。臣以爲馭戎夷之道。不惟賞利懷誘。亦在誠信要結。今邈川介于西鄙。感慕恩德。納忠爲用。常所贈賄。恐未足以致其力。儻於朝臣中擇一有機辯材謀之士。銜命臨撫。諭以國家眷遇之意。凡元昊部族與洮河接境而我應援可及者。使自攻取之。爲出偏師。邀要害爲之犄角。是令邈川自爲戰也。或難臣曰。元昊既弱。邈川復强。是元昊未破。又生一秦矣。臣曰。不然。今量邈川之衆。固未能困元昊也。我因其力而假之勢。羌有貪利之心。且爲我用。是以牽持元昊之後。分其備禦。茲亦多筭之一端也。

安民。

臣聞武有七德。先安民而後可以保大定功也。今聚師西陲。凡百調率。應期趨辦。實在關中。若百姓力屈。流亡撓動。則嘯聚草竊。不逞之民乘焉。語曰。鳥窮則啄。獸窮則搏。民窮斯爲盜矣。群黨連結。展轉相雄。盜亦患起於甚微。釁生乎所忽。則朝廷之憂。不在邊防。而在四郊之內矣。伏願陛下深念茲哉。諸陝西將帥轉運使。並宜得識大體。明時務周材之人充之。凡廢置之宜。弛斂之事。當循寬大。無使躁急。陝西州縣長吏。悉爲選擇。特降深詔。告諸守令。所聽民務。從簡直。宿逋久負。一切除免。諸所科率。起自近年。有害於民者。悉且權罷。應徭役重色破民產力者。使更張之。以便安百姓。關津山澤。使民小利者。與衆公共。以惠貧弱。上以布國家之德澤。下以裕編氓之生。塗以弭盜賊。以固根本。安民之要。此其大節。若其不先恤之。而先困之。寇未至而民已疲，則是自取弊也。何保大定功之有哉。

置兵根本。

用軍決勝，在乎統帥。統帥不一，則威令不行，不相為用，非成功之勢也。近觀唐時元濟淮西之誅，慶緒相州之圍，成敗之由，其事可見。淮西之師，中外疑阻，以用裴度為宣慰使，度纔至，師諸將各圖立功，惟恐在後，故元濟卒擒焉。相州之圍，子儀、光弼皆存，非無名將也，以九節度之師，不相統制，但用魚朝恩為觀軍容使，故相觀望，卒以潰歸。今環慶、鄜延、涇原等路，各有部分，莫相統領，辟指伸縮，當從中御，援宜緩急，勢不相及。夫同舟而濟，胡越一心，利害背馳，則為路人矣。臣伏觀唐氏制度，方面重權，不欲專授戎帥，故命皇子弟為元帥及節度大使，而藩帥但授副元帥、節度副大使，及長史、行軍司馬，亦或命宰臣遙領節度及副元帥者。今自陝以西，永興當咽喉之要，大河之

南，襃漢之北，涇陽之西，轉餽供億，此其都會。臣愚竊以為大軍根本，宜駐此地。而置陝西處置招討使之名，應鄜延、環慶、涇原諸路，皆節度之。其大使請自聖心選置，留止都下，使遙領之。擇命大臣才望威略可任以重者為副大使，行大使事，以永興為治所，以臨制諸路。凡緣邊城戍要害控扼之處，為寇衝突，或邀截討逐，當得鄰道相會合應援者，聽其處置焉。此則權用雖在外，而柄轡實在內，輕重相持，易以移改，蓋馭將之要道也。

足食。

關中雍州之域，厥田上上。昔秦鄭國引涇水注洛三百餘里，溉澤鹵之田，皆畝收一鍾。至漢白公復引涇水注渭，袤二百里，故關中號為沃野千里，而無凶年。自漢唐之盛，此焉作都，非憑百二之固，抑資膏腴之利也。臣竊以為西疆之事，宜聚重師於永興，為臨制根本之地。

然今關中地有遺利，山陸險阻，飛輓為艱，邊備軍資，供須勞弊。今誠能按兩渠之故迹，豐衣食之本原，檢責經界，隨置屯務，則不煩遠為調發，而足食矣。或難臣曰：昔唐氏都關中，肅代兵興，中外艱食，禁軍乏餉，百姓至挼穗以供之。及劉晏領租庸轉運使，最達食貨輕重之術，然後能引江淮之粟以食秦人，豈二渠之利不興於爾時乎？臣對曰：昔在唐初，二渠所溉猶萬餘頃，及承平漸久，事不務本，決衍之地，占為權豪觀游林苑，而水利分於池榭碾磑，以故亡天府之利，貽天下之害。故二渠難復於唐氏之時，正為建都于彼也。今議復之，又何憚焉。

豐財。

夫兵事之大，財用為急，豐財足用，必有根本。財用根本，在乎三司。比來邦費滋，事積矣。有司徒張空簿，而國財糜散於姦游之手。伏望選用材幹精力之吏，通輕重之數，明功利之術者，漕實天下之金穀，以入為出，以有餘補不足，以會中外一歲經用之實，則財賦之盈虛可預料矣。而又通其積滯，權其贏縮，使關市不乏貨物，平準此理國行師之本也。諸不急之務，無益之作，浮冗之費，欺侵之弊，精為節度，以集大計。子曰：足食足兵。洪範八政，先食貨而後賓師，故知師旅大事，財用為急也。

備姦。

臣聞用兵之術，多方誤之。伏以東南糧運，在於汴渠，比來重惜民力，久不開濬，每歲霜寒水落，沉沙填淤，遂至渠底高於堤下民屋。至於黃河奔流，湍瀉亦全藉隄防之固，所謂築垣行水，今黃汴是也。自戎人即叙，通其行商，憧憧往來，布于都市，其所通結，素無禁限。唐憲宗初討淮西，而姦臣王承宗、李師道輩潛遣刺客暴害大臣，斷陵廟之

戰焚蕩廬舍之舉。此亦應外之事也。今黃河橫貫腹心之內。亦渠爲輸委之冲。若姦人窺伺。潛有決齧浮溺我良田。損墊我邑屋。阻絕我運路。則是肘腋之下。更生一役。其汴渠黃河隄防並擇勁幹者。密爲分地巡邏。以譏察姦人。書曰。惟事事乃其有備。有備無患。其此之謂矣

購募。

竊聞元昊勇而好殺。安忍無親。背面之間。必有讎敵。可重行購賞以動其人。有能得其首級者。舉元昊之爵位。土疆授之。而許以重師爲之援護。戎人不義。聞利必動。則彭寵喪元於家奴。苻生殞命於近擔。事或有之矣

右禦戎十策。伏念臣凝疑書生。本學俎豆之事。區區壯志。頗涉孫吳之書。豈達權謀。徒得糟粕。頃聞元昊鴟張。朝廷備禦。雖蜂蠆屯聚。天子蹶踴。仰惟聖慮。未忘憂勤。臣身紆緋綬。神馳塞垣。不得一至軍前。圖上方略。輒此邊塵或裨萬分。天地容覆。日月照臨。蠢蠕微動。各得盡情。臣之芻蕘。伏望採納

時方平又請延召近臣訪議邊事。上疏曰。臣微聞人言。北虜不守封略。築城鄙上。邊吏諜知。料閱兵馬。且復遣使來。事固未審虛實。然國家與虜通好已四十年。事窮必害起。利盡則交疏。理之常者。顧但紓緩歲月。北方諸戎。竊屬於虜者。如奚。高與。達靼。常內懷不服。特強役屬之爾。去冬虜以大兵臨河西。謂如拾芥之易。既而遁散以歸。內羞諸戎。且疑我之納夏人。既羞且疑。則其起釁辭生事。思有逞於我。豈保無他。夫兵危事也。不當易言之。若信好可繼。朝廷豈願事四夷。即事至於不獲已。亦在上下奮勵。講所以折衝之策。圖所以式遏之算。河朔之兵。不啻三十萬。邊境千里。塘水居其八。得以專力而控其要害。城邑樓櫓。守在九天之上。若頓重師澶魏中山。堅壁而弗與戰。清野

以待其斃。此奇伺便邀其重歸。是不可勝在我。可勝在虜矣。且虜久與中原通習。心恭餙其貴人習於驕佚。其部人不練於戰鬭。於其本俗衰微已甚。而又母子兄弟。內結疑隙。上下離貳。持去就心。此其亂危之形。中國可乘之機會。若朝廷有意於遠略。幽薊可圖也。尚實能爲中原患。或誠陛下震其威靈。廟堂審其計議。內外文武各致其力。使虜一舉而不得志。不有內變。必有外叛。諸戎勢且瓦解。山後之地。天其或者使復合於中土未可知也。臣願陛下思患預防。考謀事先。秋氣漸清。宮殿涼爽。時因燕閒。延對大臣。俾各盡其謀猷。以定其帷幄。一日有邊境之急。庶無倉卒之擾。今西羌粗寧。縱不保其久。未有旦夕之虞也。其將校可任者。稍徙河北。使得與士卒相服習。漸諳土俗。至于選官吏。峙糗糧。繕器械。葺廄牧。皆今切務。而可以素備者也。備而未用。爲政之常。臨事紛紜。何以鎮靜。此皆朝廷歷熟之論。而儒生之常談。臣忝在近班。愚慮所及。不敢自隱。惟宸鑒裁擇

方平又請罷陝西招討經略司事。上疏曰。竊惟羌虜叛命。王師致討分命重臣。委之統帥。故授夏竦陝西招討等使。四路軍政。實節制之。空國事邊。于茲三歲。師惟不出。出則喪敗。寇惟不來。來必得志。控要城寨。殘蕩無幾。內屬藩落。驅掠向盡。鈍兵挫銳。財殫力屈。去歲劉平石元孫之沒。奪范雍節鉞。今春任福之敗。黜韓琦經略使。中外皆謂朝廷威罰不舉。責效太輕。然猶薄示損懲。微塞物論。安有權握大衆。坐觀寇敵。至于覆軍殺將。虧國損威。而曰。我不預知。是安用名爲統帥也。昔自三代至于春秋列國。凡起軍旅。未有其國君不親預戎事者。自漢至唐。興兵舉衆。未有元帥不身先士卒在於行陣者。後漢段熲征西羌。二十餘年未嘗蓐寢。訖平羌虜。若將率奮身許國。發憤殄寇。有如是之臣。則陛下何憂焉。事既乖失。理須更張。臣竊聽輿人之

議皆謂前後喪師非賊能敗我自取敗爾何哉凡諸邊臣稟命招討司機宜事會不失之急即失之緩勇者不得施其力智者不得專其謀而又愛惡相蔽與同相戾文檄矛楯人無適從且朝廷設此司所以使臂指相用首尾相救决衆謀於獨斷通四路為一家近如麟府之圍雖非陝西疆域然為統帥者急國患即未能躬行赴救猶須壓師境上助為聲援陛下旰食軫慮遣勅使齎璽書督之出偏師使遥牽賊後逗遛立寨畢竟不奉命至使賊如蹈無人之境因以平豐州襲寧遠麟州幾陷今雖僅存勢已孤絕如秦人視越人之肥瘠一不動念但恐涇原鄜延即有警急亦必不能如首尾之相為救也陛下曲全事體乞還竦舊官與之一郡遂其自全之計且精擇逐路守將使人自為功家自為固豐其邊勢配之兵力仍於永興益置重兵以為諸路根本以為人心鎮重春秋擇遣重臣出巡邊春則量罷脩築之力遣其罷馬入就倉牧命守將脩治城塹完利器用以待防秋之政今馬秋則閱其訓練之法蒐捕之術審官吏勞能以明升降之典按賦與盈虛以通貨食之計以嚴其戰守但邊城能堅其守已足弊賊若將卒各盡其用自當有功伏願天聰垂納裁擇

方平又請省陝西兵馬支諸冗費事上奏曰臣伏聞陝西夏旱二麥不收近雖有得雨處秋田亦未必有望民已艱食頗有流移邊警雖寧兵戎尚衆因之飢饉事實可憂芻粮委輸最為切務朝廷發竦夏寇本為休兵息民若其役費不紓必見物力日困經久之計殆無以支又比來諸州累報地震考諸咎證皆陰有餘夫陰者妻道也臣道也民也夷狄也此時後宮無過制外廷無權強所當戒慮者民與夷狄爾內安民而外待夷狄其要在貨力有備而已今境上促寨兵分力微假如寇來勢必不能出戰如其守也即隨處土人自應足用既

春夏之際戎人必無大舉若每年三月以後緣邊所屯東兵一切抽向內地就食至八九月復遣出戍又邊城一馬之給當步卒三人既多羸瘠未任馳敵平時虛耗芻粟動輒無人送命若今後所發緣邊屯駐馬軍約度足以巡邊外稍用步人替還寬減調度此其畧也近聞勾抽陝西提點刑獄曹穎叔到闕欲令簡省邊計臣所見穎叔據其說書亦恐虛行今邊臣惟務留兵朝廷無肯任咎悠悠穎叔如大計何必在內外協心休戚齊應棄邊隅之粗間極夙夜以殊懷僞詐利害之原猶有異同之論斷之欲獨當繫聖裁穎叔此行每事乞明與處分凡干冗費深加裁減如恐其勢輕事難獨任或推選近臣一員承命而往其陝西四路部署乞各賜一詔書諭之此意使與穎叔公共詳議所有陝西轉運使亦乞察臣前言早賜別行擇任

寶元初陝西經畧安撫使夏竦陳邊事十策狀曰今月八日陝西安撫使天章閣待制龐籍等到府奉傳聖旨商量西鄙事宜者竊以繼遷一族本党項遺類居呼韓舊地東薄銀夏西至靈武南趨鄜延北抵豐會迤邐平下輻負千里太平興國中繼遷逃背嘯集萬騎屢寇朔方歲發兵夫送糧旱海邀險肆掠為害不一至道初將遣洛苑使白守榮等率重兵護糧四十餘萬過寇浦洛河兵夫潰走自相蹈藉粮卒並沒守榮等僅以身免朝廷旰食關輔騷然太宗皇帝召宰臣議之呂端始欲發卒由麟府丹鄜延環慶三路趣平下襲其巢穴太宗難之且曰三道深入用甲卒幾萬何人為將帥何人護輜重表裏砂磧何處會合須更熟籌計不可輕舉是時邊患方深議者不已至秋遂命李繼隆出環州丁罕出慶州范廷召出延州王超出夏州張守恩出麟州五路趣平下竭內帑之國財發關中之民力繼隆與丁罕合行十數日不見賊張守恩見賊不擊相繼引還王超范廷召至烏

白池。以諸將失期，士卒困乏而回。此際先臣隸於延召，備見輕舉之害。然是時繼遷當兄繼捧入朝之後，為曹光實掩襲之餘，遁逃之迹，窮蹙可知。涼州潘羅支、沙州曹延祿皆受朝廷節度使，掎角追討。靈州、河外大涼、小涼，河西北藏才等數十大蕃族皆有讎怨，願助國討除。尚猶累歲積年不能撲滅。太宗又問宰臣曰：卿等莫別有畫當？時宰相但錯愕莫之能對。太宗亦不悅。父之先皇帝即位，鑒追討之弊，息關輔之勞，唯戒疆吏謹烽堠，嚴卒乘，來即驅逐，去勿追捕。嘗出陝地圖，自指山川堡塞，示宰臣，令移兵簡費，又以涇原地最要害，屯兵且衆，命增置鈐轄都監以備奔軼。此實先帝之聖斷遠圖也。然拓拔之境，自靈武陷沒之後，銀綏割棄以來，假朝廷威靈，聚中原祿賜，畧有河外，役屬小蕃，德明、元昊父子相繼，聚貨易華戎，據利財用，拓地千餘里，積貨數十年。較之繼遷，勢已相萬。其於妄作名器，僭製車輿，嬌侘旗纛，跳梁沙幕，亦有日矣。朝廷付以犬羊，置而不問，豢養過飽。猖獗遽彰，所宜誅夷，以塞公議。然而兵者凶器，戰者危事，聖人不得已而用之。自昔兵家皆欲先勝後戰，則舉無遺策。以繼遷窮蹙比元昊富實，事勢可知也。以先朝累勝之士，較當今關東勇怯，可知也。以興國習戰之師，方沿邊未試之將，工拙可知也。繼遷逃伏平夏，元昊窟穴河外，地勢可知也。若分兵深入，則軍行三十里，自齎糧糗則不能支久，須載芻粟則難於援送。所行城境，利於速戰，儻進則賊避其鋒，退則敵躡其後，晝設奇伏，夜撓營柵。師老糧少，深可虞也。若窮其巢穴，須渡大河，既無長舟巨艦，則須浮囊挽綆，苟賊列寨河上以逸待勞，我師半渡，左右夾攻，未知何謀可以捍禦。臣以為不較主客之利，不計攻守之便議追討者，是謂無策。若繕完壁壘，備利器械，約束將佐，控扼險隘，但輒過於歲月，不豫計於勝負，是今之常制也。則慮

體分勢弱，衆力不齊，曠日持久，軍食難繼，事不先定，則有後憂。若威以文誥，格以干羽，勝決帷幄，師行衽席，必有成算，繫於前籌，此非臣之可及也。臣今但有十策十事，列上如左。

一、今之關塞，延安險阻，秦州地遠，易為控扼。所最憂者涇原，次則環慶。涇原莫急於慶州，戎人狡猾，必不肯舍平易而越險隘。此敵情之易料也。古之用兵，皆擇其精銳，先當矢石，謂之搴奇、跳蕩，是為奇兵。其次疲軟，則以守城壁。近年之弊，強弱兼用，強為弱累，戰多無功。又中國長技，莫先強弩，近年之弊，參以他兵，不能專用己長，攻彼之短。今若令涇原、環慶兩路各於土兵、禁兵或弓箭手內擇弓刀搶槊手三二千副之。涇原令高繼嵩、張亢主之，環慶令劉平、趙振主之。日夕訓練，常如寇至。如有警急，則令自涇原界望環慶路橫絕邊徼數百里間往來交擊，互為首尾，傳矢持滿，俟中而發。一發萬矢，三得一中，則十發之矣。以殪三萬餘人，羌胡鍾聚不易支也。仍乞立為強弩指揮，特升兵額，稍增月給，以震軍聲，以壯士心。但恐賊界聞此有謀，必不敢容易窺塞。其偏裨將校、道路、堡寨，並委劉平等臨時選擇，當此實制勝之大端也。

二、緣邊熟戶號為藩籬，除延州李金明、胡繼諤二族與賊世讎，受國厚恩，勢必向漢，自餘熟戶如二族者十無一二。羌戎之性貪利畏威，若不結以恩信，憚以威武，而欲倉卒驅之禦敵，漢強則助漢，賊盛則助賊，必矣。其明珠、滅臧等族，又納質賊境，居既首鼠，戰必倒戈。元昊窺見此隙，所以勾招打虜，脅以鋒鏑，誘以貨財。國家非不知其若此，所宜速見良畫，深破賊計，及早羈束，以固藩籬。此西垂之急務也。臣前後累狀陳啓，未蒙開可。伏乞采

臣前奏。下臣勘會。逐州部族首領量人馬事力授以職名第給祿賜蕃官俸料至微。所費不厚若控制有宜得其死力。則為利至大。或其間向漢不堅。即令重納有力量質子。或有自恃兇強招撫不至者則令劉平等非時伺便。以強弩屠其種落此策若行是以破賊計而張國威也。軍志云。先人有奪人之心。伏乞覩此事機。早賜裁定

三甘涼首領河西大族。繼遷賜爵之後德明承襲以來仰恃國家吞噬略盡回鶻吐渾去朝廷地遠難收其効唯有吐蕃與賊世仇。角廝羅住宗哥對賊巢穴。蝦䫻來劉心。據賊上游臣累奏乞詔角廝羅進討破賊之日。許以西平之封。授二子靈夏節制。又乞遣使劉心撫存蝦䫻。令父子和協。共力破賊。未奉回音。竊慮議者以為元昊既破地入吐蕃則角廝羅勢大復生一敵。此議

乃計之不熟者也。平下逆黨習於劫掠吐蕃雖衆兵技不敵。但欲使且牽賊勢必未能盡平狡穴。若此際不收實效而徇空言非國家之利也。伏乞采臣前奏早賜指揮先朝潘羅支充靈州西面都巡檢使。尚欲蠻夷相攻。遥制遷賊。況今廝羅向化。父子受官。不於此時遂其忠憤差之毫釐深可惜也。若前議得行。必恐昊賊未敢輕離巢窟。伏乞聖鑒深察此議

四陝西四路兵甲不少但地有險易路有遠近寨柵有多少。軍分有勇怯。易防處合減兵。難守處當增兵。兵之增減。即須察其險易。量其遠近。計其城寨均其勇怯。使各盡其宜。朝廷去邊隆遠但因逐路所乞差發士卒。所以臣前後累奏乞均匀加兵。今來伏蒙朝旨許令那移駐泊。尚慮邊臣占恡甲兵。鮮克公共。方今西鄙。唯涇原環慶最須備禦其兩路犬牙相入。烽候相望。分之

則勢孤。併之則勢大。物理之常也。欲乞劉平將鄜延安撫兼涇原總管。所貴表裏相助。首尾相應。張大軍勢。壯勵士心。亦防邊之最要害也。

五設使元昊謀犯邊境量其事勢豈能四路俱來。必是擇一平易路分。併兵衝突其餘邊界即分三二千騎往來出沒牽制我師。此賊計之可前料者也。今來沿邊兵馬總而計之數亦不少。若各守路分則不足。互相策應則最近者雖密旨許令互相照應切恐緩急邊臣執守文義。不肯分兵相援。欲乞朝廷詳酌特降指揮有賊馬犯邊。令四路互相關報分兵策應。鄜延可以策環慶秦隴可以策涇原若此。則沿邊勢合軍聲大振。是計儻行。自足以預制狂賊也

六元昊旅拒已來陝西加兵。所費糧餉不少。尚賴累年關輔大稔。

易為計置。今夏稍旱。二麥薄熟。粟豆苗晚。秋成未克。設使元昊復稱臣納款。沿邊亦未敢班師若宿兵塞上。遷稼不豈持久之謀。未知安在。所以臣前奏乞令陝西諸州各招置神虎保捷等軍各一兩指揮。令逐州訓練精熟。卻乞那移關東兵馬歸回。有警急則令逐州量留士卒外並勾赴邊臣。一則關中土兵勁悍耐於馳驟。二則減省沿邊芻粟。三則可為悠久之計。

七關右沿邊舊俗輕悍喜為寇賊。山林深阻。難為捜捕。加以近邊蕃戶以藏盜為業。若屢犯邊人情恐動。或飛輓稍頻。丁夫逃潰。互相扇搖。聚而為盜。關中官司不可不預為之計也。咸平中陝西轉運司曾抄點保毅軍六萬八千餘人。防城備邊。今來西陲安靜多年。若遽行此法。則恐人戶驚擾別生寇劇。前奏乞添置弓手三兩倍。乞置壯丁獵戶。緩急可以防守城壁把截要害。

卻那得正兵出入野戰，此實今之寓令也。朝廷檢詳前奏，早賜行下付臣當司差官添置。候賊平日，即卻罷遣。一則不費供饋，坐獲其用；二則不動聲情，易為辦集。比點保毅軍及抄弓箭手，利害相萬也。

八、今沿邊小寨，多是曹瑋建置，常時禦備，譏察防遏逋逃，似有小利。羌戎入寇，則難於處當；分兵固守，則州郡勢危；守禦不定，則所蓄芻粟翻為寇糧。又遠近傳聞，亦是亡一城寨，滋益賊氣，且損軍聲。欲乞宣旨沿邊總管司勘會小寨有兵少糧多、不係要害，先支沿邊巡檢等軍馬就食盡糧草，所有小寨逐月廩給，卻令就大寨旋請。如有大段警急，勢必難敵，則令併小寨士卒入大寨把隘相殺。一則免資寇盜，二則併得兵力於要衝之處以衛奔衝。

九、方今備邊之計，最宜積穀。故趙充國云：「米三百萬斛，羌人不敢動矣。」況關輔稅租有限，歲時豐儉難常，若卒調兵食，急賦橫斂，則秦民輕悍，皆怨易興，此不可不預計也。近者有詔入粟拜爵，須是巨富之民，方能佐縣之急。欲望朝廷詔關中州縣，有犯過誤連累之罪，情願收贖者，許令不係於沿邊諸郡入粟贖罪。每銅一斤，准粟五斗。良民救患，何止樂輸，誅不踰年，塞下之粟必稍充羨。寬宥過誤，全民膚體，是以上副陛下至仁之德。又慮議者以為國家全盛之際，不當貨刑示弱，此議亦思之未切也。且爵者名器，尚許拜授，若寬刑赦過，得粟便民，比之拜爵，此為優矣。

十、候教習勁弩指揮，揩置士兵，添差弓手，各有次序，即乞委自當司差官揀選沿邊冗兵於近裏州軍，及減騎軍回關東，仍省沿邊關冗吏。負才者將帥，授命本朝，皆假之威權，許以便宜，使以盡力。今來朝廷儻采所陳，令集西事，則乞特依古制，借以銜勒，令竭疲駑。仍乞指揮諸路總管司臣寮，今後每事遵稟安撫司指揮，不得怯懦自謀，妄說事理，聞奏上惑朝聽。如有寇賊奔衝，亟須出兵守險，持重伺便，痛行殺戮，不得據城玩寇，放過賊馬，令入他處。如違，以軍法處分。如此令行下，則邊防畏懦之臣，預謀戰鬭，不敢只作守城自全之計。

右謹具如前。伏以國家富有四海，重離累洽，協力全盛，忠賢間出。昔魏有一段干木，晉人不敢窺西河；江左有一謝安，苻堅喪百萬之眾。以此計之，蠢爾羌戎，豈敢輕犯邊境？但元昊資性兇忍，輕背國恩，鬼得而誅，滅亡可待。未授首間，朝廷之議，不得不過為備禦。察賊境最多姦人，盡知緣邊虛實，料其逆黨聚謀，必須潛闚間隙，方敢作過。若國家處置得宜，任人不雜，使陝西內外城邑戎守有備，元昊豈敢容易輕離巢穴，自取敗亡？況關塞防秋，古今常事。傳云：「無恃寇之不吾侍，吾有以待之。」此言誠得守邊之要也。頃繼遷亡沒，德明尚幼，族中親屬強梁者眾，德明甚懼，惶恐送款。當時有司不能裂河南之地，封拓拔諸親，令其勢分，間起自相殘賊，而乃併錫真命，受一孽童數十年間，祿賜豢養，資寇糧者多矣。至今義士為之歎惋，是知此際廟謀不可不深圖遠算也。臣素業刀筆，不諳軍旅，昨蒙擢任以西事，雖繼陳方略，多以迂闊不合，廷議進退維谷，憂駭可知。豈謂天慈更容訪逮，拜恩涕戀，敢不自竭。其所陳十事，皆臣在職見聞，夙夜惟忖，心慮所及，咸繫於是。伏乞聖慈下兩府裁酌，如稍近於理，即乞特賜詳擇施行。敢不處奉德音，仰斷圖遠績，然而成大益者有小害，獲遠利者無近効。方今許國者多，言事者眾，或不周知利害，別議建明，事未成間遽有更改則邊臣之討惑矣。此則須賴陛下倍賜主張。勑左右大臣尊主斯議。自古內外相維則有成績。羊祜杜預。非張華主之。則不能平吳。石雄劉沔。非李德裕主之。則不能平上黨。布在方策。較然可知。若臣所陳庸昧。不遠前謀。徒煩聽聰。無足采錄。即乞早選能吏代臣經畧西事。別詢奇畫。免誤公朝。封將者三軍司命。國家安危之主。不可一日輕付常才。忽於大計。若西陲失備。則他寇相因。伏乞朝廷深賜哀察。干冐宸嚴。臣無任祈天瀝懇激切之至。謹錄狀陳。

竦又論復塞垣進策曰。臣聞匈奴以北有陰山草木茂盛。冐頓依阻寇虐中州。漢奪其地。邊用少安。匈奴過之。未嘗不泣。夫有一陰山猶資虜勢。況衰晉不武。盡割燕地。幽薊雲朔良田沃野。以之界敵。得無彊盛。由茲兇醜轉為邊患。故國家懷之以文而不庭。加之以武而不至。要之以盟而無信。賂之以貨而無厭。憑陵我邊鄙。虐害我生靈。自

近以來。為患非一。蓋不復塞垣而勞捍禦。猶張陳羅以隔蚊蚋。秦趙築長城。漢築五原塞。因其山谷設為險阻。先代之勞。後王之利。不惟經畧有方。兼使華夷有限。應變無窮。深詳其理。夫為萬世之畫。剪黠虜之勢。莫若復漢故地。外錮塞垣。復地之謀。必資良畫。誠當計其寇敵。選其將帥。明其兵政。謹其邊防。制其閫外。皆如所言。然則陽示畏弱。陰整用度。命將領之臣。修李牧之法。訓兵利器。明賞信罰。按行營壘。親視疾病。膏之以恩惠。勞之以言辭。同其苦樂。和其上下。蓄其驍桀。名其等列。習其擊刺。養其勇銳。於是豐其金帛。陰遣五間。訪彼山川紆直之勢。察彼將助好惡之性。相其機而觀其變。因其釁而發其謀。疑其君臣。焚其積聚。優寵降附。撫綏邊境。令幽薊之民。積思漢之心。匈奴之臣。有叛主之計。乃選一良將為之謀主。陰勒士馬。出其不意。夫今之邊界。距塞垣裁二三百里。匈奴入中國之路。不過四五。及其險隘。不闕尋丈。若分奇兵之甲。杜薊門之路。出并代之軍。守蜚狐之口。然後正兵數道。攻城畧地。先平小邑以沮其氣。次克大城以觀其變。胡人不善嬰守。救兵無路而至。幽陵朔易不降即潰。乃命良臣以葺完。留飛將以扞禦。復脩亭障。遵漢舊規。則胡馬之塵。罕能南墜矣。

竦又論謹邊防奏策曰。臣聞防邊扞寇。其要有四。遠烽候。明約束。謹關梁。慎間諜。遠烽候則寇鈔不至。明約束則守禦不怠。謹關梁則姦覘不行。慎間諜則敵情可得。不知烽候約束之道者。不能無禦敵之患。不知關梁間諜之事者。不能有得敵之利。善守邊者。令敵不知所攻。措奸不知所刺。探敵動靜之計。進退之期。山川之勢。法令之制。知之而後制之。譬如乘高建瓴。方今邊邑使領循守規轍。政無奇狀。以警寇。晝日喧哄唯諾。昏夜傳呼更漏。暇則飲醪餔饍。急則完陳甲

馬。寇至則扃鍵城郭。受圍則坐食芻粟。內無奇兵。外無相援。西野蒼生。任為魚肉。以此守邊。殆非良畫。誠宜選任梟雄。列分遠鎮。堅甲精金。多於給授。寇來勿縱。敵去勿追。仍任偏裨。經絡邊境。相為肘腋。互張聲勢。數年之間。深務完葺。是則邊民既安。邊用亦足矣。

元昊寇延州。手詔咨訪輔臣攻守方畧。同知樞密院事陳執中既上對。退復奏疏曰。元昊乘中國久不用兵。竊發西垂。以游兵困勁卒。甘言悅守臣。一旦連犯亭障。延安幾至不保。此蓋范雍納詭說。失於戒嚴。劉平輕躁。喪其所部。上下紛擾。遠近震駭。首金明李士彬族破。而並邊籬落皆大壞。塞門金明相距二百里。當別修三城。城屯兵千人。益募弓箭手。寇大至則退保。小至則出鬬。選閤門祗候以上為塞主。都監。以諸司使為廬關一路都巡檢。以兵二千屬之。使為三砦之援。熟羌居漢地久者。委邊臣撫存之。反覆者破逐之。至於新附黠羌。如

涇原康奴滅臧大蟲族父居內地常有叛心不肆翦除恐終為患今軍須之出民已愁嘆復欲徧修城池如河北之制及夏須成使神運之。猶恐不能。民力莫堪此乃陝西地險非如河北惟涇州鎮戎軍勢稍平易若不責外守而務內營非策之上也宜修延邊城池其次如延州之鄜同環慶之邠寧不過五七處量為營葺則科率減。民力蘇矣。今賊勢方張。宜靜守以驕其志。蓄銳以挫其鋒增土兵以備守禦省騎卒以減轉饟然後徐議盪平。及張節度更須主張將臣使横議不入。則忠臣盡節而捐軀矣。

歷代名臣奏議卷之三百二十三

歷代名臣奏議卷之三百二十四

禦邊

宋仁宗時知延州龐籍論范仲淹攻守之策。上疏曰臣近奉詔詳范仲淹所上攻守之策。及范仲淹近遣本州推官張問奏具述延慶之間合力出兵之議。臣竊謂虜衆之舉齎糧不過十日而利於速戰。短於攻城。彼攻我城。則常多死傷。我速與戰。則屢成挫衄。若諸寨有樓櫓矢石芻糧水泉之具。即委之使攻。既齎無久糧。野無所掠。就使十日不退。我以重兵乘之。觀釁而動。誠得全師禦戎之體。萬一它路力不能支。須至用仲淹之策。然由德靖出師。路沿洛河涉春泥濘。步騎難進。若久留賊界。人心多搖。川谷之險。皆可以邀擊我軍。意外之虞。恐不能盡如豫筭夜寇深入。患大。亦不免與仲淹合謀而入。擇地而攻也。仲淹所陳守用土兵則安。東兵則危。今土兵之數無多。而難於招募。東兵亦未可去也。且當撫馭訓練與營田。減冗費。為持久寬民之計。賊來則力禦之。有隙則間之。以俟其弊。且西羌之俗歲時以耕為事。略與漢同。近年屢有點集。人多失業。每入寇邊郡。計其掠獲。僅足償所費。人尚不多。若堅壁清野使無所得。則勢必益窮。心必益怨。歲月之間。釁變必生。心危勢動。然後招納之策始可行焉。仰料朝廷固不吝財貨以安方隅。但深思極慮。事體有大於此者耳。

康定元年。仲淹為陝西都轉運使。乞嚴邊城實關內。上奏曰臣聞兵家之用在先觀虛實之勢。實則避之。虛則攻之。今緣邊城寨有五七分之備。而關中之備無三二分。若昊賊知我虛實。必先脅邊城。不出戰。則深入乘關中之虛。小城可破。大城可圍。或東阻潼關。隔兩川貢賦。沿邊懦將不能堅守則朝廷不得高枕矣。為今之計莫若且嚴邊城使持久可守。實關內使無虛可乘。西則邠州鳳翔為環慶儀渭之聲援北則同州河中府扼鄜延之要害。東則陝府華州據黃河潼關之險。中則永興為都會之府。各須屯兵三二萬人。若寇至使邊城清野不與大戰。關中稍實。豈敢深入。復命五路修攻取之備。張其軍聲分彼賊勢。使弓馬之勁無所施。牛羊之貨無所售。二三年間彼自困弱。待其衆心離叛。自有間隙。則行天討。此朝廷之上策也。又聞邊臣多請五路入討。臣切計之。恐未可以輕舉也。太宗朝以宿將精兵北伐西討。艱難歲月終未收復。緣大軍之行。糧車甲乘動彌百里。虜騎輕捷邀擊前後。乘風揚沙。一日數戰。進不可前。退不可息。水泉不得飲。沙漠無所獲。此所以無功而有患也。況今承平歲久。中原無宿將精兵。一旦興深入之謀。保難制之勝。臣以謂國之安危未可知也。然則唐漢之時能拓疆萬里者蓋當時授任與今不同。既委之以兵。又與之賦稅。而不求速效。故養猛士。延謀客。日練月討。以待其隙。進不俟朝廷之命。退不關有司之責。觀變乘勝。如李牧之守邊。可謂善破虜矣。惟陛下深計而緩圖之。

慶曆元年。仲淹為陝西安撫副使知延州論夏賊未宜進討疏曰。臣聞昨賊界投來山遇嘗在西界掌兵言其精兵纔及八萬餘皆老弱不任戰鬬。始賊衆深入。蓋為官軍以分地自守。既不能獨禦賊鋒。又不能併力掩襲。彼得其便。繼為邊患。其虜劫生口牛羊。亦不曾追奪。故安然往來。如蹈無人之境。今延州東路合隄防之處。已令朱吉與東路巡檢駐軍延安寨。其西路亦委王信張建侯狄青黃世寧在保安軍。每日訓練。近令西路巡檢劉政在德靖寨。張宗武在政勝寨。令分布兵馬。候賊奔衝。放令入界。會合掩擊。若數路並入。且併衆力禦

敵。或破得一處。即便邀擊別路。其環慶路已遣通判馬端往報總管司。令一如鄜延路設備。如此則可以乘勝而破賊也。今須令正月內起兵軍馬糧草動逾萬計。入山川險阻之地。塞外雨雪暴露。僵仆使賊乘之。所傷必衆。況鄜延路已有會合次第。不患賊先至也。賊界春暖則馬瘦人飢。其勢則易制。又可擾其耕種之務。縱出師無大獲。亦不至有它虞。昔劉平陷沒之後。修城壘。運兵甲。積糧草。移士馬。大為攻守全勝之策。非為小利而動。如重兵輕舉。萬一有失。將何繼之。則必關朝廷安危之憂。非止邊患之謂也。苟自今賊至不擊。是臣之罪也。兵法曰。戰道必勝。主曰無戰。必戰可也。戰道不勝。主曰必戰。不戰可也。臣昨於九月末至鄜延路。便遣葛懷敏朱觀入界掩襲族帳蓋與今來時月不同。非前勇而後怯。今若承順朝旨。不能持重。王師為後大患。雖加重責。不足以謝天下。苟伺春暖舉兵。先未能失策。且元昊稔惡以來。欲自尊大。必被奸人所誤。謂國家太平日久。不知戰鬬之事。又謂邊城無備。所向必破。所以恣桀慢之心。侵擾不已。今邊鄙漸飭。度其已失本望。況已下數招攜族帳首領。臣亦遣人探問其情。欲通朝廷柔遠之意。使其不僭中國之號。而修時貢之禮。亦可俯從。今鄜延是舊日進貢之路。蕃漢之人。頗相接近。願朝廷廣天地包荒之量。存此一路。令諸將勒兵嚴備。賊至則擊。但未行討伐。容臣示以恩意。歲時之間或可招納。如先行攻掠。恐未能擒其聚落。如白豹之功。官軍既退。戎類復居。狼心重報。增其怨毒。邊患愈滋。無時敢暇。若天兵屢動。不立大功。必為戎狄所輕。臣又近召張亢到延州熟議。亦稱頻與戎人相見於界上。臣所以乞存此一路者。一則懼春初盛寒。士氣愈怯。二則恐隔絕情意。偃兵未期。若施臣之鄙計。恐是平定之一端。苟歲月無效。遂舉重兵。取綏宥二州。擇其要害而舉之。屯田

營田作持久之計。如此。則橫山一帶蕃漢人戶去賊巢相遠。懼我兵威迫。可以招降。或即奔竄。則是去西賊之一臂。拓疆制寇。無輕舉之失也。

仲淹又改知慶州。上攻守二策。疏曰。臣竊觀西事已來。每議攻守。未見適中。或曰必行進討。以期平定。臣謂諸路進討。則兵分將寡。氣不全盛。絕漠風沙。迷失南北。饋運輜重。動有抄掠。賊之巢穴。多阻河外。非奇將不能躡。至若寇邊。常併兵來援一路。每有朝旨。令入界牽制。其如將帥方略。非有素定。徒然輕進。不知所圖。但求虛弱之處。以剽竊為功。既不能大振兵威。又不能少分賊勢。此進討牽制之無效也。或曰宜用守策。來則禦之。去則勿逐。臣觀今之守邊。多非土兵。不樂久戍。又無營田。必煩遠饋。久戍則軍情危殆。遠饋則民力將竭。歲月綿久。恐生他患。此守禦之未策也。臣荷國重寄。曾無寸勞。夙夜營營。思有所補。而才疏迂昧。終無發明。今採邊人而成末議。固不敢謂其可用。亦不敢望其必行。在朝廷以眾議參之。擇其可否。如無所取。乞賜寢罷。今具下項攻守之議。依聖旨指揮。交付梁適齎回赴闕。

議攻。

臣謂進討未利。則又何攻。臣切見延安之西。慶州之東。有賊界百餘里。侵入漢地。中有金湯白豹後橋三寨。阻延州環州經過道路。使兵勢不交。策應迂遠。自來雖曾攻取。無招降之意。猶守之謀。漢兵纔回。邊患如舊。臣謂西賊更有大舉。朝廷必命牽制。則可攻之地。其在於此。可用步兵三萬。騎兵五千。鄜延路步兵一萬二千騎兵五千涇原路步兵九千騎兵一千環慶自通馬步一萬餘言軍外當兵更可十八千人軍行入界。當先布號令。生降者賞。殺降者斬。得精強者賞。害老幼婦人者斬。拒者併力以殲之。服者厚利以安之。逃遁者勿追。疑有質也。居者勿還。俾安土也。乃大為城寨。以據其地。如舊遂以險。西增修非守地則別擇要害之處以從權常中之兵熟戶強壯無其土役作來歸旨令修繕邊城寨臣與兵方論事將係官別推并勸令近上人戶以蓄夫錢散與助土兵士食錢與帶甲士士俞然情願諸寨並以舉工候城寨堅牢。當留土兵以守之。方諸舊寨。必倍其數。使范全趙明以安撫之。范全今為麟府副使慶州兵都監揔趙明令為東頭供奉官柔遠寨都巡檢必嚴其戒曰。賊大至則明斥候。召援兵。金湯東去德靖寨四十里西去東谷縣六十里西南去柔遠寨八十里白豹西去柔遠寨十里南去慶州一百五十里堅壁清野以困之。小至則扼險設伏以待之。居常高估入中。及置營田以助之。如此則分彼賊勢。振此兵威。遍得延慶兩路軍馬。易為應援。所用主兵官員使臣勇夫身死者居其前。王信狄青劉拯范全劉貽孫張建侯可用策應者居其次。任守信王達王遇王文張宗武譚嘉震王守恩使臣中可當一隊者參於前隊。張信張忠郭逵凱律忠有心力幹事者營立城寨。周美張懋李端楊忻劉兼濟張繼勳臣觀後漢段紀明以騎五千步萬人。車三千兩。錢五十四億。三冬三夏。大破諸羌。又觀唐馬燧引戰車。行則帶甲兵。止則為營陣。或塞險以遏奔衝。臣以此一路山坂大車難進。當用小車二十兩。銀絹錢二十萬。以賞有功將吏。及歸降蕃部。并就糴芻粟。亦稍足用。其環州之西。鎮戎之東。復有胡盧泉一帶蕃部。與明珠滅藏相接。阻環州鎮戎經過道路。明珠滅藏之居。北接戎疆。多懷觀望。又延州南安。去故綏州四十里。在銀夏川口。今延州兵馬。東渡黃河。北入嵐石。卻西渡黃河。倒來麟府策應。盡以故綏州一帶賊界阻斷經過道路。已上三處內鄜府一路臣不曾到及更下本處訪問及畫圖即見山川道路次第也如此處下一處城寨。卒定。則更圖一處為據守之策。比之朝去暮還。此稍為便穩。

議守。

臣觀西戎居絕漠之外。長河之北。倚遠恃險。未易可取。建官置兵。不用祿食。每舉眾犯邊。一毫之物。皆出其下。風集雲散。未嘗聚養。中國則不可。遠戍之兵。久而不代。負星霜之苦。懷鄉國之望。又日給廩食。

月給庫絹春冬之衣鞋饋輸滿道不絕國用民力日以屈乏軍情愁
怨漬務姑息此中原積兵之憂異於夷狄也臣謂戎虜綏降築垣鎮
守當務經遠古豈無謀臣觀漢趙充國興屯田大獲地利遂破先零
魏武於征伐之中令帶甲之士隨宜墾闢故不甚勞夫功克平數年
之中所在積粟倉廩皆滿唐置屯田天寶八年河西收二十六萬石
隴西收四十四萬石孫武曰分建諸侯以其利而利之使食其地之
毛實役其人民之力故賦稅無轉徙之勞徭役無怨曠之嘆臣昨在
延州見青澗城种世衡言欲於本處漸興田利今聞僅獲萬石臣觀
今之邊寨皆可使弓手土兵以守之因置營田據畝定課兵獲羨餘
中糶于官人樂其勤公收其利則轉輸之患久可息矣且使其徙家
寨下重田利習地勢顧父母妻子而堅其守比之東兵不樂田利不
習地勢復無懷戀者功相遠矣田處許諸部進納荒田以邊資酬獎或量給與價直儻朝廷許

行此道則委臣與擇官員約古之義酌今之宜行於邊陲庶幾守愈
久而備愈充雖夷狄時為邊患不能困我中國此臣所以言假土兵
弓手之力以置屯田為守制也然臣觀前漢高帝之盛中有蕭張決
勝千里下有百戰之師以四十萬人之衆困于平城乃約匈奴和親
至高后文景代代如之不絕其好而匈奴慮變往往犯塞殺戮吏民
不勝其酷至於書問慢侮下視中國而人主以生民之故屈己含容
不為之動孝文即位將軍陳武請議征討以益封疆孝文曰兵凶器
也雖克所願動必耗病謂百姓遠方何今匈奴內侵軍吏無功邊民
父子荷兵日久朕動心痛傷何日忘之未能銷距願且堅兵設候結
和通使休寧北陲為功多矣且無議兵故百姓無內外之徭得息肩
於田畝天下富實雞鳴犬吠煙火萬里可謂和親者矣司馬遷以文
帝能和樂天下協於大樂故著于律書為後代法臣謂國家用攻則

宜取其近而兵勢不危用守則必圖其久而民力不匱然後取文帝
和樂之德無孝武哀痛之悔則天下幸甚
一年仲淹再議攻守疏曰臣切惟國家太平日久而一旦西戎背德
陵犯邊鄙公卿大夫爭進計策而未能副陛下憂邊之心且議攻者
謂守則示弱議守者謂攻必速禍是二議卒不能合也臣前至延安
所謂復諸寨為守禦之備次則幸其休兵輒遣一介示招納之意朝
廷以羣言之異未垂采納今臣領慶州日夜思之乃知攻有利害守
有安危何則盡攻其遠者則害必至攻其近者則利必隨守以土丁
則安守以東兵則危臣謂攻遠而害者如諸路深入則將無素謀士
無素勇或風沙失道或雨雪彌旬進則困大河絕漠之限退則有乘
危扼險之憂臣謂攻近而利者在延安慶陽之間有金湯白豹之阻
本皆漢寨陷為賊境隔延慶兵馬之援為蕃漢交易之市姦商往來

物貨叢聚此誠要害之地如別路入寇數百里外應援不及則當遠
為牽制金湯白豹等寨可乘虛取之因險設陣布車横轝不與馳突
擇其要地作為城壘則戎無不利之虞至於合水華池鳳州平戎柔
遠德靖六寨兵甲糧糗可就屯泊固非守備之煩也環州定邊寨鎮
戎軍乾興寨相望八十餘里二寨之間有胡盧泉今屬賊泉為義渠
朝那二郡之交其南有明珠滅藏之族若進兵據胡盧泉為軍壁北
斷賊路則二族自安豈無異志又朝那之西秦亭之東有水洛城亦
為之限今策應之兵由儀隴二州十驛始至如進修水路斷賊入秦
亭之路其利甚大非徒通四路之勢因以張三軍之威也臣謂守以
土兵則安者以其習山川道路之利懷父母妻子之戀無久戍之苦
無數易之弊臣謂守以東兵則危者益費厚則困于財戍久則聚其
怨困則難用怨聚則難保民力日窮人心日離他變之生出於不

測臣所謂攻宜取其近而兵勢不危守宜圖其久而民力不匱洛納
之策可行於其間今奉詔宜令嚴加捍禦觀釁而動與鄰道協心而
共圖之又觀赦文謂彼無驕動則我不侵掠臣恐賊寇一階遠在數
百里外應援不及須為牽制之策以沮賊氣至時諸路重兵豈能安
坐如無素定之畫又無行營之備恐當牽制之時茫然無措雖見利
而莫敢進觀釁而莫敢動寇勢愈盛邊患愈深叛亡之人日助賊謀
不可不大為之謀也願朝廷於守策之外更備攻術彼寇其西我圖
其東彼寇其東我圖其西寧有備而不行豈當行而無備也所謂備
者必先得密旨許抽將帥便宜從事并先降空名宣敕之類恐可行
之日奏請不及臣前曾遣人入界通往來之問或更有人至不可不
答如朝廷先降密旨令往復議論歲年之間當有成事若謂邊將之
恥未雪而不欲俯就臣恐諸路更有不支其恥益大賊或潛結諸蕃

并勢合謀則禦之必難且兵馬精勁西戎之所長也金帛豐富中國
之所有也禮義不可化干戈不可取則當任其所有勝其所長此霸
王之道也臣前知越州每歲納稅絹十二萬和買絹二十萬一郡之
入凡三十萬償以啖戎是費一郡之入而息天下之弊也
時文彥博經畧涇原帝以涇原傷夷欲對徙仲淹遣王懷德諭之仲
淹謝曰涇原地重第恐臣不足當此路與韓琦同經畧涇原並駐涇
州琦兼秦鳳臣兼環慶涇原有警臣與韓琦合秦鳳環慶之兵犄角
而進若秦鳳環慶有警亦可率涇原之師為援臣當與琦練兵選將
漸復橫山以斷賊臂不數年間可期平定矣願詔龐籍兼領環慶以
成首尾之勢秦州委文彥博慶州用滕宗諒總之孫沔亦可辦集渭
州一武臣足矣帝采用其言
仲淹又論元昊請和不可許者三大可防者三上疏曰臣等久分戎

寄未議策勳上玷朝廷俯慙鄙懷心究利害目擊勝負三年于茲備
詳本末今元昊遣人赴闕將議納和其來人已稱六宅使伊州刺史
觀其命官之意欲與朝廷抗禮臣恐不改僭號意朝廷開許為鼎峙
之國又慮尚懷陰謀卑詞厚禮請稱兀卒以緩國家之計臣等敢不為
朝廷思經久之策防生靈之患哉臣等謂繼遷當時用計脫身竊弄
凶器德明外示納款內實養謀至元昊則悖慢侮常大為邊患以累
世奸雄之志而屢戰屢勝未有挫屈何故乞和雖朝廷示招納之意
契丹邀通好之功以臣等料之實因累年用兵蕃界勞擾交鋒之下
傷折亦多所獲器械鞍馬皆歸元昊其下蕃怨無所厚獲其橫山蕃
部點集最苦但漢兵未勝戎人重土不敢背賊勉為驅馳今元昊
知衆之疲聞下之怨乃求息肩養銳以逞兇志非心服中國而來也
臣等謂元昊如大言過望為不改僭號之請則有不可許者三如界

辭厚禮從兀卒之稱亦有大可防者三何謂不可許者三自古四夷
在荒服之外聖帝明王恤其邊患柔而格之不吝賜與未有假天王
之號者也何則與之金帛可節儉而補也鴻名大號天下之神器豈
私假於人哉惟石晉藉契丹援立之功又中國逼小纔數十州偷生
一時無卜世卜年之意故薦號於彼壞中國大法而終不能厭其心
遂為吞噬遽成亡國一代君臣為千古之罪人自契丹稱帝滅晉之
後參用漢之禮樂故事勢強盛常有輕中國之心我國家富有四海
非石晉逼小偷生之時元昊世受朝廷爵命非有契丹開晉之功此
不可許者一也又諸處公家文字并軍民語言皆呼昊賊人知逆順
去就之分尚或逋亡未由禁止今元昊於天都山營造所居已逼漢
界如更許以大號此後公家文字并軍民語言當有西帝西朝之稱
天都山必有建都郊祀之僭其陝西戎兵邊人負過必逃其地蓋有

帰矣。至於四方豪士。稍不得志。則擿辟而去。無有逆順去就之分。彼多得漢人。則禮樂事勢與契丹並立。夾困中國。豈復有太平之望乎。此不可許者二也。又議者皆謂元昊胡人也。無居中國之心。欲自尊於諸蕃爾。臣等謂拓跋珪、石勒、劉聰、符堅、赫連勃勃之徒。皆胡人也。並居中原。近則李克用父子沙陁人也。進據太原。後都西洛。皆漢人進謀誘而致之。昨定川事後。元昊有偽詔諭鎮戎兵民。有定關輔之言。此其驗。蓋漢家之叛人不樂處夷狄中。必謀侵據漢地。所得城壘必使漢人守之。如契丹得山後諸州。皆令漢人為之官守。或朝廷假元昊僭號。是將啓之。斯為叛人之助甚矣。此不可許者三也。何謂大可防者三。元昊以累世姦雄之資。一旦僭逆。初遣人至。猶稱臣奉表。及劉平之陷。賊氣乃驕。再遣賀九言齎書。朝廷使不稱臣。其辭頗慢。而後屢勝。當有大言過望。乃人情之常也。若卑辭厚禮。便肯從兀卒之稱。皆陰謀也。是果以山界之困。暫求息肩。使中國解兵。三四年間。將帥懈慢。士伍驕惰。邊備不嚴。戎政漸弛。却如前暴發。則中國不能支梧。此大可防者一也。又從德明納款之後。經謀不息。西擊吐蕃回鶻。拓疆數千里。至元昊事勢稍盛。乃稱尊悖禮。背負朝廷。結連北戎。情跡盡見。大為邊患。僞未深入。今復起詐端以款我兵。而休息其衆。又欲併力專志。併吞唃廝囉等諸蕃。去秦州一帶籬落。為將來再舉之利。緣元昊初叛之時。親攻延州。是本有侵陷郡國之志。今復彊盛。豈便息心。且朝廷四十年恩信所被。一朝反側。豈有發既叛之謀。蓄未挫之銳。而能久守盟信者乎。此大可防者二也。又從德明納款後。來使蕃漢之人。入京師買販。憧憧道路。百貨所歸。獲中國之利。充于塞內。賊因其事力。乃興兵為亂。今茲五年。用度必困。乃卑辭厚禮迎合我意。欲復圖中國之利。待其給用既畢。却求釁興兵。以快本意。

狼子野心。固難馴伏。今若通和。或再許靈夏蕃漢之人。依前出入京師。深為不便。緣自前往來。叛狀未彰。情無嫌害。今既為強敵之虜。稔禍未已。必窺伺國家。及夾帶亡命入蕃。或與姦人別有結連。或使刺客竊發。驚擾朝廷。又此類必所在恣縱。甚於昔時。有事何以處置。此大可防者三也。臣等乞朝廷候元昊所遣人至。觀其所請。彼如大言過望。堅求僭稱。則乞朝廷答云。上畏天地宗廟。不可私許大號。壞中國之法。彼卑辭厚禮。止是求兀卒之稱。則按唐畢子可汗故事。有許之之理。亦須防其陰謀。嚴飭邊臣。修葺城寨。訓練軍馬。儲蓄糧草。以備虛詐。候一二年間見其表裏。及邊備牢固。方可那減戍兵。於近裏屯泊。緣西戎自古翻覆。朝廷不可休兵。以啓不虞之變。如求割熟戶。則乞答云。靈夏甚有漢戶。能割歸朝廷否。況橫山蕃部安於內附。一旦驅之。則驚擾生事。必不為西界之用。彼如求至京師依前來出入買販。則乞答云。昨來戰鬬之後。甚有軍民沒陣。其子孫骨肉。銜怨至深。必恐道塗之中。多有讎殺。致西界相疑。更却生事。只於邊上建置榷場交易。有無各得其所。彼如邀我自今而後罷修城寨。則乞答云。邊界熟戶。生有讎怨。常相侵害。須藉城寨。駐兵方能鎮靜。使各安居爾。若自餘更有非禮之求。朝廷或難應副。即且拒之。不必從也。但厚遣來人。善詞回答。使遷延往來。即逾四月。賊不能舉矣。至秋則無足畏也。何以言之。臣等觀朝廷信賞必罰。令已明白。帥臣奏請得以便宜。又舊將漸升。新將稍除。將責實效。約束將佐。不令輕出。訓練軍馬。率多變法。但令極邊城寨。或未堅全。新集之兵。未可大戰。若賊今春便來。以臣等計之。尚可憂慮。然大軍持重。奇兵聲擊。宜無定川之負也。如俟秋而來。則城寨多固。軍馬已練。或堅壁而守。或據險而戰。無足畏矣。臣等已議一二年間。訓兵三四萬。使號令齊一。陣伍精熟。又能使熟戶蕃兵與正軍參用則橫山一帶族帳可以圖之附我者使之納質厚其官賞各令安居籍為熟戶拒我者以精兵加之不從則戮我軍鼓行山界未為朝去暮還之計元昊聞之若舉國而來我則退守邊寨是以困彼之衆若遣偏師而來我則據險以待之蕃兵無粮未能久聚退散之後我兵復進使彼復集每歲三五出元昊諸廂之兵多在河外頻來應敵疲於奔命則山界蕃部勢窮援弱且近於我自求内附内選酋豪以鎮之是以斷元昊之手足矣然乞朝廷以平定大計為意當軍行之時不以小勝小衂黜陟將帥則三五年間可集大功仍詔中國臣寮不得諱言邊事以沮永圖我太祖太宗統闢四海創萬世之基業今以三五年之勞再定西陲豈為晚邪契丹聞國家深長之謀必懼而保盟不復輕動然後中國有太平之期矣臣等所以言彼賊非禮之求未必從者蓋有此議也或曰今王師不利

者數四而未思戢兵何也臣等謂不然國家太平日久將不知兵兵不習戰以致不利非中國事力不敵四夷非今之軍士不逮古昔蓋太平忘戰之弊爾今邊臣中有心力之人鑒其覆轍各思更張將有勝賊之計昔漢楚之戰不以多負罷兵而終有天下安祿山之亂所向無前郭子儀日夜謀慮王師復振而終滅大盜今國家以天下全盛之勢豈有偶勝偶負而自謂中國不可振而戎狄不可禦邪斯惑之甚矣或曰兵不可久久則民困而財匱臣等謂不然爭勝逐利之師則有巧遲拙速之異如其外禦四夷則自古未嘗廢兵是以山海之利皆歸邊用抑為此也況即目邊上城壘經今春修葺漸以險固兵民力役自當減罷又每歲春夏之次軍馬甚可抽退於數百里間就食芻粮亦足省入中之費減饋運之勞庶乎民不困而財不匱非如西事之初人人畏懼未測虜情所屯軍馬不敢少退臣等更思興利減費之策以為之助臣等早蒙聖獎大權貳清班西事以來供國麄使三年塞下日勞月憂豈不願聞納和少圖休息非樂職矢石之間蓋見西賊強梗未衰挾以變詐若朝廷處置失宜他時悖亂為中原大禍豈止今日邊患哉臣等是以不敢念身世之安忘國家之憂貪鑿芻羨少期補助其元昊來人到闕伏望聖慈於納和禦侮之間審其處置為聖朝長久之慮天下幸甚

仲淹又奏乞揀選往邊上屯駐兵士䟽曰臣竊見去年以來自京差撥禁軍往陝西邊上屯戍內有諸處鄉軍准到經販之人并向南諸處廂軍揀上添填逐指揮內有小弱怯懦之人道路指笑及到邊上不堪披帶教閱虛破禁軍諸般請受支賜今來又差發兵士五千人往秦州添屯并續有諸軍發往邊上替換欲乞指揮下殿前馬步軍司應在京及畿内諸軍今來并向去合起發往邊上兵士並須逐指

揮依次勾來本司子細揀選下小弱不堪披帶之人更不令發往邊上其揀下小弱人數內元係在京諸司庫務并外路廂軍如却願歸本處舊指揮者並令送還內有身材比舊等樣小三兩指却少壯得力者即不得揀下所有年老病患之人即等第與剩員安排其逐指揮人員年老疾患不得力者亦便揀選別與安排却於本指揮向下人員十將內揀選得功并武藝高強人升一兩資權管勾當候轉員依本資施行如本指揮人員十將內無可選揀即於以次指揮內選揀令權管補填勾當所貴在路便有幹了軍員部轄各得齊整不至依前作過其所差兵士本營在外州軍府者即委逐處長吏都監監押依此揀選起發仍乞指揮諸路部署司將去年秋後差到屯駐駐泊并今後差到兵士並依此揀選施行訖逐旋開坐聞奏

仲淹又乞散直等處揀有武勇心力人䟽曰臣竊知散直并下班殿

侍內甚有經歷與得辛苦之人可以邊上使喚乞特降指揮下殿前司於散直下班殿侍內揀選或有心力並具姓名聞奏當議再行揀選內曾有過犯人如武勇出倫亦別具姓名聞奏本班人員不得抑遏漏落當行勘斷其揀到人數別分等第內上等人及識文字者差在閤門人員處權勾當三周年無過犯得力者遂處保明奏取旨使與轉三班差使權管與依轉員例施還安排有功勞者特行升擢大段勝於弩手轉員之人今有誤戰敵緣西北事大常須先選人在軍中使喚以備邊事

五年仲淹為參知政事奏陝西河北攻守疏曰臣蒙聖恩非次獎擢待罪兩府日夜憂迫恐負陛下委用之意臣等誠無所長但塞下初還粗知邊事不敢有隱臣等聞三代以還皆有戎狄之患以至侵凌中國被于渭洛齊晉逐之於前秦漢驅之於後中原始清人倫乃敘

逮於西晉之弱雜胡猾夏天寶之末石晉之際中國不幸皆罹其害自周世宗北征之後雖疆土未復羌夏稍分我祖宗奕世修備大庇生民今西北二方復相交構來困中國元昊率先叛命兵犯延安次犯鎮戎殺傷軍民曾無虛歲中國之兵討伐未利而北虜舉十萬衆謂元昊是甥舅之邦責中國不當舉兵此交構之跡更何疑哉國家以生民之故增物帛以續盟好彼既獲利方肯從師今乘西夏通順之議又欲主盟邀功自尊大元昊屢戰勝且倚北戎事勢難求通順貴欲息肩亦如北戎大獲厚利使其物力稍豐可以舉衆則必長驅深入有吞并關輔之志何以知之昨定川之戰我師不利彼作偽詔誘脅邊人欲定關中其謀不細蓋漢多叛人陷於窮漠衣食嗜好皆不如意必以苻堅劉元海元魏故事日夜遊說元昊使其非獨元昊志在侵漢實漢之叛人日夜為賊之謀也朝廷若從其通順則北戎邀功自為主盟下視中國邀求無厭多方困我而終於用兵矣若拒絕其意則元昊今秋必復大舉北虜亦必遣使問我拒絕元昊之故或便稱兵塞外張勢脅我國家至時寧不疑懼必於陝西選將抽兵移于河北未戰而西陲已虛元昊乘虛而來必得志於關輔此二虜交構之勢何以禦之臣等思慮是和與不和俱為大患然則為今之謀者莫若擇帥練兵處置邊事日夜計畧為用武之策以和好為權宜以戰守為實事彼知我有謀有備不敢輕舉則盟約可久矣如不我知輕負盟約我則乘彼之驕可困可擊未必能為中國之患也臣等請畫一言之

一和策

臣觀西戎蓄禍積有歲年德明在時已聞僭擬元昊方壯遂肆兇驕外倚北戎內凌中國屢戰屢勝未嘗挫衄而乃卑辭求通順實圖休息

所獲者大利所屈者虛稱然猶干請多端姦謀未測國家以生靈為念不可不納如唐高祖太宗應天順人百戰百勝猶屈於突厥當戎王始亡為之舉哀廢朝三日遣百寮詣館弔其來使其屈禮之甚也又太宗騎六騎於渭上見頡利與語復親與之盟頡利既退左右勸擊之太宗謂我擊彼敗懼而修德後患必深乃周旋俯就使之驕怠一旦遣李靖擒之威震四極此盛王之謀也陛下如唐高祖太宗隆禮敦信以盟好為權宜選將練兵以攻守為實事彼不背盟我則撫納無倦彼將負德我則攻守皆宜如此則結好之策未有失也

二陝西守策

元昊自來通順之時歲受恩賜朝廷撫納甚厚未嘗有失尚猶時擾邊境殺戮將吏暨叛命以來累次入寇曾無沮敗乃求通順實蓄陰謀非屈伏之志也朝廷若以權宜許之更當嚴作守備然陝西久屯

大兵供費殫竭減兵則守備不足不減則物力已困臣等請緣邊城寨愈加繕完使戎虜之心無所窺伺又久守之計須用土兵各諳山川多習戰鬬比之東兵戰守功倍然緣邊次邊土兵數少分守不足更當於要便城寨招置土兵若近裏土兵願改隸邊寨者即遷其家而團集之況昨來慶州創起大順城欲置振武保捷兵兩指揮仍於永興華耀土兵中召其願守塞者而應募甚衆何則關內諸州土兵多在邊上或得代歸營而數月之間復出遠戍豈徒星霜之苦極傷骨肉之恩征夫不保其家離婦頗多犯法人情不免久則怨起如得并遷其家於緣邊住營更免出軍父母妻子聚於完聚戰則相救守則相安或謂若土兵挈家居于塞下則全分請給其費尤多不然土兵月給差少人素驍精彊使之戍邊於東兵數復可自今於逐路漸為增益二年已來方能整齊有非一朝可驟改也又陝西新刺保捷

土兵其中尫弱不堪戰陣者宜沙汰之使歸于田畝既省軍費復增農力然後東兵三分中一分屯邊以助土兵之勢一分移入次邊或屯關輔以息饋餉之困一分歸京師以嚴禁衛之防彼如納款未變則東兵三分中可更減退又緣邊無稅之地所招弓箭手必使聚居險要每一兩指揮共修一堡以完其家與城寨相應彼戎小寇則使屬戶蕃兵暨弓箭手與諸寨土兵共力禦捍彼戎大舉則二旬之前必聞舉集我之沿邊軍馬盡可勾呼駐於堅城以待敵之進退緣邊山阪重複彼之重兵必循大川而行先求疾速俟其得勝使我師沮而不出方敢散兵虜掠過越險阻更無顧慮我若持重不戰則彼之重兵行川路中糧草無所給牛羊無所獲不數日人馬困弊彼之重兵更不敢越險又未能決勝必不得已而散兵虜掠我於山谷村落中伏精銳以待之彼散掠之兵勢輕而寡弱可擊可逐使散無所掠衆

不得聚欲長驅深入我則使諸將出奇以躡其後欲全師以歸我則使諸城出兵以乘其弊彼將進退有禍不三兩舉勢必敗亡此守策之要也

三陝西攻策

元昊巢穴實在河外河外之兵懦而寡戰惟橫山一帶蕃部東至麟府西至原渭二千餘里人馬精勁慣習戰鬬與漢界相附每大舉入寇必為前鋒故西戎以山界蕃部為彊兵漢家以山界屬戶及弓箭為善戰以此觀之各以邊人為彊理固明矣所以秦漢驅逐西戎必先得山界彼則遠遁然後以河為限寇不深入儻元昊歸款則請假和策以待之如未通順或順而翻覆則有可攻之策非窮兵瀆武角勝於絕漠之外也臣等竊計陝西四路之兵總數幾三十萬非不多也然各分守城寨故每歲戰兵大率不過二萬餘人坐食芻糧不敢

舉動歲歲設備常如寇至不知賊人之謀果犯何路賊界則不然種落散居衣食自給忽爾點集併攻一路故犬羊之衆動號十餘萬人以我分散之兵拒彼專一之勢衆寡不敵遂及散敗且彼為客當勞而反逸我為主當逸而反勞我若復用此計彼勞我逸則取勝必矣臣等請於鄜延環慶涇原路各選將佐三五人使臣一二十人步兵二萬騎兵三千以為三軍以新定陣法訓練歲餘候其精勇然後觀賊之隙使三軍掠于橫山更進兵降者納質厚賞各令安土拒者併兵急擊必破其族假若鄜延一軍先出賊必大舉來應我則退守邊寨或據險要不與大戰不越旬日彼自困彼勢將潰歸則我環慶之軍復出焉彼若再圖點集來拒王師則又有涇原之師乘間而入使賊奔命不暇部落攜怨則我兵勢自振如宥州綏州金湯白豹折薑等寨皆可就而城之其山界蕃部去元昊且遠求援不及又我以堅

城據之。以精兵臨之。彼既樂其土。復逼以威。必須歸附以固安全。三五年間。山界可以盡取。此春秋時吳用三師破楚之策也。元昊若失橫山之勢。可謂斷其右臂矣。矧漢唐之舊疆。豈今日之生事也。

四河北備策。

臣等於陝西緣邊頗究利害。所陳三策。必可施用。而國家禦戎之計在北為大。臣等敢不經心。且北戎久強。在後唐日。以兵四十萬送石高祖至洛陽。立為天子。而遣還。與石晉為父子之邦。邀求無厭。晉不能支。一旦釁起。長驅南牧。直抵京師。虜石少主。及當時公卿盡室而去。幽燕遂陷。為中原千古之恥。尚未能雪。國家以生靈之故。與之結和。將休兵養民。有所待也。及天下無事。人人懷安。不復有征戰之議。前年北虜驟變。詭詞稱兵。燕薊有背盟之變。割地之請。國家倉卒無備。難於用兵。遂增重賂。以續前好。彼既獲利。方肯旋師。今乘元昊通

順之議。又欲邀主盟之功。其勢愈重。苟不大為之備。禍未可量。臣等因請朝廷力行七事。以防大患。一密為經略。二再議兵屯。三專於選將。四急於教戰。五訓練義勇。六修京師外城。七密定討伐之謀。一密為經略者。自河朔罷兵以來。幾四十年。州郡因循。武事廢弛。凡謀興葺。則罪其引惹。昨朝廷選差轉運使。蓋欲革去舊弊。預為之防。然既有本職。則日為冗事所縈。未暇周慮。請選有材識近臣。假以都轉運使之名。皆往經畫。使親視邊壘。精究利害。凡邊計未備者。皆條上而更置之。不出半年。歸奏闕下。更令中書樞密院子細詢訪。熟議經久之計。若虜情驟變。則我有以待之矣。二再議兵屯者。自來真定府定州高陽關分為三路。其所轄兵馬未甚整齊。乃有一州兵馬。却屬兩路之處。又未曉本路將來於何處控扼。合用重兵若干。又甚處只宜固守。合屯兵若干。及三路互相應援次第。須差近臣往彼密為經畫。

方可預定法制。臨時不至差失。或事宜未動。亦當相度兵馬合那減於何處駐泊。使就芻糧。以省邊費。庶免先自匱之。至用兵之日。重困生民。三專於選將者。委樞密院於閤門祗候使臣已上選人。三班院使臣中選人。殿前馬步軍司於軍旅中選人。或有智略。或有材武。堪邊上試用者。逐旋進呈。擢選到人數。以籍記之。候本路有闕。則從而差授。如此。則三二年間。得人多矣。四急於教戰者。於陝西四路抽取曾押戰隊使臣十數人。更授以新議八陣之法。遣往河北閱習諸軍。使各知奇正循環之術。應敵無窮。五訓練義勇者。今河北所籍義勇雖約唐之府兵法制。三時務農。一時教戰。然未建府衛之官。而法制不行。號令不一。須別選知州知縣縣令可治兵者。并增置將校。使人人各知軍中之法。應敵可用。斯則強兵制勝之本矣。六修京師外城者。後唐無備。契丹一舉直陷洛陽。石晉無備。契丹一舉直陷京師。故

契丹之心。于今驕慢。必謂邊城堅而難攻。京師坦而無備。一朝稱兵必謀深入。我以京師無備。必促河朔重兵與之力戰。戰或不勝。則胡馬益驕。更無顧慮。直叩澶淵。張犯闕之勢。至時遽使邀我。欲以大河為界。我既無備。將何以禦。從之不可。拒之必難。又旅還京師。何以為計。若京城堅完。則戒河朔重兵不與之戰。彼不能戰。則無乘勝之氣。欲謀深入。則前有堅城。後有重兵。必將沮而自退。退而不整。則邀之可也。是則修京城者非徒禦寇。誠以伐深入之謀也。漢惠帝時起六里內男女城長安。二年而畢。唐明皇時城長安。九十日畢。考法於古擇利于今。京城之修。蓋無疑矣。然須二年成之。則民不勞苦。人不驚駭矣。七密定討伐之謀者。彼幽燕數州。人本漢俗。思漢之意。子孫不忘。太宗皇帝既克河東。乘勝北討。薊州吏民望風請命。惟幽州未破。我軍虛驚班師。以來歲月緜遠。如天限其北。無復經議。一昨盟好已

撫安保其往。當訓兵養馬密為方畧。以待其變。未變則我不先舉。變則我有後圖。指彼數州。決其收復。使彼思漢之俗。復為吾民。成太宗皇帝赫怒之志。雪石晉千古之恥。則陛下之功如天如日。著于無窮矣。

仲淹又奏元昊求和。所爭疆界。乞更不問。疏曰臣竊觀史籍見前代帝王與戎狄結和通好。禮意甚重。非志不高而力不足也。蓋懼邊事不息。困耗生民。用兵久之。必生他變。而為社稷之憂。如漢高帝唐太宗。身經百戰。大服天下。不敢黷武。而屈事戎狄者。正為此也。及其國力強盛。將帥得人。則長驅破虜。以雪天下之恥。今北虜西戎合謀幷力。夾困中原。西兵數年未能平定。近方遣使往復。以議通順。而延州塞門幷河東豐州之地。舊有屬戶居之。則為我利。自元昊驅掠西去遂為隙地。中國利害不繫於此。今衆議須欲復得塞門。以全疆土。借

如祖宗朝北陷易州。西失靈夏。及其和好。皆畧而不言。恥以前失之醜。而求無用之地。今西戎貪惏。未足與爭虛名。體已順。餘可假借以成和好。然後重議邊事。退移兵馬。減省糧草。綏我生民。勤我稼穡。選將練士。使國富民強。以待四夷之變。此帝王有道之術。社稷無窮之富也。如欲與戎狄理曲直。決勝負。以耗兆民。以危天下。語之則易。行之實難。臣條位二府。當思安危大計。不敢避人之謗議。上下共說。累陛下包荒之德。以重增宵旰之憂。臣不勝懇迫惶恐之至。

仲淹又奏乞宣諭大臣定河東捍禦策。疏曰。臣竊見契丹遣使來朝廷。言欲西征。今邊上探報。皆稱契丹大發兵馬討伐呆家族。幷夾山部落。及稱亦與元昊兵馬相殺。又報元昊亦已點集左廂軍馬。既是二國舉動大兵。必有大事。以臣料之。夾山等蕃部小族。豈二國盡舉大兵攻討。此可疑一也。又元昊自來惟倚契丹侵凌中原。本無大故。何敢便與契丹相絕。而舉兵相持。此可疑二也。自古聖賢議論。皆稱夷狄無信。今朝廷便欲倚憑。此可疑三也。前來契丹邀中國進納物帛。欲屈伏朝廷。元昊僭號擾邊。虜擒將帥。如盟信可保。何至此。今日之舉。又可疑四也。河東地震數年。呂書亦主城陷。今二國之兵卒於彼方。此又可大疑五也。又邊上探得契丹遣使二道至南山寧化軍苛嵐軍後面。覘步谷口道路。此又可大疑六也。設或二國不守盟信卒然奔衝。以數十萬衆。乘不備而來。河東軍馬不多。名將極少。衆寡不敵。誰敢決戰。此大可憂一也。契丹素善攻城。今探得點集床子弩幷砲手。皆攻城之具。與昔時不同。況元昊界無城可攻。如却入漢界併攻此兩城。破而留之。則其餘城乘風可下。此大可憂二也。萬一此度却來奔衝。以取中國之信。使安於疑。為後舉之策。此大可憂三也。今乞聖慈顧問大臣。如契丹可以保信。必不入寇。亦不與元昊連衡

則乞今日同署一奏。納於御前。使中外安靜。不更憂疑。他日或誤大事。責有所歸。如大臣不敢保信。則乞指揮大臣。今日更不歸廳。便畫禦捍之策。抽何路軍馬。用何人將帥。添若干錢帛。據何處要害。如此定策。猶恐後時。不能當二虜之勢。或更因循度日。直俟大寇入境。然後為謀。則河東一傾。危逼宗社。臣待罪兩府。義當極論。不敢有隱。繫聖斷處之

仲淹又奏為契丹請絕元昊進貢利害。疏曰。臣竊見契丹來書。稱朝廷曾請契丹止遏元昊。今聞名體未順。遂舉兵討伐。又請朝廷絕元昊進貢。契丹安肯為朝廷特舉大兵以討元昊。此不可信一也。若自與元昊有隙。必行討伐。其人使即合堅請阻絕元昊。何却只問。楊守素往來次第。是無必討之意。此不可信二也。余靖等今有見虜主親信。須指揮夏州。令楊守素入南朝。勾當。必是動有關報。今來虜使却

言北朝盖不知子細。此不可信三也。萬一契丹必有深隙須行討伐必堅要阻絶元昊豈暇問於南朝名體順不順須是契丹虛搆爲朝廷西征。駐重兵於雲朔。如元昊以誓書未至。入寇河東亦是相爲聲援。得至則享厚利。如元昊更不入寇。納誓書于朝廷。則契丹自爲因行討伐使元昊入貢。以此爲功。而駐兵雲朔。以邀重報。是契丹進退有利。而俱爲我害也。臣謂朝廷今日答書則易將報必難。而爭於致路。欲滿虜志。則契丹大兵起豈虛舉而肯退。須朝廷執慮此事。先且大議備邊之策。然後遣使往來。使虜知我有備無必勝之理。則亦可以遏其邀功求報之心。縱背盟好亦有以待之。少減生靈之禍。

仲淹又奏乞罷參知政事知邊郡。疏曰。臣近與韓琦上言陝西邊事略陳八事。須朝廷遣使便宜處置方可辦集。又近覩手詔下問。合用何人鎮彼西方。兩府已奏見選人進呈。即令西人議和。變詐難信。成與不成。大須防將來之患。臣久居邊塞下。誠無寸功。如言鎮彼西方。保於無事。則臣不敢當。但稍知邊情。頗在驅策。雖無奇効可平大患惟期夙夜經畫措置兵馬財賦。及指蹤諸將同心協力。以禦深入之虜。今防秋事近。恐失於後時。願聖慈早賜指揮。罷臣參知政事。知邊上一郡。帶安撫之名。是以照管邊事。乞更不帶招討部署職任。

元年右正言孫沔論范仲淹答元昊書。上疏曰。臣伏自前月以來。聞中外言昊賊使高延德持書至延州有歸伏朝廷之意。范仲淹以書諭之。令去僭號方可納款。仍聞大臣頗有異議。或言忠義可賞者。或言專命可誅。以此數人皆平斷天下事。何是非智識。其相遠悖如是又臣寮上言者多相矛盾。竊恐衆論紛撓。以致惑亂視聽。臣朝夕思之。未知孰得。今偶有所見。揣昊賊情僞之詳。原邊臣得失之跡。其理有三。敢悉陳之。萬一上合聖聰。亦愚人之極慮也。一者以西陲蕃戶久來貿鬻羊馬藥物歲數百萬至於米鹽飲食皆資於內地。自昊賊背逆凡二年。謹察邊防禁絶交易。彼又驅率鬬戰殺害父子。量其蕃族。怨望者衆矣。今忽來歸順者。蓋知中國必未納其姦謀。將給其族類。必曰我爲爾請和。適其有無。朝廷未允耳。此將以激怒其衆。使爲邊患也。二者近聞昊賊入寇涇原。騎十餘萬。此亦慮我知其盡鋭離於巢穴。而以別路攻其不備。故使延德僞來貢款。而緩我鄜延一路之兵也。三者范仲淹夙負時望。多士歸慕。今屢邊任。得將士心。軍民受賜。戎狄所聞。故昊賊未測其才謀。因用延德爲反間。以謀撓我師使疑而退黜之。賊得其計矣。臣又謂仲淹移書有利害者三焉。一者賊請歸款。以我不許。爲激衆之謀。今仲淹答而許之。則賊之策不得行。此亦我權其利也。二者賊以計緩我鄜延一路入攻之兵。則我本無深討之策。雖其詐來之意於邊境之慮亦無害也。三者賊謀撓我師。而仲淹答其書。雖於軍政無損。實亦自踏先機。今大臣果得其專命。或言其可斬者。若有姦謀深利。此言使賊知之。因致悖慢之言。僞爲交結之意。起市虎拾塵之說。設盃馬草具之書。冀朝廷疑仲淹。而朋比有嫉害者從而媒蘖之。大則受誅滅之罪。小則必竄逐其身。使國家一朝失賢。三軍無帥。去邊地之長城。開賊衆之大路。此實可憂之甚者也。臣又見前歲王德用被罪廢黜。本其事發之因。亦由臣寮以讖記之言。形貌之肖。章奏交上。何止於三。使曾參殺人之名。而不得自明也。蓋德用至公之節。得軍中之情。有總統之望。爲遠人所知。驟獲憂疑。忽然廢棄。使邊鄙無大將。而朝廷終不敢起德用。豈非昊賊以密謀挾邪而中害良善也。今仲淹盡誠許國。立義忘軀。獨處遠徼。不顧危亡。求之品流。罕有倫擬。在陛下聖哲。推其本心。令得盡節。則天下之幸也。臣恐昊賊即設姦計。復答其書。矯陷仲淹。賂合臣說則望陛下念之以辨其詐使賢材不爲賊所欺逐則夷狄亡感可立俟矣或曰蕃寇小醜安有遠圖臣對曰預備則無患過慮則必獲若昊賊貪欲歸款料之雖過於事無損即如前歲賊使六十餘人戲冠樸服托以貢奉爲言僭稱之意時宰執謀議固無異術但下詔削奪遣還而惟知御詰吴育之言以聖朝太平既久兵戰不習乞且因而撫之然後備邊練將以議攻取爲便當日柄臣皆謂其怯今二年連陷將吏覆沒兵衆豈復可以小寇待之然欲行吴育之策而未能也況仲淹以書移賊自是閫外事寧若昊賊因而歸順亦國家軍事之利於朝廷有何累哉今韓琦督戰無功敗軍殺將尚不欲黜則恐傷國體況仲淹以計策或有得失且於事未有大過豈宜輒加其罪諒陛下神機聖斷盡在策中不待言而後知也臣與琦仲淹皆故舊深知今論事之際必盡公言決安危之計非愛憎之心也伏望陛下萬機之暇乙夜詳覽幸甚

歷代名臣奏議卷之三百二十四

歷代名臣奏議卷之三百二十五

禦邊

宋仁宗慶曆初丁度入知制誥遷翰林學士糾察在京刑獄判太常禮院兼羣牧使劉平石元孫敗帝遣使問所以禦邊度奏曰今士氣傷沮若復追窮巢穴饋糧千里輕用人命以快一朝之意非計之得也唐都長安天寶後河湟覆沒涇州西門不閉京師距寇境不及五百里屯重兵嚴烽火雖常有侵軼然卒無事太祖時疆場之任不用節將但審擇材器豐其廩賜信其賞罰方陲輯寧幾二十年爲今之策莫若謹亭障遠斥候控扼要害爲制禦之全計

四年度又論契丹請絕元昊進貢事上疏曰臣等切謂契丹元昊相攻虛實未可知今來書大意且言以元昊不順朝廷之故遂成興兵恐深入討伐之後元昊理難拒絕則是不從北鄰之請堅納西人之盟得新附之小羌違久和之羌虜始聞契丹已兵甲近在邊陲萬一得書違情生忿回戈我境有以爲名夫患有遲速事有重輕此朝廷不可不審慮也若阻契丹而納元昊則未有素備之策絕元昊而從契丹又失綏懷之信要若以大義而兩存之臣等謂宜降詔與元昊言昨許再盟蓋因契丹有書來言彼是甥舅之親朝廷久與契丹結和不欲傷鄰國之意遂議開納今却知國中招誘契丹邊戶虧甥舅事大之禮違朝廷納款之本意當須復順契丹早除嫌隙則誓詔封冊便可施行仍乞於契丹回書中言降詔與元昊若其悔過歸順貴國則本朝許其款附若執迷不復則議絕未晚如此則於西人無負言之曲於北鄰無結怨之端從容得中不失大義惟陛下裁擇

時趙元昊反右騏驥使忠州刺史知鄜州張亢上疏曰舊制諸路總管鈐轄都監各不過三兩員餘官雖高止不過一路總管鈐轄不預

本路事。今每路多至十四五員。少亦不減十員。皆兼本路分事。不相統制。凡有論議。互報不同。按唐總管統軍都統、廂置副置使。各有副貳。國朝亦有經畧排陣使。請約故事。别置使名。每路軍馬事上以三兩員領之。又涇原一路。自總管鈐轄都監巡檢及城砦所部六十餘所。兵多者數千人。少者才千人。兵勢既分。不足以當大敵。若敵以萬人為二十隊。多張聲勢以綴我。軍後以三五萬人大入奔突。則何以支。又比來主將與軍伍移易不定。人馬強弱配屬未均。今涇原正兵五萬。弓箭手二萬。鄜延正兵不减六七萬。若能預為團結。明定節制選為應援。以逸待勞。則烏合飢餒之衆。豈能窺我淺深乎。請下韓琦范仲淹分按逐路。以馬步軍八千已上至萬人。擇才位兼高者為總領。其下分為三將。一為前鋒。一為策前鋒。一為後陣。每將以使臣忠佐三兩人。分屯要害之地。敵小入則一將出。大入則大將出。又量敵數多少。使鄰路出兵應接。此所謂常山蛇勢也。今萬人以上為一大將。一路又有主帥。延州領三大將。鄜州一大將。保安軍及西路巡檢德靖砦共為一大將。則鄜延路兵五萬人矣。原渭州鎮戍軍各一大將。渭州山外及瓦亭各一大將。則涇原路五萬人矣。弓箭手熟戶不在焉。昨延州之敗。蓋由諸將自守。不相應援。請令邊臣預定其法。敵寇某所。則某將為先鋒。某將出某所為奇兵。某將出某所為聲援。某城砦相近出敢戰死士。某所設覆。都同巡檢則各扼要害。又令鄰路取某路出應。仍潛用旗幟為號。昨劉平救延州。前鋒陷賊者已二千騎。平猶不知。趙瑜部馬軍間道先進。而趙振與王達趍塞門至高頭平。踏白馬報敵張青蓋駐山東。振麾兵掩襲。乃瑜也。臣在山外策應未嘗用本指揮旗號。自以五行支干别為引旗。若甲子日本軍相遇則先見者張青旗。後見者以緋旗應之。此是干相生。其干相尅。及支

相生尅亦如之。蓋兵馬出入。晝則百步之外。不能相知。若不預為之號。必誤軍事。國家承平日久。失於訓練。今每指揮藝精者不過百餘人。餘皆疲弱不可用。且官軍所恃者步軍與強弩爾。臣知渭州日見廣勇軍彍弩者三百五十人。引一石二斗者僅百人。餘僅及七八斗。止欲閱習時。易為力爾。臣以跳鐙弩試。皆不能張。閱習十餘日。裁得百餘人。又教以小坐法。亦十餘日。又教以帶甲小坐法五十餘日。始能服熟。若安前弊以應新敵。其有必勝之理乎。又兵官務張邊事。以媒進邀賞。劉平之敗。正緣貪功輕進。鎮戍軍最近賊境。每報賊騎至。不問多寡。凡主兵者皆出。至邊壕則賊已去矣。蓋權均勢埒。各不相下。若不出則恐得怯懦之罪。且諸路騎兵不能馳險。計其芻粟。一馬之費。可養步軍五人。馬高不及格。宜悉還坊監。止留十之二。餘以步兵代之。又比來禁衛隊長。錄年勞換前班者。或為諸司使副。白丁試武伎。亦命以官。而諸路弓箭手。生長邊陲。父祖效命。累世捍賊。乃無進擢之路。何以激勸邊民。竊聞大帥議五路進師。且用兵以來。屢出無功。若一旦深入。臣竊以為未可也。山界諸州城砦距邊止二三百里。夏兵器甲雖精利。其鬬戰不及山界部族。而財糧又盡出山界。若十月後。令諸將分番出界。使夏人不得耕牧。然後出步兵負十日糧。人日給米一升。馬日給粟四升。草五分。賊界有草地。以半資放牧。亦可減輓運之半。王師既行。使角廝囉及九姓回紇。分制其後。必蕩覆巢穴。又言陝西民調發之苦。數倍常歲。宜一切權罷。令安撫司與逐州長吏減省他役。顓應邊須。又選殿侍軍將各三十人。以馳驛各二百。留其半河中。以運鄜延保安軍軍須。其半留乾州或永興軍。以運環慶原渭鎮戎軍軍須。分一轉運使專董其事。又鄜州四路半當衝要。嘗以關慢路遞鋪兵卒之半。貼衛要驛百人。每三人挽小車載二

百五十斤。至三百斤。若圖併輦運邊計亦未至失備。初亢請乘驛入對。詔令手照上之。後多施用。遷西上閤門使，改都轄屯延州。又奏後疏

慶曆元年七月，亢知延州，論邊機軍政所疑十事。上疏曰：臣伏以太平日久，人不知兵。元昊反逆，以秦民力凋弊，而邊機軍政，措置未得其宜。今輒陳臣之所疑者十事。臣切謂王師每出不利，豈非節制不立，號令不明，訓練不至，器械不精；或中賊之詭計，或自我之貪功；或左右前後自不相救，或進退出入未知其便；或兵多而不能用，或兵少而不能避；或為持權者之所逼，或因懦將之所牽；或人馬困飢而不能奮，或山川阻險而不能通。此皆將不知兵之弊也。未聞深究致敗之由，而處置之。雖徒益兵馬，亦未見必勝之理。臣之所疑者一也。去春賊至延州，諸路發援兵，而河東、秦鳳各踰千里，涇原、環慶不下

十程。去秋賊出鎮戎，又遠自鄜延發兵，且千里遠鬭，豈能施勇。如賊已退，乃是空勞師徒，異時更寇別路，必又如此，不戰而自困。臣之所疑者二也。今鄜延副總管許懷德兼環慶軍馬，環慶副總管王仲寶復兼鄜延，其涇原、秦鳳總管等亦兼隣路。雖令互相策應，然環州至延州十四五程，直路亦不下十驛，涇原至秦州又遠于此。若一處有事，自此發兵赴援，而山路險惡，而人馬已困，欲責其功，何可得也。臣所疑者三也。四路軍馬各不下五六萬，朝廷盡力供億，而邊臣但言兵少，每路欲更增十萬人，亦不見成功之効。且兵無節制，一弊也；無奇正，二弊也；無應援，三弊也；主將不一，四弊也；兵分勢弱，五弊也。有此五弊，如驅市人而戰，雖有百萬，亦無益於事。臣所疑者四也。古之教習須三年，然後功成。今之用兵已三年，將帥之中孰賢孰愚、攻守之術孰得孰失，累年敗衂，而居邊要者，未知有何謀畫，更數年或未罷兵。國用民力何以克堪。若因之以飢饉，加之以師旅，安危之策未知何如。臣所疑者五也。今言邊事者甚衆，朝廷或即奏可，使定奪以聞，或劄下逐處，或不令下司，前條方遂施行，後令復即衝改，胥吏有抄錄之勞，官員無看詳之暇，邊方軍政，一無定制。臣所疑者六也。夏竦、陳執中皆朝廷大臣，凡有邊事，皆付之不疑，今但主文書、守詔令，每有宣命，則翻錄行下，如諸處申稟，則令候朝廷指揮。如此則何必以大臣主事。臣所疑者七也。前河北用兵，減冗以省費。今陝西日以增員，且如創置青白鹽使副、招撫蕃落使臣等十餘員，兩占兵士千餘人，請給歲約數萬緡，復有都大提舉馬鋪、器甲之類，又諸州一例招到新兵，克敵、制勝、保捷、廣銳、宣毅等指揮，又未教閱，但費軍廩，無益邊備。臣所疑者八也。國家竭財用以贍軍，古有手藝者皆兵之害，每一指揮抽占三人。一如延州諸將不出，即有兵二萬餘，五千守城

之外，其餘正兵萬五千，若有事宜，三日內不能圍集，況四十里外便是賊境，一有奔衝緩急，何以支梧。臣所疑者九也。陝西教習鄉兵，共十餘萬人，其中無賴之輩，名挂天籍，心薄田夫，豈無姦盜雜於其中。苟無措置，他日為患不細。臣所疑者十也。乞暫許臣赴闕，面陳利害。如臣狂率不可用，即行降黜。

陝西經略安撫判官田況上兵策十四事，疏一曰：自昊賊弄兵，侵噬西蕃，開拓封境，僭叛之迹，固非朝夕。始於漢界緣邊山險之地三百餘處，修築堡寨，欲以收集老弱，併驅壯健，為入寇之謀。初貢嫚書，亦未敢擾邊。范雍在延州，屢使王文思輩先肆侵掠，規貪小利，賊遂激怒，其衆執以為辭。王師伐叛弔民之體，自此失之。劉謙、高繼嵩等破厖諸族，任福襲青諸族，任福襲白豹城，皆指為大功，然不殺戮老弱，以為首級，彼民皆訴冤於賊，以求復讎，吾民受制異類，而又使無辜被

我。毒賈人靈。上下文移皆謂之打虜呼可媿也。或謂國家久不用兵將卒未練。欲使趨功驚利。習於戰鬪尔。然賊界諸處設備甚謹。屢行打族。俘獲無幾。陷沒極多。如鄜仁爲打瓦娥族。亡三百四人。纔所獲任政打鬧訛堡。亡一百九十三人。秦鳳部署司打隴波族。亡九十六人。各獲首一級。鄜府軍馬司入賊界牽制。亡三百八十人。斬馘十八。其餘大亡小獲無足言者。以此計之。實傷挫國威。取賊輕侮。自今宜且罷打族。但嚴設備守。以俟賊至。然後別爲之策。以破奸謀。二曰。自昊賊寇邊。王師屢戰不利。非止人謀不善。抑亦衆寡非敵。近因好水川之敗。士氣愈怯。諸將既沒。牙隊之兵。罪皆當斬。朝廷普示寬恩。欲爲招輯。仰恩屈法。事非獲已。軍中相勸以退走自全爲得計。陝西雖有兵近二十萬。防戍城寨二百餘處。所留極少。近又欲於鄜延環慶涇原三路各抽減防守戍兵。鄜慶渭三州大爲屯聚。以備賊至。然今

鄜延路有兵六萬六千餘人。環慶路四萬八千餘人。涇原路六萬六千餘人。除留諸城寨外。若逐路盡數那減屯聚一處。更會合都監巡檢手下兵。併爲一陣。極不上三二萬人。賊若分衆而來。猶須力決勝負。或昊賊自領十餘萬衆。我以三二萬人當之。其勢固難力制。議者但欲以寡擊衆。牽於偶勝。非萬全策也。夫能以寡擊衆。徼一時之勝者。或得地利。或發奇策。非可恃以爲常。今必敗之形。渦可前照。而恬然坐視。莫知更爲計也。議者又謂賊若併兵而入。則牽他路援兵以禦之。且賊每入寇。既有所得。飈馳霧卷。一夕而去。他路固無所及矣。或謂收保邊民。持重以觀其勢。可擊則擊。未可則已。賊不過破毀民生。因食野積而歸。然此苟一日之不敗則可也。深慮後患有異於斯臣去冬在都下。嘗聞士大夫相與言。謂小羌不足憂。何則叛命之初我無邊備。若兵隨機至。則關中安危未可知。此賊計之失也。自劉平石元孫陷沒。中外震駭。賊若長驅而至。誰能當之。此二失也。臣始聞此說。亦誠謂此賊之易與也。今觀其伏藏變詐。圖全擇利。乃知所謂失策者。實賊之得計也。且賊之未敢長驅。亦猶我之未可深入。所以然者。主客異勢。進退懷疑。邊防之兵盡出其後。險要之地或斷其歸是決成敗於一舉。豈勝算哉。自李士彬被虜。劉平等敗沒。延州之境蕩然一空。日者山外之民。殺掠奔潰。已亡太半。是渭州之境又斷空矣。料賊今秋或來春。猶且驅劫而已。必使我諸籬盡空。表裏可見。然後攻城破邑。漸謀長驅。則無後顧之患。臣所以謂關中安危漸不可測願朝廷爲勇斷之計也。斷之勇者。在乎發內帑之財。募陝西河東強壯之民五七萬人。分隸鄜延環慶涇原三路。併及防秋。則以逐處弓手分番戍守城寨。而參以正兵。每路及五六萬人以上。精加訓練。我軍既衆。其氣自振也。必曰募民兵則衆情不安。增邊戍則大費不贍。此

猶常拘近之論也。且民兵之法。祖宗所行。迄今軍中。餘老多存。加之出錢選募。非同點差。其中必有樂於效用者。且內帑之積。祖宗本爲用兵。今乃其時也。三曰。用兵之法。當先有部分。部分進退。權於大將旗鼓。常在中軍。自西陲用兵。每戰必敗。好水川之戰。任福實爲大將而不能指麾統制。以爲己任。乃自率一隊前當劇鋒。矢盡勢窮而後陷沒。忠勇之節。雖可嗟惻。然論其材力。止一卒之用。夫部分不明。多則不能辨。少則不能勝。進無所勸。退無所止。一有紛亂。則其勢北矣。欲矯此弊。在乎先求大將之才峻其威權而尊寵之。如葛懷敏爲鄜延部署。張亢爲鈐轄。當以偏裨之禮。奔走麾下。若犯令即當誅之。乃平牒往來。動皆鈞禮。韓琦范仲淹爲經略副使。葛懷敏見之。禮容極慢。上下姑息。三軍之士何所法耶。又諫陳執中不能身當行陣。爲士卒先。至於選擇大將明定部分。乃其職也。乞朝廷降詔令。更互巡邊

采察邊臣中有材任大將者。特與不次拔擢。其驕怯之將。每自顧重不爲國家盡力者。奏罷之。則部分。而功可冀矣。四曰自古用兵。未有不由間諜而能破敵者也。昊賊所用諜者。皆厚加賞賂。極其尊寵。故覘我機宜。動必得實。今邊臣所遣刺事人。或臨以官勢。或量與茶綵。止於熟戶族帳內採道路之言。便爲事實。賊臣變詐。重成疑惑。今請有入賊界而刺得實者。以錢帛厚賞之。賊將野戾剛浪唛遇乞之徒。皆元昊親信。分布主兵。備近漢界。出入從者不過一人。君能募死士陷胷辟首。是去賊之首足。王沿嘗欲用此策。但朝廷不惜美官重賂。則功豈難圖。五曰唐置都護府。掌撫慰諸蕃。征討斥堠。及行賞罰。敘錄勳勞。其屬有長史錄事。功食戶法諸曹。得爲開府之盛。國朝承五代之後。事歸邊防。當西陲安輯時。朝廷固無意及此。今昊賊大肆殺掠。沿邊屬戶各顧家族。心生向背。又使奸人恣行誘脅。以此賊勢轉盛。而邊俟無復扞禦。今新置招撫蕃落司。所謂招撫者。非飲食不足以得其驩心。非賞賂不足以回其意。非術數不足以鼓其動。非刑誅不足以制其驕暴。昔曹瑋在秦州。誅賞並行。戎落懾伏。比涇原用韓質。秦鳳用張儼。皆韓琦隨行指揮使。雖各有武勇。至於招撫之術。豈可倚耶。環慶一路熟戶。未嘗經賊殘破。部族全整。人堪戰鬭。若綏御有術。可得精兵數萬。請令都管舉官與王懷端協力招撫。仍只令韓琦王沿龐籍張奎同領之。事之大者關報都部管司。其餘知州通判更不兼管。以養正兵萬人一歲之費。爲招撫之具。則事無不濟。自來熟戶販鬻青白鹽。以來厚利。今一切禁絕之。欲以困賊。然絕熟戶之利。無以資其生。太宗朝鄭文寶請禁青白鹽以困賊遷。不戰而屈人兵。詔自陝以西。市之者皆坐死。其後犯法甚衆。戎人乏食。寇抄邊郡。內屬萬餘帳歸繼遷。命錢若水馳傳視之。因詔盡復舊制。戎人始漸歸附。今日之勢。若厚加招撫。稍寬鹽禁。則熟戶無不得用。議者疑邊鎖已寘。而又興廢不常。非至計也。且國家通使唃廝囉。欲誘以爲用。賜帛二萬。以從其出師。終無實報。是捨熟戶近成之效。而信西蕃遠妄之言。豈至計耶。自昊賊破犛牛城。築瓦川會。而唃廝囉遠竄歷精城。偷安苟息。其子忙鑁角瞎鑁自立。皆爲仇敵。尚不能制。豈能爲昊賊輕重耶。溫逋奇乃唃廝囉親信首領之豪。其子一聲金龍有衆萬餘。最爲強盛。乃與昊賊結姻。唃廝囉日益危弱。今欲以爲國家用。非臣之所能知也。以是論之。招撫熟戶。不猶愈於彼乎。六曰環慶路投來蕃部極多。夏竦等懲延安之前失。慮賊馬奔衝內應爲患。欲遷襄唐州界。給曠土。使就生業。又皆不肯離徙。若驟加起遣。則戎心動搖。或致生事。若招撫蕃落司得人。令躬至族帳。察其心之向漢者。給沿邊閑田。編於熟戶。或度其後必生變者。徙之內地。然恩威裁制。其事百端。苟非權謀。未易集事也。七曰蕃落廣銳振武保捷。皆是土兵。材力伉健。武藝精強。戰鬭嘗爲士卒先。自昊賊擾邊以來。惟土兵踴躍。志在爭功。其餘請給甚微。不及東軍之下者。振武料錢五百。而二百五十爲折支。積數月一支。又皆靡弊不堪之物。如新添虎翼兵。自南中選填。材質綿弱。而云不知戰鬭。見賊恐死。傳者皆以爲笑。朝廷但且以寨數爲名而已。若月添土兵請給。事恐難行。請遇特支。比常優加其數。或別定南郊賞例。以激其心。則其立功必不在東軍之後矣。八曰。沿邊屯戍騎兵。軍額高者無如龍衛。聞其間有不能被甲上馬者。況驍勝雲武武騎之類。馳走挽弓不過五六斗。每教皆望空發箭。馬前一十二步即已墜地。以賊甲之堅。縱使能中。亦不能入。況未能中之。請密料邊兵。益步卒而減騎軍。但五分得一足矣。以一騎軍之費。可贍步兵二人。而又寬市馬之煩。擾避害就利。莫善於茲也。九曰西賊每至諸城寨不料衆寡並須出戰稍有稽違皆以軍法從事使趙奢李牧周亞夫授任於今日纔罪必先於諸將矣邊臣甘死事猶獲子孫之福不敢持重伺隙自取嚴誅今若遇寇大至且堅壁以守須會合諸路兵馬可以取勝則令出戰若賊衆不多而畏懦不即追討並行誅之十曰主將用兵非素撫而威臨之則上下不相附指令不如意西賊首領各將種落之兵謂之一溜少長服習如臂之使指既成行列舉手掩口然後敢食虜酋長遠見疑其詐言其整肅如此昨任福在慶州蕃漢各以信服士卒亦已諳練一旦移涇原值賊至麾下隊兵遂急差撥諸軍將校都不識面勢不得不陷覆今請諸路將佐非大故毋得輕換易庶可責其成功十一曰古之良將以撫犒士卒為先所以然者鋒刃之下死生俄頃固宜推盡恩意以慰其心李牧備匈奴市租皆入幕府為士卒費趙充國禦寇戎亦日饗

軍士太祖用姚全斌董遵誨抗西戎何繼筠李漢超當北虜人各得環慶齊棣一州征租農賦市牛酒犒軍中不問其出入故得寇戎併息不敢窺邊臣前通判江寧府因造紙甲得遂年帳籍見曹彬征江南日和州逐次起餉豬羊肉數千斤以給戰士近范仲淹在延州奏乞比永興軍秦州支米造酒有司之吝以為無例而罷今請渭延慶三州及諸路部管司並特支米造酒仍比都管司別給隨軍錢務令贍足除軍貨外其餘士卒每一季或因都關或值出入並須量有賚及以慰勞苦古者命將出師閫外之事無不專制財粮用度豈有異司今主兵主財者皆力敵權均紛然相制豈國家任人責功之大體也十二曰功作器用中國之所長非戎狄可及今賊甲皆冷鍛而成堅滑光瑩非勁弩不可入自京齎去衣甲皆軟脆不足當矢石以朝廷之事力中國之伎巧乃不如一小羌乎由彼專而精我慢而畧故

也今請下逐處悉令工匠冷砧打造純鋼甲鏇發赴緣邊先用八九㪷力弓試射以觀透箭深淺賞罰之聞太祖朝舊甲絕為精好但歲久斷綻乞且穿貫三五萬聯均給四路亦足以禦敵也十三曰今春昊賊寇邊砦械攻城之具極為拙鈍此特緩吾備也料賊年歲間破盡緣邊籬落必驅迫漢民熟戶使為先登以攻城邑邊城一有不守事故可憂今修築城寨雖漸完固其如軍民不知守城次第請下河北邊守城卒三五十人諸處指教善治器用大為之備賊動必求全常顧後患若邊城堅守攻之不拔則亦未敢長驅而深入也十四曰昊賊蓄謀歲深盡更漢法自作衣書非恩信可以柔文令所能動若非天威振赫大挫姦鋒其勢未已漢界與賊山界相接人民繁庶每未入寇則科率粮草多出其間山界之民引弓甚勁與賊為戰所謂步奚此皆去賊地遠向漢甚邇若承戰勝之勢賊若皆散承其不備

分路進兵而攻取之抗禦者誅殘降順者招徠老弱無害係之南徙其間險要可守之地則築堡壘以據之所得土田給與有功熟戶私不可守則綏兵破蕩以弱賊勢若請命歸款則裁割綏撫聽之在我耳患如此則邊陲可安矣

四年況知制誥乞訪問執政專以虜患為急疏曰臣伏以朝廷予契丹金帛歲五十萬朘削生民輸轉道路疲弊之勢漸不可久而近者西羌通欵歲又予二十萬設或復肆貪瀆再有規求朝廷尚可從乎臣至愚不當大責每念至此則怨嘆不已料兩府大臣皆宗廟社稷天下生民所望而繫安危者豈不為陛下思之哉每旦垂拱之對不過目前政事數條而已非陛下所以待輔臣非輔臣所以憂朝廷之意也有唐故事肅宗以天下未乂除正衙奏事外別開延英以詢訪宰相蓋旁無侍衛獻可替否曲盡討論今北虜桀慢而河朔將佐之

良愚甲兵之善惡道路之夷險城壘之堅脆政事之是否財賦之多少在兩府輔臣實未有知之者萬一變發所忽制由中出少有差跌則事不測矣如前歲蕭英劉六符始來和議未決中外惶擾不知爲計此臣所目覩也和議既定又復恬然若無事者豈得爲安哉願因燕閒召執政大臣於便殿從容賜坐訪逮時政專以虜患爲急則人人唯恐不知以誤應對事事唯恐不集以孤聖懷日夕憂思不敢少懈同心叶力必有所爲不此之爲務而日以委瑣之事更相辨對議者蓋之臣備近列實同朝廷之休戚惟陛下不以人廢言也

二年樞密副使韓琦論備禦七事上奏曰臣聞漢文帝韙高惠承平之後躬行節儉國治民富刑措不用時賈誼上書言事尚以爲可慟哭太息豈其過哉蓋憂深思遠圖長久之計欲大漢之業垂千萬世而無窮者今陛下紹三聖之休烈仁德遠被天下大寧民樂其生者

八十餘載矣而臣竊覩時事謂可晝夜泣血非直慟哭太息者何哉蓋以西北二虜禍釁已成而上下泰然不知朝廷之將危宗社之未安也臣今不暇廣有援引請粗陳其大槩切以契丹宅大漢據全燕數十郡之雄東服高麗西臣元昊自五代迄今垂百餘年與中原抗衡日益昌熾至於典章文物飲食服玩之盛盡習漢風故虜氣愈驕自以爲昔時元魏之不若也非如漢之匈奴唐之突厥本以夷狄自處與中國好尚之異也近者復幸朝廷西方用兵違約遣使求關南之地以啓爭端朝廷愛念生民爲之隱忍歲益金幣之數且固前盟而尚邀獻納之名以自尊大其輕視中國情可見矣又元昊父祖以來蓄養姦謀招納亡命雖外示臣節而內全兵力至元昊則姦亂逞志併甘涼諸蕃以折境土自度種落強盛故僭號背恩北連契丹欲成鼎峙之勢非如繼遷昔年跳梁於銀夏之間爾元昊累歲

盜邊官軍屢衄今乘定川全勝之氣遣人約和則知其計愈深而其事可慮也議者謂昨假契丹傳道之力必事無不合豈不思契丹既能使元昊罷兵豈不能使元昊舉兵乎比來辭禮驕慢殊未屈下北虜之言既已無驗亦恐有合從之策以困中原朝廷若矜西民之勞暫求休養元元且以金帛啗之待以不臣之禮臣恐契丹聞之謂朝廷事力已屈則又遣使移書過邀尊大之稱或求朝廷不可從之事隳其盟約然後驅犬羊之衆直趍大河復使元昊舉兵深寇關輔當是時未審朝廷以何術而禦之或西鄙稱藩專事北寇陛下親御六師臨澶淵以待之即未知今之將卒事力與環衛統師比真宗北征時何如欲駐驛北京以張軍勢臣恐虜衆由德博度河直趍京師則朝廷根本之地宗廟宮寢府庫倉廩百官六軍室家所在而一無城守之畧陛下可擁北京之衆却行而救之乎臣所以謂可晝夜泣血

者誠憂及于此矣陛下一悟而急爲拯救也朝廷若謂今之盟約尚可固結則前三十年之信誓朝廷何負二虜而一旦違之哉彼狼狽之心見利而動又可推誠以待之乎夫得於先見預爲之防則功逸而事集若變生倉卒駭而圖之雖是良平復生爲陛下計亦不能及矣臣是以夙夕思之朝廷若不大新紀律則必不能革時弊而弭大患臣輒畫當今所宜先行者七事條列以獻其大畧一曰清政本樞密院本兵之地今所主多苛碎眇末之務中書樞密院事有例者著爲法可擬進者無面奏其餘微瑣可悉歸有司使得從容謀議賜對之際專論大事二曰念邊事今政府循故事纔午即出欲稍留則恐礙衆退朝食罷怱遽簽書而去何暇及疆事哉謂宜須未正方出延此一時以專邊論三曰擢賢才自承平以來用人以敘遷之法故遺才甚多近中書樞密院求一武臣代郭承祐衆議累日不能得謂宜

做祖宗舊例於武臣中不次超擢以試其能四曰備河北自北虜通好三十餘年武備悉廢慢書之至驗然莫知所為宜選轉運使二員恣授經畧責以歲月使營守禦之備則我待之有素也五曰固河東前歲昊賊陷豐州掠河外屬戶殆盡麟府勢孤絕宜責本道帥度險要建城堡省轉餉為持久之計六曰收民心祖宗置內藏庫蓋備水旱兵革之用非私畜財而充已欲也自用兵以來財用匱竭宜稍出金帛以佐邊用民力可寬而衆心安矣七曰營洛邑今帝都無城隍之固以備非常議興葺則為張皇勞民不若陰葺洛都以為游幸之所歲運太倉羨餘之粟以實其廩庾則皇居壯矣

五年琦又論西北議和有大憂者三大利者一上疏曰臣伏見朝廷已封冊夏國又契丹以西征回來告當此之時若便為太平無事則後必有大憂者三若以前日之患慮及經遠則後必有大利者一請

畧言之自羌人盜邊以來于今七年小入大至未嘗剉其鋒今乘累勝之氣而與朝廷講和者得非凡軍興之物悉取其國人而所獲不償所費又以絕在邊和市上下困乏暫就稱臣之虛名而歲邀二十五萬之厚賂非為得計耶且契丹勢素強而夏人尚敢與之抗衡若使其歲享金繒及和市之利國內充實一旦我之邊備稍弛則必有大窺關輔之心此臣所謂後必有大憂者一也契丹昨以羌人誘致邊民遁往討伐既不得志而還見朝廷封冊曩霄其心必固不樂近諜者傳契丹國人語云往河西趁沙漠中所得者唯牛羊耳若議南牧則子女玉帛不勝其有臣恐契丹異日或更有邀求或請絕西人之和以篤盟擣直河北兵驕不練忽爾奔衝則必震動京師此臣所謂後必有大憂者二也又昔石晉假契丹力以得天下歲遺繒帛三十萬今朝廷歲遺契丹五十萬夏國二十五萬使二虜日以富強而國家取之於民日以朘削不幸數年水旱之災則患生腹心不獨在虜此臣所謂後必有大憂者三也昨契丹自恃強盛意欲并吞夏人倉卒興師反成敗衄犬羊之性切於復讎必恐自此交兵未已且夷狄相攻者中國之利此誠朝廷養謀待釁之時也若能內葺紀綱外練將卒休息民力蓄斂財用以坐待二虜之弊則幽薊靈夏之地一舉而可圖振耀威靈彈壓夷夏豈不休哉此臣所謂後必有大利者一也臣願陛下深思去大憂而取大利則為天下之福今范仲淹富弼往河東河北經制邊事必有所陳然臣久在陝西敢復陳陝西措置事宜且鄜延環慶涇原秦鳳四路雖罷招討使而邊備不可弛請仍選有才望近臣為之主帥特降手詔委之久任使其經營一方以備羌人翻覆之變又四路所駐兵十分中宜留六分在邊二分令東還二分徙屯近裏州軍其鄜延路屯河中府環慶涇原路徙屯邠

州永興軍秦鳳路屯鳳翔府逐路鈐轄一員駐泊都監二員與逐路知州同行訓練而本路仍領之非有事宜不得輒抽動其徙屯兵馬慶知州才望輕者請選人代之又四路所抽就糧土兵請委逐路帥臣相度歲分兩番一番在邊一番放歸本處不唯減節邊上糧草兼使無久戍之勞又陝西州軍經南郊賞給之後官帑例皆空虛今范仲淹若過陝西宣撫則又有軍間特支徒益所費若臣策可行陝西亦別無處置不必仲淹更往也復見諸路昨招置宣毅兵近十一萬然朝廷物力未充何以贍給況閭里切發自有巡檢縣尉可以捕擊若防羣盜只當益屯一路都會之地不必每州盡要防守其宣毅兵欲乞除河北河東外其京東京西淮南兩浙江南荊湖福建等路每旨揮可減以三百人為額後有闕即招填之今天下兵冗不精耗蠹財用陝西河東河北京東州軍已曾差官揀選其餘路亦乞選近上

內臣分往揀選所費冗食可罷而經費可給也
仁宗時太子中允充館閣校勘歐陽脩上書曰臣伏見國家自元昊叛逆關西用兵以來為國言事者衆矣臣初竊為三策以料賊情臣迂儒不識兵之大計始猶遲疑未敢自信今兵興既久賊形已露如臣素料頗不甚遠故竊自謂有可以助萬一而塵聽覽者謹條以聞惟陛下仁聖寬其狂妄之誅幸甚夫關西弛備而民不見兵者二三十年矣使賊萌亂之初藏形隱計卒然而來當是時吾之邊屯寡弱城堡未完民習久安而易驚將非素選而敗怯使其半驅豕突可以奮然而深入然國威未挫兵力未疲彼得城而居不能久守虜掠而去可邀擊其歸此下策也故賊知而不為之戎狄侵邊自古為患其攻城掠野敗則走而勝則來蓋其常事此中策也故賊兼而用之若夫假借名號以威其衆先擊吾之易取者一二以悅其心然後訓養

精銳為長久之謀故其來也雖勝而不前不敗而自退所以誘吾兵而勞之也或擊吾東或擊吾西乍出乍入所以使吾兵分備多而不得減息也吾欲速攻賊方新銳坐而待戰彼則不來如此相持不三四歲吾兵已老民力已疲不幸又遇水旱之災調斂不勝而盜賊群起彼方奮其全銳擊吾困弊可也使吾不堪其困忿而出攻決於一戰彼以逸而待吾勞亦可也幸吾苦兵計未知出遂求通聘以邀歲時之賂度吾困急不得不從亦可也是吾力一困則賊謀無施而不可此兵法所謂不戰而疲人兵者上策也而賊今方用之今三十萬之兵食於西者二歲矣又有十四五萬之鄉兵不耕而自食其民自古未有四五十萬之兵連年仰食而國力不困者也臣聞元昊之為賊威能畏其下恩能死其人自初僭亂嫚書已上逾年而不出一出則鋒不可當執劫番官縱吾將帥多禮而不殺此其凶謀所素皆非

倉卒者也奈何彼能以上策而疲吾吾不自知其已困彼為久計以撓我我無長策而制之哉夫訓兵養士伺隙乘便用間出奇此將帥之職也所謂閫外之事而君不御者可也至於外料賊謀之心內察國家之勢知彼知此因謀制敵此朝廷之大計也所謂廟筭而勝者也不可以不思今賊謀可知以久而疲我耳吾勢可察而人已困也誠能豐財積粟以紓西人而完國壯兵則賊謀沮而廟筭得矣夫兵攻守而已然皆以財用為彊弱也守非財用而不久此不待言請試言攻昔秦席六世之強資以事胡卒困天下而不得志漢因文景之富力三舉而纔得河南隋唐突厥吐蕃常與中國相勝敗擊而勝之有矣未有舉而滅者秦漢尤強者其所攻今元昊之地是也況自劉平陷沒賊鋒熾然未嘗挫衄攻守之計非臣所知天威所加雖終期於掃盡然臨邊之將尚未聞得賊釁隙挫其兇鋒是攻守者未有休

息之期而財用不為長久之計臣未見其可也四五十萬之人坐而仰食然關西之地物不加多關東所有莫能運致掊克細碎既以無益而罷之矣至於鬻官入粟下無應者改法權貨而商旅不行是四五十萬之人惟取足於西人而已西人何為而不困困而不起為盜者須水旱耳外為賊謀之所疲內遭水旱而多故天下之患可勝道哉夫關西之物不能加多而必通其漕運而致之漕運已通而關東之物不充則無得而西矣故臣以謂通漕運盡地利權商賈三術並施則財用足而西人紓國力完而兵可久以守以攻惟上所使夫小瑣目前之利既不足為長久之謀非旦夕而可效故為長久而計者初若迂愚而可笑往必而行之則其利博矣故臣區區不敢避迂愚之責請上便宜三事惟陛下裁擇其一曰通漕運臣聞今為西計者皆患漕運之不通臣以謂但未求之耳今京師在汴漕運不西而人

之習見者遂以為不能西不知秦漢隋唐其都在雍則天下之物皆可致之西也山川地形非有變易於古其路皆在昔人可行今人胡為而不可漢初歲漕山東粟數十萬石是時運路未修其漕尚少其後武帝益脩渭渠至漕百餘萬石隋文帝時沿水為倉轉相運置而關東汾晉之粟皆至渭南運物最多而遺倉之跡往往皆在然尚有三門之險自唐裴耀卿又尋隋迹於三門東西置倉開山十八里為陸運以避其險卒泝河而入渭當時歲運不減二三百萬石其後劉晏遵耀卿之路悉漕江淮之米歲入于汴者六百萬石誠能分給關西得一二百萬石足矣今兵之食汴漕者出戍甚衆有司不惜百萬之粟分而及之其患者三門阻其中爾今宜浚治汴渠使歲運不阻然後按求耀卿之迹不憚十許里陸運之勞則河漕通而物可致且紓關西之困使古無法今有可為尚當為之況昔人行之而未遠今人

行之而豈難哉耀卿與晏初理漕時其得尚少至其末年所入十倍是可久行之法明矣此水運之利也臣聞漢高祖之入秦不由東關而道南陽過酈析而入武關曹操等起兵誅董卓亦欲自南陽道丹析而入長安是時張濟又自長安出武關奔南陽則自古用兵往來之徑也臣嘗至南陽問其遺老云自鄧西北至永興六七百里今小商賈往往行之初漢高入關其兵十萬夫豈能容十萬兵之路宜不甚狹而險也但自洛陽為都行者皆趨東關其路久而遂廢今能按求而通之則武昌漢陽郢復襄陽梁洋金商均房光化沿漢之地十一二州之物皆可漕而頓之南陽由南陽為輕車人輦而遞之募置遞兵為十五六鋪則十餘州之物日日入關而不絕沿漢之地山多美木近漢之民仰足而有餘以造舟車甚不難也前日陛下深恤有司之勤內賜禁錢數十萬以供西用而道路艱遠輦運踰年不能畢

至至於軍裝輸送多苦秋霖邊州已寒衣服尚滯于路其艱如此夫使州縣綱吏遠輸京師猶冒艱險載獲得為豈若使南陽之旁郡處其地里入于武關直至京師近遠等差其尤近者皆使負輸于關西京師之用有不足則以餘郡處其有餘者代而足之用其法而省費利害較然矣況陸運之利也其二曰鹽池判臣竊昔之言財利者易為工今之言財利者難為術昔者之民賦稅而已故其不足則鑄山煑海榷酒征關市而籍舟車尚有可為之法以苟一時之用自漢踐迄今其法日增其取益細今取民之法盡矣昔者賦外之征以備有事之用今盡取民之所有於無事之時悉以冗費而糜之矣至卒然有事無法可增然獨猶有可為者民作而輸官者已勞而游手之人方逸地之產物者猶不得其利而不墾之土尚多是民有遺力地有遺利此可為也況歷觀前世用兵者未嘗不先營田漢武帝時兵興

用乏趙過為代田人犂之法以足用趙充國攻西羌議者爭欲出擊而趙充國深思全勝之策欲忍而待其弊至遣詔罷兵而治屯田田於極邊以遊兵而防斂寇則其理田不為易也猶勉為之後漢之時曹操屯兵許下彊敵四面以今視之疑其旦夕戰爭而不暇然用棗祗韓浩之計建置田官募民而田近許之地歲得穀百萬石其後郡國皆田積穀無數隋唐田制尤廣不可勝舉其勢艱而難田莫若充國迫急而不暇田莫如曹操然皆勉焉不以迂緩而不田者知地利之博而可以紓民勞也今天下之土不耕者多矣臣未能悉言謹舉其近者自京以西土之不闢者不知其數非土之瘠而棄也蓋人不勤農與夫役重而逃亡久廢之地其利數倍於勞田今若督之使勤與免其役則願耕者衆矣臣聞鄉兵之不便於民議者方論之矣充兵之人遂棄農業託云教習聚而飲博取資其家不顧無有官吏不加禁

父兄不敢詰，家家自以為患也。河東、河北、關西之鄉兵，此猶可謂京東西者，平居不足以備盜，而水旱適足以為盜，其尤可患者。京西素貧之地，非有山澤之饒，民惟力農是仰。而今三夫之家一人，五夫之家三人，為游手凡十八九州，以少言之，尚可四五萬人不耕而食，是自相糜耗而重困也。今誠能盡驅之使耕于棄地，官貸其種，歲田之入與中分之，如民之法，募吏之習田者為田官，優其課最而誘之，則民願田者衆矣。太宗皇帝時，嘗貸陳、蔡民錢，使市牛而耕；真宗皇帝時，亦用耿望之言，買牛湖南，而治屯田。今湖南之牛，歲賈于北者皆出京西，若官為買之，不難得也。且鄉兵本農也，籍而為兵，遂棄其業，今罷其去農未久，尚可復驅，還之田畝，使不得羣遊而飲博以為父兄之患。此民所願也。一夫之力，以逸而言，任耕緩田一頃，四五萬人皆耕，而久廢之田，利又數倍，則歲穀不可勝數矣。京西之地北有

大河，南至漢，而西接關，若又通其水陸之運，所在積穀，惟陛下詔有司而務用之矣。其三曰：權商賈。臣聞恭廢王法，擅兼并，其上侵公利，下刻細民，為國之患久矣。自漢以來，嘗欲為法而抑之，未能也。蓋為國者，興利日繁，兼并趨利日巧，至其甚者，商賈坐而權國利，其故非他，由興利廣也。夫興利廣則上難專，必與下而共之，然後可以通流而不滯。然為今議者，方欲專商之利，一歸於公上，而專之以盡，奪商之謀益深，而為國之利益損。前日有司屢變其法，法每一變，則一歲之間，所損數百萬。議者不知利不可專，欲專而反損，但云法之未當，變而不已，其損愈多。夫欲十分之利皆歸于公，至其數少，乎不得三，不若與商共之，常得其五也。今為國之利多者，茶與鹽而已，茶自變法以來，商賈不復一二，歲之失數年莫補，所在積朽棄而焚之，前日議者屢言之，稅之法為便，有司既以詳之矣。今誠能復之，使商賈有利而通行，則上下濟矣。解池之鹽，積若山阜，今宜暫下其價，誘羣商而散之，先為令曰：三年將復舊價，則食利之商爭先而湊矣。夫茶，皆生於山而無窮；鹽者出於水而不竭，賤而散之，三年，十未減其一二。夫二物之所以貴者，以能為國資錢幣爾。今不散而積之，是積朽壞也，夫何用哉。夫大商之能蓄其貨者，豈其銖銖躬自鬻於市哉？必有販夫小賈就而分之。販夫小賈無利則不為，故大商不妬販夫之分其利者，恃其貨博，雖取利少，貨行流速，則積少而為多也。今為大國者，有無窮不竭之貨，反妬大商之分其利，寧使無用而積為朽壞，何哉？故大商之善為術者，不惜其利而誘販夫；大國之善為術者，不惜其利而誘大商，此與商賈共利，取少而致多之術也。一有今商賈之弊以術制者，以其積貨多而不急故也。利厚則來，利薄則止，不可以號令召也。故每有司變法，下利既薄，小商以無業而不能行，大商方幸小

商之不行，適得獨賣其貨，尚安肯勉趨薄利而來哉。故變法而封利者，適足使小商不來，而為大商實積貨也。今必以術制商，宜盡括其居積之貨，官為賣而遷之，使其貨盡而後變法，未大商以利為害一歲不暫利，則有怯懦之變，彼必不能守積錢而閉居，得利雖薄猶將勉而來，此變法制商之術也。夫欲誘商而通貨，莫若與之共利，此術之上也；欲制商使其不得不然，則莫若痛裁之使無積貨，此術之下也。然此可制商茶鹽若鐵者，茶業奇寡，則用法愈多而術愈繁。凡二百三十八字。若乃縣官自為鬻市之事，此大商之不為，臣謂行之而難久者也。誠能不較錙銖而思遠大，則積朽之物散而錢幣通，可不勞而用足矣。臣愚不足以知時事，若夫堅守以扞賊，利則出而擾之，凡小便宜，猶且委之邊將；至於積穀與錢，通其漕運，不二三歲而國力漸豐，邊兵漸習，賊銳漸挫，而有隙可乘，然後一舉而滅之，此萬全之策

也。願陛下以其小者責將帥。謀其大計而行之。則天下幸甚。脩昧死再拜

脩又上奏曰。臣伏見北虜近於界首添建城寨。及拘囚定州巡兵湯則。侵過銀坊冶谷地界等事。竊聞朝廷至今未有分明嚴切指揮。令邊臣以理爭辨。竊料朝廷之意。必謂爭之恐有引惹之虞。此乃慮之過計之失也。夫虜性貪狠。號為犬戎。欺弱畏強。難示以怯。今杜之於早。而力為拒絶。猶恐不能。若縱之不爭。而誘其來侵。乃是引惹。況西山道路有三十餘處皆可行兵。其險要折扼。在於軍城銀坊等路。為彼奪據而不爭。則北寨王柳等口漸更來侵。豈能爭矣。是則西山險要盡為彼奪。一日使虜以大兵渡易水。由威虜之西平陸而來。以奇兵自飛狐出西山諸口而下。則我腹背受敵之患。不知何以禦之。此蓋兵法必爭之地也。且與人為鄰敵。而自棄險要。任彼奪據而不爭。

雖使我弱彼強。尚須勉強。何況勢鈞力敵。又違結約。而彼曲我直乎。臣謂朝廷所以然者。蓋由未察虜中強弱之形。而不得其情偽之實也。臣又見朝廷常有懼虜之色。而無憂虜之心。夫憂之與懼。名近而意殊。憂者深思極慮而不敢暫忘。懼者臨事惶惑而莫知所措。今邊防之事措置多失其機者。懼慮之意過深也。若能察其強弱之形。得其情偽之實。則今日之事誠不足懼。而將來之患深有可憂。奈何不憂其深可憂。而反懼其不足懼。臣聞虜雖以戰射為國。而耶律氏自幼承其父祖。與中國通和之後。未嘗躬戰陣。遭勍敵。謀臣舊將又皆老死。今其臣下如貫寧者纔三兩人。寧才不及中人。已是彼之傑者。所以君臣計事。動多不臧。當初對梁適遣使河西。使與中國通好。及議和乘就。不能小忍以邀中國厚利。乃與元昊爭夾山小族。遂至交兵。而累戰累敗。亡失人馬。國內疲弊。誅斂山前漢人。怨怒。往時虜殺漢人者罰。漢人殺虜者死。近聞反此二法。欲悅漢人。漢人未能收其心。而虜人亦已怒矣。又聞今春女真渤海之類。所在離叛。攻劫近纔稍定。方且招輯敗亡。脩完器甲。內恐國中之復叛。外有西夏之為虞。心自懷疑。憂我乘虛而北。故於界上勉強虛張。因我巡兵侵我地界。蓋其實弱而示強者。用兵之詭計。故臣謂苟能察其強弱。知其情偽。則無不爭之理。何必懼其不足懼哉。自國家困於西鄙。用兵常慮北戎合謀乘隙而動。及見二虜相失而交攻。議者皆云中國之福。夫幸其相攻為我之福。則不幸使其解仇而復合。豈不為我禍乎。臣謂北虜昨所以敗於元昊者。亦其久不用兵。驟戰而逢勍敵耳。聞其自敗衂以來。君臣恐懼。日夜謀議。通括丁口。東募甲兵。處處開教閱之場。家家括糧馬之數。以其天姿驍勁之俗。加以日夜訓練之勤。則其強難敵矣。今虜國雖未有人。然大抵為國者久無事則人難見。因用兵則

將自出。使其交戰既頻。而謀臣猛將爭能並出。則是夾山一敗。警其四十年因循之弊。變驕心而為憤志。化惰卒而為勁兵。因屢戰而得驍將。此乃北虜之福。非中國之福也。此臣所謂將來之患者也。然二虜勢非久相攻者也。一二年間不能相并。則必復合。使北虜驅新勵之強兵。無西人之後害。而南向以窺河北。則又將來之患大者也。臣雖不知朝廷顧河北為如何。但於本路之事。以今年較去年。則亦可見去年已前河北官吏無大小皆得舉材而擇能。急於用人。如不及者。惟恐一事之失計故也。自今春以來。差除漸循舊弊。凡幹敏之吏熟於北方事者。舉爾奏乞。百不一從。不惟使材臣能吏不勸。而殆亦是見朝廷不憂河北之事辦否也。至如發緣邊久任之制。而徙劉貽孫以王世文當冀州。李中吉當廣信。王中庸當保州。劉忠順當邢州。如此數人於閑慢州軍尚憂敗政。況於邊要之任乎。臣愚以朝廷不

以北事為憂

歷代名臣奏議卷之三百二十五

歷代名臣奏議卷之三百二十六

禦邊

宋仁宗慶曆二年歐陽脩知諫院論韓琦范仲淹乞賜召對陳邊事奏曰臣伏見自西鄙用兵以來陛下聖心憂念每有臣僚言及西事必皆傾心聽納今韓琦范仲淹久在陝西備諳邊事是朝廷親信委任之人况二人才識不類常人其所見所言之事不同常式言事者陛下宜加意訪問自二人到闕以來只是逐日與兩府隨例上殿呈奏尋常公事外有機宜大處置事並未聞有所建明陛下亦未嘗特賜召對從容訪問况今西事未和邊陲必有警急兼風聞北虜見在涼甸與大臣議事外邊人心憂恐伏望陛下因無事之時出御便殿特召琦等從容訪問使其盡陳西邊事宜合如何處置今琦等數年在外一旦歸朝必有所陳但陛下未賜召對此二人亦不敢自請獨見至如兩府大臣每有邊防急事或合非時召見聚議或各合上述所見或只召一兩人對見商量此乃帝王常事祖宗之朝並亦如此不必拘守常例也

三年脩乞令韓琦居中范仲淹在外上奏曰臣風聞如定等不久放還竊緣比來議論必未諧和須慮驕賊猖狂忽兵攻寇所關防邊備並要枝梧伏覩朝旨已差范仲淹田况等為宣撫使今日風聞韓琦去仲淹已作參政欲自請行不知是否以臣愚見不若且遣仲淹速去琦與仲淹皆是國家委任之臣材識俱堪信用然仲淹於陝西軍民恩信尤為衆所推服今若仲淹外捍寇兵而琦居中應副必能共濟大事庶免後艱若陛下以新用仲淹責其展效則且令了賊一事俟邊防稍寧不兩三月自

可還朝。既先弭於外虞。可漸備於闕政。今邊事是目下之急。不可遲緩。以失事機。伏望斷自宸衷。趣仲淹速去。以備不虞。

備又論乞合宣撫使韓琦等經畧陝西劄子曰。臣竊聞已降中書劄子。抽回韓琦田況等歸闕。昨來琦等奉命巡邊。本為西賊議和未決。防其攻寇。要為禦備。今西方再來。方有邀請。在於事體。必難便從。邊上機宜。正須處置。仍聞韓琦田況。各有奏狀。言邊防有備。請朝廷不須怯畏。每事曲從。竊以勝敗之間。安危所繫。料琦等如此奏來。則邊事可知。自有枝梧。不至敗誤。臣謂且令琦等在彼撫遏。則朝廷與賊商議。自可以持重。不須屈就。今議方未決。中道召還。則是使賊知朝廷意在必和。自先弛備。況事無急切。何必召歸。其召韓琦劄子。伏乞速賜指揮抽回。且令琦等在彼經畧。以俟西賊和議如何

備又論乞詔諭陝西將官劄子曰。臣風聞昊賊今次人來。辭意極不遜順。所請之事。必難盡從。事既不成。則元昊必須作過。朝廷須合先為禦備。竊慮沿邊將帥。見西人入朝。惟望通好。便生懈怠。萬一西賊驟出。忿兵擊吾弛惰。則立見敗事。乞速詔邊臣密諭與西賊辭未遜順。必不通和之意。各使先知。絕其顧望。早為準備。庶不敗事。仍慮邊將謂朝廷此時議雖未合。若後次更來。必須和好。因此便無討賊之志。仍乞便因詔諭。示以激厲之言。云朝廷以昊賊罪大。意在討除。今不許其和好者。蓋以外有爾輩在邊。必望破賊成功之意。使其不生退心。臣見唐武宗英武之主。所任宰相李德裕。最號有材。當時用兵征伐。指揮將帥。處置事宜。動以詔書約束勸厲。故終成功業。國家用兵以來。未聞以賞罰號令激動人心使其竭力者。此最宜留意

備又論河北守備事宜劄子曰。臣伏見朝廷方遣使與西賊議通和之約。近日竊聞邊臣頻得北界文字來問西夏約和了與未了。苟實如此。事深可憂。臣以謂天下之患不在西戎。而在北虜。縱使無此文字。終須貽患朝廷。契丹通好僅四十年。無有纖介之隙。而輒萌姦計。妄有請求。竊以戎狄含婪。性同犬豕。遇強則伏。見弱便欺。見我無謀。動皆屈就。謂我為弱。知我可欺。故添以金繒。未滿其志。更邀名分。抑使必從。無事而來。尚猶如此。若更因西事攬以為功。別有過求。將何塞請。此天下之人無愚與智。共為朝廷寒心者也。今若果有文字來督通和之事。則臣謂醜虜狂計。其迹已萌。不和則詰我違言。既和則論功責報。不出年歲。恐須動作。苟難曲就。必至交兵。至於選將練師。既難卒辦。禦戎制勝。當在機先。臣竊怪在朝之臣。尚偷安靜。自河以北。絕

無處置。因循弛慢。誰復挂心。豈可待虜使在廷。寇兵壓境。然後計無所出。空務張皇而已哉。今國家必謂兩意雖乖。尚牢盟誓。邊防處置。未敢張皇。以臣思之。莫若精選材臣。付與邊郡。使其各圖禦備。密務備完。此最為得也。況今邊防處置首事。乖方惟有擇人。最為首務。今北邊要害州軍。不過十有餘處。於文武臣僚中選擇十餘人。不為難得。各以一州付之。使其各得便宜。如理家事。完城壘。訓兵戎。習山川。蓄糧食。凡百自辦。不煩朝廷經處。以豫預備。尚可枝梧。至如鎮定一路。最為要害。張存昔在定州。以不了事罷去。今乃委以鎮府。王克基凡庸輕巧。非將臣之材。而任定州。其餘州郡。多匪其人。臣欲乞陛下特詔兩府大臣取見在邊郡守臣。可以禦敵捍城訓兵待戰者留之。其餘中常之材不堪邊任者。悉行換易。若秋風漸勁。虜豈有端。陛下試思

邊鄙之臣誰堪力戰朝廷之將誰可出師當臣初授諫職之時見朝廷進退大臣陛下銳意求治必謂群臣自此震懾百事自此脩舉西北二事最為大者自當留意不待人言及就職以來已數十日而政令之出漸循舊弊惟言事之臣拾遺補闕者勉強施行其一二至如講大利害正大紀綱外制四夷內紓百姓凡廟堂帷幄之謀未有一事施行於外者臣忝司諫諍豈敢不言伏望陛下不忘社稷之深恥無使夷狄之交侵驟發天威督勵臣下仍乞詢問兩府大臣西鄙和與不和能保契丹別無動否苟有所謀能以廟謀奇筭沮止之否苟無謀以止之則練兵選將備邊待寇賊至而後圖能不敗事否臣願陛下勿謂去歲六符之來苟以賄解今而有請則事難從矣勿謂累年西賊為患習以為常若此事一動則天下搖矣臣所言者社稷之大計也願陛下留意而行之

脩又論西賊占延州侵地劄子曰臣竊聞元昊近於延州界上修築城壘強占侵地欲先得地然後議和故楊守素未來而占地之謀先發又聞邊將不肯力爭此事所繫利害甚大臣料賊意見朝廷累年用兵有敗無勝一旦計無所出厚以金帛買和知我將相無人便欲輕視中國一面邀求賂遺一面侵占邊疆不惟驕賊之心難從實亦為國之害不細今若縱賊於侵地立起堡寨則延州四面更無捍蔽便為孤壘其賊盡據要害之地他時有事延州不可保守若失延州則關中遂為賊有以此而言則所侵之地不可不爭何況西賊議和事連北虜今人無愚智皆知和為不便但患國家許物已多難為中悔若得別因他事猶可絕和何況此侵地是中國合爭之事豈可不爭臣謂今欲急和而不顧利害者不過邊臣外憚於禦賊而內欲邀議和之功以希進用耳故不肯擊逐兼令力爭侵地蓋小人無識只苟目前榮進之利不思國家久遠之害是國家屈就通和只與邊臣為一時進身之利而使社稷受無涯之患陛下為社稷計豈不深思大臣為社稷謀豈不熟慮伏望聖慈遣一使往延州令龐籍力爭取昊賊先侵之地不令築城堡寨若緣此一事得絕和議則社稷之福也臣仍慮西賊來人尚有青鹽之說此事人人皆知不可許亦慮小人無識急於就和者尚陳鹽利以惑聖聰伏望聖慈不納浮議

脩又論水洛城事宜乞保全劉滬劄子曰臣近風聞狄青與劉滬爭水洛城事枷禁滬等奏來竊以邊將不和用兵大患況狄青劉滬皆是可惜之人事體須要兩全利害最難處置臣聞水洛城自曹瑋以來心知其利患於難得未暇經營今滬能得之則於滬之功不小於秦州之利極多昨韓琦等自西來聞有論奏非以水洛為不便但慮難得而難成今滬能得之又有成之之志正宜專委此事責其必

成而狄青所見不同遂成釁隙其間利害臣請詳言國家近年邊兵屢敗常患大將無權今若更沮狄青釋放劉滬則不惟於狄青之意不足兼沿邊諸將皆挫其威此其不便一也臣聞劉滬經營水洛城之初奮身展効不少先以力戰取勝然後誘而服從乃是党留諸族畏滬之威信今忽見滬先得罪帶枷入獄則新降生戶豈不驚疑若使驩然復叛則今後邊臣以威信招誘諸族誰肯聽從不惟水洛城更無可成之期兼沿邊生戶永無可招之理此其不便二也自用兵以來諸將為國立事者少此水洛城不惟自曹瑋以來未能得之亦聞韓琦近在秦州嘗欲經營而未暇今滬奮然力取其功垂就而中道獲罪遂無所成今後邊將誰肯為國家立事此其不便三也臣又聞水洛之戍雖能救援秦州而須藉渭州應副今劉滬既與狄青異議縱使水洛築就他時萬一緩急狄青怒滬異己又欲遂其偏見稍

不應副則水洛必須復矣。此其不便四也。緣此之故遂移青於別路。則是因一小將移一部署。此其不便五也。此臣所謂利害甚多最難處置者也。臣謂今宜遣一中使慶分魚周詢等速令和解務要兩全。必先密諭狄青曰。滬城水洛本有所稟非是擅爲。役衆築城未比行師之際。滬見利堅執意在成功。不可以違節制加罪。滬宜釋放朝廷不欲直放恐挫卿之威。卿自釋之。使感卿恩。若他時出師臨陣有違進退之命者。任卿自行軍法。然後密諭滬曰。汝違大將指揮自合有罪。朝廷以汝於水洛展効望汝成功。故諭青使赦汝責汝卒事以自贖。俟水洛功就。則又戒青不可因前曾異議堅執不悛惟幸失之。遂已偏見。今後水洛緩急尤須極力應副。萬一小有疏失。則是汝挾情故陷之。必有重責。如此則水洛之利可成。蕃戶之恩信不失。邊將立事者不懈。大將之威不挫。苟不如此。未見其可。盡罪滬既不可。罷水洛

城又不可。沮狄青又不可。事關利害。伏望聖慮深思。

備又上疏曰。臣伏見朝廷近爲備水洛城事。雖已差魚周詢等就彼相度。風聞周詢近有奏來。爲水洛蕃族見狄青枷取劉滬等因致驚擾。周詢却乞將帶滬等往彼。以此足驗劉滬能以恩信服彼一方。朝廷必知水洛爲利。亦不欲廢之。非滬守之不可。然滬與狄青尹洙已立同異。難使共了此事。所謂必不得已。寧移尹洙。不可移滬。尚慮議者必謂不可因小將而動大將。今若但移洙而不動狄青。即不是特移大將矣。若却於路分更升差遣。或名拜他官。苟不類前後因事移替之人。即不是因滬被移矣。如此。則於洙無損。於滬獲全其功。於邊防利便。三者皆獲其利。若曲爲尹洙狄青却將立功將校輕沮。則其害有三。大凡文武官常以類分。武官常疑朝廷偏厚文臣。假有二人相爭。實是武人理曲。然武人亦不肯服。但謂執政盡是文臣。遞相黨護。輕沮武士。況今滬與洙爭。而滬實有功効。其理不曲。若曲罪劉滬。則沿邊武臣盡皆怨怒。其害一也。自有西事以來。朝廷擢用邊將極多。能立功効者絕少。惟范仲淹築大順城。种世衡築青澗城。滬築水洛耳。臣亦聞三者惟滬尤爲艱辛。是功不在二人之下。今若曲加輕沮。則今後武臣不肯爲朝廷作事。其害二也。滬若不在水洛。則蕃族恐他人不能綏撫。別致生事。則今後邊防永不能招緝蕃部。其害三也。今三利三害。其理甚明。但得大臣公心。不於尹洙曲有黨庇。則不與邊防生患。此繫國家利害甚大。伏望聖意斷而行之。

備又論西北事宜上疏曰。臣昨在河東。聞北虜事宜。說者多端而少實。其役兵動衆。備城掘壕。凡所興爲。則有蹤跡。昨三月四月之間。於北界地名大柳谷銀瓮口與蕃族相殺。契丹累敗。折却主將數人。見令抄點中軍。秋冬必大交戰。此亦說者多同而不虛。惟云夾山部落

叛歸元昊。契丹與西賊相攻。又云西賊見在河灣會劄。蓄兵馬尤多。或云二虜詐謀。欲合而攻我。此一事則說者雖多。而以人情料之。皆不可信。自西賊叛我以來。更事契丹甚謹。盡已與中國交爭。則屈己事隣。乃其常理。二虜自來未聞釁隙。而忽納夾山小族。反與契丹立爲大敵。但恐元昊黠羌不爲此事。以此言之。不可信也。契丹若寇邊鄙。當先自河北。不應便出河東。若云出吾不意。則兵釁未成。必未突然入吾險地。是北虜必不攻河東矣。西賊二年之間。累次遣人通好國家。過蒙許物已多。今盟約垂成。而忽供契丹數百里之路。崎嶇勞師。入吾險固。以此而言。是西賊必不攻河東。此其不可信者也。然北戎抄點人馬。聲張已久。今漸向秋。必已聚集。邊臣但見虜兵聚在界上。不得不至驚疑。惟在朝廷料敵制謀。養威持重。不爲輕發。使虜不可窺。則得計矣。其密爲禦備次第。臣今具管見畫一如後。

一援令事宜不問北虜攻夾城與元昊。但不過長狄自相攻皆然。
虜兵在我境。亦不可不為之準。惟當持重以待。未宜便若寇至。
而大集窮邊。虜成自擾。但訓兵練卒於并忻嵐憲已結以俟。太
原去忻州一日半可至。忻州去代州一日半可至。嵐州去岢嵐
一日中可至。憲州亦然。今以兵屯忻并而應援代州。屯嵐憲而
應援岢嵐。賊至則使代州岢嵐堅壁清野。待其師老。然後以忻嵐
等兵擊之。此用兵之法也。如此。則虜來不失應敵。不來不至虛
驚。其代州岢嵐但用去年防秋兵數可矣。惟治器械擇將帥。此
非倉卒可辦。宜急為之具。
一河東沿邊州軍器械全然不堪。臣昨到彼。見逐處弓弩無十數
枝可施用者。問其何故。云為省司惜筋膠。支請不得。緣支得。却
角短筋碎不堪使用。又無物料修治。是致廢壞。臣亦知京中筋

膠角絕少。然若遍支與諸州軍。即恐不及。欲乞且只支與沿邊
州軍。仍乞選差幹事官逐州自遣一員上京支請。使令自監催
補其諸州木羽箭。臣曾逐色用草人被甲去三十步以硬弩射
之。或箭幹飛掉不至。或箭頭卷折不入。此乃臨陣誤事之物。千
無一二堪者。惟舊竹箭雖翎損鏃生。秀射之亦能入甲。又數目
不多。亦乞委官揀點備換。
一代州知州康德興老懦不濟事。臣方欲到京奏乞替却。近知已
差張亢。然德興却充并代鈐轄。只此職亦非德興所堪。乞與一
近裏小處知州鈐轄。別選差人。
一代州諸寨主監押三十餘員內無三四人能幹而曉事者。伏乞
早行替換。仍乞於近日臣寮準密院劄子舉到堪充將領人內
差充寨主監押。

一岢嵐軍地接草城川。另無險可恃。而城小壕淺。況合增城浚壕。
乞降指揮下河東本路打白草廟軍及本軍條後一六吉早併力脩
葺。臣曾狀奏乞差光濟且令知軍。蓋光濟已知彼中次第。當事
宜之際若李緯作到。恐處事未盡合宜。又緯必非岢嵐久住之
人。其差光濟伏乞檢會臣前奏施行。
脩又論麟州四議疏曰臣昨奉聖旨至河東與明鎬商量麟州事。緣
臣未到間。鎬已一面與施昌言等先有奏議。尋準樞密院劄子備錄
鎬等所奏。令臣更切同共從長相度。臣遂親至河外相度利害。與明
鎬等再行商議。乞那減兵馬人數。可以粗減兵費。已具連署奏聞。此
外臣別有短見。合盡條陳。其利害措置之說。列為四議。一曰辯衆說
二曰較存廢。三曰減寨卒。四曰委土豪。如此則經久之謀庶近禦邊
之策。謹具畫一如後。

一曰辯衆說者。臣切詳前後臣寮起請其說有四。或欲廢為寨名
或欲移近河次。或欲抽兵馬以減省饋運。或欲添城堡以招輯
蕃漢。然廢為寨而不能減兵。則不若不廢。苟能減兵而省費。則
何害為州。其城壁堅完。地形高峻。乃天設之險。可守而不可攻。
其至黃河與府州各纔百餘里。若徙之河次。不過移得五七十
里之近。而棄易守難攻之天險。以此而言。移廢二說未見其可。
至如抽減兵馬。誠是邊議之一端。然兵冗不獨麟州大弊乃在
五寨。若只減麟州而不減五寨。與不減同。凡招輯蕃漢之民。最
為實邊之本。然非朝廷一力可自為。必須委付邊臣。許其久任。
漸推恩信。不限歲年。使得失不繫於朝廷之急。而營輯如其家
事之專。方可収其遠效。非二年一替之吏所能為也。臣謂減兵
添堡之說近之。而未得其要。

一曰較存廢者。今河外之兵，除分休外，尚及二萬。大抵盡河東二十州軍，必贍二州五寨，為河外數百邊戶，而竭數百萬民財。賊雖不來，吾已自困，使賊得不戰疲人之策，而我有殘民歛怨之勞。以此而思，則似可廢。然未知可存之利。今二州五寨，雖云空守無境之人。然賊亦未敢據吾地，是尚能斥賊於二三百里外。若麟州一議移廢，則五寨勢亦難存，兀亦府州，便為孤壘，而自守不暇。是賊可以入據我城堡，耕牧我土田，夾河對岸，為之巢穴。今賊在數百里外，沿河尚費於防秋，若使夾岸相望，則泛舟踐冰，終歲常憂寇至，沿河內郡，盡為邊戍。以此而慮，則不可不存，然須得存之之術。

三曰減寨卒者，臣勘會慶曆三年一年，用度麟州用糧七萬餘石，草二十一萬餘束；五寨今用糧一十四萬石，草四十萬餘束。其費

倍於麟州。於一百二十五里之地，列此五寨，除分兵歇泊外，尚屯七千五百人，別用二千五百人負糧，又有并忻等十州軍百姓輸納，外及商旅入中，往來其冗，長勞費不可勝言。逐寨不過三五十騎巡綽伏路，其餘坐無所為。蓋初建五寨之時，本不如此。寨兵各有定數，建寧置一千五百人，其餘四寨各止三百至五百。今之冗數，並是後來增添。臣謂今事宜稍緩，不比建寨之初，然且約舊數，尚不至冗費。臣請只於建寧留一千人，置一都巡檢。其鎮川、中堠、百勝三寨各留五百，其餘寨兵所減者，屯於清塞堡，以一都巡檢領之。緣此堡最在近東，隔河便是保德軍。屯兵可以就保德請糧，則不煩輸運，過河供饋，若平日路人宿食。諸寨五百之，今巡綽有餘。或此小賊馬，則建寧之兵可以禦捍；若賊數稍多，則清塞之兵不失應援。蓋都不去百里之內。

料，是減兵但那移就食而已。如此，則河外省費，民力可紓。

四曰委土豪者。今議麟州者，存之則困河東，棄之則失河外。若欲兩全而不失，莫若擇土豪委之，自守。麟州堅險，與兵二千，其守足矣。況所謂土豪者，乃其材勇獨出一方，威名既著，敵所畏服，又能諳敵情偽，凡於戰守，不至乖謀。若委以一州，則其當自視州如家，繫己休戚，其戰自勇，其守自堅。又其兵既是土人，與其風俗情接，人賴其勇，亦喜附之，則蕃漢之民，可使漸自招集。是外能捍賊，而戰守內可輯民，以實邊，省費減兵，無所不便。比於命吏而往，凡事仰給於朝廷，利害可倍也。今用土豪，非王吉不可。吉見在建寧寨，蕃漢依吉而耕於寨側者已三百家，其材勇則素已知名，況其官序自可知州。一二年間，視其後效，苟能善守，則可世任之，使長為捍邊之守。

右臣所陳，乃是大計，伏望聖慈特賜裁擇，若可以施行，則紓民減費之事，容臣續具條列。

三年，集賢校理余靖奏論元昊請和，當今權行羈縻疏曰：臣切聞賊昊差私置官，入境相次到闕，欲與朝廷通和事。伏以息兵減費，柔戎狄，順命國家大臣，至於邊將，咸欲息肩，以休士卒。臣愚料之，以謂控北胡之氣，折西羌之銳，不如不和最為得策。假如元昊貪我財貨，甘心臣伏，比之為禍，大於今日。臣請別白言之：伏自國家用兵五年已來，三經大戰，軍覆將死，財用空虛，天下嗷嗷，困於供給。今乃因胡人一介之使，馳其號令，遂使二國通好，君臣如初，吾數年之辱，而胡人一言解之。若胡人又遣一介有來於我，以為其謝，其將何詞以拒之？若國家又有所惜，必將興師責我，謂之背約，則北鄙生患，二境受敵矣。矧西戎自僭名號，未嘗挫折，尚肯悔禍，輕屈於人？今若因其官屬初來，

未有定約，但少許之物，無滿其意，堅守名分，以抑其僭，雖賜之，皆言彼必不屈，則吾雖西鄙受敵，而北虜未敢動也。何以知之？昨梁適使胡之時，虜主面對行人，遣使西邁，意氣自得，自言指呼之間，便令元昊依舊稱臣，則是北胡之威，亦不能使西羌屈伏，彼自喪氣，豈能來責？故臣謂今之不和，則吾雖西鄙受敵，而北胡未敢動也。若便與西戎結盟，則我之和好，權在夷狄，中國之威，於是盡矣。北胡責我，則二鄙受敵，其憂深矣。伏願陛下與執政大臣密謀而深思之，無令陷虜計中，則天下社稷幸甚。必不得已而與貨財，須作料錢公使名目，便將靈鹽銀夏作兩鎮，則賜予皆於往將，而君臣名分不改矣。或欲速成和好而屈名分，則天下共恥之。雖強兵在境，有血戰而已矣。若他年賊自有釁，來求和者，權在我而不必拒之也。惟陛下裁之。

靖又乞韓琦兼領大帥鎮秦州狀曰：臣准五月七日詔勑節文，今後

三館臣寮，如有邊防要切機宜，及朝廷大事，並令具實封奏。臣竊聞已降勑命，差韓琦等充涇原等四路都部署，韓琦、范仲淹並於涇州駐劄，仍差文彥博知秦州者。臣聞兵之勇怯在乎將，勝敗在於氣。竊見賊昊侵軼邊鄙以來，大戰者三矣。延安之役，人猶勇鬬，好水之師陷虜伏中，定川之敗，不戰而走。此皆賊乘屢勝之氣，而吾將勇怯之分也。臣觀賊昊雖曰小羌，其實黠虜，其所舉動，咸有次序，必先翦我枝附，壞我藩籬，先攻易取之處，以成長勝之勢。金明之族最近賊庭，故先取之。豐州之地援兵難集，故次取之。涇原將帥軟懦，故又取之。此乃賊知先後之計也。臣竊料沿邊諸郡最富最實者秦州耳。賊所以盤旋未敢攻秦州者，三島、邈川尚強，雜羌未附，而韓琦為守也。此賊昊之所畏，朝廷之所恃也。今可疑者，邈川唃族為賊所侵，漸已挫折，一恃去矣。其餘雜羌附從者，未必全歸賊者，未必誅，向我堅者往往族滅而不能救。今雖受我封賜，賊兵若至，其肯死力而援我乎？此二恃去矣。若使韓琦且守秦州，招懷部落，撫以恩信，訓勵士卒，繕以忠果，猶須擇材勇以為鬬將，庶幾全轄三恃，使賊有所畏可也。今乃專委文彥博、許懷德守此一路，臣深為朝廷憂之。臣亦非敢橫議沮事，但以三軍所恃者將耳。韓琦數年在邊，雖未成功，羌賊知名，士卒信服。今一旦使文彥博代之，恩信未洽，緩急有難，兵將肯用其命乎？且彥博新進，懷德無聞，羌賊固將輕之矣。今雖以韓琦、范仲淹在涇原，遙節制諸路，以為聲援，但益秦州之憂耳。賊若出其上策，以一軍守瓦亭，則涇渭之師不得南矣；以一軍趨隴坻，則岐隴之兵不復西矣；以一軍直擣秦州，而援兵不至，族羌外附，則秦州非我之有也。賊若出其下策，前驅雜羌所在掠奪，則吾之救兵雖可至，勝負未可知也。若謂賊輕去巢穴，以為不然，此所以出我不意也。臣以為當今之

討，不若急遣韓琦兼領大帥，歸鎮秦州，增兵故關，以扼衝要，諸路有急，不妨應援。此最安危之機也。益涇州之戍，以當兵衝，以成輔車之勢，一大將居之足矣。更宜擇材勇以代懷德，亦最急也。賊自屈強以來，未嘗挫折，若得勇將以摧其鋒，則庶可屈伏矣。朝廷措置大事，臣妄言其間，甘伏鼎鑊。

靖又奏論狄青不可獨當一路狀曰：臣近聞狄青知渭州，尹洙知晉州，不協物議。未蒙朝旨者，臣切謂若非大臣全無憂邊之心，即是微臣當坐罔上之罪，二者之間，必有一焉。臣伏思陝西四路，惟涇原山川寬平，易為衝突，若戎馬之勢不遏，則為關中之憂；關中之憂，則天下之憂也。故國家自有西事以來，以涇原為統帥之府。前歲葛懷敏喪師之後，朝廷欲差范仲淹往彼綏輯，尚先遣中使諭之以意。其時仲淹不敢獨當此任，乞差韓琦同往。朝廷遣韓琦、范仲淹同共經畧。

又差張亢知渭州狄青同爲一路部署琦等雖名四路招討其實只是營慶涇原亢領州寄青爲鬭將即是朝廷憂涇原如此之深也及至去年召琦仲淹赴闕又使中使問仲淹何人可以爲代於是差鄭戩替韓琦仲淹充四路招討尹洙代張亢知渭州至秋又差韓琦田況往彼宣撫則固知朝廷未嘗忘涇原也今年已罷鄭戩歸永興又移尹洙知晉州遂令狄青一身兼領三人職事且仲淹號爲最曉邊事不敢獨當孫沔亦是朝廷精選而託疾不行是涇原有可憂之勢豈肯匹夫獨能當之仲淹豈忘之乎大臣必謂韓琦仲淹二年涇原成規可守故專任狄青足以了事臣實以爲不然伏自懷敏覆沒之後兵氣沮喪未有小勝百姓遭劫掠之餘雖欲歸復而生業未備幸賊未至而謂全實議和未定而早懈怠抽減將帥軍民之心尚何所望而敢自安乎且向來於生戶界中修一城寨尚有劫奪殺傷不能

相保賊馬若至誰復安心是大臣全無憂邊之心明矣初緣昨者狄青尹洙爭行事上煩朝廷臣竊料朝廷之意謂此二人徇偏見之情以倡和故換孫沔在青之上欲令庶事在所商量今來只因孫沔稱病遂將涇原路兵馬專令狄青進止豈天下之廣更無一奇才可以知渭州與青共事者是大臣不思之甚也況始因行事辨暴朝廷不欲問罪遂得專兵柄不知是何賞罰且緣青驟自行間未著大功蒙恩超擢又其爲性率暴鄙吝偏裨不伏所以劉滬敢罵尹洙乳臭狄青一介耳今來以青獨當一路豈不憂偏裨不伏而敗國家之事乎雖傳聞仲淹請行若朝廷從之不過本州駐劄大節須別得渭州知州與青緩急商量戰守之勢又況龐籍守延猶與王信等同事今來反不及青獨當最難一路無乃籍等羞與爲伍以懷怨望乎朝廷乏賢一至於此伏乞陛下詢問大臣如或將來賊馬衝突涇原狄青果能保必勝之勢不貽朝廷之憂則臣甘先就誅竄以當罔上之罪

四年靖以起居注論契丹請絕元昊貢獻事上疏曰臣伏覩契丹人使耶律元衡今月二十四日朝見訖中外臣寮但聞報西征事又知河東邊奏甚急無不憂懼雖北邊事宜云征夾山部落且夾山小族而契丹舉國征之事勢太大恐似別有謀者臣切思之朝廷於西北大事前後屢置失錯所以戎狄乘釁肆其憑陵今者使來必此之故切緣元昊世稱藩臣一旦僭叛於擕出討當自圖之而乃屈中國之威假契丹之援借人之勢權在他人此謀始之失也臣去年在虜中虜主親與臣言梁適去時云伺西事了遣人來謝及以元昊表示臣仰知元昊畏服之意又與臣言乾元節信使回日請子細報來及臣歸朝首言此事只緣呂夷簡病退梁適差出使乃隱諱云無此言暨乾元節信使蕭忠孝來問館伴張錫錫終不與言元昊商量次第朝

廷當昊叛時則遣使告之及其和約欲就則問而不對必疑朝廷有異議矣此始末不同之失也臣今月十六日曾具奏陳欵其所謀四事一曰借邊兵二曰借邊粟三曰假數年之物四曰絕元昊之和遂度虜情在此而已必若假借財物拒之有詞唯與元昊絕和最難處置臣切計之遜詞以謝北虜緩詞以欵西戎苟紓歲月之禍誠當今可行之策也然臣愚慮兵之禍自此起不宜處置更有失錯今若徇北虜而絕西戎亦有兵禍納西戎而違北虜亦有兵禍二虜連謀共爲矛盾之勢北人才去西人必來拒納之間動皆有礙擇禍就輕守之以信使曲不在我即得其要矣必若斥元昊以爲外夷堅絕其約使北胡不能反覆而邀功此最久安之策恐謀者不能終之且元昊所以抗中國者僭尊號改年名不稱臣不奉表此其屈強之勢也今皆捨去而歸我矣三年謀之而一朝絕之及其既去北虜使至將又

招之。犬羊之性，豈不懷怨，此起兵之禍也。契丹所以取重於中國者，亦欲成和好之事，與奪之權也。今西戎倔強而不從，朝廷沈吟而不報。及其使我絕之而遽即成之，桀驁之氣豈不懷怒，此亦起兵之禍也。然而彼欲舉兵而使我絕約，皆胡人之狡謀耳。臣切料北虜因弋獵之勢為舉兵之名，欲邀成功，以德於我，若報之曰：天下之民一也，本朝之兵尚不忍令其戰鬬以蹈死傷之禍，況鄰國之兵冒白刃而不憂其傷，非所以兼愛南北。寧失一小蕃，未可煩兄弟之國。前使回日，曾達此議。且未嘗乞師，無煩大舉。若元昊自有釁隙違忤北朝，今日出師，非復預議。又元昊使來，每稱北朝之意，乞緣名體未順，難以從之。近者稱本朝正朔，去羌人僭偽之號，而稱臣矣，只以事要久遠，敵須往復商量。今若事體唯前，固當拒絕。但業已許其，每事恭順則受其來，歸若來而拒之，則似失信。且中國以信自守，故能與四海

會同。儻失信於西人，誰復信其盟約？若北朝怒其叛而伐之，南朝因其服而捨之，亦成德義，亦春秋之義也。虜雖貪，欲固當聞此而悛心矣。唯重幣輕使以結之，使其有邀功之心，則必緩圖我之患。臣又聞前歲胡人解甲後，幽州亦遭劫掠財物，迫奪婦女，發掘墳墓，燕人苦之。今河東近邊恐有衝突，須作隄備，以戒不虞。臣嘗觀北胡氣陵中國，掂拾事緒，以起釁端，歸於強弩相射，利劍相擊而已。不可不早備也，唯陛下圖之。

請又論元昊所上誓書上疏曰：臣竊以國書到闕，議者紛紛，以不請深入為虜中徼詞，不敢與元昊誓書約封冊之禮以觀虜變，此皆游說之過也。臣昨在虜中，須聞書意，虜主親與臣言，如行封冊之請，遣使深入，軍前恐契丹軍馬到彼，誤有殺傷，即別無猜意。臣又詳觀二虜形勢，唯有速行封冊，使元昊得以專力東向，與契丹爭鋒。二虜兵連不解，此最中國之利。設若二虜交兵，雖有勝負，契丹不能止我之和，謀已先定故也。假如契丹戰勝元昊，伏罪則我與元昊通和，契丹自以為功。又如契丹戰敗，則我與元昊通和在前，自非觀望加以契丹意在讎奪元昊，豈復妄怨於我。此皆理之必然者也。儻或朝廷懷猶豫之意，謀不早定，則事久變生，非我之利。切以元昊天生凶狡，非獨今日知之，且以契丹強盛，尚敢侮慢，況於中國數戰屢勝，徒誘於利，乃肯和耳。豈是心服？若知我遲遲以待其變，則翻然歸伏於契丹，而專力肆兇，為患於我，未必輕於契丹也。臣之愚慮，以謂封冊元昊，在二虜勝負未分以前，則元昊有以為恩，契丹無以為詞。今若謀慮未定，二虜交兵，萬一契丹戰敗，而遣使堅來止我之和，則何詞以拒之？不如先降敕命，差定夏國封冊使，俾其知之，以堅西賊之心，專敵北虜，此則鬬二虜之策也。惟早圖之。

三年，賈昌朝上備邊六事，奏曰：臣竊惟太祖初有天下，鑒唐末五代方鎮武臣、士兵牙校之盛，盡收其權，當時以為萬世之利。及太祖所命將帥，率多攀附舊臣、親姻貴胄，賞重於罰，威不逮恩，而猶仗神靈，秉成算，出師禦寇，所向有功。自此已來，兵不復振。近歲因僥倖子弟，飾廚傳，沽名譽，不由勲效，坐取武爵者多矣。其志不過利轉遷之速，俸賜之厚尔。縱禦侮平患，何望於禁？然緣邊鄙無事，尚得以自容。昨西羌之叛，驟擇將領，鳩集士衆，士不素練，固難指蹤，將未得人，豈免屢衄。以屢易之將，御不練之士，故戰必致敗。此削方鎮兵權過甚之弊也。且親舊恩倖已任軍職者，使當為將，兵謀戰法，素不知曉，一旦付千萬士卒之命，使庸人致之死地，此用親舊恩倖之弊也。臣謂守鎮之地，無數更易，管軍并刺史以上官秩，宜審其所授，以待有功。如楊崇勲、李昭亮輩恩倖之人，尚在邊任，宜速別擇人代之。此臣所陳救

弊之端也。方今備邊之尤切者凡六事。其一曰馭將帥。古帝王以恩威馭將帥於內。將帥以賞罰馭士卒於外。故軍政行而大功集。乾德中。詔王全斌等伐蜀。是冬大雪。太祖皇帝着㡌帽。被貂裘。御講武殿瓊帷。顧左右曰。今日此中寒不能御。況伐蜀將士乎。即脫所服裘。遣中使馳騎往賜全斌。此御以恩也。又曹彬李漢瓊田欽祚等討江南。召彬立於前。漢瓊等立於後。授匣劍曰。副將而下不用命者得以專戮之。漢瓊等股慄而退。此御以威也。今命將帥。必先竅其非近侍不信。非姻舊不奏。錫與金帛巨萬而心無感悅者。以例所當得也。蓋向來錫與一皆用例。如舉兵之際。須特出非常然後可以動其心也。又陝西四路。自部署而下。鈐轄都監巡檢之屬。軍政必相參謀。計之未成。事已先漏。彼可則我否。上行則下戾。雖有主將。不專號令。故動則必敗也。請自今命將去疑貳。推恩意。捨其小節。責以大効。爵賞威刑。皆得便宜從事。偏裨而下有不聽令者。以軍法論。至於邊權賦稅府庫之物。皆得而用之。如太祖監方鎮過盛。雖削武臣之權。然邊將一時賞罰及財用。則皆聽其專。有功則必賞。有敗則必誅。此所謂馭將之道也。其二曰復土兵。今河北河東強壯。陝西弓箭手之屬。蓋土兵遺制也。且戎狄居苦寒沙磧之地。惡衣食。好馳射。自古御寇。非胡非此不可。然河北鄉兵。其廢已久。陝西土兵。屢爲賊破。其存者十無二三。臣以爲河北河東強壯。除已詔近臣詳定法制外。每因閱習則視其人武力兵技之優劣。又擇其家丁夫之壯者。以代老弱。每鄉爲軍。其餘絕類。具籍記其名姓。而遞補之。陝西蕃落弓箭手。貪召募錢物利。月入糧賜。多就黥刺。混爲營兵。今宜優復田疇。安其廬舍。使力耕死戰。世爲邊用。則可以減屯戍。而省供饋。爲不易之利。內地州縣增置弓手。亦當約如鄉軍之法而閱試之。其三曰訓營卒。太祖下

令。諸軍食無肉。衣無帛。營舍之門有鬻酒肴者則逐去之。士卒有服繒綵者則詰責之。異時被甲鍪冒風霜。攻苦服勞。無不一以當百。今營卒驕惰。臨敵無勇。此殆素所資用之過也。舊例三年轉資。請之落權正授者。雖未能易此制。即不須一例使爲部管鈐轄。宜於其間擇實有才勇可任將者授之。又今之兵器類多詭狀。造之不精。且不適用。虛費民力。宜按八陣之法。依五兵之用。以時教習之。使啓殿有次序。左右有形勢。前卻相附。上下相援。令之曰。失一隊將。則合隊皆誅。何患衆不爲用乎。其四曰制戎狄。今戎狄蕩然與中國通。北方諸國則臣契丹。其西諸國則臣元昊。而二虜合從以犄角中國之勢。誠使西戎來服。不免與之重賄。是朝廷歲遺二虜。不可勝計。古之備邊。西則金城上郡。北則雲中鴈門。今自滄之秦。綿亘數千里。非有山海峻深之限。獨恃州縣鎮戍爾。凡歲所供贈。又不下數千萬。以天下歲入之數。纔可取足。而一歲不熟。則或至狼狽也。契丹近歲兼用燕人。治國建官。一同中夏。昊賊據河南列郡。而行賞罰。善於用人。此中國之患也。宜度西戎諸國。如沙州唃廝明珠滅藏之族。近北如黑水女真高麗新羅等處。皆舊通中國。今爲二虜隔絕。可募人往使。誘之來朝。如此則二虜必憾於諸國矣。憾則爲備。爲備則勢分。此中國之利也。其五曰綏蕃部。且屬戶者。邊陲之屏翰也。如延有金明。府有豐州。皆戎人內附之地。朝廷恩威不立。撫馭乖方。此爲強虜脅從。而塞上諸州。藩馬孤壘。蕃部既壞。土兵亦衰。恐未有破虜之期。請令陝西諸路緣邊知州軍。皆帶安撫蕃部之名。多設方畧。務在招集。財賦法令。得以自專。擇其族盛而有勞者。以爲酋帥。如河東折氏。庶可爲吾藩籬之固矣。其六曰明探候。古者守封疆。出師旅。居則有行人覘國。戰則有前茅慮無。其審諜若此。太祖命李漢超鎮關南。馬仁瑀守瀛州。韓

今坤鎮常山，賀惟忠守易州，何繼筠領棣州，郭進控西山，武守琪守晉陽，李謙溥守隰州，李繼筠鎮昭義，趙贊領延州，姚內斌守慶州，董遵誨屯環州，王彥昇守原州，馮繼業鎮靈武，筦榷之利悉輸軍中，仍聽貿易而免其征稅，召募勇士，以為間諜，蕃夷情狀無不預知者。二十年間無西北之憂，善用將帥，精於覘候之所致也。今西鄙刺事者所遣不過數千錢，但略涉境上，盜聽傳言塞命而已。故虜情賊狀與夫山川道路險易之利，勢絕而莫通。夫踐不測之戎，入萬死之地，覘伺微密，探索機會，非有重賂厚賞，孰肯自效乎？願鑒藝祖將帥之制，邊臣財用一切委之，專使養勇士為牙爪，而臨戰自衛，無敗將之辱；募死力為覘候，而坐知敵情，免陷兵之恥也。

歷代名臣奏議卷之三百二十六

歷代名臣奏議卷之三百二十七

禦邊

宋仁宗慶曆三年，樞密副使富弼論削兵當澄其冗，弛邊當得其要，上奏曰：臣聞茶鹽之法，漢唐之所取贍也。孔僅建白有釱趾之刑，桑弘羊畫策為安邊之本，張林衛覬建陳其方，此煮海之利也。至如張滂始倡於正元之間，王涯繼議於太和之後，鄭注趙贊並述其術，此摘山之稅也。國家茶鹽之利兼唐數十倍矣。向以邊隅用兵，經費不足，主計之吏益求其贏，新舊之法屢更，是非之議紛起，羣商咨怨，遠近譊然。究其弊端，莫學利之可致。我試陳一策，或可取焉。臣嘗究桑弘羊之說，覩倪寬之論，徒大夫之計，則曰：備鄣塞，備亟戍，必蓄貨長財以禦本，執通有無，調緩急，必建本抑末，以制豪人。覽文學之策，則曰：廣通德，開仁義，必本備民慾，以興教化，遏貪鄙，尚至誠，必防塞利門，以勸農桑。二者之術交詬而相勝，卒無所歸準，由是溺利權者不知興王致治之本，談古誼者不知佐財備邊之急。今使能語興王致治，而不能思其急，則腐儒之譏也；止能語佐財備邊，而不能思其本，則霸國之駁也。今國家追王風，黜霸畧，國用稍艱而利謀遂寢者，兵不可削籍而邊不可弛候故也。然兵有可削之術，邊有可弛之謀。所謂兵可削者，非能去之也，在乎澄其冗者而已；所謂邊可弛者，非不備之也，在乎得其要者而已。今中台京畿外至州縣，防戍之卒，屯駐之兵，其籍盈數百萬，無技勇者有之矣，羸弱耗邁則虛為耗蠹，是皆可澄之者也。今屯備之要存乎西北，自西羌叛命，以來朝廷制禦之術為不少矣。其北鄙雖結驩奉好，無輕侵寇鈔之患，然烽候不可不嚴，堡鄣不可不備。且邊隘所恃，唯騎與射。若夫勁弩大戟，長矛巨盾，鏃之所中，刃之所挂，洞胸連腋，則非彼之所能加也。儻釋騎而就步，則

參伍不能當中國之一必若馳高鶩下驟逐短衝則非中國之所
堪也中國之馬駑駿既少騎士或非精習戰陣之際步兵整頓騎士
馳突多或蹂亂誠宜損其騖下存其精銳以增步兵東漢書語邊郡
增置步兵列屯塞下此其効也而况給一騎之資費可以贍步兵數
人矣得不違害而就利哉此又可以選之者至如今之邊儀多屯內
兵土宜非所堪技能非所習而坐食儲峙慣狃給賜久恬安逸靡知
艱苦有未嘗識陣伍而聞金鼓者忽有一旦之用使三屬之甲冒霜
增其皸瘃犯切其身則恐疲瘁顛仆之不暇非全勝之師也夫邊徼
之人土俗慣悍便騎射能寒苦與戎人習尚一同寇或奔至皆能全
保聚有歸心雖討擊驅攘亦當參用然什不得伍所遣實多矣若裁
汰冗餘鳩集勇壯教以長技縱其利兵示之以進退之形權之以賞
罰之柄分之以部隊領之以幹臣粟帛可以不借賦租可以自贍當

前犄後翼以內兵則為全勝之師矣此所謂得其要者如此而後利
逸可以寬本業可以阜教化可以振食賦可以消而免蹴乎腐儒之
議漸逮乎霸國之駮也願陛下以臣說為足稽留聖意
四年籌上河北守禦十三策疏曰臣伏以北虜自古為中國患黃帝
時謂之獯鬻周時謂之玁狁秦時謂之胡漢時謂之匈奴唐時謂之
契丹其名雖異其實則一也有民人而不知教化有土地而不出財
貨寒無溫麗之服饑無甘珍之食凡百所欲率皆不足只知有射獵
之事禽虫之獲食其肉衣其皮而已矣於是見中國之盛萬物之富
愛而不可得學而不可及貪惏之性復有趫武則不得不為邊鄙侵
掠之患也然為患深淺係其強弱亦係中國盛衰焉或暫而入寇或
連歲擾邊或散處中原或遂出漢北或費兵力而臣畜之或從權宜
而允禮之伏叛相倚勝敗不常歷代帝王知其若此不欲困百姓而

外事四夷故有曰比之蚊蝱毆之而已復有曰接以禮羈縻不絕
而已又有或質其子或盟於天或啗之金帛以厭其欲或結之姻好
以猶其心自古謀議之臣運籌畫策相與爭於廟堂之上者亦惟此
數科而已國家初得天下震耀威武太祖待北虜僅若一族每與之
戰未嘗不克太宗因親征之衄虜勢遂驕頻年寇邊勝敗相半真宗
嗣位之始專用文德于時舊兵宿將往往淪沒虜騎深入直抵澶淵
河朔大騷乘輿北幸於是講金帛啗之之術以結歡好自此河湟百
姓幾四十年不識干戈歲遺差優然不足以當用兵之費百一二焉
則知澶淵之盟未為失策而所可痛者當國大臣識和之後武備皆
廢以邊臣用心者謂之引惹生事以搢紳慮患者謂之迂闊背時大
率忌人談兵幸時無事謂虜不敢背約謂邊不必預防謂世常安謂
兵永息恬然自處都不為憂西北之寇終知朝廷作事如此之失也

於是陰相交結乘虛有謀邊臣有奏敵中事宜則猶曰探候之人妄
報所以希賞固未嘗聽也蕃使每到朝廷侍慢則尚曰羌狄之人無
禮是非異事固不之恤也但只自護恭俾為包容其實偷安不肯為
國家忘私任責盡久長之遠經所以縱其奸謀養成深患是致寶元
元年元昊竊發數載用兵西人窮困未有勝算又至慶曆二年契丹
觀釁而動嫂書上聞中外倉黃不知為計不免益以金帛且苟一時
之安此二邊所以致然者蓋國家向來輕敵忘戰不為預備之所致
也臣深見二虜為患卒未寧息西戎則北助北靜則西動必欲舉事
不難求釁通和則安享重幣交戰則必敗官軍叛而復和孰敢不許
淪緩自存去住無憚兩下牽制困我中國有何大害而不為邊患者
何後悔而長守信盟渝盟擾邊我則遂困不幸凶荒相繼盜賊中起
則彼二虜所圖又甚大矣臣故曰二虜為患卒未寧息臣上言所陳

西北形勢乃唐室以前夷狄之事也其後契丹自得燕薊以北拓跋自得靈夏以西所生英豪皆為其用得中國土地役中國人以稱中國位號立中國家屬任中國賢才讀中國書籍用中國車服行中國法令是二虜所為皆與中國等而又勁兵驍將長於中國中國所有彼盡得之彼之所長中國不及我當以中國勍敵待之庶幾可禦豈可以古之夷狄待二虜邪前既輕敵妄戰不為預備致二虜結禍為朝廷深憂今又欲以苟安之勢遂為無事二虜各獲厚利退而養勇不數年相應而起則無復以金帛可啗而盟詛可約也臣向者累奉德音令韓琦范仲淹與臣專管西事命臣專管北事臣才識無取盡膺擢任退自循省何以塞責然敢不強勉夙夜揣摩今輒得守策凡六事攻策凡七事謹具如左

一河北三十六州軍內緣邊次邊如北京雄霸祁深保瀛漢滄定鎮冀十二州廣信安肅順安信安保定乾寧永寧七軍總一十九城皆要害之地可以控制虜寇而不得深入矣定為右臂瀛滄為腹心北京為頭角此四城者河朔之所望也餘十五城為指爪支節乃四城之所使者定瀛滄各置一大帥餘十五城分屬定瀛滄三路悉擇善將守之十九城都用三十萬兵定五萬滄瀛鎮各三萬冀二萬冀在要會之地諸路皆通故此駐都兵亦須多矣保祁深廣信安肅各一萬保州廣信安肅當入寇之衝最三城最是相峙以交相會合以禦初入之鋒也都在鎮定之東舊隸順保使從來虜騎入寇以鎮定有重兵不肯越鎮定路不過保州便從東南道出祁深往取瀛莫路從淮建欲祁深亦須屯兵稍多雄霸漢順安信安保定乾寧永寧各五千北京五萬為諸路救援之兵今河朔平時有駐泊屯駐就糧兵十八萬本城五萬至用兵時增十萬人則戰兵足矣此三十萬兵非如景德年閉門自守皆使出而捍戰也當時城守不敢出所以寇兵得直抵澶淵

幾至渡河為京師患今若使良將帥守十九城分頭三十萬兵左右出入縱橫救應則誤逗遛衝陷攙敵臣雖愚未信勇敢長驅而南也頃年大兵悉屯定州然閉城不使出戰者蓋恐一敗塗地則無以救援且防中渡之變也今雖用兵三十萬而分置十九城右敗則左救縱失則橫援豈更有昔時之虞邪其外十七城不復蓄兵只以本郡鄉兵堅守不使出戰

一河朔州軍長吏最宜得人以備匈奴之變昔來都不選擇賊汙不才年老昏眛者盡使為之又移替不定久者不過一二年其間苟且之人只是幹辦常程之務其經久利害自知不及其身率皆不為前後相承積弊已甚若不選人久任以矯前失則異日虜有變故邊城不守浸淫深入為患不細其上件十九州軍在河朔尤為要害內定保雄霸滄五州廣信安肅順安信安四軍近已得旨選人差使見施行次北京已有大臣自餘鎮冀瀛漢祁深六州保定乾寧永寧三軍共平一寨亦乞選差長吏並使久於其任內績效著聞者優與就遷秩祿及厚加賜予使諳於邊寄亡所怨苦則悉心營職自甘久處或廉勤可尚才有不足者罷之與內地合入差遣若故為乖謬致違過任及有罪不可留而法不至死者廢之終身如此則人知禍福必及孰敢不勉別有事件已具進呈

一除上件十九州軍長吏已下並乞詔本路轉運提刑安撫部署鈐轄分擘衆充仍委樞密院三班審官銓司選擇不許循入並須三年一替所貴上下得人衆職皆舉用兵之際有可使與夫臨時外求得失相萬也

一屯兵備邊古今常制所患者民賦有限兵食多缺必須廣為之

廢其間歲有出熟課之不獲或寇至益兵食常不足則暴斂横取尚所不至。民由是困，盜由是起，此歷代之所患也。河北自石晉失燕薊之險，燕所固守，是以蓄兵愈多，積粟愈厚。國朝踵之頗久。至景德講和之後，兵備漸弛，粟亦隨減。前年虜忽生變，雖終與復和，而終非經久之計。自此邊壘已兆，尚去未有寧歲。尤宜謹備禦之策，使久而不匱。臣輒得養兵二條：其一，據守邊兵馬合留外，屯駐駐泊就糧諸軍悉分屯於河南鄆齊濟濮等州，以教以養。況其地富實，不營而足，率三年一代。遇有警急，發符召之，不旬日可到，亦有後期不及者，邪所以略省河朔轉餉以寬疲民，使之安逸蘇息，以待寇至而用，庶幾沛然師有餘力，可以禦敵。其二，緣大河州軍起敷倉支移，河南民稅及漕江淮粟以實之。分屯近邊兵馬，每二歲一代，亦足以寬河塱之困民。二

者可擇一焉，或兼用亦善。不然，臣恐無事時河北已見疲竭，一旦用武，又重加斂民，必怨叛，則肘腋之下皆為仇讎，豈暇禦外寇哉。

一，河北最號勁兵之處，若盡得精銳，則無敵於天下。況夷狄爭頃年朝廷未與匈奴講和，虜每入寇，唯懼北兵，視南兵輕蔑之也。後分南北兵各為一軍。凡虜陣必先犯南兵，南兵潰，則并北軍累之而必敗。懲此，因有以南北兵混而戰者，敗走北兵，匈兵尚多，徒能張為虛聲，而實不足用。臣願自今河北增募土人為禁軍，料錢不可過五百文。每成一指揮，即代南兵一指揮歸營。不數年三十萬盡得北兵，不教之精勇，則匈奴自當畏服，豈敢輕動哉。恐議者謂不宜益兵，則請於別路嚴招收，此易彼亡，所增矣。既得土兵，易戍他郡，粮不足，則願用臣前養兵二條。

一，北虜風俗貴親，率以近親為名王將相，以治國事，以掌兵柄，而信任焉。所以視中原用人亦如己國。向者燕王威望著於北虜，知是皇叔，又為王爵，舉天下之尊無與二。謂朝廷庶事皆決於王。又疑王善用兵，天下兵皆王主之，嚴刑好殺，無敢當者。北虜疑此，益所畏懼，故燕薊小兒夜啼，輒曰八大王來也。於是小兒輟啼。每牽牛馬度河，或旅拒未進，又曰必是八大王在河裏。其畏服如此。虜人每見南使，未嘗不問王安否，及所在。朝廷以王之故，亦見重於虜。朝廷有如是親賢，每欲妄動，未必不畏王而止。今春王薨，識者亦憂之，謂王之生則北虜以朝廷為有王，王之薨則北虜以朝廷為輕矣。臣亦嘗念國家將帥既未聞於夷狄，而親王素有威望為匈奴所畏者又已淪謝，且不復再聞有皇親可以為朝廷羽翰者，必謂王室孤弱，無所扶助，本根不固，易

以動搖。此誠宜為夷狄之所窺測也。臣願陛下親擇宗室王中年長知書識理道曉人事者十數人，為王畿千里知州。或有任性為事，通判位下難規正，宜擇方嚴公幹近上一員人為同知州，所責勢均力敵，可以共事而無所牽失，使一州郡。次知可以獨任，則只置通判。又擇其次者數十人，為千里內州郡鈐轄。恐亦未練軍政，職事不舉，其都監監押未可獨任者，宜擇幹濟之人令共職，仍選良守臣伺察而裁處之。官畢意其稍堪差使者為畿縣都監監押。雖年少亦須十歲已上者，亦擇五員令佐以議正之。並限二年一考，亦用文武臣察賞罰之法，以勸沮之。內有勤儉好學、接察屬有曉習文法、能治民事者，量高下等第，或陞詔獎諭，或賜金帛，或遷官秩。有諸過者亦量大小等第，或罰俸，或贖金，或降官，甚者召還，黜於宮宅，俾之省過。一二年後，遣補外。凡三省過而遂不改者，終身使奉朝請。如此教育之，還試之。善者必賞，不善必罰，庶知不數年當有賢宗室如前漢之河間獻

漢東平二王者不爲難矣。內可以藩屏王室，外可以威服四夷，此有國家者之急務。臣觀三代已後興王者，今日得天下，明日封建宗室，至于總麻之子，亦皆爲侯爲王。分割土地，自以成邦國，所以分布枝葉，庇蔭根本，張大王室，壯觀天下，使英豪無間然無異意，謂四海之內盡是一姓。雖有凶謀變計，不敢妄動。此實代帝王制御天下長久之策也。布在簡牘，驗之可信。今則埋沒抑壓，僅同蓄養，縱其非僻，昧不教訓。雖有說書之官，又[illegible]虛設。是蓋欲愚之，而不令知善道爲善人，甚非帝王養宗室之義也。至於臣庶之家，有子孫弟姪者，無不孜孜誨誘，使之成器，以蓋持門戶，主祭祀。若子孫不肖，則家道淪沒。又有擔負之夫，[illegible]者，日求升合之粟，以活妻兒，尚每日那一二錢，令厥子入市學，謂之學課，亦欲厥子讀書識字，有所進益，而嗣其家。國家富有天下，基業全盛，實祖宗艱難而致。所宜子子孫孫相承不絕，爲萬世之計。豈可宗室滿宮，而陛下都不教導任爲，遇事但外見輕笑。是陛下自去枝葉而取孤根，易搖之患，臣竊憂之。臣又伏思陛下任李用和爲殿前副指揮使，任曹琮爲馬軍副都指揮使，是任親也。用和與琮誠親矣，然皆異姓。異姓者尚可任之，則宗室同姓，與陛下是骨肉之親，反不可信之哉？陛下不[illegible]謂宗室無人。臣謂今則誠未見其人，教之試之，當自有人矣。今唯朝會時羣行旅進，書蓋滿道，士大夫見者方知有宗室，但出得都城四門之外，已不知宗室之有無，況天下乎？況四夷乎？上古直至周世宗，其間所歷何啻萬代。而宗室不教不試，不用微弱之人，未有如本朝之甚之極者也。宜乎爲識者之所憂，而北虜之所輕也。且如北虜有南大王[illegible]孝穆、近大王蕭孝惠，皆[illegible]楚王，亦離是其近親者甚張。臣前歲奉使，嘗與之接，又詢其國人，來必實有才武，而中原聞之，莫不疑其人人皆良將也。其故何哉？蓋聞其名而疑其有實。如今朝廷若能崇植宗室，使聲名漸著，聞於北虜，亦謂南朝宗室有人，根本牢矣，藩屏固矣。欲謀則息，欲動則止。古者有以實效濟務者，亦有虛聲備敵者。兵尤重先聲而後實。況臣之所論，必能聲實相副。願陛下行之無疑。

一、景德以前，緣邊土兵無事時戍本州，軍寇至則盡爲遊路部管司抽起，沿邊缺人，卻以南兵守，甚無謂也。夫土兵居邊，知其山川道路，慕其彼中人情，復諳虜兵次第，亦藉其營護骨肉之心，且又服習州將命令，所以禦必堅，戰必勝也。若遷入內地，則山川道路不知，人情不熟，虜兵不諳，骨肉不在，州將命令不習，又爲南兵怯弱，所以禦則禦不必堅，戰不必勝也。北虜唯懼土兵，每聞以南兵替入內地，虜人大喜，敵來則勝而回。前年河朔有警，定帥復尋景德故事，盡抽邊兵守定州，河湟之民大恐，以謂官軍必敗，幸而虜騎中止，不見失律，不然喪師必矣。臣願自此若虜入寇，沿邊土兵只在本處，不復令部管司抽移。若邊處土兵尚少，即以南兵益之。如其有餘，方許部管司抽起。況部管司自有近裏州軍土兵，可以聚而爲大陣矣。（臣頃上[illegible]十九城分兵三十[illegible]出[illegible]備。十七城係近裏州軍，只用緇兵守之，更不出戰；其近邊部管可於十七城聚大陣兵矣。）邊兵勇悍，不畏堅敵，虜騎初入，便當堂堂之陣，或得便可戰，必能取勝，則近裏州軍人心自然，則雖是南兵之怯，亦自增氣。若以南兵在邊，邊壘一敗，虜騎乘勝而南，則表裏衆恐，雖精銳盡在部管司，亦已遲後，安能保其全勝哉？

一景德以前。匈奴寇邊。必由飛狐易州界道東西。過陽山子處渦城入。自廣信之西。後又多出兵廣信安肅之間。大抵虜騎率由西山之下入寇。大掠州軍。然後東出雄霸之間。景德前二州之間。塘水不相接。因名東塘西塘。二塘之交。蕩然可以為虜騎歸路。遂置保定軍介於二州。以當賊衝。厥後開事不已。二塘相連。雖不甚浩渺。而賊路亦少梗矣。然或窮冬冰堅。或旱歲水竭亦可以濟。未為必安之地。雖然。但少以兵控扼之。則虜騎無以過矣。自餘東從泥姑海口西至保州。一帶數百里。皆塘水瀰漫若用以為險。可以作限。只自保州以西至山下數十里。無塘水之阻。虜騎可以平入。虜若守盟不動。則我無先發。但用臣上篇屯兵之法。足以固守萬一渝盟入寇。用臣之策。可以轉禍為福逞志泄憤矣。何以陳之。今虜若寇邊。必由廣信西來。虜騎初入

境。沿邊州軍。堅壁亦不得出兵。虜必不顧而進。將入鎮定。亦堅壁。虜必易我而懈。於是令廣信安肅保州三城。開壁會兵。裹虜而不與戰。虜必分兵來禦。已而令鎮定互開壁。復不與戰。虜既前後受敵。必未敢長驅而南。於是我急從滄州。取海上路。以數十艘出輕兵三千趨于州。入寇家口。咫尺燕薊。滄州至北平地水路約五百里不數日登岸地肥水草豢不如畜牧計其日。然後自雄霸之間即景德年虜所東歸之路也又出精兵直抵燕京。會滄州兵擣其腹心。破其聚積。彼見兩下兵入。則莫之為計矣。燕地既亂。入寇者必有歸心。又為王師所牽而不能遂去。於是乘其向背之際。使沿邊三城及鎮定兵合擊必大破之。追奔及燕。盡殺虜兵過山後出塞虜兵入界則盡被出塞則必然散走一獲衍陣易為勝矣則虜騎無復南者。因其妄動。可以一舉而復全燕之地。拔數郡陷兵之俗。平累朝切骨之恨。臣自謂必無遺策矣。既以兵守四關口外。唯西山後有新開父牛鐵腳猪窠三口虜人以通山後八州之路。然皆嶮狹。不容車馬。虜人攀山為徑只通人行險峻非兵行之道雖不加防守。亦無所害。或於口側少伏兵馬。縱虜入寇。發伏可以盡殺之。假如陛下謹重。未欲盡舉復燕之策。即請寇入之後。頓重兵於西山下。虜騎有所掠而東出亡路。進退不遂。我於是以十九城之兵。分布掩擊。必使退敗。俾無深入之患。虜勢既屈。與物則削。與和則久。亦制匈奴之下策也。

一燕地割屬契丹。雖逾百年。而俗皆華人。未慣為匈奴所制。終有向化之心。常恨中國不能與我為主。往往感憤形於謠。臣前年奉使虜廷。邊上往復數次。邊人皆勸臣無重契丹以困民。萬一入寇。我沿邊土人。甚有豪傑。每一豪傑。可自率子弟數百人為官軍前驅。嚮朝廷復取燕薊。吾等卻為華人。死亦幸矣。臣切

壯之。慰謝而退。朝廷之力未及外禦。遂廢邊豪之請。雖臣未嘗忘懷。忠為異日之外用。自後不輟尋訪。所得邊豪頗多。將來虜若寇境。臣必能以所得邊豪。各自率鄉户各成一隊。或為嚮導。或為內應。或破陣或攻城。大可以為王師之助矣。其始去則質其家。其成功則厚其賞。臣不患其譎而反為害也。

一古者有外虞。則以夷狄攻夷狄。中國之利也。朝廷西有羌人之患。力足倚禦。不假求外援以自助。唯是北虜強盛。十倍羌人。異日渝盟。悉眾南下。王師力若不給。則禍未可涯。豈求所以牽制之術。設有後顧而不敢盡動。則有所憚而不能盡銳。以寬我力。是以禦之。此不可不慮也。今契丹盡服諸番。如元昊回鶻高麗女真渤海。㴉惹鐵勒黑水靺鞨室韋達靼步奚等。弱者盡有其地。強者止納其貢賦。獨有高麗不伏。自謂夷齊之後。三韓舊邦。讀書禮

義之風不識於中國使契丹用力制之高麗亦不戰後不得已而臣之契丹知其非本心頻常勞於制御高麗亦終有歸順朝廷之心臣伏見淳化年中其國王王治遭契丹兵入境遣使元郁來朝納款太宗不從但撫順回答又於咸平年中其國王王誦遣戶部郎中李宣古來使真宗不納但降優詔而已又於祥符七年其國王王詢遣工部侍郎尹古貢表來使表稱今欲絕契丹乞歸附大國仍乞降正朔并皇帝尊號真宗又不許陛下即位後天聖二年其國王詢遣使來朝朝廷差柳植館接其事甚近可以驗證前後高麗四次遣使備貢每來必言不願附契丹而願歸朝廷終不允納雖然高麗欽附之切如渴者望飲飢者望食無一日而忘也但累遣人趨發則其來必矣來則善遇之許其歲朝京師賜與差厚前以回其心優為詔命之辭以悅其意

乞時契丹復欲化順以逞志我遣人使高麗激之且約曰契丹往年無故侵高麗三韓之地今又累興師深入誅求無厭高麗甚苦之我先帝重惜民命不欲興之鬪故歲遺厚幣於茲四十年矣今契丹又欲背施肆毒犯我邊境我軍民並怒皆願死戰我不敢違衆師行有日高麗又舉兵相應表裏夾攻契丹敗則三韓之地及所得人民府庫盡歸高麗我秋毫不敢有但止復所割故地爾高麗素怨契丹侵其地又怨每歲斂取過重向者恨無大國之助以絕之聞今之說必然從命然則契丹不足破也或者疑其納高麗則契丹可以為釁端不便臣答曰前歲之隙豈為納高麗興辭耶夷狄之性變詐多端苟欲背盟何說不可以立宜勤自拘礙不敢有為直候禍來坐受其弊[illegible]不肯如此況謀謨天下之事若高麗果入貢假契丹來問我當答

以中原自古受方國之朝獻矧高麗素稟朝廷正朔但中原有限今卻復舊好使我何辭阻絕之與契丹納諸國之款一也契丹安能使我必不納高麗之貢哉臣又恐之若契丹宜弱不足為虞或能謹守盟誓無陵侵中國之志則何用遽納高麗之款而忽契丹之約今契丹盡吞諸蕃事力雄盛獨與中原為敵國而漸有憑陵之心況前歲已生釁隙自知不直謂朝廷僞增金帛後圖釋憾不久又將先有以制我為發而謀之則不及矣經營措置今及其時臣又嘗聞契丹議曰我元昊與高麗約連衡攻中原元昊取關西高麗取登萊沂密諸州又曰高麗[illegible]不能久[illegible]但縱兵大掠京東官私財而去我則取河北三十六州軍以河為界臣聞此久矣萬一果如斯說臣恐朝廷必無以制之外寇如此窺圖中國中國但因循日過一日臣不知終久如何夫高麗累年貢奉朝

廷朝廷終不許遂使決志事契丹所以為契丹用也契丹所使無令不從今朝廷能許高麗進貢足遂其久志則必反為我之用矣契丹何能使之耶臣熟知高麗雖事契丹而契丹實憚之天聖三年契丹嘗伐高麗是年朝廷遣李維奉使高麗敗契丹兵三十萬尤為隻輪無回者自是契丹常畏之而不敢加兵朝廷若得高麗不必候契丹動而求助臣料契丹必疑高麗為後患卒未敢盡衆而南只此已為中國之大利也臣願陛下行之無疑

一鎮定西山有谷口十餘道盡通北界山後之路景德已前不甚迹熟盡溪澗峻狹林木擁遏故虜罕由茲路而入然亦有來者亦必艱阻臣頃聞河朔人說契丹自山後斬伐林木開鑿道路直抵西山漢界而止今則來往通快可以行師臣亦細詰其由云契丹舊亦疑朝廷有復燕之志恐天兵渡界河直抵趨燕京則

虜人欲出我不意由山後進兵旁擊鎮定橫行河朔牽制王師以解收燕之患也。臣必料往年緣邊已曾探報聞于朝廷今或契丹自廣信安肅入寇我必以重師御其鋒若有西山別衆出于鎮定橫行皆擊官軍敗績則大事去矣兵家切務不可不知。當得饒幹而諳一寨者陰往經制如何屯戍如何捍禦必有可以勝之術先事而定以待其來則保邊之道也

一祁深二城舊非要郡宿兵至少故城壘迫而陋不甚脩葺切聞契丹今復入寇知吾重兵屯鎮定不肯南面直走繞過保州便取東南路由祁深以來祁深二壘當廣而高之以防攻逼譬諸善不得割城池若因而攘之則無害又曰虜既憚鎮定而忽祁深必謂二城兵寡不戒而過我若乘其不備使二城潛出精兵首尾應而擊之必大得志此係於臨時非可預度然亦當知之俟其變則易為謀矣

一漢唐以前匈奴入寇率由上郡鴈門定襄等路蓋當時中國據全燕之地有險可守匈奴不敢由此路而來也自石晉割燕薊入契丹無險可守由是虜騎直出燕不復尋定襄等故道今朝廷若留意河朔邊鄙有備虜不可得而入須求別路以來路或雖可入寇第取定襄等路為犄角之勢則河東不得不大為防或築立城池或造作險阻何地可以設奇伏何路可以出寨劄此須預為經度素有隄備則臨時足以禦捍應卒不至倉皇使與河朔表裏相應寇不能逞其欲實邊防之急務也

右守禦二策總一十三條是臣庚辰壬午二歲奉使契丹日於河朔往回十餘次詢諸緣邊土兵并內地故老博采參較得之甚詳及到虜廷議事又頗見其情狀以至稽於載籍質於時務用是裒聚撰述以副陛下委責之意即非臣任冒瀆聖聽惟陛下令兩府會議可者速行之其未可者交相致詰而是正之臣必不敢持己徇私務拒衆證兩府亦不得畏事養病而無所發明如此則庶幾謀行而患可弭矣臣聞古者人君遭患難則退脩道德可以無咎是故文王出羑里純任教化而終滅獨夫勾踐脫會稽厲精武事而卒破夫差又聞主憂則臣辱主辱則臣死是故陳王答書悖慢而楊素下殿請死蔡賊跋扈難制而裴度誓不兩全終之隋滅江南裴度平淮西有以見古之君臣所為各得其道無不建功立業聲流後世者也昨契丹背約浮索無厭朝廷以中國之尊函醜敢尒陛下固未聞有文王勾踐復讎雪恥之心臣亦未見有楊素裴度死難平賊之志如此而望排患解紛建功立業如古之君臣何可得也臣計北虜勢方強盛可以為寇而輒肯議和者有謀也謀而後舉以為萬全之策也又計中國之

勢如人坐積薪之上而火已然雖焰未及其身可謂危矣北虜之彊既如彼中國之危又如此而尚不急求所救之術是欲恭之魚爛梁之自亡耶臣備位樞府夙夜憂畏恨未得死所少紓國難顧臣忝職與河朔一要郡得以效拙經營邊事雖未敢必謂無虞然料或可稍寬陛下北顧之憂矣伏惟早賜裁幸

又論契丹不寇河東上疏曰臣昨日垂拱奏事准宣諭今來虜主雲州受禮恐於河東作過令兩府設備實由臣誤荷獎擢無所施設致此外寇上煩聖憂聞命震驚不遑啓處然退自思念僅得粗畧切謂契丹必不寇河東其事有九無名一也動稱王師而不肯切發二也河北平坦可以長驅必不由河東險阻而來易入而難出三也河北富實河南虛乏必不肯擊虛乏而令我備富實地四也河北無備河東有備縣虜萌南下之心久矣臨事必不肯捨無備而寇有備五也若

欲乘我不測而入。當行誕道。出於合河津。必不肯先報雲州受禮。六也。契丹始與元昊相約。以困中國。前年契丹背約。與中國復和。元昊怒契丹坐受中國所益之幣。因此有隙。屢有怨辭。契丹恐其侵軼。於是壓元昊境築威塞州以備之。而保族累殺威塞役兵。契丹又疑元昊使奉。遂舉兵西伐。驗之非詐。今必無會合入寇之理。七也。契丹惜燕地如人惜心腹。若寇河東。豈不防我攻燕。為牽制之術乎。今不聞備燕。八也。契丹自得燕薊。不復由河東入寇。九也。臣驗此九事。故知契丹不寇河東必矣。臣今但論自下不為河東之患。過此以往。則非臣所知。臣謂契丹異日之禍。必在河朔。河東只可為牽制之地。所以臣近奏河北守禦之策。因乞守一要郡。自行其事。下二府議之。未合。只且令田況往彼按臣所說。此乃平時悠悠所為。非今來確乎至急之意也。河朔二三年來。雖名為設備。其實未堪禦寇。乃是張皇備之虛聲。適足重敵人之姦計。為患愈大。不可不思。臣前歲奉使契丹。理當無所增賂。蓋為朝廷方盡力西鄙。未遑北事。於是忍羞自屈。歲益所入。聊以款兵緩禍。而望雪恥於後也。臣今欲乞必須俞允。不住訓兵備敵。以安元元。至於身羞國恥。庶幾可刷。臣不勝大幸。

弼又論元昊所上擅書上疏曰。臣近見元昊所上擅書及表奏。辭禮恭順。一遵朝廷所約。只是疆埸上微有商量。候楊守素等到闕。乞與婉順商議。示以必和之意。使之深信。不可為其恭順。卻於元約事外別有詰難邀勒。所宜多方容納。令無備我心。則必盡力與契丹相持。若二寇自相殺伐。兩有所損。此朝廷之福。天之所假也。苟議絕和約。或大段拖延不成。則元昊必復與契丹合。而為患如此。此必然之理也。臣料契丹必未肯與朝廷絕好。今請此去保無他事。將來若遣謝使。所齎禮物不可過數。苟多無益。更乞深加詳擇。

奏議卷三百二十七　十六

五年。弼為河北宣撫使。論河北七事。上疏曰。臣伏以河北一路。蓋天下之根本也。古者未失燕薊之地。有松亭關。古北口。居庸關。為中原險要。以隔關匈奴不敢南下。而歷代帝王尚皆極意防守。未嘗輕視。自晉祖失全燕之地。北方關險盡屬契丹。契丹之來。蕩然無阻。況又河朔士卒精悍。與它道不類。得其心。可以為用。失其心。則大可以為患。安得不留意於此。而反輕視哉。臣昨奉詔宣撫。自度河而北。徧詢土人。熟知祖宗以來邊防事機者。觀其所說。皆有條理。太祖太宗之時。契丹入寇。邊兵或有喪敗。而不能長驅。真宗初。邊兵亦少失。而有長驅之患者。何哉。蓋太祖太宗時。屢曾出師深入攻討。及寇至。又督諸將發兵禦戰。胡騎雖勝。知我相繼開闢援兵必至。無退藏之懼。是以忽忽出塞。不敢長驅也。洎真宗即位。懲喪師之衂。遂下詔邊臣。寇至但令堅壁清野。不許出兵。纔不得已出兵。只許依城布陣。又臨陣不許相殺賊。知我不敢出戰。於是堅壁之下。不顧而進。一犯大名。一犯澶淵。是故雖無喪師之失。而有長驅之患。真宗再駕河朔。幸而講和。不然。事未可知也。臣嘗為史官。竊覽國史。以土人之說參驗之。大畧相合。既得祖宗朝守禦利害。又伏思今來事體。不及祖宗朝其事有七。朝廷號令不一。前後自相抵牾。事有緩急。四方不能遵行。北虜苟動。必有闕誤。此號令不及先朝嚴明。一也。自西鄙用兵。今七年矣。大小凡經十餘戰。無戰不敗。官軍沮喪。望風畏怯。此威令不及先朝震竦。二也。北虜之衆。又非西賊可比。苟有變動。何由以威武取勝。兩府大臣未敢主事。設有所主。斷然而行。則橫議蠭起。與惑亂聖聽。以此往往破壞。暫行復止。是故朝政不舉。北虜苟動。事繫安危。誰敢為朝廷主行之。四方多事。此執政事者不及先朝大臣主議。三也。天下之人。恩信不及。配率重大。浸肌及骨。悲愁怨恨。莫不思亂。近年凡有盜賊

奏議卷三百二十七　十七

應若如雲。足見人心多叛。北虜苟動。大兵四集。百姓必有觀釁而起者。自憂內患不暇。豈暇防外虞哉。此民心不及先朝固結。四也。朝廷費用浩瀚。財物殫竭。取於民則民人已困。取於帑則內帑有限。今河北諸州軍。唯糧儲稍有準備外。其餘藏庫無不空虛。北虜一動。所費無涯。今未有財用所出之計。此財用不及先朝豐足。五也。外有強敵竊窺中國。或攻或守。須得健將。今河朔止有一二人可充偏裨。五七人可於陣中役使。北虜苟動。大兵畢集。都未有將帥統領。此將帥不及先朝有謀勇而輕戰陣。六也。軍政怠廢。士卒驕惰。居常少有鈐束。不遇警急。已謀殺害部將。結扇逃背。若急有調發。使當矢石。則豈無變叛。與外寇合勢為孽耶。保塞事起。滄州兵欲劫瀛州。莫州兵欲劫順安軍。自餘至城下者。無不白日劫人。殊無畏憚。其事甚近。可以為驗。此士卒不及先朝肅整。七也。上件七事。盡臣目覩耳聞。不敢緘默。

恐係邊防大計。伏望陛下特留聖念。以先朝已試之效。而革因循之弊。奮自宸斷。以為久長之策。不勝大幸。

仁宗時。蔡襄知諫院。論拒二虜皆為邊患。上奏曰。或曰今拒二虜皆為邊患。何以處之。臣謂校輕重之勢。執理道之直者行之。然沿邊亦須備。若契丹一舉。我軍未能決勝。則人心搖動。中國之勢十去五六。況元昊之和未決。契丹以兵脅之。二虜通謀。元昊當陝西。契丹當河北。合兵而出河東。則中國所備者眾。而兵勢分。此天下至危之勢也。

襄又奏曰。或曰前所陳沿邊地形之勢勝在我。其利出攻乎。曰。出攻未見其利也。何則。我雖有地形之勝。而西虜之地亦多險隘。是皆有地利。但為客者敗多。而為主者勝多耳。今若興兵出攻。且西虜地無水草。又飛芻輓粟。崎嶇山谷。虜必深遁遠去。我若進攻。虜必遣兵依險設伏。絕我糧道。進則不得攻。止則糧不給。退則必有掩襲之兵。此出攻其利少也。或曰。既不可出攻。又不可通和。但增兵守邊。繁費轉多。虜何時可破乎。曰。若邊郡帥臣能設計謀誘之。使其來侵而敗之。然後元昊可得而制也。此最為上策。

襄又乞大為邊備之要。上奏曰。或曰契丹事宜如此。朝廷應副添兵擇將。可以禦之。臣謂不然。不去其弊。不求其要。兵多益為危事也。臣所謂求其要者。一曰變軍法。二曰委兵柄於必戰之人。三曰擇偏裨於行陣。四曰去無用之兵。五曰分守兵與應兵。為首尾救援之勢。六曰擇要害郡縣之官。六者既備。然後可言邊備。若因循舊弊。未見可勝之期。此方今至急之務也。

襄又乞拒契丹之請。上奏曰。契丹令以兵助中國討元昊。偽為善意。朝廷若不從其請。契丹必以為詞。又駐兵雲州。正當雁門之路。或使盟好。即為邊患。河東河北必為大備。或曰。契丹今在雲中。只是帳下

兵馬。不曾點集他部。必非大舉。臣謂元衡歸既得此事端。傳檄而起。不踰月而大合。豈得不為患哉。患在目前。若拒契丹。則當速為備。

襄又請納元昊使人。上奏曰。右臣等伏見北虜請絕西人。使鏡去而西人納款之信已來。從北虜則與西人納西人則畏北虜。不審廟堂之上何以為謀。自元昊寇邊以來。國家有累敗之羞。而無一戰之勝。復忍恥屈躬。以金帛買和。又不能自為。而假手黠虜。當虜人對梁適遣耶律佯使元昊之時。中國今日之患已萌。而中道有可悔之理。而大臣執不悟之迷。輩至於今。勢何可已。使北虜晏然不動。候和而邀功。故已為吾大患。二虜詐謀。一來納款。一請絕和。而使中國絕和莫知所從。亦是為患。二虜實有釁而相攻。使中國納西則違北心。顧北則失西好。亦是為患。然等為受患。宜擇其輕。何謂擇輕。速納西人是也。今料二虜者不過直疑。其實有隙與實無隙耳。且使我和西。而

責報是虜本志。今和無就而反請我絕之。其意何在。豈非虜衒其強
自是能指麾中國。謂和必由我。不和亦由我。欲使元昊必信中國和
與不和皆由之。故託有隙之名。而遣絕和之使。苟中國遂從其請。則
元昊不得不信中國動止由於虜也。是北虜一與西賊為有隙之名
使元昊遂信中國不得自由。此則北虜之舉。南則指麾中國。西則能
信服羌人。他日却為元昊服罪之名。又使中國通好。則虜吾今已從
其請。則後日必不能違。苟至於斯。中國不能為國矣。以此言之。二虜
雖無隙而詐來請絕。不可從之必矣。若實有隙。則納西人。粗為中國
之利。西人新與虜結釁。而與我和。得無南顧之憂。而東併力以拒虜
必不肯輕絕吾盟。北虜萬欲西戰。元昊雖不從其絕和。亦不有力
分兵而寇中國。以此而言。雖實有隙。尤宜早納西人也。伏以二虜交
構。宁國憂危。蓋由從前所議參差。兩端不決。切恐西人已到。議者尤

更遲疑。伏望聖慈決於睿斷。
襄又乞通和之後早計費用上奏曰。自趙元昊狂悖以來。朝廷日日
發關東兵馬以為邊郡守備。然沿邊州軍自來只約見在人馬留屯
為一二歲計。今者增兵與馬。比舊必多數倍。至於饋運芻粟。轉輦兵
甲。修葺城寨。燕犒給賜之費。日以益廣。若終一歲而計之。其費用之
物。大率必倍多於每歲。既邊兵未有罷期。則其費愈多。臣恐年歲之
後。必有議者建白請賜元昊金帛與之通和者。臣謂此謀非國家長
久之計也。若元昊削去尊號。臣禮如舊。朝廷但赦其罪。亦不當大與
金帛。與之金帛。是為狂悖而得之。況元昊豈肯削去稱號。何名而賜
之金帛。與之通和。我國家遺北虜其費不少。若更與西虜通和。使北
虜窺中國之強弱。而啓其狡心。不細事也。臣謂朝廷將來罷通和之
議。莫若早計度減損費用之物。苟費用不減於舊日。則何以持久而

制狂虜也。
宋庠在崇政殿與樞密院同答手詔曰。臣等今月十七日伏蒙聖慈
召赴崇政殿。面賜手詔。各一封。仍令中書樞密院一處商量對答聞
奏者。伏讀聖訓。震駭愚衷。追發評研。稍分條目。乃知皇帝陛下防危
於慮表。求案於事先。警悼諄勤。徧咨良筭。此誠聖人勞謙思治。博采
廣詢。不以睿哲掩尋常之謀。不以高深辟淺近之益。雖舜好問。禹拜
昌言。無以過此。奚獨臣等幸甚。抑亦天下幸甚。然臣等與聞機事。皆黍
近司。自去歲春陛下有秘殿嗟咨之勞。延陽敷納之慮。是時中書樞
密院亦合條對急政。尋曹面論。以謂兩府者佐天子決大政。揔四海
謀議。許百官能否。咸片言可以防患。或寸效可以佐時。凡有見聞。便
當裁處。不須承命然後告猷。而宸旨丁寧。罪不獲免。硯顏待罪。粗述
大綱。雖荷天地包荒之仁。終慙股肱同體之義。今者再煩清問。是重

前尤。既不敢固拒詔音。仍且許協陳公論。衒愚披誠。無可實言。敢不
悉心同上愚對。謹案聖詔大畧。以今契丹因而西征之役。遣使來告。
深慮狡黠別有邀求。詭譎多途。將何回答。臣等竊謂夷狄之性。雖不
可以仁義禮法為期待。文書要契為約束。見利則動。繇間則爭。狼子
野心。固其常態。至於向背之勞。逆利害之輕重。雖曰匪人。亦將有擇。
契丹自景德通好。垂五十年。冠蓋相望。於歲時金繒齒委於幽薊。戎
馬不汗而坐收厚利。邊烽不燧。而自稱鄰國。彼若常保此指。奇謂逆
而不勞。常獲所資。可謂利而無害。今或自違信順。固作端倪。必欲渝
盟以圖入寇。是則部落數調。發之苦。齎豪須當餉之科。穿塞必有矢
石勝負之憂。掠野不過牛羊廩窖之獲。我若堅壁以持重。蓄力以待
疲。去則不追。來則固守。但恐彼之所獲。不復有五十萬之數矣。捨交
聘就戰鬬。則向逸而背勞。絕歲輸謀掠奪。則利輕而害重。果從此舉

是謂無謀。况今持聘之來，豈失睦鄰之意？且西北攜豐邊境，具知䖍
議出師，固當通問。昔歲高麗之役，近年河西之行，皆遣使人，實為成
例。未聞前來兩番别有他求。兼契丹常作大言，欲平西夏，今若乞財
助費，便為不弱於人。遂揣敵情，必無此理。萬一狂狡實有過言，則對
答之間，據書可復，彼曲我直，何懼無辭？然必望朝廷且鎮之以靜，淺
謀猜疑，抑而未行。聖意又慮詐報西行，陰為南顧，山川形勢，甚處可
為捍拒。臣等竊以自來河北、河東兩路，各有控制走集之地，數處邊
隘之所，只緣保守備禦，不敢明作改張。必緣此使人便違舊約，則可
教此兩路驅棄邊屯，或壞塘水以拒兵衝，或築軍城以遏賊道，塗山
塹谷，何所不為，樹師分兵，唯變所適，事至而應，亦匪後時。聖意又念
方面觀察之材，帥領偏裨之舉，或難於自薦，或須藉衆推擧禦簽寧
堪為鎮靜者。臣等以謂將帥之器，非獨今世所難得，威衆之略，顧亦

前代所希逢。然自古聖帝明王選才擢士，未有借才於既往待後者
將來，必以一世之人，治一世之事，未可謂將無韓、白，而歷軍師更非
襲貴而去守牢，顧其榮勵奬育任使之術何如耳。苟得其遺朔歸之
才，若能賞不過功，罰必當罪，上無姑息之施，下無僥倖之求，則雖儒
夫可使握節以制軍，女子可使擐秩以赴敵，又况擇材武之長，用訓
練之師哉。大法一行，則賢者不得藏其謀，倚頗於自薦，智者有以申
其用，何待於衆推，而綏寧鎮禦之方，唯所使矣。聖意又念河朔𧗠教
之外，軍備闕乏，及向去財用，如何省節，加以冗兵尚衆，戰馬未甚蕃
于焦勞，並念周恤。臣等伏以冀部不幸，決溢為災，中路州軍，例遭漂
沒。此則非係它故，專為河防。民戶既已流亡，田畝未能耕墾，且可急
其所往，以就廣饒，所在撫綏，庶幾存活。議者多欲使州縣出粟以救
其命，從倉儲饑饉，是深仁遠慮之體，更非小事。欲乞嚴敕三司及安

撫、轉運等使，凡係本路浮費，且令一切罷之，專以調食為先，次以安
民為急。若向去秋夏西路豐登，必有餘波可蘇疲衆。至如冗兵一事，
最是滅費大端。日近雖累降指揮，並令揀退天下剩員萬數，亦已別
行催督，其餘條貫最不中明，此則向去財用省節之矣。若延戰馬登
耗，事存監牧，然自昔生馬之地，今皆不屬中州，唯藉四夷與官互市。
初聞邊關縣膺，未嘗賞出名駒，徒費財珍，例多駑劣。其源若此，為弊
實深。自餘坊監官司、華戎貿易，更乞下羣牧制置使多為條約，以量
價直，重明賞罰，以督蕃塞，常或舉備，亦恐可登舊數。然臣等今來所
陳數事，即是日夕奉行，行而復言，理不踰此。竊恐衆臣議論別有所
長，欲望聖慈盡取將相學士以下對詔之文，降附中書、樞密院商量
行遣，匪徒逃紀素之責，固亦合中外之謀。天下至公，於此為美。惟陛
下留神財幸。

庠又答手詔臣伏奉手詔，以賊昊未平，邊防用武，上煩聖慮，詔及具
臣。竊以賊昊府拒倫告，巢穴深固，若或興師出境，必須命將得人。又
緣承平以來，久無征伐，縱有驍勇之士，皆非歷陣之流。况復饋運之
間，勞費斯甚，陝西民力既率巳繁，更或頓軍，愈難應副，且當靜守，廣
謂得宜。今來竊臣例循舊轍，靡營禦寇之策，但急將師之言，須立定
規，俾從經久。無邊州郡皆有熟戶番兵，不能訓齊，但務姑息，雖有弓
箭手，人數甚多，其如部伍未明，至於本城蕃落定功之類，亦未嚴整。
凡所防於，悉籍正軍，是致調發之煩，未無科率之困。復又多立小寨，
倒蓄粮儲，無事則兵勢虛分，臨敵則不能自固，帑衛掩該，職此之由。
所宜委自轉運使與逐州長吏量其戶口，籍定土兵保伍，閱輪巻
教閱，仍選勇藝有部轄之人充等級將校，其熟戶番兵亦須點集齊
整，授給人數，與必城及弓箭手，每臨陣敵，前後節次使用，所有賊益

出入道路。合行把截去處，並可展置大寨，令弓箭手與本城兵士守
把。其諸小寨不可廢去者，量留側近土兵看守探候，不得廣積糧草
所有朝廷差去禁軍，只委自部署、鈐轄、路分都監相度賊勢遠近策
應。如此，則固守有常，土兵可減，蓋資其土人服習道路，彼中居有累
集，易為探候，自免奔衝，而又兵籍素定，經費有準，將佐之勞，漸可撙
節。自來每招役蕃戶，幾盡頗多，主帥但納其虛言，臨陣恐成於悞事。
今後不須枉困金帛，更有招收。其逐州長吏能訓練兵師，脩完戰備，
膽勇精幹，為人所稱，朝廷當與保全，不責小過，歲滿成績，增秩再留。
德之恩信及人，用勸獎激。臣等素不知兵，叨居近列，欽承密問，冥副
天心。無任戰懼之至。

降又答內降手詔曰：伏奉二月二十七日手詔，以逆賊元昊阻命西
鄙，令臣等細畫方略，具實封進入者。仰瞻天旨，以用震汗。臣等愚

騖無狀，待罪宰府，聖恩含養，弗棄所疵，夙宵惟念，未獲云補。乃今羌
狄小醜，逆背恩盟，輒為風塵，窺盜邊塞，而將吏未著烽微，策罔最。然
逆醜逆積，天罰此，皆臣等謀猷疏暗，舉職不稱之咎也。陛下幸爾大
惠，未忍加誅于寧，委喻俾悉其意。此誠謀及卿士，詢于芻蕘之盛詔。
然臣等深服三事，義殊百辟，以謂中書門下政令之所出也，朝夕之
所詢也。事無鉅細，謀無遠邇，皆可罄率膚淺，日陳于前，隨宜制務，無
容有隱，不當更竢清問，始復條列。至於守禦方略之要，則與樞密院
並可議定；饋運便宜之常，即下三司、轉運司坐見而實。凡所關啓，略
皆施行。此陛下之明悉也。雖使各述爾志，亦不出于此矣。惟詔旨內
深入討擊一事，臣等自來未敢輕議，非謂沮損威令，直以勢有輕重，
時須進退。請試言之：夫中國之人習見承平久矣，以來不六十年，不更金
鼓戰陣之事。今不五十年，不經疆場馳鬬之役，齊民編戶，租賦之外，不
知差調卒役之勞，猝然有警，孰不驚動？自劉平、石元孫陷沒之後，邊
防寨栅，更氣沮傷，奏報相銜，妄增虜數，或言四十萬，或稱三十萬，彼
敵未攻壘，先閉城門，賊已出界，尚求兵援，將帥庸懦，亦緣人情未嘗
諳歷故也。今若更責未習之將，驅嘗敗之卒，討已黠之虜，而希百勝
之術，無功必矣。故臣等近者但乞本路脩峻城堡，以遏奔衝，籍閲強
壯，以援緩急，速遣韓琦等馳至邊郡，采訪利病，補理頹弊，且為今秋
守禦之策。仍令紓放徭役，責轉輸，綏撫西人，務令安堵。且亦申戒
邊將以時訓練，使賊去勿追。此上數事，雖皆老生常談，然當今守邊
之策，未有易此者也。臣等又料狡賊狃伏，必須再謀寇抄，致乞諭緣
邊守戍，因賊入境之際，或嚴師以禦之，或伏險以邀之，或奇兵夜斫
其營，或堅壁盡挫其銳。務據便地，勿與馳逐，俟其疲老，則掎角以襲
之。如此一經創艾，則可以漸謀羈服矣。臣等熟計莫便於此。至若臨

機處可慮變弛張，一二之言，非可豫述，事至中覆，未為後時。然敢不
罄發愚冥，以須期會，思有以伐謀決勝，少報萬分，然後退就田里，臣
無所恨。謹昧死上懇，惟陛下幸察。

歷代名臣奏議卷之三百二十七

禦邊

宋仁宗時翰林學士宋祁議減邊兵上奏曰臣本書生了不當妄言兵革但以事勢料之參驗今古有灼然易了者敢為奏請臣伏見自古以來防邊守塞未有屯結兵馬經年亘歲常在城砦無有休息者傳曰久暴師則國不足雖有智者不能善其後只如秦漢時與匈奴更相勝報出入鈔掠亦是兵罷即歸不令屯結亦不如聖朝長令兵馬守備邊上既不出攻坐費糧運是故用兵未及六年天下之財已告匱竭良由邊將不知休兵朝廷不授成筭億萬之費耗散而不計若更十年未知多少財用可濟其艱臣請言其驗賊界自三月後萬衆放在草野不能留重關陝人皆知之則背春向夏賊不能大舉其驗一也賊無餽運每入漢界常因糧於中國中國自三月以後才有麥熟其餘禾稼未成無糧可因賊不能大舉其驗二也又有高山大川溪谷相衝春夏之後雨水時行霖潦為阻賊不能大舉其驗三也是賊兵銳於秋冬而屈於春夏其勢可見臣欲乞朝廷詳度許令應沿邊州軍城砦每年自三月後抽減一半兵馬入內地州府就糧直至九月却往元駐劄去處號為防秋況所抽兵士雖在內郡其校習訓練一如邊上此乃事之至便不足多疑一則邊上州軍愛惜得年支糧草二則兵馬有休息之時三則兵士到內地州府易為兼貫四則關陝之民免得轉般糧草是邊上一年支準可辰為二年也識者必難臣曰賊知朝廷自三月後抽退兵馬必選擇壯騎精兵出人不意入來漢界作過恐大段深入鈔掠人民破蕩城砦何以為備臣對曰假如今賊有壯馬精兵能於盛夏入漢界作過三五萬只是抄掠得界上些小熟戶人民且無糧草可食賊又不會攻打城壁朝廷但

令所在城砦堅守不出兵及州軍只於城立栅相對不與戰戰則量在一半人馬已自足用萬一假令賊敢誅深入即令內郡就糧兵馬旬日內可以勾集令大將將數萬之兵結陣徐驅往彼敵應亦只立硬砦相持勿與賊爭鋒使賊進則不敢退又粘遂當擇從嶮自退留至二十日以上賊必有糧盡或雨水之阻又何能破蕩城砦大段深入也但自來朝廷不肯明下成筭與邊將令抽退兵馬是以邊將畏避責罰長要只留在邊上圖常有準擬其漆到軍馬以死固執無因肯減一人一騎今若朝廷明降成筭使之遵守如賊非時入界萬一有少敗衂朝廷自任其責自然邊將必無固執斷識者也伏望降付中書樞密院子細商量取進止

祁知成德軍論蠻夷利害劄子曰右臣竊聞用兵者甚不幸敵之亂而欲己之不可亂不畏彼之侵而患所以來其侵也今聞契丹與端造隙欲敗和擔外倚虛驕指脅近邊示顏曲直惟利是視是謂貪兵兵貪者亂此可乘而取之然陛下無良將邊陲之臣類皆才下又甲胄不完矛弩不射遠行無馱幕出無營壘馬之精疾士習饑憤殊不能折患內能為患此陛下未有禦敵之不能亂也邕溪之蠻最脆弱者今乃離去巢窟略地千里弄兵安行無一艇拒蚩飛蝿營擘而不散此官濫吏庸招其所以侵也事弊及此不振而張之未可謂謀謀之不臧使得遺禍不可謂國臣伏見陛下諸臣急則念治緩則偷安天下無事時見利害之小者則鄙之以為不足事及大利害則憚曰安可奪行又曰據今日之安亦未及于危小者鄙之大者難之遂者義之於是天下之事自損一日歲耗一歲經制不立紀綱頹隳賴陛下盛德四海晏然然無法而治不可以恃今幸二邊少警朝廷焦意寒〻心〻而獻謀人意必向臣請先舉二方言之今河北既分部署等

路各有屬州是唐諸節度兵也然而未有都統以節進退臣請因建大帥以一之使部分各得其人則金鼓旗幟卒伍號令使出一稟於其帥繕鎧磨兵益養馬閱師而討之講求法度朝廷密詔以虜入某處以某部署軍當之某路以師援某所以糧濟若大帥而聽命焉擊首尾應擊尾首應擣中屈伸包裹弥縫明立賞罰閫外之務不從中御此所謂不可亂也不亂則陛下可用而勝彼之亂也嶺南外區瘴癘熏蒸北方戍人夏秋往者九死一在多發兵則糧乏少發則事不集急責功則蠻獠遁逃不肯出緩則復來擾人是宜有以制之也今聞發北方兵踰萬人已戍嶺外下濕上蒸病死必多料尋蠻勢不久屯聚之必散臣謂不如選一二健將歲纔留北兵五千人分屯要害處得善吏十數人完治諸州募土人為鄉軍復其租調視州大小戶多少為之數統以部伍教以進退習以彼所長伎與相追逐率百人

奏議卷三百二十八　三

給北兵三十以勁弩利兵佐之冬春則使深入擾其居夏秋則使謹守防其略彼雖能誘納中國亡命要之食盡必出鹵掠若兵來也一大斬獲則終身窮矣我威已立然後可諭招來與之盟則固許之臣則又遠期五年近止三年南方無事矣臣竊恐有司苟且役仍舊弊多留客兵自取死亡又不先以威而務招懷不為遠圖而求近效蓋雖盟必違雖臣必叛夫前日之失已不可追自今之利便當審料恐諸將功成之後議者泰然遂便因循授吏自苟設防不為陛下議長久計雖一賊死而百賊生故臣曰彼侵不足畏患所以來其侵也臣愚陋不識禁忌惟陛下裁赦用之

祁知定州上便宜奏曰右臣伏念行年五十有六素自衰怯不逮人宜內治一郡習刀筆簿領計校米鹽與俗吏爭課最以報萬分不意陛下過聽乃使守邊居真定不半年徙定武任過所能早夜震惶蓋

常聞天下根本在河北河北根本在鎮定以其扼賊衝為國門戶也契丹搖尾五十年習不畏人狠態猘心不能無動今舐鱗垂涎欲逞圖者惟定與鎮二軍不戰則進搏深趙邢洺咋脆撞虛血吻婪婪無有患矣臣所以日夜深計者以為欲兵之強莫如多穀與財欲士而練莫如善擇將欲人歆艷樂鬬莫若貴重而罰嚴欲賊顧望不敢前莫如使鎮重而定強夫恥怯尚勇好論事皆得而忘死河北之人殆天性然陛下少勵之不憂不戰以欲戰之士不得善將雖鬬猶負無穀與財雖鎮金城定湯壕勢必輕今朝廷擇將練卒制財糧遂以陝西河東為先河北為後非計也夫西戎兵銳士寡無能略邊不能深入河東天險虜憚為寇惟河北不然失長城之防自薊而南直視千里賊鼓而前如莽莽上行故曰謀契丹患不得不先河北謀河北者捨安與鎮無可議矣故臣願先入說鎮定鎮定已完可入穀餘州列將在

奏議卷三百二十八　四

陝西河東有功狀者得遷鎮定則鎮定重天下久平馬益少臣請多用步兵夫闕然聚霍然去雲奔飆馳抄後掠前此馬之長也強弩巨梃長槍利刀什什相聯伍伍相遮大呼薄戰此步之長也臣料朝廷與虜相攻必不深入窮追一戰而去之及境則止然則不待馬而步可用矣臣請損馬而益步故馬少則騎精步多則鬬健我能用步所長雖契丹多馬無所用之夫鎮定一體也勢不可離今判為二恐謀之未詳自先帝為一道帥專而師不分故定撼其胸則鎮搗其脅勢自然耳今其顯顯有害者屯寨山川要險之地裂而有之平時號令文移不能一賊脫叩壘則彼此不相謀誰肯任責耶臣請合鎮定為一路願以將相大臣領之無事時以鎮為治所有事則遷治定指授諸將諸將雖一而責有歸無苟且意策之上也惟陛下與中書樞密院當安危者熟計所長必待事至而後圖之殆矣河東馬強士習善馳

突與鎮定若表裏然東下井陘不百里入鎮定矣賊若深走以河東健馬佐鎮定兵摧契丹之堅若歸者萬出萬全此一奇也臣聞事切於用者不可以文陳臣所論增步兵及入穀分兵隸裨將等諸條件目繁碎要待刀筆吏委曲可曉臣已便俗言之輒別封上至擇善將多畜財乞委樞密院三司條具以聞臣一諸生那知軍旅事倘有所見不敢隱特以受大恩思亟報也恐識淺近請有司熟詰更乞付臣令悉意條陳然後施行

至和二年祁又進禦狄論表曰臣去皇祐四年秋七月待罪成德軍五年二月改定武軍皆兼本路安撫部署同司與河北極選賢士大夫日夜所望立功名者也臣某誠恐誠懼頓首頓首臣不肖少服儒業幸得以文章代天子制令奉職弗稱遂用外遷不謂尊號皇帝陛下擢自疎冗付以制使俾專一面護諸將貴重體雄日靡皇寧出入三

年無毫髮之報竊以將兵擁甲野戰乘城皆非臣所能勉加體力畢衰年向六十謀不達遠識不先事姑奉陛下經武之略赧然汗發于背然所至詢疆場事所以制賊大略目見耳聞非得歇端輒次為禦狄論七篇其語不文以便事也弗泥於古從權宜也直取今日利害決為可行也不足示後時異則計有所不用也伏以中書樞密院皆忠力大臣謨謀閎深奉承聖算綢繆萬里敵無遁情臣今所上乃廊廟淺計朵頤弄語猶敢冒昧上陳者欲明邊臣思不出職亦亡佐朝聽芻蕘千慮之一與也干冒宸覽臣無任愧羞戰栗之至其論謹附表投獻以聞臣某誠惶誠懼頓首頓首謹言

篇之一

客問臣子為陛下守中山直契丹西鄙天下精兵處賊敢引弓南面射最先應戰自先帝咸平以來常以重將臨之今子出入三年賊亡

賊情偽何也臣曰太守本諸生朝廷不知其愚使護諸將未嘗發軍陷陣又無擒縱之辯王覇之術烏能論賊乎雖然傳曰知彼知己太守誠不肖粗能舉其凡客曰願子無讓請以今事言之竊聞西羌與北虜解仇申約復為甥舅信乎臣曰契丹使一介叩朝廷言夏人臣順事驕為羊納有司界信矣然則兩賊合而無隙彼將連衡以擾二邊柰何臣曰合則有之隙未平也契丹地大兵衆而猥羌地狹卒寡而精以大臨狹則羌弗獲已而合以精抗猥虜何敢安受其臣哉且虜嘗與羌兒戰一不勝殺卒二萬餘虜主僅自脫北禁威武金肅等跨河而守者五年矣詭無尺寸功是虜窮於侵而羌倦守矣故畀辭厚幣以休兵甲之勞羌非真畏虜虜本欠子女麗金錢務啟恐喋而連和以軋吾境鈔掠係累各飽其私安得不合臣曰不然如客所謂殊易與耳國家歲棄金帛五十萬與北狄以五

萬與西羌彼有背盟為不臣者我幣五十五萬固不出境若陰以十萬許羌人赦其罪以撫之彼必以中國合還兵而抗虜虜失西援且狼狽不敢前我又陰許還北虜三十萬與之平則二賊之仇結不解矣狄之怨必嫁于西羌西羌之怨且銜于北朝廷安視其禍以盧饋操二國重輕何所患哉客曰羌人自元昊以來勢始張國褊而兵寡離與合恐不足為重輕對曰不然元昊善用兵其左右皆賢故數亂西垂未嘗少衂焉雖扶勝而不敢不來臣知事大之躰也既父子戕死而諸酋扶孀嫗抱嬰鵠南面而朝人惕息相與守舊君法無違德南抗中國東支契丹養馬按兵自如四隣不敢侵中國有年無疾瘵死亡意者天假之年是且將興烏得不為重輕哉

篇之二。

客曰子謂契丹與古執強臣曰耶律一姓王二百年今其衰也歟客曰彼兼奚黑水高麗達靼新羅數十國薄海而東南包燕薊肥腴之地孳養腥膻戢戢林林重襟北荒與中國爭長六十年今又得西夏而臣之何云衰耶臣曰客詭其表未責其裏請為客道所聞虜主懦虜其弟悍劉婦戰本許傳國故盡以奚契丹兵屬之虜主有子且長更為王以燕薊華人偽之然其弟常右蕃卑漢數請犯中國乎常佐漢鄙狄頗與中國和又宣老嫗在焉故虜主依違不能有所決華人之輔政者皆附主與子蕃長之當國者附其弟是此虜一軀裂為二支禍難待時作耳有如耇衰一日狗馬病狼弟即倖愛子能相下為君臣乎能為君臣無疑忌乎華蕃大臣能合而不限乎華而寘姬未死宵捨其子而助其孫乎內不能容必大誅殺安得不亂亂必有黨黨必爭爭未必有能國也彼高麗達靼等苦為契丹屬久矣誅求無時調發無度一日契丹亂彼將蝟毛而奮自王其國且何特而猶又和戎以來虜人習見朝廷袍笏之柔百官之富有果饌醪炙瀹甘珍衣服器彝薰澤光鮮皆委鑪毳獸血食解辮褫裘慕為華風時時道詩書語竊問儒者禮樂等事爭貨紈綃纖絺之麗橙芎辛馥之奇以相夸尚此賈誼所謂五餌壞其耳目腹心者也客曰五餌等語班固詆以為疏矣何勝之臣曰然誼於治體源故其言奧其事久而効固俗儒也見誼不為文帝用便以誼為空言固則陋矣且自古戎狄所以強中國者隨水草無常居耐霜雪以鞍馬為家此其勝邑居城郭也射狐鹿以麞飲其血服其皮脯肉而粮之此其勝耕斂困廩也喜相聚怒相殺殺人者取償而無有罪即誅凡召發傳一箭哄然亡集此其勝文檄簿領也生能挽弓傳矢帶刀佩獵妻弱子皆習熟此其勝營伍教督也不知道德仁義制度文物君臣亞服而背情一而忘通此其勝禮文親疏媒㜸等差也今則不然又教而強信反戰而崇和棄腥糲甘饔孰美衣食甜聲樂所以勝中國之具者一切去矣是耳目腹心壞而不復完徒操虛強以挃中國太守知其無能為也

篇之三

客曰景德契丹寇河北我諸將謀必與戰必走何耶虜既勇勝由是鼓而前破五六城突魏餉澶幾踐無所畏予識所以然者臣曰識之中國失虎北之陰自幽而南地如衽席然何承矩始畜陂塘建屯田騰而畦之限賊馳突然東不盡海西薄常山數百里猶止外無所阨故賊常掃穹廬而來騁壯馬走平地以大衆加中國其時也馬適肥士適飽人人貪抄劫之以利氣道無前我諸將常迎其鋭鋒之又以寡抗衆故虜常勝吾常負矣所以制賊之術也曰然則何不待其氣弱而後戰臣曰得已而然哉夫大將在外必有貴臣監軍貴臣見賊至不課彼已強弱不待便利促其將使鬥鬥而敗閉壘不敢出矣然後賊以數萬騎綴廣信安肅二軍要保州則定武僅能自守賊精兵獵瀛莫犯深趙瀛冀自不支其穿西山而出者繞鎮石行鎮兵雖急戰不能當其入由是聚邢洺而瞰澶魏矣客曰策安出臣曰在擇將以閫外事付之夫任一則權不分故外一不見專於中上不見狃於下值隙而後攻逢利而後為可而奮不可而止避其鋭鋒閒其遨其歸厭其所不能無促以功則功易成無必其期則戰易勝此亦一端也客曰未也請衍而申之臣曰虜人之來因粮於漢聞景德時大賊固營不動而游騎四出發窖窖略馬牛係老弱劫樵採旦而出夕而內之軍中仰以濟師當此時諸將熟視莫出一卒以乘其弊賊由是肆然燔室廬殘邑聚遂於講和河北為空此一失也又詔書勑

諸將逐賊無深入。及境則止。故賊勝則驅而進。不勝則不畏追。是時。虜塞之人按堵。而吾鄙不聊生矣。此再失也。夫戎虜安知道德仁義哉。醜然其人面而狗腸也。惟勁鏃遵肯長刀築脅乃怖耳。當鈔騎之出。我若以邊入邏士邀之。或虜其左。或虎其右。藪林伏壘。掩所不防。但令無所獲而走。不過五日七日。衆飢師老矣。以吾飽乘賊飢。何攻不破。何擊不北。耶賊之入塞。掠吾老弱畜産若干。我伺其便。以五六月虜馬瘦弓弛。勒偏將出塞。虜其部族牛羊亦若干。相當輒止。虜所恃以為害者特鈔騎耳。彼能殘我河北。吾一支病也。我能殘其幽薊。彼一軀廢也。若是。則虜懲其計。較必不敢輕入而為寇矣。漢武帝使衛青霍去病深入鏖鬬。斬匈奴首級最凡十四萬而已。北虜遂衰。此驗在前可質也。故曰。不殺不怖。不傷不刈。不得其當不止。此上術也。客曰。太守計雖審。然與嚴尤班固之說戾而不合。何哉。尤之言曰。周

秦漢三家征匈奴。卒有得上策者。周得中策。漢得下策。秦無策焉。尤言宣王時。獫狁內侵。至於涇陽。命將征之。盡境而還。故天下稱明。固之言曰。來則懲而御之。去則備而守之。此聖王制御蠻夷之常道也。臣對曰。尤固皆中人俗儒。未足與論天下計。彼特得皮忘髓留膚睢而未知雋腴也。唐牛僧孺嘗詆尤。以為禦戎無上策。秦為無策。非是。世謂知言。夫戎虜既曰以禽獸畜之。班固所言是。不可以道德仁義化也。道德仁義不可化。則無上策矣。必以強武服之。所謂武未有不殺而能威之。以武秦漢是已。然秦與漢自以亡失為後世譏病。其計匈奴不為無功。尤盛贊宣王以及境則止為明。非也。宣王與厲王之後。承衰氣遂強敵。威不能加於虜。故及境而止。詩人姑美其能中興。不美不追賊也。易稱高宗伐鬼方三年克之。伐而克。非道德可化。章章矣。故曰。來則懲而御。去則備而守。殊可嗤怪。必如其言。是兵常在邊而弛甲無期矣。故曰。尤固不足與論天下計。

篇之四。

客曰。虜之來常因吾糧。故朝廷以清野困之。常擾吾民。故堅壁拄之。今日北邊高城濬池。樓櫓堅密。比景德有加焉。一日契丹送款領其可以制賊乎。對曰。能捍賊。未足以制賊也。吾野雖清。吾壁雖堅。若鎮定兵不出。賊猶敢負戎馬足直驅深入。擣虛而奪人氣也。曰。然則奈何。曰。虜中軍其大渠常自將。我若使鎮定兵從之與相上下。吾常環車固營。出輕騎。躡其餉。擊其鈔。夜譟其營。彼求戰不得。攻不能。下掠無所獲。久。衆老而懼。吾因其懼而擊薄之。無不勝矣。前日虜人犯定軍。夾唐河以陣。虜不能勝。因捨定攻瀛。破其外郛。又不能克。乃直走澶淵。是時定軍尚未出也。由此觀之。吾失在不戰矣。太守是以知今日邊臣專備守械。不為攻戰計。未足以制賊也。客曰。然則今日樓櫓

城隍果勝於異時。臣曰。不然。祖宗時有北復燕易意。故不專於守。今者專於守。故城益高。隍益深。勢自當然。非今人工。昔人拙也。客曰。今日朝廷分河北為四路。可以經制乎。對曰。甚善。無事時訓師徒。撫風俗。便事之宜。治葺保鄣。督官吏能否。鼎峙而立。其效過異時遠甚。一日軍興。猶須即河北安撫為大使。統而一之。乃可責功。又鎮定不可裂付二將。宜及平時并為一路。使將佐部分有臂指之勢。輕重相權。誰不曰宜。滄州東薄海。南倚濱　斜視淄青。北與虜接。其間漢虜并地各數百里。土鹹舄求泉不可食。夏蚊如雲。不可居也。至冬。崔葦蔽天。姦細商賈未嘗行。故朝廷輕其戍。列數堡而已。景德之後。守臣廣陂障。蓄水接海。又黃河限其南。是以議者超然不以滄州為劇地。自河決橫壟。商胡潰波紆浸貝丘蠡永靜。環海而北。破乾寧。恣肆妄流以入于海。凡淤塞下陂水數百里皆為平地。則濱　淄青失河之險。

未有以恃也。我未有恃，則啓戎心，致賊不可不虞也。是宜權建滄州為一道，以扞東西伐賊之謀。然止十年計，河若用道滄，可致矣。客曰：塘水之險可恃乎？吾聞議者或謂不然。對曰：塘水東西袤六百里，其間百里或五十里，夏淺冬冰，淺不可載舟，深不可亂而濟，是以控虜騎突怒，省亭堡之防也。然議或不同，何哉？蓋語塘之利者不列其害，語害者不設其利，是以應之似可用，質之似無有也。客曰：其害奈何？對曰：昔之畜水為塘，其制曰：若干地淺若干尺，若干地深若干尺，淺之若于尺相錯如繡，是謂深不可度馬，淺不可載舟也。後人忘向時之制，惟因霖潦時漲而廣之，故壞民良田，無有涯極，而議者謂無涯之實，因忘設險之利也。客曰：若何而可？曰：邢鎮定皆西倚山，水泉走趨東，皆其地西高東下，若建瓴於霤然。昔之為塘，必掘而淺之，所以留水也。今若棄舊法，為塘之限閾，不過百里，狹不下五十里，隈而限之，亦

足制北虜之入為中國十二三，又得良田還與民，則利害曉然判矣。客曰：可為無窮利乎？曰：百年計耳。水潦自高而注者，必歲淤而月塞，如今不掘而浚，弗出百年為平原矣。

為之五。

客曰：北虜負其衆，中國常為之屈，將天運乎？亦人謀有未至耶？臣曰：儒者不可捨人而言天。遠者謀有未至。今祖宗當太守不及知，宜以慶曆時驗之。北虜乘西鄙方擾，擁其衆首鼠，叩境虛揚言，求關南十縣。時議臣倉卒亶以十縣歲賦才二十萬為對，故歲益金幣二十萬與之，內欲塞求地之請，虜由是得自大，謂不遺鏃矢刃而成功，妄為醜言，夸示其下曰：是縣官用度益急矣。殊不知與賊二十萬，則其地故其有也，彼且緣為辭曰：吾不取賦而還吾縣，即是朝廷植今日之禍根，取它年之亂實，已失吾財，又亡吾地，尚謂國有謀乎？或曰：未有至焉。客曰：不然，是時不許其求，則戕我兵未合，必為賊乘，故為一切之權，必亂其謀，子何昧焉？對曰：等為之權，不如直以百萬賂之，使罷兵，既不為無窮之饋，又使它年絕芻糧之辭，尚猶愈乎？客曰：犬戎得朝廷之賜，充足其欲，將常以厭討，遂何恥？答曰：契丹君臣合謀，以為取二十萬於我為無名，請我且當贍以閉其國，刷恥取償焉。是以歲閱馬料衆，治橋路，郵會以自張大，示將狼貪無厭者，外又挾漢為重，劃服諸戎。太守固知虜矯而實羸也。客曰：如此何計而宜？對曰：莫如自治，所謂思患而預防者也。今朝廷英俊林立，豈謂無人？但莫遣任患，故功不立。糧可廣入也，而使糴曰收，漆下不信，則塞下之倉庾空；財可預積也，而有司靳以用，冬春而不出，則塞下之帑庫空；馬可孳養也，議者喻阿月推月，引苟安其僥，終不肯盡力，則塞下之牧廄空。不止三空，又有五可請。騎軍多焉，必三分其人，今馬才居十七，既不

可為，是畜無用之兵。一可請。河決澶滑，橫流不制，塞陂障，破書梁，與國所恃以為防者，又破滄州，歲費七十萬，朝廷視之不為害。二可請。舉河北義勇，且三十萬，著今歲一大習，盡一月止，用古一時講武之義，而州縣避事，或歲未擾民，且困即罷之，又惜數萬碩之廩，歲為此言。雖有教閱者，未為部伍行陣，如小兒戲即止。又流亡物故皆不補，十耗三四。自謂便民，民之便，國之不便也。三可請。緣邊守將輕授而重任之，重任而輕易之，衆皆知不肖，而朝廷謂之能，見效無狀而歷任累其年。一日警急，是輩巽懦奔走，敗軍損國者也。若廷公忠材猶靳然風采，古不肯衮衮當同，欲卓爾自立，時或有之，但一失意於銜命小臣，則飛奏朋毀，使內不能自明，上有以為惑，一紙詔移它路矣。是以不材者存而材者去。四可請。近年纔邊臣公用錢，尤急計校出入，剖粒析毫，監司督察，急為威峻，至於撫御間諜，集財皆募召皆

不能入賊境比蕭德吳湛等告西人之和是及萧衛尚未得其奉使意此廻所責小所失大五可請故曰三空宜早實五請宜速除居安慮危之至計也然朝廷每得虜人一好言便釋然高枕至邊戍奏請罕復報下得一妄語焦心不終日督切邊臣宜勤紛然此似未盡其情者用兵以狙詐為本凡不足示人以有餘強示人以弱兵家常策也景德時北虜窮兵深入豕突澶淵先帝令王繼忠累表乞和兵益急表益恭會伏弩射殺賊將虜母大懼因遂講好先帝不窮其欲而與之盟此已驗之效也故得賊好言可聽而不可怠得賊惡言可防而不足懼不懼謂何自治有素矣

篇之六

客曰虜常籍諸戎兵席卷來寇故河朔之勢不支子何以禦之者如子之策可決勝乎對曰大衆不足恃也其取勝者在中軍而已中軍

不振諸酋長且土崩雖衆何賴為夫鎮定在河朔兵第一今使悉衆從賊中軍與相進退令瀛魏軍當酋長縱奇兵擊鈔騎河南列屯營謹守澶淵徐州皆清野以待不逾月賊必飢飢必求戰我畜銳不發以羸畜弱卒嘗之待其爭而嚻則懲師犯之無不敗衆墜地矣然中國不用兵五十年軍有所未習先屈而後勝未可知用之數年習知委曲則士心修而樂鬭矣士見所得財弥馬羊皆自取也所上首級厚賞也死事者卹其後奔法者無衆宜必戮罰信而賞明則士氣銳將謀果人心定不止禦自來之賊可北圖燕薊矣夫燕薊契丹恃以為強也故太宗已平河東而先取幽州聖謀深矣故不復慮北契丹不可臣客曰子言太高恐不為時所信且陛下為四海屈已斥銀幣五十萬為年賜使者賀正月慶誕曰廷勞荅貺又十餘萬西夏亦十餘萬大底直百萬歲弃之二垂安天下元元德至厚也子欲輕動干戈為國生事非策之宜對曰唯唯太守所言非謂欲朝廷舉兵討之直因其來寇而豫為計耳賊之南牧必先犯鎮定邢趙瀛魏以地平戰易民富有易擾而多獲也所在發掘鈔略終無顧巢窟意夫戰留吾境大衆不輕動吾可用奇矣若令輕騎挾半月糧出河東以殘雲應出雄州以襲幽燕治戰舸數千載半歲食出青萊浮海以動營州縱謀者告賊能安然不畏乎北賊之還吾輕騎戰舸歸矣設彼歸我出我出彼歸不數年賊出川險要無不究則彼自保不暇矣朝廷又出寶貨募使者走間道略新羅達靼黑水等諸戎以謀士隨說之許以皇爵割地與之平使叛契丹彼不得必露言於賊賊且內相疑若聽吾命賊固失援矣此皆伐謀紓難可先計而後用者也客曰或言契丹歲得銀幣五十萬庫積充滿安肯自為送死計彼之來不過略河北數十州固無五十萬之獲賊雖愚肯捨安受之賄與朝廷決不可

必之勝也子試策之此言是乎非耶答曰今者虜君臣皆不肖殆有是矣彼其臣為主謀曰宋所輸弥寶君皆自得之今若縱兵鈔略所得財皆散於下有功者君又將傾府庫以賞然則違盟而戰下得所欲上喪所蓄君但有勝負之虞將何事焉太守策之此北虜所以遷延自安未肯作反計略昭矣

篇之七

客詰曰子策契丹不反然子之在中山所統九州軍儲積糧濬壕隍畜粮增馬勤部伍無日不討於兵何不自安對曰客言非也兵家有云無恃敵不攻恃吾所不可攻也賊雖未叛吾備何得弛乎常治所以待亂也不虞是其可虞也前所謂虜主屠其子長也而弟又凶德一日虜王狗馬疾弟與子必爭其位爭而勢分有弱有強強者與我為敵則弱者求吾為助許之強者怒不許弱者必致讎于我賊習知

邊鄙怯懦漢地富有歲攻所必攻以自長雄不可不為之備也又其弟得國必恣狂勃先剽劫于邊一右素不慊者將無餘矣雖不保終要能為疆場患朝廷尤須以兵然懸所謂亂也慶曆時虜主將發師於諸戎皆以兵從之約曰所獲人畜財貨皆自取衆胡喜日夜馳且南向會與虜和各罷歸衆胡怏怏恚曰欺我使來因大掠幽薊間數十縣去契丹不能禁也今虜主垂遣王綱約諸國借師皆曰又欲如前欺我乎未肯出兵故去年八月遣使叩塞告與西夏絶正言甘而禮厚以反謀未成為詭計誅朝廷之北虜耳異時能得諸戎兵即又尋隙責言肆其貪含此謂可憂也故太守欲朝廷自治以待彼亂常備不虞其得可虞也又況歲出貲百萬賜二虜此寧無窮乎子孫計耶求旱疾瘵者今代有假如萬分一中國遭三年之水旱數千里疾疫南方治謀不登而上取無涯之財填沙漠之壑是自困天下者也天下窮

則厚取於民厚取於民則怨怨而不亂者未之有也彼將乘吾之困民之怨責吾所輸恚氣直辭歸曲於我此不謂倒太阿假賊以柄乎太守聞異時縣官歲與銀皆還入漢邊相貿易嘗得什六歲益三四則略足自慶曆後虜禁止銀不得復入邊州且十年此欲困中國非一日計也自知盟以來歲與三十萬者四十年五十萬者十年矣其所得銀幣凡七千百萬矣春秋所戒狄者不一而足有如它日賊得壓境又欲如慶曆時增歲入之數與之盟乎故莫若先自治待其來勒兵固以威武示之如前所陳其見我威一言與之盟則固與之意聽悅而易足有所賜與不過二三十萬則天下之財不至乏垂之後世而易遵也

慶曆七年樞密使文彥博論討瀘小夷不必自秦鳳興師奏曰臣今觀梓州路奏稱淯井監夷人作過事體不小乞依慶曆四年例於秦鳳路差撥兵馬赴本路救應事臣勘會慶曆四年夏瀘州界夷人作過是時臣任秦鳳路都部署經略等使准朝旨令臣發禁軍兩指揮赴瀘州救應臣以秦州去瀘四十餘程地遠必赴救不及在有施設兵甲臣雖知不便當時以朝旨丁寧未敢稽留與議遂發禁軍兩指揮赴瀘州未及中路夷人累已退去其上件兩指揮兵士只到遂州駐泊是時川界州軍見此兵士經過人情頗亦驚恐兼為遂州官吏不曉軍政不能平心撫馭以動有猜疑幾至生事臣知益州日鑒此舉動之失曾具利害奏畫聞奏以謂戎瀘此小夷人作過只是本處白艻子弟及寧遠兵士自可一面禦過若賊勢稍大則計會梓夔益利兩路就近差那兵甲可以討擊蓋蠢爾小蠻來則禦之不可窮其窟穴豈煩遠自秦鳳興師空自勞弊兼恐別有驚擾況嘉眉州皆是益州鈐轄司屯兵之處若發兵救應乘舟下水不三四日便至瀘州赴

救之勢最為神速臣之奏章乞密院樞府可以復視伏乞更不自秦鳳發兵只令速計會益州鈐轄司稱慶曆差兵甲由水路赴瀘州策應尤為允當

仁宗時王堯臣為學士知審官院陝西用兵為體量安撫使將行請曰故事使者所至輒詔存問官吏將校而不及於民自元昊反三年于今關中之民凋弊為甚請以詔勞來仍諭以賊平蠲租賦二年仁宗從之使還上言陝西兵二十萬分屯四路然可使戰者止十萬賊衆入寇常數倍官軍彼以十戰而我以一戰十故三至而三勝由衆寡不侔也涇原近賊巢穴最當要害宜先備之今防秋甚迫請益圖士兵以二萬屯渭州為鎮戎山外之援萬人屯涇州為原渭聲勢二萬屯環慶萬人屯秦州以制其衝突且賊之犯邊不患不能入患不能出也並塞地形雖險易不同而兵行須由大川大川率有堡栅為

控扼賊來利在虜掠人自為戰故所向無前若延州之金明塞門砦鎮戎之劉璠定川堡渭州山外之羊牧隆城靜邊砦皆不能扼其來故賊不患不能入也既入漢地分行鈔略驅虜人畜劫掠財貨士馬疲困奔趨歸路無復鬬志若以精兵扼險强弩注射勢設奇伏斷其首尾且追且擊不敗何待故賊之患在不能急也賊雖乘戰勝重掠而歸諸將不能追擊者由兵寡而勢分也若尚循此弊必無可勝之理又論延州鎮戎軍渭州山外三敗之由皆為賊先據勝地誘致我師將帥不能據險擊歸而多倍道趨利兵方疲頓乃與生寇合戰賊始縱鐵騎衝我軍繼以步奚挽强注射鋒不可當遂致掩覆此主帥不思應變以懲前失之咎也願敕邊吏常遠斥候遇賊至度遠近立營砦然後量敵奮擊毋得輕出詔以其言戒邊吏

監察御史包拯進張田邊說疏曰右臣以懦庸之才冒荷邊帥之寄才輕責重不能稱職進退殞越罔知所措伏自北虜請和以來邊境無事垂五十載守禦之備因循浸久將領之選未甚得人卒伍之輩復多驕惰若不精加揀擇一旦緩急用之以禦敵之將總驕惰之卒必先事而敗雖有犀甲利器焉所施哉況虜中日有事宜姦詐萬狀不可謂要盟甚固萬無負德往年之事亦可明矣孫子曰無恃其不來恃吾有以待之也無恃其不攻恃吾之不可攻也若諸邊長吏兵官悉得有才之士委而用之上下協濟庶幾後患可弭臣昨待罪諫垣未嘗不論列及此今叨邊寄安敢循默而不傾竭愚慮圖所以為報哉臣竊見殿中丞通判信安軍張田性質端勁文藝該博頗知河朔之事嘗著邊說七篇詞理切直深究時病輒敢繕寫進呈伏望陛下萬機之暇少賜觀覽則於邊利害粲然可見仍乞宣諭兩府大臣參議可否銳意而預圖之實天下幸甚

拯又論契丹事宜疏曰臣伏見契丹近遣人使復有請求今朝廷重違使命以答其意者蓋羈縻不絕之誼也且北虜自先朝請盟之後邊鄙無事垂四十年邇因昊賊背畔以來邀乞無厭情偽可見臣竊聞虜中官吏薄於俸給人民窘於衣食故自將相而下以及族帳人萌畜牧之心所未然者特其主耳亦非甲兵用度之未足種落上下之未和其力固有餘也所以然者以國家歲入數十萬計往還聘問之禮未之或闕無釁而動佳兵不祥不欲曲在彼耳非有服仁義崇德讓之道也其貪而好利忍而好殺强則驕傲弱則卑順乃戎狄之天性也故自古聖王以禽獸畜之來則敺而御之去則備而守之此制夷狄之常道然無代不為中國之患議者或謂四夷乃支體之疾夫支體之疾亦根於心腹矣支體未寧則心安得無患願陛下深鑒於此慎無忽焉又慮陛下左右或言事者有以虜中無事以安聖意謂彼君臣樂我和好盟誓甚固萬不負德竊恐有誤於陛下也兵法曰無恃其不來恃吾有以待之也無恃其不攻恃吾之不可攻也今既無故遣使是必以不可從之事為請乃其詭計耳但小不如意則欲以為詞況今夏地震於并代之境蓋陰盛之象且夷狄者中國之陰也又震於純陰之地此天之有以示戒也豈徒然乎彼必有睥睨隙之志尤不可不深慮也臣竊知沿邊諸將未甚得人皆售進市恩結援固寵不講方略不訓士卒撫馭無術勞逸不均以致邊備未完邊塵未寧一旦急用必先事而敗且河朔地方千餘里列郡數十與虜界連接緣邊之患甚可虞也而郡無善將營無勝兵卒有來如疾雷去如脫兔緩急之際焉以禦之臣每念至此寒生毛骨況觀今來之事勢乃必然之兆雖命兩府重臣往逐路宣撫措置更望陛下頻召執政大臣與總之將帥乞丁寧訓諭俾圖議謀策選求將帥精練卒士俾廣為積聚以大

警備之未然，則慰貽陛下之深憂也。臣區區之心無所古補，惟陛下裁擇。

拯又上疏曰：臣聞戎狄為中國之患，其來久矣。以古揆今，未有恃盟好，忽武備而不為後患者。國家自契丹請命，逾四十年，沿邊卒驕將惰，糧匱器朽，主兵者非紈綺少年，即罷職老校，隱敝欺苟，趨過目前，但務張皇引惹之議，訓練有名無實，得不熟慮乎？臣昨奉命出境，虜中情偽頗甚諳悉。自創雲州作西京以來，不輟添置營寨，招集軍馬，兵糧積聚不少。但以西討為名，其意殊不可測。緣雲州至并代州至近，從代州至應州城壁相望，只數十里，地絕坦平，此膝與胡古今所共出入之路也。自失山後五鎮，此路尤難控扼。萬一長驅，則河東深可憂也。不可信其虛聲而忽其實備。兼聞代州以北，累年來蕃戶深入南界，侵占地土，居止耕田甚多，蓋邊臣畏懦，未能當時禁止。今若不令固守疆界，必恐日加滋蔓，窺伺邊隙，浸成大害。緣方城等亦緣此而致。切不可忽也。況邊上將帥，尤在得人。昔太祖經營四方，選勇幹忠實者分控邊陲，以何繼筠滄景，李漢超關南，以備北虜，郭進邢州，以禦太原，姚內斌慶州，董遵誨通遠軍，以捍西戎。帥心委之，賜賚殊異，皆一任十餘年不遷，卒獲其效。今則不然，往事未幾，即從遷移。又何暇於訓練備禦哉？臣欲乞今後應沿邊要衝之處，專委執政大臣精選素習邊事之人，以為守將。其代州尤不可輕授。如得其人，責以實效，雖有微累，不令非次移替。所貴軍民安其政令，緩急不至敗事。

拯為河北轉運使，乞河北添糴糧草。上疏曰：臣累有上言，以河北河東沿邊守將未甚得人，特乞精選帥臣，訓練卒伍，廣為聚積，以防後患。而位疏言賤，未蒙開納。臣昨奉命出疆，詢訪虜中情偽，亦甚諳悉。蓋彼處官吏薄於俸給，人民苦於衣食，其下族帳各有南牧之心。所未敢者，獨其主與一二將相而已，亦非兵力用度之不足，蓋利國家歲入數千萬，不欲無釁而動耳。然點集軍馬，創造兵器，無日無之。觀迹所為，其志不小。而議者但欲少安聖意，謂彼君臣樂我和好，盟誓甚固，萬不負德。竊恐有誤於陛下也。孫武曰：無恃其不來，恃吾有以待之也；無恃其不攻，恃吾之不可攻也。況河北、河東、京東地震尤甚，沿邊大水，並陰氣極盛之象。兼又五星屢失躔次，此皆災異之大者。且天之示變，蓋不虛發，所以警悟於陛下，勤勤如是，固不可推咎四夷，以忽天戒也。其邊上事宜，不可不速為備禦之具。今雖遣臣僚往三路便糴，緣逐處少得見錢，恐難集事。欲望特出宸斷，許於內藏支見錢，或紬絹百餘萬，逐路乘此之便，相兼收糴，俾邊廩稍實，有數年之蓄，庶少寬聖慮。然後日御便殿，召執政大臣與總兵戎帥，丁寧詢論，俾謀議畫策，講求將帥，練習兵旅，繕完城壘，以先警備之。況當此可為之際，若不銳意速圖，但務因循，憚於更張措置，恐非宗社之福，必貽陛下之深憂也。臣區區之心，不能自已，惟陛下留神省察。

拯再請移那河北兵馬及罷公用回易，臣竊見天下之患，在乎主將，而河朔為患最甚。況兵聚於上，公用濫於下。內則致帑廩空竭，外則致生靈困敝。臣前後累次論列，乞那移兵馬於河南州軍，及罷諸處公用回易，委逐處安撫、轉運司相度，終未見果決施行。況北虜請和，四十餘年，歲遺金帛數十萬者，是欲寬國用而舒民力，爾今邊鄙不警，正是保國息民之時。而屯兵益眾，用度益廣，每年河北便糴糧斛三四百萬石，約支見錢四五百萬貫，僅有三二年之備，雖朝廷竭力應副，亦所不逮，日甚一日。恐數歲之後，必有不可救之患。至如寶元以前，天下無事，財貨充足，一旦昊賊倡亂，調發旁午，公私窘絕，迄今未復。以今事勢較之往日，則不侔甚矣。萬一或有警急，何以取應？且夷狄者，四支也；河朔者，心腹也。華而外無夷狄之虞，而令河朔塗炭如此是防手足未然之患而自潰其心腹也則朝廷安可不深慮而務救之之策乎若上下協心更張措置如反掌之易而有太山之安又何憚而不為哉欲望聖慈宣諭兩府執政大臣應沿邊及近裏州軍兵馬除合留防守外其屯駐駐泊諸軍悉令歸營就糧諸軍即分屯於河南兗鄆等諸州每三年一代遇有邊事即時舉發不旬日可到豈有後期不及者邪其諸州公用錢其沿邊及人使路分州軍量與增添外諸路一切禁止並不得因而易則國用民力漸可完復惟陛下矜念元元漸在必行若更令逐處相度則互執所見益無涯矣臣區區之心不能自已伏乞陛下留中省察

祁又請擇探候人上疏曰臣竊見沿邊州軍探候事宜於今最急昔日何承矩李允則識虜之情偽大小必得其實後來葛懷敏亦能使人自王德基王仁勗後惟務邀功冒名所遣既不得慎密之人且從而擊張之是致契丹累次捉過漢人去界上多添巡邏騎卒今全不能深入只是到得四榷場及幽涿間傳得民間常語及虜偽之事便為事宜且諸處自有機宜一司所管金帛不少自來只備支賜與探事人近年甚有侵借過處兼沿邊守將類不得人但圖進取殊不以此為意臣恐一日賊及境而不知也欲乞應係沿邊自來探候事宜州軍密令知州通判及舊例管機宜人等盡籍見勾當事人姓名仍具機宜司見管金帛多少自來每得甚事支與何等物幾月日可來一報仍令多方求訪舊日曾經探事人使用新差少年不諳事者並令廢罷及只令探事領所在任將相何人所謂山後人衆樂如何諸國臣與不臣并訓練點集兵馬造作姦謀年歲豐凶將移糧草凡干大事即許申報自餘打圍移帳放牧脩城細碎尋常衆人所見虛偽傳聞之事並不可納徒廢金帛無益於事伏望聖慈特降指揮仍乞嚴賜約束不得漏洩所貴邊處官吏用心緩急免致誤事

時陝西用兵判國子監葉清臣上言曰當今將不素蓄兵不素練財無久積不有邊警外無驍將內無重兵舉西北二陲觀之若濩落大瓠外示雄壯其中空洞了無一物脫不幸戎馬猖突腹內諸城非可以計術守也自元昊階亂因循至於延州之寇中間一歲矣而屯戍無術資糧不充窮年畜兵了不足用連監牧馬未載已虛使蚩蚩之氓無所倚而安者此臣所以孜孜憂大駭之穿也今羌戎稍卻要詐亡窮豈宜無即時之小安忘前日之大辱又將泰然自處則後日視今猶今之視前也

仁宗御便殿訪近臣以備邊之策清臣為翰林學士權三司使上對曰陛下臨御天下二十八年未嘗一日自暇自逸而西夏契丹頻歲為患者豈非將相大臣不得其人不能為陛下張威德而攘四夷邪昔王商在廷單于不敢仰視郅都臨代匈奴不敢犯邊今內則輔相寡謀綱紀不振外則兵不素練將不素蓄此外寇得以內侮也慶曆初劉六符來執政無術略不能折衝樽俎之間以破其謀六符初至大臣之有人藏奸計而未發既見衆裏遽肆陸梁只煩一介之使坐致二十萬物求遺青血以奉腥羶有識之士所以為國長太息也今諒祚使詣闕以伐西戎為名即有據我何以答之臣聞誓書所載彼此無求元昊叛邊累年致討契丹坐觀成敗之豈有毫髮之助今彼國出兵輙求我助好盟遂約不亦甚乎若使辯捷之人判其曲直要之一戰以破其謀救直彼曲豈不憚服哉不知咎戒肆侵凌方河湟災傷之餘寇無廬舍戰堅壁自守縱令深入其能久居既無所因之糧則當遁去然後選擇驍勇邀絕歸路設伏出奇邀擊首尾若不能痛亦且大敗矣部問輔弼之能者而之才與夫所謂循循謹當今孰可以任此者臣以為

不患無人而不能用。今輔翼之臣抱忠義之深者莫如富弼。爲社稷之固者莫如范仲淹。諳古今故事莫如夏竦。議論之敏者莫如鄭戩。方面之才嚴重有紀律者莫如韓琦。臨大事能斷者莫如田況。剛果無顧避者莫如劉渙。宏達有方略者莫如孫沔。至於帥領偏裨。貴能坐運籌策。不必親當矢石。王德用素有威名。范仲淹深練軍政。龐籍久經邊任。皆其選也。狄青范全頗能馭衆。蔣偕沉毅有術略。張亢倜儻有膽勇。劉貽孫材武剛斷。王德基張懋勁勇。此可以補偏裨者也。詔謂西方灾傷軍儲缺乏。此則三司失計。置轉運使不舉職。固非一日。既往固已不咎。來者又復不追。臣未見其可也。且如施昌言承久弊之政。方欲竭思慮辦職事。一與賈昌朝違忤。遂被移徙。軍儲何由不乏。自去年秋八月。詔廢市糴。而昌朝執異議。仲春尚未與奪。財賦何緣得豐。先朝置內帑。本備非常。今爲主者之吝。自分彼緩急不以爲備。則臣不知其所爲也。至如糧食之重。轉徙爲難。莫若重立爵等。均萬數豪民。詿誤使得入粟以免杖笞。必能速辦。夫能儉嗇以省費。漸至於從容。德音及此。天下之福也。比日多以卑官職請厚俸。或身爲內供奉而有遷補之給。或爲觀察使便邑留後之封。倖門日開。賜予無藝。若令有司執守。率循舊規。庶幾物力亦獲寬舒。詔問戰馬乏絕。何策可使足用。臣前在三司。嘗陳監牧之弊。占良田九萬餘頃。歲費錢百萬緡。天闕之數。纔三四萬。急有徵調。一不可用。今欲不費而馬立辦。莫若賦馬於河北河東陝西京東西五路。上戶一馬。中戶二戶一馬。養馬者復其一丁。如此。則坐致戰馬二萬足不爲難矣。

歷代名臣奏議卷之三百二十八

歷代名臣奏議卷之三百二十九

禦邊

宋仁宗時。安化蠻蒙光月率衆寇宜州。殺官軍。餘鈐轄張懷志等六人。三司鹽鐵判官蘇紳上言曰。國家比以西北二邊爲意。而鮮復留意南方。故有今日之患。誠不可不慮也。臣頃從事宜州。粗知本末。安化地幅員數百里。持兵之衆不過三四千人。然而敢肆侵擾。非特恃其險絕。亦由往者守將失計。而國家姑息之太過也。向聞宜州吏民言。祥符中蠻人騷動。朝廷興兵討伐。是時唯安撫都監馬玉勤兵深入。多所殺獲。知桂州曹克明害其功。累移文止之。故玉志不得逞。蠻人畏服其名。至今言者猶惜之。使當時領兵者皆如玉。則蠻當殄滅。無今日之患矣。至使乘隙蹂踐。害殺將吏。其損國威無甚於此。朝廷儻不以此時加兵。則無以創艾。將來而震疊荒裔。彼六人者雖不善維馭。自致喪敗。然銜冤負恥。衆亦有以刷除。臣觀蠻情所恃者地形險阨。據高臨下。大軍難以並進。然其壤土磽确。資蓄虛乏。刀耕火種以爲饑糧。其勢可以緩圖。不可以速取。可以計覆。不可以力爭。今廣東西教閱忠敢澄海湖南北雄武等軍。皆慣涉險阻。又所習兵器與蠻人略同。請速發詣宜州策應。而以它兵代之。仍命轉運使備數年軍食。今秋冬之交。嵐氣已息。進軍據其出路。轉粟補卒。爲曠日持久之計。伺得便利。即圖深入。可以一傾蕩巢穴。杜絕蹊逕。縱使奔迸林莽。亦且壞其室廬。焚其積聚。使進無鈔略之獲。退無攻守之備。然後諭以國恩。許以送款。而徙之內郡。收其地。募民耕種。異時足以拓外夷。爲屏蔽也。仍詔旁近諸蠻。諭以朝廷討叛之意。毋得相爲聲援。如獲首級。即優賞以金帛。計若出此。則不越一年。逆寇必就殄滅。況廣西溪峒。荊湖川陝。蠻落甚多。大抵好爲驚動。因此一役。必皆震讋。可保數十年無附擾之虞矣。朝廷掀用其策。遣馮伸己守桂州。經制之蠻遂平。

皇祐五年。直集賢院劉敞論城古渭州有四不可。上疏曰。臣今月二十二日奏公事。臣得預上殿。祗聞德音。以謂古渭州存之則爲害。弃之則傷威。兩者未決。詢及左右指意懇惻。臣誠獨羨陛下聰明謙遜。好謀無窮也。臣雖不聞公卿之議。然臣之愚。以爲弃之便。何者。朝廷與羌戎約和久矣。今一旦奪其地而城之。弃明信。規小利。使夷狄有以窺中國。不可一也。羌戎種落非一族也。自見稍侵。必人人懷疑。交謀間諜。以新城爲比。或能相率。大爲邊患。不可二也。自始築城到今半年耳。所費已鉅萬計。秦州爲之空竭。而調給饋運不可勝紀。設復屯兵守之。日引月長。財盡力屈。則關中皆可憂。不可三也。向者虜出爭利。多殺官軍數千人。後雖頗破其衆。是以相當。而虜怨益深。其志復得故地而已。兵若不解。憂患方起。不可四也。假令新城足以捍秦州。長無羌胡之虞。雖傾國守之可也。不然。地形便利。賊能據之。以窺邊國。雖傾國爭之可也。今何所望。輕而靡國財。用困民力。損士卒之命。以貪此咫尺之地。計功則可羞。言利則可恥。慮患則可憂。昭昭甚明。而議者不忍決之。謂爲傷威。臣所不諭也。昔者舜伐三苗。三苗不服。益贊于禹。班師振旅。而有苗來格。由此觀之。帝王之威。在使物畏之。不在使物恐之。故動以義。順於理。則物畏之矣。動以利。逆於理。則物恐之矣。畏之則服。恐之則離。自然之道也。武帝黜丞相御史之請而止不田車師輪臺。則天下復平。元帝用賈捐之之策而罷朱崖。則中國復安。故以德言之。則不過舜禹。以強言之。則不過漢武帝。取[illegible]狄也。患枉於義。不患力不足也。患逆於理。不患威之損也。惟陛下察於此兩者。以觀利害之埶。在[illegible]之費多。斷之貴獨明。鑑所以見容古

事所以知今。臣不勝狂直之至。

仁宗時。敞又奏曰。臣伏以預備不虞。軍之善政。曩者元昊畔亂。西邊震驚。擾動之患。延被天下。賴陛下神聖。與宗廟之靈。元昊殄滅。國內多故。其子幼弱。委政舅氏。故邊鄙得以復安。百姓養息。長幼早寢晏起。此誠天道助善。中國之福也。然自爾以來。又十餘年矣。其子益壯。竊謂虎狼野心。未可待以不疑。設使一旦發狂。能爲風塵。而邊備少懈。又如曩時。甚非預慮制勝之策。臣望朝廷申勑邊臣。常若寇至。城郭必固。甲兵必脩。倉廩必實。賞罰必明。候望必謹。威信必立。使夷狄憚懾無可乘之隙。則邊患遠矣。頃者邊吏頗以飲食之費。役使之僃得罪。即今武吏多不願臨邊。有不得已就職者。皆畏避微文。情不自聊。居常救過。苟免而已。緩急恐不足以責效。又非所以明朝廷大體也。孫沔呂溱皆貴重之臣。有功名於時。猶以此見廢。設復有孟舒魏尚之徒。臣固知議者不能容之。此迺馮唐所以疑漢文帝不能用廉頗李牧也。鄉飲酒之禮。一獻百拜。其爲備懃至矣。然而終不可以治軍旅。則治軍旅者姑亦取其大節而已。邊臣有材者宜可用者少。臣願陛下容養此輩。闊略細過。無甚督以微法。使得樂職者喜展力。思用。人人思報上恩。則折衝遠矣。臣所部不當邊。劇然而言此者。徒誑明聖德駕馭智勇之一端。非敢爲邊吏游說也。

至和元年。侍御史趙抃論契丹遣使無名。上言曰。臣伏見河北通奏。歲歷浸久。使人往復。禮有常數。近者虜庭遣蕭德華不時而來奏。說旅賓外。又即別無事端。雖中外人心稍安。然戎狄情僞難測。或覬望釁隙。或窺覘盛衰。桀黠貪惏。自古無信。昔漢文帝與匈奴和親。後鮮入邊境。故賈誼有太息慟哭之說。唐德宗許吐蕃盟會。至時竊發。平涼故渾瑊有狼狽奔遁之事。初皆甘言厚賂。終乃背約渝盟。今契

丹使來無名。其勢未已。僥求不一。詭詐百端。雖息兵以息我師。幸重賂以困邦賦。為意不淺。其可忽諸。傳曰。居安慮危。又云。有備無患。不可謂邊隅未擾。即示宜安之懷。不可恃風塵未驚。遂為苟且之計。伏望陛下留神鑒古。容納輔弼近臣。講求捍禦之策。今沿邊急務者莫先乎擇將帥。練士卒。備軍實。擇將帥。則才能者留。疲懦者去。練士卒。則精勇者進。孱懦者退。備軍實。則邊氣壯。人心安。三者有禦萬一猝然寇警。我何懼哉。頃歲西師未興之日。士大夫有横議及此者。人皆竊笑鄙易之。指為狂狷不祥之言。焉肯動心預為之防。一旦延安驚擾。蒼惶措置失次。中外不勝其弊。臣今之言。未必非當時狂狷不祥之言也。至愚憂國。無所諱避。伏惟陛下如天聽卑。取千慮一得之說。奮乾剛之德。發先見之明。留思而力行之。則宗廟社稷之福也。

嘉祐五年。侍御史吕誨論邊備弛廢。上疏曰。臣切以戎虜講好積有

歲月。邊備久曠。兵威不振。因循玩寇。豈居安慮危之長策也。臣非知兵者。但累任陝西官。稔聞四路之事。乃陛下屬精求治。臣嘗言兵防宜為之首務。故畧舉邊鄙數事。以聞宸聽。臣以謂今邊備最可憂者。陝西民財匱乏。仍歲不稔。不比寶元康定間事力萬一。小有警急。必無強勝之勢。斷可知矣。自西戎通好以來。儒臣樂為邊帥者。務以守任事權為意。何嘗經畧為務。為兵防久遠之計哉。臣伏見近年坐危縣亦無由得知。雖知亦不行。遣慮恐生事。風塵忽起。為賊內應。皆此類也。熟户自慶曆中經歷戰鬭。消折人數甚多。後來雖有新生增口。未嘗籍其姓名。緩急要用。如何點集。兼自來威彊之族。往往為西人利誘。皆有背心。藩籬不固。將來禦敵。無所憑恃。不可不憂也。弓箭手自西事後來。闕數不曾招填。多為堡寨官員私役。百種侵漁。人甚苦之。以致教閱廢。今沿邊堡寨使臣。多不憚人。唯利在轉官酬獎。家積俸祿。兼時射利。一切營私。至有家不畜馬。弓弩不牢。挽者責其禦敵之效。其可得乎。臣如土兵。最是得力。寶元中籍民為弓手。尋刺為保捷等軍。當時公私損費。不知紀極。既而分配指揮。訓練已成。備序西事既平。逃亡死損更不添填。今所存無幾。少者皆五十餘歲。即日揀擇殆盡。則二十餘年畜養訓練之功。一旦廢弃。良可惜也。至如四路帥臣。且以涇原一路言之。地最平衍。賊馬出入。正當衝衛。控守尤難。而三中累戰大敗。皆在此路。狄昌言昏老且病。當此重寄。如倚長城。得為之安乎。臣愚嘗思之。今邊鄙無事。正是可為之際。宜早擘畫。亦有以為待寇之備。臣欲乞朝廷選差精邊事朝臣一兩員。別作名目。密與轉運使一員。同共體量四路。如果有宿弊。無憚更張。應自來生户遷入漢界住者。並依熟户例標撥田土。明行給授。置簿拘管。分

立頭項。俾人員領轄。所有舊來熟户。亦將元人點檢。內或有生户因雜久居。今來不以新舊。重編排等級。增置人員。立定帳籍。責應急可以點集。其弓箭手只點檢元籍闕額人數。令逐旋招收補填。所有備邊堡寨使臣。盡令明試弓馬。相度人才。不至怯懦。可以被驅使者。俾之久任。若不稱職者。委所差官於近裏州軍使臣內。選揀對換。應是土兵。只擇其子弟驍勇有武藝者。不以等級為限。許壯者得以代其老弱。其利相萬也。四路帥臣。乞選揀才畧公忠之人。或文或武。不限官職。如得其人。使之久任。此數事臣愚自謂之便。又非創為擘劃。並是祖宗舊規。但論其隳廢。敢覬陛下留神省察。與大臣確論。以臣言是。當遂施行。不宜稍緩。以臣言非。亦乞宸衷記錄。異日當驗。所以乞差官體量者。緣久隳之事。皆是邊臣苟安三二年間。更替而去。養成深弊。上下固護。不敢朝廷聞知。若只降詔命。令毋廢講學武

備終無實事與不行均矣惟聖聰採納

仁宗時蘇舜欽論西事上疏曰臣竊見自西寇暴逆節天下言兵者不可勝計大抵不過訓練兵卒積蓄芻糧而已其言汎雜無所操總又陳爛使人耳厭其聞而笑忽之況滑吏近輔自有上策故不當復有所獻也然臣早居長安備見西邊事體其要在乎得人得人則練兵積粟之術不煩惟幄之謀而自集也惟攻守之策必須守攻何者此事至大不可輕舉近聞朝廷將議深討覆其巢穴此蓋始慎其凶悖奮而不之思也殊不知羌氐之俗居不常處獸聚鳥散本無蓄積若垂軍絕漠則跋歷險途被甲裹糧操執兵械外疲而內懼一日之行有三日之勞曾未見敵先已自病險而遇伏則將不支矣昔趙充國論之詳矣故中國利守夷狄利戰從古然也傳曰天子守在四夷又曰荒服者王不王則脩德故古之薄伐玁狁至于太原薄伐亦驅逐出之而已來則逐之去而勿窮追禦戎之善策也國朝五路興師亦遇敗衄前日劉平不能持重使必務於遠戰身陷賊手傷剉國威是知討之不如守之之利也明矣近者朝廷拜夏竦韓琦范仲淹等皆名動外夷人所屬望者賊亦莫敢窺故必疑畏疑畏則將以奇險之以臣竊料今秋必放兵犯塞以觀我師之方略當是之時尤須慎重若能堅壁清野勿與之敵設伏用奇於險塞之地待其師老然盡而反擊擊之不勞深討而可成功也方今之勢不患其不來戰患守之之道未至耳議其攻者恐兢而寡謀敗陛下軍事也愚者之說萬或一采以睿預西事不敢塞默伏惟聖慮財察之不勝懇懇之至

英宗時胡宿論河北備邊事宜合分滄瀛為一路上奏曰臣聞地有常險而國無常勢此古今得失之勢異也古有北有盧龍之塞白檀之險隔限南北中國得之控扼北狄今此二險虜反有之河北地形

無險可守自河南北達于澶淵平坦二千里景德中一旦虜騎至河上當是時去祖宗才四十年兵猶精將勇習知戰鬥至煩章聖親駕虜始懼而乞和河北名將帥有若楊延昭馬知節李允則何成矩孫全有威名虜騎則李繼隆石保吉內臣則秦翰皆數經戰陣自河決商胡失橫隴故道中國亡大河之險虜乘虛搗滄景則山東危矣用張宗益郭申錫言割瀛德博以隸滄別為一路屯兵以扼虜衝備不虞國之福也伏望聖慈特詔大臣講究速行

宿又論邊界守約束上奏曰臣聞憂患之來多藏於細微而生於人之所忽自邊臣趙滋舉行界河打魚刈葦一切禁斷由此漢兵多與北人爭鬬累年不絕和好之體一旦至此怨隙之開亦不在大去年八月庚寅大雨水今春孛彗謫見上天不言以文象示下陛下宜思內外憂患預塞其關蓋有備則患不能深無釁則亂不能起界河武忍趙用華雖時立小忠皆不達大體宜容行誠約臣竊觀景德詔安撫司皆防微慎事自景德已後詔書數更任人打魚安於積習邊吏弛職不復譏呵及至衆行舊條而淵魚見察衆狙皆怒復霸已深堅不且至願大臣早為之備國家承平百年與虜通好者六十歲內外無患前世所未有近年邊遽來上不過侵誣尺寸疆候此夷狄之常態縣寨之本職移文足以辨之何遽至興甲兵哉今搢紳中有所燕薊外屬者若天時未與人事未至而欲妄意難成之福不如講和息民擇良將以守邊遴選能臣而備聘外國歡和之形內脩守禦之備羈縻不絕守真宗仁宗法度以惠養元元則天下幸甚

宿又論西夏事宜上疏曰臣聞漢武收河南地築朔方開置河西五郡中國得之以隔絕羌胡不得相通前世謂之斷匈奴右臂今盡為夏國所有夏國主諒祚恃犬羊之衆濟凶父之惡去年不顧指詔燒

劫秦鳳涇原兩路熟戶肆行殺略滿意而去邊臣畏懦按兵不出朝
廷降詔詰問拒使者不之納及貴正人至以壕外地屬戶為說此地
慶曆中西蕃溪洞所獻撫擾甚直詔答已詳近日延州安撫司復奏
夏國乞遣使齎狀乘驛詣闕其意無他止是甲尋前語闊起爭端臣
恐疆埸之憂恐未息也如聞西人常有意闚秦中同家堡一帶蕃部
正扼西賊來路涇原若失此險無所隔閡賊馬一二日可至古渭古
渭可至則秦中搖矣雖聞今年歲在東井為關中之福星家說鎮歲
所在不可加兵然五緯盈縮進退不常難可恃也彼若不畏天道辭
柔犯順盈縮繫於天道成敗先於人謀若止是論議理壕外地界朝
廷必須開許彼見不許有必爭之舉大集羣醜以撓諸路如聞西賊
尚有窺伺邊隙結納熟戶之意欲望聖慈明戒邊帥繕備不虞綏靖
鎮撫明遣間探講練軍政以佚待勞彼知我有備必不敢邊起事端

宿知制誥論邊事上奏曰臣竊以景德二年北虜乞和章聖深惟遠
慮務息邊氓俯屈至尊下柔獷俗繼以仁宗聖德迺以成先志彌縫
間隙浮竊驚勿絕之譴自今邊境長無風塵之警交老不識金革
之爭大德至恩在民深矣國家承平百年其間通好居六十年前
世所未有近日戎人移建鋪屯侵越代州疆界吏止之虜兵與漢
兵鬭又雄州奏契丹人騎兩過拒馬橋南伐去柳栽千餘放箭射歸
信縣尉又界河舊制北人不得取魚雖素有禁防或聞私下曾採捕
舊不聞有鬭爭之事近年禁懷太密鬭爭不絕乞曾射傷巡檢殺死
邏兵邊臣恬然曾不為怪朝廷奏報視為閑事未審鬭爭不已其末
如何皆積不相能馴致此釁侵霸之漸堅冰且至臣誠懼章聖和戎之
策從此而壞國家居常備陝西次及河東未嘗深留意於河朔陝西
河東為路兵官緣朝廷選擇差多極邊城寨都監寨主之類又

許帥保薦頗得其人曉識山川險易習知蕃戎情態又有內屬蕃部
為之障蔽主兵蕃落保捷之屬皆便弓善戰以一路兵力得良帥制
之寇至可以戰可以守河東險固去年西賊燒劫涇原秦鳳熟戶蕃
部迄今環慶賊馬鈔掠未已然今年歲在東井東井秦分為關中之
福星家之說鎮歲所在不可加兵宜勅沿邊諸將嚴兵為待賊若大
舉犯順我得天道不宜縱敵兵法所謂敵加於己不得已而應之者
謂之應兵兵應者勝彼自守窟穴無所侵軼不宜提兵深入自違天
道前所謂朝廷未嘗深留意於河朔者豈非恃盟好重改作防虜人
之疑乎方今之計莫若外固懽和之形內修守禦之備且河朔地形
無險可守自雄莫已南平壤千里往時黃河流入虜境無慮五七里
自河決商胡不由橫隴故道河北水流散漫失中國大河之險不能
限隔戎虜盛冬冰合胡騎可過虜人若以精騎擣滄景之一壁長驅南

下則京東搖矣河北雖有塘水城壁利兵堅甲無所恃之臣非能知
前後通邊事者言之多矣朝廷以北虜無釁未暇經畧今采邊臺已
有萌牙防於微先奸詐行破今陛下聖德日躋神機天挺燭知萬事
之統坐照四夷之情廟堂之上侍從大臣皆有文武全畧遍知三路
利害者豈臣愚瞽標闕所能究知然而貢蕘之語有益廊廟況預聞
政事忝知邊患敢默而去乎欲乞令中書樞密院採取前後臣僚上
言章奏相度可否施行

知諫院司馬光言備邊劄子曰臣聞周書稱文王之德曰大邦畏其
力小邦懷其德蓋言諸侯傲狠不賓則討誅之從順柔服則保全之
不避強不陵弱此王者所以為政於天下也臣伏見去歲先帝登遐
趙諒祚遣使者來致祭延州差指使高宜押伴入京宜言語輕肆傲
其使者侮其國主使者臨辭自訴於朝臣當時與呂誨上言乞加宜

罪朝廷忽略此事未以為意使其怨懟歸國一國之人皆以為黠今歲以來諒祚招誘亡命點集兵馬窺伺邊境攻圍堡寨驅脅熟戶八十餘族殺掠弓箭手約數千人悖逆如此而朝廷乃更遣使臣齎詔撫諭彼順從則侮之傲狠則畏之無乃非文王所以令諸侯乎若使臣至彼諒祚稽首伏罪禁止侵掠猶或可赦若復拒違王命辭禮驕慢侵掠不已未知朝廷將何以行之傷威毀重孰甚於此方今公私困竭士卒驕惰將帥乏人而戎狄犯邊事之可憂孰大於此而朝廷上下晏然若無事者其故何哉豈朝廷自有其備而疏外之臣不得與知乎臣竊惑之所謂備者非但添兵軍馬積財糧草而已也在於擇將帥而脩軍政也三者皆闕何謂有備臣不勝憤懣伏望陛下博延羣臣訪以禦邊之策擇其善者而力行之方今救邊之急宜若奔漏甕沃焦釜猶恐不及豈可外示閑暇而養成大患也

治平元年光又乞戒邊城闊略細故上疏曰臣聞明主謀事於始而慮終於微是以用力不勞而收功甚大切見國家所以禦戎狄之道似未盡其宜當其安靖附順之時則好與之計校末節爭競細故及其桀傲暴橫之後則又從而姑息不能深討是使戎狄益有輕中國之心皆厭於柔服而樂為背叛近者西戎之禍生於高宜北狄之隙起於趙滋而朝廷至今終未省悟光以二人所為為是而以循理守分者為非是以邊鄙武臣皆銳意而生事或以開展荒棄之地十數里為功勞或以殺略老弱之虜三五人為勇敢朝廷稱其才能驟加擢用既而虜心忿恨遂來報復屠剪熟戶鈔劫邊民所喪失者動以千計而朝廷但知驚駭增兵聚糧其致寇之人既不追究而守邊之臣亦無譴責如此而望戎狄賓伏疆埸無虞是猶添薪扇火而求湯之不沸也臣愚切惟真宗皇帝親與契丹約為兄弟仁宗皇帝赦趙元昊背叛之罪冊為國主歲捐二十萬之財分遣二虜豈樂此而為之哉誠以屈己之愧小愛民之仁大故也今陛下嗣已成之業守已安之基而執事之臣數以爭桑之忿忽不貲難成之大計使邊鄙之患紛紛不息切為陛下惜之近者聞契丹之民有於界河捕魚及於白溝之南剪伐柳栽者此乃邊鄙小事何足介意而朝廷以前知雄州李中祐不能禁禦為不才別選將以代之臣恐新將之至必以中祐為戒而以趙滋為法妄殺傷契丹戰鬬之端往來無窮焉況今民力凋弊倉庫虛竭將帥乏人士卒不練夏國既有憤怨屢來侵寇禍胎已成若又加以契丹失懽臣恐國力未易支也伏望陛下嚴戒北邊將吏若契丹不循常例小小相侵如魚船柳栽之類止可以文牒整會道理曉諭使官司自行禁約未可輕以矢刃相加若再三曉諭不聽則聞於朝廷雖專遣使臣至其王廷與之辯論曲直亦無傷也若

又不聽則莫若博求賢才增修德政俟公私富足士馬精強然後奉辭以討之可以驅穹廬於漠北復漢唐之土宇與其爭漁柳之勝負不亦遠哉

光為龍圖閣直學士乞留意邊事上疏曰臣切見近年以來趙諒祚雖外遣使人稱臣奉貢而內蓄姦謀窺伺邊境陰以官爵金帛招誘中國不逞之人熟戶蕃部聞其亡命叛者及與潛交通者已為不少而朝廷不能一一盡知也其熟戶蕃部有違拒不從者輒鈔殺發兵馬公行殺掠弓箭手有住在沿邊者諒祚皆逼逐使入界將帥之臣但坐而視不能救援遂使其餘熟戶皆畏憚兇威怨憤中國人人各有離叛之心及朝廷遣使責問諒祚拒而不納縱有所答皆侮慢欺罔之辭朝廷亦隱忍含容不復致詰諒祚又數揚虛聲以驚動邊鄙而將帥之臣率多懦怯別無才謀以折衝禦侮只為聚兵馬以

自衛其身。一路有警，三路皆徵，盡抽腹内州軍下番寇，豈在麾下，使之虛食糧草。數月之後，寂無影響，然後遣還，未及休息，忽聞有警，又復抽去。如此往還，疲於道路，詎無一事曾有施行。臣雖愚驚，不習邊事，切以私意料之，蕃賊作所以依舊遣使稱臣歸貢者，一則每歲所賜金帛二十餘萬，二則利於入京販易，三則欲覘朝廷不爲之備也。其所以招誘不逞之人者，欲以采訪中國虛實之事，平居則用爲謀主，入寇則用爲鄉導也。其所誘脅熟戶、迫逐弓箭手者，其意以爲東方客軍皆不足畏，唯熟戶弓箭手生長極邊，勇悍善鬭，若先事剪去，則邊人失其所恃，入寇之時，通行無礙也。所以數揚虛聲，驚動邊鄙者，欲使中國之兵疲於奔命，耗散諸蕃，公私貧困，既而邊吏習以爲常，不復設備，然後乘虛入寇也。凡此事若不早爲之慮，使姦謀得成，切恐其爲國家之患不可量也。臣謂朝廷宜宵衣旰食，以爲深憂，而但

見其遣使來貢，即以爲臣節未虧；得其侮玩之語，以爲恭順；得其驕慢之語，以爲誠實。蓋朝廷非不知其本心，欲其未發，止求目前之苟安，不顧異時之深患。臣日夜思之，不勝憤悒，伺戎狄爲謀之深，而中國應事之淺也。臣愚伏望陛下於邊鄙之事常留聖心，特降詔書，明諭中外，應文武臣僚有久歷邊任，或曾經戰陣，知軍中利害及戎狄情僞者，並許上書自言。陛下勿以其人官職之疏賤及文辭之鄙惡，一一略加省覽，擇其道理稍長者，皆賜召對，從容訪問以即日治兵禦戎之策，何得何失，如何處置即得其宜。若其言有可取者，即爲施行，仍記錄其姓名，置於左右，然後選其中勇略殊衆者，擢爲將帥。若能稱職有功，則勸之以爵賞；有瀰敗事，則威之以刑誅。加以選練士卒，留精去冗，申明階級之法，抑挫驕惰之氣。誠能如此，行之不懈，數年之後，使將帥得人，士卒用命，然後惟陛下之所爲，雖北取幽薊，西

取銀夏，恢復漢唐之疆土，亦不足爲難，況但守今日之封略，制戎狄之侵侮，豈不沛然有餘裕哉。

四年，文彥博奏曰：臣被旨令看詳向所上疏并邊陲利害，具可否條列錄進入。臣詳觀向之所陳，大要有五：其一，任將帥以制其衝；其二，亟攻伐以羸其敵；其三，省戍兵以實其力；其四，絕利原以弊其國；其五，慎謚賞以固其本。所謂任將帥者，朝廷何嘗不慎擇而重之。但所擇或得或否耳。既得其人，固當如向所論，使久其任，委各成效。猶如前時屢遷數易，雖得賢才使將帥，亦難責其成功。所謂亟攻伐以羸其敵者，一曰先舉之策，以謂先發制人，攻臧後發制於人，攻貧，故欲亟肆以羸之，多方以誤之。二曰淺攻之策，其大旨欲招誘橫山部族，團結熟戶之兵及義勇弓箭手之衆，侵擾賊境，使不寧居，將自困弊。此皆朝廷素留意者。兼韓琦上言，慶曆初曾與范仲淹嘗建此議，會

西人輸歎而止。去歲樞密院遂與中書同議，悉有成算，尋已降付逐路。今別錄奏議進呈。兼逐路之兵，自來未嘗精較實數，去歲樞密院令編例官類聚得確實人數，降下諸路嚴切訓練，至於部分亦有成法，并檢康定中諸路出師牽制之術，並案付逐帥遵守。朝廷處置之詳，殆無遺策。然此舉動必當其時。去歲十月，臣嘗上奏於先帝：若諒祚果遂倔強，自絕于朝廷，以討伐兇渠、招納降附，策所不可；若猶恭順服過，即當含容，所謂羈縻不絶，況王者之師，非不得已，豈宜輕用。今向亦云：若諒祚改圖自新，復守朝詔，伏望廓天地之量，寬雷霆之怒，省費罷兵，安邊息民，天下之幸。其言是矣。然於平時不可不講議精熟，一旦有隙，用之無疑。所謂省戍兵以實其力者，其要欲省東兵之疲軟，揀土兵之精勤，取實用，損虛費，爲持久必勝之術。朝廷近以討較逐路之兵，去冗留精，皆有定數，俟向去春季依法料簡，兼去歲

不以龍衛兵戍邊。此亦省兵實力之一端也。又曰。絕利源以弊其國者。蓋謂朝廷歲賜并緣邊和市。一宜絕之。賊勢自窘矣。歲賜和市。如諒祚阻命。自當絕之。上三策。不待議論而利害可知。所謂慎經費以固其本者此也。方今至切之務。最要講求。蓋經費若簡。國財乃富。國富即兵強。兵強即蠻夷不敢內侮。而後制禮作樂。馴致太平。何欲而不可。今之言者不計國用之豐寡。而欲輕舉妄動。為國生事者多矣。惟朝廷審而慎行之。兵一用。其費不貲。苟力屈財殫。雖有智者不能善其後。向又以調度兵費。宜以康定為鑒。其言尤為切當。蓋康定時。兵久不用。人未知戰。上下驚然。暴取橫用。莫知紀極。天下困弊。終無尺寸之功。亦可鑒矣。向云。自寶元初守官陝右。出入兵間。今又主關中之漕。首尾七年。目覩心計。固宜詳悉。其言誠有倫理。然謀攻料敵。老將所難。兵者大事。不可輕言之。古人論兵。至慎至重。如向云取橫山如反掌。擒西賊若設置擒免。謀雖可采。言亦似輕。識懼慎之重之慮。慮如此。伏乞聖神詳擇。

起居舍人傅堯俞乞備邊。上奏曰。臣竊聞延州近有審奏。梟口箭籍以為事在諒祚。臣備位外廷。不當首慮機務。輒進瞽言。首所聞兼非惟陛下負狂愚之罪。夫自古禦戎狄者多矣。臣不敢備論以煩天聽。臣獨惟數十年來。不修戎備。而專事姑息。損國家堂堂之威。驕騰羶無厭之俗。近日朝廷頗用道理裁抑以伸暢威靈。蓋為得也。然臣謂度必能制其死命。如臂使指。則反覆低昂。皆得以如我所欲。不然士武將材決莫能犯伸暢之議。廼可獨行。儻猶未也。制御之術宜屈伸相養。今養兵百萬。卒懦且驕。將臣雖多。孰可倚以辦事。國家新遭大喪。人皆一詞。以為府庫屢竭。邊鄙之間未宜有警。伏願陛下詳思遠圖。先為不可勝之備。以挫其姦心。脫或跳梁妄狂。有所干請。權不甚害事體者。間有所屈。庸示含容。則所伸可必矣。惟識理道。曉重輕者。居可以言辭動。可以意揣。今諒祚倡狂恣肆。在人言意之外。豈可不隄防哉。雖未有深策秘計。然為大憂。蔽必其無動。幸陛下念之。夫人有千金之產。已厚積重關。將禦寇竊。一惟難發。則有投間之漢。況天下之大。而復土未畢乎。臣又見今日一人乞備邊而無患。明日一人乞備邊而又無事。遂相安於無事。而謂可以卒無事。所以言日益輕。而備日益不修。臣恐積習因循。為悔遂大。朝廷苟以為然者。不過行文書諭邊吏而已。望陛下修備邊之實。而慮於人之所忽。則天下幸甚。

堯俞改知諫院。乞差人經度西事。上奏曰。臣聞有國家者。慮事於未萌。而修備於無患。況事既然。而患已至者乎。臣雖亡狀。粗為陛下陳之。臣伏見西戎猖狂。負恩逆德。邊鄙之熟戶。則掠為己有。朝廷之使人。則拒而不納。其事勢如此。獨得不為之備乎。惟制御之大。容陛下與執政大臣宜講之已熟。至於控扼之當否。將吏之勇怯。甲兵之利鈍。士伍之強弱。與今狂賊重輕之勢。事有萬塗。非可以盡得於廟堂之上。此趙充國所謂百聞不如一見。兵不可以隃度者也。況沿邊分為四帥。未盡得人。人各有心。議難齊一。伏望陛下詳擇重臣一兩人。往彼經度。制置。俾至秋冬。事有豫備。賊苟侵軼。庶能枝梧。此固事機不可稽緩。

堯俞又乞罷內臣招安熟戶。上奏曰。臣聞近差內臣四人。分為陝西四路鈐轄。俾專安輯熟戶。而理其冤結。仍許每歲一入奏事。臣獨念之。未以為得。緣所以置安撫經略使者。正為此等事耳。若不能慰安使叛而後歸。與無故為羌戎所劫。有司之過一也。苟謂帥臣力不可為。則雖內臣何益。豈有邊鄙藩籬為賊掠去。廼無一人任其責者。今邊事方作。處置不可失宜。臣謂安輯之要。當擇智帥。臣但寬其羈勒使得盡其材力。倘稱不職。重行黜免。則後效可圖。而威靈伸矣。况理有非便。庸可不恩。將來李若愚等奏事。苟不以為信。與無用同。言而必從。則安撫經略之權。遂歸於四人矣。彼帥臣者。將諂奉之不暇。又敢與之較事體。而爭是非哉。縱若愚等審慎無過。猶不足以為後法。便著成效。益有可慮。古人謂塞其涓涓。况勢非涓涓者乎。伏乞收挾翦堯將行。寢罷前事之失。具存方冊。臣不復詳言。惟陛下留神省察。

神宗即位。開封推官陳襄奉使契丹。回上殿劄子曰。臣昨奉使北虜。久留邊郡。竊見高陽關一路。沿邊州軍戍兵。甚冗馬步之卒。不減三萬九千餘人。歲費芻糧動以萬計。諸州儲蓄之數。出於貴糴。多者無數歲之備。　者微三年之蓄。一　甲未釋。則財用已匱。而邊民困矣。萬而亭障無虞。可以姑息。一有警急。如何支持。臣愚以為方今安邊息民之要。莫先於減戍卒而用土兵。戍卒減則財用省。而民力紓。土兵用則戰守易。而城壁固。此祖宗禦戎之遺策。不可廢也。今延安太路七州四軍義勇之籍。無慮四萬六千餘人。可以當爲步戍兵之要。但官司因循矣。於訓練歲時雖有教閱之名。而無可用之實。甚可惜也。况邊防諸郡。深池高壘。有陂塘沮洳之限。無犬羊奔衝之患。萬一有寇至。不過堅吾壁以守之。清吾野以待之。則昔時義勇之軍。足為防托之用。不有也成。又何患哉。臣欲自朝廷先遣才望之臣。按行一路。命與監司長吏將所籍義勇人數重行揀點。去其老弱。而補之壯勇。舍其征役而授以驛耕。每於農隙之時。給與口食。選差教隊使臣分往諸邑。精加簡閱。務令精銳可以効用。然後減去戍兵之半。食於近糧之郡。遇大征伐。則發內卒以應之。如此則土有精兵。塞有餘糧。守禦有備。而邊民蘇矣。始允所奏。乞降付樞密院相度施行

前耀州司戶參軍王韶上書言曰。國家必欲討平西賊。莫若先以恩威令制服河湟。欲服河湟。莫若先以恩信招撫沿邊諸族。蓋招撫沿邊諸族。所以威服唃氏也。威服唃氏。所以脅制河西也。陛下誠能擇通材明敏之士。能周知其意者。令往來出入於其間。推恩信以撫之。使其傾心向慕歡然有歸附之意。但能得大族首領五七人。則其餘小種皆可驅迫而用之矣。諸種既失。則唃氏君臣其敢復簡慢而不歸心於我耶。唃氏既歸於我。即河西李氏在吾股掌中矣。急之可以蕩覆其巢穴。緩之可以脅制其心腹。此所謂見形於彼。而收功在此也。今木征諸族。散欵塞而內為中國之用者久矣。此其意欲假中國爵命以威其部內也。而邊臣以董氈故。莫能為國家通恩意以撫之。此所謂棄近援而結遠交。貪虛降而忘實附。使董氈得市利。而邀功於我。誠非取勝之術也。今木征與青唐族首領瞎藥等在河州。瞎征與其舅李篤氈及沈千族首領常尹丹波等屯結。可欺巴溫與龍川首領羅結在黃河頭。三者皆唃氏子孫。各立文法。漢界遠者不過四五百里。近者二三百里。皆可以并合而兼撫之也。謹具和戎六事。條列如左。一。臣切見涇原秦鳳兩路蕃兵。及洮河宕疊州武勝軍諸族。皆吐蕃之遺種也。自唃斯羅死。董氈繼立。文法祇能安集河湟間。而近邊諸族自為種落。其在疆場之外者。皆強梗頑硬。不為吾用。在內地者。又分離散壞。不相統一。此議者所以謂西蕃諸族皆微弱而不足用也。臣聞古之善御戎狄者。固不患其微弱也。惟其微弱。然後可以并合而有。但國家未嘗得人而覩撫之耳。臣愚以為陛下必欲合西戎諸族而用之。宜擇通材明敏之士。心慮軒豁。能周知羌人情意者。令朝夕出入於其間。往來巡行。察其疾苦。平其冤濫。治其讐結。如漢護羌校尉之比。有不服者。即稍以恩信綏之。身與之為師。使其傾心向慕。歡然有

帰伏之意然後激作而用之則十數萬之兵不出疆埸而可集矣一臣切見西蕃種類皆尊大族重故主諸族有承唃氏之後者羌人皆畏服尊之而唃氏諸孫今在洮河間者皆屠弱不能自立如木征往歲居洮山有青唐族首領雞羅瞎藥及胡僧鹿尊等立之欲立文法收復洮河宕疊等州及武勝軍諸羌而木征屠弱終不能自立會秦州遣人逐去今洮河間諸州並無大族為主雖有瞎征及欺巴温之徒各恃衆自立然文法所及者俱不過一二百里此其勢正可以并合而兼撫之也臣愚以為宜遣人往河州與木征計議令入居武勝軍或渭源城與漢界相近輔以漢法因選官一員有文武材略者令與木征同居漸以恩信招撫沿邊諸羌有不從者令木征挾漢家法令以威之其瞎征及欺巴温之徒既有分地亦宜稍以爵命制其心腹使其習用漢法漸同漢俗於漢界實有肘腋之助且使西賊不得與

諸羌結連此乃制賊之上策也一臣切見鄜延環慶兩路蕃兵自來各有族法使之戰鬬及守堡皆與漢兵絶異往往衆敵衰特立功塞外此兩路藩籬所以益固也今四路蕃兵並是羌戎舊種雖有唃渾党項及吐蕃之别然其種姓實皆出於西戎而已何獨在鄜延環慶則可用在涇原秦鳳則不可用豈天地之所生育與人材性分之所授者絶然相異耶臣體問得宣徽使曹偉在西邊日其用環慶兵皆不及涇原秦鳳只因經略使范仲淹在慶州日與种世衡等廣置各盡其宜故今四路之中唯環慶路蕃兵號為得力是知教之在人而不在其性分之相異也臣愚以為陛下宜擇朝臣有文武材略者往涇原秦鳳擇蕃兵可教者教之因其部族各其心力使勸勉奮勵樂為吾用則十萬餘蕃兵不費官中糧食而可以為心腹之用矣一臣以謂蕃人欲其可用須令有合有離離之所以弱其勢合之所以齊其力沿邊諸族附塞而居者皆分離散處無大首領也勢既離弱又須團合所以均其志趣齊其心力使其勸勉奮勵相率而為吾用臣愚以謂涇原秦鳳兩路蕃兵可為十部每部置都巡檢一人以蕃官有材能識略為衆所服者統之而以漢官一員為都大提舉以總之但得蕃人伏其首領而以漢官總其權任自然不敢作過而久遠並為吾用矣一臣謂沿邊蕃部欲其可用莫若使其與漢人雜居今沿邊蕃部畸零田地耕墾所不至者極多但自來官中須得頃畝相連地段相接者方始招添弓箭手臣愚以為本不須地段相連一段三二十畝以上者即三五段便可招一名弓箭手矣切計沿邊諸族不下十餘萬帳大約十餘萬帳可招弓箭手一萬人以一萬人散居十餘萬帳之間則何患其心腹不一思慮不專哉是則招添弓箭手一萬人便可獲蕃兵十餘萬人之用也一臣切見官中自來然令蕃兵

獻地招致弓箭手多是令其全段獻納盡帳起離此蕃人所以顧戀而不肯獻也若田地隘狹招致不足處可令熟戶隨其地段多少大約耕百畝者即獻十畝與官中招添弓箭手令其全段獻納盡帳起離則蕃人顧戀所獻者狹若隨其地段割令以屬則山原高下所獻者廣又令弓箭手得散在沿邊族帳之間使中國羈游無事之民耕蕃部荒閑之地而可以禁其背叛絶其心腹語其利害豈不顯然明白耶昔魏絳和戎謂戎狄貴貨賤土其土可賈今之蕃部正同此耳若國家厚以恩信撫之其土地皆可買易而致臣切妄古渭州一帶至洮河蘭鄯之間漢隴西南安金城三郡地所謂湟中閻臺臨羌枹罕耶中大小榆土地肥饒宜穀者皆在洮河蘭鄯之間誠得而耕之其利豈止威伏羌戎而已耶書入上即令樞密院召問方略以為秦鳳路安撫司自古渭寨接青唐武勝軍應招納蕃部市易募人營田

等事並令詔主之五年詔建用兵之策王安石力主其議八月詔舉兵破木征收復武勝軍十月改爲熙州六年八月入河州遂城之復將兵至馬練川降瞎吳叱進攻宕州拔之岷州木令征疊州欽令征洮州郭廝敦皆以城降復州五關地自臨江寨至安鄉城東西十里詔加端明殿學士然議者謂詔所上功狀多欺誤不實殺蕃部老弱甚衆雖闢拓疆土而耗費中國不可勝計紹聖以後王贍復建鄯之策實詔啟之也

翰林學士鄭獬論种諤擅入西界上奏曰臣伏見十月二十四日召兩府大臣入議外言切皆傳种諤已提兵入據綏州橫山豪酋挈族內附審如是豈朝廷之福耶衆議累日以諤將安出事雖隱秘不漏針芒然遠近喧傳卿就道以毋沈爲轉運使發京師兵及銀數十萬兩倫侈餉出錦袍銀帶賜降者觀此則殆將兩持首尾未有決然判安危之至策也臣前言不可納橫山及見手詔以諒祚順向深戒邊臣無得生事臣以爲信今乃知朝廷外示綏靜內包陰計蓋皇帝王之大略然尊用變詐之士務爲掩襲之謀乃戰國強暴之君所爲也況陛下初履天位猶處諒闇宜念祖宗蒙成太平之業以淵靜鎮海內仁澤結民心不及慮此而過聽一二邪臣之說欲以奇譎幸邊功此天下盡知其不可而陛下獨以爲可冒而行之聞者莫不寒心然种諤之奪綏州若不奉陛下之風指安敢一日不俟上報徑驅數千卒直擣虜境乎不然則擅興有罪陛下何爲而不行誅夫中國以信義撫四夷既約束邊臣無得生事詔墨未乾而奪其地信義俱棄其曲在我彼將嫚辭以請罪則朝廷何以報之如彼懷不順繼纏表而犯邊我不得已而起應之則士卒雖肝腦塗野而不辭蓋舉天下之怨在彼也今無故而先擾之彼將率其犬羊之衆而來爭則士卒有

旅拒躊躇而不行者矣蓋舉天下之怨在我也豈唯士卒之不樂哉府庫之空乏此四海所共患千金之費不給則必賦諸民則將見寖産壞家弃父母鬻子孫以供軍期者矣萬一有姦雄之徒窺隙而乘之嘯爲盜賊小則剽屋廬大則肆郡縣於此之時潰爛而不救則於社稷生靈得無有負乎事有謀小而妨大者正爲此也而种諤不顧國家始末之大計乃欲以一螻蟻之命以天下爲兒戲苟貪微功以邀富貴此正天下之姦賊若不誅之則無以屬其餘臣以爲陛下必欲逆折禍亂之機牙使不爲異日之悔則莫若下詔聲諤之罪誅於塞下及薛向高遵裕楊定張穆之等皆付有司次第以治其罪然後遣一介之使持手詔還諒祚以綏州及橫山之降民遂明告以諤等生事已次第伏罪則彼又將何求於我如此則顯示中國履信之義而復收夷狄向化之心無遺鏃折戟之費而事立解矣如有言者希望先以爲不然此皆非忠臣豈敢以犬馬之餘生而保天下之事乎臣以太白經天四方地震皆爲兵象切恐兵禍起於橫山之議今見其端矣無使臣言之驗則朝廷之福也伏望陛下上觀天象下察人事以宗廟社稷爲念以四海生靈爲意無令天下無罪之民爲姦臣所誤今誅一姦臣而天下定其利害較然可見陛下決意行之無疑臣不勝區區之懇

知諫院楊繪論种諤擅入西界上疏曰臣聞帝王之道唯信爲大仲尼以爲兵食可去信不可去晉文霸國之君尔猶曰得原失信何以庇民今爲國家患唯西北二虜然而數十年無烽燧之警生民不識戰鬭之苦者豈專伏金帛而然乎亦恃乎信誓之言而已矣比者西戎新納信款切聞高遵裕詐傳聖旨與种諤等納西夏叛人首領近三十人仍深入虜界地名綏州築城以居之臣切謂朝廷若遂從其

計。則失信於戎狄。生起邊事。無窮極矣。爲今計者。莫若貶謫其矯制擅興之罪。以正典刑。仍差使告諭西夏。示非朝廷之命。如此。則大信不失。興功生事之徒少有懲矣。臣又聞西戎有僭逆之狀已五七年。擅置官司。僭更年號。而但偃強於巢穴中。終不敢顯然出兵爲邊鄙之患者何哉。彼雖戎狄。亦不敢無名而舉矣。今既納其逃叛。遣則彼之作過有名矣。以中國而失信於外夷。一不可也。既失信於西。則北戎亦從而疑。信誓之不實。是一舉而兩失。二不可也。興師有曲直。直者奮而曲者怠。左傳所稱我怠彼奮是也。今若生起邊患。則差往戰鬭者必曰。彼邀功生事。高遵裕种諤實當其名。而被堅執銳出生入死。則使吾徒爲之。有不伏之心。而生懈怠焉。則難以必勝。三不可也。有此三不可之大患。則朝廷何恤於二子。而不惜於邊鄙大患乎。方今公私帑藏。近已空竭。糧運不繼。當取於民。民將不堪。則患起於

内矣。臣切料扶其議者。必曰若貶二子。歸其逃者。則西虜亦未必息兵。未若因而成功。臣切謂朝廷自不失信。而虜作過。則直在我矣。我直彼曲。雖興軍擾民。軍民何辭以怨乎。外人議者或曰。茲事盡起於薛向鹽馬之法。行之六七年。今將弊矣。薛向欲求脫去。而使他人乘其弊。故與楊定高遵裕种諤等建爲此謀。欲求邊任而罷轉運使之職。致陝西之民。從夏秋以來。倡言朝廷欲收復橫山。而不恤陝西之民。甚有怨咨。近外人又傳惑陛下之聽於外者楊定也。惑陛下之聽於内者王中正也。致陛下銳於橫山之議者。職斯二人。臣雖愚昧。豈不知此事之非實。但願陛下早賜旨揮。則外人浮議自弭矣。臣忝諫職。敢不盡言。

知雜御史劉述論种諤擅入西界。上疏曰。臣昨以种諤不稟朝命。擅興兵馬城西界綏州。有違指詔。爲國生事。嘗具奏聞。乞并同謀人枷送下獄。從朝廷差官制勘。依軍法施行。續又奏薛向楊定張穆之高遵裕王中正輩表裏相結。誑惑聖聰。妄興邊事。乞行根勘。以正典憲。未蒙朝廷盡理施行。臣伏思之。陛下新紹大統。方在亮陰之中。所賴者兩府大臣協心畢力。脩輔庶政。以安民心。以固根本。至於疆埸之事。尤宜戒飭帥臣。講信脩睦。撫寧遐荒。而乃輕用姦臣之言。遽議用兵之禁。失信於外國。結怨於遺民。而況關陝之西。比年饑饉。民力凋弊。國帑空虛。自寶元康定以來。人間瘡痍尚未全復。今又使之奉期會之役。供倉卒之求。彼獨何以勝其苦哉。故臣慮有不堪其憂者也。又風聞每於中書商量會議。其間多顧避形迹。不務昌言。或各持已見。靡從正論。至有累日而不能決者。夫軍國之事。常有緩急。若機會一失。則如奔川逸驥。弗可挽止。今兩府大臣依違如是。使之適變而應猝。豈不殆哉。昔唐太宗謂黃門侍郎王珪曰。近日中書所行詔勅

頗有意見不同。互相是非。或有苟避私隙。相惜顏面。知非不正。遂即施行。惜違一官之小情。偏爲萬人之大弊。此實亡國之道也。隋内外庶官。主以依違而致禍亂。疑識人主獨見事機。委任責成之先務也。臣愚欲乞陛下面戒兩府。今後並須戮力一心。堅守正道。凡所議事。皆當原始要終。不可偷爲一切。以貽久遠之患。詔旨有所未便。亦須據理執奏。毋事循嘿。仍乞審加聖鑑。辯其邪正。其辯邪正之術。如唐李絳所言。試取惡事。假以上意爲善而問之。或取善事。假以上意爲惡而問之。其人或不顧事實。好惡使隨聖心而言。則忠信傾邪立可識矣。此得其要也。其間或有無所裨益。唯務阿附之人。宜加罷出。以懲在位。則賢否分而職業脩矣。臣以戇愚。動觸忌諱。忠憤所激。豈敢愛身。惟陛下念之。

熙寧元年。述又論种諤薛向上疏曰。臣切聞趙瞻勘到种諤詐稱得

密旨擅發兵馬城鎮州。公案止斷追官安置而已。案內亦不一一就勘到薛向張穆之高遵裕王中正等人。外議喧然。皆謂未得公當。夫矯制發兵人臣之罪無大。懷奸罔上國家之法不容。一則見不忠於主。一則茲實叛亂之漸。為天下者不可不深懲也。昔漢馮奉世矯制斬莎車王傳首京師。威震西域。宣帝欲加爵土。蕭望之以為不可。恐後奉使者為國生事。武帝時王恢用馬邑豪聶一計。欲舉兵攻匈奴。與韓安國論難往復數四。武帝從恢議。後無成功。下恢廷尉。廷尉以為當斬。太后以田蚡之言謂武帝曰。恢為馬邑事。今無成而誅恢。是為匈奴報仇也。武帝曰。首為馬邑事者恢。故發天下兵數十萬。今不誅恢。無以謝天下。恢聞。迺自殺。恢當時稟命於朝廷。而舉事不成。武帝猶謂不誅無以謝天下。蓋慮後來狂易之人。妄興邊事。殺傷士卒。疲弊中國故也。以為戒。今种諤詐稱密旨。擅發兵馬。以致邊境騷然。公私勞費。此而不誅。孰為可誅者。所幸賴者陛下仁聖之心。充格天地。天地神靈擁祐聖德。故致諤祚死。不然兵連禍結。百姓受弊於今已不淺矣。伏望陛下深思宗社之計。早絕禍亂之源。發於聖斷。斬諤以謝邊民。以誡後來專輒興事以遺國家之患者。天下幸甚。天下幸甚。其次薛向臣探諸眾論。其人本為擘畫用鹽博馬事。今來鹽鈔布滿中外。費之折錢而復不顧其法已弊矣。向切欲擺脫。未有緣由。故於上前妄陳橫山可取之議。欲作邊帥以徼己利耳。非忠於朝廷也。洎過本路。遂將公文并手詔與諸將。稱得密旨圖取橫山。以致种諤狂發。貪功恐為他人所先。輒作此事。跡其所由。首惡者乃向也。今种諤既議追官安置而已。向廼猶不失為州。臣恐用法未適輕重之宜。縱使陛下當時曾許向經營此事。乃為向以甘言厚利眩惑之故。所謂懷奸罔上者。非向而誰。漢武帝所以不赦王恢者。正為此爾。中外皆謂向

險巧之人。善結權貴。故位至此。意用此道。陛下既為此人面欺。當須覺悟而怒之。不必曲為主張。掩蓋其罪也。臣恐今後姦邪之人。窺見此意。別生事端。誑誤陛下。以為朝廷招天下之患。陛下又將王張掩蓋之邪。將不然邪。臣聞聖人無常心。以百姓心為心。言從眾也。仁宗皇帝未嘗私意喜怒。天下之人謂之善則用之。天下之人謂之惡則棄之。是以天下稱其聖。此陛下所宜法而行之者也。今薛向之罪惡中外切齒。關陝之人。恨不食其肉而寢其皮。而陛下獨未悟。臣所未諭也。其勘官趙瞻所勘得种諤薛向等。今使合追攝勘證。豈得再取朝廷旨揮。顯見黨庇懷奸首惡之人。伏請選差公正強明臣僚并趙瞻一處勘鞫。以正邦憲。以厭人心。臣前已具奏乞不差趙瞻作勘官。恐因與薛向鄉里之舊。曲為黨庇。今乃一一果然。臣恐兩府大臣中亦有黨庇薛向如趙瞻者。陛下不可不察也。臣職在糾奸。故敢觸冒忌諱。昧死陳誠。惟陛下念之。

神宗時。張方平出知青州。未行。帝問祖宗禦戎之要。對曰。太祖不勤遠略。如靈夏河西皆因其酋豪許之世襲。環州董遵誨西山郭進關南李漢超皆優其祿賜。寬其文法。諸將財力豐而威令行。間諜精審。吏士用命。故能以十五萬人而獲百萬之用。及太宗謀取燕薊。又內徙李彝興馮暉於京。朝廷始旰食矣。真宗澶淵之克。與契丹盟。至今人不識兵革。三朝之事如此。近歲邊場之臣。乃欲試天下於一擲。事成徼利。不成詒患。不可聽也。帝曰。慶曆以來。卿知之乎。元昊初臣。何以待之。對曰。臣時為學士。稽詔封冊皆出臣手。帝曰。卿時已為學士。可謂舊德矣。

右正言孫覺論自治以勝夷狄之患。上疏曰。臣伏見陛下去年經營西事。議不素定。邊臣二三。爭令偏裨輕易出師。深入營建城壘。轉輸

饋運數道。為之騷然。終之楊定見誘。喪元於敵。今又戍傳交趾爭立。
內相誅夷。為更易廣帥。以至閩越諸州。大抵改置牧守。務而壯戎亦
輒為播約擅剌兩地邊民。中國四隣。而三方皆警。此蓋陛下新即大
倭夷狄未見威德。共啟或為侵侮。以窺我邊。朝廷整飭戎備。選置任
使。未為失計也。然臣切聞之。虞書曰。柔遠能邇。惇德允元。而難任人。
蠻夷率服。夫以堯舜之時。聖賢相會。宜長策成算以厭伏四夷。然其
言專以難任人為本。蓋任人處內則主聽眩。主聽眩則任使不明。忠
邪雖推舉。有智勇安所設施。或任人放逐。則智者竭其智。勇者獻其
力矣。如是則何蠻夷之足患哉。臣又聞六月詩之序曰。小雅盡廢。則
四夷交侵。中國微矣。蓋小雅王道之序。凡其所言皆綱紀人倫。惠養
萬物。君臣相遇以誠。而知羣下之勞苦。遣使勞還。恩意愈篤。反復以
自治為先。故能周道中興。夷狄遠迹。臣愚切以夷狄之患。雖蠻王所

不免。惟知自治者為能勝之。伏望陛下雖講邊備。選帥臣。而深以將
書為監。日新盛德。使任人不能眩聽。而次序以興小雅之廢。則臣亦將
見四夷畢來。陛下深拱以享太平之報。
覺又論治邊之略。上疏曰。臣伏見陛下深以戎狄為念。而治邊防患。
軍實臨朝慨然思古之將帥。至親撰文以祭前朝大將之有功者。委
老降虜賜之服章。延見訪逮。以此見陛下之於夷狄猶懷不平之憤。而
欲上為列聖攄之於無窮也。臣誠不自料。謹上治邊之略。伏惟留神
采擇。國家與虜和好六七十年。雖時有邀求。或小侵擾。然未嘗敢頓
懷信誓。深入大掠。邊民白首不見兵革。朝廷歲捐金繒。厚禮重幣。
以結其懽心。然吾之元元得父子相保。以養其家。不至于暴露流離
肝腦塗地者。列聖之賜也。其賄雖厚。其勢益驕。其勢終至於用武。何
也。與者倦而其取無厭。約既久則其終必弊。則其至於用武也。豈得

已哉。老子曰。兵者不祥之器。非君子之器。聖人不得已而用之。苟不
得已。則軍備不可以不實。邊防不可以不修。將不可以不擇。卒不可
以不練。吾之糧械既已備。足戎人守信誓。強弱則吾固待之如初。
若大有所求。違約妄作。或舉重兵以臨境上。吾恃吾有以待之。則以戰
以守。惟上所令。臣雖未嘗至邊州。以臣之所聞見。切恐今日之將卒
器械糧廩未可以與虜角也。臣聞李牧之為趙將。居邊軍市之租皆
自用享士。賞賜決於外。不從中覆。委任而責成功。故李牧乃得盡其
智能。選車千三百乘。騎萬二千。四百金之士十萬。是以北逐單于。破
東胡。滅澹林。西抑強秦。南支韓魏。委任邊將必若趙之於李牧可也。
太祖皇帝神武聖謀。獨知邊事。故關南用李漢超。瀛州用馬仁瑀。常
山用韓令坤。易州用賀惟忠。　州用何繼筠。延州用趙贊。慶州用姚
內斌。環州用董遵誨。原州用王彥昇。靈州用馮繼業。遠者至二十年。

近者亦不減十餘歲。其家留京師。以無恤之甚厚。郡中警権之利。悉
以與之。恣其市易。免所過征稅。令募驍勇以為爪牙。每來朝。必召對
賜座。飲食之。其還也。厚加賜賚。故邊臣於財得以養士。用間通知蕃
人情狀。敵將入寇。我已先知。設伏掩擊。多能以寡勝眾。以至平蜀平
荊下廣取江南。二十年間。用兵四方。而不以西北為慮者。諸將守
邊之力也。臣以謂才能策略若此十數人者。未乏於世。顧所以委任
責成之道何如耳。誠能講求擇將之方。於諸州要處試而用之。其才
果可任也。則付之一州。以便宜從事。地可墾闢。聽招土兵。卒可選用。
聽其廢置。財可聚散。聽其出入。間諜往來。聽其自使。率歲來朝。燕見
加禮。使君臣之際洞見心腑。則將輸其忠。士盡其力。是彼邊諸州皆
得李牧以守之也。如此則虜之進退常在中國。至於無厭之邀求。無
故之侵侮。彼將望風而自沮矣。孰敢赴湯蹈火以取糜爛者哉。夫以

袞周之諸侯唐室之藩鎮皆以一國或數州之地外扞夷狄內拒天子。蓋用志不分者能以小敵大委任責成者能以寡勝衆也。今以天下之大四海之富而鰓鰓然嘗有夷狄之患用人不專而間謀者衆不假人以權而朝廷自任責故也。臣聞治天下辟之養身身之血氣不可偏有所養養血以勝氣養氣以勝血皆以致疾而害其身文武之為用亦何以異此。國家自西師講和以來天下以兵為諱武事之不講也久矣。陛下天錫勇智兼用文武方將大拯天下之弊以為宗廟無窮計慮則夫備邊選將之方特其小小者耳。伏望陛下日新盛德聽用賢俊收采衆策以期成功天下幸甚。

歷代名臣奏議卷之三百二十九

歷代名臣奏議卷之三百三十

禦邊

宋神宗熙寧三年十一月司馬光乞留諸州屯兵劄子曰。臣奉勑充永興軍一路兵馬都總管安撫使臣竊聞本路十州所管屯駐禁軍至少大率皆是緣邊就糧兵士常時分為上下番有一半在邊州。或遇邊上稍有警急則盡皆抽赴邊州並無守把兵士。臣竊惟天下事不可忽必須思患豫防戎狄犯邊雖當竭力捍禦然腹內州軍豈可全無武備況邊州皆有軍資甲仗市邑民居萬一犬羊奔突閒諜內應或盜賊乘虛姦人竊發其本州官吏手下無兵雖有智勇將安所施臣愚以為邊州宜各添一指揮禁軍屯駐內永興軍為關中根本宜添兩指揮若朝廷別無兵士可以差撥只乞於緣邊就糧兵士內依此數目撥留在邊州屯駐邊上更不得勾抽所貴緩急不至乏備取進止

四年樞密使文彥博論進築河州奏曰臣竊聞議論欲至秦鳳進築河州漸恢遠略臣竊思之以為未可蓋熙州初成猶未全固西蕃內附尚要撫綏積粟未豐屯兵雖衆未宜多事恐累成功臣以謂且須增固熙州使有保民之利安存蕃部務堅向漢之心倉廩豐盈士馬壯健以守則固以戰則強根本既堅枝葉自茂然後洮河之表以指顧而就今欲務遠臣切深憂古人謂欲速則不達見小利則大事不成又云勞於服遠不若脩近斯言可鑒在理必然夫趣時希旨人之甚利犯顏違意人之甚害中人之情鮮不為利多是顧身謀而諂說豈肯為國而危言臣待罪之所地兼將相若括囊無言仰屋切歎享祖宗之榮擢荷陛下之倚任是敢因事極論違衆立異庶幾萬一有補涓塵陛下以臣為納忠報國幸賜采擇以臣為害成沮事甘俟誅

專臣無任惶恐隕越之至。

元豐五年，彥博判河南，上奏曰：臣去歲冬輒率愚瞽，冒奏陳陝西邊事。今春蒙差臣男貽慶特賜臣二月二十五日手詔，撫諭優厚，聖慈矜寬，不責狂易。恭讀詔旨曰：六軍還塞，將士已殫勞，黎民已告病，今日之勢，豈復可遠舉深入哉。惟固境自完而已。近命涇原制置城壘亭障，銷虜衝軼，非有前日圖也。臣仰味聖言，伏增欣抃，有以見陛下推堯舜之心，卹生靈之困，藹茲溥率，廣被涵育，幸甚幸甚。然自今秋已來，復有邊戍開疆運糧深入，此必是邊臣希功覬爲僥倖，開陳端緒，誑惑朝廷，料敵不精，致有撓敗。進此計者，陛下必知其人，乞行顯誅，以戒今後干賞蹈利之輩，免致向去更誤朝廷大事。望以今年二月二十五日詔書大旨，密諭邊臣，嚴設備預，固境自完。來則禦之，去勿遠逐。更年歲間，士氣復振，民力復完，足食足兵，何求不可。醜羌聞之，自當屈服。臣又聞謀攻料敵，老將所難，不當與新進白面書生，惟務高談，虛論容易而計畫之。今以天下之大，士人之衆，豈無深識遠慮，懷忠守正，更事歷試之人。願陛下詳求而審用之。如祖宗朝所用捍邊守塞宿將名臣，見於國史者多矣。乞詳察之。臣之此言，非不知觸犯時忌，蓋耄耋之年，被三朝重任，蒙陛下眷獎尤深，乃心本朝，義均休戚，豈當隨例緘默，上負聖明。伏望天慈，亮其區區竭盡之誠。

熙寧八年四月，樞密副使富弼以詔問北邊事宜，上疏曰：臣素乏才業，叨歷二府，昔在壯時，精力尚不及人。今老且病，氣志衰耗，何足備大政之問。然臣實非已見，今但舉衆人所得聞者錄以上奏，惟聖明裁擇。臣五、六年來，竊聞綏州、囉兀、熙河、辰錫、戎瀘、交趾，咸議用兵。唯交趾中寢，其餘諸路皆有攻討，或魁獲或喪失，即傳播天下。而綏州、囉兀、熙河始初興舉，使傳聞云朝廷必復靈夏，平賀蘭，既又大傳有人上平燕之策，以此說尤盛。北虜必已探知，相繼彼復聞朝廷修整器甲，簡練兵伍，增築城壘，積聚芻糧，加之招致高麗爲牽制之援，近又分置河北三十六將，按閱愈急，喧布漸久，事機參合，此虜人所以先期啟釁，以發代北侵境之端，而不肯已也。其平賀蘭、平燕之策，虛實固不可知，然傳者既多且久，萬口一詞，誰敢辯白。設有辯者，遠夷何以取信。今釁端已成，代北各屯兵馬，境上爭議，逾年未決。橫使再至，事歸朝廷。此邊城之職，而朝廷自當之，則恐理難收緩，使一要可否，遂之則兵立起，而患速；順之則河東斥堠窄狹，爲患雖遲，而久遠不便。臣謂不若一委邊臣，令其堅持久來圖籍疆界爲據，使其盡力交相詰難，然北虜非不自知理曲，蓋故欲生事，遂興干戈，以氣吞我，以勢陵我，是欲奪我累年所作之事。彼非敢無故驟興此端，實有以致其來也。惟陛下深省熟慮，未可獨謂虜人結釁背盟也。彼若萬一入寇，事不得已，我持嚴兵以待之，來則禦戰，去則備守，此自古中國防邊之要也。若朝廷乘忿，便欲深入討擊，臣實慮萬一差跌，其害非細。更或與西夏爲犄角之勢，則朝廷宵旰矣。事既至此，邊奏警急，兵糧皆缺，窘於應用，須防四方凶徒必有觀望者，謂國家方事外虞，其力不能制我，遂相嘯聚，蜂蝟而起，事將奈何。臣願陛下以宗社爲憂，生民爲念，納汙含垢，且求安靜，更俟歲時豐稔，窮困稍蘇，流亡漸歸，民粗安業，稅賦不失，倉廩不虛，恩信宣布，人心固結，然後別圖萬全之舉，貫勉一跌之失。此天下之願也，亦臣之志也。向又嘗傳陛下決爲親征之謀，中外益更憂懼，心殞膽落。陛下雖英睿天縱，必有成算，然太平天子與創業之君事體絕異，尤不可驟然輕舉。又恐朝廷且作聲勢，固無實心，事若如此，乃是我以虛聲而邀彼實來也。張虛聲者必有疎略之虞，作實來者必有周密之慮。以疎略之虞，而當周密之計。

其成敗豈不灼然耶。假令入討得志而還。此契丹一種。益力自大。況又夏國唃廝囉高麗黑水女真達靼等諸蕃爲之黨援。其勢必難殄滅。使無噍類。即此結成邊患。卒無已時。尤非長轡遠馭之道也。臣切謂因橫使之來。且可選人以其疑我者數事開懷喻之。云朝廷凡所爲武備。乃中國常事。非須外興征伐。向者用武之地。皆小蕃有過者。朝廷須合問罪。若吾二大邦通好。已是七十餘年。無故安肯輒欲破壞。恐是奸人造作妄興鬭諜。或是彼聞我整肅邊事。即疑我有所興作。我既知之。豈免大爲準擬。蓋因此互相疑惑。養成釁隙。遂有今日爭理。朝廷更有可說諸事。但盡說之。須令釋然無惑。乃一助也。橫使始不納。即遣報聘者於戎主前具道此意。庶幾一聽。必有所益。緣彼大藉朝廷歲與。方成國計。既有顧藉之心。豈無安靜之欲。只以疑情未釋。遂成倔強。若與開解明白。必肯回心向化。凡百芥蔕。盡可脫略。

苟互相疑忌。兩情不通。禍患日深。必成後悔。臣歷觀春秋戰國時諸侯遞相征伐。兩兵已合。飛矢在上。行人在下。辯說解釋。遂各交歸而退。卻復盟好者。比比皆是。況今釁端漸啓。兵尚未合。且可多方以理解釋。或能有濟。與其用兵戰而決勝負。萬萬不侔也。彼此致疑及禦戎二事。臣並得之群論。非出胸臆。是皆目前衆所共知所共見必然之理。非事外別生奇異之策也。臣更望陛下兼求博訪。未宜專聽一偏之說。恐有迎合聖意及畏避用事之人。不敢盡以實事上奏。有誤國家大計。臣今所以及此者。切聞去春以久旱。陛下特降手詔。許人極陳朝政得失。中外歡抃。咸謂聖情已大開悟。尋聞上章論列者甚多。隨而或遭貶降。陛下殊不以手詔召人極諫爲意而優容之。反令得罪。士大夫自此皆務鉗結忠蓋之語。未敢復出于口。臣謂下情不能上達者。朝政莫大之患也。願陛下深思極慮之。早令天下受

賜。及朝廷無害。未勝矣。此奏雖於繼遣。又且發事理明白。不敢加飾及援据古事。但直書利害而已。昔楚相子反謂區區之宋尚有不欺人之臣。況中原大國。已與北虜結隙。今若更不推誠以待之。則恐不能解疑釋惑也。伏乞聖慈特加裁恕。

九年六月。弼又論蠻獠侵犯。乞詔諸道以寬民爲務。疏曰。臣退伏草茅。不預人事。近者切聞蠻獠犯我疆封。二廣致災。五嶺嚴備。雖爲手足之患。蠹煩宵旰之憂。然而命將得人。出師有日。上煩宸算。必成武功。臣又切聞淮南累歲尤爲荒饉。流亡餓殍。殊濟難周。今縣起發萬之徒。所由諸路而往。兵馬所到。糧草須辦。監提守宰。唯務供軍。府庫倉箱殆難足用。既各求於集事。恐必至於擾民。又有按察之官繼行督責之令。上下逼迫。公私煎熬。人心不寧。實可矜憫。臣又切聞南方鄉村城郭。重疊通欠官司錢物。其數浩瀚。若監司州縣又相迫催。

理。仍與此時贍軍所費一併取足。則民不堪命。無以爲生。庸聚嘯爲賊。或難禁戢。陛下天賦仁聖。累降寬卹之詔。其如所在閣用出於無可奈何。須至侵漁。方能濟集。而又官吏各思一時苟免罪責。未暇爲國家憂及後患。而爲長久之計也。臣又切聞諸處興修水利之類。役人甚衆。多或至於一二十萬。既傷耗民財。事亦不細。伏願陛下深詔有司。并下諸道。以寬民爲務。凡所通欠。可蠲者與蠲放。理難蠲放者。多分料次。且令逐還輸納。及權罷諸般興作。令養民力。一意專以破賊爲急。俟嶺南寧息。歲時稍豐。然後別上圖議。以稱朝廷有爲之心。國計未晚也。臣杜門謝事。雖如聾瞽。但時得於四方之人傳聞者。今錄以上奏。苟有妄說。惟陛下恕其愚而憐其心。以來衆正之路。

八年四月。判相州韓琦答詔問北邊事宜。上疏曰。臣伏蒙聖慈特差入內內侍省東頭供奉官幹當內東門司裴昱齎賜臣手詔。以朝廷

通好北虜八十年近歲以來生事弥甚代北之地素有定封而輒開釁端妄來詐理比敕官吏同加按行雖圖籍甚明而詭辭不伏今橫使復至意在必得朕以祖宗盟好之重固將優容而情無厭勢恐未已萬一不測何以待之古人大政必詢故老卿夙懷忠義歷相三朝雖爾身在外乃心罔不在王室其所以待遇之要禦備之方密具以聞臣晚年多病心力耗殫日欲再乞殘骸保此衰暮不意陛下以北虜生事深思預防記及孤遠曲有詢逮敢不勉竭以塞聖問臣切以契丹與中國抗者蓋一百七十餘年矣自石晉割地并有漢疆外兼諸戎益自驕大在祖宗朝屢寇南牧極肆凶暴當是時豈不欲悉天下之力必與虜角哉終以愛惜生靈屈就和好疆埸有所興作深以張皇引惹為戒以是七十年間二邊之民各安生業至於老死不知兵革戰鬭之事至仁大恩不可加也臣觀近年以來朝廷舉事則似

奏議卷之三百三十　六

不以大敵為恤虜人素以久強之勢於我未嘗少下一旦見形生疑必謂我有圖復燕南之意雖虜主孱而佞佛豈無強梁宗屬與夫謀臣首畫此計引先發制人之說造此釁端故屢遣使以爭理地界為名觀我應之之實如何耳所以致虜之疑者臣試陳其大略高麗臣屬契丹於朝廷久絕朝貢向因商舶道意招諭而來且高麗小邦豈能當契丹之盛來與不來國家無所損益而契丹知之謂朝廷將以圖我此契丹之疑也秦州古渭之西吐蕃部族散居山野不相君長耕牧自足未嘗為邊鄙之患向聞強取其地建熙河一路殺其老少以數萬計所費不貲而河州或云地屬董氈即契丹壻也既恐闢地未已豈不往訴而契丹聞之當謂行將及我此又契丹之疑也北邊地近西山勢漸高仰不可為塘泊之處向聞差官領兵徧植榆柳冀其成長以制虜騎然興於界首無不知者昔慶曆嫚書所謂刱立隄防障塞

要路無以異矣然此豈足恃以為固哉但使契丹之疑也河朔義勇民兵置之歲久耳目已熟將校甚整教習亦精而忽聞保甲一道紛然義勇舊人十去其七或撥入保甲或放而歸農得增□之□破可用之成法此又使契丹之疑也自虜人辨理疆界河北沿□□與近裏州郡一例差官檢討修築城壘開淘壕塹與北京徙治九□敵樓戰棚之類悉加換易增置防城之具率令備足逐處兵甲器次差官檢視排垛張敵前後非一又諸處刱都作院頒降新様□謀造作濟川等處刱為戰車凡皆衆自所製諜者易窺且虜人未有動作彼無秋毫之損而我已費財殫力先自困弊此又使契丹之疑也近復置立河北二十七將各專軍政縣不得關防□川地控扼□亦設將屯兵其隨軍衣物有令兵士自辦者有令本營增置者有官造給付者以至預籍上戶車馬騾驢准備隨行削作出征次第不

奏議卷之三百三十　七

可蓋掩此又深使契丹之疑也夫北虜素為敵國設如此則積□事不得不然亦其善自為謀者也今橫使再至初示偃蹇以契朝廷況代北與雄州素有定界若優容而與之恐虜情無厭浸淫不已誠如聖詔所諭固不可與或因其不許虜遂持此以為己直縱來大舉勢必漸擾諸邊卒聽盟好蓋有因緣而致此者乃煩明詔訪以待遇備禦之要自顧老朽夙夜思之其將何策上助聖筭臣聞言不及而言謂之躁言及之而不言謂之隱臣昔曾言散青苗錢不便事而言者輒肆厚誣非陛下之明幾及大義自此新法之下雖其間有未協人情者實避嫌疑不敢更有論列今親被詔問事繫國家安危言及而隱是大不忠罪不容誅矣臣嘗切計始為陛下謀者必曰自祖宗以來紀綱法令率多因循苟簡非變之不可也治國之本當先有富強之術聚財積穀寓兵於民則可以鞭笞四夷盡復唐之故疆然後

制作禮樂。以文太平。故始散青苗錢。使民出利。所得之利。復以為本
但務多取。歲增本錢。無有定數。又為免役之法。自上等以至下戶。皆
令次第出錢募人應役。從來上戶輪當衙前重難。故其間時有破敗
者。今上戶一歲出錢不過三十餘緡。安然無事。而令下戶素無役者
歲歲出錢。此則損下戶而益上戶。雖百端補救。終無善法。又役錢之
內。每歲更納寬剩錢。以備他用。此謂富國之術也。且農民送納夏秋
稅賦。一年兩次。納不前者。始有科校之刑。今納青苗與役錢。已是加
賦。有過限者。亦依二稅法科校。則是一戶一歲之中。常負六次科校
民不勝駭矣。稍遇水旱。則逋負官錢。流移失業。是已著見。孰敢言者
又內外置市易務。盡籠天下商旅之貨。官自取利。主以得利為功。圭
刀必取。小商細民。遂無所措手。加以新制日下。更改無常。州縣官吏
茫然不能詳記。稍有違者。坐以徒刑。雖經赦降去官。不得原免。監司

皆責以刻為明。薄法之苛。過於告緡。故州縣之間。官吏惴惴。然日尚
一日。皆以得罪為幸。夫農者國之本也。商者能為國致財者也。官吏
者。助朝廷之教化者也。今農者則怨於畎畝。商者則歎於道路。官吏
則所在不安其職。恐陛下不能盡知也。夫欲攘捍四夷。以興太平。而
先使邦本困搖。眾心離怨。振古以來。未聞能就此功者也。此則陛下
始謀者之大誤也。陛下有堯舜之聰明。知其所誤。能改不吝。蓋人之
大德也。又今好進之人。不顧國家之利害。但謂邊事將作。富貴可圖。
獻議以干陛下者。必云虜勢已衰。特外示驕慢耳。以陛下神聖文武
若擇將臣。領大兵深入虜境。則幽薊之地。一舉可復。此又未之思也
今河朔累歲災傷。民力大乏。沿邊次邊州郡。芻糧不充。新選將官。知
皆麤勇。保甲新點。未經訓練。若驅重兵。頓于堅城之下。糧道不給。軍
人四向來攘。腹背受敵。欲退不可。其將奈何。太宗時。雖曹彬米信名

德宿將。猶以致岐溝之敗也。臣愚今為陛下計。謂宜遣使來報使。致
禮幣。開示大信。達以至誠。具言朝廷向來興作。乃修備之常。與北朝
通好之久。自古所無。豈有他意。恐為諜者所誤耳。且漢土素定。當如
舊界。請命邊吏退近者侵占之地。不可持此造端。欲懷祖宗累世之
好。永篤信約。兩絕嫌疑。望陛下將契丹所疑之事。如將官之類。因而
罷去。以釋虜疑。萬一聽伏。則可遷延歲月。陛下益養民愛力。選賢任
能。疏遠姦諛。進用忠鯁。使天下悅服。邊備日修。塞下有餘粟。帑中有
羨財。使虜果有衰亂之形。然後一振威武。恢復舊疆。攄忠義不平之
心。雪祖宗累朝之憤。陛下功德赫然如日照耀。無窮矣。如其不伏。決
欲背約。則河北諸州。深溝高壘。足以自守。虜人一來來入寇。所在之兵
可以伺便驅逐。大將持重。以全取勝。自此彼來。我往。一勝一負。兵家
之常。未可前料。即未知何時復遂休息也。至於清野之法。則難盡行。

倉卒之際。不可率一境之民。比戶將牛馬輜糧盡入城郭。蓋至時或
有往保生寨者。或有挈家渡河者。或有留人看守莊舍者。或有就近
入居城郭者。當使人得自便。方保安全。固不可以按圖先定。必令城郭
而居。雖有嚴令。必不從也。在祖宗朝。屢經北虜之擾。鄉民避寇。率亦
如此。頗朝廷不須一一處置。臣歷事三朝。十年翰相。官已極品。歸榮
故鄉。萬事無不足者。年將七十。疾疹在身。每思告老而去。庶全始終。
此緣聖問之及。因敢一貢盡言。非姚善也。非求進也。用是只以自信。
今天下之人。漸不敢以直言為獻。臣實不忍負累朝眷遇之恩。猶覬
愚瞽一悟聖心。為社稷之盛福。惟陛下加察。賜以不疑。非獨老臣幸
甚。天下幸甚。
十年監察御史裏行蔡承禧論再征交趾上疏曰。臣聞漢儒之言曰。
聖人以天下為度。傳曰。江海納汙。國君含垢。則知天下之治亂無窮

若銖銖以較之。則道有所不及。故聖人限要荒之俗以不治治之。而天下無不治也。伏自交寇之叛。率二隅之間。兵死于道者相屬。丁男之轉輸而弊于行者相繼。糜都內之財以億萬二歲之久。可謂勞矣。而所得者廣源數州之地而已。夫瘴海窮山。蛟虺霧毒之淵藪。飛鳶跕於上。溫風泊其間。殆非人境。雖盡得之。顧何補於天下。今若討安南之罪。則已伏罪矣。雖三苗弗率。而七旬班師。義亦何以加此。然而郭逵趙卨尚未罷歸。邊兵未還營伍。外議喧傳以為李乾德之降疑不深自引慝。朝廷再欲興師。不識有此否乎。夫蠻獠之俗。介居荒服之外。通譯而能書亦已多矣。臣知朝廷必不計其意之厚薄而與之較也。夫所謂限之以荒服者。三代之治蓋靜寄矣。亦以為不足治何也。不欲以遠而勞近。以夷而困夏。若朝廷以為蠻夷以讎劫為事。既已收取其境土。而殲其元惡。俘其黨類。慮其復為異日之患。聊用遠

略之徒以守之。使其怯於攻討之勢而不來可也。萬一有再舉之策。臣願更且詳思熟講。假湖廣之人安息數年。俟瘡痍平殄。然後留意。未可輕議。以恢陛下納污含垢之量。臣識淺言輕。干冒天威。

元豐八年。朝奉郎前知登州軍州事蘇軾。登州召還議水軍狀奏曰。右臣竊見登州地近北虜。號為極邊。虜中山川隱約可見。便風一帆。奄至城下。自國朝以來。常屯重兵。教習水戰。旦暮傳烽以通警急。每歲四月遣兵戍駞基島。至八月方還。以備不虞。自景德以後。屯兵常不下四五千人。除本州諸軍外。更於京師南京濟鄆兗單等州差撥兵馬屯駐。至慶曆二年。知州郭志高為諸處差來兵馬頭項不一。軍政不肅。擘畫奏乞創置澄海水軍弩手兩指揮。并舊有平海兩指揮並用教習水戰。以備北虜。為京東一路捍屏。虜知有備。故未嘗有警。議者見其久安。便謂無事。近歲始差平海六十人分屯密州信陽板橋濤洛三處。去年本路安撫司。又更差澄海二百人往萊州。一百人往密州屯駐。檢會景德三年五月十二日聖旨指揮。今後宣命抽差本城兵士往諸處。只於威邊等指揮內差撥。即不得抽差平海兵士。其澄海兵士。雖無不許差出指揮。蓋緣元初創置。本為抵替諸州萊州兵馬。豈有卻許差諸處之理。顯是不合差撥。不惟兵勢分弱。以啓戎心。而此四指揮更番差出。無處學習水戰武藝。情慮有誤緩急。伏乞朝廷詳酌。明降指揮。今後登州平海澄海四指揮兵士。並不得差往別州屯駐。謹錄奏聞。伏候敕旨。

神宗時。御史中丞蘇轍論渠陽邊事劄子曰。臣近論唐義問處置邊事乖方。致渠陽蠻寇賊殺將吏。乞早黜義問以正邦憲。更選練事老將付以疆埸。經今多日。不蒙施行。訪聞執政止以臨敵易將兵家所忌為說。雖知義問處置顛錯。至覆軍殺將。而猶復隱忍不即遣代。此

雖遣衡鈞往視。然鈞几人。未曾經練戎事。何益於算。徒引歲月。坐眎邊人肝腦塗地。臣甚惑之。謹按義問所為。蓋全不曉事。留在邊上一日即有一日之害。昔趙任廉頗。以趙括代之則敗。秦任王齕。以白起代之則勝。蓋臨敵易將。顧代者何人耳。今執政乃以虛文藉口。終欲庇之。遠人何辜。自被塗炭。若非陛下哀矜四方。亟命賢將往代。則臣恐陷害生靈。未有已也。兼臣訪聞渠陽諸蠻蟠踞山洞。道路險絕。中國之兵入踐其地。雖跬步不得其便。昔郭逵知邵州。困於楊光僭。李浩從章惇自沅州入。過界即敗。逵浩皆西北戰將。然並有敗無成者。地形不便也。今聞朝廷已指揮諸道發兵。數目不少。然將非其人。臣恐既不知戰。又不知守。老兵費財。漸致腹心之患。深可慮也。今朝廷欲棄渠陽。然其中屯戍兵民不下數千。義無棄之虜中。俾為魚肉。要須畧行討定。使之畏憚。肯出渠陽兵民。然後為可。臣訪聞湖南北士

大夫皆言羣蠻難以力爭，可以智伏，欲遣間諜招誘，必用土人，欲行
寬侗攻討，必用土兵。捨此而欲以中國強兵敵之，雖多無益。然此可
使智者臨事制置，難以遙度也。臣前者嘗以衆人言謝麟屢經蠻事，
頗有勞效，乞行委任，朝廷置而不用。蓋必有贊於麟者，惟乞速遣以
紓邊鄙之患。至於義問，決無可望，幸陛下無疑也。臣又聞渠陽諸夷
與宜州羣蠻相接，宜蠻部族衆多，若與渠陽諸夷合謀作過，勢益昌
熾，猝難剪滅。亦乞指揮廣西預行招撫，雖不得其用，但勿與協力，亦
不爲無益矣。取進止。
繳又論渠陽邊事劄子曰：臣以唐義問處置渠陽蠻事前後乖方，致
東南第七將王安入界陣亡，恐邊患滋長，乞速差諳知用兵之人往
代其任。又聞義問兵敗之後，奏乞棄損城寨，與夷人講和，其爲暗弱
謬妄，取笑夷虜如此。然其事已著，伏計朝廷必不復用，然外人竊見

欽定四庫全書　卷之三百三十　十二

名還彭孫，妄意朝廷欲付湖北邊事，兼孫亦以此自任，羣議洶洶，皆
所不曉。謹案孫劫竊之餘，賊性不改，前後委任，欺罔貪婪，靡所不爲。
今若委以兵柄，深恐塗炭湖北，非州郡所能禁止。蓋蠻人背叛，不過
侵擾邊城，若使彭孫作過，腹心郡縣並受其毒。前者誤用義問，止於
敗事。今者若用彭孫，凶險多端，事有不可知者。以臣愚見，雖知朝廷
必不肯輕用此人，然衆所共知，不敢默已。若待既用而後獻言，實恐
於事有損。伏乞聖慈早賜施行。
起居舍人范純仁乞戒飭邊臣勿弛備狀曰：臣近聞夏國累次遣使
赴闕，禮意恭順，外議皆謂漸可罷兵。竊知西人頻買漢物，數目過多，
似不爲頻來之計。臣愚慮或恐分畫地界之際，復欲阻兵脅盟。臣已
指揮沿邊諸將寨柵常爲意外之備，更望朝廷戒勑邊臣，不得小有
懈慢，其向來所增軍馬及創添吏員，且與存留，俟將來畫定地界，納

到誓書抽減未晚。蓋朝廷舉動，夷夏所瞻，固宜慎之。及臣所奏諸邊
防利害並舉辟官屬，亦望不付有司，特降聖旨施行，免用常格沮礙，
臨時闕事。萬一落賊姦便，上貽宵旰之憂，則臣不可不預陳述之罪，萬死
難贖。伏望聖慈留神聽納，則天下幸甚。
純仁同知諫院條列陝西利害疏曰：臣前次上殿劄子，奉德音，以臣曾
任陝西，令臣具陝西利害聞奏。臣才識淺拙，慚無所長，上裨聖猷，謹
具管見，條列如左。
一、唐以涇原帥府在涇州，爲四鎮北庭，邠寧帥府在邠州，爲靜難
軍。本朝置逐路總管，亦多只在涇、邠二州。自元昊寇慶曆後來，方
於慶州置環慶帥府，渭州置涇原帥府，蓋以逼邊事之際，便於照
管。然事平之後，饋運增遠，民力倍費，所以陝西之民久不完復。
臣今乞移兩路經略使，只於涇州、邠州置府，每遇邊事警急，可

欽定四庫全書　卷之三百三十　十三

令行營就近照管，庶減供饋之勞，實於邊事亦無闕。
一、邊帥多以糧草責不在己，務擁重兵於無事之時，坐耗軍食，及
妄興軍旅，誘致寇讎，或縱熟戶邊人劫掠西界，殺害平民，爲國
生事，皆非朝廷委人柔遠之意。臣今乞選擇涇渭延秦四州通
判，令各兼本路經略判官，專主本路糧草，及兼察城寨，使臣邊
人不得誘致寇讎，希功生事。如能愛惜邊用，比常歲不增供億，
及將到任至罷任，一路糧草比較，如有增羨，亦以本路並無生事
之人，即委監司保明，其判官並帥臣並與旌賞。或枉費供億糧
草斛耗，及縱邊人生事者，並行責降。如此則不惟邊計可實，亦
使夷狄懷我恩信。
一、陝西有沙苑等處監牧草地七八千頃，自來牧馬，別無增息，虛
占良田。今來陝西四塞之地，未通漕運，若得此地以中自出斛食，則

屯聚大兵易為供贍今乞罷陝西監牧將上件地開為營田募民耕種一頃歲收公私無慮二百碩則歲可得一百五十餘萬石以助關右兵民之食爲利不細其所得錢亦自可秣馬以功軍計一方今陝西苦於城寨太多及冗兵冗官為害又朝廷時有試弓武藝等人並與班行殿侍送沿邊指使城寨多則分卻兵粮冗官多則坐耗邊用及班行等各懼替卻本班難得差遣故人人皆思僥倖以為身謀交搆邊事無所不至今乞將閑慢城寨冗官冗兵檢會臣前來劄子委帥臣監司減省其試弓武藝等人即乞且送陝西內地易得糧草處差使緩急旋行勾抽不惟省得軍儲兼免妄生邊事

一邊地瘠薄公私難得米穀又山險艱於般運而逐處場務醞酒耗蠹無度每遇邊上兵馬屯聚難得糧草之際更外買酒愈多轉致穀米耗竭和糴不行兼一遇凶歲民即無食官中卻無軍粮救濟今乞將沿邊次邊鄉村酒店課利每月不滿二貫文者並行停閉其州縣城寨酒務亦不得於常年課額外務為增羨庶使不奪民食飢凶之年可減賑貸兼免添支和糴米價大費官錢

一解鹽之法是為邊備根本近因法壞朝廷雖嘗遣張奇體量亦不能深究利病朝廷以未見弊源重於更制臣恐三二年間糧草亦更虧少今乞檢會臣前來劄子令轉運司選官公共講求長久之法庶幾免得時糧草之數漸可補復

一今之商賈富人車馬器服皆無制度僕屬良民豪奪自奉盡前世聖王法所先禁今不惟恣其奢僭耗蠹民用而又於朝廷急難之際一有率斂則羣聚興怨今既不可暴行禁止可以因其

所欲而為之節文又得財利以資公家之用今乞如秦漢武功爵之類立為散官及衙校名品使富人入粟於邊然後授之即以其名品高下定為車馬器服僕使屋室之制仍聽贖輕罪如此則國不失權而民皆樂輸不惟可實邊儲亦可漸行內地此亦漢之遺法在聖朝舉行之爾

一邊人好食西界青鹽雖嚴禁所不能止販者多是邊上強人事敗悉遭遠配邊上強人漸少甚非中國之利今乞於沿邊置榷場以茶并雜貨博易青鹽盡收入官與解鹽同賣仍通入解鹽課額其合用茶乞自朝廷賜與其他雜貨即令解鹽司管認如此則不惟省刑愛人亦可以固戎心息邊患

一陝府虢解等州與絳州每年差夫共約二萬人至西京等處採黃河梢木令人夫於山中尋逐採斫多為本處居民於人夫未到之前收採已盡卻致人夫貴價於居人處買納及納處邀難所費至厚每一夫計七八貫文貧民有賣產以供夫者今乞並破官錢收買如官中少錢即許合着夫人戶情願出錢免夫每夫納錢二貫文與官中合破夫糧相兼買梢其監買官仍與別立賞格如此則河防無闕大省民力

監察御史裏行劉摯論邊事上言曰臣竊以北虜之為中國患自詩書已來世常有之方今之勢雖効順惇睦服威德而利金幣然其驕貪之情常能覘伺中國動靜一見間隙則造端產謀起事以撼我昔者寶元康定間國家問西夏之罪而遣使肆嫚有非理之求中外憂恐至倍增歲賂而後已臣愚不足以論事勢然竊有私憂過計以謂今日之故有可以動驕貪之覘伺者臣謹言之昨者綏州用師連兵三歲皆繇議臣失計理曲而無名北虜之於西夏自以為甥舅之國

此一事也。今高麗遣使朝貢將至闕下。高麗自天聖中嘗以事請于朝廷。朝廷不從。遂附庸北虜。自是方貢不入王府者數十年矣。既已臣屬于彼。而一旦面內中國。則恐為彼不能無疑。此二事也。臣以謂此二者彼皆足以藉口而為請于朝廷者也。伏況大河之北。自戊申以來地大震水大溢。民大失職。離鄉內徙。空虛塞下。至于今三年。而地震未已。此何祥也。今歲漳河春役。財力並竭。中路夏旱。二麥不登。災變因仍。人不寧處。夫彼既有以為藉口。又乘民心皇皇。公私疲匱禦備百廢。朝廷厭聞邊患之時。臣恐夷狄見利投隙。而區區之信誓。豈足以保其心。而恃以為安乎。彼固不至敢有狂謀。假令遣一使持尺書援二事以請於朝廷。其用何辭以杜其問。一言入境。臣恐勞人以繕城械。倍估以儲庾廩。更易將帥。輕用名器。張皇擾攘。失勞大費而已亦。康定寶元之事。蓋可以鑒也。又議者籍籍。皆謂高麗之至。有

僥幸希功之人誘而召之者。使無此理也。不過臣為妄言。使識如議者之論。則釁自我始。西兵之禍。靈夏未遠。安得不先事而言哉。伏乞陛下密諮二府大臣。使日夜謀畫。以求防微杜變之理。而伐其心。且河北重地。據天下安危之勢。願陛下寢食以為念。而無忘北顧。常務勞來其人民。安輯其田里。薄征斂之數。省煩急之令。恤其凋瘵。足其衣食。使樂守生涯。而維持其心。凡所謂邊備軍政調度之數。皆宜因事稍稍經畫。蔵其用而隱其跡。兵法所謂恃吾有以待之者。惟陛下留神無忽。以消連年地震之異。夫無事而言。其言若狂。而人皆易之。有事而言。其言雖足以取信。而事已無補。臣寧以狂得罪。不敢後事而為無益之言。以負陛下耳目之任。

翰林學士楊繪論李憲討交趾上疏曰。臣伏聞交趾猖狂。上負聖化。方議討伐。雖神謀睿算已決勝於千里之外。而臣不度愚昧。敢陳芻蕘出於冥。君之切然也。伏乞擇其狂言。臣聞軍志有之。善攻者攻其所不守。善守者守其所不攻。今側聞潭廣易部修飾守備。而南閩泉福之守未聞議焉。雖越廣然後抵閩。然遽泛海使便風或有出其不意。亦未宜忽於守其所不攻也。交蠻擾於南方。其於出師命將及偏裨之選。皆西邊北邊之官。素號能者在行。然臣亦慮國家銳意南討而忽於西邊北邊之備。設萬一有乘虛擣不備之寇。則其憂又大矣。則亦非所謂守其所不攻之義也。臣所謂西北之備者。非謂增兵嚴警。張皇其事。但陰留驍勇諳練謀慮之將。不盡遣行於南討。庶乎有以備西北緩急之用也。切見癰疽之醫未嘗不先用托裏之藥。蓋治病於皮膚。必先固護於心腹。此雖醫工之智。亦不可謂不知所先後也。唯願陛下察其先後而慮乎皮膚心腹之害焉。臣又覩招討副使李憲年三十五六。官已為防禦使。職已為押班。況聞有才。今伏宗

廟之威靈。稟陛下之聖謨。功其必成。臣願陛下講思於他日成功之後也。成功之後。賞爵必崇。年又未高。職又盈溢。乞陛下處之得其當而已。伏惟陛下聰聞明覽。其於古今安危之機。歷代興亡之轍。中貴任權之成敗。不假臣縷細而述。謹按唐憲宗命吐突承璀為行營招討使。于時白居易為翰林學士。上疏切諫。在其集中。臣非不知陛下聖德神功過憲宗遠甚。今李憲又止是副使。非如承璀之比。然臣遭逢聖恩。忝在白居易之位。而又翰林學士三員。鄧綰入試院。陳繹出知府。本院宿直。唯臣一人。則臣之榮幸又過於居易。臣不欲使唐憲宗獨有翰林學士白居易敢言事。而陛下聖德神功過唐憲宗遠甚。乃無翰林學士白居易者。是敢進其區區。伏望陛下赦其狂僭之罪。而賜之深思遠慮。

神宗詔近臣舉士。孫固以施州通判李周聞。神宗詔對。謂曰。知卿不

游權門識令執政乎。對曰。不識也。識司馬光乎。曰不識也。訪禦邊之術。曰。四邊手足爾。若疲中國以勤遠略。致百姓窮困聚為賊。無乃懼成腹心之憂。神宗頷之。

哲宗即位。知慶州范純仁繳進後漢光武詔書。狀曰。後漢光武報臧宮等詔曰。黃石公記曰。柔能制剛。弱能制強。柔者德也。剛者賊也。弱者仁之助也。強者怨之歸也。故曰。有德之君。以所樂樂人。無德之君以所樂樂身。樂人者其樂長。樂身者不久而亡。舍近謀遠者勞而無功。舍遠謀近者逸而有終。逸政多忠臣。勞政多亂人。故曰。務廣地者荒。務廣德者強。有其有者安。貪人有者殘。殘滅之政。雖成必敗。今國家無善政。災變不息。百姓驚惶。人不自保。而復欲遠事邊外乎。孔子曰。吾恐季孫之憂。不在顓臾。且北狄尚強。而屯田警備。傳聞常多失實。誠能舉天下之半。以滅大寇。豈非至願。苟非其時。不如息人。

臣伏見夏國差人詣闕多日。未見放回。近日探到賊中事宜。漸卻添屯兵馬。必是猜情疑阻。卻欲別生邊患。伏望聖慈以陝西生靈之故。稍從其欲。使復常貢。庶幾可以罷兵。俾華夏復見太平。則陛下好生之德。洽于生靈。祖宗社稷。享萬世之安。皆在陛下一言之賜。爾臣常讀後漢光武報臧宮馬武詔書。良有深意。臣恐陛下欲聞。謹錄繳進。惟聖心採擇。

純仁條對手詔所問邊計狀曰。勘會夏國自神宗皇帝升遐後。來邊使弔慰祭奠。繼以告國母喪。進遺物。今者又復遣使入朝謝恩。使人往來外示恭順。稍可見矣。然戎情狡獪未測。其誠心何如耳。如向者所得邊地。雖建立城寨。亦慮孤僻。不易應援。棄之則弱國威。守之則終恐戎人在念。久在西塞。深曉邊情。當此。宜發嘉謀。輔予憂勞。可條具邊計。合如何措置。向去如何守禦。親書實封聞奏。無拘以文者。

臣奉命皇恐。不知所措。蓋臣智識迂昧。計慮不長。何足以仰承聖問上副天心。雖然臣蒙被大恩。未有補報。敢不竭心悉慮。強勉以對。以戍陛下詢于芻蕘之善。臣竊見夏國自朝廷用兵以來。近塞之民。皆失生業。並塞二百餘里。不敢耕種。其國上下之人。皆欲請和。又自陛下臨御之初。聖政鼎新。凡有不便於民者。皆為蠲除。每詔令一下。民間謳呼鼓舞。以至印賣傳播。謂之快活條貫。此事即時聞於夷狄。又邊上臣寮亦多體朝廷之意。不繼侵擾。以此夏國必謂朝廷待之異於前時。所以遣使入慰。探朝廷之意。朝廷待其初來之意。禮意既厚。是以接續貢奉。以至累次不失恭順。而終未敢復言請地者。其意應為前來朝廷拒之已嚴。卻慮啟口之後。更失朝廷之意。則和好無益今聞夏人又將到闕。須選擇押伴臣寮。使與推誠。語論因而發其要求政。及陛下好生惡殺。捨己從人之德。彼必有所對。今則戎狄之情亦

可測見。若有願和之意。則可令作押伴臣寮意處。說與自用兵以來甚有陷蕃官吏軍民。見在西界。且若夏國盡底納與朝廷。則朝廷待將虜到生口。賜還夏國。如有邊上未便之事。亦可因而陳請。朝廷必應量度應副。約若云前來已曾請地入貢。蒙朝廷不允。則可答云前來請地乞貢。是梁氏之意。豈其朝廷不允。今梁氏已死。朝廷於國必無所難。彼若無對。答則乞委延州趙卨宣布此意。其肯還生靈來請地。則可曠然降詔許之。亦不須疑其狡獪。雖則彼將陷蕃官吏軍民押在界上。即卻將向來所得邊地。及城寨內外有居人處。亦先次漸令移入近裏。并勾集前後虜到夏國生口。亦在界上先且立定標表。預約日數兩相交還。知此措置。則取捨有名。於國威無損。其有向來所得邊地。雖是新立城寨。未盡完實。有孤僻不易應援供餉之處留之。則戎人必須在念。邊事難息。若卻換得陷蕃生靈。不惟無損

國體兼和氣充塞天地陛下如天之德超越古今為中國無窮之利矣若邊臣高諭意不肯換易及換易之後尚較計別有邀索則朝廷自可絕之嚴戒邊臣堅辭靜守任其所為如此則我直彼曲我逸彼勞我直彼曲則人神共怒滅亡可待我逸彼勞則雖久不來庭於王道無損其有交地之際及宣布之時其間合有意度節次更委趙卨條上不為落賊姦計臣倉卒略具大槩仰答聖問未能詳盡如蒙召對尚有口奏事件得以粗陳更在陛下擇而行之天下幸甚臣所知邊事只熟知環慶及粗知鄜延其他路分非臣所知臣今所陳乃王猷當條為萬世之法非一時之利害也又其宣布意度及換易事節須只作御札付臣寮及帥臣意度者竊恐戎人萬一於應對之間辭禮不遜則於朝廷無損又將來夏人回日必有答詔便可與諭其果或違使恭順及喻以解仇釋怨罷兵息民之意

純仁再諫議大夫畫夏國疆界三策曰臣竊見前日蔡確前文彥博等諸執政論疆界事宜其時以諸臣奏對已多臣雖有管見不敢久煩聖聽欲於別日奏陳而臣今病假在家未能如心竊慮夏人在庭議論日逼謹先具條列聞奏若以所得夏國地土換易陷蕃生口如此則便可罷兵息民陛下仁惠之化得以久行堯舜之治可以速成此上策也又蘭州定西城閑元是西蕃境土後來方為夏國已有景德中蕃來更不虜掠西蕃彼雖堅意欲之我亦留之有名徐乎邊帥㤼順商量雖便未可罷兵彼應難便捐棄此中策也又若留塞門吳堡義合而止棄邊慶難守二三城寨則朝廷與之不足以示大恩彼雖得之不足以副其欲如此則兵必不解義夏難安陛下仁惠之政何由復施勝負安危之機邈未可料所得之地不及秦漢萬分之一可廷坊陛下堯舜之政而且有後患此下策也右臣謹條此三策上進伏望陛下深賜採擇以為天下國家無疆之福臣稍可勉強更當面具奏陳臣未曾見夏人表章如其過有邀求則雖與地不能息兵非臣今來所料候臣別具陳奏乞且嚴戒邊臣過作守備凡有所闕畫令陳請朝廷當一一應副庶令責有所歸不至悮事惟中策安疆須與臣合近曾將擬下詔意示臣內有不與中國舊寨一節臣曾簽帖欲其除去然安疆未留修改應待聖意裁度

純仁為武安軍節度副使乞棄廢寨地與西夏疏曰臣伏見陛下臨御以來懷柔西戎恩德備至至於冊封賜地皆出宸斷遂使累年之間戎馬不能犯塞蕃漢生靈全活無數好生之德格于皇天故使百穀屢登西海豐樂此帝王之盛事太平之大本也近日傳聞熙河邊臣分畫地界各惜向來久廢寨地以為要害未欲給賜致其偃蹇不從以至未能罷兵邊事難了竊恐蕃夷敗謀事久生變萬一蕃人間

諜復致猖狂容之則虧損國威討之則前車未遠連兵不解勞費無期若或飢饉相因兵民之食則雖有智謀之臣未易為討如此則功虧一簣併棄前恩伏望陛下深留聖念特務遠圖不舍易而為難不以小而妨大檢會元約朝旨特賜允從遵孟子樂天之言稽虞舜舞干之德則天下幸甚臣受恩至重職與邊臣過計深憂未能緘默惟陛下矜憐曲加采納又奏司馬光為陛下陳棄寨之策及後來換易生口并降賜封冊臣是皆與其議昧者尚多不以為然至朝廷力行浮議方息今與西夏君臣體分已定惟有分畫地界所較不多若是去城寨二十里內雖夷狄無厭亦可以理開諭必肯依從以臣愚慮但恐邊將貪功生事不樂罷兵將去城寨二十里外聖恩已許給賜我向來用兵之時不曾保據之地指為要害卻欲築城占守則虧朝廷大信慢國家前謀不可不察議者或謂戎狄無厭與之必將更有

邀求。竊以祖宗朝兵勢國力尚因德明歸順賜以數州。元昊稱臣。加國主之號。蓋欲安民息戰。不以小利玩兵。後來彼國果自服從。亦何嘗更有干犯。而况今日所損利害絶小。惟聖明深慮昔樊噲欲以十萬行匈奴中。季布指為面謾。武夫邊將之言。多若此類。上誤先朝不少。今可為鑒。

純仁又乞早分畫西夏地界疏曰。臣近入劄子為夏國分畫地界未定。恐邊將斬地失信。復致用兵。所陳利害。頗明。必已上達天聽。近日伏覩樞密院指揮。及諸路關報。西人頻有點兵侵犯漢境。或聞邊將多亦乘此希功先動。恐至秋涼。再為邊患。臣是以夙夜過慮。臣伏見陛下始與司馬光等議定大計。令乃為邊將貪鄙之論沮害遂圖前捨四處已成之寨。換易生口以示輕地愛人之德。今乃傳聞復留兩堡。從來不守之地。再起事端以招纏兵致寇之患。昧聖君

舞干之化。進市道苟得之謀。則其是非輕重。不待詳陳。蓋今日斬地之邊臣。多昔年生事之黨類。朝廷若不早悟。必恐復繼前車。將致聖恩無由下通。夫威不以義動。生靈受弊。後害難量。臣之區區實在於此。日近坤成節。夏人進貢在庭。若有所請。不至乖悖。伏望聖慈特賜寛納。或令押伴宣諭。所有地界早令分畫。或邊臣未能宣達朝廷詔旨。有所不盡。特許奏陳。候朝廷相度指揮。然後嚴戒邊臣分畫地界並依已行詔旨。不得虧失大信別起事端。雖云夷狄貪婪。必亦難生怨叛。息民偃革。指日可期。則天下幸甚。臣前來所上劄子。更乞檢會看詳。特垂收采。

純仁又乞戒邊將不得生事疏曰。真廟朝與契丹講和。懷撫有道。兩國情通。小人不敢生事間諜。今將百年。生靈安帖。自古和戎所未曾有。今來西夏雖是小國。亦未可輕。況自興兵已來。恩信未孚。動生疑阻。加以邊將慣得厚賞。樂於生事邀功。多是先自引惹。却稱西人侵犯。構起邊患。朝廷不知。致使夷狄之情無由通達。此風不除。難得安靜。伏望朝廷常加審察。

歷代名臣奏議卷之三百三十

歷代名臣奏議卷之三百三十一

禦邊

宋哲宗元祐元年三月守慶州范純粹乞以弃地易被虜之人。䟽曰

臣自元豐元年。在陝西路備負監司。適當軍興之時。至七年乃得還朝。故於陝西邊事。粗知始末。昨蒙除授今任。赴官過闕。雖蒙特許朝覲。累狀乞上殿。奏禀職事。尋準樞密院劄子催發出門。故欲數奏職事。了不獲陳。今既到任。身遠朝廷。須至披露論析。仰黷聖聽。切以西夏之國。効順歲久。邊隅無事。羌夏晏然。秖因种諤沈括數輩希功造事。按圖朝廷。以謂夏國失勢。衆怨親叛。無甚勞費。席卷可平。或請濟師長驅。或請進築開拓。致朝廷大舉戈甲。諸路並興。固嘗長驅而無功。亦已進築而失利。衆說並試。一無所成。徒致關輔疲殘。公私困弊。百姓流徙。國兵殘耗。雖諸路各有收復故砦廢州。多非中國所利之

地。深在虜境。猶為興修。橫添兵屯。倍置器械。加賞金帛。並耗芻糧。盡關輔公私之力。曾不足以自支。故日煩朝廷自內應副。而邊防壘隙日在可憂。彼夏國者深沉自居。未即報應。蓋亦以頻年應敵。部族疲勞。積小之人。失業良久。勢力未復。舉動良難。故但比時以來。數數遣使。跡如効順。實爾有謀。外則不議土疆。內則不修常貢。既形欺我之計。又為自資之謀。臣聞累番使人。貿販濡慶通約。所得不減三數百萬。其自資之謀亦可見矣。諸路軍兵。經累大凋瘵之餘。雖將招塡略充舊數。而新人眇小。未堪戰鬬。朝廷但知兵籍數目。而未知士卒之氣全未振奮。臣未測朝廷謀畫所向。但見近降朝旨。應因軍興增置兵將官吏。及添戍軍兵。並已抽還。外議以謂朝廷晏然自以為無事。人切憂之。則其欺我之計亦已行矣。常貢未修。彼所以言邊事之未竟也。疆土不議。彼所以為將來舉事之端也。理勢灼然。無可疑者。然則邊防大事。未見成畫。臣恐歲月滋久。彼力漸全。待其豐穀實之秋。當弓勁馬肥之際。稱兵有請。暴肆跳梁。倉卒之間。何以遣應。若臨時欲議許可。則國體有傷。若至期復舉干戈。則生靈被害。唯編戶之方困。豈再籍之能堪。臣心之憂。言有不忍。臣昨者既不得奏禀聖旨。尋曾往見執政大臣。語此邊事。雖所處亦或切至。而為謀未知所從。如臣之愚。亦何敢以此自任。唯是思慮所得。參訪輿言。不敢內有所懷而不願陳其說。臣切以謂諸路所取夏人之地。固未足繫彼國存亡之機。而彼之所以乘困而必爭者。蓋以謂日侵月削而不敢校。則小國之勢在所可憂。故自保之計不得不然。一國共謀。豈不及此。由是推之。乃知必爭之地。未弃則邊釁無時而可除也。夫中國者禮義之所自出也。今彼之與我。必爭者顧禮義當何如耳。臣竊觀近時之論邊事者。獨以謂彼既困急。無所能為。加以數年。可期柔服。臣竊以謂不然。

彼所以嘿嘿自處。未有所請。但為自全之計者。乃所以養銳待時也。是豈終困之理哉。謂新地自興復以來。糜耗鉅萬。斥弃為難。殊不思前日之已費者不足復追。而它日之未費者尚可救也。臣伏覩陛下即位以來。累降德音。凡聚斂掊積之令有害民生者。悉行蠲除。四海兆民。懽呼愛戴。蒙被聖澤。可謂盛矣。臣竊思念天下之費。莫大於饋邊。若邊事未有措置。他日一有調度。帑藏空虛。無以取濟。則聚斂傷民之令。恐不能輒已。此又不可不慮者也。臣願陛下靜占往鑒。斷自聖心。因彼遣使再三。而未有所請之時。乘彼詞理恭順。而姦謀未露之日。特降詔旨。縣述先帝所以問罪之意。具道秉常所以復國之由。嘉其忠蓋之誠。諭以逆順之理。趣令先以前後戰陣虜陷官員使臣將吏丁夫。悉歸朝廷。其所削之地。並從給賜。如此。則邊釁可期於止息。生靈有望於安全。亦足使四夷知朝廷前日興師之意。在于拯患

問罪而不在乎疆土之利也。中國陷寇之人。又知朝廷愛人而不愛地也。神功偉績。可謂難名。臣非不知危言異議自速禍悔。伏念不獨守邊之職。理當建明。重以事君之方。義無可避。臣於先帝臨御之日。數論邊事。屢竭迂淺。伏蒙先帝曲賜優容。每有稱可。非敢獨於此日驟為首尾異同之論。古人有言曰。知予之為取者。政之寶也。取予之間。正在今日。伏望陛下察臣誠在憂國。志切愛君。以臣今言少關聖慮。如其粗有可採。即乞宣付三省樞密院。令大臣共議。事貴機速。伏乞早賜處分。庶不為朝廷異時之患。則天下幸甚。傳曰。事君有犯無隱。臣則無隱矣。其如位卑言高。妄議朝廷機政。實犯天憲。不敢以誅竄自逃

貼黃。臣頃者竊聞北虜曾有文字到朝廷。請勾下西邊兵馬。臣昨充北朝國信使日。其接伴虜使嘗語及夏國之事。亦云曾有文字教南朝罷兵。臣是時隨宜應對。尋具奏聞。臣以謂西北唇齒之國。萬

一此虜狡慢。或一日又以夏國所失疆土為言。即朝廷至時卻已難為處決。今日機會。甚不可忽。此臣所謂事貴機速也

臣切見所得西夏舊城堡。如河東路葭蘆吳堡。鄜延路米脂義合浮圖。環慶路安疆等寨。皆係深在賊疆。於漢界地利形勢略無所利。而所費芻糧。皆是倍價計置。及歲歲勞頓兵民。遠入輸納。至于運致錢帛器械。置官遣戍。一一艱苦。今日若行棄委。是並無關害。唯是鄜延路塞門一寨。係當中路之衝。平川廣闊。去帥府地里甚近。別無地利控扼之險。自得塞門。增遠四十餘里。可為中路屏蔽。其為邊防之利。兼此塞門一寨。舊是漢城。棄陷以來。年歲未遠。似與其餘城寨利害有殊。朝廷若議存守。則理或有名。更係朝廷裁決。所有蘭會之地。耗蠹尤深。如聞朝廷已遣使相視。勘會。更不敢縷細開陳

平章軍國重事文彥博奏曰。臣伏讀聖問有可禦西夏之術。臣去年夏始聞西人欲求內臣。以謂方國家多事。務早安靜。奏乞朝廷示天海之量。廣示開納。懷四夷之術。羈縻而已。由此可以息兵。上固吾圉。外夷懷服。中夏安寧。則太平之風浸隆浸久。兼曾繳進神宗專令臣男貽慶齎賜臣親書詔一本。所貴審知神宗本意。止務安邊。不欲輕舉。唯是邊臣希望功賞。為國生事。徼倖萬一。以致兵食困匱。財力殫耗。必料此詔已經聖覽。今復蒙下問所禦西夏之術。臣愚何足以仰副虛佇。臣切見西人自去年已來。凡數次入朝。即未見脩歲時常貢之禮。亦未聞請常賜之物。度其姦心。必有所待。當此之際。朝廷亦須有以待之。邊臣亦必有以制之。若更如向時种諤徐禧輩。料敵不精。謀攻失策。致誤邊事。即關中之人。且心摧矣。自靈武永樂王師不振之後。兵勢民力尚未完復。彼若窺發。必能制乎。即如向時种諤輩皆云西人亂弱。取如拾芥。又可信乎。國之大事。豈可輕為狂計所誤。朝廷於此固當熟計而深念。事欲萬成。計須先定。當責成邊臣審料賊

勢。精選謀者。密窺賊形。必先事以待之。使賊計不行。邊壘有備。此亦固羌夷之策。為人謀之。小勝或西人款塞請覲。詰其所由。出於善意。即導之使來。候至延安。帥臣密察。亦當得其情。預先時奏聞。廟堂之上可以預料而審處之。候至闕下。詰其所來。必有所為。因其所為之可否。或議或詰。審而應之。可者即從。否者即已。若議及疆土。須廟堂之上眾謀大同。前有後艱同任其責。或取與之間。謀有同異。即各述利害。理須明白。後或不應。謀畧不臧。自任其責。廟謀一定。邊計粗寧。天下小康。堂上高枕矣。伏惟陛下聖明遠大之計。固已先定。出於衆智。豈俟臣之過慮。然衆務叢雜。狂言冗其誠而不責其妄。幸甚

二年。彥博又奏曰。中外臣僚上言夏國受朝廷封冊。恩禮極優。錫賚尤厚。而敢忘恩背惠。輒行不撫。倚違疆吏。自絕于天。不脩貢奉。天地所不容。人神所共怒。乞行天討以正有罪。欲乞降詔邊帥及出勑牓以諭中外。若朝

廷姑務息民推天地之大德曲示含容抑摩情之怨忿不與䟫羌計較耶乞明諭邊臣嚴加守備靜以待之必取全勝所有朝廷欲遣大臣且令分屯次邊州軍以備緩急邊上句抽

元祐元年十一月吏部尚書呂大防荅詔諭邊事條目臣伏惟詔問戎人狡獪未測其誠心臣愚以爲夷狄之情自古無信西夏自繼遷以來專事譎詐惟朝廷御得其道則詐無所施或失其方則驕而益肆待遇之體不可不審然以臣觀之今日夏戎之情略可見矣羌人盡於酬報羌常舉去兵往詆寧戎幾入其國而不敢以數萬人之衆入塞爲報永樂諸將寡謀敗事使北虜僥得以藉口然自是王師深入不虞之發非其本國舉兵之成功蓋未足以爲羌虜之無能爲一也自來開邊進築之始虜必極力來爭乘其未堅至於三四不能得而後已昨蘭州之城役虜甚麾舉一歲至爭不能得去歲冰合遂不復來城既益堅虜望而絕此虜之無能爲二也

比聞秉常極屢爲梁氏既死而秉常已亡則內難未已何暇外圖雖使秉常得存亦不足畏今數遣使入朝而不早布誠款者蓋苟欲覘望遷延未敢先發以示弱以臣愚計切聞虜使旦夕到闕可使押伴臣僚且以私意問其來使今主上嗣登寶位何六迪諸國皆遣使入賀夏國是朝廷藩臣何故獨不至以觀其答是以測其情偽矣又詔問向者所得邊地雖建立城寨亦處孤僻不易應援棄之則弱國威守之則終恐戎人在念臣以謂新收疆土議者多言可棄蓋思之未熟也詔旨以爲弱國威負廟筭之遠慮然臣猶謂棄之不止弱國威而已又有取侮於四夷之端焉不可不審計也況蘭州西羌之地本非夏國封境又其君長嘗受朝廷祿秩元昊以來方盜據其地延慶城寨則接近漢界一旦舉而棄之未見其可今日措置之宜只可降詔下本路將會州一處更不攻取其蘭州及延慶兩路新建城寨只遣見得近界守禦亦可以稍安虜情而爲講和之計矣議者不過謂戍兵少則不足以出戰多則無力以供饋臣愚以綏蘭之地皆逕塞義田增招民兵壘以足食則供饋之費省專事守計少存戰兵則騎兵可大減矣其增招民兵壘開辟土分守戰之計減供饋之費如以爲可即乞下臣僚析子細利害又詔問邊計合如何措置向去如何守禦臣愚以爲今日邊計惟擇將帥爲先轉運使爲次其他施設皆可取辦伏聞國初西戎之患多在環慶太祖皇帝擇姚內斌董遵誨二驍將以守二州租賦之入兵械之費一切付之而聽其自爲西人畏之不敢入寇今以四海九州之力寡邊而不足太祖以二州租入之費禦戎而有餘以此言之守禦之方在於得人而已臣愚以陝西五路宜擇威名忠亮之人不限文武爲之統帥其次以爲將佐又擇公正強明之臣以爲轉運使副俾各極其才能以充其任使屬官備邊之城寨專守計而出戰救援之兵畜於內郡平居則散而耕寇至則聚而守且爲內郡之兵以援之視寇入之多寡深淺而必

報之無使其得志亦不妄動以生事守兵雖見大利不得出戰戰兵雖見大利不得久在邊如此則費省而易供守堅而不墮其計矣

給事中孫覺乞棄蘭州上奏曰臣頃在諫職嘗議蘭州可棄而次奏聞未蒙賜可切聞西人在館以蘭州爲請而朝廷大臣議論不一或以爲可棄或以爲不可臣切思之二者皆有所見非苟而已也以爲不可者以戎人難得棄信忘義今日得地明日侵邊未可知也與其割要地以利之而不能已其侵冒孰與守其要害而坐制其弊哉以爲可者則以爲蘭州之地乃彼所素有吾雖得之增兵益戍未嘗有毫髮之益而歲糜一百七十餘萬羌人又嘗大舉圍閉久之乃歸終爲中國之患而生西人之隙誘西人令請不已用兵未有已時二者所見雖不同然皆爲中國計慮深謀思遠有志之士也以臣觀之今者朝廷之於西羌幸可乘其無事保養三數年間亦可以休息邊人困苦之弊爲一西羌不如所請跳踉桀驁如元豐時則臣知廟堂

之上憂未艾也臣以為弃之便凡臣所謂弃之者非謂直弃以與之而已蓋欲於未與之時先與之要約西界寨柵往時所謂要害羌人取之而去者有幾令西人先以還我約束既定乃議與之如此則吾所得者亦不少矣伏望聖慈因其來請特與之勿牽於異議拘於常守而失此機會也漢宣帝明主也趙充國良將也以宣帝之明充國之老練其論羌事往返至於五六年從其策而事乃集廣謀博議古之人不免要在明主擇而行之

神宗時侍御史劉摯論邊事上言曰臣伏見元豐中出兵西界增創城壘議者講求利害久矣臣亦嘗具三策上于朝今夏人汎遣使者已到邸累日其勢必有邀請雖廟議默定而區區不能自已謹復條列一二補前奏之未備以待採擇議者之論臣嘗詢訪本末備得其說為弃地之議者曰往年興師本以弔民伐罪既取地自利其勢必爭傷財害民以爭非其地其勢不得不弃因而後弃不如一捐空城予之以示恩惠此言是也然難者謂予地所以息爭吾虎狼亡厭爭求不已得地據險益擾近郡其能保不為患乎為守地之議者曰頓備設限增募土兵遠斥近援倘地不守且先皇帝之所得而以予人非是此言亦是也然難者謂虜不得地兵難不解日引月長邊釁益大其能保終守此地乎故議者之論非不曲盡事理至於預未然之患如難者所憂則雖好謀之人莫敢任責竊料朝廷深計遠慮未欲遽决亦必以此臣愚不佞獨謂用兵以終守其地誠難保也弃地而使不為患臣雖老矣敢保沒齒不見邊境之憂惟陛下赦其愚使畢其說臣聞向所得地在熙河為蘭州在鄜延為五寨蘭州本西蕃故地而五寨本夏戎所有也其地道里迂直產利厚薄所須守兵多寡轉餉勞逸皆朝廷所熟究臣不復道而自夏人視之為必爭之地彼將以指約為請固請而固不予彼將獸困而鬬借兵北戎以逞其忿朝廷且有西顧之憂使我師每戰每勝臣猶以為非國之利又況殺傷相當成敗未可知皇帝

陛下諒陰之際太皇太后垂簾稱制正思與民休息而顧欲戮力血戰以爭尺寸無用之地所謂以隋侯之珠彈千仞之雀由此言之終守其地是臣之所以不敢保也國朝自祖宗以來歲捐金帛數十萬遣使修約而二虜稽首順命者數十百年矣夷狄好事亡厭固天性也然且如此則息深利厚足以羈縻其心故也今乘先帝討擊之威因其屈服之勢曠然推恩歸侵地復歲賜予寧戎勑分棄前惡復謹舊約彼雖有桀黠跋扈之意既一杜塞其欲無所發則亦將感激退聽復如前日何苦必欲動衆犯順以自魚肉其民雖彼之國寧獨利乎古之養虎者時其飢飽達其怒心虎或可養而況夷狄乎由此言之弭患息爭非獨臣以死保之自祖宗以來御二虜者用此道也臣頗采議者之論覩異日之勢而斷以此意大計既定其餘措置纖悉施行次第在朝廷裁之而已雖然臣猶有拳拳之愚不敢不盡今夫請地在彼予地在我是以主制客以逸待勞之勢也為彼計則不得不急為我計正宜從容閑暇鎮以無事臣切怪近日議者皇皇汲汲視此地如金城湯池唯恐不守不然如附贅懸疣唯速去之為快異議紛起先自惑亂又何其迫遽無大體也今使者雖在邸臣願且毋遽許以地而厚禮答之善詞遣之或先復歲賜而微示以不愛地之意度其効順堅决至于再至于三然後以歲月予之所謂許夷狄不一而足夫豈晚乎臣愚不知大計惟陛下財幸

殿中侍御史呂陶上禦邊五疏一曰四夷為中國患從古有之雖絕王極治所不免然無如今日匈奴之盛彊也禦戎之策前世止言中下雖搢紳之儒介冑之士備見利害互論得失或專和親以苟一時之安或務討伐以洗數世之恥然無如今日制御之失也盛彊之漸非一日而能蓋自光啓以來蠶竊中原之多故起掊旁鄰以廣部族

至于石晉則又藉其兵勢以取天下乃割地以報之夫十六州者皆據宅要害天之所設以限夷狄前世聚兵置帥控扼之地既已棄而為其巢穴矣而乃剷千里平廣之野以自守與且藩墻不完而戶庭易窺則盜賊奮辭以入又安能杜其南牧之患哉是以晉祚之亡不悉衆來寇如蹈無人之境而得志以歸於是有輕中原之意國家之興數從覬覦景德之役氣燄大熾始露講好之請章聖皇帝以休息天下為慮有為民屈己之說可其盟約因而罷兵而天下之武備所以弛寖至寶元康定之間西鄙不庭王師未克虜人觀我之釁外日連結以邀利於上乃多張虛聲屢出慢言以駭惑朝廷之聽而當時之勢顧有未安乃議增其金帛以至五十萬今三十年矣時獻一書歲馳一介設難可之求發非常之問以觀吾君吾相之應答而朝廷率拳然若奉盟主未嘗輒忤其意寧忍愧恥不敢興事惟重賂柔辭以固鄰

好舉天下生民之膏血刻以鞭朴聚以錐刀而歸于虜者幾千萬也古之夷狄彊盛有如今日者乎古之制御夷狄有如今日者乎然而恃以為長久之計亦竊為執事者不取也夫兵家之要先據地利不然則善屈敵人之力而勝之故軍志曰先處戰地而待戰者佚又曰以佚待勞以飽待飢謂之理人力彼十六州者古稱險固之會而我皆失之則地利有不及也所恃者獨中國之富彊耳而掊剝吾民歲為供饋使之坐得厚賄以充其豺狼之力而我之生民日趨困斃至兵未舉而邦本先搖動則素所恃者亦不足矣始防外憂而終召內患也雖曰和戎為利又安獲其利哉臣恐積日持久我虛彼實彼佚我勞一旦乘隙而發則勢將不可是和之愈久則害愈深而禍愈大所謂養虎遺患也善制夷狄者不若是故戾不率則有戰困窮而馴伏然後與之和戰亦在我和亦在我是故中國不可料以一隅而四夷

無得計今我常欲和彼常欲戰則彼能測我之所欲而以戰邀利於我乃其計之得也彼之所欲者亦未必然耳夫如是則中國何事於畏戰而好和哉今日尤宜思之矣景德之戰彼力既屈而謀臣猛將欲乘其敗以蹙之此萬世之舉矣貸而不殺則固有噬臍之悔及其以地為請而議者不思遠圖遽許之以金幣甚三十年而請地之釁復作於慶曆之始則又從而增之慶曆距今亦三十年矣知天子之新即位而欲窺中國備禦之淺深彊弱乃其謀也向之虛聲慢言而有請若是其旦暮聞于朝廷矣臣雖甚愚不知何以禦之哉彼方窺吾之備禦而苟失其策則陵侮之勢無休已時也將拒之以兵邪則平日畏戰而不欲加兵矣將益之以賂邪則民力有限虜心無厭而國之大費日益不給用以制之者適足助之也藉以為利者陰受其害也名為惜民而實乃賊民也勢至於此則莫若一任威斷而不可

不用兵矣用兵之略臣敢繼而備論焉

二曰朝廷畏戰甚矣天下之士疑焉而未知其端也以體言之而謂不順乎則中國固可鞭笞四夷而隆主威也以義言之而謂無釁乎則慢求僭請接踵以至而蓄心積憤也以地言之而謂其廣乎則我之享有四海而彼乃一隅也以兵言之而謂其多乎則我之成軍百萬而彼纔什二也以材言之而謂其足用乎則旃裘之醜不若衣冠之賢也以力言之而謂其富厚乎則馬羊之饒不若寶幣之積也中國之直且彊虜之曲且弱也如此然猶畏戰而不敢用兵以正其罪論者乃曰兵凶器戰危事不可輕議而妄舉也斯大不然兵所以禁暴也惟其窮兵則受弊戰所以殄寇也惟其好戰則取亡國家方有夷狄侵侮之患而未嘗一議誅削之策是以中國之氣鬱鬱不振而天下之心不勝其憾苟一日奮揚皇威以申九伐之令則豈及於寬

兵好戰之失哉持是說者膠柱於一偏而未能應變也虜今之勢必可不至於兵戰惟甘言厚幣結其心而致萬世之安乎雖天下之愚夫曲士皆知其不足以結之而必至於兵戰也知甘言厚幣之不足結則何事極竭吾力以填盧山之壑而飽豺狼之力哉知兵戰之不可免則又何憚夫凶器危事而不講求其具也昔者六國併力以攻孤秦百戰而歸於覆亡者豈兵之不可勝哉蓋以地賂秦而不知其地盡而兵亦弱也今天下之勢固萬萬異於六國然以虜人與我為敵之情而言則亦有類於秦與六國之事彼常邀賂而無厭者欲窮我之力也以賂與之而不以兵禦之則何以息其覬窺哉然則臣之所謂用兵者亦非大舉六師長驅深入輕吾民之命犯天下之危力決於一勝而驟平其巢穴蓋亦大為之防先嚴其備而次絕其賂示以必戰而求其成功於終也夫困則畀順彊則驕逆者虜之情也有

田欽祚之勝然後有開寶之盟有岐溝之敗然後有景德之好今肆其陵慢務求於我而不已者豈其勢力必能兼中國之一壁哉蓋六十年間獨於國家之仁治珍藏之財歲歲厚遺而無窮已壯夫狃亡不敢彎弓而北備彼方之人少而耳所聞衰而目所見惟知中國貨財之可啗而不知中國威武之不可犯故也是以彊而不困驕逆日甚而畀順日遠今陛下纘治之始乾健離明運炤萬物天威霆怒震驚四海殊方獷俗凜有未測而方覬伺於我則固宜乘此機會而更張備禦之策示之以無所貸忍之意而有所必誅之道以變易其視聽而破壞其姦心夫講求邊備申嚴軍政慎擇將帥精練士卒分屯要地以為犄角之勢謹固封畧以全守禦之形然後罷其歲賂而使之無素蓄之具則虜之計反覆皆窮而不知所出欲以賂為請乎則我之財不復可覬欲以戰為事乎則我之兵可用而無所憚夫內之

既失於貨賄則其勢自困外之又逼於守備則其勢無所得如此而部族之不微黨與之不潰者從古未嘗有也不過十年虜必衰矣苟非屈服於我以就命則必逃遁亡匿於幕北寒苦無水草之域而不之見也夫然乘坐勝之勢復燕薊之地遵祖宗前定之策即范陽故府建堡置戍以遏三路入寇之漸則勳高古今而福及廟祏豈不偉哉與夫平日委百萬之貲與人而拱手以待寇至者孰為愈也

三曰今天下之勢內無彊臣跋扈之漸外無僭國割裂之危朝廷之上早夜深憂切計孜孜而不已者惟二虜之患臣嘗語其詳而奏於前篇矣及西戎逆順之情狀臣亦竊覬其大略焉夫以五州之地數萬之眾而敢肆其豺狼之心求犯天子之威怒而不知懼者其故何哉蓋彼之部族日以盛大而我之制御失其策也靈武之地方廣千里表裏山河草木肥茂是為放牧耕戰之所而一旦捨之以資彼寇

使西域諸羌坦無隘礙合而為一則其類益廣其勢益彊不足怪也昔之制北狄者必通西域以弱其助今之所以不能通者由弃靈武而夏人安據其間為之障蔽也西域之不能通則北狄有以連結而夏人之彊梗豈可量哉且自國初而來逆順固非一也興國之際繼捧既奉朝貢則繼遷為寇故端拱之詔賜國姓授節鉞以羈縻之至淳化之初侵掠不已是以太宗皇帝奮揚武怒銳意誅翦王師一舉而俘其酋領蕃漢之戶來歸者八千餘族因隳夏城徙民於內及至道之始則又有五路之役然而諸將緩期不接遂喪大功皆養餘孽以遺害於後世至今天下深惜之洎乎章聖嗣位遷請蕃侍朝廷雖察變詐姑務寧息乃有刺史功臣之拜其後消遠靈武之役起於咸平而二壘盡陷德明幼弱則有景德之歸嚮元昊狂悖則有寶元之僭叛此始終順逆其情狀可見者也賜之以國授之以節鉞封之以

功臣加之以王爵朝廷之恩信極於此矣皆不足以悅來其心而屈
服其志於是賂之以厚幣以固結盟好冀其不犯塞來而免用師之
勞豈惠中國綏四夷不戰而屈人兵之長計策臣故曰彼之部族日
以盛大而我之制禦失其策也況比歲已來服容官號求復備晉壽
俗皆竊取朝廷之制而僭用之多遣介使以伸難塞之請屢傳閱集
以驚近塞之耳目招致逋逃又與之謀議叛亹之萌已數年矣而朝
廷不為備慮徒而養之甚可痛也臣計其逆戾之意不過兩端而已
大則欲舉衆犯塞以僥倖於一勝之利而徐圖所嚮小則欲益吾之歲
賂而飽其貪心就兩端而窺之則所謂舉衆犯塞者亦未必能爾唯
求益歲賂則固其心焉兵說有之詞卑者進詞彊者退昔冒頓匿壯
士健馬求以示漢使盡有攻漢之心也誇人以形勢者豈必有其實
哉由此而言則夏人為彼不庭之態者欲求益歲賂而已也彼以形
聲誇我而邊益其賂乃逆計之得矣則無厭之求何時而息乎此天
下之共議而廟堂之宜慎動也就使舉衆入寇則勝敗之際亦有兩
端而已戰而勝邪則謂吾畏之而必益其賂戰而敗邪則必曰近塞
諸羌擅用兵爾為此說者欲吾歲賜之不絕也彼之得失兩獲其利
而吾可以不計哉內府之財奉生之力捨之以啗寇則貽害益甚孰
若取之以養兵而彊威也事之施設必有先後而利亦有大小今之
所先者莫若精武備謹邊略示為形聲之所駭動而遂自屢於柔弱
恐懼之地來則禦之去則守之毋畏其兵毋繼以賂使之不測國家
臨制之術矣然則其利雖小可弭數十年邊鄙之患而無旦夕之憂
苟欲謀其大者而滌除本根之害則必復靈武而後可也
四曰朝廷之棄靈武凡幾十年矣議者以為殊方絕塞無用之地昔
漢武以英材雄略征伐天下舉造陽之地九百里而棄之元帝以捐

之一言遂罷朱崖不復討擊皆足以無貽後世然則何必疲弊中國
之力而興事於彼哉臣雖狂愚輙謂不爾今西邊諸郡多與蕃戎接
境旦夕惴惴常有侵掠之虞昔益失靈武而致其境土迫於我也況
西域不能通而北鄙無以弭乎昔東漢之世西羌屢擾鄧騭欲棄涼
州虞詡以為不可其議乃曰今羌所以不敢入據三輔為心腹之害
者以涼州在後故也其土人所以推鋒無反顧之心者為其臣屬於
漢故也若棄其境域徙其人衆必生異志雖太公白起為將猶不足
禦今靈武久棄而西羌盛大二鄙連結而中國之憂不已亦何異此
故臣愚以為必復之則本根之患庶幾可以除也然則臣所謂復之
之際者非經營朞月之間而遽求其効蓋亦久而不懈而要以成功
於終其措置之大略有三而已一曰離旁鄰之助二曰啓嚮化之心
三曰分兵以困其力且西鄙諸羌類族至衆有地可守有兵可戰雖
彊弱大小其勢不一而其心不能相若臣此固中國以夷狄伐夷狄
之資也昔景德之初羅支能以部族出討繼遷卒致敗衂當時議臣
欲加王爵褒寵其効今之不附於夏人者其謂誰乎則固宜嚴遣恩
信諭之禍福厚賜金帛重假名器以懷結其心而感其力必有輸忠
義而為梗於彼者使諸羌類族攻戰不暇則外有所忌而內不敢抗
於中國此之謂離旁鄰之助臣又聞戎酋之性自用而好忍况嚴以
來雖腹心之人往往罹陷誅殺是故為其役屬而處於要重者竊有
欽塞効順之意然而懼乎無見容之地而退就刑戮徬徨猶豫莫
能決則固宜擇任土人為之誘道可其來歸之請而撫存之且以索
求其左右之姦謀則虜人之黨與將漸攜貳此之謂啓嚮化之心況
今西夏之兵不滿二十萬已寇於我悉衆而至尤抵長於聚而不長
於散可以獨支於一隅而不可離出於諸路是故犯秦隴則涇渭為

無虞邏環慶則鱗府未嘗警此虛實衆寡可見者也儻任吾犄角之勢而更相接助彼掠於東則擊其西彼擾於南則追其北則力有不追而氣亦喪矣此之謂分兵以困其勢為是三說而濟以久而不懈則已失之地庶幾必復而西域有可通之漸乃中國數世之利也奈何不圖長遠之計而過務姑息幸朝夕之無寇至豈不惜哉今之所謂禁地者吾不可徒步輒顧而彼得以放牧其間今之所謂巡照者吾不可張弓西嚮而彼得以縱暴於我言之國體殊未壯也苟法細禁徒自損弱而不敢奮然革易者得非畏原定之失乎昔之失也蓋萬事弛廢變生於倉卒而莫能支矣以今況昔則邊不失備兵已知戰而猶甘心以欺侮者誠亦未之思也

五曰自周而下戎狄之勢稍稍抗於中國而朝廷時有遣將用師之役其見於載籍可得而擬議者在詩則有采薇出車杕杜六月采芑江漢常武之類分列二雅而詠歌之至于齊桓以大國之霸起為盟主而衛王室其於戎狄最號有功雖春秋貶予而孔子稱其一正天下大槩皆務攘除驅逐而不使之有損於中國亦不以四夷為難制漢氏初興大亂甫定羌戎之患屢起故其計議雜出於一時之不得已而以和親為說於是中國四夷之分始交而失其别及乎積久而國家旦夕常有夷狄之憂是以才謀智識之士探窮原本而務為經遠之策志在力平邊鄙之難而不欲使之一日輒犯於中國其思慮精密而規模恢廣雖時異事變亦可做而用焉夫欲特設一官以主蠻夷之事使吾日理而彼日危然後施三表五餌而係其頸令千家為一國而處之塞外此賈誼之術也夫欲徙民實邊使遠方無屯戍之勞塞下之民父子相保而無係虜之患則與東方戍卒不習地勢而心畏胡者功相萬矣此鼂錯之議也夫欲度羌虜故田及民所未墾須罷兵分屯要害賦以農事益積畜省大費以待寇之自弊此趙充國之計也夫欲令隴西以北安定以西八郡之民罪非不赦者皆得輸粟於公以贖其過且廣邊備而為守戰之具此張敞之言也今二虜之釁中國以為大患而百官不尸其責雞場之謀日勞於吾君吾相之念慮而未聞成功天下之務或委廢而不暇修講則孰若特建一官以專其任使之廣詢博聽竭其智力而辦之哉此賈誼之術可施於今日也三邊之地嚴於扞敵一夕不敢忘備而土兵無幾衆四方兇悍不逞之徒坐食塞下如寄於逆旅之中而督以殄寇則孰若募近塞願徙之民及以罪而遷者一切寬假而命之又安於耕以為禦衛哉此鼂錯之議可施於今日也一方少警則四海有饋餉之勞歲括月斂竭耗民力以養不耕不戰之卒而勢不可已則孰若募人為屯以墾塞下之閒田而助足兵足食之利哉此趙充國之計可施於今日也不惜國家之公利召富商入穀而給之倍價以王官易民之錢刀假浮屠法以度非類而為饋邊之備則孰若貸民之輕罪而命之以粟贖過且有紓於急匱哉此張敞之言可施於今日也臣竊惟方今之敝蓋危而後為之謀及乎暫安則置而不議皆苟於一時之利而不若古人經營之久以圖其功於永世故也惟吾君吾相深思極慮參求古今之宜而慎其施設則四子之策孰云無補於朝廷乎勿謂其區區既往之陳迹而不之考也

陶又乞徙瀘州戎兵歸内郡上奏曰臣切見昔年瀘州乞弟入寇始因求索一髦骨價事至毫末而邊吏貪功覬賞擅行殺戮以至敗軍覆將擾動一方上煩朝廷兩次命帥西討調發數萬公私之費其數不貲兩蜀瘡痍今未全復初林廣統領大兵深入巢穴及到乞弟住坐處止有茅屋數間賊亦遁去竟不能獲乃是以天地之力與螻蟻

計較毫釐，以生民膏血棄如糞土爾。此朝臣固未詳知也。其後以王光祖為瀘南安撫，意欲生致賊首。光祖枝梧作威，肆其殘虐，蕃漢被害，怨淪骨髓。經營數年，亦無所得。此朝廷亦未詳知也。今瀘州內外屯兵萬餘，作為聲勢，欲致此賊，其策亦疏矣。夫欲致賊而不匿其形，賊不可得。且萬兵之費，饋運日勞，雖無寇至，坐耗民力。臣愚以謂乞弟之存亡違順，不足上煩朝慮，宜一切置而不問，唯徙重兵屯內郡，以省攢費，戒邊臣守疆場，示不必取之意，要以歲月，當有成效。

元祐二年九月八日，翰林學士朝奉郎知制誥兼侍讀蘇軾因擒鬼章論西羌夏人事宜劄子奏曰：臣竊見近者熙河路奏生擒鬼章，百官稱賀，中外同慶。臣愚無知，竊謂安危之機，正在今日。若應之有道，處之有術，則安邊息民，必自是始。不然，將驕卒惰，以勝為災，亦不足怪。故臣區區欲乞陳前後致寇之由，次論當今待敵之要，雖狂愚無取，亦臣子之常分。昔先帝用兵累年，雖中國靡弊，然夏人困折，亦幾於亡，橫山之地，沿邊七八百里，不敢耕者至一百餘里。歲賜既罷，和市亦絕，虜中匹帛至五十餘千，其餘老弱轉徙，牛羊墮壞，所失蓋不可勝數。飢羸之餘，乃始款塞。當時執政大臣謀之不深，因中國厭兵，遂納其使，每一使賜予、貿易無慮得絹五萬餘匹，歸鬻之，其民匹五六千，民大悅。一使所獲，率不下二十萬緡，使五六至，而累年所罷歲賜，可以坐復。既使虜因吾資以德其民，且飽而思奮，又使其窺我厭兵欲和之意，以為欲戰欲和，權皆在我，以故輕犯邊陲，利則進，否則復求和，無不可者。若當時大臣因虜之請，受其詞，不納其使，且詔邊臣與之往返商議，所獲新疆，取捨在我，俟其詞意屈服，約束堅明，然後納之，則虜雖背恩反覆，亦不至如今日之速也。虜雖有易我意，然不得西蕃解仇結好，亦未敢動。夫阿里骨，董氈之賊臣也，挾契丹公主以弒其君之二妻，董氈死，匿喪不發，逾年，衆定，迺詐稱嗣子，偽書鬼章溫溪心等名，以請于朝。當時執政若且命邊臣審問鬼章等，以阿里骨當立不立？若朝廷從汝請，遂授節鉞，阿里骨真汝主矣，汝能臣之如董氈乎？若此等無詞，則是諸羌心服，既立之後，必能統一部，吾又何求？若其不服，則釁自彼作，命未下，曲不在吾。彼既一國三公，則吾分其恩禮，各以一近上使額命之，鬼章等各得所欲，宜亦無患。當時執政不深慮此事，以省事為安，因其妄請，便授節鉞。阿里骨自知不當立，而憂鬼章之討也，故欲借力於西夏以自重。於是始有解仇結好之謀，而鬼章亦不平朝廷之以賊臣君我也，故怒而盜邊。夏人知諸羌之叛也，故起而和之。此臣所謂前後致寇之由，明主不可以不知者也。雖既往不咎，然可以為方來之鑒。元昊本懷大志，長於用兵，亮祚天付兇狂，輕用其衆，故其為邊患，皆歷年而後定。今梁氏專國，素與人多不協，方內自相圖，其能以創殘呻吟之餘，久與中國敵？卒料其姦謀，蓋非元昊、亮祚之比矣。意謂二聖在位，恭默守成，仁恕之心著于遠邇，必無用武之意，可肆無厭之求。蘭會諸城，鄜延五寨，好請不獲，勢必從猖狂之後，求無不獲，計不過此耳。今者切聞朝廷降詔諸路，敕勵戰守，深明逆順曲直之理，此固當今之急務，而詔書之中亦許夏人之自新，臣切以謂開之太易，納之太速，曾未一戰，而厭兵欲和之意已見乎外，此復蹈前日之失矣，臣甚惜之。今欲聞鬼章之捷，或有漸欲款塞之謀，必將為恭狠相半之詞，而繼之以無厭之請。若朝廷復納其使，則是欲戰欲和，權皆在虜，有求必獲，不獲必叛，雖偷一時之安，必起無窮之釁。故臣願明主斷之於中，深詔大臣審敕諸將，若夏人欵塞，當受其詞而却其使，然後明敕邊臣，以夏人受恩不貲，無故犯順，今雖欵塞，反覆難保，若實改心向化，當且與邊臣商議。苟詞意未甚屈服，約束未甚堅明，則且卻之。以示吾雖不逆其善意，亦不汲汲求和也。彼若心服而來，吾雖未納其使，必不於往反商議之間遽復盜邊。若非心服，則吾雖蕩然開懷待之如舊，能必其不叛乎。今歲涇原之入，豈吾待之不至耶。但使吾兵練士飽，斥候精明，虜無大獲，不過數年，必自折困。今雖小勞，後必堅定。此臣所謂當今待敵之要，亦明主不可以不知者也。今朝廷意在息民，不憚屈己，而臣獻言乃欲艱難其請，不急於和，似與聖意異者。然古之聖賢欲行其意，必有以曲成之，未嘗直情而徑行，而有獲其意者也。若權其利害，究其所至，則臣之愚計於安邊息民，必久而固，與聖意初無小異。然臣竊度朝廷之間，似欲以畏事為無事者，臣竊以為過矣。夫為國不可以生事，亦不可以畏事。畏事之弊，與生事均。譬如無病而服藥，與有病而不服藥，皆可以殺人。夫生事者，無病而服藥也。畏事者，有病而不服藥也。乃者阿里骨之請，人人知其不當予，而朝廷予之，以求無事，然事之起，始至於此。不幾於有病而不服藥乎。今又欲遂納夏人之使，則是病未除而藥先止，其與幾何。臣於侍從之中受恩至深，其於委曲保全，與衆獨異，故敢出位先事而言。不勝恐悚待罪之至。

二十七日，軾又乞詔邊吏無進取及論鬼章事宜劄子奏曰：臣聞善用兵者，先服其心，次屈其力。則兵易解，而功易成。若不伏其心，惟力是恃，則戰勝而寇愈深，況不勝乎。功成而兵不解，況不成乎。頃者西方用兵累年，先帝之意，本在弔伐，而貪功生事之臣，惟務殺人爭地，得尺寸之土，不問利害，先築城堡，置州縣，使四夷憎畏中國，以謂朝廷專欲得地，非盡滅我族類不止。是以併力致死，莫有服者。今雖朝廷好生惡殺，不務遠略，而此心未信，憎畏未衰，心既不服，惟有鬬力。力屈情見，勝負未可知也。今日斬獲鬼章，威震戎狄，邊臣貪勇，爭欲立功，以為河南之地指顧可得。正使得之，不免築城堡，益兵置吏，積粟而守之，則中國何時息肩乎。乃者王韶取熙河，全師獨克，使韶有遠慮，誅其叛者，乃以忠順即用其豪酋而已，則今復何事。其所以兵連禍結，罷弊中國者，以郡縣其地故也。往者既不可悔，而來者又不以為戒，今又欲取講王城，曰此要害地，不可不取。方唐盛時，安西都護去長安萬里，若論要害，自此以西，無不可取者。使諸羌知中國有進取不已之意，則寇愈深，而兵不解，其禍豈可量哉。臣願陛下深詔邊吏，叛則討之，服則安之。自今已往，無取尺寸之地，無焚廬舍，無殺老弱，如此期年，諸羌可傳檄而定。然朝廷至意，亦自難喻，將帥未必從也。雖日行文書，終恐無益。宜驛召陝西轉運使一員，赴闕面敕，戒之使歸，以喻將帥，而察其不如詔者。臣又竊聞朝論謂鬼章犯順，罪當誅死，然譬之鳥獸，不足深責。其子孫部族猶足以陸梁於邊。全其首領，以累其心，以為重質，庶幾其用，此實當今之良策。然臣竊料鬼章凶豪，素貴，老病垂死，必不能甘於困辱，為久生之計。自知生存終不得歸，徒使其臣子首鼠顧忌，不敢復讎，必將不食求死，以發其衆之怒。就使不然，老病愁憤，自非久生之道。鬼章若死，則其臣子專意復讎，必與阿里骨合，而北交於夏人。此正胡越同舟遇風之勢，其交必堅。而溫溪心介於阿里骨、夏人之間，地狹力弱，其勢必危。若見并而吾不能救，使二寇合三面以窺熙河，則其患未可以一二數也。如臣愚計，可詔邊臣與鬼章約，若能使其部族討阿里骨而納趙純忠者，當放汝生還，質之天地，示以必信。鬼章若從，則稍富貴之，使其信臣而喻至意焉。鬼章子既有生還之望，不為求死之計，其衆必從。以鬼章之衆與溫溪心合，而討阿里骨，其勢必克。既克而納純忠，雖放還嵬章可以無患。此必然之勢也。西羌本與夏人世仇。而嵬章本與阿里骨不協。若許以生還。其衆必相攻。雖未能誅阿里骨。亦足以使二盜相疑而不合也。昔太史慈與孫策戰。幾殺策。策後得慈。釋不誅。故還孫策。卒立奇功。李愬得吳元濟將李祐。解縛用之。與同卧起。卒擒元濟。非宿將名將。不能行此度外事也。議者或謂嵬章之擒。兼用近界酋豪力戰而得之。仇怨已深。若放生還。此等必無全理。臣以謂不然。若嵬章死於中國。其衆讎此等必深。若其生還。其讎之亦淺。此等依中國為援。是以自全。自古西羌之患。惟恐解仇結盟。若所在為讎敵。正中國之利。無可疑者。臣出位言事。不勝恐悚待罪之至。

十月七日。軾又乞約嵬章討阿里骨劄子奏曰。臣近者竊見劉舜卿賀表。具言阿里骨罪狀。又竊聞舜卿奏乞削阿里骨官爵。續又聞阿里骨上章請命。議者或欲許其自新。以臣愚慮。二者之說皆未為得。

何者。阿里骨兇狡反覆。必無革面洗心之理。今聞其女已嫁梁乞逋之子。度其久遠。必須協力致死。共為邊患。今來上章請命。蓋是部族新破。衆叛親離。恐吾乘勝致討。力未能支。姑匿情忍詬。以就大事。若得休息數年。蓄力養鋭。假吾爵命。以威脅諸羌。誅不附己者。羽翼既成。西北相應。必為中原之憂。非獨一方之病也。且夏賊逆天犯順。本因輕料朝廷。以為必不能討。今若便從阿里骨之請。則甚所料良不為過。西蕃小醜。朝為叛逆。暮許通和。則夏國之請。理無不許。二寇滔天自若。欲戰欲和。無不可者。則西方之憂。無時而止矣。然遂從舜卿之請。削奪官爵。即須發兵深入致討。彼新喪大首領。舉國戒懼。我師深入。苟無他奇。恐難以得志。臣愚以謂當使邊將發厚幣遣辯士以離其腹心。壞其羽翼。今聞溫溪心等諸族已為所脅。勢未能動。而心牟欽氊在其肘腋。迹同而心異。若用臣前計。使邊臣與嵬章約。若能使其部族與溫溪心欽氊等合而討阿里骨。納趙純忠。即許以生還。此政所謂以夷狄攻夷狄。計無出此者。若朝廷便許阿里骨通和。即須推示赤心。待之如舊。不可復用計謀以圖此賊。數年之後。必自飛揚。此所謂養虎自遺患者也。故臣願朝廷既不納其通和之請。又不削奪其官爵。存而勿論。置之度外。陰使邊臣以計圖之。似為得策。臣屢瀆天聽。罪當誅死。

八年十一月十一日。軾知定州。又乞增修弓箭社條約狀奏曰。臣竊見北虜久和。河朔無事。沿邊諸郡。軍政少弛。將驕卒惰。緩急恐不可用。武藝軍裝。皆不逮陝西河東遠甚。雖據即目邊防事勢。三五年間必無警急。然居安慮危。有國之常備。事不素講。難以應猝。今者河朔沿邊諸軍。未嘗出征。終年坐食。理合富強。臣近遣所辟幕官李之儀孫敏行親入諸營。按視曲折。審知禁軍大率貧窘。妻子赤露。饑寒十

有六七。屋舍大壞。不庇風雨。體問其故。蓋是將校不肅。斂掠乞取。坐放債負。習以成風。將校先違法不公。則軍政無緣修舉。所以軍人例皆飲博逾濫。三事不去。雖是禁軍。不免饑餓。既輕犯法。動輒逃亡。此豈久安之道。臣自到任。漸次申嚴軍法。逃軍盜賊。已覺衰少。年歲之間。庶革此風。然臣竊謂沿邊禁軍。緩急終不可用。何也。驕惰既久。膽力耗憊。雖近戍短使。輒與妻孥泣別。被甲持兵。行十數里。即便喘汗。臣若嚴加訓練。晝夜勤習。馳驟坐作。使耐辛苦。則此聲先馳。北虜疑畏。或致生事。臣觀祖宗以來。沿邊要害。屯聚重兵。止以壯國威而消敵謀。蓋所謂先聲後實。形格勢禁之道耳。若進取深入。交鋒兩陣。猶當雜用禁旅。至於平日保境。備禦小寇。即須專用極邊土人。此古今不易之論也。鼂錯與漢文帝畫備邊策。不過二事。其一曰。徙遠方以實廣虛。其二曰。制邊縣以備敵。寶元慶曆中。趙元昊反。屯兵四十餘

萬配刺宣毅保捷二十五萬人，皆不得其用，卒無成功。范仲淹、劉滬、种世衡等專務整緝蕃漢熟戶弓箭手，所以封殖其家，砥礪其人者非一道。藩籬既成，賊來無所得，故元昊稱臣。今河朔西路被邊州軍，自澶淵講和以來，百姓自相團結為弓箭社，不論家業高下，戶出一人，又自相推擇家資武藝眾所服者為社頭、社副、錄事，謂之頭目。帶弓而鋤，佩劍而樵，出入山坂，飲食長技與北虜同。私立賞罰，嚴於官府。分番巡邏，鋪屋相望，若透漏北賊及本土強盜不獲，其當番人皆有重罰。遇有警急，擊鼓集眾，頃刻可致千人。器甲鞍馬，常若寇至。蓋親戚墳墓所在，人自為戰，虜甚畏之。臣問得元豐二年北界羣賊一火，約二十餘人，在兩界首不住打劫，為患久不敗獲。有北平軍大悲村本社頭目冉萬、冉昇及長行冉捷等部領社人與北賊鬭敵，趕趁捉殺，直至北界地名北當山峪內，被冉萬射中賊頭徐德，冉捷趕上

斫獲首級，并冉昇亦斫到第二賊頭，賞賚本路保明申奏，朝廷並已於班行內安排。以此知弓箭社人戶驍勇敢戰，緩急可用，光朝名臣帥定州者，如韓琦、龐籍皆加意拊循其人，以為爪牙耳目之用。而籍又增損其約束賞罰，奏得仁宗皇帝聖旨，見今具存。昨於熙寧六年行保甲法，準當年十二月四日聖旨，強壯弓箭社並行廢罷。又至熙寧七年，冉準正月十九日中書劄子聖旨，應兩地供輸人戶，除元有弓箭社強壯并義勇之類並依舊存留外，更不編排保甲。看詳上件兩次聖旨，除兩地供輸村分方得依舊置弓箭社，其餘並令廢罷。雖有上件指揮，公私相承，元不廢罷，只是令弓箭社兩丁以上人戶兼充保甲，以至逐捕本界及化外盜賊，並皆驅使弓箭社人戶向前用命捍禦。見今州縣委實全藉此等晝夜防托，顯見弓箭社實為邊防要用，其勢決不可廢。但以兼充保甲之故，召集追呼，勞費失業。今雖

名目具存，責其實用，不逮往日。臣竊謂陝西、河東弓箭手，官給良田以備甲馬。今河朔沿邊弓箭社皆是人戶祖業田產，官無絲毫之給，而捐軀捍邊，器甲鞍馬與陝西、河東無異，苦樂相遼，不盡其用。近日霸州文安縣及真定府北寨皆有北賊驚劫人戶，捕盜官吏拱手相視，無如之何。以驗禁軍弓手皆不得力。向使州縣逐處皆有弓箭社人戶致命盡力，則北賊豈敢輕犯邊寨，如入無人之境？臣已戒飭本路將吏申嚴賞罰，加意拊循其人去訖，輒復給用龐籍舊奏約束，稍加增損，別立條目，欲乞朝廷立法，少賜優異，明設賞罰，以示懲勸。今已密切取會到本路極邊定保兩州、安肅廣信順安三軍邊面七縣一寨內，管自來團結弓箭社五百八十八村，六百五十一火，共計三萬一千四百一十一人。若朝廷以為可行，立法之後，更敕將吏常加拊循，使三萬餘人分番晝夜巡邏，盜邊小寇，來即擒獲，不至狃忲以生戎心。而事皆循舊，無所改作，虜不疑畏，無由生事，有利無害，較然可見。謹具所乞立法事件畫一如左。

一　看詳嘉祐四年龐籍已獲朝旨事件，除見可施行外，有當時事體與今來稍有不同，須至少有增損，今參詳到下項：

弓箭社人戶，但係久來團結地分，並依見今已行體例，不拘物產高下，丁口眾寡，並每戶選擇強壯一丁充弓箭手。貼黃：高強人戶與下等各出一丁，雖似不均，緣行之已久，各下等人戶無詞，乞且一切仍舊。若上戶添差人數，即恐行法之初，人心不安。又緣保甲法雖上戶亦止一丁，所以今來不敢增損。

每社置長社副社錄事各一名為頭目，並選有物力、或好人材事藝眾所推服者，方得差補。農事餘暇，委頭目常切提舉閱習武藝，務令精熟齊整。如無盜賊，非時不得勾集。

每社及百人以上，選少壯者三人；不滿百人者，選二人；不滿五

十人者。選一名。充急脚子。並輪番一月一替。專令探報盜賊。如探報不實。及稽留後時有誤捕捉者。並申官乞行嚴斷。

逐社各置鼓一面。如有事故。及盜賊。並須聲鼓勾集。若尋常社內聲鼓不到者。每次罰錢一百。如社內一兩村共為一火。地里稍遠。不聞鼓聲去處。即火急差急脚子勾喚。若彊盜入村。鼓聲勾喚。及到而不入賊者。並罰錢三貫。如三經罰錢一百。一經罰錢三貫。而各再犯者。並送所屬嚴斷。如能捉獲強盜一名。除依條支賞外。更乞支錢二十貫。如兩次捉獲。依前支賞外。仍與免戶下一年差徭。如三次以上。更免一年。無差徭可免者。各更支錢十貫折充。如獲竊盜一名。除依條支賞外。更支錢二貫。以上錢用社內所罰錢充。如不足。並社眾均備。

逐社各人置弓一張。箭三十隻。刀一口。內單丁及貧不及辦者

許置槍及捍棒一條。內一件不足者。罰錢五百。弓箭不堪施放。器械雖有而不精。並罰錢二百。若全然不置。即申送所屬乞行勘斷。

逐社每夜輪差一十人。於地分內往來巡覷。仍本縣每季給曆一道。委本社頭目抄上當巡人姓名。有不到者罰錢二百。如本地分失賊。其當巡人。委本社監勒依條限捕捉。限滿不獲。送所量事行遣。其所給曆除每季納換。及知佐下鄉因便點檢外。不得非時取索。

弓箭社人。戶遇出入經宿以上。須告報本社頭目。及鄰近同保之人。違者罰錢三百文。

社內遇捉殺賊盜因鬭致死。除依條官給賙外。更給錢一十貫付其家。被傷重者減半。並以係省錢充。社內所納罰錢。令社長等同共封記。主管須遇社會。合行酬賞者。方得對眾支給破使。即不得乘私別作支用。

社內遇豐熟年。只得春秋二社聚會。因便點集器械。非時不得亂有斜集擾擾。

已上。並是龐籍起請。已獲朝旨。事件自熙寧六年聖旨廢罷後。本民間依舊衷私施行。今參詳增損脩定。

一。弓箭社人。戶為與彊虜為隣。各自守護骨肉墳墓。曉夜不住巡邏探伺。以此巡檢縣尉全藉此人為耳目肘腋之用。每遇冬教。內有本社一弓箭人。戶見係保甲人數者。即須勾上一月教閱。其彌捕盜官司不敢放心。以至化外盜賊。既知逐社人戶勾上。村堡空虛。即乘間生心窺伺。公私憂恐。又人戶勾集弥月。諸般費用不少。深為患苦。臣竊謂保甲人戶。每年冬教本塞與人氣俗相

似。以戰鬭為生。寢食起居。不釋弓馬。出入守望常帶器械。其勢無由生疎。欲乞應弓箭人。戶今後更不充保甲。仍免冬教。貼黃保甲法。須是主戶兩丁以上。方始差充。其弓箭社一丁以上並差。即無已充保甲。而不充弓箭社人戶者。今來所乞本社人戶更不充保甲。只是減罷重疊壓名。即非幸免。顯無妨礙。而使人戶稍免無益之費。專心守禦。又免教集之月村堡空虛。以生戎心。公私安挽。為利不淺。其減罷保正長。並却令充本社守闕頭目。

一。弓箭社人。戶既任透漏失賊之責。動輒罰錢科罪。及均出賞錢。顯見與其餘人戶苦樂不同。理合稍加優異。欲乞應弓箭社人戶並免兩稅折變科配。今已取會到本路州軍所免折科錢物數目。比之和買價例。每歲剩費錢七千九百九十八貫五十六文。所獲精銳可用民兵三萬餘人。費小利大。可行無疑。

一。弓箭社頭目。並是鄉村有物力心膽之人。責以齊眾保境。亦須

別加旌勸欲乞立定年限每司當及三年如無透漏及私罪情重者委本縣令佐及捕盜官保明申安撫司給與公據公罪杖以下聽贖又及三年無上件過犯仍與保明給公據與免本戶差徭內別有功勞者委自安撫司相度如委是卓然顯效雖未及上件年限亦與比類施行若更有大段勞績難以常格論賞者即委自本司奏乞錄用

一弓箭社地分本係人戶私下情願自相團結皆是緣邊之人衆共相約要害防托之處行之已久北虜不敢所以龐籍奏請並是因舊略加約束今來不可更有移易地分及增添團結去處永遠只以今來所管五百八十一村為定所貴事事循舊不至張皇事如本地分內人戶分烟析生即各據戶眼定差或外來人戶典買到本社田地亦許收入差充弓箭社一戶若兩處有田

產者不得緣此帶免別處折變委所屬官司常切覺察臣舊管弓箭社五百八十八村內有八十九村係兩地供輸人戶勢會上件人戶元是有些小壓名稅賦自來北界差人過來計會本縣最衆戶抱腳供輸其人戶並是一心捍邊可惜之人切慮朝廷緣知其實

一今來立法整齊弓箭社人戶及免冬教即須委自安撫司逐時差官按視內有武藝膽力出衆之人即須與例物激賞不惟使人戶競勸亦所以致朝廷及將帥恩意緩急易為驅使今取會到轄下兩州三軍弓箭社人戶無充保甲者每年冬教按賞合用錢一千五百八十二貫七百八十八文今來既免冬教即保甲司卻合出備上件錢數與安撫司為上件激賞之用但人數既多上件錢數微少支用不足欲乞每年破五千貫除上件錢數外其餘並以本路回易庫見在錢貼支

右謹件如前臣竊見西山之下定保之間山開川平無陂塘之險澶淵之役虜自是入寇況今本路只有戰兵二萬五千九百餘人分屯八州軍若有警急尚不足於守而況戰乎論者或以保甲之衆緩急可恃臣竊謂保甲皆齊民也集教止是一月武藝無緣精熟又平時無絲毫之利有得於官每歲所獲按賞例物不償集教一月之費一旦驅之於戰守死地恐未可保惟弓箭社人戶所處皆必爭之地世世相傳結髮與虜戰若朝廷許依臣所乞少有以優異其人既免折科間復贖罪免役歲以五千緡賞其尤異者深致朝廷將帥恩意則此三萬餘人真久遠可恃者也今錄白到嘉祐四年龐籍奏獲聖旨事件兼取會到本路兩州三軍弓箭社火人數及免折科每年和糴用錢數并免冬教所省按賞例物數目繳連在前仍畫到地圖一面帖出接連邊面並逐社住坐去處隨狀進呈伏望聖慈詳酌施行謹錄奏聞伏候敕旨

歷代名臣奏議卷之三百三十一

禦邊

宋哲宗時。左司諫蘇轍論西邊警備狀曰。臣近奏乞因夏國遣使入貢。嘗歸其侵地。竊聞朝廷已降詔開許。伏惟包荒之德。與天地同量。使西邊之民。自此得免餽餉之勞。脫戰鬭之禍。天下不勝幸甚。然臣聞兵法受降如受敵。羌戎狄獸心。見利忘義。雖以恩信深加結納。而備豫不虞。不可暫弛。況朝廷數年以來。舉兵攻討。深入其地。奪其疆土。今雖接以恩禮。其怨毒之意。必未遽忘。若因給賜城寨。定立界至之際。乘我無備。輒肆猖狂。則取笑四夷。悔不可及。謂宜明加約束。所賜城寨。預牒逐路帥臣。處置搬運器甲。抽那兵馬。凡百了當。立定期日。然後得與人交割。若未了之間。不得令一人一騎。先期窺覘。仍指揮沿邊將吏。常加嚴備。因夏國新復侵地。謹守措約之際。招填士馬。充實倉廩。綏懷熟戶。常若寇至。不得為其通和。稍有廢弛。如此數年。朝廷常務懷柔。以革其欲報之心。邊臣常作隄防。以折其內侮之志。臣謂數年之外。必無後患。縱使背畔。而邊計已完。士氣已復。度其事勢。亦不足深憂。況背恩犯順。彼曲我直。雖復羌人。亦當知非。是使吾民坐而賈勇。制勝之道。始自今日。惟願陛下深諭大臣。安不忘危。常以戒敕邊吏為心。則社稷之福也。

轍又論蘭州等地狀曰。臣竊見先帝因夏國內亂。用兵攻討。於熙河路增置蘭州。於鄜延路增置安疆米脂等五寨。議者講求利害。久而不決。其一曰。蘭州五寨。所在險遠。饋運不便。若竭力固守。坐困中國。不如方今無事。舉而與之。猶足以示國恩惠。其二曰。此地皆西邊要害。朝廷用兵費財。僅而得之。聚兵積粟。為金湯之固。蘭州下臨黃河。當西戎咽喉之地。土多衍沃。皆置堡障。可以招募弓箭手。為耕戰之備。自開拓以來。平治經路。皆通行大兵。若舉而棄之。熙河必有畫閉之警。所謂借寇兵資盜糧。其勢必為後患。此二議者。臣聞之久矣。然以夏戎背畔。雖屢有信使。而未備臣職。未請侵地。則棄守之議。朝廷無因自發。今聞遣使來賀登極。歸未出境。而使者復至。講和請地。必在茲舉。雖廟堂議論已得詳熟。而小臣憂國。不能嘿已。輒究其實。以為前件棄守之議。皆非妄言。然而朝廷當決從一議。欲決此議。當論時之可否。理之曲直。算之多寡。誠使三者得失。皆見於前。則棄守之議。可一言而決也。何謂時之可否。方今皇帝陛下富於春秋。諒闇不言。恭默思道。太皇太后陛下覽政簾幃之中。舉天下事屬之輔相。當此之時。安靖則有餘。動則不足。利在綏撫。不利征伐。今若固守不與。西戎必至於爭。甲兵一起。乘釁生變。緩急之際。何所咨決。況陝西河東兩路。比遭用兵之厄。民力困匱。瘡痍未復。一聞兵事。無不狼顧。若使外患不解。內變必相因而起。此所謂時可棄而不可守一也。何謂理之曲直。西戎近歲於朝廷本無大罪。雖梁氏廢放其子。而夷狄外臣。本不須治以中國之法。先朝必發弔伐。但誅其罪人。存立孤弱。則雖犬羊之群。猶將伏以聽命。今遂割其土地。作為城池。以自封殖。雖吾中國之人。猶知其為利而不知其為義也。曲直之辯。不言可見。蓋古之論兵者。以直為壯。以曲為老。昔仁祖之世。元昊叛命。連年入寇。邊臣失律。敗亡相繼。然而四方士民。裹糧奔命。唯恐在後。雖捐骨中野。不以為怨。其民競勸。邊守卒固。而中國徐亦自定。無土崩之勢。何者。知曲在元昊。而用兵之禍。朝廷之所不得已也。頃自出師西討。雖一勝一負。而計其所亡失。未若康定寶元之多也。然而邊人憤怨。天下咨嗟。土崩之憂。企足可待。何者。知曲在朝廷。非不得已之兵也。今若固守備地惜而不與負不直之謗而使闌右子弟肝腦塗地臣恐邊人自此有懲叛之志此所謂理可棄而不可守二也何謂算之多寡意守之議朝廷若舉而行之其勢必有幸有不幸然臣今所論於守則言其幸於棄則言其不幸以較利害之實今夫固守蘭州增築堡寨招置土兵方其未成而西戎不順求助北虜並出為寇屯戍日久飛輓不繼賊兵乘勝師喪國蹙蘭州不守熙河危急此守之不幸者也割棄蘭州專守熙河倉庾有素兵馬有備戎人懷惠不復作過此棄之幸者也一者臣皆不復言何者利害不待言而決也若夫固守蘭州增築堡寨招置土兵且耕且戰西戎懷怨未能忘爭時出虜略勝負相半耕者不安餽運難繼耗蠹中國民不得休息此守之幸者也割棄蘭州專守熙河西戎據蘭州之堅城道熙河之夷路我師不利復以秦鳳為境備完壘復置烽候人力既勞費亦不小此棄之不

幸者也夫守之雖幸然兵難一交仇怨不解屯兵饋粮無有休日熙河困此物價踴貴見今守而不戰歲費已三百餘萬貫矣戰若不止戍兵必倍粮草衣賜隨亦增廣民力不支則土崩之禍或不可測也棄之雖不幸然所棄本界外無用之城秦鳳之間兵民習熟近而易守轉輸所至如枕席之上比之熙蘭難易十倍有守邊之勞而無腹心之患與平日無異也夫以守之幸較棄之不幸利害如此而況守未必幸而棄未必不幸乎且朝廷以天地父母之量赦其罪惡歸其侵地復其歲賜通其和市雖豺狼野心能不愧恥縱使酋豪內懷不順而國恩深厚無以激怒其民臣料一二年間其勢必未能舉動萬一不然而使中國之人知朝廷棄已得之地含垢為民西戎背恩彼曲我直人懷此心勇氣自倍以攻則取以守則固天地且猶順之而況於人乎故臣願朝廷決計棄此然後慎擇名將以守熙河孚養屬國多置弓箭手熙蘭往還要路為一大城度可屯二三千人以塞其入寇之道於秦鳳以東多置番休之兵以為熙河緩急救應之備明敕將佐繕修守備寇至先為不可勝以待敵之至庶幾可以無後患也臣自聞西使復來議者眾議以三事參較利害反覆詳究理無可疑是以輒獻狂言惟陛下裁擇幸甚

貼黃臣竊見二聖臨御除去煩苛天下之民想見太平之風今西戎已有向化之漸若朝廷斷惜蘭州等處堅守不與激令背畔使邊兵不解百費復興則自前苛政皆將復用太平之期不可復望深可痛惜伏乞陛下與二三大臣詳議其事以天下安危為念勿爭尺寸之利以失大計則社稷之幸也臣竊聞議者或謂若棄蘭州則熙河必不可守則西蕃之馬無由復至而夏戎必為蜀道之梗臣謂此皆劫持朝廷欲必守蘭州之説而非國

之至計也臣聞熙河屬國強族甚多朝廷養之極厚必不願為西戎所有若帥臣能以恩信結之繞之以戍兵貼之以弓箭手又於熙蘭要路控以堅城臣恐西戎未易窺伺而西蕃之馬何遽不至若至於蜀道之虞自非秦鳳階成等處蕩然無城池兵馬之備則西戎豈敢輕為此計臣謂此説亦空言而已

臣又聞説者謂韓縝昔與北朝商量河東地界舉七百里之地以畀之近者臺諫以此劾縝縝由此罷相故今朝廷議欲以蘭州等處復與西戎無敢主其議者臣謂蘭州等處與河東地界不可同日而語河東地界國之要地祖宗相傳誰敢失墜舉而與人非臣子之義至於蘭州等處本西戎舊地得之有費無益先帝討其罪而取之陛下赦其罪而歸之理無不可不得以河東地界為比也

轍再論蘭州等地狀曰：臣近於六月二十八日具以西使入界，稱必有講和請地之議，乞因此時舉蘭州及安疆、米脂等五寨地棄而與之，安邊息民，為社稷之計。見今西使已到，竊聞執政大臣棄守之論尚未堅定。臣竊見皇帝陛下登極以來，夏國雖屢遣使，而疆埸之事初不自言。度其狡心，蓋知朝廷厭兵，是以確然不請，欲使此議發自朝廷，得以為重。朝廷深覺其意，忍而不與，情得勢窮，始來請命。今若又不許，遣其來使徒手而歸，一失此機，必為後悔。彼若點集兵馬，屯聚境上，許之則畏兵而與，不復為恩；不許則邊釁一開，禍難無已。間不容髮，正在此時，不可失也。臣又聞昔日取蘭州及五寨地，本非先帝聖意。先帝始議取靈武，內臣李憲畏懦不敢前去，遂以兵取蘭州。先帝始議取橫山，帥臣沈括、种諤之徒不能遵奉聖略，遂以兵取五寨。此二者皆由將吏不職，意欲邀功免罪，而先帝之意本則不然。其後元豐六年，夏國遣使請罪，先帝嘉其恭順，為敕邊吏禁止侵掠。既又遣使謝恩，請復疆土，先帝仍爲指揮保安軍與宥州議立疆界。因循未定，而先帝奄棄萬國，遂以至今。由此言之，蘭州五寨取之則非先帝本意，棄之則出先帝遺意。今議者不深究本末，妄立堅守之議，苟避棄地之名，不度民力，不為國計，其意止欲私己自便，非社稷之利也。臣又聞議者或謂棄守皆不免用兵，棄則用兵必遲，守則用兵必速。遲速之間，利害不遠。若遂以地與之，恐非得計。臣聞聖人應變之機，正在遲速之際，但使事變稍緩，則吾得筭已多。昔漢文景之世，吳王濞內懷不軌，稱病不朝，積財養士，謀亂天下。文帝專務含養，置而不問，加賜几杖，恩禮日隆。濞雖包藏禍心，而仁澤浸漬，終不能發。及景帝用晁錯之謀，欲因其有罪削其郡縣，以為削之亦反，不削亦反。削之則反疾而禍小，不削則反遲而禍大。削書一下，七國盡反，至使景帝發天下之兵，遣三十六將，僅而破之。議者若不究利害之淺深，較禍福之輕重，則文帝隱忍不決，近於柔仁；景帝剛斷必行，近於強毅。然而如文帝之計，禍發既遲，可以徐為備禦，稍經歲月，變故自生，則以漸制之，勢無不可，雖有十濞，亦何能為？如景帝之計，禍發既速，未及旋踵，已至交兵，鋒刃既接，勝負難保，社稷之命決於一日。雖食晁錯之肉，何益於事？今者欲棄之策與文帝同，而欲守之謀與景帝類。臣乞宣諭執政，欲棄者理直而禍緩，欲守者理曲而禍速，曲直遲速，孰為利害？況今日之事，主上妙年，母后聽斷，將帥吏士，恩情未接，兵交之日，誰使效命？若其羽書沓至，勝負紛然，臨機決斷，誰任其責？惟乞聖慈以此反覆深慮，早賜裁斷，無使西戎別致猖狂，棄守之議皆不得其便，則天下幸甚。

轍為御史中丞論熙河邊事疏曰：臣近以熙河帥臣范育與其將吏种誼、种朴等妄興邊事，東侵夏國，西挑青唐，二難並起，釁故莫測，乞行責降，至今未蒙施行，臣已別具論奏。臣竊復思念，熙河邊釁本由誼、朴狂妄，覬幸功賞。今育雖已去，而誼、朴猶在，新除帥臣葉康直又復人才凡下，以臣度之，必不免觀望朝廷，為誼、朴所使。若不速行移降，則熙河之患，料未可知。加以朝廷論議亦自不一，臣請詳陳本末，而陛下察之。昔先帝始開熙河，本無蘭州，初不為患。及李憲違命創築此城，因言若無蘭州，熙河決不可守。自取蘭州，今已十餘年，今又終筭質孤、勝如，以侵夏國良田，遂言若無質孤、勝如，蘭州亦不可守。展轉生事，類皆浮言，蓋以邊防無事，將吏安閑，若不妄說事端，無以邀求爵賞。此則邊人之常態，而自古之通患也。今若試加詰問，理則自窮。何者？二寨廣狹幾何？所屯兵甲多少？夏人若以重兵擁壓其勢，必難保全。既克二城，乘勝以擊蘭州，則蘭州之危何異昔日？今朝廷不究其實。而輕用其言以隳大信。夏國若因此不順。外脩朝貢以收賜予之利。内實作過。以收鹵獲之功。臣恐二寨所得地利。殊未足以償此。臣所謂質孤勝如決不可城者由此故也。昔先帝綏御西蕃董氊老而無子。趙醇忠其族子也。先帝嘗遣苗履多持金幣以酬忠見之。是時聖意蓋有在矣。事既不遂。而董氊暴病。遂爲阿里骨所殺。阿里骨本董氊之家奴。先亂其家。次取其國。董氊之臣。如鬼章溫溪心等皆有不服之志。此實一時之機會也。是時朝廷若因機投隙。遣將出兵擁納醇忠。則不世之功庶幾可立。而一時大臣不知出此。遽以龍錫寵綏纂奪之臣。使得假中國爵命之重。以役屬蕃部。臣主之勢由此而堅。然自是以來。頗亦外脩臣節。未顯背畔之迹。而育等欲於此時復舉前策。蓋已晚矣。昔曹公既克張魯。劉曄言於公曰。公既舉漢中。蜀人望風破膽。劉備得蜀日淺。蜀人未恃也。誠因其傾而壓之。

蜀可傳檄而定。若小緩之。蜀人既定。據險守要。不可犯矣。公不從。居七日。聞蜀中震動。公以問曄。曄曰。今已小定。未可擊也。夫機會一失。七日之間。遂不可爲。今乃於數年之後。追行前計。亦足以見其暗於事機。而不達兵勢矣。臣聞种諤昔在先朝。以輕脫詐誕。多敗少成。嘗爲先帝所薄。今誼朴爲人。與諤無異。誼於頃歲偶以劫兵掩獲。以此自負。而西蕃懲於無備。又作隄防。亦無可乘之勢。育自到任。屢陳此討處尺蕃界。誰則不知。臣謂兵果出境。必有不可知之憂矣。兼聞近日擅招青唐蕃部數以千計給之。則本無朝旨。未有安坐之處。却之則於彼爲畔。必被屠戮之苦。據此事情。罪名不輕。臣不曉朝廷曲加保全其意安在。若不並行責降。臣恐朝廷之憂未有艾也。借使阿里骨因此怨叛。結連夏人。同病共卹。更出盜邊。羽書交馳。紛紜奔決。當此之時。大臣相顧不敢任責。而使明君聖母憂勞於帷幄之中。雖食

主議者之肉。復何益乎。臣所謂阿里骨決不可取者由此故也。凡此二事皆國家安危邊民性命所係禍機之發。間不旋踵。故臣願陛下蚤發英斷。黜此三人。外則使異域知此狂謀。本非聖意。易以招懷。内則使邊臣知賞罰尚存。不敢妄作。此當今所宜速行者也。然尚謂熙河遭此破壞。彼此相疑。却欲招納。今就平帖。非得良帥未易可也。臣觀葉康直之爲人。深恐未足倚仗。何者。康直頃緣權貴所薦。節制秦鳳。秦鳳邊面至陸號爲無事。而康直於前年冬無故展修甘谷城。致令夏國大兵壓境。兵役已興。康直恐懼不敢興功。妄以地凍請於朝廷。役既不成。虜亦迺去。既無將帥持重之略。而當熙河搖動之時。臣恐陛下西顧之憂未可弭也。要須徙置屯路。更命熟事老將以鎮熙河。仍特賜戒敕。使知朝廷懷柔遠人。不求小利之意。如此。而邊患庶幾小息矣。

貼黄。葉康直頃歲差知秦州。中書舍人曾肇諫議大夫鮮于侁皆言康直昨因兵興調發芻糧。一路騷然。及令兒男擅取窖藏解糴貿賣。及建言欲由涇原路入界。和雇車乘人夫。爲知永興軍呂大防所奏。有違詔敕。先帝欲深寘於法。康直素事李憲。憲營救得免。按其爲人如此。今熙河方反側未安。而付之此人。中外知其不可也。种朴昔因永洛覆師之後。父諤權領延安之日。與其親戚徐勳矯爲諤奏。妄自保明勞效。仍邀取諸將賂遺。并奏其功。先帝覺其姦詐。欲加極典。既而釋之。並特降官落職停替。諤因此憂恚發病至死。狂妄如此。若不加貶責。臣恐熙河終未寧靖也。

轍又論熙河邊事劄子曰。臣近論奏范育以措置邊事乖方。召還爲户部侍郎。賞罰倒置。乞行責降。仍乞罷种誼种朴本路差遣。更擇熙河

帥臣使之懷柔畏懾證修邊備雖蒙聖旨罷育戶部而使還領熙河其於邊事一皆如故臣方以為憂旋聞質孤勝如二寨近日已為夏人出兵平蕩臣本儒生不習軍旅寔以人情揆度以為熙河創見於非守把之地修築城寨理既不直必生邊患言未絕口而夏國人兵既已破城而歸矣臣雖按二寨雖昔常興置至元豐五年並已廢罷與龕瓦永洛等城無異今欲復行修築生事致寇理在不疑而熙河諸將意欲侵奪良田收耕穫之利以守蘭州而不顧夏國爭占之害計其所得不補所亡不待臣言事已可驗然臣竊謂夏國所遣坤成使臣適至京師而國中遂敢舉兵攻城略無所忌者意謂築城之後曲在熙河雖朝廷亦必不敢無名奇留其使故也邊計一失遂為夷狄所侮奇勝之氣熾臣愚見謂宜速擇良帥俾往經畫一路至如聚糧添屯之類亦須隨事應副以備不虞今育與誼朴猶在本路

觀其輕敵無謀貪功希賞必更妄起事端以蓋前失關陝之憂未可知也況育等欲納趙醇忠族已宣露為阿里骨所怒二寨交至事無慮乎昔李德裕議討劉稹同列有異議者德裕請曰有如不利臣請以死塞責今中外皆謂守信固盟中國之利若大臣有欲專任育等不顧邊患者臣願陛下以德裕之請要之若能如此即用其計事定之日按行賞罰則朝廷綱紀庶幾尚在也

貼黃臣竊見朝廷久不明辨是非必行賞罰故羣臣輕易造事去年議回黃河所費兵夫物料不可勝計功卒不成而議者仍舊在職略無責罰臣下皆見朝廷刑政如此故敢輕造邊釁臣乞陛下以河事為戒與大臣熟議必令任責不輕然後舉事

軾又論熙河邊事劄子曰臣論范育种誼等不可留在熙河章三上矣而朝廷不從臣亦言之不已不審陛下亦嘗察其故否臣初論育措置邊事失當不合遷戶部侍郎朝廷既追寢成命臣亦粗可以塞言責矣育知熙州誼知蘭州皆非今日之命臣雖不言於臣職事非有害也而臣再三瀆聖聽誠有說也方今太皇太后陛下聽政於帷幄之中皇帝陛下育德於恭默之後欲以仁覆天下則有餘欲以武服四夷則不足利在安靖不利作為而大臣欲聽育等狂謀以興邊事使夏人由此失和兵難不解當此之時欲相與持羽檄決計於樽前此臣所以寒心者一也元祐以來朝廷懷柔夏人如恐不及地界之議將決而絕者數矣頃者朝命許以二十里為界彼既忻然聽從而熙河幸其聽從之間於四十里之外修築已廢舊寨塞其必爭要衝之地板築未移戎馬即至而二城不守矣今若不問枉直所在與忿恚之師為必取之計則關陝兵禍殆不可知若自知不直雖不復爭而留育等守之一則夏國懷疑終不信向二則育等猶懷恥功

不遂妄造事端以蓋前失患終不弭況復育等既結阿里骨之怨二隙交通勢尤可虞此臣所以寒心者二也非此二事憂患迫切育等瑣瑣臣豈屢以為言哉然臣所言於育等三人亦止是各移降差遣及育作待制差緩數年而已於其私計無多損也臣愚以謂方論國事宜且先公後私以全大計不勝區區孤忠憂國再三瀆天聽甘俟斧鉞

軾又論前後處置夏國乖方疏曰臣前後四次論熙河處置邊事乖方乞移范育种誼差遣至今未蒙施行然臣前所論止言見今措置之非未及已往根本之失若默而不言竊恐聖明尚有未曉再三煩瀆罪合萬死臣竊觀朝廷前後指揮方夏人猖狂寇鈔未已則務行姑息恐失其心夏人恭順朝貢以時則多方徼求苟欲自利以此凡所與奪多失其宜伏見元祐三年朝廷遣使往賜冊命而夏人公然

桀傲不遣謝使再遣兵馬踐蹂涇原朝廷方務遵養不復誅討於四年始復遣使奉乞以所賜四寨易塞門蘭州朝廷雖不聽其所乞然即為改易前詔不俟分畫地界先以歲賜予之仍令穆衍以三省密院意旨開喻來使及言所納永洛陷沒人口既經隔歲月或與元數不同並許據數交割及所立界至雖有自來遠近體例或山斜不等不許邊臣固執爭占凡此三事皆夏人奏請之所不及而朝廷迎以與之者也及鄜延路乞依夏人所請用綏州舊例以二十里為界十里之間壘築堡鋪十里之外並為荒閑近黃河者仍以河為界朝廷一一聽之臣竊見先朝分畫綏州之日界至遠近責令帥臣相度保明往反審實乃從其說今所畫界首起鄜延經涉環慶涇原熙河四路朝廷更不委逐路審覆即以鄜延一路所見便利指喻夏人號令一布無由復反至今夏人執以為據此則臣所謂朝廷方夏人猖狂寇鈔未已則務行姑息恐失其心者也至於熙蘭所請欲以蘭州黃河之北二十里為界臣竊謂過河守把勢已艱難侵占蓄地理尤不可仰料朝旨必不敢依唯所言定西通西通渭等城外弓箭手耕種地遠者七八十里近者三四十里不可以二十里為界邊臣雖為此說然議者或謂蘭州每遣弓箭手耕種此地輒為夏人所殺若言已官耕者則弓箭手必有名籍所得租課歲入幾何二說相違理難遙度要須以此先與夏人商議各從逐路之便不可以二十里一槩許之朝廷既失先事籌量及號令已行乃欲追悔先後皆失遂生厲階而熙河帥臣與其將佐遂敢不俟朝旨於元請之外修勝如質孤二寨二寨既於元豐五年廢罷具載九域圖志見今無使臣兵馬住坐而妄謂夏人舊係守把朝廷從而助之以九域圖志為差誤以吏部見差管勾二寨弓箭手道路巡檢使臣為守把臣謂苟以此誑惑中朝士人可耳若欲以此塞夏人之口而伏其心恐未可也此則臣所謂朝廷方夏人恭順朝貢以時則多方徼求苟欲自利者也然臣竊妄料朝廷之意勝如質孤二寨必難議再修定西通西通渭三寨二十里以上界至亦無以取必於夏國蓋朝廷歲賜大利既於無事之時空以與人及此緩急無以為重所謂差之毫釐謬以千里者也然則地界之事要必相持不決過有朝貢使介往來秋冬之交賊馬肥健時出寇掠受侮夷狄何時已耶如臣愚見欲檢會前奏移降育謫置之他路別擇名將謹守大信且修邊備本路疆界之議實非見今守地若可推以與之以信前約其他則令推公心具長久計條列聞奏然後朝廷擇而行之則熙河尚可得而安也今臣觀朝廷初無定議方熙河邊釁之作也急召帥臣貰之戶部及臣言賞罰失當則急復遣育還帥熙河至如种朴本與育謫共造邊隙今廼移朴涇原獨留育謫若以召育為是則今遣之為非矣若以移朴為當則獨留育謫為失政矣政令如此終安適從徒遣孫路穆衍之流往彼相度朝廷大計豈可取決衍等之口萬一敗事雖戮衍等何補於國臣前上言唐李德裕議討劉稹同列有異議者德裕請曰育如不利臣請以死塞責今中外皆謂守信固盟中國之利若大臣有欲專任育等不顧邊患者臣願陛下以德裕之請要之若能如此即用其計事定之後案行賞罰今臣言已竭勢不能回不審陛下嘗以臣前說要之否邊事至重安危未可知惟陛下留神而已臣以孤忠誤蒙拔擢不敢不盡所懷以孤任使然觸犯者衆死有餘責

轍為戶部侍郎論西事狀曰臣伏見西夏頃自秉常之禍人心離貳梁氏與人多二族分據東西廂兵馬勢力相敵疑阻日深入寇之謀自此衰息朝廷略加招納隨即伏從使介相尋臣禮甚至只自今年

春末夏初以来始有桀心出兵數萬擁蘇涇原殺虜弓箭手數千人復歸巢穴朝廷方事安衆難於用武接以君臣之禮加以册命之恩特遣使人厚賜金幣戎狄獸心敢爲傲慢輒以地界爲詞来復入謝至於坤成賀使亦遂不遣中外臣子聞者莫不憤怒思食其肉臣恭備侍從至憂臣辱義不辭勞况臣擢自小官列於禁近議論幾事既其本職感激思報豈異常人是以冒昧獻言不避罪戾庶幾聖意由此感悟雖被譴逐臣不恨也臣竊惟當今之務以爲必先知致寇之端由爲行事之得失然後料虜情之所在定制敵之長算誠使四者畢陳於前羌戎小醜勢亦無能爲也董氊本與西夏世爲仇讎元昊之亂仁宗賴其牽制梁氏之篡神宗藉其征討世効忠力非諸蕃之比也近者董氊老病其相阿里骨擅其國事與其妻契丹公主殺其二妻心牟氏其大將鬼章及温溪心等皆心懷不服阿里骨欺罔朝廷

奏議卷三百三十二　十三

自稱董氊嗣子朝廷不察情僞不原逆順即以節鉞付之誅之不感患自此起阿里骨既知失衆虐用威刑衆心日離而鬼章自謂與阿里骨比肩一體顧居其下心常不悅夏人乘此間隙折節下之先與阿里骨解仇結懽令轉說鬼章舉兵入寇復誘脅人多保忠會於涇原竊發黨與既亡羽翼既成是以敢肆狂言以動朝聽向若阿里骨以董氊之死来告立嗣朝廷因其所請遍問鬼章温溪心等以誰實當立若衆以阿里骨爲可立則既立之後衆必無詞若以爲不可則分董氊之舊秩以三使類授此三人阿里骨無僥倖之命鬼章無怨望之意則夏人無與爲援安能動搖加以數年以来朝廷本厭兵事羌中測知此意亦以自安頃者忽命熙河點集人馬夫城西關仍云来年當築龕谷聲實既暴虜心不寧舉兵自强豈亦由此此所謂致寇之端由也先帝昔因梁氏篡逆之釁舉兵誅討侵攘地界爲怨至

深羌虜之性重於復讎計其思報之心未嘗一日忘也徒以衰亂相繼兵力彫殘陛下臨御之初意切懷納是以連年入貢以休息其民雖有恭順之言蓋亦非其本意矣假令犯順固猶有詞今朝廷因其承襲之後賜之册命捐金錢二十餘萬緡以爲之禮彼既與我有君臣之分然後可責以忠順之節朝廷此舉於義甚長而羌虜無故遂肆桀傲内則其國中士民自知不直必不爲用外則中國兵將皆有鬬志易以立功曲直之幾於此始定雖棄捐金幣以封殖寇讎小人謂之失策而分别曲直以激勵將吏智者謂之得計此所謂行事之得失也元昊本懷大志長於用兵亮祚天付兇狂輕用其衆頃爲邊患皆歷歲年然而國小力微終以困斃今梁氏專國素與人多不諧内自多難而欲外侮中原料其姦謀蓋非元昊亮祚之比矣[illegible]二聖在位恭默守成仁澤之深遠近所悉既無用武之意苟肆無厭之

奏議卷三百三十二　十四

求蘭會諸城鄜延五寨好請不獲勢窮必從以爲狂言一聞求無不得今朝廷既已漸爲邊備益兵練將則羌虜之望已乖本計不過秋冬寒凉之後必小小跳梁以嘗試朝廷而已若朝廷執意不撓守邊無失則數塞請盟本無愧恥若朝廷用心不一惟務求和則請求百端漸不可忍此所謂虜情之所在也凡欲應敵必先正名夏人初起邪謀必有二說其一以爲慢詞既達則地界可得無窮之請因以滋彰其一以爲雖不得地實亦無損猖狂力屈稍復求和中國厭兵勢無不許方其不遜則張皇事勢夸示諸戎及其柔伏則略爲恭順使中國厭兵而聽今朝廷遣兵積粟地界之請固已不從而號令未明逆順未著臣恐夏人未知朝廷不憚用兵之意無以折其姦心又恐將来姦窮力屈略脩臣禮使與講和要約不堅必難持久昔趙欲與秦爲媾其謀臣虞卿以爲從趙爲媾莫若從秦爲媾於是東結齊人而

秦人自至區區之趙尚知出此。而况堂堂中國畏避舊結偷於無事，不一分別曲直而反禀命於羌人哉。臣願陛下明降詔書，揆沿邊諸郡，其大意略曰：夏國頃自亮祚叛亡，先帝舉兵吊伐，既絶歲賜，復禁和市，羌中窮困，一絹之直至十餘千。又命沿邊將吏，進行攻討，橫山一帶皆棄不敢耕，窮守沙漠，衣食併竭，老少窮餓，不能自存。朕統御四海，均覆無外，憫此一方窮而無告，遂勅諸道帥臣禁止侵掠，自是近塞之田，始復耕墾，既通和市，復許入貢，使者一至，賜予不貲，販易而歸，獲利無算，傳聞羌中得此厚利，父子兄弟始有生理，朕猶念孤童幼弱，部族携貳，若非本朝賜之策命，假以寵靈，則何以威伏一豪，保有疆土。是時朝士大夫咸謂夷狄反覆，心未可知，使者將行，言猶未已，朕有存亡繼絶之志，欲脩祖宗爵命諸侯之典，以爲擧人倡義，爵而不疑，故遣使出疆，授以禮命，金銀幣帛相屬於道，邊人父老觀者太息，以爲仁義之厚，古所未有。而狼子野心，飽而背德，不遣謝使，不賀冲成，朕以君道將之，而不以臣禮報朕，天地所疾，將相咸怒，一旅惟狂謀逆節，止其一二姦臣，國人何辜，當被殺戮，是以弭兵安衆，至議攻討，然而逆順之理，不可不明，其令沿邊諸將飭勵兵馬，廣爲儲峙，敢有犯塞，即殺無赦，彼既背逆天理，不有人禍，必有鬼誅，姑脩吾德以待其變。臣料此命一出，羌人愧畏，雖未即款伏，而姦計沮屈，無以號令其下，諸路兵民，知彼曲我直，人思致死，而氣一發，邊聲自倍，此必然之勢也。今朝廷日夕備邊，常若寇至，而但曲加隱忍，不降此命，使虜一旦犯境，終亦不免交鋒，若聽臣此言，要之亦不出兵坐而待敵，初無有異，而使士氣感奮以思戰，虜情知難而自屈，求和之請，其至必速，此所謂制敵之長算也。臣竊聞朝廷近已添屯兵將，增廣邊備，議絶和市，使熙河帥臣招來阿里骨叛黨温溪心人，多保忠等，

此兵法所謂上兵伐謀，不戰而屈人者，陛下若能鏡之以金銀，而士元其繩墨，使將帥得盡其心，間諜得盡其力，則事無不成。而虜漸可制矣。然有一事，似非臣所得言者，但以蒙國厚恩，不敢不盡。昔熙寧元豐之間，所行政令，雖未必便民，然先帝操之以法，濟之以威，是以令無不從，而事無不舉。頃者朝廷削去苛法，施行仁政，可謂善矣。然而刑政不明，多行姑息，中外觀望，靡然有縱弛怠惰之風，平居無事，姑以偷安可耳。今虜不順，勝負之變，蓋未可知，緩急之際，威令無素，何以使衆。臣謂宜因事正法，以明示天下。臣前所言去歲大臣不用阿里骨救圍之奏，授以節制，致令鬼章懷憤入寇，夏人乘釁，遠入作，此則當時宰相樞密使副苟簡無謀之罪也。近者涇原賊馬至者近數萬，殺略數千，帥臣不明備禦，不及熙河，賊退經今累月，而殺傷焚蕩之奏，至今未上，此則將帥弛慢，不畏朝廷之罪也。陛下恬不爲怪，畧無責問，政之不脩，孰大於此。中外相視以爲疑怪。朝廷方將使人入蕃白召赴湯火，臣有以知其不能矣。昔公孫弘爲相，諸侯有逆謀，弘自以塞責，諸葛亮爲相，任馬謖不當，請自貶三等以右將軍領丞事，蓋大臣體國，不惜身，自降黜爲衆行法。今陛下何不取去歲册命阿里骨與議大臣，不論去位在位，皆奪一官，至於兩路將帥，雖寄任不輕，而法不可廢，皆使隨罪行罰，以此號令四方，庶幾知所畏憚，政脩於朝廷之上，而敵恐懼於千里之外，勢之所至，不足怪也。今陛下未能正羣臣，而望西羌之畏威，不可得矣。臣聞范仲淹守慶州，因葛懷敏之敗，請以任將非人，因降將避謝，損其勳爵，而復其位，以激勵諸將，感慰邊兵，時雖不用，而仲淹之言，至今惜之。臣雖不敏，究觀往事，以爲可施於今，不敢默已。小臣狂妄，甘伏斧鉞之誅，無所逃避，惟陛下裁察。

侍讀蘇頌論屯兵漕河入奏疏曰：臣今月初九日入侍經筵進讀

三朝寶訓至咸平六年契丹南牧真宗皇帝嘗命輔臣條陳禦戎之策因謂宰相李沆等曰今已屯大兵慮未有隙聚兵廣費民力何以充給自來建議營田河道多為帥臣所沮臣伏蒙聖問屯兵漕河孰長臣尋上對以謂屯兵漕河二事相須闕一不可蓋天下無事兵雖不用而邊防武備在乎戍守則屯兵不可闕也既有戍守必資糧餉積備糧餉須由運漕運漕小阻其費百倍是漕河不可闕也方契丹連歲擾驟邊城謀倚真宗以露師累歲思長久控扼之術故語及營田設險儲糧贍軍之議蓋為息民止戈之漸而帥臣不能遠謀但務甲馬雄盛反以設險為示弱故李沆又陳功之難成蓋人人互執所見參驗而行實為至便欲望聖斷決行是後雖與契丹講和然而運河營田終亦不廢至今沿邊以為大利又國家禁旅大兵多屯沿河州縣皆取運漕之便也臣故曰屯兵漕河二事相須闕一不可臣退

而伏思聖問淵奧皆經國裕民之先務臣前對踈淺不甚周悉輒復稽考書傳所載前世已行之事進言其一二仰備聖覽臣聞古者內諸夏而外夷狄故有甸侯要藩之限祭祀享貢之令蓋異遠近而別夷夏也遠人不服則侯伯之國得以文告而懲艾之故文王命南仲伐玁狁城朔方而玁狁于夷宣王命召公平淮夷至江漢而淮夷來獻此攻伐征討之備素具故也秦并諸侯天下混一而強胡未服始皇使蒙恬將兵攻取疲敝中國卒無成功此無外禦之所致也韓安國將兵屯漁陽上言方佃作時請且罷屯罷屯月餘而匈奴大入上谷漁陽掠其人畜而去此失備虞之所致也自爾以來中國未嘗無戎狄之患郡縣未嘗無戍守之役千金之費歲月相乘由是轉漕運糧之策興焉秦使天下飛芻輓粟起黃腄（直瑞反又音誰）琅邪負海之郡轉輸北河率三十鍾而致一石（六斛四斗為鍾計道路所費凡用百九十二斛乃得一石至）卒困民

力漢守滎陽宣無見糧蕭何轉漕關中以給食糧道不絕遂興漢祚此運漕有策與無策之相去萬萬也趙充國擊先零請罷騎兵以步兵萬人留屯要害因田致穀威德並行大費既省繇役豫息以戒不虞唐姜師度守易州始於薊門之北漲水為溝以隔奚契丹之寇又約魏武故迹傍海穿漕號平虜渠以避海道運糧者至今賴之此皆屯兵漕河前代之明驗也臣聞帝王之都必據形勢故三代居河洛之間漢唐宅咸洛之壤我太祖皇帝嘗愛洛陽山川之勝始有遷都之意用軍校李懷忠陳汴渠運漕之利遂東還京師此實聖斷睿謀因時適變貽萬世之長策今京師有汴蔡廣濟轉輸之饒沿邊有塘濼營屯之固鎮壓夷夏踰於金湯非三代漢唐之可儗倫也臣頃在先朝竊聞今太子太保致仕張方平嘗蒙神宗顧問汴渠興置利害方平奏曰古者建國必依山川今國家都汴實據平夷之地所以為

形勢者禁旅也贍禁旅者粟帛也所以富粟帛者汴渠也望戒有司以時開塞毋輒輕議天下幸甚（神宗深以為然）審此言亦可見屯兵漕河之大要也臣愚儻易開陳庶幾上裨聖政之萬一

元祐五年六月殿中侍御史上官均論棄地非便疏曰臣切聞春秋傳曰德以柔中國刑以威四夷是知先王之治天下其待中國與四夷其道固異何則夷狄天性桀驁恃遠負險中國弱則先叛強則後服專以恩養則倔強難制其勢使然也臣切觀自陛下臨御以春德養民為事德意可謂至渥矣然自朝廷納西夏貢使復與歲賜恩禮不為不厚而戎人驕慢傲然無懷服之意遣使請地邀求無已廼知非恩之不至待之不勤其弊在於姑息之太過耳臣聞威過則怨恩過則驕驕怨則懷必死之心驕則有無厭之求昔先王之御夷狄知威

前日邊臣拓地邀賞之弊而大臣采宋璟不賞邊功之說務以息兵

之不可獨立。故假惠以濟威。知惠之不可獨行。故須威以行惠。然後夷狄且懷且畏。無怨望輕侮之心。今戎虜之情驕傲已見。大臣務以息兵省事爲意。前日遽棄沿邊四寨以塞其請。而戎心無厭。邀請益甚。不知大臣爲陛下計將奚之乎。拒之乎。與之則地日蹙而威日削。適足以增其犬狼之氣。終不使之屈伏柔服。以聽命令。漢晁錯明於邊事。嘗曰。未而能困。使得氣去。後未易服也。又遺以土地。以驕其氣乎。臣聞兵以誅驕暴。驕暴去。則無所用兵。政以治事。事息則無所用政。驕暴未去。而遽寢兵。事未治。而欲無事。是爲畏事苟安之計。其極必至於用兵多事。勞弊內外。而後已。昔漢因循以成七國之禍。唐厭兵以成藩鎮之強。此前事已然之驗也。戎狄之情。臣雖不知。邊鄙之事。臣雖未嘗習。然士大夫自塞徼守官罷歸京師者。訪聞非一。皆如臣言。又以古驗今。戎虜之情宜不相遠。故臣敢爲陛下反覆陳之。臣

願陛下詔敕大臣。虛懷訪問塞上罷官與知邊事之臣。參任稽考。當得其實。則羌人萬里之情。可以坐見矣。臣聞練兵選將積粟。三者禦邊之急務。厚賞重祿勸士之要術。朝廷常效邊郡爲五年之蓄。不知今日之積。其數幾何。不可以不預計矣。夫犯彊敵。冒白刃。士卒不顧死者。利厚賞也。前日薄首級之賞。務以息邀功之士。而不知非厚賞不足以使衆。此不可以不講也。伏願陛下詔諭大臣。簡略細務。留意安邊大計。卻羌戎無厭之求。講練兵選將積粟厚賞之術。遣知邊事可信之臣。按察塞徼。以詳守禦得失之實。儲蓄卒伍之數。明誡邊吏以朝廷之意。羌虜柔服。則治兵積粟以備之。桀驁侵軼。則邀擊前後以挫之。退不得畏縮以驕其氣。進不得興兵以費吾財。張大天威。揚然示戎狄不可侵犯之意。則士氣日奮。戎心日消。四夷無侵陵之患。中國有泰山之安矣。夫先患而謀則有餘。後事而計則無及。此天下

大計。惟陛下留神。益加詳擇。

貼黃。臣切聞西夏見今所爭蘭州塞地。皆控扼戎馬要路。若苟容目前無事。全不計校。輕以付與。中外之議。深恐戎人擣虛長驅。熙河數郡。孤立難守。爲害非細。臣切意大臣之計。務欲安靜無事。故曲從其意。若與時戎心無厭。繼欲請熙河故地。不知何詞以拒之。臣訪聞沿邊得替官員。皆以爲犬戎之情。驕則愈橫。今以旁塞要地付與。徒自去其藩扞。長敵人強悍之勢。如傅虎以翼。借寇以兵。不唯無益。適足爲患。爲今之計。不若治兵積穀。遣將厚賞。畫地而勿與尺寸。使戎心曉然知朝廷之意。中國之彊。不敢輕犯。惟陛下詢訪執政大臣。今以塞地與之。不知果能使西夏懷惠。無異日之患否。不可必。則是徒失險阻。爲久遠之累。如夏人以故地疆界爲言。則邊將盍答以靈州亦朝廷故土。西

夏若還靈州。中國亦償以故土。如此。亦足以折其無厭之情。蓋邊陲安危之計。宜博訪審慮。庶無後悔。

臣愚所言。非欲興兵生事。蓋西戎驕倨。請求無厭。若不講飭邊備。折其貪冒之意。其勢必至侵犯塞郡。勞師費用。困弊中國。伏乞陛下詔諭大臣。以消未然之患。

元祐間。右正言王覿論呂惠卿違侵擾外界旨。疏曰。臣聞自古中國有以致夷狄之患者。其端固不一也。然大要多因守邊之吏。貪功生事而侵擾之。積以成釁。其禍乃深。故漢武帝用王恢聶壹之言。絕匈奴之好。以興馬邑之師。初已無利。而其後連兵不解者數十年。唐明皇因孫誨趙惠琮之謀。背吐蕃之盟。以有青海之戰。初雖一捷。而其後官軍陷沒者數萬人。如武帝明皇。可謂英睿之主矣。然一爲邊吏所誤。渝盟爽信。以快一時。而至於使生靈肝腦塗地。財竭力殫。爲後世

笑可不為之痛惜哉故為國深慮者貪功生事之邊吏置之法而無赦則庶幾得所以懷夷狄安邊境之道也臣伏見資政殿大學士呂惠卿前知太原府於元豐八年內差知府州折克行等於四月十七日入西界三角川以來討蕩及差第一將管虎等於四月十九日入西界聚星泊以來討蕩二將及麟府州蕃漢士卒并帥府添差之兵無慮二萬人騎不惟無故結釁於彼而我之士卒陣亡及傷而見姓名者數百人隨軍子弟不預焉又過賞功及陣亡輕重傷銀絹二萬餘匹兩犒設及其餘錢糧又幾萬計致西人卻於五月中引千餘騎犯邊至葭蘆寨供奉官王瑛以戰死兵士陷沒者六十餘人自是惠卿內懷憂恐過作守備於極邊難得糧草之地添屯兵馬虛費極多臣訪聞惠卿出兵之時邊境本自安靖徒以元豐五年內曾有朝旨倏往忽來為擾耕之計惠卿緣此於去年春間面諭諸將及遣屬

官諷沿邊將佐申乞出兵蓋欲事成則功歸於己不成則罪在將佐而已故管勾麟府路軍馬公事張之諫不肯隨順申請惠卿挾怒奏黜人咸冤之未出兵之間三月六日登極大赦既到折克行以赦書旨為不侵擾外界未肯出兵惠卿不聽故克行等延以四月十七日十九日入界臣伏讀三月六日赦書應沿邊州府仰逐處長吏并巡檢使臣鈐轄兵士及邊上人戶不得侵擾外界守疆場勿令搔擾此朝廷之美政陛下之盛德也凡州郡赦書初到之日集官吏軍民而宣讀焉聖恩深厚孰不嘆嗟四夷傳聞當亦感泣蓋皇帝陛下即位之始太皇太后同聽政之初以神宗新棄天下聖心悲哀豈遑武事故須慰安夷狄休息兵民俾兵民安土而無荷戈之憂夷狄歸心而無擾邊之患然後可以見中國禮義之舉可以申聖孝亮陰之情也而惠卿志不在哀恤輕赦令僥倖功賞妄興師徒使朝廷內則致疑

於兵民外則失信於夷狄損虧國體蠹傷聖政皆惠卿之由也臣檢會本朝自建隆以來南郊等赦書並無前項不得侵擾外界等旨揮惟太宗真宗仁宗英宗神宗登極大赦戒勅邊吏與去年三月六日赦文正同於此既有以見祖宗謹始之先務又有以知陛下承祧之深意也是則於國家之體所繫豈輕哉凡厥邊臣敢不恭命惠卿嘗為執政方握帥權朝廷禮遇不為不優國家寄委不為不重所當將順聖德彈壓邊陲若擬封之內敢或違赦弄兵輒侵外境自當決行軍法以嚴天子之命以為邊吏之戒安可自為亂階身犯詔禁渙汗之號方悅於羣情無名之兵已駭於衆聽如此則吏民豈復以赦書為可用夷狄豈復以中國為可親四方豈復以朝命為可尊後世豈復以祖宗為可法陛下以惠卿之罪為微罪耶大罪耶以惠卿之惡為可恕耶為不可恕耶以惠卿之罪為微罪則自古以來廢詔黷兵

殘民辱國者皆微罪矣以惠卿之惡為可恕則由今以往欺君罔上壞法亂常者皆可恕矣或謂惠卿雖無遵用赦書之意亦豈敢更不奏請而遽遂出兵哉請不請固非臣之所知而其為罪惡則均也夫惠卿不復奏請而遂出兵則是直廢赦勅無人臣之禮罪不容誅矣引赦為說而有請焉亦不過張大出兵之利以欺罔朝廷而已朝廷以邊帥之請而信之不疑則適足以致非禮之舉失信之過盡歸於朝廷也為臣不忠孰甚於此伏望聖慈察惠卿妄興師旅違聖孝之情廢格赦勅無人臣之禮隳祖宗謹始之意開邊鄙異日之患僥倖功賞志不在哀內致疑於兵民外失信於夷狄虧損國體蠹傷聖政蚤行誅竄以為天下後世不忠不孝之戒干冒睿聖無任忠憤激切之至

貼黃登極赦內不得侵擾外界務要靜守疆場等旨揮自太宗以

來至陛下。六聖所同守。天下所共知也。及惠卿一旦而壞之。搢
紳之稍識忠義者。孰不憤歎。但以惠卿凶險傾邪。嘗任執政。朋
黨甚多。恐言發禍隨。故未有敢以其事聞朝廷者。惟朝廷特賜
主張。臣非懼禍所慮。臣言不行。則於聖政所損不細而已。伏望
聖慈詳察。
又曰。奏而發赦與不奏而廢赦。其罪之輕重相去無幾。但曾經
奏禀。即須更治經歷官司之罪也。乞聖慈詳酌。
又曰。赦到太原當在三月十日以後。惠卿出兵在四月十七日。
即是宣赦未及四十日。而違赦出兵也。今後朝廷赦勑何以使
吏民尊之。蠻狄信之。況今正當朝廷務要守靜疆場綏安蠻狄
之時。故須竄誅惠卿以為邊吏之戒。
又曰。三月六日赦書。必須數日而後可到太原。其麟府等處得

惠卿旨揮而後出兵。又須數日。既以四月十七日出兵。即惠卿
措置出界等事。正是初聞神宗上仙之時。若彊場有警。勢須捍
固。所不論。既邊境本自無事。又赦書有不得侵擾外界。務要靜
守彊場之戒。惠卿乃忍故違赦令。忘哀動衆。冀因人之喪而伐
之。猶且不可。自聞國哀之初。若喪考妣之際。而謀動干戈也。惠
卿若不重行竄殛。是則人臣之不忠不孝者接跡而無懼矣。惟聖
慈詳酌。
又曰。惠卿傾邪刻薄。當其竊權用事之時。簡賢附勢。壞法亂常。
為國巨蠧。行手實之法。擾動天下。興鄭俠之獄。賊害正人。諂奉
王安石。賴以進用。後因爭利而為仇。攗引徐禧擢之通顯。終致
喪師而辱國。如此之類。皆中外之所共知者。言事臣寮。必已及
之。臣不復論。今惠卿雖已罪惡貫盈。懼禍稱疾。力求宮觀差遣。

欲以幸免。緣前項太原府用兵之事。所係國體甚大。不可不行
法也。若為其已是宮觀差遣而寬假之。乃是正中其姦計矣。如
此則奸凶之人何所懲艾。
覬又狀曰。臣再瀝懇誠。上瀆天聽。臣今言呂惠卿違赦出兵事。所繫
國體甚大。無係赦後之事。伏望陛下出臣章與執政大臣議其罪法。
然中書侍郎張藻素出惠卿門下。藻性傾邪。與惠卿不異。故自來交
相為地。人皆指為死黨。今來陛下若與大臣議惠卿罪法。藻必預焉。
論議之際。惟聖慈察之。無令藻奸計得行。則天下之幸也。干冒聖聰。
無任戰汗之至。
又狀曰。臣近有封章。為資政殿大學士呂惠卿前知太原府。於元豐
八年內差知府州折克行及第一將訾虎等於四月十七日十九日
入西界三角川聚星泊等處討蕩。有違三月六日登極大赦內不得

侵擾外界旨揮。若惠卿不奏請而遂出兵。則是直廢赦勑。若引赦為
說而有請焉。亦不過張大出兵之利。以欺罔朝廷而已。朝廷以邊吏
有請而信之不疑。則適足以致非禮之舉。失信之過。盡歸於朝廷也。
為臣不忠。孰大於此。惠卿措置出界等事。正是初聞神宗上仙之時。
乃忍故違赦勑。忘哀動衆。伏望聖慈察惠卿妄興師旅。違聖孝之情。
廢格赦勑。無人臣之禮。隳祖宗謹始之意。開邊鄙異日之患。僥倖功
賞。志不在哀。內致疑於兵民。外失信於夷狄。虧損國體。蠹傷聖政。蚤
行誅竄。以為後世不忠不孝之戒等事。其狀於今月初二日投進訖。
臣今來竊聞惠卿出兵之前。曾有奏請。伏慮朝廷為其曾有奏請而
薄其罪。臣請畢其說。惠卿之罪在廢赦出兵。不在奏不奏也。奏而廢赦。不
奏而廢赦。其罪重輕相去無幾。惠卿奏請之意。臣固不得而盡知。然臣竊料
之。其說有二而已。其一不過謂元豐曾有旨以為擾耕之計。妄云西賊

勑兩不相妨。而可以出師。則是惠卿引前詔以惑朝廷。而乞廢赦也。其二不過但以師期來請。而不及赦。則是惠卿心輕赦勑而直廢赦也。引赦與不引赦雖異。而其為廢赦則均也。朝廷不允其請。乃是惠卿欺罔之計不得行而已。朝廷允請。乃是惠卿欺罔之計得行而已。欺罔之計得行與不得行雖異。其為欺罔則一也。臣竊惟皇帝陛下。太皇太后陛下臨政之初。首宣赦勑。欲以著大信於夷狄。大戒於邊吏也。乃因惠卿一舉而壞之。本朝自太宗以來。登極大赦旨揮。不得侵擾外界。六世所共守也。至惠卿一朝而廢之。陛下謂惠卿之罪。猶在可恕。其所以為罪。豈在奏與不奏之間乎。伏望陛下檢會臣今月初二日奏狀。并今來所奏。並付三省。議惠卿之罪。發行誅竄。以警邊吏之慢。以慰夷狄之心。以為天下後世不忠不孝之戒。惟聖慈詳酌施行。臣不任區區忠憤之至。

貼黄。臣前狀或已付三省。亦須得今來奏狀一處考證。伏望聖慈
發賜降出施行。

歷代名臣奏議卷之三百三十二

歷代名臣奏議卷之三百三十三

禦邊

宋哲宗時陳次升論西戎奏曰。臣伏以西戎獷悍。貪冒無信。難以德懷。易以威服。先朝振武。稍稍知畏。元祐以來。姑息過多。豢養過厚。今日猶敢跋扈。以分畫地界為辭。察其匪茹。必肆猖狂。出我不意。侵擾邊陲。當此之時。不可以無備矣。以今計之。五路兵馬果足用乎。城池樓櫓果備飭乎。兵器犀利乎。糧食有備乎。運籌帷幄。決勝千里之外。有其帥乎。被堅執銳。冒矢石以當其鋒者。有其將乎。茲數者果備。即以吾堂堂之師。以當蕞爾之戎。猶利刃之摧枯。沸湯之沃雪。至則靡矣。設若未備。一有衝突。何以支梧。此天下之至慮。社稷之深憂也。書曰。有備則無患。記曰。事豫則立。今日之事正在茲矣。臣愚以為宜選有風力之士。以當漕運之任。智謀勇略之帥。以當方面之寄。兵加訓練。穀加畜積。守將之疲軟無聞者。軍校之昏耄者代之。無張虛數。坐費軍儲。兵既精銳。城壁完固。彼來則拒之。彼去則備之。以戰必克。以守必固。如此。則邊防無殘暴之患。中國有奠枕之安。此所謂先為不可勝以待敵之可勝者也。惟陛下留神。天下幸甚。

次升為諫議大夫。乞備邊賞有功奏曰。臣竊聞鄜延路比之他處。兵練稍衆。財用稍足。朝廷又選有謀略習知邊事之臣以為將帥。今者戎虜輒敢先犯延安最強路分。圍城破寨而去。如入無人之境。其他必有輕易之心。邊患恐未已也。且撫之輿議。以謂沿邊州軍。兵甲甚少。財賦不足。彼知我備未完。罄國大舉。以衆臨寡。強弱不敵。今既破寨而還。其氣益銳。而又資所得糧儲。以充軍用。我之邊境既失城寨。士氣沮喪。萬一更來撓邊。何以支梧。今日不可輕視。要在先事而慮。伏望陛下。勑左右大臣。精思熟議。早圖邊備。制勝於未然。慎無

輕舉以貽後日之患。所是今來有功及陣亡之人宜厚賞賜。以勵其餘。庶使邊威可振。戎虜不敢干犯。

畢仲游論禦戎上奏曰。好文者論和親。尚武者議攻伐。廢於文武之間者則爲羈縻之計。自兩漢以來千二百餘年。雖或盛或衰或得或失。禦戎之策不出此三者。而皆非今日禦戎之政也。蓋中國之待夷狄。如待禽獸。禽獸勇猛。而我柔弱。禽獸無恥。而我有恥。禽獸殘忍而我不忍。然所以勝之者。智不善人耳。今夷狄雖如禽獸。而權謀譎詐怙強喜勝。論是非變曲直。反過於中國之人。而又益之以禽獸之勇猛無恥安忍之天性。則近世夷狄之難禦。其勢若理之固然。而難禦之中。必亦有可以禦之之道。今有好辯者將與人爲辯。則必陰自省曰。我於義無傷乎。我於法無不直乎。我之家室安乎。我之子孫無累乎。我之智能過之乎。凡我之所以與辯者皆有備乎。力能加之也。智能過之也。子孫無累也。家室安也。於法無不直也。於義無傷也。然後與人辯則勝矣。今中國之與夷狄戰。亦無異於與人辯。則不識中國陰自省者何事乎。其名正乎。其於義理合乎。其國富乎。其民安乎。其將可任乎。其廟筭定乎。凡我之所以待夷狄者亦皆有備乎。廟筭定也。其將可任也。其民安也。其國富也。其於義理合也。其名正也。然後與夷狄戰則勝矣。以本朝之事言之。太宗皇帝乘太原之勝。一舉而下易順薊三州。范陽之民爭以牛酒犒師。而不遂取者。餉道不繼也。至雍涿之間。遣十八將三道而並入。一出雍州飛狐。一出鴈門。兵薄其地。而寰朔應雲涿五州開門爭下而不遂取者。諸將知勝而不知敗也。以祖宗取天下之兵。用諸將定天下之智。欲復區區燕薊。一事不應則未足以成功。況今日之兵非祖宗之兵。今日之將非祖宗之將。而所以待夷狄非直一事之不應。故欲爲和親與羈縻之計。則歲損

五十萬。雖厚於漢之錦袍繡袷飾具帶赤綈綠繒。而比漢猶未敢有尚宗室之請。則和親羈縻之計亦未爲全失。如欲遠舉大功。復周宣漢武之事。則願教在位之臣。先正其名。使合於義理。國富民安。而將可任。五者備矣。而後廟筭定。廟筭定。而後可以進征討之計

仲游論西夏利害上言曰。臣竊見自元豐元祐已來。西夏背叛。邊境不安。朝廷深惟長久之計。惻怛近邊之民數被虜掠。屈意綏懷。俯就和事。而夏人譎詐反覆不定。遷延歲月。終不得其要領。遂詔諸帥臣險兵器。廣畜積。絕其語言。以杜塞姦計。天下皆慶朝廷深得制禦夷狄之道。近邊之民當漸得安堵。而和事方可成也。幸甚幸甚。然臣竊謂備禦夷狄之道。雖藉謀臣猛將。積穀治兵。以待其來。須有實事絕其冀望。使不敢與中國較。而輔之以謀臣猛將與兵穀之。要然後邊境可得久安。塞下之民永無係虜之患。今專待之以謀臣猛將。即安知彼之謀臣猛將不能與我相當。若專積穀治兵以待。即近年來鎮戎之役。綏德之役。麟府之役。環慶之役。兵非不治。穀非不豐。彼以數十萬之衆。圍守要害城寨。四散劫掠焚廬舍。雖有兵穀將安所施。兵法曰。技之以計而索其情。今夏人之所長者何事也。所短者何事也。所懼者何事也。所不懼者何事也。蓋夏人所長者併兵野掠也。所短者攻城也。所懼者中國之進築也。所不懼者計較曲直要約也。今不扼其所短。使不得施其所長。因其所懼。以改變其所不懼。便不得不款塞而乞和。而單欲論辯曲直。好言善意以要其和。此所以策驁益不肯和也。

又奏曰。蓋自元昊以來。爲併兵之計擾邊。遠今六十年矣。擾邊而取勝者幾數十次矣。而終未有以破其併兵之策。併兵之策不破。邊境不得而安。此目前之事也。臣嘗思之。古今兵法累至數千萬言。而其

要切與可施於當今者。止於先為不可勝以待敵之可勝。不可勝在己。可勝在敵。數言而已。蓋城寨者。不可勝之具也。清野以待之者。不可勝之術也。進築者。可勝之具也。俟其機會而進築。以破其併兵之計者。可勝之術也。臣頃奉使河東。適當麟府邊事之後。蒙朝廷差赴河外體量邊事。嘗建言也。

仲游又論河外清野利害奏狀曰。一河外三州及諸處邊堡寨屯戍之數。除軍馬司外。多者數千。少者不減五七百人。馬若西賊小小入寇。即逐城寨地分將校自可掩殺驅逐。若舉大眾作過。勢力非敵。即當起遣人戶入保。為清野之計。清野之計。朝廷行之已久。而昨來西賊至麟州城下。殺掠人畜。焚蕩廬舍。未見清野之效者。由清野之計雖行。而清野之具未甚完備。今麟府之地。守禦城寨大小共一十五處。若賊伺間竊發。其有居處近城寨之人。方可起遣。令赴城寨入保。

不幸居處窵遠。起遣赴城寨不及。則必被殺掠驅虜。斥候明遠。恐亦未免此患。如更斥候不明。何所回避。今若依近日邊臣討論。欲增築設掛小堡。使人戶居處自為捍禦。不惟增築數目下少工力。諸大堡尚不設樓櫓。未為堅整。未置矢石。人戶團聚其中。無以禦捍。賊過平蕩。只須剗間耳。恐亦非清野之具。勘會麟府州界。除見今城寨外。舊別有寧威一寨。瑠璃堡、來青塞、永寧、雅爾、河濱六堡。皆在見今城寨之間。訪聞自康定後。來以平日無事。節次廢罷。今雖無樓櫓。而城壘尚存。縱有頹缺。亦易為補築。若稍施工力完葺。便可却為堡寨。（麟府州界。更有七沙谷堡、河西堡、臨塞堡、中候、四望堡、來遠堡、金勝堡、橫戍堡、茶遠堡、焦山堡、赤塊。又來毀廢堡寨。但與見今城寨相近。不須補築。）兼府州界內。靖化、西安兩堡。麟州界內。寧定、神木、惠寧三堡。樓櫓粗完。見各量屯人馬。亦有使臣管轄。即不為守禦之計。遇有緩急。却合使本人馬與居民棄城而走。赴其他城寨。謂之走寨。甚無謂也。昨來

人馬入界。上件五寨。亦有棄而走者。中路與賊馬相逢。多被殺虜。走寨為計。蓋亦疏略。（昨來西賊入麟州界作過。靖化堡使臣人馬居民皆棄城而走。欲往寧府寨。但閉使臣三班奉職趙起中路為西賊所殺。其他人馬居民可知。）臣今體量。欲乞將前項稍築宣威寨等七處。并走寨五處。並為守禦。唯麟州界橋子塢上。作地分四面。各去城寨稍遠。舊無廢寨。乞踏逐別添築兩小堡子。（臣在河外計會。欲走寨為守寨。與補築已廢之寨。同控扼舊寨。分擘地分。令人戶詢問土人有無稍占地分下着。更合就水泉添補堡寨去處。斟酌所斟酌。補遂寨。稍占地分。給遂。唯麟州界添子塢上作。側近四面去城寨里數頗遠。合更添修兩寨子。其添修堡子。亦只是準備入保為清野之計。非用扼控賊衝。只消修三百步城壘。和雇禁軍工力。費用甚省。亦為已經射量。不敢更不逐處取會知何據行。乞下別司齊會此一節。）皆置使臣一員。略勾部他寨內人馬。分在宣威寨等處屯泊。大約逐處只兵滿百數。馬近三十疋則足矣。却每寨更令側近蕃巡檢或蕃官一兩員帶領部族移就寨城內住坐。（或走寨為守寨。與補築已廢之寨。本只議占蕃官或蕃巡檢。帶領部族在賊內與所遷居民同為守禦。自己足用。所以乞置使臣一員。人兵百數。馬三十疋者。要令為本堡寨之綱紀。不欲專委蕃官。然人馬數目不必多也。兼訪聞蕃

巡檢等在野外住坐。亦常慮賊馬侵掠。若得分頭於城寨內存泊。乃所願為。）共為守禦之計。既不若增添人馬。又側近蕃巡檢等部族住坐。常為家計。自備口食。絕無供餉之費。其改走寨為守寨。補築已廢之寨。及添脩堡子。只是準備人戶入保為清野之計。非用扼控賊衝。自有橫陽、靜羌、銀城、神木、神堂、鎮川、闌干、通津、建寧、安豐、寧府、百勝、河濱、斥候等一十三堡寨。是扼控之地。所以不消多屯人馬。改走寨為守寨。既省無費用。補築已廢之寨。與添脩小堡子。亦工力不多。却於麟府二州之門。比舊又增起十四堡寨。可以守禦。令人戶就近入保。利益不細。仍乞將麟府二州。與扼控舊堡寨。及增起新堡。各分定地分。每處四面約遷十里。至十五里。側近內蕃漢人戶。令入城居住。蓋麟府二州界至不甚闊遠。地多山阪沙磧。人戶稀少。可以就近遷入城寨之中。內有城寨狹小。恐著人戶不盡。即令城外靠城居住。及繫泊羊馬。却築收軍城以護之。俗謂

之羊馬城。其制約高一丈，厚四五尺。上亦有女墻箭窓。備築之時，墻外自城壕塹。（豐州城外州界內，永安保寧二寨。見各有羊馬城。人戶在裏居住。）亦置門戶，隨寨門啓閉。老幼常居其中，資畜自隨。丁壯即就往所分擘地分內耕種牧放。晨出暮歸，别無妨廢。如遇緩急，即所分擘地分亟近，頃刻已到城寨之中。（丁壯就十里或十五里耕種，晨出暮歸，猶不爲遠。況老幼資畜既先依城寨，丁壯亦自可時暫於野外宿泊，以便耕種，候其熟畝，然後易地。聞有寇至，即旋歸城寨之中。雖不晨出暮歸，勢亦無害。土人爲老幼資畜在城寨，而丁壯宿於野外者，謂之下火。或剗土窖，或就著俗爲掘穴，或略以椽木支撑其蓋而止宿。其類頗衆，蓋河外土俗之常也。）小寇至，則收軍城內。人戶更不遷徙。丁壯與官軍同共禦捍掩殺。大寇至，即由收軍城中徐入城寨。比之布在四遠，星散居止，鄰無捍禦之備，寇賊欲至，方始奔逃，不免被殺掠驅虜者，功相百也。不待斥堠而野常清，其利有五。羌人不善攻城。其入寇也，本亦不爲攻城之計，特以人戶散居山野，牛羊資畜處處有之，故舉衆而來。先以重兵圍守要害城寨，使兵不得出，

然後四散野掠，驅虜老幼資畜，因而殺人，焚蕩廬舍。今既老幼資畜先依城寨，丁壯又只往側近耕穫，緩急寇至，獲時亦歸城寨之中。賊馬雖來，野無所掠，絶其大寇之源，寇宜不至。一利也。（人戶老幼資畜既就城寨。縱秋收之時，禾穀在地。然土人治打禾穀纔畢，遂旋窖藏。既不解掠生口考問，則亦不能盡知窖藏之處。清野之利，十益八九。）虜老幼資畜既先在城寨，丁壯出外耕穫，其心自安。緩急寇至，又入城寨同爲捍禦。既有老幼資畜繫其心，城守之堅，必十倍於往昔。二利也。平日所患戍兵多則困於供饋，戍兵少則不足以捍禦。今若漢蕃人戶既遷就城寨，每城且以三四百家，率家不下三男子，則一城之中不用糧餉，約增千人戍守，却可以多代正兵出戰。三利也。邊人勇健出於天性。又以迫近賊寇，皆會弓馬。既就寨居，屢數月易見。若因其屯聚，善撫養之，教以坐作進退之法，使自衛其老幼，不待驅率，勢必樂從，則是不費官中衣糧，如得土兵數萬。平時任從田作，寇至則人自

爲敵，虜聞之，必大有畏憚。四利也。羌虜每欲作過，必先測知城寨虛實動靜，然後敢入寇。蓋有姦細行於其中，而姦細之來，止以漢蕃人戶散在山野，與之爲道地，無由止絶。今既遷近堡寨，有城壘門戶之禁，閭里比居，易相伺察，界外姦細，勢遂不行。五利也。若麟府人戶不曾被寇，廬舍作業已成，大第懷土重遷，似難驅率。今既新被大寇，廬舍已空，人心不安，見皆頗依城寨安泊。若因而措置，分擘使長依城寨，既不妨其田作，又老幼資畜常如入保。除創築兩小堡子外，皆是因舊爲之，亦不消多添人馬，只是增得八九負使臣，無大費用。訪問邊民，皆大以爲便。斥候不明，猶可清野之具，始似完備。雖未能支解羌虜，亦寇不能犯之道也。

徽宗建中靖國元年，龍圖閣學士、知永興軍范純粹論進築非便，上疏曰：臣伏見陝西、河東沿邊諸路拓地深遠，城守增多。凡邊臣始議

經營利害之實，與夫朝廷處決之計，臣固不得與聞，而它路形勢之狀，保明之計，臣所未嘗親見者，亦不敢輕議。唯是河東一路，臣忝領帥任，雖止百有餘日，而承乏鄜延亦既累月，耳目聞見，略已詳熟，識心所得，不敢欺。切惟兩路凋殘，困於進築，在公則所費金帛緡錢不知其幾千萬，內外之力既已匱竭，此朝廷固亦究見，不待臣言而後知。在私則大兵之後，洊有凶年，雖去歲夏秋兩經豐稔，而物價未甚減小。如鄜延路新城堡砦，今春糴買米斗猶有至一貫四百文省，則一方艱食可以槩見。春冬苦雪，饑殍繼樓，士卒疲羸，鵝眼過十。其月得料錢不足充一飽之費。民之窮弊，從此可推。唯是浮游賊貪之人，欺天罔上，盜切名器，大得所欲。賤者既貴，貧者既富，閭閻小子略邀封侯之望，而撙辭散去者，又不知其幾千百人也。所拓之地，疆界遼絶，田是封堠，有去城砦一百五六十里。去處必欲責邏捉人馬頻

至境上。則衣糧露宿曠日不返。奔走疲弊。衆情厭苦。若欲休養士卒。則新地之內。無復人迹。將士觀望。未敢有言。朝廷欲墾闢新疆。每路置提舉官。招刺弓箭手以資兵備。而所得多浮浪闕食之人。唯幸借貸種粮牛具等錢。而隨即逃亡。臣在河東路勘會得一季之內。逃亡至四分。今至鄜考究得提舉弓箭手官石吞。所招人計六千九百五十一人。內已逃亡過二千八十八人。地未加闢。而所失財用亦已多矣。是未見得地之為利也。鄜延一路。前此頗以招納為事。臣今契勘自紹聖三年後來。計招到夏國人口共一萬一千五百餘人。其中丁壯纔及三千。自餘皆婦女老小之數。並計日給食。內已得班行名目人皆給料錢驛券。歲費極廣。錢糧浩博。若謂可以分彼兵力。則一國之衆。豈以三千人為重輕。若謂使可以致彼離叛。則前後招納甚久。而未嘗小驗。平日莫測心腹。間輒叛去。不唯出入之時。決不敢保其

為用。而緩急之際。內變可虞。邊防幾事。靡不傳洩。由是推之。安知其非謀也哉。是未見得人之為利也。新地之內。既有城堡之備。莫非究計兵力。今計鄜延一路新舊城砦二十七。處合用守兵六萬三千。然秖是依守禦之法。計地步排立之人。而出奇禦敵。番休固守者。未在此數。新壘守人既不可闕。餘雖舊砦。亦當足兵。有如金明。最是近裏。乃若賊至屠戮無遺。則知不問城堡之新舊。舉不可乏人。而後可以責其固守也。自夏人納款以來。朝廷已將戍兵將吏十減六七。今諸城堡砦守禦人數未及合用十分之四。若將來稍有警急。則兵備何以自全。若萬一再遇凶年。則歲用何以取濟。是戍守之計。為甚可憂也。議者以謂夏人力屈情見。既極恭順。請命率職。誠服不渝。邊患封疆自此大定。臣愚不善料敵。未敢信然。而日夜區區私憂國討。何者。在彼國勢。恐尚惜諸路所取之地。在人常情。恐未忘積年所結之隙。

今雖脩貢而未及疆。議者亦有以也。撫養力待時。所以自歇耳。蓋歲頒賜予。垂于來朝商販。所得甚厚。而又諸路塞上貿易公行。度彼三二年間。兵定力全。則必先以畫疆為請。其語不遜。決復盜邊。臣恐朝廷未可以今日之姑息為冀執之安。虜情深狡。甚可憂也。臣以謂開邊之初。嘗圖神速善後之計。今實難為。雖得地得人。未見稍利。而虜備實可寒心。臣不敢苟無事於目前。乃所願圖安於永久。若一路城守。朝廷可以增足戍兵。增戍之兵。朝廷可以長足歲費。則臣雖疲懦。敢不竭心無幾上遵廟謀。粗可居職。今守計不備。而無兵可增。縱有兵可增。而財用方窘。以此禦寇。豈臣敢當。它路事宜。度不殊此。措置宜先於機會。豐凶難測於天時。伏望聖慈曲賜軫惻。內量國力。外察邊情。深詔大臣。更為遠慮。明降畫略。以杜釁虞。臣於神宗皇帝在御之時。數陳兵議。後於哲宗皇帝臨朝之日。復論土疆。或賜優容。或

因而坐廢。有干典憲。貪出狂愚。今者再被使令。未忍便為緘默。不唯身任憂責。况復職在論思。雖置散投閑。固重覆車之戒。而納忠敘事。詎忘體國之心。

右正言任伯雨議鄯鄯事宜。策曰。臣聞去歲熙河路以招征投降。因取鄯鄯二州。朝廷委陝西運判秦希甫知熙州胡宗回相度。秦希甫以二州為不可守。胡宗回以二州為不可棄。更奏異同。紛若白黑。自後復罷發將。果失鄯州。秦希甫之言驗。而白罷運判。胡宗回之言不當。而以舊作帥。蓋章惇蔡卞曲庇帥臣。欲幸邀功。故蒙昧朝廷。隱諱邊患。萬口一辭。以為不當。切以用兵累年。公私困竭。加以物貴人饑。解弛損壞。萬一更有邊事。國家如何枝梧。臣伏願陛下取秦希甫胡宗回并臣僚所上論邊事章疏。類聚編排。以驗可棄可守之策。則利害灼然。不可誣矣。然後選差小心得力臣僚內臣一員。齎手詔往邊

上問帥臣及監司將官等各一員棄守二策結軍令單狀奏聞則自然者實供析不敢依違附會矣。

伯雨又狀曰臣伏覩神宗皇帝所以能用兵取熙河者不獨英謀睿斷委用得人蓋以承仁宗數十年天下富庶之後紹聖之初所以能五路進築者亦以承元祐十年休息之後今日邊陲視紹聖之初爲甚廣財用視紹聖之初爲甚乏勁兵健馬視紹聖之初爲甚少諸臣將帥視紹聖之初爲甚少加以塩池損壞歲失財用三百餘萬關中累年荒旱物貴人饑生齒流移十減六七今年雖豐物價猶五倍平日以此觀之邊事不可復生亦明矣去年邊臣邀功爲國失信奪貨爲寇至今邊患滋熾無并鄯廓二州自去蕃屏覆軍殺將已失其一今湟州雖存道路又孤絕崇山窮谷地不可耕道路險阻又難饋運得之無用徒耗中國又湟鄯二州均爲唃氏之地鄯大湟小唇齒相依既已棄鄯湟州勢難獨守國

家守之且有五患朝廷前年取天都山置西安州取蕭關峯置會寧軍無所不可何者此夏賊之地吾讎敵之國取之有名也今湟州乃唃氏之地唃氏世效忠順有功國家真宗仁宗雖嘗封爵至朝廷與國因與國之亂而貪其土地失信背義取之無名絕其向化之意一患也國家征伐夏賊所以無熙河以西之憂者唃氏爲藩籬也今既取湟州則唃氏餘族不爲吾助吾必有西邊費財用師之憂二患也國家買馬歲二萬匹而青唐十居七八今既爲讎則馬不復至二年一匹不買亦可見矣西北無馬大失邊備三患也河南有郎阿章族河北有嗒叠咓族平日與唃氏同輔中國今吾既與唃氏爲讎則彼畏吾有吞并之心必與夏賊結連以抗中國四患也萬一夏賊因唃氏之困掩取其地則勢力益强亦遠爲吾腹背之害五患也況聞自得湟州已來歲費三百廿萬貫以守吾一州所費如此至路邊面可知矣國家一歲賦入三百萬者凡有幾也內帑之積三百萬者亦有幾也安可以既乏之財追無窮之欲圖未集之衆棄已成之功耶。陛下備嘗講究其事始差內臣李某復差內臣鄭居簡皆知本末本路走馬郝平及姚雄苗履亦嘗具利害數奏擬此事體所宜多方休養不可更滋邊患萬一五路同日有警兵困不給財竭不續粮乏不繼廣賊并突侵犯關隴不知朝廷何以枝梧又聞陝西運判秦希甫在熙州詢究曾有文字至奏邊事不同又聞邊人賞封言邊事者甚衆邊人所陳其言必實臣伏願陛下取上件文字類聚一處子細參究則是非利害不可掩矣然後選差謹厚小心得力曉事內臣一員齎手詔往邊上密令帥臣及本路監司各具疏棄守二者盡一利害結軍令狀聞奏以參考其實宗回及邊人封事臣願陛下更令二府大臣各具己見論列雖議論不同即令結罪務盡其詞以是而止。

如其立異遷衆公肆偏見聽伴之先具若干兵馬須若干費糧擇何人往守約何時無患若有敗事先坐首議陛下徐察其所言審其所慮則安危之幾成敗之效曉然於目前矣昔漢武帝亦嘗令韓安國王恢詰難邊事往返五六其後敗事恢任其責今日治邊正可用此策矣。

伯雨又論月暈圍昴畢上奏曰臣先嘗論湟州事乞陛下俯稽衆議早定棄守之策又嘗論赤氣事乞陛下仰推天變預防夷狄竊發之虞天道幽遠理難取必然今以恐懼以伏妄言之罪延今月初八日夜伏見月暈圍昴畢謹按天文志曰昴畢天街也其北爲胡其南爲漢而參爲趙魏之郊昔漢高帝七年月暈參畢遂有平城之圍以此觀之象不虛示必有可考今以陛下躬堯舜之資當千載之運小心順帝動無過舉而天象示變其故何也蓋天心深愛陛下欲陛下畏懼修

害先事為備故變之來所在數月推考衆類皆為互應雖非諄諄理不虛示臣謹為陛下先論湟州次論陝西五路終論河北略具畫一如後。

一湟鄯二州角廝囉地角氏世効忠順有功朝廷為國家與國在真宗時繼遷為寇角氏之兵牽制卒使兵敗困於六谷朝廷以其功大封武威郡王及康定寶元元昊不順又常出兵以助中國仁宗再封武威王自是凡有夏賊之虞角氏必為中國之助朝廷所以無熙河陝西之憂者以角氏為藩籬也前年因瞎征竊據夫國北之王贍胡宗回乘彼之亂妄稱納土襲取鄯湟自去藩屏覆軍殺將失信夷狄朝廷一切不治其罪既已棄鄯湟獨尚留不唯孤絕地不可耕饋糧艱阻勢雖獨守亦恐角氏銜怨結連夏賊或勢力微弱為所并皆此西方吐蕃諸族必盡服

屬夏賊益強國家邊面益廣由成文龍直抵蜀道悉屬西賊之境蓋不啻五千餘里其為國家之患豈特一州之地陝西歲失買馬之利而已哉臣願陛下更詳前後臣庶所論湟州棄守利害如不可守先下手詔選命邊帥一員令於境上召瞎征與大小隴拶等諭以前年邊臣生事非朝廷本意斬王贍於境上胡宗回於遠方還其湟州擇所當立之酋責以如祖宗以來世守忠順則費財遠守自開邊面之虞庶幾息矣若不早定去留設若力屈不守覆軍殺將挫損國威又欲如前年置而不問恥昔瀘州邊事韓存寶止以不即追乞弟神宗命斬於邊上王贍之罪蓋不止百倍於存寶故必斬首始足以息邊人之忿憤矣。

一臣聞往者朝廷許於諸路進築人人務深入虜界多築保砦以希功賞故不復計勢之險易地之遠近守之可否兵屢財屈為國瘡痍捨可守之湟城不毛之地規雖臣之慮長既練之師且夷狄之性貪而怙亂侵其上地或已不容建立城砦又非所欲今日納款特以力困耳彼其為心亦豈不一日思有逆叛遂不過三五年近不出一二歲天時人事必有邊警且關中歲歉貴已六年矣去年雖豐物價至今猶五倍平日米獨糧食彈窘加以財用匱竭官員俸給累月無支諸軍料錢往往併月平居如此萬一有事無以應副財竭兵亂理有必至臣願陛下特下手詔後及諸路帥臣俾其各畫地圖指陳攻守之策蓋新築城砦堡寨舊有堡砦漸廢欲新舊並守則財力不支欲捨舊守新則饋運滋遠地理滋遠則罅隙必多罅隙既多則救應必難萬一寇至勢眾限隔外內聯阻首尾不應則堡砦遠者不特無益適足為患故臣願陛下敕帥臣新舊堡砦何者為可守何者為可廢

何者可以兼存何者可以兼罷俾之直論不得觀望成敗之際嚴立刑賞然後下兩府大臣公共參議萬一異議俾任其責如漢武之責王恢自然不敢逞其私意矣昔仁宗嘗御龍圖天章閣以西方多故將帥不得人令具數以對況今日邊事之重大臣於此可以悉心公論矣。

一臣聞前日河北水災居民流移自永靜以北居民所存三四自滄州以北所存一二其他郡大率類此千里蕭條間無人煙去年雖豐無人耕種所收苗稼十不一二河北朝廷根本處邊強敵居民流散倉廩空虛城郭不備甲兵不利萬一有警何以為計今朝廷雖行鬻爵以佐用度縱使多鬻尚得有幾又地上不耕收穫至寡雖鬻爵入粟勢豈贏餘取之本路無由仰足臣願陛下力節浮費痛減用度罷內帑之積募人漕東南之粟諸

民峙芻糧農力耕畜敦監司收守禦器械脩城壘揀選將領訓
齊卒伍雖爲無虞常若有待蓋赤氣之起月暈所主遍魏之郊
不可無備此天象之變可質而知也又聞前年水災流民有入
北界者幽薊之間往往刺之爲軍中國虛實彼固知矣虜主老
病比年轉甚胡雛鷙猛性頗好戰狼子野心難以信結萬一乘
我無備有所越趄則國家預備之策安可緩哉此人事可質而
知也昔真宗嘗謂輔臣設險興功守邊之利苟備爲之害莫大
焉祖宗之事是以爲法矣國家太平百五十年財用耗竭無甚
今日昔仁宗積之數十年而神宗用之哲宗積之十餘年而紹
聖耗之陛下遹承彫耗之後遠無熙寧之富庶近無紹聖之蓄
積去年哲宗山陵甫畢今日太后園陵又作既建西宮又饗明
堂又用之廣不可勝計陛下方事節儉痛加約損經費常用尚

恐不足以此事勢豈宜更有邊事伏願聖慈留神采覽更俾二
府大臣公共論議毋使偷安以幸無事臣孤賤謭才識寡陛下
擢置言路小大之事知無不言出於愛君不暇他恤惓惓之心
不勝千萬
貼黃今日西人雖已款塞湟州雖已固守萬一忽有邊警不知朝
廷指準何處錢物應副乞令二府預議國家湟州歲費三百萬
貫未知自得湟州已因事發怒刺數千人爲兵更乞朝廷密賜
審察虛實不可不慮

吏部侍郎張舜民論進築非便上疏曰臣伏以陝西河東自紹聖二
年用兵至今首尾六年進築未畢覆軍殺將糜費錢糧不可勝紀每
築一城自帥臣已下增秩賜金號爲賞功切按春秋之法凡稱城者
謂既得其土地人民然後城之以宅人民耳今則輕師潛入三五十
里以至百里乘敵人未覺之時數日之間苟脩草創蓋取
功賞然自城門之外依然賊境以一徑內通晝日挾兵張弓非百十
人不敢行是真謂之城乎其初帥司制置經畫每一寨屯三千人守
禦計置糧草厚破公使多不旬月間人兵復抽去草糧未盡計置公
使亦遂裁減其已居官吏人民日夕憂恐不成家計亦有修築逾年
至今未有人居止者其兵將吏民彼此將相論本不爲修築開邊止
爲沽將帥之賞而已以致工作苦於守禦悠悠若夏人一來不攻自
破此皆邊人之語也朝廷高遠號冒百端上下相蒙以致如此昨元
豐年五路出界敗而回軍神宗皇帝從自涇原路胡盧河川築十五
堡以通靈州以其功賞浩大尋亦罷之五路入界所降御前劄子畫
一指揮第一不得脩築城寨深慮邊臣幸賞也李憲築蘭州雖不按
法然勘劾逾時終亦不賞范育帥熙河築定遠城用錢糧五十七萬

當時言者以爲百萬論列紛紜二年不已今既河東陝西六路進築
五十餘城亦何止涇原十五堡也其一寨之費尚止定遠百萬耶又
自軍興已來關中歲饑流亡萃餓十室九空堤池之利居天下之半
一旦失之夫以軍士方興值累年災歉而又失大利天意可見也故
天時不如地利地利不如人和今三者皆不得其一而堅以罷將御
老師役饑民爭曠土而不變者未之有也熙寧中李復圭帥環慶因
出軍散鞋錢以其半鬻還舊欠衆兵喧呼潰叛而出關中騷然者逾
時不能定今則六年妄作曾無一人譁語此廟社之靈也每一思之
使人不寒而慄用是廟堂之上日進諛言蔽哲宗皇帝聰明以謂夏
人之勢至衰至削中國六路進築而無敢有抗晏然自得不復計慮
此尤可憂者也臣且以近事明之紹聖三年秋九月夏人大舉寇鄜
延號一百八十萬破金明圍延安陵轢諸寨撫若爲之一空至四年

使為衰弱不能舉。豈今年一百八十萬，而明年便已衰弱如此者乎。雖甚愚之人亦知之，廟堂執政大臣亦知之，姑為此說，專欲欺上之聰明也。大抵夏人用兵，皆本元昊之法，先謀而後戰，吝嗇財用，愛惜人命，與中國正相反。中國六路進築，天下困弊，夏人坐觀，不遺一鏃。臣敢望陛下止以此觀之，不問可知矣。夏人謀深，不同中國，彼一旦謀成，力掉搖尾南鄉，凡新築之城，創開之地，未有能不失者，臣未死可以服妄言之刑矣。願陛下以三年待之。河東之人，自古不曾流移，以其勤儉為生，少經力役，今則流徙太半。長安陝、華米斗一千，鄜延麥麫一秤二貫三百，皆是陌也。自西京以封樁錢糴米，運至鄜延，每石為錢二十貫。有晴舌先有是乎。關中之民，十無四五。以今日之勢而猶貪無用之空土，非費國而何。故臣今日之說，敢望陛下速罷兵養士懷民也。不然，將有變矣。不易帥不能罷兵，不久任漕司不能養士。五年罷兵，十年懷民，恐瘡痕猶未合也。古之善兵者，其君莫如漢光武，其臣莫如唐李光弼。光武每發兵，必增白髮數莖。光弼每臨陣，常置短刃靴中。人或問之，光弼曰：吾天子三公，不可辱於賊手，萬一敗北，則當自裁也。以光武、光弼之飽戰知兵，獨如此之難，是何江湖書生足未嘗履邊塞，目未嘗見兵革，耳未嘗聞金鼓，一旦輕率總戎，容易取敗，貽憂君父，殘害生靈，曾不至於自焚者，前所謂廟社之靈也。紹聖三年秋，臣赴任知潭州，登對，故嘗析陳於哲宗皇帝之前。因及神宗皇帝感疾之因，天顏顰蹙，久之，屢歎嗟。然當是時猶未至於如此，其後卒不見施行，為左右大臣所敵也。故善御者毋使窮其力，善牧者毋使極其群，力窮則車敗，馬傷群擾。覩前失後，靜思至此，雖有智者不能善也。方今天下之事大且急者，無甚於此，伏望留神，三復考驗施行。

舜民知定州，論河北備邊五事狀奏曰：臣猥以衰殘，繆塵聖選，使待罪邊陲，平時責任固已非輕。況當遼人新舊之交，河朔累年饑饉之後，使遼人盟好如昔，無或渝變，更不復論；儻使有毫髮好惡不同前日，便貽中國深憂。以臣觀之，今日河朔之勢，正如陝西寶元、康定之前，將不知兵，兵不知戰，一旦倉猝，不可枝梧。邊臣若預為振舉，則謂之張皇，而朝廷亦自不容；若依舊宴安，號為無事，則綱目日見頹廢，有不勝舉之憂。故凡議河朔之政者，以今日為最難。此臣所以不敢緘默，必為陛下陳之也。其當急務者略有數端，故曰：選將兵，擇郡守，添兵額，蓄財用，謹探報。數事修立，則邊備之術已過半矣。苟行之得策，亦無張皇生事之患。今臣輒有所請，敢望陛下留神省覽，特賜主張應副，則事無不集。若委之有司，援條沮難，則無復濟事矣。謹別具開析奏陳。

選將兵。

凡言河北軍事者，必曰將驕卒惰，將不知兵，兵不知戰，此上下所同知也。或者欲為之整齊訓練之，則必曰：河北軍情不同也，稍急則生變。此中外所共患也。又為將者多是膏粱子弟，畏河東、陝西不敢往，盡欲來河北。百年之間，未嘗知有烽火之警，雖有出屯，不離本路，唯是優游暇日，安得不驕且惰也。近日朝廷將河北將兵遣戍陝西，甚得均勞之策。臣欲乞陛下特賜指揮，將河北將兵輪那出戍河東、陝西，卻將東西京將兵專戍河北，以補河北將兵出戍之闕，仍比之他將少促代期。所貴平時則知有道塗往還之勞，緩急則知有出入戰陣之事。

擇郡守。

勘會河北沿邊州軍，自兩地講好以來，迨今百年，雖號為邊郡，不知有戰陣守禦之事。唯是飲食宴樂優游暇日而已。以此凡孤贄公平奇特之士莫得而居之。以至城壘器械。凡所謂軍中之職不復講脩。相習宴安。久已成俗。臣伏乞陛下特賜指揮。將河北沿邊知軍州及將副。選擇脚色內曾經三路沿邊城寨將佐。及累有戰功內知州軍。曾實歷路分都監資序人充。仍舉行自通和以來河北沿邊知州軍條貫。所貴緩急之際不致誤事。

添兵額。

本朝自南北通好以來。定州路兵額常及十萬。爾後日見銷耗。至熙寧元豐以前。定州猶不減二三萬人。後因封樁禁軍闕額錢糧。朝廷唯務封樁數多。轉運司利於銷兵省費。更不切招填。因致邊兵日少。即今春秋大教。盡數不及六七千人。定州最為河北屯兵之處。尚乃如此。其它州軍即可知矣。咫尺狄境。聲迹相聞。使形勢如此。豈得安便。皆由邊帥不思經久利害。憚於建明。朝廷不復以緩急倉猝為慮。定州馬步禁軍共三十一指揮。近年每指揮減作四百人。仍招填不足。臣今乞將逐指揮人數。却復舊額。定州依乞元降朝旨。常令及二萬人。仍乞於京東西路招刺添填。專置官催促。所貴稍遠北邊。不致張皇。

奏議卷三百三十三　十八

蓄財用。

勘會河北累歲災歉。又以大河移徙。生齒遷流。民力凋弊。公私乏絕。臣訪聞本管定州即日人糧未至急闕。唯是錢絹苦無見在。保塞以東。糧食亦闕。兼聞春衣至今有未曾支散去處。定州一年約支錢二十二萬貫有零。諸雜課利。改鈔紙得一十一萬有零。其餘蓋是轉運司添陪。方了一年支計。今轉運司那融不行。屢曾下告。朝廷已闕支撥見錢文鈔及借奉職等補牒。河北州縣既屢經災歉。流移。公私乏絕。豈有餘力買官至於見錢文鈔。又專為博買斛斗。所以應用全闕。定州二月諸般支使約萬緡。軍資庫轉運司見錢祇有七百三十餘貫。絹二百餘匹。定武大藩猶且如此。其餘列郡即可知矣。咫尺北狄。覘邏日交。使知財力至此。何以示威取重。伏望陛下特賜指揮。將給降見鈔。如糧食足用處。權許出賣見錢。及諸州軍常平錢內借撥一二百萬貫。足轉運司應副急闕支用。却責限歸還。擬今日窘急之勢。儻朝廷不為講明救濟。使人情窮蹙。緩急必致生事。

謹探報。

臣觀古之為將守邊者。一必先覘邏。苟得其術。敵人之情可以坐制。先人有奪人之功。其此之謂也。與夫戰攻而獲勝。不可同日而語。切聞河北邊上近年探事人。徒有其名。至於酬賞。全然微薄。以致覘邏之人。不肯探伺。既不知敵人情實。則緩急何以枝梧。況當新舊之交。尤在精審訪聞。即日安撫司所管回易本錢不多。臣欲乞朝廷特降見錢文鈔一十萬貫。添助回易。如探伺得實。即量添酬賞。所貴激勸邊人。虜情可得。

奏議卷三百三十三　十九

宣和三年。蜀州教授馮澥論沿邊納土三害。上疏曰。臣伏見夔峽廣南邊臣開納土之議。誘置熟蕃樣武請吏。金銀繒絮以啗其欲。高官厚俸以移其心。開闢荒蕪。草創郡邑。一部不下三四州。而縣又倍之。入版圖者存虛名。充府庫者無實利。而官吏廩祿。軍兵餉饋。脩治城郭。日月弥廣。官吏支持不暇。百姓奔走輸送之不給。其為害一也。建築以來。調發害於民間者不可勝計。而費出於官者亦不為不多。其初監司覈實布置。名為軍須。唯恐其後。常平使者不復執奏。已失元祐立法之意。而漕司於經費之外。復有饋運。未免侵支封樁。析變科率。其為害二也。州縣之吏。攝庶官而升活從。既選調而位正郎。武弁轉横行希衣竊仕叛臣丁壯徒為將校者又不論也。名器既已假人。而禄廪因而耗竭。有司歲計已數倍於興豐矣。其為害三也。不毛之地既不可耕。而狼子野心頑不可革。建築之後。西南夷獠交寇綿茂。而播州溪峒之蠻亦復跳梁。犬豕之衆固無足慮。蜂蠆之毒未能無傷。士卒死于戈。官吏殁王事。生民肝腦塗地往往有之。以此知納土之議非徒無益而又害之也。莫若委擇帥臣或監司。令條具建築以來財用出入之數。商較利病。覈實以聞。可省者省之。可併者併之。縣不足建則易之以鎮。寨官吏不必衆則總之以護戎。戎兵可減。饋運可省。蠻獠可撫。而邊鄙之患可息矣。自今以往。邊臣招地之請邀功生事之隙。不可不嚴禁而杜絶之也。

通判李新乞罷招安將劄子曰。臣嘗謂邊俗易驚。當静不宜動。邊民性悍可緩不可擾。伏自陛下臨御。遵化德教。蟠天極地。凡日月臨照。薄海内外。無不州縣悉皆臣妾。三代之所不能通。六朝要荒之外。皆納土慕義。化為編氓。窮古未始見。而聖心軫慮。尤先遠徼。累詔飭臣監司及城寨官務以懷徠為事。況新民隸籍已久。賦輸如期。臣入覲委重於犯法。平時所以動而擾之者招安將是也。縣須其物。寨官有其役。使雞不安塒。犬不安竇。新民不得安其居。彼去官司遠。一切仰首聽命。夫率為邊境生事者。本於招安將。幸今叅遂已息。四境澄清。無所用招安將。願下帥司緊罷之。今後不得更有還補。許監司州縣官覺察以聞。則綏懷遠人之意盡之矣。

李復乞置弓箭手假劄子曰。臣竊見極邊弓箭手就土山削成峻壁。盤開細徑。鑿穴以居。謂之崖窯。凡一窯所聚多者百餘家。多至三四百家。其情非不樂居城邑。就堡郭。意務便於耕牧。又密邇敵境。相與保險。以防抄掠之患耳。今欲防遏賊寇。若至患不可逃。盡各潛於窯。不能相救。賊前阤其門。毒氣熏灌。浸熏燎。束手就擒。嚮者元祐間夏賊寇犯涇原。大被其毒。邊民皆自知其如此。願總生業。無以為計。臣欲令下逐路經略司。委官相度。就弓箭手耕牧近便處。圍併指揮建置堡子。分擘地步。先為土堋。漸次修完。使之就居。備列戰格。開掘壕塹。備立門橋。一堡之内。正丁家丁不減二三千人。於其暇時。教以戰守之法。逐指揮人員將校。統領分定城上地分。每季輪那城寨官前去點檢地分巡檢。常切往來照管。遇有探報無起遣之擾。雖有攻圍。必以死守。遠近聲勢相接。互相應援。近年新邊城寨相去近者四五十里。緩急不相應。此壘若成。血脈旁通。人旅行役。不及城寨可就安泊。不待官兵戍守。而藩籬密完。誠一舉而兩利。

復又乞於鵝年元突置烽臺劄子曰。臣近巡歷自蘭州京玉關至通湟寨。入湟州路。經把拶宗。其路極深。峽窄險滑。闊不及二尺。陡臨宗河。般販斛斗客旅畏其難行。頭畜脚乘盡由宗河北路過往。北路是夏國生界。三處有賊馬來路。又近夏國。蓋朱城溝谷屈曲。賊馬隱伏不測。出入抄掠。前後被患已十餘次。緣客旅往來通湟寨至京玉關四十餘里。中途急皇。南北奔趨不及。遂被殺虜。今京玉關東北約二十里有舊鵝年元突城地基。正在兩城中路。地勢甚高。接連生界。欲乞下本路經略司就彼脩築烽臺。比尋常烽臺增展寬大。可以停泊三五十人。開掘壕塹。築立羊馬墻。安置門橋。備設守禦之具。差人守坐。照管賊馬出入。若有抄掠客旅。可以奔投。若賊馬數多。舉烽火。京玉通湟須刻便到。蘭湟二州兵馬相接而至。不須更築城寨。足可堤備。伏乞詳酌施行。

欽宗靖康元年右諫議大夫楊時論要害三鎮上奏曰臣切謂自漢迄唐待戎狄之道無如祖宗之時者百年之間民生戴白不見兵革賊臣要功爲國生事與惡而弃好馴致今日虜騎逼城備禦無素卑詞厚禮以紓目前之急蓋勢有不得已而然者割要害之地以爲盟好則非經遠計也臣固嘗論之矣比聞金人駐兵磁相劫虜無有紀極破大名成安一縣驅掠子女二千餘人殺令佐二人而去誓書之墨未乾而背不旋踵吾雖欲專守和議不可得也昔趙割六縣之地使趙郝約事於秦虞卿謂趙王曰秦之攻王也倦而歸也秦以其力攻其所不能取倦而歸王又以其力之所不能取以送之是助秦自攻也今日之事正類於是夫去其巢穴越數千里之遠而犯人之國都蓋危道也使其力能攻之則城中之物皆其有也尚何事求和哉彼見吾高城深池未易陵犯勤王之師四面而至姚平仲固嘗與之交

兵恐而不敢然後請和而去則其情可見蓋亦懼而歸非愛我而不攻也朝廷割三鎮二十州之地與之是亦助寇而自攻也聞蕭王初與之約及河而返今挾而往此敗盟之大者臣切謂朝廷宜以蕭王爲問責其敗盟必得蕭王而後已三鎮之民以死拒之於前而吾以重兵擁其後其勢必得所欲者若猶未從則聲言其罪而討之王師以直爲壯是舉也直在我矣三鎮聞之士氣必振此萬全之計不可失也若三鎮窮蹙而王師不救則其民必謂朝廷視其塗炭而莫之恤則戴后之心懈而大事去矣不可不慮也切聞出師之令廟筭不一屢行而屢反如是則士氣必惰欲其成功難矣昔憲宗平淮西韓愈謂凡此蔡功惟斷乃成未有舉大事不斷而能有成者也伏望陛下斷自宸衷無惑於浮議則天下幸甚

尚書右丞李綱乞備塘濼劄子曰臣伏覩种師道禦虜等奏金賊人馬已出塞垣朔方保全宗社大慶然虜但以河間中山兩路州軍堅守之故且懼王師之躡未得不遂其意豈嘗一日忘割地之約耶深慮秋冬之交弓勁馬肥復犯邊徼捍禦之策所當預備契勘安肅廣信平定等軍東有塘濼西抵太行中間坦塗不過三百餘里塘濼既可增廣其他地勢雖頗高仰亦可因高就下限以長隄瀦蓄水櫃以爲阻固如水櫃不及之處自宜脩築城堡屯兵控扼或設塹穽以虞奔衝茲事體大非特能臣未易辦集竊見樞密副都承旨李邈累任河北邊郡風績兼著深究邊防利害欲乞特建一司以邈充使專切措置塘濼城堡水櫃等仍乞朝廷多方應副庶幾克成大功以爲永遠之利

綱又論守禦劄子曰臣竊觀自秦漢以來制禦戎狄未有得上策者惟本朝與契丹爲澶淵之盟守之以信結之以恩百有餘年邊境晏

安兵革不用和好之篤古所未有然而所以制禦之術曷嘗一日弛備耶財用充足糧儲有餘士馬精研將帥用命則虜雖欲窺邊徼而摩封疆無隙以投欲不守盟何可得也臣伏見仁祖時富弼所上守禦一策審地形觀事機分兵控扼要害之地左右出入縱橫應援曲盡其妙然以弼非三十萬衆不可則知制勝之術在於足兵與王翦之伐荊必六十萬而後行其理一也臣愚以謂今日防秋正宜用弼之說虞時之宜良將勁卒分布邊境重兵大帥雄據諸鎮使賊不敢有覬覦之心萬一奔衝所以制其死命誠上策也所有富弼守禦策二篇謹具繳進伏望聖慈特賜省覽採其說而用之

綱知樞密院論備邊禦敵八事上疏曰臣伏以金人退師交割三鎮三鎮官吏軍民不肯陷沒夷狄其勢必爲朝廷堅守天時寖熱而虜馬困之累必不能久留當即出疆臣恐秋高馬肥虜必再至以責

前約。又今宜飭武備修邊防。勿以恃其不來當恃吾有以待之。謹條具所以備邊禦敵者凡八事。唐之藩鎮所以拱衛京師。故雖累有變故卒賴其力。而及其弊也有尾大不掉之患。祖宗監之。銷藩鎮之權。罷世襲之制。施諸承平邊隅無事則可。在今日則手足不足以捍頭目。爲今之計。莫若以太原真定中山河間建爲藩鎮。擇帥付之。許之世襲。收租賦以養將士。習戰陳。相爲脣齒。以扞金人。可無深入之患。又滄州與營平相直。隔河下流。其勢易以侵犯。宜分濵　德博橫海軍一道。如諸鎮之制。則帝都有藩籬之固。二曰自熙豐以來。籍河北保甲凡五十餘萬。河東保甲凡二十餘萬。比年以來不復閱習。又經燕雲之役。調發科率。逃亡流移。散爲盜賊。今所存者猶及其半。宜專遣使團結訓練。令各置器甲。官爲收掌。用印給之。蠲免租賦。以償其費。武藝精者次第遷補。或命之官以激勸之。彼既自保鄉里親戚墳墓。必無逃逸。平時無養兵之費。有事無調發之勞。此最策之得者。三曰自祖宗以來。養馬爲監。擇陝西河東河北美水草高涼之地處之。凡三十六所。比年廢置殆盡。牧馬民間以充數。官吏便文以塞責。而馬無復有善者。又驅之燕山。悉爲敵人所得。今諸軍闕馬者太半。宜復祖宗監牧之制。權時之宜。括天下馬。量給其直。則不旬月間數萬之馬可具也。四曰河北塘濼。東距海。西抵廣信安肅。深不可涉。淺不可行舟。所以限隔胡騎。爲險固之地。而比年以來淤澱乾涸。不復開濬。官司利於稻田。往往洩去積水。隄防弛廢。又自安肅廣信以抵西山。地形低下處可增廣其高仰處。即開乾濠及陷馬坑之類。宜專遣使以督治之。五曰河北河東州縣城池頹多隳圮。邊塞宜徧行修治。而近京四輔郡諸畿邑皆當築城。創置樓櫓之屬。使官吏兵民有所恃而安。萬有一賊騎深入。虜掠無所得。可以坐困。六曰河北河東州郡經賊馬殘破殘去處。宜優免租賦以振恤之。往年方臘擾浙東。東南免三年。今三鎮之民爲朝廷固守。安可不議所以大慰其心者。七曰河東諸州最以儲峙糴買糧草爲急務。宜復祖宗加糴草抄法。一切以見緡來商賈。而實塞下。使沿邊諸郡積蓄豐衍。則虜不敢動矣。八曰陝西解鹽無煮海之勞。西給邊費。足民食。其利不貲。自更法以來。解鹽地分益狹。西邊益貧。須復祖宗舊制。以慰關陝兵民之心

綱出宣撫兩河已無照防秋人兵狀。奏曰。臣昨待罪樞府。伏蒙陛下委令措置防秋人兵。臣意以謂中國軍政不修幾三十年矣。闕額不補者過半。其見存者皆潰散之餘。不習戰陣。故令金人得以窺伺。既陷燕山。長驅中原。遂犯畿甸。來無藩籬之固。去無邀擊之威。廟堂失策。又割三鎮。質親王。劫取金帛以億萬計。驅虜士女。屠戮臣民。不可勝數。播書之言所不忍聞。此誠宗社之羞。而陛下嘗膽而思報者也。今河北之寇雖退。而中山河間之地不害。賊馬出沒。並邊諸郡寨柵相連。兵不少休。太原之圍未解。而河東之勢危甚。旁近縣鎮皆爲賊兵所占據。秋高馬肥。虜騎憑陵。決須深入。以責三鎮之約及金帛之餘數。倘非起天下之力。解圍太原。防秋河北。則必復有今春之警。宗社安危殆未可知。故臣輒不揆。爲陛下措畫。降詔書以團結諸路防秋之兵。大約不過十餘萬人。而欲分布河北沿路雄霸二十餘郡。中山河間真定大名橫海五帥府。腹中十餘州郡。邊河一帶控扼地分。翊衛王室。隄防海道。甚急者解圍太原。收復忻代。以扞金人夏人連兵入寇。不知此十數萬之衆。一一皆到。果能足用而無賊馬渡河之警乎。今臣被命出使。去清光之日未幾。朝廷已盡改前日詔書。調兵防秋之計。罷去太半。不知金人聚兵兩路入寇。將何以枝梧。而朝廷何恃不留意於此也。臣切恐之。以兵爲不須起者大率有五。川廣

福建荆湖之地遠一也錢糧賞犒之費多二也河北寇退天下已無
事三也太原之圍賊馬不多不攻自解四也探報有林牙高麗之師
牽制未必深入五也若以川廣福建荆湖之地遠則詔書之下以四
月期天下兵以七月當時關報三省何不即止令已七月邊方之兵
皆已在道始復約回是復蹈今春勤王之師約回之弊也一歲兩起
天下之兵中道而兩止之天下謂何臣恐朝廷自此不復能取信四
方而將士解體矣國之大事在戎宗社安危所係而且行且止有同
兒戲臣切痛之若以謂錢糧犒賞多則今春無兵扞寇幾危國家土
地實貨人民皆為所取又惜小費不為之備臣恐後來所取又不止
於前日也元降指揮防秋人兵各令齎糧以行則錢糧犒賞之費自
非所患廟堂不深思宗社大計而惜小費臣切所不取也若以河北
寇退天下無事則邊郡日報金人聚兵聲言某月入寇當取某地強

敵臨境非和非戰朝夕恐懼惟其復來天下果無事乎賈誼謂厝火
積薪之下而坐其上火未及然因謂之安以今日觀之何止於火未
及然處於烈焰之旁而言笑自若也若以謂太原之圍賊馬不多不
攻自解則自春徂秋攻守半年曾不得其實數姚种二帥以十萬之師一
日皆潰彼未嘗有所傷衂不知何以必其兵之不多以為可以不戰而自解
者臣以謂非愚則誣至林牙高麗牽制之報理或有之然不可恃彼
之不來當恃我之有備則屯兵聚糧正今日之先務不可不急也今
河北河東州郡日告急乞兵皆以三五萬為言而半年以來未有一
人一騎可以副其求者防秋之兵有集又皆遣罷不知此何理若必
以謂不須動天下之兵而自可無事則臣誠不足以任此責陛下胡
不遂建議之人代臣坐致康平而重為此擾擾也除范世雄所統湖
北兵闕已至襄唐間臣昨奉聖旨令疾速發赴宣撫司外所有餘路

乞依元降詔書起發庶幾不誤國事
右司諫陳公輔乞戒大臣究心邊事上疏曰臣竊聞河東用兵不利
陛下聖慮憂勞臣子之心夙夜不寧然臣切料之此未必不為宗廟
社稷之福也伏惟少寬聖心容臣之言蓋有難則懼無難則怠人情
之常也朝廷日見河北金寇出界雖未解圍幸其師老必自解散遂
至稍緩其事廟堂大臣相與謀議者多不急之務或窮究往事或經
營私意論經術是非究禮文詳略至於兩路邊事曾不究心緩急失
宜先後倒置內外人情雖知秋冬在近深為可憂然非朝廷所事之
臣徒憤歎終日無如之何也今若不緣用兵不利往往遂以為無事
因仍循惰至秋冬萬一狂寇結集諸夷空國而來以助河東之師則
吾之倉卒無備又復如前日矣可不慮哉臣愚伏望陛下因此一失
深戒大臣凡不急之務一切暫罷專以河北河東兵事為先經畫措

置多方應辦仍仰各盡所聞勿懷異意并令今後臣僚上殿亦須先
及邊事陛下留意聽納不厭其多或有可行盡付三省樞密院會對
酌施行夫漢之所以勝楚以屈羣策而愚者千慮必有一得勿謂羣
臣之言皆無可採耶陛下若令如此曉夜圖之則不徒以濟今日之
急將來秋冬亦不失備矣臣故曰此未必不為宗廟社稷之福也臣
區區憂國之言望陛下不以愚棄之豈獨臣之幸哉
秘書省著作佐郎李若水使虜乞極救河東河北上奏曰臣自涿州
入金人亂兵中轉側千餘里西至關南凡歷府者二歷軍者二歷縣
者七歷鎮寨者四並無本朝人馬但見金人列營數十官舍民屋悉
皆焚毀瓶罍牖戶之類無一全者唯井陘百井壽陽榆次徐溝大谷
等處僅有名存然已蕃漢雜處祗應公皂皆曰力不能支脅令拜降
男女老幼例被陵轢日甚一日困殘窮苦狀若幽陰間人每見臣知

來議和。口雖不言。意實非之。往往以手加額。吁嗟之聲。塞于流涕。又於山上見有逃避之人。連綿不絕。聞各集散亡卒。立寨柵以自衛。持弓刀以扞賊。金人屢遣人多方招誘。必被勦殺。可見伏節死義。力拒腥膻之意。臣切惟河東河北兩路。涵浸祖宗德澤垂二百年。昨因蔡京用事。新政流毒。民不聊生。繼而童貫開邊。燕雲首禍。捜膏血以事空虛。丁壯疲於調發。產業蕩於誅求。道路號呼。泣訴無所。塗炭極矣。誰其救之。陛下嗣位之初。力行仁政。獨此兩路邊事未已。今戎馬憑陵。肆行攻陷。百姓何知。勢必脅從。而在邑之民。無進退向賊之意。處山之衆。有激昂死難之心。可謂不負朝廷矣。哀斯民之無生。服斯民之有義。媿赧顏面。痛在肺肝。望深軫聖衷。哀痛之詔。慰民於既往。決擇之計。拯民於將來。上答天心。下慰元元之望。

太學正秦檜論邊機三事狀奏曰。

一金國興師乘銳深入。河朔諸郡堅壁固守。彼進有大河之隔。退慮諸城躡其後。師老糧匱。情見力屈。然猶桀驁不遜。重有邀請。望斷以大義。與其所當與。不宜示怯。以自蹙削。且如燕山一路。是金國取契丹與之。無害。至於歲幣。須令彼能制契丹。然後不為邊害。方許以祖宗契丹之數。切聞仁宗與契丹結盟。增添歲幣。亦是與之論夏國事。乞檢會參酌施行。

一金國遠夷。俗尚狙詐。今日遣使求和。又復濅兵隨至。恐是設計以緩王師守禦之備。望一面遣兵備守黃河。仍急擊渡河寇兵。使不得聯續以進。

一金國遣使所求甚大。此亦人情之常。蓋既興師深入。不肯示怯空歸。如聞朝廷前日與之議四鎮事。百僚不得預聞。當如所議。坐失富強之地。狄人貪心無厭。得地而勢益强。復不能保其不

再犯邊。今若與之議燕山及歲幣。當須集百官入議狀。擇其當者。載之盟書。示信坦然無疑。蓋與所當與。經久不渝。一旦為苟且之計。或多或少。皆是失當。終亦不能守。

侍御史胡舜陟同御史中丞呂好問乞救中山上疏曰。臣伏見陳亨伯蠟書。其詞哀切。皆陳真定城破屠戮。生靈不知幾萬人。虜擾高城。愈難追退。臣讀之流涕。切歎朝廷何忍其如此。未嘗遣一兵一馬為援也。李邈三四十狀奏陳。畧不見報。朝廷豈不惜土地而愛人民。但以與虜講和。不敢動兵耳。何失計之甚耶。臣請為陛下言之。古者列國兵交。使在其間。推論利害。釋二國之患。是以息民而貴和。今虜遣使來而我使亦往彼。所援兵不動。乃所謂和也。然虜人用兵不已。今日陷一城。明日陷一邑。寖尋侵而南。有并吞華夏之志。時遣一使邀求寶貨。名為順使。不為備。我之使往脅之以威。不得吐一語。但以虜人甘言奏聞。而朝廷不察其情偽。便謂和議已定。宣撫司見講和如此。亦不遣兵救援真定。以至於亡。陳亨伯所以言彼受和議之使留置寨中。而任意攻取。無人救解。彼何計之得。而我何計之失也。今虜悉力中山城下。朝夕必攻城矣。若朝廷又以講和之故。不令宣撫司應援。必失中山。失中山。則河北諸郡不攻而自下矣。河北下。則京師不可都。而宗廟社稷危矣。陛下何不以宗社為念乎。亨伯又言彼既攻城殺人放火。而我師援之。理不為曲。朝廷若任諸鎮之存亡不復顧恤。則更無可論。若欲保全。乞速賜旨揮宣撫司火急遣兵前來。亨伯之言如此。可謂切矣。陛下若聽大臣之論。謂既講和。不復應援。則非惟失宗社之計。亦恐土地人心必兩失之。若大臣謂今日無兵何以為援。臣以為河北之民皆兵也。使諸郡縣傾府庫與民兵之。朝廷以好爵縻之。何患人不為用。但係措置何如耳。亨伯乞宣撫司兵

自涿莫來祁會合馬忠安宣撫兵擊其西祁兵擊其東中山兵為內應則轉禍為福易致成功其言似亦有理伏望陛下詔三省樞密院日下詳酌施行

欽宗時京師復戒嚴聶昌拜同知樞密院入謝即陳扞敵之策曰三關四鎮國家藩籬也聞欲以畀敵一朝渝盟何以制之願勿輕與而撫天下兵集都畿堅城守以遏其衝簡禁旅以備出擊擁河流以斷歸路前有堅城後有大河勁兵四面而至彼或南下墮吾網中矣臣願激合勇義之士設伏開關出不意掃其營以報帝壯之命提舉守禦得以便宜行事

歷代名臣奏議卷之三百三十三

歷代名臣奏議卷之三百三十四

禦邊

宋高宗建炎元年尚書右僕射李綱上言曰臣聞居於山者必高垣墻固柴柵以虞虎狼之害居於野者必盛僮僕勵甲兵以防盜賊之患夫金人虎狼盜賊也冒不為防虞之計而裂地厚賂以予之譬猶割肉以咬虎狼而欲止其搏噬出財以畀盜賊而欲止其侵陵豈可得哉臣所謂三年然後兵可用者謂大舉以報今日之恥也至於守備則自今以往當日日為虞害防患之計不可暫輟夫金人既已得其所欲挾二聖眷六宮而北之矣逼脅邦昌使僭位號其意亦豈果在邦昌哉特迫於時月不得不歸知天下之戴趙氏必將有主而陛下擁兵于外必為臣民之所推戴留此以為中國釁端其意不難知也語曰鞭雖長不及馬腹夫以四方萬里之遠而金人欲以力經營之故其力之所及者靡不悉取而其力之所未及者留釁以為異日之圖此必至之理也為今日守備之策當以河北河東之地建藩鎮立豪傑使自為守朝廷量以兵力援之而於沿河沿淮沿江置帥府要郡以控扼修城池備器械屯兵聚粮堅壁清野教車戰以禦其奔衝習水戰以擊其濟渡使進無所掠退不得歸則其勢必不敢深入至於陵邊陽破城邑則不能保其必無也但能備禦令冬不至越軼使國勢漸安人心稍安則自此得益修軍政吾無患矣臣愚料之金人秋冬之交決須再來仍分為兩道由河東來者自京西以擾關中與夏人連謀欲窺川陝由河北來者自京東以擾淮南與高麗連謀欲窺江浙則京西陝右京東淮南不可不為之防當擇大帥屯重兵以經畧之譬猶治病當視脉息察邪氣之所入預遏絕之不然待其既至而後治則無及已惟陛下熟計而幸察

紹興間綱爲江西安撫制置大使乞沿淮漢修築城壘劄子曰。臣伏覩手詔車駕將乘發春律駐蹕建康此誠至當甚盛之舉也。臣昨奉詔書條具邊防利害嘗論駐蹕建康爲措置之宜所當先者。然其說謂淮南有藩籬之固則建康可都。宜命諸將移重兵於江北料理營田葺治城壘則藩籬可成。今大將既已移屯矣營田既已施行矣楚泗既已修築城壘矣惟是沿淮如廬壽沿漢江如襄鄧等處尚未措畫。臣願陛下降詔劉光世岳飛乘士卒之暇以漸脩築如韓世忠之於楚張俊之於盱眙楊沂中之於泗。使名城堅壘綿亘相望以張國勢以讋敵心。又命朝廷選通知古今臣僚按行淮漢。深考古跡要害控扼之地。如濡須堨牛渚圻之類。築壘屯兵益務自固使犬羊無侵突之虞猶虎有蓄鋭之利以守則固以戰則勝此今日之上策也。夫守戰一道也。能固守而後能進戰是守者進之基也。譬如奕棊之家

凡欲勝人先須自固此言雖小可以諭大。今陛下既已斷自淵衷不貳不疑駐蹕建康以承天意矣伏望聖慈益脩戰守之備以建中興之功天下不勝幸甚。臣以衰病見丐閑散不勝臣子愛君憂國之誠輙復自竭冒昧以聞或有可採亦臣仰報聖恩之萬一也。干瀆天聰臣無任惶懼戰越之至。

二年綱爲觀文殿學士上言荆湖國之上流其地數千里諸葛亮謂之用武之國。今朝廷保有東南控馭西北。如鼎澧岳鄂若荆南一帶皆當屯宿重兵倚爲形勢使四川之號令可通而襄漢之聲援可接迺有恢復中原之漸。

建炎中御史中丞許景衡奏乞救援順安軍疏曰臣伏覩順安軍爲金寇圍城危急奏乞差軍救援并乞糴買本錢未聞朝廷措置施行又二狀爲久闕正官亦蒙批送吏部依條差注竊謂邊奏告急乞兵救援及糴買糧草正在朝廷疾速應副豈可時刻濡滯也。極邊州郡方當軍興係是重難去處今闕正官亦須破格選賢然後人肯注擬若令吏部依條差注亦恐人不願就也。竊聞河北並邊州軍若安肅廣信皆已陷沒唯有順安尚能固守不屈此宜朝廷特加獎勵若有申請尤當疾速施行今來二事或如常程文字或只付之有司不蒙特與措置朝廷果欲棄河北耶。又本軍所奏城中芻糧向盡只可支持一月度至今日恐已不能固守兼得諸道路之言順安近已殘破若果如所聞則亦已矣不然更望睿明詳覽本軍所奏下三省樞密院疾速應副人馬糴買本錢及措置破格差官填闕免令一城官吏生靈盡爲強寇殺戮驅虜也。

景衡又奏乞備江岸把扼劄子曰臣契勘方今駐蹕淮甸而大江上流所當設備雖眞州已有范瓊一軍其向上宣化渡和州烏江與江

西金陵馬家渡釆石相對並是險阨去處各合立寨柵脩戰船置水軍精選巡檢閱習弓弩以戒不虞只如前日張遇羣賊順流而下若沿江逐處皆有守禦之備亦豈能便據金山梗絶江渡耶。覆轍未遠後患可憂伏望睿旨行下所屬相度前項險阨去處增置巡檢水軍及守禦之具亦思患豫防之意也。或恐臣所聞關津未至詳盡則乞所屬從長講究施行。

三年趙元鎮上奏曰臣伏見比來臣寮上殿奏陳利害并羣臣應詔條具及二府大臣延見賓客獻陳已見江淮措置司郡守前後申請防秋要切之務不過控扼上流防托淮甸固護江浙一帶自四月迄今百有餘日意之固已無遺策大率以兵爲先而分兵固守占據地形習熟其山川險易之宜以爲出入邀襲之計要在前期而遣則軍行從容民不駭愕今已秋矣未見分兵而出也。一旦邊報有警胡塵南

來風勁馬驕。候至泗上。則淮甸震驚。搖江左。陛下其能安居於此乎。或謂俟杜充至。然後分遣。今道路梗澀。充若久之未至。終將不遣耶。儻預為撥發。各使按堵。俟充之至。盡以付之。有何不可。自來出兵。例皆留滯。今日上晝一。明日請器甲。今日支借請錢糧。明日散起發犒設。般挈老小。編排舟船。動有十日半月之事。比至按隊渡江。各到屯泊去處。又須旬餘。非可傳箭而集。舉鞭而行也。待其有警而後發。不亦晚乎。是時上下惶駭。一請憂疑。將有去留嚮背之意。安在其為控禦哉。若以謂淮甸上流。自有兵將。分擘已定。不須遣兵。則幸也。苟或不然。臣實憂之。後時之悔。其可再乎。臣願降旨開具。上自荊襄。下及楚泗。屯泊地分。所屯兵馬。大將謂誰。置司處所。先聲後實。不必皆然。多作條畫。揭示一牓。始以安士民之念。亦使敵人知吾有備。所謂伐謀也。

元鎮又論防秋利害上奏曰。臣竊惟東晉之遷。國勢微弱。惟其設淮上之備。以嚴外戶。阨荊襄之要。保有上流。是以能建都江左。歷年之久。今車駕駐蹕建康。則荊淮之防托。沿流之斥堠。誠為急務。斥堠之不明。以措置不專。勸賞不立也。自來委之軍中。及沿路州縣。而軍或散亡。城亦自守。倉皇阻絕。力所不暇。今欲自御營及諸軍州縣。各選募使臣兵級。立定人數。信賞必罰。不任出戰城守之責。專令探報。如此。則人得盡力。而事不失實矣。防托之不謹。以事出倉卒。未能預備也。自來俟有警急。乃始調發。而陣未成列。兵刃已交。退無所歸。披靡逃潰。今欲前期選閫受成而出。各使分擘。逐近占據形勢。習熟其山川險易之宜。以為出入邀截之計。廣積芻糧。嚴設塹柵。出而擊。入而拒守。如此。則前有以阻遏。而後能牽制矣。雖然。防托之任。正惟其人。未得其人。誥將安出。臣竊謂黃帝時。諸侯相侵伐。暴虐百姓。於是

習用干戈。以征不享。然而遷徙往來無常處。以兵為營衛。所以能戰。炎帝伐蚩尤。遂萆衛。以夫天下之不順者。今陛下欲久留此耶。願如臣所陳。謹斥堠防托之備。慎擇帥臣委任之。選保無後患。堅守不動。為長遠之計可也。苟或未然。則維揚之禍可不鑒哉。臣願陛下深懲既往之失。常為去就之謀。以六宮所止為行宮。以車駕所至為行在。吏部注擬並依八路。戶部金帛野之諸州。凡宗廟祭祀禮文法物。及六曹百司之閑慢者。並歸之行宮。而差除陞擢號令賞罰。出於行在。隨駕之兵不在多。選擇當餘以備儀衛。其餘兵將。分布江淮。預設控扼。既有以分軍食。又有以相應援。行在官兵既省。則用度易足。進退簡便。或駐江浙。或臨淮甸。延見父老。省察風俗。旌別善惡。搜揚人材。召集軍兵。振耀威武。使敵人知有預備。而莫測巡幸定居之所。則恐未敢

再謀窺伺。然後別遣能臣出使關陝。收六郡良家子。募為効用。優諸路弓箭手。足其闕額。以至蠲私田之稅。如弓箭手法推之全陝諸郡。因其民俗。復唐府兵之制。待以歲月。訓練精熟。則四方之事庶有可為者。且關中四塞之國。周以龍興。秦以虎視。漢高祖所以卒能并強楚成帝業者。以其先得關中之地。是知古先帝王欲大有為於天下。莫不在此。今固未可。幸陛下它日圖之。

紹興間。元鎮又上奏曰。臣契勘即日防秋。是時。臣雖夙夜惕厲。思所以廣為隄備。第念事勢相形。利害安危。固有緩急輕重。儻非先事建明。遠瀆聖聽。恐一旦措手無及。恭惟清蹕見駐臨安。二浙閩中為近輔。江東淮甸為要衝。自行朝達鎮江建康。屯宿重兵無慮十萬。距京師約三千里。非不保且遼。可恃以安。然江

西一路北際陳蔡廬壽。西連潭衡荆襄。比他路邊面最為闊遠。僞齊見遣兵將力守光州為備。數年頗聞農種漸廣自汴由陳蔡至光纔三百里。復與蘄黄接界。亦粗有糧可因。臣策僞齊萬一會合金人再來南侵。當數路並進。而鎮江建業既已有備。必由光州直擣蘄黄。旬日便到江上。是虜船造橇。乘間南渡。聲揺江湖。人心攜於傷弓。當烏驚魚散。支吾不暇。將見行朝亦不得奠枕。則建康鎮江雖屯重兵。固已無益於事矣。況己酉冬胡騎已嘗出武昌岸。徑趨興國緣山疾馳數日傅洪州城下。前車之戒未遠。則江西今日利害安危。豈不重且急乎。臣計本司見管軍馬共一萬六千餘人。皆是招收烏合之衆。除輜重火頭等外。可使出戰僅及萬人。才足以屯防近裏州縣隄備盗賊。豈堪前當大敵。近奉聖旨留岳飛全軍先分萬兵駐九江。士馬精勁。似可倚仗。臣愚見尚有二患。邊面闊而僞境近。則師不可不益。師旅增而贍給廣。則財不可不聚。謂如江州興國軍南抵岳鄂。皆據大江上游。西折千里。控扼要害。受敵處多。自湓浦以上。江漸狹隘。至霜降水落。則一箭可及。一葦可航。非若下流深闊多限隔。未易侵越也。今計岳飛兵數二萬一千有餘。除火頭輜重守寨疾病人外。實得戰士一萬五六千人。忽有警急迎敵保城臨時應機措置分布不給。兼岳鄂人馬無多。安能使犄角應援。臣欲乞朝廷更摘那數頭項堪任出入將兵。暫付臣相兼使用。又本路州縣屢經兵火殘毀。經以連歲討賊大兵往來。民力彫弊。官用空虚。今既留岳飛全軍。復丐益師。則軍儲愈窘。若止仰漕計。必致闕誤。臣欲乞朝廷廣行支降錢物。及就撥本路應干諸司上供錢帛。并榷貨務見在及日後收樁之數。並行付臣斡旋相兼。不遺。仍乞選户部官一員前來與漕臣協議。應副撫綏兵勢。稍濟用。粗足可以待敵。且免

臨時擾攘失措之患。臣材識庸暗。所見止此。伏望聖慈察其勢迫計窮。早賜睿旨詳酌施行。

元鎮又乞下湖北帥司隄備賊馬上奏曰。臣昨據本路制置使岳飛申諸處探報李成劉麟會合金寇有直趨蘄黄渡江之計。臣以本路正當衝要。控扼江浙。實係行朝利害。不敢隱默。節次具奏。歷陳中外預得為備。不至倉卒失措。自十一月二十日已後。探報少緩。而臣不即以聞者。以賊情不測。萬一所傳不審。有失隄防。或致衝突之患。當料其有。不料其無。勿恃其不來。恃吾有以待之也。今李成尚留漢上。雖未聞追襲之耗。而經營襄鄧。用意不淺。蓋輕兵追襲為患速而小。占據上流為患緩而大。計朝廷已有措置。非臣愚慮所及。緣上流既失。即自漢陽而下。沿江諸郡皆順流可至之地。不可一日弛備。非特防秋而已。臣已奏稟乞支降錢物。將造戰船。不唯本路合行計置。竊恐沿江諸路亦當如此。兼聞光州順昌府各儲糧十數萬。今則未見動息。觀其意向。必有所用。臣除不住移文制置使岳飛及本司所遣兵馬遠布耳目。益嚴防守。并及募硬探直往襄陽已來伺察賊情外。所有漢陽沌口係漢江下流湖北帥司所隸。更望聖慈特降睿旨嚴切戒約。過為隄備。庶免意外不虞之患。

紹興初。監察御史明槖言湖南邊郡及二廣之地。舊置溪峒歸明官。比年寖廣。其員及諸州措置隘砦闕人把拓。又令管押兵夫。素不習知法令。率貪婪無厭。況管押又皆鄉民。甚為邊患。遭困苦折辱者往往無所赴愬。議者欲俾帥臣籍其姓名。每三年一遷易。如州縣官故事。或云止循舊添差。並罷管押兵夫。[illegible]二廣湖南帥臣處置適宜。無啓邊禍以害遠人。

四年六月。張浚論虜情及備禦利害上言曰。臣聞山東諜報曉夕深

忠未見虜人大舉之意臣竊惟世忠進兵淮上號稱十萬劉豫父子勢已窘蹙必多遣僞使求援於虜俗使虜之大兵外示衰弱養銳不動秋高馬肥一舉而至淮甸是爲可憂然其勢亦須再調生兵然發百姓方敢深入何則去歲失意而去人心離怨苟非增益重兵安肯輒至也今我師自屯淮楚僞地騷然修城郭起丁役斂馬匹運糧餉盡劉豫欲以安其民人使無背叛之心凡此皆臣之所樂聞而深喜者比又報虜之大兵已至沂州臣所未喻借使有之豈不爲我之利乎夫盛夏興師中國所難夷狄爲之其失多矣虜之所恃者馬方此大暑不獲休養則秋冬安可復用此一利也虜以騎射爲能當夏之時筋膠解緩豈能害物此二利也北人性不能熱堅甲重兵皆非所用之時此三利也爲我之計正當休兵持重日爲過淮聲勢困弊其人仰惟陛下聖算神機必有所處臣愚無識知豈能測度姑敘所見恐或有補聖慮萬一區區僭冒伏幸睿照

高宗時浚又論戰守利害上言曰臣智識暗陋所見不明惟有愚忠庶幾仰報儻或畏避隱默負愧天地誠不忍爲臣竊惟醜虜盛夏舉兵拂天違時朝廷發明詔議征伐固天下所願若臣愚以爲今虜竭國而來其勢方銳可以計圖難以力破若速於用兵則戰有勝負時有利鈍糧有繼絕曠日持久變生不虞曷若俾諸路結從連衡於近淮要害之地據利便擇形勢就餉運以促其勢堅壁清野時遣間諜坐觀釁隙使之進不得決戰守不能久聚俟其智力俱困而圖之天下可定矣帝王之師以全取勝貴謀而賤戰正今日之先務也惟陛下察大易不容之戒矜愚臣憂國之私斷自聖意天下幸甚

浚奉祠居永州論和議利害上言曰臣於正月十五日恭覩大霈之頒再三熟讀通夕不寐翌日作書呈參知政事孫近大概以虜君尚強和安可信其勢遂衰和爲可惜竊料聖心高明姑且爲此內以激將士之憤外以觀敵國之情不然事日委靡何以立國風雲之舉其鑒不遠他日之悔復何可追臣愚區區過計竊以謂虜自宣政以來挾詐反覆傾我國家蓋非可結以恩信待以仁義者今日事之虛實姑置未論借令虜中有故上下分離夫屬盡歸河南遂復我必德其厚賜謹守信誓數年之後人情益懈士氣漸銷彼或內變既平指瑕造隙肆無厭之欲發難從之請其將何詞以對顧事理之可憂又有甚於此者陛下焦心勞慮積意兵政精神感格將士漸孚一旦北面事虜聽其號令游談之士取功於一時勲績之臣置身於無用比肩宥密接武求盟小大將帥孰不解體陛下且欲經理河南而有之臣知其無與赴功而共守者矣矧夫虜詐莫測自古所惧與時策馬渡河風塵畢起倉卒之間孰肯赴敵蓋自堯舜以來人主奄有天下非兵無以立國非武無以定亂國立而勢定亂定而治生然後干戈可戢道德可行未聞委質夷狄可以削平禍難遠而石晉近而劉豫著人耳目歷歷可想夫中原之地未易輕守也譬諸人身至靡風邪乘之手足偏廢不能運動必其精於自養元氣日強氣之所到肢體乃舉藉外物以扶持難乎其經久而及遠矣昔魯仲連不欲尊秦爲帝且曰秦無已而帝則將變易諸侯之大臣彼且奪其所不肖而與其所賢奪其所憎而與其所愛彼又將使其子女讒妾爲諸侯妃姬處梁之宮梁王安得晏然而已乎蓋小之事大不幸而交於虎狼無道之國彼力屈則姑且遜容力強則肆爲吞并蓋敘之時楚懷王入覲于秦一往不返遺千載之下爲之痛心由辨之不早也漢高祖起兵之四年侯生侍太公呂后以歸軍皆稱萬歲已而羽解而東歸漢王引兵西歸張良陳平諫曰今漢有天下太半而諸侯皆附楚兵罷

食盡此天亡之時未因其機而取之所謂養虎自遺患也漢王從之
古人爭天下必審夫機會時不再來追悔莫及高祖知羽之實患少
義其和不可恃也又知夫從我將士日夜望尺寸功求其顯著人心
之不可沮也故雖再敗固陵甘心不悔茲二事者是以爲今之戒矣
臣日夜思念此國之大事也陛下獨不與二三將帥熟謀之而徒約
之遽肆赦之速用世儒之常說啓猾虜之詭秘措置失敘思之寒心
臣不自量爲陛下再討嗣今以往使其遷延生事姑緩一時謝絕使
人可也明告以利害譬喻以曲直可也萬有一如太公呂后之歸使
當博詢諸帥獎厲將士外存和議之名內圖恢復之實逼之以大勢
使其人心終至於乖離示之以威武使其內釁不能以遂息始臣而
終服之如唐太宗之所以待頡利者庶乎國家可立焉臣罪戾之餘
一意眷戀不欲論天下事顧惟利害至大至重不忍緘默以負陛

奏議卷之三百三十四　十

下之知罪之聽之惟陛下命
紹興間戶部尚書章誼乞守臣措置土豪狀奏曰臣竊聞劉光世奏
金人忽生南渡之意又聞通州使臣劉錡奏金人來年正月初一日
渡江又聞江陰軍探報北岸有船數千隻臣參驗三人之說則金人
南渡之計決矣蓋金人去歲嘗以冬月渡江矣陛下御輕舟乘風遠
海而南彼方崎嶇山陸當建康屢戰之師踰錢塘城守之阨且復再
涉重江是以追兵不得以速進也今時則異於此矣大駕駐蹕會稽
北直通泰彼將方舟結筏徑渡三江之口騎兵舟師水陸兼進又自
立春之後風起東方海行之舟有類退鷁處卻可慮虜誠出此則我
之所恃水失乘持之便陸有追騎之虞墮賊計中矣臣以是思之則
三人之報不可忽正月之渡爲可信不知朝廷亦嘗慮此否使三人
之報不實則大幸矣使其不妄則正旦逼矣將何以待之　臣聞臨

安府守臣李光領統浙西土豪爲國屏翰朝廷何不聽用其號令稍假
事權使勵其衆藉爲禦侮非唯臨安一府也二浙諸郡江東江西一
切委自守臣速行措置明降詔旨喻以力戰堅守之意降去退保之
令有能竭節城守扼險破敵與夫懷私退避並緣爲姦之人來年事
平之後大明賞罰如此則金人雖欲南渡有所不敢設其敢渡諸郡
之兵且戰且守或掎或角日夜追逐數萬之衆可立盡也一戰而勝
虜人終身懲艾陛下國勢壹而疆土復矣臣不勝區區愛君憂國之
誠惟陛下留神聽納與將相大臣速圖之
誼又乞令張浚措置防秋然後班師上奏曰臣聞江淮招討使張浚
之師自破李成靳孫建馬進之後盜賊震恐知尊朝廷如張用孔彥
舟之徒皆願聽節制乘此機會可以措置江湖淮甸之間使兵皆隸
將帥使將皆有戰任分布要害之地委以戰守之事各令漕臣給其

奏議卷之三百三十四　十一

糧餉嚴罰重賞責以來效如此則防秋之事大槩略舉矣然後張浚
可以班師別聽陛下之指授今聞朝廷許之入覲徑自淮西循江而
下切恐奉詔遣歸其於江湖淮甸之間有合措置事務未暇經略則
數路之廣盜賊復得屯聚軍兵無以彈壓雖留岳飛一軍以爲聲援
終恐兵少望輕緩急難濟伏望睿明更賜裁酌不勝幸甚
誼又論守江之策上奏曰臣近者伏見朝廷分三大使宣撫淮南湖
北之地皆跨有大江邊臨淮泗既可以應援東北來歸之人又可以
捍禦戎虜南侵之勢內資富庶之邦外撫殘破之郡誠計之得也然
欲進圖收復必須退有據依今東北方藉經營之勢而江南實爲固
守之地設使黠虜憑陵盜賊羣聚但不能踰大江而東則國勢鞏固
如木之有本水之有源崇高廣大可坐而致臣去年爲郎時嘗爲宰
相畫守江二策未蒙施用役卒奔走臣觀今日守江之議尚不可廢

輒繕寫投進。連粘在前。伏望睿明鑒照。如有可採。乞降付外廷相度。令三大使措置施行。

詛又論具舟師爲守江之備上奏曰。臣竊見朝廷自靖康以來。聚天下之兵。以抗金人。初戰燕山。次戰太原。初守汴京。後守淮甸。然而守則不堅。戰則不利。累年於茲矣。至于今日。知步騎之非敵。懼曠野之難守。是以東踰大江。保茲川險。勢雖甚迫。而理實可安。朝廷所以屈體爲此者。謂金人利於鞍馬。而南方長於舟檝。使金人捨其所利。而我得用其所長。則勝負有在。是朝廷之本謀也。今則不然。專恃長江之險。不設舟師之備。萬一金人東侵。方舟結筏。皆可濟師。擧杭直指。如履平地。則向之川險既不可保。而南方之所長亦不獲用。日蹙一日。將安所之乎。且朝廷之所恃者。北則淮南則江。今縱不能守淮。且欲阻江爲險。則舟師不可不備也。今之議者。或欲聚兵於江北。或欲分兵於江南。此議者未之思耳。夫聚兵於江北。是欲與金人戰也。中國既已屢戰而屢北。則戰非所利矣。又欲分兵於江南者。是欲守也。長江數千里。金人果得浮舟以濟。則我不知所守矣。故嘗謂此二說皆未之思也。唯多具舟師。中流以守。則金人雖有良將勁兵。輕車駿馬。數踰百萬。亦必臨流歎息而退。將安用之。伏望招選才能之士。多具中流之師。則江南諸郡雖無守備之兵。亦可高枕而卧矣。

小貼子。竊聞金人已有登萊沂密之地。萬一自此數郡乘舟而來。則通州狼山之險。實爲咽喉要害之所。當有舟師以爲備禦。溫台明越常熟福山皆由此路以往。伏乞照察。

詛再論舟師水戰之利上奏曰。臣契勘目今朝廷暫駐浙東。襟帶江海。實憑川險以卻胡騎。然則巨浸湍流。蓋今日之長城也。樓船戰艦。蓋長城之樓櫓也。舟師戰士。鑿工沒人。蓋長城之守卒也。火船火筏。彊兵壽弩。蓋長城禦攻之具也。設有江城萬里。則尺寸之地不容於不守。今有巨浸湍流。顧豈可無守禦之備哉。守禦之備。莫如舟師。用舟師之策。莫如中流以守。且金人攻城長於用砲。我之舟師中流以守。則矢石有所不及。金人野戰長於用騎。我之舟師中流以守。則騎兵不能奔衝。是二者固可以奪金人之所長矣。又況金人將必欲與我戰乎。是必造舟維梁。結筏渡騎。然後可也。造舟結筏。不在大江之濱。則無艤駐之地。必於大江之滸。則有焚蕩之虞。若是則進不得戰矣。金人將長臨大江以困我乎。自春徂夏。自夏及秋。雨潦將降。兵有陷沒之憂。氣令炎燠。遠人有疫癘之苦。若是則退不能守矣。在彼者進退失據。而我中流之師未嘗勞也。伏望特賜討論。盡發平陸之兵。造爲舟師之用。並海沿江若州若縣多具中流之師。以爲守禦之備。不勝幸甚。

五年。房州司刑張嵲上疏曰。金人去冬深涉吾地。主師屢捷。一朝宵遁。金有自敗之道。非我幸勝之也。今士氣稍振。乘其銳而用之。固無不可。然兵疲民勞。若便圖進取。似未可遽。臣竊謂爲今日計。當築塢壁以守淮南之地。興屯田以爲久戍之資。備舟楫以阻長江之險。以我之常待彼之變。又荊襄壽春皆古重鎮。敵之侵軼多出此塗。願連擇良將勁兵戍守其地。以重上流之勢。

六年。知鼎州張觷言。鼎澧辰沅靖州與溪峒接壤。祖宗時嘗置弓弩手。得其死力。比緣多故。遂皆廢闕。萬一蠻夷生變。將誰與捍禦。今雖各出良田。募人以補其額。率皆豪強之僮奴竄名籍中。乘時射利。無益公家。所宜汰去。別募溪峒司兵得三百人。俾皆練習。是爲守禦。給田募人開墾。足供軍儲。詔荊湖北路帥司相度以聞。帥司言。營田四州舊置弓弩手九千一百一十人。練習武事。散居邊境。鎮撫蠻夷。平居則事耕作緩急以備戰守深為利便靖康初調發燋浚河東全軍陷沒今辰沅澧靖等州之兵防守竊慮蠻夷生變臣謂若將四州弓弩手減元額定為三千五百人辰州置千人沅州置千五百人澧州靖州各置五百人分處要害量給土田訓練以時農戰合度庶可備禦以所餘閑田募人耕作歲收其租其於邊防財賦兩得其便可為經久之計詔從之

八年提舉臨安府洞霄宮葉夢得奏金賊移軍稍前乞講民兵水軍二事劄子曰臣聞淮寇尚未殄滅近者復移屯稍前有欲戰之意道路所傳未知虛實臣嘗論自陛下決策親征逆折其鋒意其雖有奔突之志無所可施者以為王威既振雖犬羊無知成敗所在自當知難而退今乃昏迷尚懷擣寇臣復思之蓋虜法甚嚴彼既受命萬里入寇暴師三月傷折已多若無功而還總帥者必不免刑戮故欲竭

力以戰以決去就若僥倖小勝固可以藉口或遂敗衄亦足為辭此姦謀所從出也不然知我有備請命於其酋欲歸而不獲尚狃往時兇暴之氣責之深入懼而不敢不前又其不然則是欲引去畏我躡其後張此虛勢以為陰遁之計耳果出於前二者則不可不過為深防臣聞兵法曰上兵伐謀又曰兵家先聲而後實今朝廷拒敵必勝之策既付之諸將矣備禦之道凡備其實者宜無不盡故臣不敢復言而前妄議民兵水軍二事雖若迂緩區區之意蓋謂施之今日則足以廣先聲而伐其謀與平時議者不同試復申之所謂民兵者孰不知驅畎畝未教之徒使捍虎狼不可禦之敵為不可哉且方此擾攘之際又重勞吾民亦不能無擾然臣非欲恃此以為戰也蓋兵有以多為用者古者用師必設疑兵則增大其勢惟恐其不盛苻堅犯晉望見八公山上草木皆成人形猶足以懼東漢虞詡謀武都羌至

有添竈日增倍之以示疆今傍江之人利害既切於己往往不待驅率私自結約保守鄉里者所在而有州縣把隘防托及給軍役之類亦皆出於保伍莫非民兵也所患者特無所統一散漫雜處而賊不知故臣願權暫命官因以部伍團結為之紀律番次迭出耀之江上與正兵相為先後豈不愈於望草木而示添竈乎一可示賊以衆張大吾軍二可增吾正兵之氣相為形援三則布列旁逮之地萬一衝突出吾不備亦愈於無人今賊已師老必不更能久留不過為旬月之計農事未興民未必告病也若水軍則諸大將所統固各有之矣臣竊慮其以步騎兵為急而未盡講或置而未用或不常閱習或彼此節制不及緩急不相為用則雖多而無所益故臣亦欲會而為一及官私舟既未通行亦可權時拘籍專為一軍於建康鎮江兩州沿江要害之地分布羅拽俟其欲用則與騎步兵合謀並進日者偽四太

子回軍至吳江裨將陳思恭驟以舟師截之賊衆驚亂幾至於潰適近村有應之者素非所約思恭疑為賊兵遂不果終其役若使軍有所統晝夜講習號令方略進退闔散悉皆預為約束一則可以示賊使知畏有加於前二則事藝精熟人日從事其間安於為用三則可擇驍勇之士伺賊之間乘風水便利以收奇功蓋賊既與我夾江相持其要在江則水軍為上騎兵次之步兵又次之尤當深察也今賊如止為陰遁之計稍已退却臣言固無所用如尚猖獗志在衝突則將步騎正兵外更益之以此恐或可以佐萬一臣不避狂率復畢其說更望聖慈裁擇蠶冒天威臣無任激切屏營之至

高宗時夢得為兩浙西路安撫使乞措置瀕海州縣防秋狀奏曰右臣備員一道兵民之寄當朝廷艱難之時外禦未平所仰四方相與維持者其責尤重不敢偷安尸素苟且目前故自到官以來日夜盡瘁

庶幾少有寸補，不至上誤使令。竊見金賊雖已遁去，封豕長蛇荐食上國之意，恐未遽弭。登萊兩州密邇其境，而兩浙諸州例與海道相連，自登萊航海，遠不過數日可至。浙西諸縣，如杭州鹽官、秀州華亭、海鹽、常州江陰、平江府崑山、常熟；浙東諸縣，如越州餘姚、上虞、明州象山、定海、奉化、昌國、溫州樂清、台州寧海、黃巖，皆切近於海。臣去歲守南京，嘗得宣撫司探報，聞賊欲取山東路入兩浙，竹過是時，彼方有意犯王畿，勢固未暇及此。然又見其未嘗無此謀也。近有東道總領司嘗被驅虜使臣歸，為臣言，賊知其為兩浙人，頗問山川道里形勢甚詳。又其所誘留人，多有東南篙工水手從事舟楫之間者，皆為陳說計策，及夸大蘇杭富實。臣雖知犬羊貪婪之心，不無所在。今兩河蹂踐之餘，內至近甸，金帛子女掠取殆盡，使其谿壑之欲誠未厭足，則去歲宣撫司探報，豈得不慮哉。兩浙風俗輕而易動，有自來

矣。又連遭方臘、倪從慶之變，人懷危疑，常不安居。加以險僻頑民陰間伺隙，潰散兇卒居多嘯聚，樂禍喜亂，未易制禦。今環兩浙之地瀕於海者十幾四五，議者謂虜以鐵騎衝突為長，澤國水鄉非其便利，此以其竭國來寇論之可也。若志但在金帛子女，則姑以千百之眾，脅吾驅虜之人以為鄉導，聲言欲雜出於數州之間以圖侵掠，則未至而吾民先已驚遁矣。況樂禍喜亂之徒望風乘勢，或應之以合謀，或假之以自奮，則其憂有不可勝言者。何必直須賊之盡至乎？晉之孫恩竊入上虞，唐之裘甫發自臨海，近日方臘山谷一夫，亦能破六州二十七縣，皆已事之驗。然所以為備禦之策，不過城池器用、兵卒糧食兩事而已。今防秋僅有兩月，事勢已迫，每事必俟朝廷措畫，則勢不及待。所以分憂捍患，盡其力而為之，惟在守令，而未見其可當此任者。臣雖誤當帥事，法有常守，又浙東非所部，不敢輒有侵越，若遂拱默不言，緩急或有誤事，雖即誅死，何足償責。輒敢冒昧陳列，欲望聖慈詳酌，特降睿旨，先次選擇瀕海諸郡守臣，各得其人，分命監司偏行巡察，及諸屬邑凡令長有不可委仗者，許得權宜移易罷黜，別加選辟，量立賞典，以為激勸。應所合措畫事，除城郭已有近降指揮外，其餘如脩治器械、訓練弓兵，皆嚴為近限，責以實效，無令文具。僻遠之地，巡尉與弓兵或可增添元額，許一面差補。將來如有調發，須量以分數存留，無闕守備。錢穀移用，亦當據管應用，無至侵奪。至於分布防托之宜，闔散戰守之節，斥堠幾察之要，鄰比應援之期，皆須熟議素講，預有一定之謀，相為表裏。平居持重鎮撫，不至於勞民；有警隨事酬酢，皆可以禦敵。軍聲士氣稍達於海外，使彼望而知畏，而吾境內之姦亦有以逆折其心而不敢萌，則遠近人心恃以不恐，朝廷亦可一意西北，而忘東顧之慮。干冒聖聰，不勝惶懼激切屏營

之至。謹錄奏聞，伏候敕旨。

夢得為江南東路安撫制置大使，又論防江利害劄子奏曰：臣聞兵有可勝之理，而無必勝之道。孔子曰：我戰則克矣。以至仁伐不仁，孰敢與為敵？此理之所可勝者也。然猶曰必也臨事而懼，好謀而成，而不貴盡用其勇者，是無必勝之道也。故堯舜伐有苗而至于三，成王周公征淮夷而至于四，雖終至於克服殄滅，然其初猶有待而後成者，蓋不以所可勝決其所必勝，聖王之功也。伏見黠虜敗盟，累惡已盈，天地所不能覆，鬼神所不能容。忍陛下謙慎寬慈，包藏涵養之久，至使溢而自潰，玩而自焚。今猖獗以來，攻城無所得，掠地無所擄，兀朮親敗亡而去，諸將偏師所指，捷奏交上，是誠滅亡送死之日也。秋期已至，我所可勝者雖其理甚明，然犬羊姦詐，用意不測，其為必勝者亦不可不審。臣誤蒙聖恩，總帥一道，留鑰所寄，王室是賴，敢不

思効其職。竊惟今日之討不過有三。其大曰過河次曰戍淮。又次曰保江。日者既命四大帥以三京兩河招撫招討矣。若乘此屢勝之後虜果沮撓我師分道並進直抵京師追逐過河遂定故疆何往不可。若猶恃其蜂蟻之屯濟師於國竊據京師閉關旅拒乍出乍沒我不可盡鬬吾民。則諸帥分屯淮上。徐觀其釁我既未敢直前彼亦未敢遽下者。必且戍淮。若昏迷不悟尚懷衝突竭國遠來無所忌憚我師未可遽與爭鋒則退而阻險以待其師老力疲然後為之所者。必且保江。過河不可必而戍淮不可必而守江。此勢所不得已。在我未為失策也。至於保江則盡矣。江若不必守則後何以繼乎。天生巨險所以限南北。非河與淮之比。曹操之強孫權首敗之赤壁。其後權徙治秣陵操復連年再攻濡須權至以水軍挑戰卒不敢發徹軍而還。及其子丕遣曹休張遼等併軍同下權遣呂範等以舟師拒之。三年。丕出廣陵望而嘆曰。魏雖有武騎千羣。無所用也。乃退。後魏拓跋珪南侵。止於翶翔淮上。惟宋元嘉末。一至瓜步壞民廬舍及伐葦為筏聲言欲渡。亦睥睨太息而不能越。則江豈有可犯者乎。惟是漢末劉繇守曲阿。長懦無能故為孫策乘之長驅奄有三吳。與近歲杜充陰懷異志擁衆數萬散而不屬以誤大事。亦竊嘗考之。吳所以能禦曹丕。宋所以能禦拓跋珪者。無他術焉。臨江為疑城自石頭至江乘築圍作薄落。上施假樓。浮之江中使魏人遙望知畏者權之策也。盡戶發丁分守津要使之遊邏。上接于湖下至蔡洲陳艦列營。周亙江瀕自采石至暨陽六七百里者宋之策也。則知險不能自固。古之為守者初無奇秘不可及之事。我之人力勝而彼不能奪。彼之人力勝則我不勝。守而所謂人力勝不勝者在其所施設用意不用意之間而已。故臣竊不自揆妄意今過河之策朝廷已付之將帥而長江守禦參古

驗今使州縣協力講脩其職。所為萬一之備者。臣之職也。敢不以身先之。其道不必便有興作。但措置有定議。控扼有定所。上下知所戒而不敢忽。遠近知所恃而不敢怠。正使賊即掃蕩。猶是外為聲援。以佐大軍。設有緩急。皆無逃吾之術內。則吾拱手以待其斃可也。是以輒敢先事有言。昔曹丕既退。孫權以情語蜀使曰。孤土地邊外。間隙萬端。長江巨海皆當防守。丕觀釁而動。惟不見便。寧得忘此。復有他圖。夫以丕不敢犯為得計。而以丕不見便為可虞。此孫權之所知也。而況於今日乎。所有防守職事。朝廷前後方略約束案籍具在。臣已撿會擇其所當施行者畫一條例別具奏陳。而迂疎之見淺陋之識。復以冒達天聽。伏惟聖慈貸其萬死少加採擇。

夢得又奏論舉行保社分守地分劄子曰。契勘本路與淮西。雖隔大江。其實相為表裏。自古用兵貴於後重以為根本。所以師出必宿重兵於後。今朝廷既以張浚領淮西宣撫於前。則本道正當其後。張浚見屯本府。平居固賴以為形勢。萬一有警。張浚兵起赴所部。則本府兵備單弱。便為虛空之地。縱或朝廷分留張浚兵防托。客主異勢。號令無統理。難使喚。臣昨紹興初待罪本道。郡人懲王瓌奔潰之失。無以自固。坐遭剽掠屠戮。痛入骨髓。皆願隨所居鄉村自結為保社。家出人丁。分立隊伍。遞相部轄。官為之籍其姓名。以待有警。則部轄人各帥其屬。分地為守。以自保其室家。因遂從之。略得八九萬人。自後虜未嘗犯境。官司亦未嘗行。今民間以其法久廢。皆欲少加整緝。臣已漸次撿舉施行外。竊緣近世凡言民兵利害者。多是以民為兵。公家取以為用。使之遠去閭里。或科率錢物。擾動百端。循名忘實。徒為重害。與此不同。自兵興以來。江淮之民有逃避不及。自結為山寨水寨者。多得保全。只如本府轄下五縣。昨虜人過江。皆被殘酷。惟句容

縣一鄉有保赤山並無侵害故今戶口比他縣獨多。況今不務所居而自爲守禦。或謂恐因之聚爲盜賊。亦不然。蓋前日兵亂召募烏合之衆爲把隘防托措置無法失其所歸之過。今乃土著主客皆有家産物業使自保其父母妻子。安有此慮。至於官中初無所費而坐有十萬民兵之名。內可以與正兵相權爲淮西後重之計。外可藉先聲以威敵境。此其效不爲小補。

夢得又奏金賊敗盟乞下三大將措置捍禦劄子曰。臣今月二十一日。准壽春府探報虜騎侵犯東京。打虜已至拱州應天府。未明虛實尋已兩具奏聞。續覩淮西宣撫司探報與臣一同。并有錄白到僞劄必亦具奏。臣竊惟虜情變詐不測。蓋有自來。昨張通古來使之後雖歸我舊疆。朝廷尋遣王倫等報聘。既留王倫不遣。莫將繼行。又不即延見。日持久包藏禍心。人固疑之。今果猖獗。乃以盛夏弓解馬疲之時。遽至王畿。其志必是秋冬欲如往年深入。觀我所爲。徐爲進退。故先入京師休養士馬。復占昨來留下米斛。仍因二麥成熟。奇斂拘收積聚糧食。至秋深長驅南下。爲必衝突之計。若我有以禦之。則因所積之糧。且堅壁相持。萬一我有間隙可乘。則鼓行而前。惟所欲爲。陛下聖謀宏遠。慎終圖始。必皆素有定論。臣備員疆吏職。思其憂。不敢不爲過計。妄意議者或謂虜勢頻年衰弱。去夏腹心自相誅夷。懼爲我所窺。故特爲此謀。以自抗。暫至京師。未必更能前進。我不可爲之震撼。或以爲莫將奉使未回。虜欲取我歲幣。貪婪不厭。及邀求禮數。狂悖非分。以我未即順從。故以重兵壓境劫脅。以幸得志。我始疑之。不可便與爭鋒。若果出此。則固無足慮。我但持重勝之以理可矣。如其不然。出我所料之外。一旦橫行。而我無預備。則事至豈可旋爲之謀哉。何者。虜素有易我之心。謂其衰弱則非臣所得知。若邀求狂悖。

則前已見於事矣。安能保其必止於東京。蓋虜之南侵者凡再。建炎三年陛下巡海上。杜充迎降。諸將數十萬人望風潰散。故乘勢得以入浙。其易我者一也。紹興五年以劉豫爲鄉導。再復大入。陛下進臨平江。諸將並會淮揚沂中迎敵。一戰破之。然不能繼爲圖。使師老徒容得去。其易我者二也。今不稍更前轍。亦示王威。督責中外。日夜併手共爲。及至秋冬。竊恐不及。若更少緩。使得料我。但如平日。其氣愈盛。其鋒愈銳。則何所不可肆哉。臣聞上兵伐謀。臣不知虜欲復舊疆朝廷姑且聽之耶。欲堅守以俟則中原兵力寡弱。城池器械皆未暇料理。未可遽與之較。若姑且聽之。則莫若先伐其謀。亟下中原諸州乘其兵未集。盡將見管米斛并民間二麥。特爲措置。或令般運。或令焚棄。勿爲彼有。縱有不及。勝於不爲。彼所恃者先已失圖。我卻部分諸將。犄角連衡。分據要地。示以欲戰之形。姑以和議應之。俾爲小屈使彼曲我直。而內實嚴爲守備。纖悉周盡。今諸將兵訓練日久。各精熟。畜銳思奮。人懷踴躍。聞虜亦自知之。張皇六師。亦先王用兵之術所不能免。如虜縱未即知畏。豈不內懷疑阻。我益商度軍食。分置沿流諸郡。我之所積者日蓄。彼之所仰者日耗。進不得前。退不得守。雖欲久留。勢有不可。而後我或欲優柔涵容。尚存和議。以奉迎太母。欲乘其弊。定與決戰。使彼懼而歸我太母。皆出於一。無不可行。伏望聖慈特賜睿察。參酌累年方略。反覆熟議。無使我在其術內。古者師克在和不在衆。雖有良將。苟非同心。未易成功。漢陳平號智略無遺。方諸呂爲變。周勃以太尉握重兵。猶無以爲策。得陸賈之言。奉金交歡始能坐勝。唐以九節度兵圍史思明於相州。李光弼郭子儀在其間而計慮不同。人各自異。卒爲思明所敗。今大兵所恃。惟韓世忠張浚岳飛三將。臣欲乞朝廷先定大計。更命三將各以兵所見。如何則守。如何則戰守以何道戰以何術孰當鋒居前孰勒兵殿後如何以爲聲援如何以爲策應一一條上取所可行者就以付之各盡其謀更相究知以責功效仍下詔慰勉俾務輯睦苟無同舆躬率部曲一以社稷爲心古之言兵者以謂如常山之蛇擊其首則尾應擊其尾則首應而艱難相濟譬之同舟遇風雖胡越且無異心況位兼將相比肩並立者哉此武王有臣三千人同一心所以勝紂之億萬人也臣智識淺陋未明遠略濫守陪都外固邊圉敢不竭盡忠款少効區區之愚冒瀆天威臣無任惶懼隕越之至

夢得又奏措畫防江八事狀奏曰臣伏見金賊敗亡遠遁高猶竊據東京近者雖諸道收復故疆逶邐漸近王畿秋冬掃滅可待然臣所部控扼大江爲國藩籬與他路事體不同其職守所當舉不敢不過爲隄備内以屏翰王室外爲大軍聲援使敵人望風知畏以稱陛下

萬全之舉謹取會本司及屬部州軍自虜人侵犯中原前後被受朝廷指揮有合檢舉預行講究事其大要有八今逐一開具合取自聖裁令具下項一曰申飭邊備檢會紹興三年十一月樞密院劄子節文具下樞密院奏諸路防秋各有屯守養鋭蓄力規畫已定奉聖旨令都督府及諸路將帥加意防守增脩邊備精練士卒明審間探嚴兵待敵勿致疎虞臣契勘邊防之事其目不一雖大號令一當聽命朝廷然有司之守見於常法自當夙夜上下協力振舉兵法曰善戰者先爲不可勝以待敵之可勝不可勝在己可勝在敵不可勝者守可勝者攻又曰用兵之法無恃其不來恃吾有以待之無恃其不攻恃吾所不可攻昔齊師侵魯疆吏來告桓公曰疆場之事慎守其一而備其不虞姑盡所備事至而戰又何謁焉此古守疆之道也然桓公知其說而不能行春秋書公追戎于濟西說者以爲公不能預備戎至而不知逮其去而後始追之故書以爲戒然則爲其所不可勝恃其所不可攻者其可斯須忽哉昨和議之後兵革少息沿流諸郡例多廢弛畏慎者恐涉生事但保目前怠惰者竊幸苟安豈思日後故虜兵初聞人人畏駭皆有遷避奔走之意雖有官守者亦顧望相持及兀朮敗走軍聲大振捷奏交上則復皆謂江淮決保無事不必更爲過計常情所及安知遠慮夫戰勝者易驕謀中者易怠常勝之家難與慮敵光武之所深憂竊慮亦合明降指揮監司守令下及巡捕之官各脩其職常若寇至有合申明事務以時上聞無得循習坐廢職業二曰分布地分檢會紹興四年十月樞密院兩次劄子備坐下劉光世呂祉奏分定劉光世所管沿江地分上流自池州東流縣管下佛池洲至江州界下流自太平州當塗縣管下磁姥山接連建康府界皆是光世所管鎮江府承楚一帶係韓世忠所管續除張俊淛

西江東宣撫使本府界係張俊所管臣契勘本路自池州至鎮江府皆是沿江地分兵一千餘里昨來既係劉光世張俊兩軍分守故虜人侵淮甸凡經三月有餘卒不敢窺江岸今來張俊雖屯太平州近者又聞岳飛分兵下守池州略有舊制然逐人既領三京河南北兩路招討將來進師中原逐旋起發前去即沿江諸州並皆空虛都無指準昔匈奴入上郡雲中漢文帝以令免屯飛狐蘇意屯勾注張武屯北地以捍其外而内以保京師者復以周亞夫次細柳劉禮次霸上徐厲次棘門分要害之地以相表裏唐代宗時吐蕃回紇入寇至奉天以郭子儀屯涇陽分命麾下各當一面以李忠臣屯渭橋李光進屯雲陽馬璘郝廷玉屯便橋以次前拒故皆無患今諸將方圖中原不容更分其餘今兼使守江若但令預先以今來地界依舊分畫使有定處如遇進討逐旋追破虜人瀕江自在腹内不必過慮萬一

或須退守則引兵而歸各着部分使可堅壁固守臨時不致紛擾故曰善戰者其勢險其節短紛紛紜紜鬬亂而不可亂竊慮亦合明降指揮略如前日預行約束張示形勢可使敵人傳聞知我有備亦足尉安邊民三曰把截要害檢會紹興四年九月樞密院劄子備坐樞密院奏沿江采石渡向沙夾馬家渡一帶分命劉光世韓世忠各遣軍馬擇地屯泊各有差定兵將住泊去處後來韓世忠移屯鎮江府續差張俊策應兩路其本府靖安石步至東陽下蜀接連浙西亦係張俊差定兵將住泊去處臣契勘本府及太平池州三處賊馬可以過處甚多前件所畫止是大略今據取會到太平州界內即有荻港渡三山大信渡等池州界內即有丁家洲揚山清溪李河鴈汊趙屯港口等皆是自來置巡檢緊切守把今所管土軍每處各不及百人其餘不置巡檢猶有二三十所既不可徧守亦須量度地里遠近於

其要會別行屯戍使緩急上下應援得及則力不足者知所倚仗昔蘇峻作亂自和州渡江孔坦勸王導早守江口陶回為庾亮言峻知石頭有重戍不敢直下必向小丹陽南道步來亮不能從峻果由此路徑至都城其後諸將戰不利郗鑒度賊必入吳郡於丹徒立大業曲阿庱亭三壘賊果來攻大業不克而敗其地今皆在本府及鎮江界內可考而知蓋攻其所不備兵之要務以此推之凡可衝犯豈可不防杜充惟不知此故雖有數萬衆聚而為一初無部分向着一旦望風奔潰今日安得不戒竊慮亦合明降指揮下諸將及守臣逐一相度凡可過渡去處擇其險隘或兵或民預定戍守之所以待臨時分撥為決不可犯之計以防意外之患四曰約束舟船檢會紹興三年十月樞密院劄子淮東安撫司申明已責委江都泰興兩縣約束沿江鄉村人戶遇有賊馬緊急預行拘駕舟船離岸等事令沿江州

縣依此施行臣契勘長江之險非黃河與淮之比河淮不惟皆狹河峻急所向不可當淮水淺而易涉獨江勢深闊平緩自春秋劉項以來齊楚燕趙用兵越淮與河皆浮梁可濟未嘗深計至長江惟孫策乘漢末亂離無與為敵故能乘間長驅徑入三吳及蘇峻狂悖掩晉不備遂抵都城自孫權定都秣陵之後逮晉宋及梁自北來犯者苟有守備皆瀕江而去莫敢睥睨中間雖曹操嘗至濡須曹丕嘗至廣陵魏太武嘗至瓜步亦逡巡顧視反不敢輕進今兀朮小醜柔守禦之計未論其他但能嚴斷舟楫篺筏彼自無以為計今可乘以渡者非止舟楫其木筏與蘆荻柴束皆可為用公私舟船固不可以數計而商販木筏之類皆聚於北岸真州所在山積蘆荻亦是出產去處若便行禁止則有搔擾之弊若緩急旋圖則勢必無及惟當先命有司籍見公私舟船數目曉諭遇有緩急則許令所在一面拘收盡過

南岸不唯可絕虜人劫奪占據若或不得已至於水戰則舟皆吾據人皆吾兵不必更廣製造及別籍水軍真州木筏蘆荻並限以八月前盡數發入鎮江及浙西其江州向上木簰八月後並權住不得放下已過者併到本府盡令解拆竊慮亦合明降指揮重立刑禁責付守臣收執以待臨時施行但嚴禁無故輕與通節往來人自不擾五曰團結鄉社檢准紹興五年樞密院劄子真下樞密院奏節文內召募土豪鄉兵把隘奉聖旨沿江州軍守臣逐路宣撫安撫司疾速措究其土豪鄉兵並先行籍定人數以備緩急使喚即不得因而勾集致有騷擾至紹興六年六月樞密院劄子坐下臣寮上言緣諸路帥憲司夏秋之交不復詢問有無盜賊循例檢舉於界首各立寨柵聚集保伍因而決撻妨廢生業遂降聖旨除沿海地分外其餘州縣不得亂有勾集臣契勘自古兵民皆有所統周官在民者五家而上謂

之北閭族黨有軍者五人而上謂之卒伍師旅同出一法此雖常談然用衆之道未有散而不屬能號令開闔者也今軍固有部分行伍而民之在鄉村者亦有保伍在坊郭者亦有保甲但承平日久未嘗資民為用故旋之不過租稅盜賊之間而已軍興以來士不知古一變而為鄉兵之論於是遂欲驅農畝耒耜之民與正兵參用不救而責之戰無事而衆之徒食無常廩用無常器朝廷既不得已從之遂致人言因有再降指揮罷詳詔令但我不問有無盜賊妄亂句集者所當用豈可因噎廢食今所謂團結者非民兵之謂也特以保伍舊法少加損益令自相糾率各集強壯推擇所信服以為首領官為立為條約假借名目約見多寡之數籍而不用稍以示衆無事但藏其籍有警按籍下令各守其地正兵控守之餘令彌縫其所不及外張聲勢以自保其鄉里而已民雖至愚若戀往歲之弊不幸寇得踰江

強者奔迸遠徙骨肉離散弱者坐受殺戮同於雞犬資用剽劫室廬焚蕩孰若上下相維各奮其力使不得犯我之為愈乎民能保其家則國能保其險理之必然者也周制用民不過一人以餘為羨卒唯田與追胥尚竭作宋文帝禦魏太武盡發丁壯公卿子弟亦皆從役此雖不可為法亦可見其所以能自全者竊慮亦合明降指揮許令守臣預行討論量為措置以圖民利上佐國勢有賞罰失重賞典刑六曰明審斥堠按准紹興四年十二月樞密院劄子勘會斥堠全藉實夜舉放煙火務要不失捍禦昨劉光世在池州駐劄將管下沿江地分並置烽火所有建康府浙西沿江一帶並無烽臺斥堠奉聖旨令江東浙西安撫司措置施行臣契勘用兵斥堠不惟激勢厚薄軍行遠近所待以前知兼亦慮姦人唱為浮言動搖民聽遠無以驗或致有悞朝廷設施晉袁耽守歷陽石季龍遊騎十餘匹至耽遽

以為言遂至朝野危懼王導以宰相假黃鉞出征已乃知其妄石勒在葛陂軍士飢死亡過半至有勸之納款者元帝會天下兵守之而不知乃縱使去後遂不可復制此斥堠不明之過也昨建炎間虜騎已至江上本府守臣猶誤以為李成遂致失守斥堠探伺條目固多烽火最為緊急魏王基攻西陵為今峽州孫權遣戴烈陸凱拒之暮舉火西陵鼓三終達吳郡古之用兵蓋如此今虜人近在東京瀕江相去無數百里其動息尚不能的實盡知日近攻圍順昌前後累戰多是事已方得關報至今人數多寡議者猶有異同則緩急何以取信所有傳送遞角比者或約雖已嚴然事待奏而後知亦恐緩慢至於間探亦須所在嚴立賞罰廣布耳目相與參照非臣所得獨與惟是烽火本府昨自承指揮上元江寧句容共置烽臺三十餘處通連浙西不為無補今大軍屯泊淮上與前日事體不同淮北動息尤宜

速聞舊制沿邊三路烽火皆有成法人多知之若令更加修具取其簡易可行者付之于外遠近同為一體不至乖悟竊慮亦合明降指揮令自淮南盧壽以來增置烽臺通江南岸舊管去處專委郡縣候賊馬警動即舉以施行七曰措置積聚按准建炎四年七月樞密院劄子勘會三年六月聖旨節文鄉村居民自來頗戀產業若必行清野之法竊恐盜賊未至民情先搖若置而不問又恐佐敵資糧反為民害仰守令監司更切措置多印文榜直說事因使民間通曉務求安全外有糧斛草薪之類難於般移亦須預行措置臣契勘虜人前後侵犯敢肆深入皆是資糧於我故恬無所憚昨自偽立劉豫之後遂有土疆認為已有其抄掠劫奪取之於民固已有限與前不同是以紹興六年至於淮甸無成而歸亦坐糧乏自困之一也近偕和議中原諸州積糧甚多皆是賊豫苛斂裒克以為猖蹶之備可見姦謀

臣初聞警即嘗具陳請旨欲措置蓋正為此。今來從偽諸郡以次收復。倉廩所餘無幾。淮北雖近秋成。本不產稻。將來為我師過淮之備。縱賊得之。不能般輦前來。亦不足計。惟有淮南地分水田尚多。今秋所入。安得不預圖。善用兵者。不必全抗以力。劉項相拒滎陽成皐之間。必計敖倉得失。陔下之敗。正以彭越由橫往來絕楚糧道。張良陳平知其食盡。以為天亡。唐初羣盜紛起。亦倚洛口諸倉為重。事之利害。彼此均同。我欲討彼。當須先講糧道。則彼來侵我。豈能無食可食。所有淮北地分將來准備大軍進討。合用糧斛。有司自宜別有措畫。其淮南直至江岸。廬壽滁和皆前日虜人宿師之地。若能依險自為山寨之類。即趣令各擇利便。早定其所。般輦糧斛。以備入保。其大軍屯駐。亦須計推委自兩路漕臣。以次津發。但令前後相繼。不至乏絕。不可多存。若有人無糧。縱能輕入。何敢久住。其餘金帛馬草之類。皆依倣並行。竊慮亦合明降指揮。飭江東淮南當職官吏同為措置。賊若知此與清野何異。實為上策。八曰。戒嚴官吏。檢會前降指揮內一項。敵人去冬深入。其諸州郡守臣等。不能召募忠義勇敢人兵。留屯城中。悉力捍禦。共為死守之計。又不能措置般移糧食。遷徙人民。擇深山大澤。率眾固守。束手端坐。敵人既至。則以一身逃遁。致使一城生靈。枉遭塗炭。奉聖旨。下江浙諸州。如敵依前先行措置。止以一身逃避者。當明正典刑。臣契勘朝廷措置既已備具。號令既已明審。唯在守之以人。承平之時。一官不治。止廢一官。一邑不治。止廢一邑。利害無所相關。至於用兵。則環千里之地。成敗得失皆相與為先後。譬之一身。手足耳目各有所司。苟廢其一。身與之俱。故不可使一官不脩其職。一人不盡其力。昨承平既久。玩習成風。例不肯以身任責。苟簡文具。姑應目前。一遭警急。皆望風先遁。甚逃出疆界。遂使生靈陷於塗炭。并邑鞠為丘墟。及至事定。徐還往往反以收復論功。事既出倉猝。且所干人眾。難以盡責。因得原釋。昔陳豨反代趙。周昌奏。常山二十五城亡其二十城。漢高祖曰。守尉反乎。對曰。不。上曰。是力不足。亡罪。曰近新疆敵人驟至。城守之計。初無素備。有官守者棄而來歸。朝廷推此以廣仁心。苟免降屈。貸而不問。猶之可也。若江南諸郡。入有城郭。出有兵將。所恃有民。所資有食。只尺行闕。動干大勢。豈可不責之以必守乎。而人情習慣。妄恃寬典。尚無慷慨激昂之志。夫守以兵者。必責之將。守以民者。必責之吏。兵不可使一卒怯而輕退。將必先之。民不可使一夫懼而輕散。吏必先之。將能死職。然後兵能死戰。吏能死職。然後民能死守。竊慮亦合明降指揮。應備禦之事既已備具。將來或有警急。輒棄官守。妄作緣故逃避出界之人。並依軍法。從事必罰無赦。庶無玩令。稍知事君之義。右上件所陳。皆是朝廷已行之命。臣但將案籍檢舉參驗古事。稽察人情。擇其可以施行。責付官吏。昔講之於無事之時。行之於有警之日。寧可有備而不用。不可當用而無備。是用輒敢塵犯天威。伏惟陛下寬貸而曲赦之。臣無任惶懼激切屏營之至。謹錄奏聞。伏候勅旨。

貼黃。臣聞兵家先聲後實。臣所陳皆是朝廷已行命令。州縣職事所當為。但欲檢舉申飭。上下協心行之。得令使敵人望風知畏。不敢輕動而已。並無勞民費財之弊。昔孫權以葦荻為疑城。殆同兒戲。而曹丕遠懼。符堅淝水之敗。望見八公山草木皆成人形而遁去。今若預令將士。分守其地。鄉社團集有所。傳之四遠。以張國威。即廣軍聲。過於葦荻草木遠甚。伏乞睿察。

臣今來所陳。止是本道職事。不敢兼及旁路。然界分遠近。上連下接。如淮東沿海事體一同。利害均一。如蒙採取。即淮東浙西亦令依此施行。伏乞睿察。

夢得為戶部尚書。奏乞徙虜人必經由州縣居民劄子曰。臣竊見冬候漸深。金賊往來倏忽無常。未能保其不南牧。先事預備。當有萬全不可勝之計。臣前嘗妄議虜反用吾術。若欲以中國攻中國。故凡人馬糧草器械城池皆因我以為用。今必禁之使不得行其謀。亦在反用其術而已。古之禦狄善待中國者。莫若藏其輜重人畜。遠引深避而不爭鋒。漢武帝初命衛霍連年伐匈奴。所至斬首拓地。無不如意者。以虜之兵力與漢相當。而較勝負故也。其後虜稍覺悟。作空地避漢之計。至公孫賀趙破奴。引師深入二千里。不見敵而還。遂困我漢於是不出兵者幾十年。元豐間神宗皇帝銳意必討西夏。盛營累歲遂詔五路並入。是時天下皆意夏人必可蕩滅。然終無成功者。亦以夏人盡空其地去之。而我無與敵也。臣愚竊惟今虜南侵之路。不過京東京西與淮汴三處。若虞其必經由州縣。徙其居人。令先埋瘞斛斗錢物。各以金銀輕齎西散。擇深僻之地遠自藏匿。雖馬草並皆盡野燒焚。無得存留。但能空地數百里。彼脅諸國而來者。不過以利誘之。以結其心。乘我潰散。以作其勢。使所至州縣皆空無所得。自已失望。其衆久不見敵。則勢亦隨挫。設其腹心必欲擾我者。若行三日。人無糧馬無草。凡欲因我為利者皆無所得。則雖欲前進。可乎。議者或恐以動衆不可為。是大不然。夫擾民動衆。或於承平可也。今虜無所至。剽劫之害。金珠玉帛盡從擄掠。則與藏瘞而存之。孰利。屠剝之虐父子兄弟盡從殘滅。則與奔竄而去之。孰重。民雖無知。必有辨於此者。此誠不戰屈人之策。伏望聖慈特賜睿察。命大臣參酌詳議。如有可取。乞疾速寄付所在監司州縣將帥。令明以利害禍福喻民。使保萬全。不唯伐虜之謀。亦吾保民之計。無大於此。

歷代名臣奏議卷之三百三十四

歷代名臣奏議卷之三百三十五

禦邊

宋高宗紹興十二年。廣西漕臣胡庭直上言邕州之左江永平太平等砦在祖宗時以其與交阯鄰壤。實南邊藩籬重地。故置州縣。籍其丁壯以備一旦之用。規模宏遠矣。比年邊民率通交阯。以其地所產鹽雜官鹽貨之。及藏易馬鹽以易銀。忽而不防。恐生邊釁。所宜禁戢。

高宗時馮當可上劄子曰。臣竊聞虜使往來講修和好。即其往事何足信憑。此必緣虜偽齊人心未固。深恐陛下乘其機會則殄滅有期。知奉迎梓宮在陛下之心。至切至痛。以是爲辭。延引歲月。待其撫循既定。按計既立。然後率其醜類送死遠來。陛下可不逆照其情。深爲之備。臣切見江前備禦尚或闕踈。自建康以屬海。臣非親見。不敢妄陳。自西蜀以至江東。臣請論之。吳玠一軍在梁洋之間。凡五千餘里至鄂州。始有岳飛。又三千餘里至建康。始有張浚。陛下雖以玠爲屏蔽。然東南形勝實有長江。今岳飛屯鄂渚。實欲兼備江池襄陽。有警比岳飛得聞。往返三千里。東裝辦嚴。非一月不至襄陽。而醜類近在京師。輕軍疾馳。不數日遂涉江漢。萬一舉偏師向江池。連綴岳飛。而以大軍向襄陽。中斷吳蜀。當是時吳玠不能離梁洋而下。岳飛不能捨江池而上。醜類盤泊荊南。可以指顧上流。震驚吳會。或徑趨淮甸。橫涉饒信。可以直乘空虛。擾我心腹。備禦如此。似亦踈矣。臣愚願陛下先事制勝。選知兵大臣。分重兵以鎮荊襄。使倉卒有警。荊襄併力足當一面。岳飛得專於江池。間若兵有統屬。不可遽分。亦宜嚴戒岳飛。及無事預思方略。審處事宜。重益荊襄之戍。

直龍圖閣李光乞措置防江劄子曰。臣伏覩建康古號帝都。非獨取其形勢之勝而已。蓋大江天險。可以限隔虜騎。戰不足而守有餘也。自六朝以來。歷年數百。雖元魏北齊之強。竊據中原。橫行天下。而不能加兵窺境者。豈其力不足哉。魏文帝至廣陵。臨江觀兵。見波濤洶湧。歎曰。嗟乎。固天所以限南北也。紀陟使魏。晉文王問吳之戍備道里甚遠。難爲堅固。陟曰。疆界雖遠。而其險要不過數四。猶人雖有八尺之體。靡不受患。其護風寒。不過數處耳。易曰。王侯設險以守其國。孟子亦以天時不如地利。今濁河長淮已入敵境。所恃者獨大江耳。若又不守。尊主避狄之謀可謂無策矣。陛下駐蹕會稽。江浙今爲根本之地。進足以戰。退可以守者。莫如建康。臣不敢遠及上流。姑以耳目所經。江南所當守者言之。自建康至姑熟。凡一百八十里。其隘可守者有六。曰江寧鎮。曰硐砂夾。曰采石。曰大信口。其下則有蕪湖繁昌。皆與淮南對境。其餘皆蘆篠之場。或硤岸斗絕。水勢湍悍。難施舟楫。爲今之計。莫若預於諸隘屯兵積粟。分命將吏。使各總地分。調發傍近鄉夫。使州縣各自部轄。併力守禦。多埋鹿角。廣置砲架。遇有警急。強弓勁弩矢石俱發。出奇以撓其議。堅守以老其衆。勞逸之勢。我得勝算矣。如此事勢尚有可圖者。臣愚伏望聖慈更下臣章付三省密院大臣。參稽衆議。或以爲可行。乞精選大使。亦移將兵。就建康屯駐。據險守要。衛護王室。經畧淮楚。庶幾緩急之際。不至仰貽君父之憂。人心固而士氣振矣。實天下幸甚。

李彌遜乞募土人守禦劄子曰。臣契勘自淮以南與偽境相接地分守之。即多事棄之。即資敵。當綏爲計以圖之。訪問諸將下各有逐處土人。願爲朝廷招集鄉民耕種田畝。置立堡寨以守一方。如劉綱孫暉之類者甚衆。若因所欲。更加選擇可委之人。其上使之守州。其次使守縣鎮。不必須保故地。但使自擇要害可守之所處之。仍委逐地分將帥時出輕騎巡掠境上。以爲衛護。萬一寇至則避寇退後保其

所事初朝廷量行應副稍加就緒即使自給漸次措置人兵則無大段費用目前雖未見其利數年之後增一藩籬之固為利非輕伏乞
聖慈更加詳酌可否施行

監察御史鄭剛中論邊郡上奏曰臣竊謂張官置吏皆以為民而治外之官尤重於郡守承流宣化莫先於太守而今日之勢尤急於邊郡甚矣邊郡之欲得人臣請為陛下詳言之也在內諸郡簿書獄訟戶口農桑財賦盜賊是數者有一不治皆足以為害然患小勢緩而所係猶輕至於邊郡則維持控扼與國勢常相關撫綏不至則生齒凋而力孤備禦不嚴則罅隙開而寇入巡徼不謹則姦偽容而謀泄關市不修則物貨艱而錢陷朝廷非可謾委以付人得一人亦非可輕以更易也三國魏據中原自廣陵壽春沔口之屬皆其東邊也而吳亦以所據為隣南安祈山陳倉之屬皆其西邊也而蜀亦以所據為隣大率襄之為魏者今多在虜偽襄之為吳蜀者今皆在朝廷如楚泗通泰以至滁濠江鄂接連襄鄧關陝之地為今邊郡者大略不過二三十郡委以與人誠不可忽臣願陛下詔大臣詳閱吏牘將諸處見任及已除未到之人精加審察訪求材術之士略其細行但平時績效著聞實可任用者精選二十餘輩布之邊郡使其講究利源招徠士卒種殖牧養蕃息疲瘵分委既定時遣朝廷官吏按行省察取其無狀者復更易之俟其處處得人則須以持久增秩賜金之事可行也朝廷亦何惜數闕必欲以資任終更亦何輕數郡但欲作尋常委付耶昔韓延壽善為郡所在置正長閭里阡陌有非常吏輒聞知姦人莫敢入界鼂錯為文帝陳守邊備塞之說甚詳大要欲使者業安居家室田作為久遠之計所用之吏擇郡老弱善遇壯士和輯其心而無侵刻之苦由是觀之陛下用以守邊者宜加審擇既得

其人宜加久任無可疑者或謂臣曰朝廷和議既成之後故地可還今日所謂邊郡者却為內郡勢若可緩此大無理也人君立國惟在因時本無定勢借使淮地果因通和而還則要當以江淮為根本所謂故地者却是新民根本殖立於內護之當益工新民弃畝於外倚之當以漸更須數年經理力彊勢重始可望其通亦所謂江淮者在今日尤當愛重也故臣切切以邊郡守臣為言望陛下與二三大臣留意選擇特賜施行不勝幸甚

殿中侍御史張守論守禦劄子曰臣伏見陛下上念宗社之重遠懷二聖母后思還京都形之詔音中外感悅然而西京未靜狼傀未烹千乘萬騎雖遽啓行而防秋之期纔一兩月秋高馬肥長驅深入其控扼之地其守禦之方所當聚兵所當積粟蓋非一途雖廟謨密議未易測知而臣區區之私憂不能自已日夜念慮敢復貢其狂瞽之說臣聞兵法曰無恃其不來恃吾有以待之也無恃其不攻恃吾之不可攻也況金賊猖獗兇焰尚熾有必來必攻之理則為備可少緩乎臣切謂其來犯淮甸且有四路其一中路自西京趨東京沿汴河由天長以來則衆人常行之路凡一千七百八十里可以控扼守禦者南京宿泗天長軍是也其一東路自滄濱趨京東由淮陽軍絕淮入楚州而來則自北直南大路凡一千九百里可以控扼守禦者青沂淮陽楚州是也其一西路自西京趨潁昌蔡州順昌府廬滁真州而來則自西北而至東南凡一千八百一十五里可以控扼守禦者潁昌廬滁真州是也其一上流自西京潁昌唐州至于襄陽凡一千一十里絕襄江而至荊南則一千二百九十五里自西京潁昌蔡光州而至黃州則一千三百六十里皆可沿江順流而下可以控扼守禦者襄陽荊南江之北則漢陽黃蘄和滁真州江之南則岳鄂興國

江池太平州是也。四路之中。又有要害之地。中路則泗州據淮。夫長據險為可禦。東路則青州據朮陵關。楚州據淮陰為可禦。西路則廬壽為可禦。上流則襄陽荆南蘄黄為可禦。不幸順流而下。則沿江諸州各據地利以臨之。合從共禦。庶乎其可也。然當今之勢。欲控扼守禦則無人。欲聚兵積粟則無財。仰給漕計。而漕計不足。横取民力。而民力已困。然亦豈以此而坐待其至耶。伏望陛下詔諭大臣。取四路守倅帥臣。銓擇能否。易其尤不才者。然後於要害之郡。各賜緡錢。視大小為等差。責之募戰士。責之儲芻粟。責之繕甲兵。使明斥候。公賞罰。進相援。退相保。陛下親降手詔。委曲鐫諭。許以便宜。使之夙夜盡力扞蔽。効死而不辭。如俟緩急臨時指揮。決難辦集。書曰。惟事事乃其有備。有備無患。伏願陛下思惜寸陰之義而早圖之。天下幸甚。

守再論守禦劄子曰。臣恭惟陛下時巡四方。駐驛淮甸。還闕之意屢形詔音。然而輦洛未清。糧儲未廣。兵力未強。國勢未振。雖遣馬悱應援河北。竊恐烏合之衆。未能必其有功。雖遣信使相繼祈請。竊恐狼子之心。未能必其退聽。臣昨論奏四路防秋。擇其險阨以備守禦。然猶恐兵民之心。望風畏怯。亦未必其能截然堅守以為扞蔽也。又況揚州四達之衝。城不若京都之高厚。池不若京都之深廣。旁無高山大河之限。近無強藩重鎮之援。而六宮在行。百司扈蹕。以至府庫倉廩。輜重甚多。動靜之間。利害相絶。設或一旦有意外之警。前禦強敵。後逼大江。臣恐良平之謀。賁育之勇。或無以善其後。欲望睿慈詔督四路帥守監司。措置把隘事宜。條具以聞。鐫諭切責使之合從連衡。扼其要害。遏其奔衝。不止為嬰城自守之計。然後稍可恃也。仍詔大臣審處事機。如六宮百司與夫府庫之積。預行區處。以圖萬全。而陛下與群臣專俟守禦條為後圖。則進退周旋。庶幾簡易而不須從容而不迫矣。臣愚戇不足以策大事。惟陛下留神。天下幸甚。

守又應詔論備禦劄子曰。臣準御史臺承都省劄子。臣僚上言邊事未寧。乞大詢衆庶備禦之策。奉聖旨行在職事官具所見聞奏者。臣竊以金人自去冬以來。破澶濮德魏。側聞游騎及于濟鄆。未有退師之期。聖心焦勞。主憂臣辱。敢不自竭。圖裨補於萬分。臣觀今日強弱之勢。理難與之決一旦之勝負。雖已遣范瓊韓世忠會師東北。固已盡國之勢力以事備禦。不過如此矣。然謂二將之兵可恃以無恐。則非臣所敢聞也。是宜廣詢計策以圖萬全。臣竊謂今日莫先於遠斥候。使平安警急之報。遠聞於朝廷。昔三國時烽火一夕行於萬里。而前日北京失守。二十餘日而後知之。臣謂更宜措置探報。使之速聞。然後在我之計。可得而用也。今日之計。有二而已。一曰防淮。二曰渡江。然二者固有利害。臣試為陛下陳之。何謂防淮利害。使賊由常道而來。則可防者有三。自南京宿州而來。則泗州為可防。自東平青沂入海州而來。則楚州為可防。自青沂入淮陽而來。則楚之淮陰為可防。三路皆須渡淮。則凡淮北舟船。盡拘留淮南。我屯重兵據地利臨之。賊未必能遽渡。而維揚可以苟安。此防淮之利也。然而有三患焉。一則我師情驕。勇於私鬭。而怯於公戰久矣。萬一賊騎抵淮。則望旌旗而變色。聞鉦鼓而失聲。其不潰散者幾希。而勝敗蓋不論也。則今日之防淮。猶向日之防河矣。此一患也。二則淮北舟船不能盡拘。斬木繫筏。亦或能渡。此二患也。三則賊或偵知有備。出吾不意。由間道而來。或以精銳先絶吾渡江之路。則坐受危困。此三患也。何謂渡江利害。大約三倍於河。而五倍於淮。金人之所不測。而勞師襲遠。又非其利。我宿重兵於建鄴鎮江。亦據地利以臨之。則賊未必能遽來。此渡江之利也。然亦有患焉。一則鑾輿南巡。去中原益遠。而中原之民易以動搖。此一患也。二則行在之兵多西人也。未必樂於南去。恐或肘腋生意外之變。此二患也。三則行在之兵不多。變與既動則必宿兵於淮上。亦必宿兵於揚州。又必有扈蹕而行者。兵分勢弱。一有緩急。倚以禦敵。此三患也。惟其利害相形。故搢紳之論遂不能決。若為保守中原之計。而幸其不至。則防淮之策為得也。若為宗廟社稷之計。而出於萬全。則渡江之策為得也。今雖輕重之宜。緩急之勢。而不得已則姑為南渡之計。庶乎其可也。然而所謂三患。不可不預為之謀。當權輕重緩急。别擇重帥鎮守。維揚則中原動搖。未足憂也。先詔諸將以利害禍福強弱之説。徧諭將士。使上下之情通。然後啓行。則西兵不樂。非所憂也。建鄴鎮江。亦各擇重帥使當一面。則兵分勢弱。亦非所憂也。今渡江以圖萬全。非捨淮而不防也。特以淮不可恃而已。若止防淮而不為渡江之計。則不可。蓋或淮不能遏。猝有三患。亦不免於避地。將見爭舟競渡。而指可掬矣。又況千艘相銜。出入兩閘。度非數日不能盡。若加促迫。必使畢於朝夕之間。亦恐舟未脱而漕河涸矣。則所謂渡江亦非倉猝所能辦也。欲望睿慈。詔大臣將帥。預行區處。渡江利害。使之盡善。以候探報。臣故曰。探報遠聞。然後在我之計可得而用也。或謂彼能渡淮。則亦能渡江矣。臣以為不然。昔魏文帝以十餘萬衆欲渡江。見波濤洶湧。歎曰。嗟乎。固天所以隔南北也。遂歸。則金人未必能遽渡。理恐或然也。

守為御史中丞。論守禦劄子曰。臣伏讀詔書。其畧以謂隆祐太后以及六宫前去江表。百司庶府。並令從行。與二三謀臣宿將士庶軍人。戮力同心。以備寇敵。進援中原。念社稷之興存。蹈鋒鏑而罔避。遠近感悦。以為陛下志存宗社。先民後己。顒顒之望。遂得所屬。今則六宫百司啓行。半月防秋之事。未甚就緒。而浹旬之間。兇渠未請。貽將來

之憂。輦轂之下。人心動搖。無保衆之意。竊謂陛下行欲移蹕以避寇鋒。遠近憂疑。殊無固志。臣固知廟堂之議。未必然。然而士庶之情。不能户曉。悠悠之談。卒不可破。蓋以但見江上守禦。未有措置。雖已點集民兵。恐不可恃也。建康城池。未甚深峻。雖已本府修治。恐不能成也。兼謂江北賊路不一。而一杜充不能盡禦也。以此三者。便謂六飛不為固守之計。前日之詔。恐成虛文。臣亦私憂備禦之策。亦有未至。今日已迫。姑舉其簡易可行者。願早為之所。臣聞兵有先聲而後實者。今日官兵微弱。蓋亦大振起之。行在之兵。不計多少。宜於建康府城之外。以至江下。分置營寨。多設旗鼓。星列棊布。責之將領。撫循訓練。卑脱教閲。使鉦鼓之聲。常聞於數百里外。仍又間為虛寨。疑兵以助聲勢。則大江之壯。使我有備。默銷姦謀。日遣御營使副一員。躬行按閲。事藝稍精。並加旌賞。小不如令。必正軍法。每旬日則陛下一親臨按閲。而又大賞罰之。則士氣激揚。人自賈勇。必有可用之實。豈惟先聲而已哉。所有沿江防托。即乞先用本州縣廂禁土軍弓手。如或不足。則益以民兵。庶不專恃不教之民。以捍方熾之虜也。所有建康府修築城壁樓櫓。即乞暫那諸軍併力修治。責以旬日畢工。庶不以輦轂之重。而同州縣之役也。如此則行在軍民。必有為陛下効死弗去之意。如有緩急。徐為進退。然而所向之方。當亦預完。以防襲逐之患。尤所不可忽者。今日之事大且急。無以加此。其他瑣瑣。皆不足為陛下道。如有可采。即乞睿斷早賜施行。

守乞以大河州軍為藩鎮劄子曰。臣伏見昨者車駕倉卒南渡。駐蹕錢塘。席未及暖。又遭肘腋之變。天人協佑。陛下復正大位。蓋厲精以圖中興之時。然越在江南。地勢褊狹。脱或一騎絶江而南。則立致顛沛。今宜汲汲措置。以期萬全。防秋之期。不遠三兩月間。忠臣義士所

為寒心伏見向來被寇州郡往往堅守近則一兩月遠至數月或至踰年而不能下比年虜騎不至則已至則不過三數日輒破一郡又或望風棄城或開門投拜未嘗接刃取如拾遺此在今日最為可憂臣以謂與其委城於賊不如委之於守帥今乞將大河州軍並倣唐藩鎮慎擇守帥而土地人民一以付之許一切便宜從事凡經畫財賦廢置官屬治兵調發皆得自便使之扞禦外寇屏蔽中原如虜騎侵軼而能殺敵退師固守無虞則許世襲其地庶幾人自為戰中原可得而保也以至近裏州軍見為番人占據之處能進兵剋復者亦乞準此若或因其退師圖冒功賞即乞朝廷嚴立罪賞施行所有沿江凡可渡處皆築堡壘屯人兵使旌旗相望鉦鼓相聞仍遣大將一員先為防淮次為保江之計

守又應詔論防秋利害劄子曰臣準本臺牒準尚書省劄子奉聖旨

防秋在近朝廷雖已措畫尚慮未盡令行在侍從職事官條具利害實可施行事聞者臣伏覩朝廷措畫防江利害正是江南一岸事實臣以謂江北先為之防然後江南可守何以言之江北諸州類經殘破無兵可用無糧可食他日賊至官吏遁逃則賊據城市修器械具船筏與我對壘磨以歲月為患實大臣故曰江北先為之防然後江南可守也然而江流綿遠南自荊南而至平江北自漢陽而至通泰當國家傷殘之餘兵有所不足力有所不逮而又高郵楚泗寇蕩未靜誠亦難矣今日之計當併力招捕淮南之寇一面措置防托以為限隔且示朝廷不以江北之地置度外也夫江流雖遠古人以謂猶人之一身皆可受病而備禦風寒不過數處蓋亦先其所急後其所緩耳使賊由襄陽荊南順流而來則南岸之兵及水軍戰船如今所畫之策可以禦之矣若由京東而來則當禦於楚泗若由京西而來則當禦於盧壽光濠以捍其衝次於蘄黃舒和以斷其渡此皆所急之地也仍各量兵將支給錢糧付兩路制置使同守倅監司參以民兵相地形之險易隨宜措置務要明遠斥堠預知敵情然後在我之計可行矣古之都江南者豈專恃大江之險而能卻敵哉亦必有制勝之道而強弱衆寡蓋不論也苻堅以百萬之師而窺晉寧自謂投鞭於江足斷其流可謂強矣晉令謝玄兵纔八萬乃絕淝水決戰而勝之今使賊由京東西淮南為南渡之計則當効東晉之距苻堅然後為得也曹操入荊州得船步兵數十萬而下吳會水陸俱進可謂強矣吳遣周瑜總精兵三萬逆戰於赤壁而勝之今使賊由漢江荊南上流為南下之計則當効孫權之距曹操然後為得也若止區區自守江岸不為進取之謀竊恐未為得策又況狄人長技唯是鞍馬彼捨鞍馬從舟楫已非所利我以舟師禦之則以我所易攻彼所難擊於

上流誠為至計若盧壽光楚泗蘄黃舒和不能防遏或不幸而渡江則亦當急擊於中流使不得濟若其及岸則勢力十倍矣昔魏文帝以十餘萬衆欲渡江見波濤洶湧而嘆曰嗟乎固天所以隔南北也遂歸則江亦未易渡也所可深慮者將驕卒惰望風畏怯敵人未至聞兵而走則雖大江之險亦不足恃也今必上自御營使下委制置使督厲將士三令五申上下連接左右應援一有逃避不問大小衆寡必正軍法然後此弊庶可去也且以前日諸處郡守或望風棄城或開門投拜皆當正典刑也今雖至甚者亦不過貶官二等極止放罷竊恐他日賊至皆不復固守矣前日所遣將帥或不戰而遠遁於中途或無功而俳徊於他路皆當正典刑也今既置而不問又從而超加爵秩極於尊崇竊恐他日遣將亦不復肯戰矣此在今日最為可憂臣愚欲望陛下詔諸路帥守及防秋所遣將帥諭以前日逃遁失守

退遁無功之人盖緣朝廷已前號令不明失於申警聊示寬恩以責
後效自今以往復蹈前轍必誅無赦亦復三令而五申之庶使玩法
廢職之人有所警懼防秋利害莫大於此狂愚之言惟陛下裁擇
守又論大臣當講究防秋劄子曰臣伏見陛下駐蹕建康已四十日
敵師止于東平防秋近在旬月而經畫設施未見端緒中外憂恐不
知所出近者頒降防秋之策十有六條人未以為然內外臣寮駁論
甚多臣亦嘗條上其失特蒙開納未聞施行而前日指揮布在遠近
擾而無補恐必誤事兼又江北未有措置官吏兵民莫不疑沮以為
朝廷置之度外矣臣竊惟今日保有江南宜圖萬全一有差跌覆水
不救非若前日維揚尚有南渡之計也訪聞大臣在政事堂雖窮日
力頗亦困於文書之冗賓客之勞不得專意於經濟之務蓋所謂文
書者多常行細事所謂賓客者率干求差遣弊精神於無補使其少

休僅容食息而已豈復更能有所經畫日月逝矣臣竊惜之臣欲望
睿慈詔諭大臣擬置常行文書付之都司或六曹長貳一面行下除
授差遣則更加考覈引用恬退之士以息奔競庶得凝神靜慮思所
以備禦之策若之何而拒戰若之何而固守若之何而將士用命若
之何而資糧不乏朝夕講究以次施行不然則與去年秋冬無以異
也昔漢王吉言於宣帝曰欲治之主不世出公卿幸得遭遇其時未
有建萬世之長策舉明主於三代之隆其務在於簿書期會斷獄聽
訟非太平之基也唐太宗謂房玄齡杜如晦曰比聞聽受詞訟日不
暇給安能助朕求賢乎因敕尚書細務屬左右丞惟大事應奏者乃
關僕射此皆前世之明法文況今日艱難多故尤當急所先務惟陛
下留神天下幸甚
參知政事同提舉脩政局翟汝文應詔條具畫一退利害狀曰臣正月
二十四日準尚書省遞到詔書一道令臣條具旁退利害以聞臣伏
見皇帝陛下駿發德音咨訪群臣憤金賊之狂狡悼中原之顛覆使
群臣各效計策又恐臣愚不得盡言也復詔之以君臣之間期於無
隱豈非悔東隅之已失念覆車之當戒此堯舜禹湯文武之用心也
顧臣敢無辭而對謹昧死上三策恭惟朝廷已事之失無遠略無定
論無腹心三者國之大事其餘不足陳也臣聞自古夷狄之亂未有
如今日之酷昔西晉之亂元帝建都江左復興晉祚雖符堅石勒數
雄之強不能睥睨以守長江設險之固用一時人物之傑故能保有
疆土傳祚累世自金人渡江飲馬以至于海蹂躪中國肆意所欲豪
興遠狩越在裔土雖西晉戎狄之禍未至於此唐安史相繼為亂其
禍亦云極矣改元至德收復兩都不二年間相繼底定自建炎於今
九年矣頓師南方卑濕之域唯恐深入遠引之未至陵夷以至今日

雖唐安史之亂不至於此每歲防秋則相顧先據避狄之地至春
事定則泰然安肆如無事之日此將相誤國之罪臣故曰無遠略謂
是也其次曰無定論臣聞古之為國者必先有立國之規模御世者
必先有役一世之術秦人欲并六國則悉國人趨於耕戰秦人非耕
無所得食非戰無所得爵是故國以富強卒并諸侯且非獨秦也句
踐之取吳隋文帝之取陳必勝之計已定料敵之謀已審以次而行
之自建炎以來天下日苦於兵生人塗炭而朝廷無一定之論禦戎
無堅決之策乞盟於猾虜者冠蓋相望已甚屈辱矣而裹糧坐甲兵
未嘗得釋養兵數十萬竭民力以供億可謂困矣而每歲講和兵未
嘗出戰攻守之計紛然未決事之殊至曾不得免臣故曰無定論謂
是也又其次曰無腹心臣聞創業中興之君必有謀主腹心之臣相
與朝夕論議圖事揆策如出一心如左右手昔晉武帝平吳舉朝以

為不可。唯張華羊祜杜預贊成其計。夫舉天下不可而不能易三人之可。則所謀與所聽審也。唐憲宗伐淮蔡。舉朝以為不可。而憲宗所恃以裴度。武宗伐澤潞。舉朝以為不可。而武宗所恃以李德裕。朝廷苟有腹心謀慮之臣。人主恃以為固。天下恃以不恐。自兵興以來。陛下之所取計者誰也。所任事者誰也。所與朝夕進見而納誨者誰也。前此非不委任將相矣。敵至與衆同懼。敵退與衆同喜。如斯而已。臣聞以天下與人易。為天下得人難。必欲為天下得人。此前世之君所以日夜焦心勞思而求也。今群臣泛泛如河中之水。則陛下孰與圖今日之事乎。臣故曰無腹心。謂是也。陛下誠能選任大臣。責以恢復拔用能將。隨所指顧。誰敢不力。合天下英豪之智力。以誅腥膻島夷之小醜。豈其難哉。伏讀詔語。虜勢既屈。潛師遯逃。念茲卻敵之功。圖為善後之計。臣愚以此知陛下未嘗一日忘經略也。向非陛下赫然

獨斷。親出總戎。指授諸將。控扼江表。則虜人徑捲甲渡江。如往歲久矣。此上天助順。而宗社之福也。然臣聞今者虜騎之退。以國主之亡。非諸將力戰而勝。虜騎折北而逃也。向使虜主不亡。使劉豫竭山東之粟。以轉輸賊壘。敵人濟師。驅犬羊之衆。以分守淮甸。百姓之財屈於賦斂。力已窮矣。諸將之兵久於暴露。師已老矣。欲進不能。何後之善哉。此臣之所甚懼而憂也。臣料今日之廷臣。必因賊虜自退。而諱言誅討。因詔旨詢訪。而爭言用兵。夫善後之計莫急於兵將財。三者先有一定之論。必然之畫。付之得人。而後可為也。臣愚不識忌諱。昧死上封事。惟陛下省察。

紹興三十一年。吏部侍郎汪應辰。進故事曰。唐杜牧。追咎長慶以來。朝廷措置無術。復失山東。作罪言曰。若欲悉使生民無事。其要在先去兵。不得山東。兵不可去。是兵殺人無有已也。今者上策莫如自治。法令制度品式條章。果自治乎。障戍鎮守干戈牛馬。果自治乎。井閭阡陌倉廩財賦。果自治乎。如不果自治。是助虜為虐。環土三千里。植根七十年。復有天下陰為之助。則安可以取。故曰上策莫如自治。中策莫如取魏。最下策為浪戰。

臣竊以天下之事。變化百出。不可以勝窮。然自其本求之。則一言而足。杜牧所謂自治是也。苟捨其本而訊其末。則雖千萬言。詎無益也。戰國之際亦多故矣。孫吳之攻戰。儀秦之縱橫。奔走旁午。天下為之騷然。時君用之。利不償害。孟軻居其間。獨曰盍亦反其本矣。軻之反本則牧之自治之說也。物有本末。事有終始。蓋自開闢以來至于今。未有不自治而能治人者。牧之之說。則雖聖人復起不能易矣。而臣猶有疑焉。何則。自治之外。無它策矣。今以自治為上策。而又有中策下策。是未始有定論也。是謂其君不能也。若軻

則不然。曰國家閒暇。及是時明其政刑。雖大國必畏之矣。詩云。迨天之未陰雨。徹彼桑土。綢繆牖戶。今汝下民。或敢侮予。孔子曰。為此詩者其知道乎。能治其國家。誰敢侮之。今國家閒暇。及是時。般樂怠敖。是自求禍也。禍福無不自己求之者。夫不能治其國家則已矣。豈復更有中策下策者哉。臣竊惟今日所以待虜者。曰戰。曰守。曰和。然此三者皆末也。要當以自治為本。吾之國家治矣。以戰則勝。以守則固。以和則吾所謂備其本而末自應。不然。未知其說也。

孝宗隆興元年。同知樞密院周麟之上封事曰。臣聞為天下立事。要當順天下之心。明天下之勢。然後能易亂為治。轉敗為功。古聖王所以安中夏御夷狄也。莫不皆然。舜之格有苗。禹之敘西戎。高宗之伐鬼方。文王之事昆夷。宣王之平玁狁。率用斯道也。下至漢唐。其勝

異。其理同。在高文則結和親。在武皇則事攻討。在宣帝則受朝賀。在武德之初。則詭臣突厥。在貞觀之盛。則生擒頡利。夫豈樂為是異同哉。視人心之所向。度國勢之所宜。有不得不然者耳。由是言之。聖人應世。初無私心也。立國本無定勢也。因人心之所喜為之喜。故樂民之樂而天下不以為驕。因人心之所怒為之怒。故一怒而安天下。不以為暴。因國勢之彊。有以成吾彊。故日闢百里。而天下不以為貪。因國勢之弱。有以屈吾弱。故以大事小。而天下不以為怯。拱揖指麾之間。衆心樂歸。大勢堅定。而國計成矣。世之懷偏見執異議者。又烏能伸其喙。以撼吾之所守哉。紓一時之急。設百世之利。凡以此也。金虜之為中國患。數十年矣。自阿骨打之起。繼之以吳乞買。又繼之以東昏王亶。又繼之以岐國王亮。迨今葛王。葢五世矣。時異事殊。勢亦隨之。阿骨打一舉而吞遼人。吳乞買再舉而蹙中原。當是時也。挾中國

之無備。乘民心之久安。長驅擣虛。所至輒下。猝然有迴山倒海之勢。其孰能當之。亶之立也。命將興師。入寇壘矣。蹈江南。瞰海上。而終不得志于我。兀朮之歸。師徒耗傷。僅以身免。士馬物故者太半。用兵連歲。所失益多。虜知事力之屈。可以圖休息也。亶與兀朮等謀則曰。吾國天下大讎也。使吾子孫一不振。宋必報焉。則吾國覆矣。不若以恩解之。此和好之所以通也。和好既通。則許我納幣。居我稱藩。畫淮為界。然後慈寧就養。永祐復土。南北生靈。各安其業。聘問往來。情文周密。自締好以來。講信脩睦。無若此時之歡者。使亶不被禍。凡我有求無不見聽。雖列聖諸陵。舊滿故地。皆可以次第而得之。惜乎不十年間。肺腑之禍起而亶戕矣。至今北人類能言之。是則和好之通。豈非勢使然乎。亮之立也。夫惡暴著。內懷危疑。擅兵重臣。多不受詔。朝夕惴惴焉。惟恐討賊之師四面而至也。我方遣朝賀之使以安之。於是

遂偃然南面。號令諸國。而侈心肆矣。狂愎自用。以殺為嬉。勳戚諸王。翦戮殆盡。彼之汰虐日甚。我之順畢日嚴。休兵歲深。生齒蕃息。虜知事力之全。可以肆猖獗也。亮與馬欽等謀則曰。吾國天下大讎也。使吾子孫一不振。宋必報焉。則吾國覆矣。不若以力取之。此和議之所以變也。和議將變。則罷榷場。詰私渡。邊釁橫生。賊謀遽發。遂欲割我兩淮。要我近輔。而又拒我行人。一不如意。掃境南下。王室震蕩。危若贅旒。自交兵以來。生民被害。無若此時之慘者。使亮不見殺。則投箠濟江。蓋無難焉。顧其積惡。天地之所不容。神人之所共憤。變生肘腋腹敗狡披醜徒獸奔惟恐王師之躡其後也。是則和議之變。亦豈非勢使然乎。太上皇帝仁天智神。臨御三十六年。躬履多難。洞照事幾其於禦戎之道。固嘗深思熟計。歷試而兼行之矣。陛下以大有為之資。奉慈訓。嗣守天位。治民事神。恭儉遜德。無不周。明無不燭。惟

疆埸未靖。上貽宵旰之憂。抑嘗有以天下之心。天下之勢。告陛下者乎。自踐阼以來。建議之臣。有為陛下言戰者矣。必曰。金鼓一動。番屬風飛。則兵不血刃。可以收疆土。復陵廟。活萬姓。然王師所至城邑一空。破蔡州。則殺蔡州之民。入海州。則殺海州之民。奪宿州。則殺宿州之民。京西陝右。往往皆然。非所謂拯民於水火之中也。繼之以士無鬪志。燕甲來歸。中原寸地了不可得。烏在其為戰。有為陛下言和者矣。以厚禮將幣。以卑屬寓書。休兵息民。庶乎兩得。然使命數遣。有延至於國中。而不得伸其志者矣。有見止於境上。而不得通其辭者矣。以此欲和。不啻如方枘圜鑿之不相入也。烏能必其和。有為陛下言守者矣。以增陴浚隍。遏其衝。以積粟聚兵。固其本。來則勿與角。去則勿與通。然長淮東西。延袤千里。兵少則戍不周。民貧則用不給。比者築城壁。修堰埭。皆取辦於兩淮之人。凋郡遺黎。不堪其擾。而守未必

能固也。設欲固守非經營數年不能就緒。犬敵怨吾其何以支。守雖長策亦未易以一朝集也。故欲戰者以和為姦謀為辱國之舉。欲和者以戰為危道為殘民之術。而欲守者又以戰為邀功和為怯敵。謂和戰皆非萬全之策。三說紛然互相矛盾得此則失彼舉一則廢二。國論未定主聽未專斯民盼盼然不能自保嗚呼胡不觀天下之心審天下之勢參三說而用之乎。昔寬之請盟也太上皇決策講好遣使以先之而邊鄙遂定。知其勢可與通也。非用兵之時也。及亮之敗盟也太上皇出不得已發兵以應之。而兇酋自斃。知其勢不可與通也。非遣使之時也。以此論之和戰守三策善用之皆足以收功不善用之皆足以敗事使勢可戰也雖樊噲以十萬横行李靖以三千蹀無吾亦為之。無不勝者。勢可和也如魏絳之五利可致賈誼之三表可施吾必為之。無不諧者。勢可守也如宣帝之罷兵留田光武之閉

關謝質吾必為之。無不濟者。又胡可外天下之心忽天下之勢區區焉操一說而自以為得乎。臣頃歲出疆至河朔見所過州縣全盛如故。入則人物繁夥閭廛充溢出則耕桑彌望牛馬被野然後知二十年息兵之効不為無益於斯民。一旦虜人叛盟赤子又復塗炭前冬虜退淮甸白骨如山。迹其殺人之禍皆起於逆亮一念應之間而流毒至於如此。豈不甚可戒哉。今虜勢蹙矣虜計窮矣兩軍相氣而旅畏均兩國相持而其患等。欲戰者少不欲戰者多蓋兩軍之心也。欲和者衆不欲和者寡蓋兩國之勢也。臣聞之北人則曰虜酋欲殺人丁其下莫肯聽命又聞之士大夫則又曰近虜帥移書于督府致問于廟堂甚有通和之意陛下視人心之所向度國勢之所宜不知所以應之何如哉。臣願陛下因天下之心乘天下之勢特遣信使諭以至理告以誠心與之委曲評議使知和好之不可以虛辭合又知和好之不可以舊例拘則吾事濟矣。或曰比歲而遣使奉其如不諧何其如不見納何臣應之曰使之不諧非使者之過也使之不見納非使者之願也顧當時所以遣使者失其序耳。何謂遣使失其序曰遣使一也而所以遣使則不一也。有和議未定而遣者有和議已成而遣者和議未定則以未定之辭與之通慶賀有所未修也報諭有所未及也。如紹興之初遣韓肖胄孫近之類是也。和議已成則以已成之禮與之接名分有定論也書辭有定式也。如講和之後遣何鑄之類是也。自逆亮渝盟和好絕矣。和好既絕今始通焉設遣使以議之則是和議未定之時也。我方有所議而損益之未可必又安可遽為賀慶報諭而遣乎。其曰賀登寶位則是和議已成矣往年以賀為使者有舊例焉彼復以舊例取必於我又焉得而見納哉今臣之所謂遣使則不然當以審議為名以韓肖胄孫近為例審也者欲審而後

交議也者欲議而後定和其本於誠心乎在所審也其出於詭謀乎在所審也。名數有未安者乎在所議也疆界有未正者乎在所議也禮幣之厚薄有未齊者乎在所議也。為此遣使彼安得不納舉此評議彼安得不諧。和議或成然後有所賀則賀之有所報則報之。此之謂遣使得其序或曰遣使得其序遂可去兵乎徹備乎臣應之曰遣使所以議和也和雖可必亦當待之以不可必使者出境朝廷申命諸將各整其師淬礪鋒刃振飾旗鎧蓄銳待敵常若兩陣相當者則是使者之行自不妨治戰具也大軍列屯分據要地修障隧正營部遠斥候力控江淮之險則是使者之行自不妨繕守備也夫戰和守固相須而並用者也。善為國者可戰則戰不為戰而廢和也可和則和不因和而忘戰可守則守不膠於守而絕和戰之利合而論之則一析而言之則三明可忽哉昔唐之平賀魯也駱宏義獻計曰安中

國以信。馭夷狄以權理。有變通也。噫。斯言豈為一時設哉。惟陛下博覽兼聽。詳究利害。觀人心。審國勢。與時變通。權以濟事。允執厥中而行之。天下幸甚。

張浚回奏楚泗等處守禦事宜劄子曰。臣二十七日宿平原鎮。至晚統制官左祐齎到御筆處分一通。臣謹已祇領。契勘楚泗守禦利害。臣累具奏聞去訖。泗州係緊要控扼去處。陳敏一軍在彼幾年。已成家計。見自陳敏以下至士卒。盡般家屬。節次來居。蓋以此城必可倚恃。兼臣近閱此軍。人材強勇。武藝精熟。施放弭捷。行陣齊一。少見其比。向之兵將。竊笑指議者。今皆心服。臣愚以為敏可責以守泗無疑。若城池之險。糧粟之便。惟我得計為多。更乞聖慈詳酌。劉寶身任淮東之責。建議欲築甘羅城。先立家計。其城直臨淮岸。在兩清河之間。居海泗兩州中。實親握大兵應援。却令副都統吳超以舟師守清河。蓋

此處以舟為備。若河口有備。則楚州正在腹內。而捍禦之計。盡仰甘羅城。其楚州即合作第二重家計。寨惟是陳敏一軍。通一萬二千餘人。至九月中。理須益兵。所有淮西戰備之要。容臣至和州。條列以奏。淮東自真州一帶。以六合為重。於益固守。其敢輕入兼廬之衆。臨及和州。列屯大兵。正乘其後。絕糧邀擊。計皆可施。淮西之兵。山立不動。虜人豈敢輕捨此兵。豈犯淮東。六合當其前。淮西襲其尾。進退皆難。況值奔敗。定致狼狽。虜用兵日久。必不出此。臣竊惟兵者國之大事。聖人生物之德本於兵。臣行年將七十。雖在遠謫。朝思夜慮。不敢輕廢。凡幾微曲折。調發先後。常恐誤先而。近世文武之吉徒事空言。竊聽道塗。雖有實用。是非顛倒。莫可究詰。自非陛下神武天付。得之于心。臣之區區何所布露。三司兵積弊尚有可議者。統制以下多未得人。今既歸休。陛下一一大料理之。將來高秋。親總此數萬之旅。嚴賞罰。示恩信。觀虜兵勢重去處。遣王琪輩疾趨取利。似亦為得宜。

孝宗時蔡戡乞脩江陵府城。上奏曰。臣竊謂南北既分。荊州最為重鎮。自古必爭之地。北得之則據吳楚上流。以制南土。南得之則據襄漢要地。以圖北方。故曹操平荊州。於是乎有睥睨長江之心。乃多修舡舫。遣書孫權。曰今治水軍八十萬衆。方與將軍會獵於吳。及周瑜敗江陵。於是乎有長驅中原之志。乃說權取蜀。得蜀固守其地。北與馬超結援。瑜與將軍還據襄陽以蹙曹操。北方可圖也。權嘗以荊州資劉備。而周瑜力爭。操聞大懼。為之隕筆。備果藉以取蜀。遂成鼎峙之勢。其地自古不輕。而重明矣。粤自鑾輿南渡。以襄號為衿喉之地。陛下聖謨神略。經理淮襄。規圖中原。餘二十年。朝廷之上。帷幄之中。朝講夕論。在計者數慮之熟矣。向者城襄陽而戍之。所以為江陵之藩籬之人。為襄陽手足也。江陵衿喉也。京師腹心也。手足所以為一

身之衛。若執其手足。則衿喉何恃。扼其衿喉。則腹心危矣。今襄陽有城可守。有糧可資。有器甲可用。然戍兵不過萬人。況自隨郢間道可以直趨江陵。虜以一軍牽制襄陽。而輕兵取江陵。襄陽之戍既不能分兵而為之援。又不得衆間而擣其虛。僅足嬰城自保而已。江陵城壁頹圮。戍兵寡弱。將何以禦之。是不戰而自屈。不攻而自破也。江陵失利。吳蜀斷而為二。長江與我共之。順流而下。如高屋之建瓴。本朝豈不殆哉。粵自辛巳。北虜敗盟。逆亮狂悖。視長江猶衿帶之水。直欲長驅而來。但遣偏師劉萼以十萬衆耀兵江漢。以疑我師。初無意於荊襄。荊襄遠於兩淮。輦運難於轉漕。故敵人去難而即易。舍遠而就近。今既不利於兩淮矣。豈無謀臣策士為之畫計而改圖。此不可不憂者也。故善守者恃我有以待之。無恃其不來。恃我有所不可攻。無恃其不攻。為今日之計。莫若修江陵之城。增襄陽之戍。扼隋郢之險。增

戍扼險。不過移東實西。衆多益寡。在陛下一顧盻之頃耳。唯江陵之城非一朝夕所能辦。要當早圖之。蓋畧修則無益守禦。大修則不免勞費。天下之事。當計其利害之輕重。無問其工役之多寡。苟有利於國。有補於民。雖傾國帑。竭民力可也。如其不然。雖役十夫。費百金。亦有所不可。今也城要害之地。為悠久之圖。小費而大利。暫勞而永逸。亦何憚而不為乎。臣嘗計之。竹木取於山。塼灰取於陶。工役取於軍。費可省半。不過糜三十萬緡耳。萬二千人。更休日役六千人。用工不過百萬。半年可成。臣區區之愚。欵望聖慈斷自宸衷。給降行在會子三十萬。道擇將帥之材者委之。工役材料。則責之戎司。錢穀出入。則付之總司。輦干州縣者。則屬之帥司。使之互察而協濟。自今以始。預辦竹木塼灰應用之物。一一備足。來歲十月鳩工。次年三月可以訖事。凡樓櫓雉堞高下闊狹與夫防守之具。悉如襄陽之制。庶幾可以

堅久。荊襄二城歸然相望。足以壯上游形勝之地。絕敵人窺伺之心。不特陛下高枕而無西顧之憂。抑亦國家萬世之利也。若夫玩歲愒日。循常守故。憚勞惜費。因陋就簡。以苟目前之安。事至而圖之。何嗟及矣。臣冒貢狂言。罪當萬死。惟陛下留神省察。不以人廢言。天下幸甚。臣無任惓惓憂國之至。

戭又乞備邊奏曰。臣恭惟陛下即位以來。宵衣旰食。思中興之治。于茲一紀。建議之臣莫不以恢復為己任。玩歲愒日。未聞成功。陛下固已厭之。故外堅和好以休士卒。內修政事以待機會。可謂得上策矣。臣聞之書曰。惟事事乃其有備。有備無患。傳曰。不備不虞。不可以師。是故於無事之時。必先為有事之備。事至而備。正猶已雨而徹桑土。大寒而索衣裘。不亦晚乎。向者。秦檜當國。十餘年間聘交馳。邊烽不警。南北之民得以休息。乃制禮作樂。粉飾太平。示天下不復用兵。

及其逆亮敗盟。長驅而來。如入無人之境。蹂踐淮甸。睥睨長江。人心驚慄。國勢迫蹙。幸而上天垂祐。虜酋授首。凶徒亦潰。棄甲而歸。自非九廟威靈。兩宮神聖。德動天地。恩結人心。則安危之機。未可知也。然而天幸不可以為常。和好不可以為安。貪婪變詐之虜。不可以為誠。不思所以先備而預防之。萬一虜人出吾不意。掩吾不備。然後徐為之圖。將有後時之悔。臣所領州。密邇敵境。憂邊思職。是亦臣所當言也。臣愚以為防秋在即。欲望陛下戒諭大臣。申飭邊郡。凡常歲所以為備者。悉舉而行。又當講求其所以未至者。陰為之防。或有緩急。則吾有所恃而不恐矣。如是則以守則固。以和則久。惟陛下留神。幸甚。

戭又論守邊奏曰。臣恭惟藝祖皇帝以聖謨神略。掃除僭亂。平定四方。北狄西番。不敢犯塞。雖非後世所能管窺蠡測。然而制置邊事。最為得宜。駕馭諸將。最為得體。載在方冊。班班可考。其大要則謹選名

將。委以守二邊。假以事權。優以帑廩。久其任。責其效。當是時。郭進控西山。何繼筠領　州前後二十年。李漢超守關南十七年。董遵誨屯通遠十四年。賀守忠在易州。李謙溥在隰州。姚內斌在慶州。王彥昇在原州。皆十餘年不易其任。二郡管榷之利。悉以與之。又縱其回圖貿易。以佐軍費。許其召募驍勇。以為爪牙。凡軍中事。得從便宜。只帶沿邊巡檢之名。不立行營部置之號。有邊功者厚加錫賚。位或不過觀察使。位不高則朝廷易制。久不易則邊事盡知。帑有餘財。得以養死力。使為間諜。二虜動息。必能先知。預為之備。設伏掩擊。所向皆捷。二十年中。邊塞肅清。兵力強盛。武功蓋世。近古未有。伏自國家罷兵講和以來。緣邊守臣非書生文法吏。則右選子弟。不二年而一易之。國家閒暇之時。使之撫摩凋瘵。安集流亡。或其所長。責以禦侮折衝。安邊固圉。則不勝任矣。往往來者。既俾無事。以苟歲月。應事則倉

皇奔竄以逃。一旦之命。間有忠義之士。不過一死而已。於國家何補哉。臣愚欲望陛下仰遵藝祖皇帝故事。行下總領都統制尚薦曉文墨。識義理。可以親民。統制統領分守本地界極邊州郡。賜對便殿。察其能否。然後除授。諭以久任。無為苟且一時之計。使量帶本軍人馬隨行。仍許招募勇敢。以益軍伍。經理財賦。以備犒賞。又擇通判為之佐。少寬文禁。厚給廩祿。無事之時。責之儲蓄粟。繕甲兵。修城壁。明斥候。以為有事之備。出則擊寇。入則自保。緩急之際。不待調發而兵四集。可以互相應援。以戰以守。必能成功。惟陛下財幸。

戢又論唐鄧間道奏曰。臣恭惟陛下一視同仁。兼愛南北。外脩和好以待可乘之機。內固吾圉。以為不虞之備。故禦守之策。尤關聖慮。且如分江陵之戍。并襄陽之城。凡所以備敵者。纖悉具備。仰見聖謨雄略。折衝萬里之外。然臣猶有愚見。敢為陛下言之。夫朝廷之所以城

守襄陽者。豈特為襄陽計。蓋欲以捍荆鄂而保吳蜀也。今襄陽環以堅城。戍以重兵。樊城以為限。漢水以為限。自可莫挑。其如唐至郢。自鄧至荆。皆有間道。相去不五六百里。騎兵馳疾。三日可到。緩急之際不唯襄陽戍兵應援不及。亦恐牽制欲進不能。郢有城不固。荆無城可守。豈不殆哉。臣愚欲乞東修蔡陽古城。西修光化舊城。各戍兵千人。以扼唐鄧要路。或只於棗陽穀城戍兵千人。亦足以守禦。仍乞分委荆鄂都統司。條議修築荆郢城壁。以漸為之。期以數年之後。一如襄陽之制。既有城可恃。有兵可守。庶免虜人窺伺之患。陛下可以寬西顧之憂矣。伏望聖慈特賜詳酌。密切行下京西安撫荆鄂都統司。公共相度利害。條明聞奏。

歷代名臣奏議卷之三百三十五

歷代名臣奏議卷之三百三十六

禦邊

宋孝宗隆興元年。顯謨閣直學士虞允文論唐鄧不可棄兩軍守禦之策。上奏曰。臣伏蒙聖恩賜臣御札。睿明旁燭。察臣區區之心。於數千里之遠。獎訓有加。臣下拜伏讀。允殞此身。不足以報。益當自盡。以副陛下任使作成之意。臣契勘唐鄧二州。雖非形勢所在。而足以為襄陽之藩籬。藩籬存則襄陽固。襄陽固則上流一帶可奠枕而安矣。是唐鄧不可以輕棄。而無險可恃。又不可勞兵遠守。臣故與三將共議。以兩軍重兵聚於唐鄧之間。因新野古城壘為勝勢。則唐鄧重而虜不敢進兵深入。為必取必守之計也。蓋唐鄧不可以兵守。但以兵勢守之爾。虜知官軍之力聚於新野。而深溝堅壁。不與之戰。當清野之後。無可因之糧草。又多出忠義之兵。抄畧其糧道。以臣料之。虜未

必能為旬日之留。又豈能必守吾唐鄧二州也。官軍少而虜兵衆。要當以智算勝之。使之深入而不能以久留。則唐鄧終為我有。襄陽以固。而上流自安。此臣得於群策以為當然者。如用趙撙之說。以鄂州兵保湖陽。用王宣之說。以荆南兵保順陽。相去既遠。兵力又分。唐鄧中虛。無可恃之兵。勢虜何所顧忌。舍唐鄧而不堅守也。兵有機變。更須臨事以應之。但比來諸將為國致命者少。謀身自便者多。臣今未敢以二城置度外之說與二將言之。蓋恐二將知陛下已許臣棄唐鄧。志氣遂惰。不為邊面之用也。伏乞陛下垂察。又今日軍政之弊。陛下數語之間。無不曲盡。聖德明諭。諸將敢不心服膽落。革其故習。以答明訓。臣先日所奏。止是兩軍屯於襄陽之數。分戍之兵不在焉。臣據王彥申到兩軍總數。今具別劄。進呈。臣究其甲軍凡四萬二千人。內輕兵輜重火頭凡二萬六千四百七十九人。是輕兵輜重火頭已占

破之數過於甲軍之半。未可不畧行整治。今明詔所謂上下征利。兵力單寡。平居冗費。緩急誤事。其明效大驗。臣竊於兩軍親見之。此臣之所甚憤。有心於革去。而恐事未一就。謗已四馳。萬里難明。亦臣所甚憂也。臣先日既委曲以交其歡心。又明白以示其好意。使各自為謀。而自揀其過濫額者補之。老弱者刪放之。占破強壯者拘集之。期於甲軍之數加多。以待國家之用而已。若久之而有不去之弊。臣當隨宜從長行之。別具奏知。伏乞睿照。

允文又論措置唐鄧一帶為必守計。上奏曰。臣伏惟陛下聰明睿武。出於天授。當和戰二議群言紛亂中。獨運聖斷。不惑不疑。去取是非。咸歸於當。不獨覆載之下。一草一木。皆有嘉生之意。而虜之情偽無不遠燭。虜之氣亦奪矣。臣比聞已遣胡昉等先往議四州之地。而二使人後發。且留淮上以待。則聖謨既已堅決。據探報虜帥留昉等馳

騎吏往燕京。臣料虜酋亦無不從。非久當有的報。況近日屢報境上。虜兵名為東南行。而其實東北上。云有真女真契丹人來歸。其說亦合識者以此為中國恢復之機。顧恐弗用爾。虜何敢深入與我爭此四州地也。今虜中多事。臣竊見陛下不棄此四州。已著於施行之迹。則唐鄧兩城。不可以不措置為必守之計。臣嘗寄委官屬前去相視。而鄧州城多頹圮。樓櫓守禦之具亦未備。臣今日已令王宣親往審度凡當計置費用。臣從本司一面斟量應副。惟唐州城初未脩築。若既和之後。當於二三月以後。兵戍所嚴襲事未與之際。量行營治。若自硯丸墩方城大成山。各依險要為小堡。而唐州有城壕為戍兵家計。則襄陽之藩籬固。而國家上流之勢有泰山之安矣。臣詢之群議。以為當然。況泌河之運。可以直抵唐州城下。無飛輓調發之勞。而可以積粟。異時朝廷有進取之圖。此為道路之所從出也。蓋不獨守而已。少

須和戰有定論。別具奏稟。為有兩軍人馬見不住增數。教強弓弩手。雖正旦亦令就教場拍試。小人志於得利。不以為勞。互相激勸。以希賞。不待入教場自習事藝。一有出入。必能為陛下用也。至如絕邊戍守之兵。亦令兩都統分差統制官前去按教整治隊伍。量加激犒。以慰勉之矣。伏乞睿照。

允文又論親臨唐鄧措置修城之役。上奏曰。臣奉聖旨。目今荊襄別無事宜。可令虞允文趙撙王宣依舊回襄陽府。仍措置兩軍官兵。更番休息。臣恭依聖訓。契勘荊鄂兩軍人馬統制將副等。係分作兩番休息。第一番自四月二十三日以後節次各歸本寨。亦已參照諸軍體例。量支起發犒設。外其唐州第二番修城官兵。亦已回襄陽依舊入教。臣於五月初二日。趙撙王宣於初六日。各回襄陽去訖。臣自去年秋初到襄陽。詢訪邊防利害。凡士大夫之知兵者皆言湖陽小邑。

無二三十家。又無城壁。非必守之地。比鄂州軍開東北一面壕。亦無尋丈之庸。意在緩急退保襄江。可危可懼。惟唐州之方城。有大山林木。可戰可守。實古之楚塞。俗亦謂之方關。今郡無城池。諸軍無家計可保。又糧運盡仰民力。歲有不給之憂。諸將每以此藉口。臣他日從容問之。諸將亦云形勢之地。當在方城。而果以艱食為辭。臣既審知如此。時虜兵臨邊。日夜訓習將士以待戰。用力未可議其後。臣寨上言修築鄧州城壁。十月二十七日。奉聖旨令制置司措置。臣以和戰未分。施行未得。而城唐之舉未嘗敢忘。於今年正月初三日。初九日兩具奏知。大略只俟和戰有定論。方興工役。至三月十一日金字牌遞御前降到都督府黃榜。乃敢遣趙撙親往唐州規畫計度工料。至三月末間。回議定分軍為兩番。乘四月內暑氣未盛時興築。於一月內訖事。蓋五月以後大暑大雨。八月以後又追防秋。不可使戰士更一

就他役也。當趙撙城唐之日。雖據探報虜兵內徙遠去而出我不意乘我士卒疲勞倉卒之間薄我軍於城下。不可不深慮。故王宣以輕甲屯方城名將方城赭陽陂為屯田之用。其實遠斥堠謹防托。絕虜奔衝之患。其他要害去處亦遣偏裨設伏。所以固安城唐之軍。必潛消意外之變故也。臣既先奉御札。令臣每事親臨。又兩大將臨邊。而臣獨居內郡。必謂臣怯。他日寇至。有見輕之心。又見陛下分命兩宣諭往淮東西措置。臣何敢偷安。慢極邊之危。燀暑中一行也。臣至唐州撙宣得探報。虜帥聞官軍大將會於唐。虜中奔走驚擾。頗怱僕撤之械。我使人而憂我師之襲之也。引兵又退數舍。而蕭定遠者遂以四千騎走泌。衆謂虜之弱勢至於如此。而臣竊自咲者能料其來寇不能料其遁去也。大抵無事之時。職思其憂。不敢急忽。所以為有事之用。如自以為無事。因循度日。則一旦事至。雖窮晝夜之力。有不及

為者矣。今唐鄧二城及樊城皆已畢工。餘小小敵棚砲座之類。當成之兵旋旋為之。而泌河之粮船相銜而上。終歲可以不役一夫。遠至秋中。或戰或守。必為萬全之利。如朝廷必欲棄此二州。臣已具申乞別遣官矣。況臣之羸瘵百病交攻。食飲日減。焦萃骨立。不能盡其報國之志。展尺寸之力於後日。以備陛下使令之命也。莊周曰。知其不可奈何而安之曰命。臣已累具奏。仰干天聽。乞賜罷免。令蚤歸蜀以便醫藥。餘年可保。而晚節獲全。敢忘陛下今日生全之造。臣已力疾行次郢州。伏望睿慈。檢照前奏。特賜施行。

允文又論唐鄧州必不可棄。上奏曰。臣至孤遠。叨被二聖非常之知始終異等之睠。日夜念所以報神明寔臨之。今者唐鄧二州。名為空城。其實繫上游之存亡甚重。臣不敢言其形勢之扞蔽。地里之廣袤。戶口之蕃庶。與異時進復中原之涂轍。獨有一事。利害至切。不敢不奏稟。臣去秋抵漢上。防托之兵雖薄。所以不至於憂危。謂必可寬此顧者。虜在潁昌襄郟為家計。去襄陽為遠。使其引兵深入。則粮道回遠。必以人力車乘而運。勢不容久留也。若棄唐鄧而虜人以唐鄧為家計。去襄陽為近。聚兵積粮。一旦進發。可半日抵城下。其粮道自唐州之泌河順流而下。直抵漢江。可以與官軍久相持。而漢江之險我且與虜共之矣。漢江在春冬之月。可以踏淺徑度之處。凡三十有二。臣欲親行漢江。比來五月漲水。其襄郢間坐舟尚有著淺不能行處。郢州又在江之北。見有積粮十餘萬。須虜若於此分兵駐守。則官軍隔越於外。真有德順往年之憂。況京湖饟道遂絕。秦蜀馬路不通。又虜兵衆可以入隨。西可以窺荊南。其勢橫潰。我之兵力有不能支矣。此皆兩路士夫軍民之所共憂。而臣一一親歷其地。知其事之果不可不慮也。臣非不知陛下許臣棄此二郡。則臣之責輕。又非不知臣

棄此二郡。與時宰合。可以保位而希進。臣不此之為。而區區然必進其自危之說者。後日之憂繫宗廟社稷。至大臣今於此事若尚畏避時宰。緘默不言。則臣負陛下。而祖宗在天之靈必不祐臣矣。臣前後論奏莫不委曲詳盡。伏願陛下審思而徐行之。臣見亦一面遣官屬詣朝廷子細稟議。次重念臣病已沈痼。決不能支梧。嘗於今春奏云或棄地請和。臣即挂衣冠而去。不敢先負陛下。臣今敢墜此言哉。扶力親書。姑以見臣垂死不敢忘君之義。惟陛下哀矜深察之。

允文又論固守唐鄧州方畧。上奏曰。臣比准金字牌遞御前封降到三省樞密院劄子。奉聖旨令臣同趙撙王宣計議將來虜人侵犯唐鄧。合作如何備禦條具聞奏。臣契勘襄陽為吳楚上流襟喉之地。而唐鄧二郡實襄漢之藩籬。臣不敢引古為辭。姑以近事證之。當紹興議和之時。割此二州以還虜。襄陽之疆封才數十里。無一山一水一

城一池之限。至三十一年逆亮叛盟。劉萼之兵出唐鄧。官軍無一戰之地。一旦便自光化順流薄我軍於襄陽城下。是時亮之意不在襄漢。但分兵為掎角相持之勢。會亮死。萼引兵去。唐鄧之民開門以納官軍。遂能復此二郡為上游之藩籬。此天也。虜入寇之路雖云不一。如秦之確山徑出比陽。泌之鵶路徑出南陽。蔦之舡子。商虢之峽口徑出内鄉。然自潁昌以至襄郏。今為虜之寄計。自襄郏至方城。實虜入寇之大路。昔唐州無城。又無積粮。趙撙不得已開湖陽之壕。一以備虜騎衝突。一以就倉底之粮。（倉底地名）然湖陽無城可保。壕又淺隘。非與虜相持必守之地。今趙撙修唐城既堅高。與鄧州之城表裏相為救援。又泌河可以舟運直至唐城之下。城中既有儲積。官軍有粮可食。有城可保。家計固。而諸軍之心亦固矣。若虜自襄縣來窺我唐鄧。不獨粮道回遠。又以人力車乘而運。則餽餉之給。視我為艱。若以步

兵而至。必不能進攻吾城。官軍之守城者足以破之。若以重兵而至。則官軍之守城者可堅壁不戰。以待援兵之至。蓋湖陽大兵進可為唐城之援。荆南之軍出新野南陽而與之合。則虜腹背受敵。曠日相持。虜粮盡力屈。引兵而却。豈不為官軍追襲之利也。或曰。虜兵之來。他路錯出。不止於唐鄧。而不思二城堅守禦之官軍合勢持重而不戰。勝負未分。虜敢從他路徑至襄陽城下。萬無此理也。況他路險隘去處。各分偏師以保之。緩急又遣神勁弩手為之助。而全吾大軍之力。因地利以致敵。敵至而不能與我速戰。我之輕兵與忠義兵又抄絕其粮道。敵豈能久留以與我必爭此二城。使爭而得之。不知其何以為必守之計也。駐兵六七萬以上。則無粮以自給。若三二萬人。官軍可談笑破之矣。士大夫之憂。但以或棄二郡。虜得以為家計。積兵積粮。嬰城自固。一旦窺發。襄陽之城未必可保爾。至二郡之粮。以臣

艱之。自今以往。必不煩諸將之憂。試以去年春及今年春較之。已有明効。可釋群心之疑。臣嘗檢照案牘。去年春調兵二萬人戍唐州以應敵。不過旬日間而起七郡之夫運粮。諸軍紛紛猶曰乏食。今春以二萬兵城唐。積二十五萬工。前後踰月。諸軍飽食之餘。尚有三萬餘碩見在。蓋措置水運比陸運有間矣。雖虜之來路未可前料。而兵之機權亦難執一。至於形勢所在。有兵以禦賊。有城以保兵。又有粮以給兵之食。皆足以為守唐鄧之根本也。趙撙王宣各具到守禦之策。與臣之説大抵亦相類。謹具進呈。欲望睿慈采臣今來所奏。更賜詳酌。以方略授諸將。俾得以悉力奉行。不致誤事。伏候敕旨。

先文又論固守唐鄧兵勢粮運上奏曰。臣伏蒙聖恩。賜臣及趙撙王宣御劄一封。聖謨閎遠。聖訓坦明。而聖恩不遺。曲示始終之曉。下拜感激。顧犬馬一死。誠不足以報也。臣伏讀聖訓。以臣所奏堅守唐鄧

而諸路有可入寇處。别未見條畫。此獨於二郡而全勝之算未盡此。臣愚闇淺識。近慮有所不逮。皇懼戴恩。無以自容。而先日三省樞密院指揮。俾問將來虜人侵犯唐鄧。合作如何備禦。故臣所對止於二郡為詳。而不能廣引餘路併論之。此臣之罪也。臣自去年秋至漢上。以諸將言兵力單薄。臣與之共議。悉收諸屯散漫之兵。聚之襄陽。以為家計。坐觀虜入寇之路以應之。已嘗具奏知矣。至戍守唐鄧之兵。但仍其舊。以二將云虜來之正路也。按舊籍。唐州屯一千三百餘人。方城屯二千餘人。各以一統制或一統領主之。而湖陽戍卒受軍鈐千人於郢州就粮。惟屯鄂州軍二千四十餘人而已。緩急救應。已有成規。大抵如朝廷今所具守唐鄧之上策也。但去年有可憂者。唐州之運以人力車乘。而無城可嬰。虜騎一旦猝至。所謂一統制三千之兵無以自固。而湖陽及新野援兵恐不相及。則那回潰散。甚可慮爾。

去年湖陽之屯。趙撙之兵不過二千。而王宣之兵在鄧州者亦不過二千人。未有一兵留戍新野者。臣前奏云。官軍之守唐城者可堅壁不戰。以待援兵之至。蓋湖陽大兵進可為唐城之援。荆南之軍出新野南陽而與之合。則虜腹背受敵。是與趙撙之奏所謂於湖陽唐州一帶接連屯布軍馬。緩急奔赴爭利。與臣之奏亦無甚異也。趙撙奏云。虜自方城入寇。則荆鄂兩軍固當會合。則王宣分兵應之。其路自當出新野南陽無疑。則是撙宣之意。大略亦相一也。自去冬三人守唐鄧之策。既已素定。先日三人之奏又已互見。自是無大段異同。但臣等拙於文辭。未能互達其意。以致上煩朝廷之疑。此又臣之罪也。至如泌河之運。河道隘而舟小。所載不多。又自三月至七月而止。其方城唐州湖陽前所具長年守戍之兵。與比陽之戍六百餘人。亦合自唐州陸運應副。歲凡用糧一十一萬四千六百餘碩。去年以前無城以

積糧。又用積人力以陸運。故諸軍之食有足有不足。將士每以此為憂。臣今歲措置泌河之運亦不過年計合用之數。而緩急迎遣應援之兵。使有糧可食。徐計已食之數。議補發而已。不至倉卒調兩路數萬丁夫也。糧既十一萬有畸。而馬料又凡六萬六千五百餘碩。泌河水力尚未敢必其盡如數。安得有大蓄積以資寇也。襄漢既達當之條目至多。紙上所陳得一遺二。備後關前。若非朝廷疏列下問。臣亦不自覺其言之不達其意。而今奏又不得不與朝廷明辨也。伏奉御批。唐州勿輕棄。陛下深居九重之中。而明見萬里之外。嗚呼盡之矣。臣尚何辭。少須趙撙王宣具到今次合報事宜。一一別具奏知。伏乞睿照。

允文又論荆鄂兩軍分戍唐州積糧免差夫運。上奏曰。臣伏准金字牌遞御前封到三省樞密院劄子。奉聖旨。於四月初將出戍軍兵在軍日久。住營最遠之人。先次發回。其餘令更番休息。目下措置關奏仍預修兩軍寨屋等事。聖恩淳博。德意昭明。軍士驩聲不約而會。臣除已遵依施行外。契勘唐州最為極邊。又虜兵入寇之衝。而城壁頹毀。不惟諸軍戰守無以固其志。而逐年糧運亦無隄防。以至不免逐時調夫。往來於湖陽陸運。委是重困民力。而軍糧不繼。臣自今年三月泌河水生。即措置舟運。見今已起發二萬四千餘碩。若折運不已。至七八月間。於將來防托進取之用。既為便利。又免人戶長年差役。比自御前降到黃牓。臣即與趙撙商議。因本州子城舊基稍加開拓。自今月二十九日為頭。修築分遣人為兩番。每番十日。第一番工畢。即令有家累人歸鄂州歇泊。第二番亦如此施行。若城身畢工。其餘乳口樓櫓泥飾之類。就令當戍之兵徐徐下工。庶幾諸軍不久於役。不至困苦。其荆南軍亦將有家累人分番休息。其無家累人令見亦措

置。今修築樊城以為漢江之外。襄陽藩蔽。須家計圓。則於進取可免後憂也。惟是殿前司兩軍見屯鄂州。臣已移文招統制官宋受三公述候到當面議定。別具奏知。伏乞睿照。

孝宗時。允文又論收復華州分兵守險。上奏曰。臣竊見華州以孤城諸軍攻打。閱四箇月不下。或虜因循賊生巧計。節次與吳璘商量分那官軍兵力必取。已於六月二十一日七月一日兩具劄子以曲折事因奏知去訖。今日得璘捷報。實自陛下以聖德嗣位。威靈遐暢。諸將得以成功。天下不勝慶幸。今來河路一帶人民。可以安業。商旅可以通行。馬政可以復舊。又抽那得官軍及弓箭手忠義人二萬餘人。以分戍秦隴德順之險。向西一面。與璘以身當之。可以堅守無疑。緣南山駱谷諸關隘並各損壞。戍守之兵各不過老弱十數人。群士夫之慮。皆以為憂。臣已與璘商量。於利州東路人馬數中。量留一千五

百人今日已令傅忠信前去措置臣體訪得南山以北向化者甚衆
就委傅忠信前去招諭以壯軍勢以弭盜賊又與元重地不可略無
人馬為諸軍聲援臣見委忠義統領官關寶結集義士蒐揀伉健之
人教習神臂弓以為戰守之備雖據吳璘探報虜中日添生兵必欲
從朝廷乞一二萬人應援臣深慮襄漢江淮之兵萬一抽那不行臨
時有誤指準卻致失措故且隨事廣作隄備務決保蜀境觀釁而進
仰寬陛下顧憂

允文又論襄陽一面為必守之備上奏曰臣近者竊聞外廷之論謂
盱眙探報率多妄好襄陽探報率多急切咸以為疑臣尋繹其言質
之兩處所報不為無據然累日細思殆非二守臣有佞有直特虜於
淮北京西為謀用力有不同爾據探報且以聚粮一事言之宿泗不
過二三萬碩而唐鄧之積乃數十萬碩兵與器甲之數大抵相類則

我之上流不可不過為之防也今王宣已致仕員琦初到凡襄陽一
面當議所以為必守之備者不一陛下既嚴遣王炎付託得合中外
交慶臣愚謂炎一到荊南便不可輕動如因其赴官令自鄂州取道
襄郢凡邊防機要處親得與將帥守臣審議定以聞則後日成筭淵
衷前定可無北顧之憂而炎之此行將帥亦可少見陛下委付之意
矣任責之言不能自已乞自聖裁

允文又乞措置清河口防托虜中糧戰船上奏曰臣據陳敏申坐奉
聖旨令密切措置清河口防托戰守事臣有以仰見陛下得守江淮
之襟要聖算無遺矣詳敏所申謂虜人舟船動以千百順流而下凡
梢泊去處即是登岸之路我軍雖欲阻之形散勢分終莫可禦其說
既當然以劉錡劉寶用十數萬之衆不能捍清河謂莫若益兵五萬
人守楚州或城池無糧未辦又謂莫若益兵二萬人守高郵分兵屯

榆口鹽城與化黃浦四處此其意在守高郵而已所謂圖其易不圖其
難不可不辨也虜累年以來打造戰船教習水戰皆在山東拘收粮
船多積錫纍亦在山東出山東而為兩淮之用者獨有清河口亦一
出清河不獨順流而下皆是梢泊登岸去處如敏之說也使溯流而
上沿楚泗濠州而至於安豐則淮西之虜亦可以足食逆亮南寇其
粮山積於盱眙濠州皆從清河出（隆興癸未甲申之間山東路運米亦從淮河而上沿楚泗濠州至安豐壽春以給淮西官軍）今若不於用力少處措置卻欲增兵五萬人而後守楚州
增兵二萬人而後守高郵為計亦左矣假令朝廷有兵可增如敏所
請而虜之粮出清河者上而盱眙以給軍食則天長一帶虜兵可以
持久又自盱眙上而至安豐則淮西之虜亦可以為久屯之計是增
兵以守楚高郵名為捍通泰維揚則可而非絕粮道使虜不得久之
上策也趙李左車善知兵者也欲扼井陘之口以絕漢粮道使野無

所掠鹵雖韓信不敢邀進兵臣愚謂左車之策今用之於清河口虜
兵雖衆決不敢輕動動亦不敢深入可必也臣到鎮江見戚方說亦
必欲守清河口畫到圖子欲於河口之南因甘羅城舊基築小堡藏
車戰船以待用韓彥直欲沈船打樁必爭於虜人叛盟出船之初與
戚方之說亦合又引周明韓貴見臣謂深知清河口地利者二人見
責本軍自効故願效死力也彥直以總計事當赴奏欲乞聖慈面賜
宣問如有可采即乞速賜裁酌施行或專委彥直同戚方共力措置
蔽兩淮襟喉早得預備利害至切臣敢昧冒言之伏乞睿照

允文又論德順守戰之利未可輕棄上奏曰臣自秦州同吳璘商量
措置促王彥揚從儀合兵以圖鳳翔又德順四十里內並令清野及
調發人馬以助軍勢已於九月二十日奏知去訖近據揚從儀申合
喜走入渭州及據探事使臣伏宋申虜於九月二十五六間再以游

騎於剝馬嶺一帶抄略無所得至晚歸寨臣於三十日到河池伏見近降指揮令吳璘退守蜀口此固根本而後進乃自古不易之至論也臣初與吳璘約只令分兵守德順之險身以重兵居秦亭為不可測之勢正謂如此已嘗兩具始末奏知然璘之往德順先留兵二萬人在蜀口以萬人在殺金平以萬人守大虫嶺之天池天池在大散關之前與和尚原相對山形九峻咀有水草之利又界於入蜀二大路之間可以腹背當敵璘云和尚原止可以扼一路以前措置有未盡者今年五月親行大虫嶺始得之殆天賜也至如德順之險自今春用盡兵力然後得之勢須必争理當固守若一旦棄去不獨失三路之地而三路之兵三路之糧盡資於敵蓋弓箭手二萬乃土着之人不肯徙家於近裏州縣而官軍所因之糧盡仰給於新邊自去歲九月用兵出秦州未嘗自河池運一粒米出關以給軍食而諸州縣

城寨自下所管見在尚三十餘萬碩而就糴之數不與焉所以七月間身往德順方擇地利捍防道與虜角不免須用兵力摧虜之鋒以争北山東山堡之勝勢今濠塹深固虜多死傷德順可以必守但每恨兵力不足不能大破虜軍成大功爾璘與臣議如此臣博采輿論酌以愚見在今日之勢誠不可輕棄德順退守蜀口且璘自八月末與虜相持已近七十日三大戰之後虜不能有吾丈尺之地自璘回河池今又半月虜之智力又不能有所逞則是璘規摹措置可以固守已有明效必能上寬西顧之憂今士夫之論以謂一棄德順則虜復收三路兵糧而窺蜀口之路愈多矣自德順至仙人關下皆平慢土坡見盡耕種而路皆方軌虜兵可以長驅當甲寅之春虜至仙人關才住十二日而成都之民已犇逃山谷不能一日安居往事尚可鑒也數年以來吾所以有階成西和州侍南北之要約爾今兩界捩

在秦州之皂郊平川中無一水一阜之可憑有目者皆可見也臣比者親行此數郡見士夫之論誠為不誣若朝廷必欲棄新復之地臣嘗具申乞別選官付以此事臣決不敢費國為苟容之計念自陛下嗣位未嘗得一望清光遽蒙睿慈察臣孤忠不肯徇大臣意賜以庇覆生全之恩尚付以藩之方面感極涕零愈當誓死以報方其解去不敢緘默為一身謀伏惟陛下聖明録臣萬里惓惓不勝大幸

先文奏論秦隴單馬餽糧不可棄新復之地已言臣竊嘗考諸葛亮用蜀之日每歲出師皆以糧餉不繼不能大有所為遺恨百世者以不得秦隴之地也亮之兵一出散關而渭南千里無仰給之糧方且課軍民雜耕為持久計今春吳璘至大虫嶺亦以艱食而退古今尚一轍也亮之兵一出祁山其所築營堡在今西和州之北平川中二十餘里既無險可恃又無糧可因而欲以木牛流馬之運取給於蜀

之昀郡其不能成功無足怪也今天下欲為恢復之圖臣以為從秦隴一帶而進益得兵得馬得糧盡古人之所不足者而兼之今吳璘議更戍為長久之計其守德順之規摹如守殺金平若繕修完集於年歲之間必可以大舉無疑陛下先日賜璘手札有云新復之地一有差跌則虜勢益張邊事未有寧日擇士夫一辭贊嘆以為大哉王言明見於萬里之外而出衆人智慮之表今咸頌陛下守之以一寄以手札諭璘凡德順蜀口之守俾璘得以自擇而責其成功則璘心能以身任陛下之責夙夜圖所以報者臣福薄才短當遠使之初自知危殆陛辭太上皇帝之日奏云臣之此行謗書不止於三篋臣不意今日保全生成之恩乃還出於陛下二聖合德自然同符臣子寸心如何可報用敢寄布腹心少致其感天荷聖之誠而實非敢與論事者較是非也身在萬里不啻累卵之危惟陛下憐其愚忠豈任幸

甚。

允文奏陝西事宜狀曰。臣自去年十二月二十七日以後。三次據利州西路都統司及鳳州一帶屯戍主兵官發下所司緊要文狀。稱虜人集於秦隴鳳翔之間。積累既多。已一兩次打圍。聲言以重兵犯西和州。分兵從小路入寇。皂郊榷場亦有禁閉客旅文榜。兵將官多言虜有前件情狀。舊以為舉事之候。即具急奏上瀆聰聞。因而張皇遠近震恐。臣雖書生。至愚至闇。竊料虜兵必不輕動。止緣去年泗上虜使坐索俘。因陛下神算所運。虜已奪氣。只如陝西之虜。已紛擾數月金銀木牌相屬於道。沿增兵積糧。增築堡寨。為自防之計。蓋不得不如此。其張為先聲。亦欲吾境內自相紛擾爾。況今已入春時。虜之事力未充。和好之利。必不肯輕失。決無可憂者。又臣自到蜀。如西和成鳳極邊闊遠平夷。守臣之病廢者。既采衆議。易以良將。次邊統制統領官之老或病者。亦行銓量。選有謀略驍勇之人代之。又點揀之後。入隊皆少壯之兵。臣支撥射射小貼子錢。分撥都統司。以激勵入教諸軍。臣在利州。又於小貼子內造一兩金錢。分日令逐將弓弩手爭射。初無射中者。踰月之後。諸軍人自精習。近日逐將各有三四箭中金貼子者。小人嗜利。不待督責。營擻皆有必爭敢戰之意。而兵氣作矣。又忠義歸正人以數萬計。累年在疑忌棄置中。懷不自安。豈免怨望。若盡行收拾。則事力有未能遽辦。但擇有材武知名虜中。豈臣左右為帳前提舉一行事務之類。士大夫以其反側。雖作多為臣危之。不知臣亦以不疑。而反側者自定也。況惟悴憂危之人。方惴惴度日。臣一旦信而用之。有請給以養其家。有厚賞以固其心。亦必肯為臣出死力矣。虜如不動。誠為虜之福。使天奪其魄。敢為兵首。則以正兵當其前。與之相持。後間道分遣忠義首領。潛入虜地。各連其黨。擾虜

腹心。當有必勝之機可乘。而用反側之効可見也。臣今約諸將靜以待之。萬一虜用狂謀。出於不測。一犯吾境。臣即日引道。身臨邊衝。糾率三軍。願以一死少答陛下天地莫報之施。臣已擺布馬遞傳送探報。約成鳳西和至利州。不過兩日夜可至。決不致少失機會。臣既籌今日之虜。止是虛聲。尚慮諸軍探報或有達天聽者。急具此奏。乞陛下特寬西顧之憂。天日至明。察臣肝膽。不勝臣子之幸。

允文論虜政衰亡宜益自治。上奏曰。臣先日伏蒙聖恩。特遣中使以姚憲等奏劄宣示。令臣留看。今日降出虜庭報書。其辭意繆悠。神人共憤。凡曰臣子。義當如何。臣之至愚。獨願陛下外示優容。內益自治而已。無令機會吾至。而我有未備不足之歎。則事可以萬全。臣嘗詢之有識之士。謂今虜政衰矣。虜之亡證具矣。而惟我之所謂未備不足者。非兵與財也。古之議師一起。附我者皆兵。應我用者皆財也。然非大有為之君。堅誠念。隆德本。上順天意。下固人心。則無以為恢復之體。又非定規摹。一議論。嚴兵律。立主威。則無以為恢復之用。惟體用備。而大統可集也。老臣病悴闇昏。豈能知當世務。姑因識者之言。效其惓惓之忠而已。惟陛下方經營之始。采順動之前。日新而不倦焉。天下幸甚。

允文又奏曰。臣於今月初五日奏虜帥留胡昉等。虜騎數入我境內。嘗妄論其必不敢深入。今寇退果七八日矣。據諸處探報。雖云增兵運糧於襄郏間。比來實多。其不能深入。終恐不出臣所料也。臣自去年秋到襄陽。守邊之規摹既定。惟鎮之以靜。諸軍各安其屯。飽食安眠。以習熟事藝為樂。虜兵數犯境。趣鼓發喊。至于三四。亦未嘗輕為之動。視去年春諜發。蓋免四萬餘兵奔走出入。而兩路減饋運之夫。亦以二萬餘計。臣區區之意。謂虜情既得。則當以靜困之。彼動而我

不為之增兵彼去而我不為之撤備外示以不可測之勢內得以安今吾兵民之力使之常有餘以待一旦之用庶幾兵氣振而民心不怨不離自古萬全之舉者在於此也今御憑陛下道德安強之威奉事已畢防秋將戒嚴而臣之所自憂者衰病日加聰明日蔽負聖恩而妨賢路速大譴於盛明之時夙夜危懼有不能自已者伏乞睿照

知建康府洪遵論采石水軍劄子曰臣聞易曰王公設險以守其國聖人筆之以為天下後世戒其可忽諸臣竊惟南方以水為險所恃以立國者長江爾中興以來以兩淮為藩籬以長江為門戶我之所必防而敵之所必窺者曰京口曰采石曰九江曰鄂渚就數之中惟采石為要且重何則湍流雖緩而江面實狹所以北方每每覬覦而僥倖也跡之前事隋韓擒虎以五百人宵濟縛其醉卒而陳弗之覺五季時樊若水引繩絕江請造浮梁以濟師我太祖皇帝用其策而

下池陽逆亮入寇也而采石受敵最力幾為不可禦之憂臣待罪當塗憂至江上目閱而心計之竊謂守長江之策全藉可信之人與禦敵之器爾天祐我宋而吳蜀為一無王濬樓船之虞萬一北人習熟水戰是長江之險與我共之得不為之寒心哉今采石所屯其人其器未為盡善公占破而私役使以為當然夫不尊其任又烏能責其所習哉舳艫尾銜鱗次江滸徒為觀美而已異時差官閱視不過朱艧其外耳甚者釘斷板缺輪軸刓敝舉而置之觝觸決驟之地是能保其必勝哉臣愚欲望聖慈特降睿旨遴選裨校之良者專一董統其衆時張水嬉自為一軍無令他役間遣信臣按試重加賞罰而殿最之器用精而徒卒專使奮躍淬礪常若寇至誠為今日先務

王之望論兩淮鎮戍要害上奏曰臣伏準三省樞密院劄子備錢端禮奏內稱昨來虜人累次侵犯皆自西路入寇蓋濠壽之地徑捷而糧船多自清河以入淮今西路部分要害已得其宜若嚴切固守無致侵犯東路滁州一帶最為上策設若透漏奔衝則郭振全軍與西路軍馬夾擊甚為利便及令劉寶郭振互相照應臨機制勝遇有兩路連接事機星火關報協力一心無致差誤奉聖旨劄與淮西宣諭司臣觀錢端禮所陳其合事宜大勘兩淮屏蔽大江利害一體尤不可以東西分朝廷既差兩宣諭近有界限勢使然也且如以前宣撫都督通管兩路則如何分得東西淮南形勢淮水殊不足恃而大江險處最是采石虜人每來由巢縣和州一帶徑至江上最為要害其次方到六合揚州蓋江道闊而路稍背也今西路措置修石湖亭昭關等處關隘使賊不得至采石則是兩淮最要害處西路已獨當之矣其餘光黃桐城等處孔道甚多皆須隄備六合雖隸淮東而地鄰西路臣所以欲兩路相關措置設有緩急自合兩路相應此事臣與

錢端禮所言一同乃今日措置兩淮之上策也若要固守濠壽等州使虜不犯滁州一帶則必無是理臣前奏廬壽光州決不可守濠州若虜大入亦須保橫澗山而兩路中間接近去處卽合相關措置蓋緩急分東西不得虜奔衝東路六合必須西路夾擊若欲固守濠壽使不犯東路滁州則西路亦豈能獨任其責滁州不可守也滁州之不可守而守六合則壽濠之地其可責西路之保守使賊不透漏乎今東路劉寶一軍把過水道外殿前一軍人數甚衆將來屯在揚州郭振軍在六合所以備此一帶平闊然不過一二百里之間而西路疆界闊遠邊面千里地平如掌又無城池之固若不據險不知用衆人雖有大衆終不足以當虜人之騎兵見今張守忠一軍屯巢縣與特俊保石湖巖王彥屯和州保曠口昭關戚方屯桐城保北峽諸關虜兵不犯去處方可抽那應援假令虜人分兵一犯西路昭關一犯

東路六合則各處僅能自保而已此所以備禦之不可不嚴也故臣曰西路當據諸山之險以扼其兵鋒東路當扼清河之口以斷其糧道縱西若不扼諸山之險而守濠壽以蔽障滁州此乃劉錡王權覆前車之覆轍也若西路敗於濠壽之間則將何兵馬與東路夾擊於六合乎西路既敗非徒無可以應援東路而東路六合揚州之衆亦恐不復能枝梧矣若吾據關守險非徒可以自保其勢虜知吾有備亦未必便敢深入使其送死則吾以逸待勞以飽待飢正墮吾計中可以得志故臣以謂今日措置兩淮之上策無以加此臣與錢端禮所論大抵相同只恐淮東指準淮西固守濠壽欲其不犯滁州將來却成相誤臣愚欲望聖慈預戒兩路諸帥遇有侵犯兩路相近要害去處互相策應不得坐觀成敗臨時朝廷更嚴賜指揮蓋此非兩宣諭之力所能獨辦也仍乞降臣此劄行下照會庶幾不致疑誤

之望又上言曰臣今月初五日戌時準御前金字牌降到三省樞密院關臣條劄子奏伏見逆虜侵軼淮甸其意止欲復得四郡而已緣在我者首尾應接不得要領遂至無所忌憚目今淮甸所屯王師無慮二十餘萬不為不多矣但星分棊布不相襟帶相望有在數百里外者所以人人但覺彼衆我寡既不敢奮然獨進又不能批亢擣虛日引月長徒為身謀竟不能成尺寸之功致虜騎益無畏懼徐徐南嚮而不已者正以此耳臣愚欲望朝廷特於將帥之任不間疏遠采聽衆議精加審擇而易置之且留戚方於桐城時俊於巢縣以備虜賊分兵乘虛之衝其餘兵帥盡行會合以臨虜師重兵之所更遣辯說之士持押闔之說直造虜師以撓其腹心儻為此舉將不待交鋒彼必稽顙辯說既行彼必少懈出奇掩襲彼必奔潰縱之擒之此萬舉萬全之策候勑旨閏十一月二日三省樞密院同奉聖旨臣條所

論委見今日利病可令楊存中王棊疾速從長措置施行臣契勘自虜人入寇奪城殺將無不如志我惟謹守而略未有以侵害之故少即一二十人多即數百人公肆出沒無所忌憚使我不知所備坐以自困非持久之道也臣愚欲下諸大帥各於所部選擇材武膽勇有方略統制統領將官一二十員不得以人情冒濫每人各與錢一二萬或數千緡不以是何部曲募驍銳少壯兵校一二千人或數百人出奇擇利分頭迭出翦其游軍晝攻夜劫擾其營寨可進即進不責其必往如此則虜備若多小隊不復敢出無虜掠之利失樵蘇之便其勢必窘不容久留當有可乘之隙若遇大敵則以為軍鋒有功者優其賞擢不過費三五十萬緡而軍聲大振矣鼓作士氣變怯為勇無以加此如蒙聖慈以為可采乞速降指揮施行仍乞撥椿錢一百萬貫以專充此用要使諸軍知不徒為文具庶幾人有奮心

趙汝愚論邊防上奏曰臣仰惟陛下以英睿不世出之資慨然有恢復中原之志朝謀夕計留意邊防宗社幸甚然臣竊觀今日規模大槩盡是循用渡江一時權宜之制而實非祖宗累聖固守之法惟守備既非素定則勝負決於臨時臣實憂之而願獻其狂愚之說臣伏觀自古用兵正如弈者之弈其法不過以多筭勝少筭而已祖宗西北邊面凡所用之人所守之地所養之兵累聖講畫成法具備自近及遠節節皆有次第如極邊要害去處則有堡寨其次有城寨堡寨則有巡檢有寨主城守則有守將三路有大帥如韓琦范仲淹輩皆極天下之選其所辟寮佐如田況孫沔尹洙張方平輩亦無非一時名士故士大夫皆習知邊鄙間事其後往往盡為時用其兵健則有本城禁軍廂軍有堡寨土兵有蕃漢部落有義勇弓箭手自足以為鎮守之備甚不得已則時出禁旅以助之蓋未嘗以舉國之師而決

於一戰也。故百餘年內外無事。中間如李元昊父子，傑黠凶狡，其志非不欲窺伺中國，雖屢戰屢勝，而卒不能得吾尺寸之地者，邊備素嚴故也。今自西徂東，邊防數千里，所在空虛，朝廷所置帥守、所養兵士，秖與內郡無異。姑先以兩淮論之，緩急之際，所恃以為禦敵之計者，不過以建康之師守淮西，鎮江之師守淮東而已。此正臣前所謂渡江權宜之計，而非祖宗固守之法者也。方太上渡江時，長淮赤地千里，蓋無藩籬之衛，當時所恃以禦敵者，張、韓、劉、岳數大將而已，故一時權宜之計，不容不出於此。今國家中興六十年，南北之勢既分，沿淮之地皆為極塞，旁人猶且墾闢田畝，增戍卒，以為我備。然則朝廷安可不講明舊制，而為固守之計耶？且建康、鎮江之師，家屬皆在江南，若不深察其情，而驅之於極邊之地，前有強敵，後無繼援，勝負之命，如爭一擲，臣恐矢未及發，而已有保固妻子之心矣。辛巳之役，王權以數萬衆在合淝，不戰而渡江。甲申之役，劉寶亦以數萬衆在楚州，不戰而退保。此蓋前日之明驗也。陛下視今日諸將，孰能用衆如王權、劉寶者乎？不以此時預為規畫，誠恐長淮千里，非復國家所有，而脣亡齒寒，將不可以為國矣。此臣所以日夜私憂過計，不能自已者也。伏願陛下講明祖宗累聖之法，於邊防要地崇建帥府，增置土兵，漸葺諸城，遴選守將，假以歲月，使之優游暇裕，積穀訓師，陰為備禦之計，而勿使敵人知之。一旦有事，則使守將與土兵當其前，而主帥與大軍繼其後，俾敵人望吾之境，愈進而愈難，則陛下以守則固，以戰則克，進可以復祖宗之境土，退可以保大土之基業矣。

汝愚乞嚴戒沿邊官吏禁戢邊民生事疏曰：臣近據金州都統司及金州上津縣申，自正月初四日以後，有京西路鄖鄉縣及利州路上津縣沿邊人戶，將帶兇小驚移，不知其意。續據探報，有州界人馬深

入鄖鄉縣界約十餘里，驅掠稅戶解成、張四、龐傳、張傳等家口前去。未知的實，或傳是京西路邊民爭理地界，或傳是均房州有人入州界行劫，是致州界遣人搜捕。臣各據逐處申到事狀，備錄申樞密院訖。臣契勘得所爭地界係屬京西路，不隸州界外，惟是盜賊一事，深繫利害，竊有管見，各具奏陳。臣伏見從前州界如理索歸正人等，州縣自合只循舊例，遞還回報外，至於本界無賴之人，擅入州界為盜作過生事，即與前項歸正人等事體不同。或遇州界移文，其間若有贓證明白者，州縣自合酌量事體輕重，物色追究，依法行遣，庶幾邊頭無賴之人，各知畏懼，不敢越界生事。州界之人，若聞得本朝曾為如此行遣，亦自心服。臣訪聞得沿邊官吏，多務蔽藏，雖明知有累經作過之人，亦不敢舉覺窮治，或者吏人受賂，肆為囊橐，無所忌憚。又有不識事體之人，互爭勝負，務相報復，以強取勝，卻致州界之人，或以巡綽為名，或以搜捕為說，擅入本界，驅掠人口。而州縣官吏隱諱不言，上司既不問知，其人無由理索，竊恐馴致釁隙，事關邊境，不可不防。本司昨累承州界移文根究盜賊事，或將作過徒伴押回本界，臣即時酌量輕重，密諭本處官吏，盡情追究，依法行遣。如或因採樵誤入州界，或被北界人自因讎隙驅虜前去，本非為盜者，候見得着實情節，即已備牒州界官司照會去訖。如蒙聖明見得本司前項行遣別無違礙，伏乞特降指揮，嚴戒沿邊官吏，禁戢邊民，不得越界生事。如有違犯約束之人，仰州縣官常行覺察，如法根治，重作行遣。臣聞鷙鳥將擊，必匿其形，况夫邊境之間，尤宜務存大體。臣近據邊報，北界偽主已殂，其孫嗣立，從此事體，恐有更張。臣愚伏願陛下遠法文王遵養時晦，近同勾踐嘗膽會稽，尊禮卑辭，不憚屈己，使彼君臣偃然肆志，不復以我為懼，然後徐觀其變，起而圖之，是陛下能屈於

一時而獲伸於萬世也惟陛下留神幸甚

中書舍人張孝祥論衛卒戍荊州劄子上奏曰臣仰惟陛下軫念上游旣以荊州付之劉錡而又倚信聽從無一不至伏覩比來詔旨爲錡而下數踰二十如嚴制節備官屬須緡錢增鎧仗之類是已顧中外之論猶謂錡之所急實在兵少欲出衛卒往戍錡所夫自吳至荊州山川阻遠調發數千與其孥俱則是數萬不惟經行煩擾亦非所以外示安靖也臣愚竊欲效計以謂取之於遠不若取之於近所謂夔路是也今諸路將兵往往有名無實臣嘗詢之惟蜀爲盛成都萬人潼川六千夔路四千夔之去荊道路無幾若以夔兵二千益荊州轉潼川之卒以補夔闕而下成都之甲如夔之數戍潼川或歲時踐更或一定不易如是則內無遷徙之勞外無疑間之可開周旋几席之上而形勝之强成矣議者必曰夔當蜀後夔守虛則蜀以危臣謂不然自荊入蜀取道峽中地勢險絕人必魚貫而進荊在平衍之地據吳蜀之衝使荊果强

則孰敢踰荊而窺蜀是夔雖有兵實寘於無用之地徙之於荊則上可經蜀下控江鄂蜀旣無虞而上游亦固一動而得有利無害伏惟陛下留神財幸

辛棄疾論阻江爲險須藉兩淮上疏曰臣竊惟自中興以來駐蹕臨安阻江爲險然江之爲險須藉兩淮自古南北分離之際蓋未有無淮而能保江者然則兩淮形勢在今日豈不重哉臣仰惟陛下垂意邊防規恢遠略況戎先物慮無遺策然臣偶有管見慮之甚熟識恐有補萬一唯陛下寬聽蓋兩淮緜地千里勢如張弓若虜騎南來東趨揚楚西走和廬吾兵無以斷隔其中則彼東西往來其路徑直如走弦上蕩然無虞若吾兵斷隔其中則彼淮東之兵不能救淮西而淮西之兵亦不能應淮東設使勢窮力蹙之際復由淮北而來則走弓之背其路迂遠懸隔千里勢不相及入吾重地兵分爲二其敗可立而待古之爲兵者謂其勢如常山之蛇擊其首則尾應擊其尾則首應擊其身則首尾俱應然後其兵立於不敗之地今以兩淮地形言之則淮東爲首而淮西爲尾淮之中則其身也斷其身則首尾不能救明矣三國之時吳人以竟渠堰爲身築壘而守之而魏終不能勝吳者吳保其身而魏徒能擊淮西之地也五代之時南唐隔周師之來蓋嘗求兵人故迹而守之功未成而周兵至然猶遣皇甫暉姚鳳以精兵十五萬扼定遠縣與清流關而守之世宗亦以藝祖皇帝神武之兵當之虜騎之來也常先以精騎由濠梁破滁州然後淮東之兵方敢入寇其去也唯滁之兵爲最後由此觀之自古及今南兵之守淮北兵之攻淮未嘗不先以精兵斷其中也況今虜人之勢一犯吾境其所以忌我者非戰也忌吾有兵以出其後耳一出其後則淮北之民必亂而淮北之城亦可乘間而取如向之海泗唐鄧是也今陛下城楚城揚於東城廬城和於西金湯屹然所以爲守者具矣然臣以謂兩淮之中猶未有積甲儲粟形格勢禁可以截然分斷虜

人首尾之處以臣愚見當取淮之地而三分之建爲三大鎭擇沈鷙有謀文武兼具之人假以歲月寬其繩墨以守之而居中者得節制東西二鎭緩急之際虜攻淮東中鎭救之而西鎭出兵淮北臨陳蔡以撓之虜攻淮西中鎭救之而東鎭出兵淮北臨海泗以撓之虜攻中鎭則建康悉兵以救之而東西鎭俱出兵淮北以撓之虜西鎭俱安兵則彼兵分力寡中鎭悉兵淮北臨宿亳以撓之此蘇秦教六國之所以爲守而秦人聞之所以不敢出兵於函谷關也比之紛紛紜紜自戰其地者利害不侔矣如臣言可採乞下兩府大臣并知兵將帥詳議建立三鎭去處措置施行

棄疾又上疏曰臣聞事不前定不可以應猝兵不預謀不可以制勝臣謂兩淮裂爲三鎭形格勢禁足以待敵矣然守城必以兵養兵必以屯使萬人爲兵立於城上閉門拒守財用之所資給衣食之所辦

具。其下非有萬家不能供也。往時虜人南寇。兩淮之民常望風奔走。流離道路。無所歸宿。饑寒困苦。不兵而死者十之四五。臣以謂兩淮民雖散。必分則不足。聚則有餘。若使每州為城。每城為守。則民分勢寡。力有不給。苟斂而聚之於三鎮。則其民將不勝其多矣。竊計兩淮戶口不減二十萬。聚之使來。法當半至。猶不減十萬。以十萬戶之民。供十萬之兵。全力以守三鎮。虜雖善攻。自非掃境而來。烏能以歲月拔三鎮哉。況三鎮之勢。左提右挈。橫連縱出。且戰且守。以制其後。臣以謂雖有兀朮之智。逆亮之力。亦將無如之何。況其下者乎。故臣願陛下分淮南為三鎮。預分郡縣戶口以隸之。無事之時。使各居其土。營治生業。無異平日。緩急之際。令三鎮之將各檄所部州縣管拘本土民兵戶口。赴本鎮保守。老弱妻子牛畜資糧聚之城內。其丁壯則授以器甲。令於本鎮附近險要去處分據寨柵。與虜騎互相出沒。彼進吾退。彼退吾進。不與之戰。務在奪其心而耗其氣。而大兵堂堂整整。全力以伺其後。有餘則戰。不足則守。虜雖勁。亦不能為吾患矣。且使兩淮之民。倉卒之際。不致流離奔竄轉徙溝壑就斃而已也。

棄疾又論荊襄上流為東南重地。上疏曰。臣竊觀自古南北之分。北兵南下。由兩淮而絕江。不敗則死。由上流而下江。其事必成。故荊襄上流為東南重地。必然之勢也。雖然。荊襄合而為一。則上流重。荊襄分而為二。則上流輕。上流輕重。南北之所以為成敗也。六朝之時。資實居揚州。兵甲居上流。由襄陽以南。江州以西。水陸交錯。壤地千里。屬之荊州。皆上流也。故形勢不分而兵力全。不事夷狄而國勢安。其後荊襄分而梁以亡。是不可不知也。今日上流之備亦甚固矣。臣獨以為緩急之際。猶泛泛然未有任陛下之責者。臣試言之。假設虜以萬騎由襄陽南下。衝突上流。吾軍倉卒不支。陛下將責之誰耶。責襄陽軍師。則曰虜以萬騎衝突。臣以步兵七千當之。（襄陽戍兵入陵可戰之今猶未滿此數）大軍在鄂。聲援不及。臣欲力戰。衆寡不敵。是非臣之罪也。責鄂渚軍。則曰臣朝聞警。夕就道。卷甲而趨之。日且百里。未至而襄陽不支矣。是非臣之罪也。責襄陽守臣。則曰臣守臣也。知守城而已。軍則有帥。戰而不支。虜騎衝突。是非臣之罪也。責荊南守臣。則曰荊與襄兩路。道里相去甚遠。襄陽之不支。虜騎衝突。是非臣之罪也。彼人人者。以是辭矣。朝廷固無辭以罪之也。然則上流之重。果誰任其責乎。陛下胡不自江以北。取襄陽諸郡合荊南為一路。置一大帥以居之。使壤地相接。形勢不分。首尾相應。專任荊襄之責。自江以南。取辰沅靖澧常德合鄂州為一路。置一大帥以居之。使上為江陵。下達江州。樓艦相望。東西聯亘。可前可後。專任鄂渚之責。為任既專。守備自固。緩急之際。彼且無辭以逃責。如此。上流之勢固不重哉。外不失兩路之名。內可以為上流之重。陛下何憚而不為。雖然。臣聞之。天下之勢有離合。合必離。離必合。一離一合。豈亦天地消息之運乎。周之離也。周不能合。秦為驅除。漢為合之。漢之離也。漢不能合。魏為驅除。晉故合之。晉之離也。晉不能合。隋為驅除。唐故合之。唐之離也。唐不能合。五季驅除。吾宋合之。然則已離者不必合。豈非盛衰相乘。萬物必然之理乎。厥今夷狄物夥地大。德不足。力有餘。過盛必衰。一失其御。必將豪傑並起。四分五裂。然後有英雄者出。鞭笞天下。號令海內。為之驅除。當此之時。豈非天下方離方合之際乎。以古準今。盛衰相乘。物理變化。聖人處之。豈非慄慄危懼。不敢自暇之時乎。故臣敢以私憂過計之切。願陛下安居慮危。任賢使能。修車馬。備器械。使國家屹然有金湯萬里之固。天下幸甚。社稷幸甚。

王十朋代人上疏曰。臣聞居家者必謹牆籬。置皂隸。以為寇盜之防。

建國者必保山海之險。選岳牧之臣以禦外敵憑陵之患。今朝廷以江淮爲蔽障。以守帥爲長城。江淮守臣比他處爲尤重。宜於文武臣中擇其材勇智略可爲爪牙者付之。陛下親加敦遣。勉以忠義。資之以粮。假之以兵。俾其守死勿去。則我有所恃而不恐。敵有所憚而不敢窺。苟非其人。則必爲敵所輕。誤事非小。除授之際。尤不可不謹。又川蜀之地。去朝廷最遠。尤爲虜所窺伺。緩急之際。勢必不能相應。在兵法有攻東南備西北者。虜情難測。深恐虛聲在此。而屬意在彼。臣以爲宜增重四川帥臣之權。俾其便宜從事。遇臨機應敵之際。不必請而後行。仍選大將屯重兵于外。以爲急難之援。如是則陛下可以寬西顧之憂矣。

敷文閣待制四川置制使范成大奏論文州邊事劄子曰。臣伏見四蜀沿邊蠻夷。自政和以前。雖時有侵犯邊境。當時朝廷鮮曾容貸。旋即舉兵問罪。固未必皆有大功。然夷人終是畏憚。不敢無時輕發。比年以來。如成都府路嘉黎雅三州等處。屢有邊事。時議以外備大敵。姑務含忍。又以方市戰馬。不欲阻絕。夷人狃習。謂中國終不能報復。來則有虜掠之利。退則無追躡之憂。甚者反得犒賞財物。過於未叛之時。是以泰然無所顧忌。蜀之諸邊蓋未嘗得數歲無事。近者利州西路文州界內。有蕃部侵犯寨堡。殺掠人兵。訪聞常年如此。官司每是隱忍。散釋終於和斷而已。契勘今來作過蕃部。據邊吏張皇關申。其衆亦不過三四百人。初無雄傑酋長爲之謀。又無堅甲利兵爲之用。國家屯戍大軍密邇其處。最爾小蕃乃敢跳踉如此者。政以習見近事故也。若不惜暫勞小費。併力討蕩。期於不貸。則豈獨文州蕃戎讋懼。其他種落自此懲創。知中國不可輕犯。此西陲數十年安靜之長策也。臣已榜下文州。止告諭非作過蕃部。且許自通貿易。以解散

其締結。又聞蕃寇之來。稍不得利。即依林箐以自固。官軍深入。易落姦便。臣亦已行下乘風焚山。斂兵清野。係用鄉道搗其巢穴。惟是議者或以爲文州係買馬地分。恐不即和斷。或至阻隔。臣再三詢究茶馬司所買馬數。文州不當十之一二。又其品凡下。非宕昌比。兼今來作過主首。止是一族。雖加攻討。自不妨餘族互市。政使緣此而所買馬數少減。於常年權邊防利害之重輕。亦恐自有先後緩急之序。或又謂朝廷方以備北虜爲急。此等癬疥。合且姑息。臣竊謂不然。大敵未平。尤當先除腹心之患。諸葛亮豈一日忘中原哉。然五月渡瀘。深入不毛。以定南中者。蓋出此也。不然。方今關外寧靜。而蠻夷敢擾動如此。使岐雍有警。則此等窺伺侵寇。將何所不至。臣暫此攝事。實有不敢以苟紓歲月爲心。而妄爲西土畫息肩之策。若萬分有一。偶合睿指。欲乞出自聖斷。更賜行下興州都統制吳挺。廣設方略。討蕩施行。其措置催督之類。臣雖庸虛。不敢不任其責。所有文州數百匹之馬。或不及歲額。亦乞暫寬度外。俟邊防安靜。不患馬額之不復。臣區區狂率。干犯天威。伏地戰越。

陸游上奏曰。臣聞天下有無窮之變。而有必然之理。惟默觀陰察。能得其理。則事變之來。雖千態萬狀。可以坐制而無虞矣。天下之變。最幽眇倉卒不可測知者。莫如雷霆鬼物。然雷霆冬伏而春作。鬼物晝隱而夜見。則其理之必然。有不待智者而知之矣。今朝廷內無權家世臣。外無強藩悍將。所慮之變。惟一金虜。虜。禽獸也。譎詐反覆。雖其族類有不能測。而臣竊以謂是亦有可必知者。夫何故。寬猛之相繼。如寒暑晝夜之必相代也。故自金虜猖獗以來。靖康建炎之間。窮凶極暴。則有紹興之和。和既久。則有辛巳之寇。寇而敗亡。則又有隆興之和。今邊陲晏然。枹鼓不作。逾二十年。與紹興通和之歲月略相

若矣不知此虜終守和約至數十百年而終不變耶將如晝夜寒暑必相代也。且虜非中國比也。無君臣之禮。無骨肉之恩。惟制之以力。劫之以威。則覬。能少定。今力儘勢削。肴亂而已。其亂不起於骨肉相殘。則起於權臣專命。又不然。則姦雄襲而取之耳。三者有一焉。反虜酋之政。以悅其國人。且何為哉。雖陛下聰明英睿。自有所處。然臣竊覸士大夫之私論。則往往幸虜之懦以為安。不知通和已二十餘年。如歲且秋矣。而謂衣裘為不必備。豈不殆哉。大抵邊境之備。方無事時觀之。事事常若有餘。一旦有變。方知不足。伏望陛下與腹心之臣力圖大計。宵旰弗怠。繕修兵備。搜拔人才。明號令。信賞罰。常如羽書狎至兵鋒已交之日。使虜果有變。夫則掃清燕代。復列聖之讎。次則平定河洛。慰父老之望。豈可復如辛巳倉卒之際。斂兵保江。凜然更以宗社為憂耶。臣世食君祿。且蒙陛下省錄姓名已二十餘年。念無

以報天地父母之大恩。敢其陳於陛下者。惟懼不盡。而不知狂愚之為大罪也。

乾道中。徭蠻為亂。吏匿不以聞。儒林郎李大性上言。比年徭蠻為亂。邊吏慮妨賞格。往往匿不以聞。遂致猖獗。使一方民命寄於徭人之手。誠可哀憫。近如梁卑等寇沅州。劫墟市。殺戮齊民。州縣告急於兩月之後。始調官軍討捕。俘降其賊。而人之被害已酷矣。宜戒州縣。或遇徭人竊發。盡時以聞。違者論罪。仍令監司帥臣常加覺察。庶幾先事備禦。俾徭人亦知畏懼。不致侵軼。以傷吾民也。

七年。前知辰州章才邵上言。辰之諸蠻與羈縻保靜南謂永順三州接壤。其蠻酋歲貢溪布。利於回賜。頗覺馴伏。盧溪諸蠻以靖康多故縣無守禦。抵徐乘隙焚劫後。徙縣治於沅陵縣之江口。蠻酋田仕罷與其志能等遂雄據其地。沅陵之浦口。地平衍膏腴。多水田。頃為徭蠻侵掠。民皆轉徙。而田野荒穢。曾守倅無遠慮。乃以其田給靖州沅撥楊姓者。俾佃作而課其租。所獲甚微。楊氏專其地。將二十年。其地當沅靖二州水陸之衝。一有蠻隙。則為害不細。臣謂宜預為之備。靖康前辰州每歲蒙朝廷賜錢七萬貫。紬絹布共八千一百匹。綿一萬七千兩。是時本州廂禁軍一千四百餘人。沿邊一十六砦土兵六百餘人。皆可贍給。其後中外多故。今歲賜止得一萬二千緡。而本州財復匱乏。無以充召募之費。禁軍止二百一十餘人。諸砦土兵止一百五人。甚至砦官有全無一兵。而徒存虛名者。其於邊防。豈可不為深慮。若歲增給民錢一萬。俾本州募強壯禁軍。或效用二百人。分屯盧溪等處。以防諸蠻。庶使邊患永消。可免異時調遣之費。書奏。詔湖北帥臣詳議以聞。

八年。知貴州陳義上疏言。臣前知靖州時。居蠻夷腹心。民不服役。田

不輸賦。其地似若可棄。然為重湖二廣保障。實為服之要區也。或控制失宜。或金穀不繼。或兵甲少振。蠻獠則乘時竊發。勤勞王師。朝廷當重守臣之選。崇寧初。戍兵三千人。建炎以來。每於都統司或帥司摘兵二百人以備屯戍。其凶悍者。以州郡不能制。遂慢守臣。反通猺蠻以擾編民。州郡非白主帥不敢治。比得報已晚矣。故戍兵敢肆其惡。一旦有警。復安能為用。臣以為宜聽守臣節制便。帝嘉其言。

十年四月。全州上言。本州密邇溪峒。邊民本非蕃夷。其始朝廷禁法非不嚴密。監司州郡非不奉行。特以平居失於防閑。故馴致其亂。又燕溪谷山徑。非止一途。如靜江興安之大通虛。武岡軍之新寧盆溪。及八十里山。永州之東安。皆可以徑達溪峒。其地綿亘郡邑。非一州得專約束。故游民惡少之棄本者。商旅之避征稅者。盜賊之亡命者。往往由之以入。萃為淵藪。交相鼓扇。深為邊患。如武岡楊再興桂陽

陳峒相繼為亂實原於此為今計者宜徙閑地巡檢兵及分遣士卒也諸溪谷山徑間俾湖南北廣西帥憲總其役庶幾事權有歸號令可行也

李椿奏邊備利害狀曰臣竊見朝士大夫每歲虜使欲來未至之際則皆憂其變故及至虜使既還則以謂一歲無事便作安享逸樂國家久遠之計不復關心直待明年秋冬之交方知憂慮日復一日歲復一歲更無一定之論天下之勢益就委靡不振臣實痛之且如淮甸守備之計臣嘗具奏乞堅守之地四處臣今至江上詢訪利害無過於前奏者虜或踰盟四處固守決不敢至江上雖至江上亦不敢住蓋兵行以糧草為重虜騎雖多而知巢湖東關等處據險糧草必不敢行兵馬闕食不待戰而必走無疑矣李陵之言曰步馬之勢固自懸絕今諸軍馬少全仰步兵虜則盡馬勢固不同加以衆寡不等

平原淺草勝負難量若圖全勝之計惟守而已守備已堅自生勇志見利然後可以圖戰若輕用僥倖萬一之勝是棄其兵也如葉義問之用劉汜是也足以為戒矣且吾之所長以水為國必在於舟楫兵乘船艦利則登岸否則據水無令敵人有船則是萬全之計此守四處之大槩虜所恃者衆與騎耳我若必以騎圖勝萬無是理當思有以制其騎斯可矣臣嘗見諸所以禦虜騎者多用拒馬以二人共舉其一手不能別執兵器所以拒敵此車之為用不相侔矣臣又見兵官陳敏造車數様皆不適用韓世忠造鍛鱗車以衛鄭振止用商旅羊頭車許贊造車亦相類而稍華歸正人徐清三等車様向來必嘗進呈而宋武用車四千乘以布為幔下山東滅慕容超又用大槌發短矛於車上以數千人破元魏數萬騎於河北馬隆用偏箱車以數千人敉西州虜不能近以是言之車之為用可以禦馬明矣臣謂宜委曉事兵將官討論戰車之製試閱以為制馬之具則軍勢必振然則車戰之圖尚俟守備堅固之後堅固之圖必用我之所長水戰為上水戰利害臣謹別具劄子奏陳臣願陛下於閒暇之時眷倚執大臣與侍從之官朝夕講究圖治之道上下一心共執定論措宗社於磐石不致事至而憂天下幸甚

歷代名臣奏議卷之三百三十六

禦邊

宋光宗時彭龜年論邊防事宜疏曰臣聞北虜近有韃靼諸國之兵河北又遭水旱狎至之變其事勢和好必堅唯聞河南流人並無歸着若更不熟未免聚為盜賊又云流人往往有歸附之語亦知朝廷已有指揮令沿邊諸州謹守疆埸至即約廻但恐此輩以救死為心彼既無從得食忽爾衝突而來未必可以攔約儻或攔約不住又難驅逐以兵虜人亦恥於百姓流移當必反以本朝誘引人過界為辭設或至此不特失中原之心又將失夷狄之心事當早圖不可坐待寧謀之而不用勿事至而旋圖欲望聖慈宣諭大臣令密與侍從臺諫兩省官熟議所以處之之道庶幾不致緩急誤事

寧宗慶元元年大府寺丞臣呂祖儉上奏曰臣恭惟國家遭靖康之

禍至慘至痛所不忍言凡在臣子皆同不共戴天之責高宗中興大業屈已和戎終未克伸大義於天下孝宗思雪讎恥務圖規恢雖倦於憂勤不得少遂然天地大分於是稍正亦足以慰列聖在天之靈陛下承太上之付託洪濟艱難與時屈伸不殄厥愠祇宜懋德脩政蓄鋭養力以俟時幾誠不可妄挑兵端趣其變動然臣竊揣事勢虜情難知備豫不虞始能無悔自紹熙變故有輕我心彼之來者傲慢在館辭語不恭我之去者擢辱逼脅不顧常禮傳聞駭常孰不悲憤夫其所以敢於狂悖是豈無故而然而又邊遽所傳其事非一括馬簽軍近准積粟治戰艦於海道遣大酋於汴京固難盡謂實然第人情已覺動搖今使命之歸乃以其所知盡寬衆聽既曰無他憂也彼自防内難爾又曰無他事也彼自興河役爾形跡事實莫得而掩辭說解釋過為自文設使彼之計慮秖為虛聲未必有實則隋文平陳之策所謂量彼收穫之際徵集士馬聲言捍禦彼既聚兵我便解甲再三若此彼以為常後更集兵彼必不信猶豫之頃我乃濟師萬一虜情或出於斯則亦必深勞宵旰之慮矣兵家常言無恃敵之不來恃吾有以待之今交為無他之說者是乃恃其不來徒覬幸其知我所料而已儻或是說浸淫不已而弗圖所以待之之具他日邊烽有警虜使扣關若有無厭之求難塞之請事出卒遽莫知所應從之則國威愈損拒之則國勢難支至於此時而後知其言之誤國亦何及哉伏望陛下痛念讎恥之未報深察戎心之難知夙夜之間眷命宵密固不可以為無他而自寬尤不可徒為張皇而自擾明詔二三大臣堅彊志意審定規模相與盡誠勠力圖回實政布置實材以為待敵之方内而宿衛諸將訓飭其和輯士心外而被邊諸屯申嚴其周視邊備後於重鎮圖任舊臣老將俾為固圉之謀彼若求釁生隙則在

帷幄運籌者折之以正理出之以遜辭盡其在我毋為兵首神天助順軍聲自強宋德在人必無厭斁

嘉泰三年前知潭州湖南安撫趙彥勵上言湖南九郡皆接溪峒蠻夷叛服不常深為邊患制馭之方豈無其說臣以為宜擇素有知勇為猺人所信服者並為酋長借補小官以鎮撫之况其習俗嗜欲悉同猺人利害情偽莫不習知故可坐而制服之也五年之間能立勞効即與補正彼既榮顯其身取重鄉曲豈不自愛盡忠公家哉所謂損虚名而收實利安邊之上策也帝下其議既而諸司復上言往時溪峒設首領峒主頭角官及防遏指揮等使皆其長也比年往往行賄得之為害滋甚今宜一新蠻夷耳目如趙彥勵之請所謂以蠻夷治蠻夷策之上也帝從之

寧宗時著作佐郎張密言邊事有二病戒敕千條猶患悖繆指意明白

猶復背違安有不示其所向而謂可責其成且言戰則當知於彼言和則當請於彼惟守則自求諸己而已儻以為可則當力主其說明告天下日講求其所以守之之策蓋議論貴合一而今則病乎雜也用人不可以嘗試任人不可以自疑朝廷惟慮獨任之難勝彼此互分不相扶持人得抗衡莫有稟屬制置但存虛器使宜反出多門蓋體貴合一而今則病乎分也

衛涇應詔論北伐劄子曰臣疏賤至愚暫爾兼官猥奉明詔使得吐露與聞邊議之重仰見陛下博盡下情憂深慮遠以圖帝王萬全之至計臣敢不罄竭愚忠臣竊惟國家再脩盟好以來邊報晏清中外寧謐民不知兵以保和平之福蓋踰四十年于此比來虜運衰微內當多事自救之餘頗為恭順外知吾國飭備之謹寖生疑懼伏覩宣

示類聚探報事宜其虛實的確雖不可盡知臣妄料虜情不過因並邊侵軼之擾多為防備必未敢輕犯王略自速殄亡近者賀正使副陳景俊等回程竊知虜廷嘗有文喻其詞委曲類若退懦窺其指意亦欲求邊臣無生事盜賊不作邊境安靜而已今探報所云修道路閱舟師點集兵夫添置寨柵等事往往其國聽吾增戍隨亦葺備施行未必周悉傳聞易至張皇譬之對弈彼此相應以示之急則彼亦急以示之緩則彼亦緩如邇日朝廷分置使命相繼宣諭諜間然來彼寧不知恐其展轉生疑安知凡百繕守殆將不止如目前所傳此亦事勢之所必至毋足怪者臣反覆熟慮今日之計惟當審在我之虛實以為備禦必勝之策無或隨在彼之動靜以為作輟無定之謀自古兩國相持未聞強弱持重者安輕動者危應兵常勝首事者常沮秦漢之遠未暇悉論東晉事體大略類今謝玄淝水之勝符堅以舉國之衆匹馬不能北返此應兵必勝之驗也褚裒殷浩投機太速所

師于外曾微寸功此首事多沮之鑒也本朝中興以後凡渝盟興師常先出於虜然虜首兵每衂而我應兵常得利兀朮號善用兵猶潁昌大敗以十萬勁騎不能支劉錡背城之一戰逆亮究兇焰方張自謂可以叱咤渡江而海道采石所向輒挫卒授首于廣陵此二役者虜以首兵而皆敗使今日侵犯之謀果先出於彼是以機授我堅師不動以待之正不足畏竊覘虜之既衰萬萬不及兀朮逆亮強盛臣知其必不能出此明矣易曰不利為寇利禦寇今當令虜常居為寇之名而在我先定禦寇之計是遺虜以不利而我擇其甚利圖全制勝莫切於此兵法曰善戰者致人不善戰者致於人臣所謂持重則安致人者也輕動則危致於人者也若北虜自貽伊戚警我邊陲是當手致於我之術矣以靜制動以逸待勞豈不能收潁昌城下郾城之效乎臣所慮者彼此疑障既開邊備未可輕撤要當力於自治堅忍持

重勿為無益之爭以啓其侮勿為易泄之機以激其變稍遲歲月使吾之戎政益脩軍實愈嚴儲蓄豐裕士馬騰驤則伸縮進退無不在我遲速操縱終可以得志矣況中國舉措尤貴嚴密若朝得一報而為之營營不寧夕得一奏而遽謂晏然無事臣恐非所以示朝廷之整暇而夷狄得以窺測淺深也昔管仲有疆事之言以告桓公曰疆場之事謹守而備其不虞姑盡所備事至而戰又何謁焉管豈忘疆事哉蓋內為之備而外不示弱此有所恃而彼不能動耳豈以天下之大而可無自立之規摹乎臣有惓惓之愚夫事有先後謀有緩急譬人之一身腹心無疾而後外邪可攻今備邊之計誠不可緩而荊襄兩淮所在饑民未甚帖息尤所當急若鄰釁未寒萬一盜賊有警則虜得窺伺之便而始有重煩朝廷之憂者其可不亟圖之臣願陛下申敕宣諭使司且以撫安饑民為先使腹心數寧根本充實則內

安外懼而禦備之策可以無闕臣識見短淺冒陳管𦗟朮足以仰裨廟筭芻蕘恐懼陛下赦之幸甚

司令許應龍奏曰臣竊惟今日之務莫急於備邊小大之臣陳謀獻議不曰意嚮當定則曰規模當立不曰議論貴一則曰事機貴審陛下既熟聞之矣臣雖至愚安敢復援前說以瀆天聽輙以彊本之策爲陛下陳之夫紓一時之急者不得不爲權宜之舉防後日之患者不可不爲彊本之計倚權宜之舉而欲其經久而無患者見遠識微之論則以爲猶有遺慮也且賴忠義之人以紓一時之急豈非權宜之舉乎練官軍以防後日之患豈非彊本之計乎粵自京口之舟失於警備之不嚴泗水之師衂於揣度之不審既而決淮陰之勝而挫殘虜之鋒者忠義之力也邇者烽燧告警而敵情叵測游騎出沒而疆埸靡寧未幾奏濠梁之捷以伸吾中國之威者又忠義之力也然軍書輻湊以交馳羽檄踵跡而押至隨機應變豈容無策今也連營列戍第爲守衛之謀邊將閉城僅防衝突之擾苟非調發忠義設伏掎角則何以卻鴟張之勢而成克獲之功哉是則將以紓一時之急其勢不得不爾雖然此特權宜之舉而彊本之計又有不容緩者蓋元氣既固外邪自消吾之威令苟伸則英雄豪傑之徒莫不俛首屈意於其下然則官軍者豈非今日之所當振乎官軍振則根本彊根本彊則忠義之人可以爲吾之助而不能爲吾之患此亦漢以南北軍相制之遺意苟以其脆弱難用不加激厲而攘卻之功一切倚辦於忠義彼將謂秦無人萬一恃彊而驕蹇挾功而邀求不厭其欲其能帖然而無譁乎况吾之虛實彼所熟知苟一摇足何以制之且今之官兵非不多也器甲非不利也廩食非不繼也以此禦戎何患不濟苟能揀其驍銳嚴其紀律旦夕淬礪常若寇至迫遇敵之際則功

多者有厚賞未迪者有顯戮毋徇私意而爲之重輕毋事姑息而爲之容隱則怯者奮而爲勇弱者轉而爲彊兵威振厲隱然有猛虎在山之勢不惟可以折敵人之衝亦可以消山東偏重之勢何者彼知朝廷之所倚仗者不專在我也夫既資彼之力以紓一時之急後張吾軍以消他日之患則國勢巋然猶泰山而四維之矣而或者乃曰忠義之人猶養虎耳飢則求食飽則反噬深咎夫招來者之不審也吁是固然矣然既招之則不容卻之彼既與虜爲仇群然歸我苟無以安其心是絶其向生之塗激其等死之忿獸窮則搏勢所必至况彼方有功於我猶賴以爲掎角之助則亦惟區處調伏使之有致遠之能而無泛駕之虞耳所謂區處之策者何也懷之以恩結之以信寵之以爵賞贍之以關額官兵之廩使之歡欣感戴樂爲吾用而吾之兵威又足以鎮服其心則亦庶乎其可也吁忠義若可慮也而有以制之則不足慮官軍若難用也而有以厲之則皆可用然而致此者則必有任其責者耳夫膺守禦之寄者邊將也總邊將之權者制閫也昔蜀以孔明駐漢中吳以陸遜守荆渚皆付以事權不從中御故得以乘機制變而有成功今之任制閫者苟得其人則舉邊陲之寄悉以付之使進退伸縮莫不如意則號令一而人心協若州縣之有事權者或得以已見專達雖曰事機無壅然而謀議或有異同施行或至牴牾則倉卒緩急諸將罔攸稟令廟謨宏深其必有以處此矣雖然備禦之策尤當一定不可視緩急而爲之作輟觀勝負而爲之驚喜昔元祐初以累世逋誅之鬼章一日縛致闕庭疑若可以晏然矣而議臣以爲安危之機正在今日若處之有術則安邊息民必自此始不然則以勝爲災夫當國家全盛之時猶不敢忘警懼之戒况邊事未寧之日乎毋恃其一勝當思爲常勝之謀毋狃於少安當

圖爲久安之計。此又帝王萬全之策也。臣位卑言高，罪在不赦，惟陛下恕其愚忠。

應龍又奏曰：臣聞禦戎之策有三，曰戰，曰守，曰和。因時施宜，固難執一。然其事未嘗不相關焉。銳於立功者則曰殘虜煙滅，中原丘墟，振兵直前，當如摧枯拉朽之易。不特慰來蘇之望，亦可成尅復之勳。是則攻戰之舉固不容緩。然深謀遠慮者則曰理內斯可禦外，彊本斯可折衝。兵財俱乏，事力不繼，而遽尋干戈，則召釁稔禍，功未成而害已見。其可不爲備守之圖。然城壘方營而侵軼已至，糧食甫積而摽掠時警，羽檄交馳，將左支右吾之不暇，其能固吾圉乎。是又不容於不和也。是必和親以紓其擾，然後備守之計爲可圖；備守以壯其勢，然後征伐之謀方可舉。是以古人雖和未嘗不爲守，雖守亦曷嘗忘爲戰之備哉。請以漢家之事明之。漢興之初，平城之圍未報，嫚書之辱未雪，犁庭掃穴，似不容已。然而樊噲橫行之請則卻之，賈誼三表五餌之策則謝之，和親之約，細過之赦，冠蓋往來，金繒賂遺，曾不以爲勞且費，何耶？蓋小屈者所以爲大伸之基，而歛翼匿形者未始不爲搏擊計也。況當是時，民之瘡痍未瘳，而休息之政未施，公私之積尚乏，而邊陲之警未寧，則所以拳拳於議和者，將以爲備守之圖也。故塞下之粟可得而積，內帑之錢可得而羨，材官騎士蒐閱於郡試，六郡良家之子閑習於馳射。凡此者孰非爲攻戰之備。迨夫國勢已彊，皇威益振，然後馳陰山之北，而使漢南無王庭焉，極其盛也。欵塞而慕義，稽首而稱藩，推所由來，亦和親之計有以基之。今日和好之議，意或出此，是豈怯懦而不振者乎。所患者玩一時之少安而忘備禦之大計耳。況狼子野心，背服靡常，安其吞併種落，毋以和好爲豢斁之計。今當深思曲防，以伐其謀，外姑示講和之意，而內實爲強本之圖，爲兵堅守，常若寇至，來則應之，侵則禦之，庶乎其可以自固也。乃者韃使之來，或欲絕之以杜其窺伺，或欲卑之以示吾名分，或疑其虛僞而不應加禮，此固所以尊國勢而挫戎心。然此既通好於彼，彼以復命而來，已抵中都，亦難遽絕，寵以錫賚，勞以燕享，隨時施宜，不得不爾。初非過於懲創而自損威重也。雖和好成否，難以預計，然絕之卑之，則憤心一生，其能保其無間言乎。釁端一開，其患立見，盡不止於威重之少損也。爲此舉者，姑欲因此而達和好之意歟。侵撓之兵，而爲安邊息民之計耳。使和議既成，尚當嚴於備禦，況議猶未定，可不亟思所以勉之乎。且今之師旅疲於攻守，財用耗於調發，郡邑困於應辦，盡心力而爲之，猶懼不給。一或少緩，突如其來，得無彷徨失措乎。兵之闕額者當補而訓練之必精，城之頹圮者當修而防捍之必嚴，事事而爲之慮，使無一之不盡，所謂無恃其不來，恃吾有以待之者，此乃禦戎之上策也。吁，內修者如支傾，極力拄撐，不急則仆；外攘者如奕棊，當審彼己，輕舉則失。苟爲計既審而又極力以拄之，安彊之効自可坐致。雖然，能戰而後可以能守，苟徒曰守之可以無虞也，彼長驅而來，與吾對壘，擁兵直前，其能閉關以自保乎，抑鋒鏑不容於不交乎。是則攻戰之具亦所當講。今雖未爲開拓之謀，然豈終忘規恢之計。生聚教訓，可以成報復之功；內修政事，可以收外攘之効。根本苟彊，皇威益振，夫道好還，寧無可乘之機，第今未可爲耳。今主議于中者既有定論，而宣力于外者當爲遠謀。羊祜在襄陽，務修德信，使命常通，以穀爲糧則輸絹以償，欲進詭計則卻而不納，二境之間懽然交和，疑若安於苟且而無遠略矣。孰知夫規恢之謀已寓於此，而混一之功不旋踵而成。今之任責者當以是爲心，毋貪小勝以窮追，毋校小嫌而起釁，養威持重，待時而動，俟文武之境土當仵德於宣王矣。惟陛下與大臣亟圖之。

嘉定元年。太學博士真德秀上殿奏劄曰。臣竊惟權臣用事。妄開兵端。南北生靈。均被其毒。陛下為之旰食焦勞者。二年于茲矣。天啓睿謀。迄殄元惡。尋盟繼好。休息有期。豈非天下之福哉。而臣區區愚慮竊謂為國者。當示人以難犯之意。不可示人以易窺之形。昔春秋時。晋師入齊。齊使國佐求盟於晋。其勢亟矣。一聞齊之封內。盡東其畝之言。雖僨軍之餘。不肯苟從。以紓一旦之禍。蓋敵國之相與。有以折其謀。則為和也易。有以啓其嫚。則為和也難。况戎狄豺狼。變詐百出。又非可以中國常理待之乎。側聞日者小行人之遣也。虜人欲多歲幣之數。而吾亦曰可。增虜人欲得姦臣之首。而吾亦曰可與。至於往來之稱謂。犒軍之金帛。根括歸明流徙之民。承命唯謹。曾亡留難。竊揆謀國之意。不過以樂天保民為心。幸和好之亟就耳。獨不思虜人

得以闚吾之情。而滋嫚我之意乎。雖然。此既往之咎矣。所以圖制方來者。猶可謹其初也。蓋古者敵國通和。有養其事力以待可為之機者。越之事吴是也。有聽命於敵以圖苟安之計者。六國之事秦是也今日尋盟於虜。臣不知姑欲養其事力而待可為之機乎。抑將聽命於敵而圖苟安之計乎。勾踐之行成於吴也。蓋忍恥以志仇讎之復而非倚和以自固也。是以三十年間。蚤朝晏罷。卧薪嘗膽。未嘗一日志會稽之恥。故雖詘辱一時。迄能伸其志於異日。若夫六國則不然其求和於秦也。蓋委國以為仇讎之役。而非用權以蘄濟也。故朝割地以賂秦。則暮棄謀臣之言。夕遣質以入秦。則旦絶隣國之援。撤防弛備。冀秦之矜己而不加兵。奚異委肉虎狼而幸其弗食也。夫是以六國之地。卒歸於秦。豈秦之力能亡六國哉。六國實自亡耳。今日而知是。則當以越之事為法。而以六國之事為戒可也。抑臣聞之。善謀國者。不觀敵情之動靜。而觀吾政之修否。元祐初。用司馬光為相。盡更王安石敝法。契丹聞之。以勿生事戒其邊吏。今日號為更化矣。而虜之桀驁。亡異前日。毋亦我之所為。尚有可思者乎。故臣妄論今日之事。必吾無以取輕於敵。而後和可成。必有以深服其心。而後和可固。臣觀昨者竄殛柄臣之始。不惟四方萬里咸服英斷。而敵國亦竦然易視矣。誠使剛健不息之誠。愈篤於初。振厲有為之志。益加於舊。則國勢日彊。虜自退聽。奈何朝綱方整而紛紊之漸已萌。政事方修而懈弛之形已露。正人雖進。志未獲伸。言路雖開。忠罕見用。我之更化者僅如此。其能使敵情之畏服哉。况夫彼之待我者方驕。我之恃和者太重。一介行李。曾未越境。而動色相慶。若無事然。臣恐盟好既成。志氣愈惰。晏安鴆毒之禍作。浮淫冗蠹之事興。彼方資吾歲賂以厚其力。乘吾不備以長其謀。加之數年。聲勢浸盛。然後發難從之請

挑必爭之端。而吾徬徨四顧。將無以應之。此長慮遠識之士。所為寒心者也。臣願陛下以通和講好為權宜。以修德行政為實務。君臣之間。朝夕儆戒于敵情之難保。禍至之無日。蒐討軍實。申飭邊防。凛然若敵師之將至。如是。而國勢不張。外虞不弭者。未之有也。臣一介微賤。乍對清光。輒竭芻蕘之思。惟陛下財擇。

六年。德秀為起居舍人。直前奏劄曰。臣竊惟備邊制敵。有國之大事也。今之邊面。控連要害者。近則兩淮荆襄。遠則蜀之關外。然以地形考之。蜀居上流。寔東南之首。荆襄其吭。而兩淮其左臂也。比歲以來經理淮襄。廟堂蓋有成筭矣。臣敢以蜀事言之。夫蜀之與秦。壤地相屬。長安百二之勢。天下有變。則豪傑之所必爭。今虜為韃靼所乘。悉力以備燕。晋而秦之地。必虛萬一。靈夏伺隙而長驅。盜賊乘時而竊據。鄜岐汧隴。遂為戰場。虎鬭于垣。而主人得安枕以卧者。亡是理也。

今漢中重臣與益梓瀘遂諸鎮人物相望之副何咄然蓄材待用常過於有餘毋失之不足臣觀寶元慶曆間西事既興一時名臣往往多在邊境陝西關帥則就命韓琦延安關帥則就用仲淹無事機睦跌之虞皆威信相孚之素著蓋預蓄人材之效也今自東南持麾節以往者選用不為不精以臣觀之平居暇日撫摩民瘼區處吏事致自有餘而威名智略可當一面者殆未之見臣愚謂宜倣先朝西鄙故事凡蜀之名藩要郡若總饟權牧之官轉漕刑獄之任非精明魁壘奇以折衝禦侮者不在茲選其罷軟弗勝任者易之儲材於閒暇之餘而拔用於倉猝之頃備邊制敵莫此為急臣妄言有罪惟陛下赦之

貼黃臣竊見九月丁巳流星晝隕占者以為覆軍流血之象分野在晉壁實在益故臣妄謂蜀之邊備尤宜致謹而儲蓄人材尤邊政之大者伏乞睿照臣恭聞淳熙間有太府丞句昌泰者嘗言蜀中制置使一員任六十州安危或疾病遷改自朝廷除授動經年歲始至一去一來之時至為利害之機願於從臣中嘗儲一二人於蜀令作安撫一旦制置有闕便可就除實思患豫圖之策孝宗皇帝諭輔臣曰此正在吾心第恐無人後欲除簡能須是選擇可備制置使用者儲養臨時不至闕事美哉聖謨誠可為萬世法惟陛下財察

七年德秀使還上殿劄子曰臣等非材叨陛下擢將使指脩聘鄰邦適當朔庭雲擾之秋不克以成禮歸奏然久駐境上日聆邊報或云韃靼之衆已陷燕山或謂西夏之兵亦窺秦鞏或稱兵陸梁有鐵騎之號或志復父仇興縞素之師雖傳聞之辭固有異同而危亡之形大抵可見臣等夙夜以思有當勤聖慮者敢因賜對而輒陳其愚臣聞中國有道夷狄雖盛不足憂內治未脩夷狄雖微有足畏蓋昔者五胡之紛擾與單于爭立之事同而拓拔氏之東西與匈奴之分南北亦無以異然宣帝因呼韓之朝而益彊其國劉石苻姚之變晉迄不能以成寸功光武因南單于之歸拓地千里而侯景內附適以兆蕭梁之釁夫所遇略同而成敗以異者豈固有幸不幸哉蓋宣光之政脩而晉梁之政失也今胡運衰微雖吾宗社之慶然臣等竊觀事勢竊以為深可慮者三亟當為者二何謂深可慮者三曰對境之流民僅存之遺孽驟興之狂虜是也臣等近抵山陽聞淮北之民扶攜老稚結筏欲渡者曰以百數雖邊臣謹守疆埸諭卻使還然蝟集而南者其勢未已蓋其仍歲荐饑重以師旅遺黎何辜死者什七苟非越境去以偷生故其謀遂出諸此今將容而納之固未易處若一切拒絕彼或萌等死之心設有不幸隨之以潰散之兵繼之以群行之寇其將何以待之此其可慮者一臣等又聞舊酋之子改元僭號於山東比者攻圍海州距吾邊纔數十舍儻其粗能自立遂成瓜裂之形因而撫柔尚易為力萬一外夷得志必欲殄完顏之宗干戈相尋為力弗敵兇殘豕突迫吾邊垂又將何以禦之此其可慮者二昔宣和中女真始大耶律浸微識者豫知必貽中國之患蓋雖均為戎狄然習安者易制崛起者難馴理固然也今女真土傾魚爛勢必不支萬一韃靼遂能奄有其土疆封豕豺狼本非人類鄰之則怨接之則驕董以亡虜舊臣各圖自售指嗾之計何所不為設或肆谿壑之求要吾以待女真之禮從之則不可以立國拒之則必至於交兵宣和舊事可為龜鑑此其可慮者三何謂亟當為者二曰內固邊防外精閒諜是也書曰惟事事乃其有備有備無患傳亦有云無恃其不來恃吾有以待之今邊庭探報未必盡然臣等所陳亦似過慮然未至

豫言國常為虛者甚已至又無所及況積漸欲然之勢日長不已者乎。而封疆扞圉之臣往往內實驚危外示閒暇其說曰吾將以鎮安物情也獨不知人心有所恃則雖不鎮而自安若其未然則雖無故而自擾與其避張皇之小害孰若圖倉猝之深憂夫自古立國東南未有不以兩淮荊襄為根本紹興中。李綱建議六朝之能保守江左者以彊兵重鎮盡在淮襄雖曹魏之雄苻石拓拔之衆卒不能一闚江表後唐李氏有淮南則可都金陵其後失之遂以削弱今朝廷欲為守備則當於兩淮荊襄置三大帥屯重兵以臨之分遣偏師進守支郡小築城壘如開新邊遇有賊馬則大帥遣兵應援稍能自守商旅必通乃可召人來歸漸次葺理假以歲月則藩籬成矣綱之言蓋今日所宜用也臣等聞者自揚而之楚自楚之盱眙經行所及凡數百里平疇沃壤極目無際重湖陂澤漭瀁相連而田野之民丈曾堅

悍彊忍無兵鬼驕脆之氣迫久駐邊城訪問益審凡兩淮形勢之利如在目中。然後喟然嘆曰此天賜吾國以為大江之屏蔽使彊兵足食為進取之資也而士大夫習尚因循視其荒殘湮棄之情由嘗不聞溝洫不治有險要不知所以控扼有丁壯不知所以練習有事禁武勇不知所以牢籠收拾之方一旦驚急但思委而去之以長江果足恃是猶咽喉見搤於人而欲與之角藩墻爲鑰爲盜所有而欲無堂奥之害亡是理也且往者極邊之地城壘不建戍守不增饒以至區要盟之故令事變一新政吾更張規模之日臣等謂宜及今至行經理選儒臣之有威重知兵略者二三人俾之督護諸將其措克白封疆慎不立官易之沿江列屯亡慮十數萬勁騎精卒皆當移駐其邊而增募舟師以扼江面凡城池樓櫓之未固若要害之未葺者悉遣屯兵併力繕治使沿邊數千里脈絡相聯有貫珠之勢首尾相應

有率然之形兵力既雄民志自固然後大修屯田之政倣漢投果比事蘐為一司以領之力本務農如周秦之用西土數年之後積貯充實邊民父子爭欲自保因其什伍勒以軍法不待糧饋皆為精兵今場之勢成犄石之基立則退足以守進足以攻此所當為者一也夫間諜不明最兵家之深忌今女真與達靼相持蓋非一日戰鬬雖合不知其幾而吾邊臣迄未有得其要領者至如呂林答忠之歸乾石烈執中之死立王邊諸郡言人人殊即此推之他可槩見臣等比至維揚首聞虜巢摧陷之報賞諸戎帥亦復謂然迄於修門其說又異夫敵國存亡豈非細事風傳不一乃至於斯脫有緩急兵機何以措由昔民初韓世忠吳玠諸人捐金募間如用砂礫故敵人深謀秘計靡不豫知取勝之術大抵由此臣等謂宜申飭主兵之臣嚴任遣間之責事之驗否特示勸懲庶幾實事必聞而聞事必審此亟當為者二也

臣等區區本無奇策獨念將命之初蓮去殿陛蒙陛下溫顏賜諭以江淮之事歸日奏聞故敢罄竭愚忠期報萬一。惟聖明財察

德秀為江東轉運副使奏論邊事狀曰臣至愚極陋蒙陛下選擢待漕江東朝夕之所盡心不過州縣閒常事耳未足仰裨大息今事有關於宗社之安危國家之休戚職有常守在臣雖不當言而其義則有可言者昔歐陽脩以知制誥出為河北轉運使嘗請與聞兵事仁宗許之。臣雖於脩無能為役然亦由詞臣出使且以轉餉為職則邊垂利害臣敢避晉越之罪畏縮不言臣竊見金虜自失國南遷其勢日蹙迫者韃靼與西夏并兵東出潼關深入許鄭虜庭危迫之狀見於偽詔所云。近復傳聞敵兵攻圍都邑潰散布滿山東雖探報之辭不無同異要其大勢以河南數州僅存之地而抗西北二國方張之師加以群盜縱橫叛者四起土傾魚爛厥證具形括馬斂糧公私並竭。

交鈔數萬僅博一餐。危急如此，不亡何待。臣謹按國史，女真叛遼在政和之四年甲午歲，其滅遼也在宣和之七年乙巳歲，是冬即犯中原。臣竊謂今日天下之勢，無以異政宣之時。陛下所以自治其國與外禦夷狄者，亦宜以政宣為鑒。夫以皇皇鉅宋，八葉重光，垂二丁政宣，蓋太平極盛之日。使朝廷之上，知守成之惟艱，無難之可畏，惕焉戒懼，以祈天永命為心，親信仁賢，脩舉德政，則國勢屹然，有泰山磐石之固。雖百女真，其何能為。不幸燕安，沉溺之餘，紀綱蕩然，無一足恃。本根既撥，枝葉從之。於是女真得以逞其凶殘，攻陷我都城，傾覆我社稷，劫遷我二聖，荼毒我烝民。自開闢以來，夷狄之禍，未有若是之酷也。今將戒前車之覆，求神器之安，其道非他，願以政宣為鑒而已。臣嘗妄論政宣致禍之由，其目有十。夫君臣相敕，維時幾安，股肱不良，萬事墮壞，其在虞廷，猶以為戒。自蔡京倡豐亨豫大之說，王黼開

應奉享上之門，專以淫侈蠱上心，奢靡蠹國用，土木之功，窮極盛麗，花石之貢，毒遍東南，甚至內庭曲宴，出女樂以娛群臣，大臣入侍，飾朱粉以供戲笑。於是荒嬉無度，而朝政大壞矣。其失一也。易曰：師貞，丈人吉。又曰：師出以律，否臧凶。言總師必得老成厚重之人，用師必有節制訓齊之律，反是則凶也。自童貫、高俅迭主兵柄，教閱訓練之事盡廢，上下陛級之法不行，潰敗者不誅，而招以金帛，死敵者不卹，而詆以逃亡。於是賞罰無章，而軍政大壞矣。其失二也。詩曰：敬天之怒，無敢戲豫；敬天之渝，無敢馳驅。自昔未聞簡忽天變而無禍者。政宣之世，天變數見，星如月，徐徐南行，白黯無光，洶洶欲動，赤氣犯斗，水冒都城，當時群臣恬不知警，方且以恠孽為嘉祥，變異為休徵。此上不畏天戒，其失三也。夫舜之聖，舍己從人；成湯之德，從諫弗咈。自昔未聞飾非遂過而不亡者。政宣之際，以言為諱，張根論征斂之

煩，謫官安置；李綱論大水之變，遠謫監征。於是縉紳不敢言矣。鄧肅以進詩諷諫，屏出太學；朱夢說以昌言宦寺，竄斥偏州。於是布衣不敢言矣。鈐結成風，馴致禍敗。此下不卹人言，其失四也。夫君子在內，其卦為泰。濟濟多士，文王以寧。政宣用事之臣，舉以毀忠忌賢為事。凡累朝老成之望，當代鴻碩之材，不以姦黨廢，則以邪等斥，不以曲學貶，則以異論逐，排沮挫抑之餘，舉國無君子矣。雖欲久安，得乎。其失五也。夫開國承家，小人勿用，而難任人，蠻夷率服。政宣之世，京、黼繼尸宰柄，貫、攸擅廁樞庭，其翱翔臺省，布列館殿，非歌頌詩書，即膏粱子弟，非奴事閹尹，即翼附權臣，更引迭援，在廷皆小人矣。雖欲勿危，得乎。其失六也。記曰：四方有敗，必先知之，此之謂民之父母。政宣小人顛為蒙蔽，以欺上聽。劉法敗死西陲，而童貫乃以捷聞；方臘破東南六郡，而王黼匿不以告；郭藥師反形已露，而邊臣掩覆於外；女

真兆期入寇，而大臣諱晦於中。上下相蒙，終成大患。至虜兵濟河，而朝廷猶未之覺。其失七也。書曰：民惟邦本，本固邦寧。政宣小人專務聚斂，以搖根本。朱勔以貢奉擾浙右，李彥以括田困京東，蔡京改鹽鈔法，而比屋歎愁；王黼創免夫錢，而諸路騷動，人不聊生，散為盜賊。雖微夷狄，亦必有蕭牆之憂。其失八也。詩曰：無競惟人，四方其訓之。古者以一士寢敵謀，片言折外侮。政和初，遣使覘國，而童貫實行，遼之君臣相顧竊笑，已有南朝無人之譏。北事既興，遂付戎律，以僕隸之才，當元戎之任，節制不明，諸將無所稟畏，庸懦不武，敵師得以馮陵，又繼副之以蔡攸，易之以譚稹，其為駑怯，又益甚焉。於是女真知中國之無人，而異志興矣。此授任非材，其失九也。昔子產以蕞爾之鄭，崎嶇彊國間，區區一環，宣無愛於晉，而子產則曰：大國之人令於小國，而皆獲其求，將何以給之。一共一否，為罪滋大。大國之求無禮

以予之何饜之有卒不與秦求地於趙趙欲與之虞卿曰王之地有盡而秦之求無已以有盡之地而給無已之求其勢必無趙矣趙用其計而秦不能加蓋有國者不幸與彊敵為鄰當有以服其心而不當徇其欲方女真與遼國交兵雖能每戰輒克然視吾中國之尊如高山大海未易測其雄深何敢遽有他志不幸姦臣鄙夫務功寡謀唯恐無以順適其意彼方邀吾歲幣則予以契丹舊數而不辭邀吾燕地稅賦則予以銀絹百萬而不靳至於索犒師則許以犒師欲貸糧則許以貸糧一事方酬而一事已生前請未塞而後請復起一切順承無敢或戾而南牧之師已侵尋於境上矣蓋犬豕豺狼本無饜足徒知徇其欲而無以服其心其禍固應爾也或者惟以納張覺結余覩為造釁之由而不知召侮取輕其漸非一雖微結納之事其能保盟約之不寒乎此處置乖宜其失十也今陛下聖德清明萬無此

矣然臣獨怪一人憂勤恭儉無媿仁祖之風而群臣盤樂怠傲乃有宣和之習東南民力耗於軍餉者十八而士卒窮悴常有不飽之嗟災異頻仍脩省之實未覩言路壅塞讜直之士弗容君子非不參用而正論未嘗獲伸小人非不欲遠而諛諂猶或得志蒙蔽之風日熾聚斂之政日滋此失未除臣恐後之視今猶今視昔也雖然臣外有司也其於內事不敢盡言獨請為陛下深陳所以待夷狄者臣觀韃靼之在今日無異昔者女真方興之時一旦與吾為隣亦必祖述女真已行之故智蓋女真嘗以燕城歸我矣今獨不能還吾河南之地以觀吾之所處乎受之則享虛名而召實患不受則彼得以陵寢為詞假大義以見攻女真嘗與吾通好矣今獨不能卑詞遣使以觀吾之所答乎從之則要索亡厭豈能滿其溪壑之欲不從則彼得藉口以開釁端黠虜之情必出於此不可不豫圖所以應之也自三數年

來謀國者不深惟長算而一切偷安曩者虜在幽燕吾以歲時聘問已非獲已彼既播越而南獨不可遷延其辭俟復燕山然後玉帛往來如故乃使大宋臣子拜犬羊於祖宗殿廷之下其誤一也歲幣之弗遣是矣然不以還燕為詞而議曰漕之渠乾涸使殘虜得以移文督責中原豪傑聞之寧不以寡謀見哂乎其誤二也至遼之遺民皆吾赤子窮而歸我當示綏懷彊吏非人唯知拒卻固已絕中原之望甚者視為盜賊戮之焚之上流制閫之臣明揭大榜來者即行勦殺西州總戎之帥殺程彥暉一家骨肉於黑谷山秦隴之人莫不切齒召鄰國之侮開邊鄙之隙結遺黎之怨逆上帝之心孰甚於此其誤三也積此三誤而吾國之威靈氣燄索然矣漢昭烈有言事會之來豈有終極夫誤於前者不可悔而應於後者猶可為所願朝廷毋再誤而已厥今庸人之論有二不曰虜未遽亡猶可倚為屏蔽則曰中原

方擾未暇窺我江淮凡此皆誤國之言不可不察也虜之必亡無愚智舉知之臣不復重陳若昔五胡之亂江左粗安者蓋以群醜並争莫能相一故吾江表得以偷旦夕之安及苻堅既滅慕容旋起吞晉之謀元魏已併諸胡遂萌飲江之志今新虜鴟張盡有河朔而楊劉群盜又皆往往服從臣恐與五胡角立之勢殊未可為江左苟安之計也或又以為安邊者所備特曰籌以此餌敵何患不濟臣竊謂不然夫金繒遺虜雖後世偃兵息民之權宜然用之於國勢盛強之時則足以示恩而不至於召侮景德之事是也用之於國勢委靡之時則適以召侮而不足示恩宣和之事是也儻不思自彊其國而恃賂遺以幸一日之安臣知其非策矣昔孫氏以區區之吳而當彊大之魏若未易為力者然其君臣相與策勵遂能挫曹公虎狼之敵晉氏東遷至岌岌也徒以將相有人處分得所卒能破苻秦傾國之師今

國家幅員萬里貢賦雲集帶甲百萬江漢為池豈下於吳晉者而中
外有司忠誠懷殼者少委靡頹惰者多一聞赤白囊至則相顧失色
不知所為少寧則又帖然矣國家平時不愛名器爵祿以寵士大夫
一旦有急未見有毅然以戮力王室自任者此臣之所以大懼也夫
天下之勢猶長江大河上流決潰下流必無獨寧之理今荆淮以北
數百里間干戈搶攘戎馬離離正如熊咆虎鬬近在藩籬之外而或
者乃曰無預吾事彼其中心寧不謂然姑欲滿目前[illegible]貪爵
祿而去至於宗社生靈之憂而使陛下獨當之[illegible]一身計
可也陛下為人子孫任九廟之託奈何付安危[illegible]陛下識欲
尊國勢以弭外虞則政宣之十失必當懲近日[illegible]必當[illegible]庸人
之論必當破首彊之計必當立至誠一心對越上[illegible]蓋
下情以收天人之心以合中外之助庶天下[illegible]猶有[illegible]或上

下悠悠養成深患機會浸失事變日殊臣實[illegible]知其所終也臣自委
質立朝以來區區之愚唯知有君父有社稷[illegible]常盡忠極言不敢自
為身謀今見時事憂虞如此而顧戀寸陰不[illegible]朝廷一[illegible]惟自負
夙心抑亦有慚臧獲是用齋心鑿誠忘寢廢[illegible]裁成此[illegible]復休
至于數四懷不能已卒以上聞意者天誘臣衷[illegible]悟陛下[illegible]或
萬一見於施行則臣雖擯廢田里其幸多矣
貼黃臣竊見太祖太宗艱難百戰以有天下真宗仁宗兢業守成
至于徽宗之世宇內承平民物熙洽不幸當寧而後群小得志
陷害忠良遂使在廷無一君子追政和初遼國衰微金虜崛起
王黼童貫之徒希功冒寵取侮夷狄馴致靖康之變都城失守
二聖蒙塵追前失可為隕涕臣仰惟陛下銳精典學親御經帷
凡祖宗創守之規模可為今日法者既日陳于前矣至於崇寧

之事可為今日戒者願詔館閣之臣編類來上退之暇以時
省覽庶幾姦邪誤國之狀夷狄猾夏之耻一一備[illegible]以
鑒前失而圖今得非小補也皇太子春秋鼎盛問學日新亦宜
命宮僚編纂上件故實從容講論其於今德必多臣位下
人微志在納忠狂僭妄言伏埃誅殛
九年袁燮輪對劄子曰臣竊惟當今之務有不可一日緩者邊防是
也自陛下更化以來今十年矣築城壁浚壕塹繕兵甲積芻糧習武
藝申軍律未嘗一日不為備禦計也勤勤葺理至于今日宜其十全
無闕物物可仗邊陲隱然有不可敵之威夷狄帖然無敢為寇之意
其理固當然也近者竊聞垂亡之虜輒敢率其餘衆侵我疆埸掠我
人民焚我邊舍傲然有輕視中國之心陛下知其所以然乎則以我
之所謂邊防者未必真可恃也將帥者三軍之司命往時稍有勞績

之人率以罪罷凡今所用新進為多孰為智孰為勇朝廷不得而知
也孰為傑出孰為中才朝廷不得而知也四顧乏使臨復用之是謂
之嘗試任嘗試之將而責以真才實能之事豈不難哉然則何以得
良將曰朝廷之上亟以法更激作其怠驕苟安之氣則良將出矣虜雖
微弱而交聘未已所以猶敢桀驁一旦絕之出其不意寧不震懾若
猶侵犯以兵驅之觀其戰鬬而智勇傑出之才因是表見折衝禦侮
不患無人此乃邊防之首務也講和誓書質諸天地邀諸神明不如
約者墜其國可謂嚴矣誰敢違之而殘虜輒敢渝盟豈不自知其非
哉直欲邀我歲幣故為此小擾爾我從而與之是畏其威也是示之
弱也堂堂大朝而見脅於衰殘之小醜惟其所欲略不敢較茲其為
恥辱也大矣使彼猶在燕山其國尚彊未嘗棄好雖與之可也今失
其窟穴不絕如縷又已渝盟其可與乎稽諸公論萬萬一辭謂不當

與惟淺謀寡識者或以為當與爾一或與之我氣先奪何以立國方今夷狄雖韃靼最强及其他裒傑倔起於虜地者甚衆見吾怯弱如此將有吞噬之心豈不尤為可慮乎昔紹興中北虜强盛而徽皇梓宮未歸太母隔在沙漠故高宗不得不與之和所給歲幣皆緘於全盛者半而當時忠臣義士猶以死爭之及逆亮叛盟親提重兵大入淮甸而完顏雍已入於北方亮尋隕于非命而雍盡反其所為其國再安欲尋舊好故孝宗減幣而許其和今之殘虜與其强盛之時固萬萬不侔也而我之與幣增於隆興一如紹興之數毋乃太不稱乎毋乃太甲辱乎借寇兵資盜糧古人之所深戒也彼既渝盟是為寇盜乃以重幣資之衰弱之餘一旦得此於以激厲其衆又豈中國之利也哉善立大事者能反而用之不以是資虜而反以制虜夫今之所患者財用未充也然歲幣之數不為不厚足以勞勇敢足以推戰功自

今以待邊防於此取辦國威由此復伸此天所以佑我國家也其弱也易棄其昧也易攻摧枯拉朽不勞餘力此天所以授陛下復讎刷恥之機會也殘虜折而入我韃靼及夫群雄知中國有人莫不惕息此天所以啓我昌運也陛下內換於心曉然見夫歲幣之不可與固守而確持之則可以奉順天意矣臣聞孔子之言曰為君難何其為難也決大疑定大計措其國於泰山之安天下無敵焉所以難也然則不彊威則不振愚人之見猥重賂以求免此才常主亦能為之何待於聖君乎願陛下審思之臣不勝惓惓

十年衰癃又上劄子曰臣竊惟當今之務備邊為急要當精講而熟計之吳呂範有言臣舟涉海一物不牢則俱受其病此至論也然則今之邊防其可有一事之不備乎臣職在獻納不敢緘默謹以今日六事公論以為未備者上徹淵聽臣聞古之立大事者必定其規模而乘其機會譬如農功日夜以思之思其始而圖其終行無越思所謂規模也始如處女敵人開戶後如脫兔敵不及拒所謂機會也夫惟規模素定於胸中緩急先後有如王朴平邊之策故守不徒守而戰不為浪戰機會未至則舒徐以待可為之時機會可乘則果決以奮有為之略大功之所由集也今之邊防亦果能若是否乎此公論以為未者一也臣聞古之善料敵者必察其虛實而知其強弱避實擊虛避強擊弱則易為力今自間諜不明情不知其所向於將其虜而擣其實不攻其弱而攻其強豈惟無益必有自斃之衝決勝乎此公論之所以為未備者二也臣聞古者百萬一心三軍同力如心腹手足之交相為用如父子兄弟之無有間隙亦嘗曰紂有臣億萬惟億萬心予有臣三千惟一心此興亡之所以殊也今人各有心異論蠭起不以國事為念而惟己私是逞甚者忮人有能己則嫉之

造作浮言播於朝路使有功者不能自安豈無忝於為君者乎此公論以為未備者三也臣聞兵不在多以精為貴國初兵籍不過十五萬而征伐四出莫不如意惟其精也自秦檜當國陰與虜結沿江不宿重兵故大軍屯於江上有急出戍給之生券不責以多矣然比習於驕惰不堪戰攻故議者以為不若令歸舊屯而以生券給沿邊武勇之士公家支費不增於前而守御得人遠勝於舊有安居之樂而無出戍之勞新卒列營相望則大軍可以漸減闕額勿補以計消之誠強兵省費經久無窮之利也而不聞施行此公論之所為未備者四也臣聞善馭軍者必嚴其紀律白刃在前不敢不蹈以為退卻者必死而前進者猶可冀其或生也故惟知主將之可畏而不知敵人之可畏出師之日坐者涕沾襟臥者涕交頤一死將至所以悲爾今軍人遇敵望風而奔蓋以為前進多死而退卻可幸免也紀律之不

嚴一至於此乎。此公論以為未備者五也。臣聞善養兵者必厚其資財。國初沿邊諸將，於其職關市之征，皆得自用，以招募勇士，以旌賞有功，以資給間諜，裕然有餘，未嘗匱乏。中興大將所蓄之財，亦不可勝計。紹興之末，內帑所賜犒軍緡錢，多至千萬，無所靳惜。今日軍用不饒，既無以豐犒戰士，又主將朘削，而軍人益貧，平居憔悴無聊，臨難豈能死敵。此公論以為未備者六也。即此六事推之，其他未備者亦多矣。區區殘虜，敢抗天威，苟不能克，為千載笑。伏惟陛下明詔股肱之臣，大修軍政，如臣所陳六事，靡不更張，以實邊防，以強國勢，當今之急務也。惟陛下亟圖之。

燮又上劄子曰：臣聞天下之大勢，有安危，有存亡。關乎安危，猶可言也；關乎存亡，不可勝諱矣。夫孰不知存亡之分，至為可畏，惟辯之不早，於其關乎安危也，不速救之，浸淫不已，則存亡繫之矣，豈不哀哉。

臣竊觀當今之務，惟邊防最切，而其間利害有未易言者。自淮甸以迄巴蜀，皆邊面也。形勢至廣，不勝其備，要當斟酌時宜，而善處之。淮甸迫近中都，論者皆以為急，然以臣觀之，近者固不可緩，遠者尤不可忽。臣請先言蜀中之利害可乎。蓋昔者張浚既失五路，力不足以養兵，乃以五路財賦均之四蜀，增立名色，謂之折估，蜀人由是重困。馴致于今，公私耗竭，人情岌岌矣。往歲殘虜寇邊，淮襄之間，日尋干戈，獨此一方互市自若，遂啓戎心，乘間深入，殺戮不可勝計。忠義之徒，痛其家之碎于虜也，糾集復讎，義固當爾，而我師追而還之，虜躡其後，無所逃死，安得不怨讟並興，慮其難制，盡散之以為農，則安得而不叛。虜窺其意，從而誘之，幸以忠義自名，終不甘為虜役。及其來歸，汲汲招集，其亦可也。而事權不出於一，諸司各行其意，於是乎紀綱紛亂，姦宄並作，而關外四郡遂淪為盜墟。此關乎安危之時也。

若救頭然，雖危可安。失今不圖，噬臍何及。萬一四郡失守，則四蜀之心搖矣。惟蜀與楚相依以立，蜀人乖亂，楚將若何。唇亡齒寒之憂，近在眼中矣。淮甸其能自安乎。中都寧不震乎。可為寒心，可為慟哭。此其利害豈直安危也哉。智者圖事，因禍為福，轉敗為功。原紛擾之由，求康濟之策，推赤心置人腹中，則銅馬之流莫不感悅，釋賊將用其計謀，則李祐之徒皆能成功。不疑於物，物亦誠焉。古人此論可謂著明矣。雖西山東之豪，所以為我盡力者，誠心待之，蜀之當事任者誠能効其所為，開示大信，堅於金石，孰不樂為吾用。並邊忠義聲勢相接，若左右手之交相為援，若兄及弟之共禦其侮，智謀迭出，則殘虜不能支矣。此所謂因禍為福，轉敗為功者也。揚雄有言：御得其道，則天下狙詐咸作使；御失其道，則天下狙詐咸作敵。御之為言，結之以恩信，閑之以法度，不疾而徐，巧於調伏，有致遠之能，而無泛駕之患

也。苟非其人，孰任兹事。擯黜其庸懦不才者，更用其望實夙著者，號令一新，精采俱變，元氣既充，外邪消伏，挈諸擾攘之中，置之安全之域，豈惟蜀安，天下舉安。事之樞要，昭然在是也。惟陛下亟圖之。

十一年，臣僚復上言：慶曆間，張方平嘗以為朝廷無備西北，孰不知徭蠻衝突，嶺外南鄰交阯，勢須經營。唐時西備吐蕃，其後安南寇邊，旋致龐勛之禍。國朝每憂契丹、元昊，而儂智高陷邕州，南徼騷動。天子為之旰食，豈細故哉。臣等比見淮甸間版築荐興，更戍日益，而廣南城隍摧圮不葺，戍兵逃亡殆盡。春秋教閱，郡無百人，雖有鄉兵義丁七丁之名，實不足用。緩急豈能集事。宜於嶺南要地增築城堡，籍其民兵，歲時練習，定賞罰格，以示懲勸，如此則守令嚴明，守禦完固，民習戰鬭，可息徭蠻侵掠之患，措四十州民於久安之域矣。詔從之。

袁說友論楚州屯戍：臣竊謂城守以為固，不若衆心以為固。蓋城雖

堅而固之者在人。軍無二三之心。則誠甚於二山河之險也。故曰衆心成城。此言誠在於衆而不專在於城也。臣茲奉選命護客有行往來之間。道由楚州。周覽本州城壁勢極雄壯。蓋楚州實為揚州藩籬之衛也。臣復詢之淮民與軍士等。皆謂自淮而南。其陸路至揚州則自盱眙由天長而來。其水路則自清河口由楚州而來也。然楚州尤為要害者。以敵人糧道必由於楚。又楚在揚之前。其來則楚為之敵。若以他路至揚州。則楚又扼其後。所以朝廷以楚為重也。城設塹不敢忽也。今楚之人。皆謂頃年朝廷嘗以武鋒一軍八千人屯駐于楚。軍人家屬悉在焉。誠之為緩急死守之備。自揚州增刱堡寨。以一時建議者。遂移武鋒一軍盡屯堡寨。今不過令鎮江都統司每歲更戍于楚僅五千人耳。既無老小同行。又每歲一替。不為久計。總司復添支食錢幾二萬緡。誠恐緩急之日。更戍之士各念妻兒在他郡。且

非久屯更練者。恐不能責之死守。臣等欲望聖慈以楚城為揚州腹背要害。命樞廷相度。或不復武鋒一軍。即乞令鎮江都統司撥五千人。選擇將副。各同老小。就來年二月合更戍日。密與分屯。久戍于楚。庶不張皇。其元來武鋒軍寨見今存在。却預行修葺。庶幾軍士老小同戍。且為久計。其與無家屬而更戍者事體全然不同。他日緩急必可恃以固守。兼亦省總司每歲二萬餘緡之費。誠非細務。

歷代名臣奏議卷之三百三十八

禦邊

宋理宗時寶章閣學士曹彥約上奏曰。臣聞夷狄盜賊之患自古所不能無。惟在處置得宜。然後不能為害。所謂處置得宜。其略有五。一曰守道。二曰固本。三曰通財。四曰稽衆。五曰愛民。至於擇將練兵。事之重者也。臣猶以為次也。所謂守道者。用兵之道必須先論曲直。當丙子丁丑間。飢民闖邊者動以萬數。朝廷恐惹邊釁。禁抑之不納。其後邊臣貪功。慕簞食壺漿之名。延納入境。致使重兵在戍。十年不撤。蠹國害民。莫甚於此。已往之事。不復歸咎矣。今當明正好惡。定攻守之議。廣立規模。為長久之計。不冒昧而進。不畏縮而退。不以一勝而舉手相慶。不以一敗而咋舌相視。然後可以言道也。所謂固本者。營壘布列。莫先重內。古人處置。固自有體。重兵皆在江內。而三衙尤多勝

兵。中興百年。恃此以不恐。其後馬司徙置江上。而建康鎮江諸軍皆在江北。人心易搖。姦宄易生。設有緩急。不能自立。為今之計。莫若使殿步之兵重於江上。江上之兵重於真揚。真揚之兵重於楚海。聚兵於內。守以大將。有時應敵。可以調發。應敵之後。復歸本營。外華有警。中實安堵。此所以為本彊也。所謂通財者。臣固知治國之道不可以無財。有用之財不可以妄用。若必以吝財為政。則軍事淪於淺陋矣。當開禧未用兵以前。諸軍皆有回易。以至邸店酒息皆有寬剩。其不肖者固掩為已有。而其賢者猶得以激賞其軍也。及乎出戍數多。調發不時。諸軍在寨所餘無幾。營運日削。無所取辦。而獨於互送之禮買工之弊不肯少損。臧寒出戰。無望牛酒。衣不蔽體。日食尚闕。望敵驚奔。勢力實使然。士大夫但見乾道淳熙間諸軍富足。將謂今日事體尚未改舊。不知開禧以後。大相遼絕。今若改絃更張。必須選擇朝臣

體訪諸軍利害供其乏困削其煩苛若軍用不足則又捐金帛以與之一時區處未免浪費比之喪師辱國孰大孰小此所謂通財也所謂稽衆者用兵之道臨機雖貴密謀而起事要須衆聽漢高祖欲復六國則酈食其張良各獻其計武帝誘致匈奴則王恢韓安國各逞其辯用張良之策而漢彊用王恢之策而漢敗此其驗也比歲邊事不常而朝論過於嚴密道路妄傳易以惑衆浮言胥動固不足卹其實意向不容未易舉事咨諏不廣難以至當洪範稽疑謀及卿士大雅先民詢于芻蕘今若采之衆論使之各盡其長朝廷選而用之不問卑賤千慮之愚容有一得異時選擇邊帥亦將於此而得之此所謂稽衆也所謂愛民者自古未有不愛民而可以立國也今陛下每對群臣曰以愛民為念大臣圖座右以愛民為政御史諫官奏疏論事曰以愛民為說而州縣田里之間實未有愛民之効有仁心仁聞

而民不被其澤則貪吏之害未去也朝廷立交承鐵物之數本至公也彼則以增羨為名而掩入私室朝廷付守臣節制之權本良策也彼則以私役為常而脅以威令藉義兵以備緩急本善計也彼則拘之城郭而失其生業耕營田以實儲蓄本古道也彼則彊之鄉夫而奪其農事邊塞之民怨怒盈耳若有緩急將何所恃必須懲其一二明示播告使之改行率德庶幾百姓安業此所謂愛民也有此五者而後可以為國如其不然臣竊憂之至於擇將臣不敢易言之也以今之將為皆不可用耶則將以何人而易之以今之將為必可用耶則又不敢以為然也夫使守道之策行固本之議定通財之說明則識事者必應時而起稽衆之計廣愛民之政傳則好事者必舉賢而進可以類求可以意使矣若夫練兵則又為將之事非朝廷之所憂也臣受國厚恩無所補報傾倒所學不過如此惟陛下留神

戴栩奏禦邊劄子曰臣請言天下之大慮今殘虜不足慮夷近而可慮者淮孽也遠而可慮者韃人也淮甸之孽雖逆名未彰而逆節已露我之耕牛則倩客以致之我之戰馬則昂價以誘之我之材木則貲以為舟筏之具朝廷方計糧而為之餉廣糴以應其需稍拂其意則起而殺官吏焚城郭暴骨草莽積聚為之蕩然一待其善言則置而不問夫朝廷不先事以激變識大體也而臣竊揆之事宜自可並行而不相悖陛下與大臣務為恩言以存其終始申勅制閫常為之備俟其有變而誅之彼之未動則有所忌憚動而欲為不善則天人共憤而曲不在我矣韃人之侵我邊隱然起巴蜀中經襄漢東並淮泗横亘數千里處其勢未能如是汗漫意其群盜潰卒假托名字游魂竊息不然則所過郡縣驅其丁壯老弱以為前鋒耳若是者當精間諜以伺之不可聽其自為去來也然臣謂二者實所當慮而先為不

可勝以待彼之可勝則必有措慮之地矣陛下所恃為攻戰者將非吾兵乎所恃為保障者將非吾民乎今自三衙逮于屯駐將帥掊刻日甚借貸之責償差使之納賂打行成守反利其死而名糧口券動占虛籍甚者家貲豐餘與夫材力之出衆者往往貪忌百計以害之而陛下之兵怨矣自內郡逮于沿邊州縣朘剝尤為苛峻稅賦之重輸贓罰之過倍楮幣貼入自為折閱而茗鹽酒麴動致破家甚者和糴城築之類科抑百端朝廷雖給本費以巨萬計反席卷而藏之而陛下之民怨矣兵怨民怨陛下不得而知所恃以為耳目者風憲之職而已間有背公徇私竊弄威柄尺牘所馳轅門鈴閣無日無之其營求囑托如裨校之補幕屬之辟薦至將州郡能順適其意則過雖山積且曲為之地尚奚肯為陛下告哉唐文宗有言去河北賊易去朝中朋黨難是雖有激而云亦末俗之通患也臣不識忌諱位卑

言高何所逃罪惟陛下留意自治之策使可慮者不至於可憂則天
下幸甚
湖南安撫大使兼知潭州兼節制廣南李曾伯上禦邊五事奏曰臣
一介踈庸誤蒙聖恩拔擢畀以閫寄冒昧領事倏又閱月于此竊伏
念職守所在任一道之寄則當思一道之憂邊防所關得一日之暇
則當為一日之備臣所部廣右遠在天南地雖介於蠻徭民不知於
兵革十數年以來始傳韃有假道斡腹之計見於中外奏疏前後凡
幾其為隱憂豈待數述第以抵戍之始莫急守邊之宜雖近諜之未
有所傳以前聞而詳考其故參之管見敢以條陳謹開具如後
一邊防所急間諜為先本路與淮蜀不同蓋由為蠻徭所隔種類
不一語言不通一介欲前寸步有礙稽之前牘類以為難前者
數年以來屢下邕宜諸郡選差体探邕州嘗遣周超往羅殿磨

良臣潘住往自杞宜州嘗遣吳世聰等往特磨道其去大理路
程尚賒而況蜀羌以西又在邈邈其所刺探或傳賊犯烏母國
賊攻赤里國往往得之諸蠻所傳韃之進退實不得而知也中
間僅有淳祐五年因遣屬官謝圖南出邊得於招馬官所報始
知大理告急自杞有破三城殺三節度之報直至謝濟自大理
回經涉兩年又得一信始知韃與大理九和之戰公子和之死
此外俱無聞焉以此見得自廣遣間探韃實非易事今臣到任
不敢以此自沮見與邊州守臣及諳歷南事之人多方商確重
賞招募有能識蠻路曉蠻語之人令其結約諸蠻深入遠探以
伺動息端的但參之衆論皆謂虜若自沈黎以西之諸羌透漏
南詔則蜀閫當先知虜若自思播一帶之諸蠻透漏沅靖則荊
閫當先知其與本司欲自邕宜以探大理自融州以探思播其

去韃境地里委相遼絶欲望睿慈劄下荊蜀兩閫應有探到韃
賊動息以時關牒本司庶幾本司得以隨機應接極力備禦
一韃虜謀人之國多出間道嶺蜀相去雖遠道路可通實在我者
之所當備其數年以前諸處探報不暇一一泛考但觀淳祐五
年以來節次備錄所報或傳謀入思播以窺沅靖或聞取道蕃
部徑趨南詔或謂吐蕃已得韃賊旗號為鄉道入廣此等之報
不一而足賊之姦謀委是不淺及至近歲事勢雖若少寬然丁
未冬所傳韃南闖連為蕃蠻所沮至戊申冬復傳韃賊向吐蕃
境內相近南詔以此觀之則是虜之進退遲速在諸蠻之外正自
叵測本司連月以來叅究續報意者去冬沈黎奏巖州之捷虜
既北遁遂寬南侵由是諸羌據險以自防若使韃兵無間之可
入則廣中賴以無事豈不甚幸第因閱蜀中去年一報謂虜若

行吐蕃界中初不經四川地分且舉甲辰直至大理之九和鎮
丁未則捨九和熟路而取青羌丁未失利於西莫先諸蕃又安
知不捨諸蕃之熟路而繞出邕宜臣以此推之則戊申既失利
於巖州又安知不捨巖州之熟路而取他道有如蜀帥久在西
邊識戎情於萬里外其為廣右深慮如此夫豈可玩臣近得邕
守王雄飛劄地圖又以謝濟行程互相叅考大槩廣自邕州入
大理界凡四十程又二十程至其國蜀自沈黎至大理之姚府
二十八程又五程至其國以地理計之則是自黎雅諸羌由南
詔趨廣界殆無一百程之隔必南詔之藩籬常固則廣右之門
户無虞一罅稍踈無厭將及本司遣間既難豈容坐視臣妄謂
大理諸臣知慕中國雖謝濟之已去有特磨之可通向後西邊
苟無警報本司固不敢外交萬一虜再窺南則恐大理之信未

可與絶。向來謝濟之徃前帥遣之實奉朝命。今臣若不預行申
請臨期豈敢自專。伏望聖慈付有司行下。以憑遵守。
一竊考本司。自傳聞幹腹之計。講明備邊之宜。其遠者不暇考。姑
舉淳祐甲辰以來。五六年間。朝廷之所施行。司存之所經畫。大
槩以廣右之兵備單弱。邕宜融三郡兵屯不滿千。經司静江所
管亦不過二千人以上。於是有增招新軍之請。以廣右之糧餉
匱乏。設有邊警。非漕計所能支吾。於是有科降和糴之請。以廣
右之城池卑淺。覆之以屋。尚不可禦雨。豈能禦寇。於是宜邕二
州有修築城池之役。此三者為備邊之要。此外則輯約溪峒。團
結民丁。備器械。練士卒。前後樞府經司條陳規畫。委曲詳盡。蓋
已屢申于公朝矣。臣誤膺委寄。此來要亦不過遵前人之已行
盡愚力之所至。事事而備。旦旦以思。以期保固封守。然以廣右

事力僅可隨宜而措畫。豈敢過有於作為。臣之所以憂其他。姑置
惟以兵力太弱。不能自彊。非但為韃寇窺闖之防。亦欲為諸蠻
控制之計。蓋馭輕必先於居重。非彊本不可以折衝。城池雖修
非兵莫守。器械雖備。非兵莫持。如溪峒民丁之類。非有兵不足
以制其命。此理甚易見也。今一路二十五郡。抵諸蠻。備海道。制
盜賊。防溪峒。皆仰本司二千餘人。調用之中。常若安無事則可。
或小有寇擾則可若過。稍猖獗則亡具甚矣。何以運掉。臨期
請師于朝。如近歲乞備九江之兵。乞調五羊之戍。祗付之文移
報應而已。必無救於事也。本司昨請招安邊軍三千人。迫於錢
糧。僅招及八百。止今三百人屯邕宜融。五百人屯静江。若蒙朝
廷更令增招一二千人。併與科舉一項。錢米以給券食。庶幾賡
右聲勢稍壯。可以消弭外寇。

一廣右之藩籬在邕。邕之藩籬又在兩江。背南方形勢。首當有此
論。蓋以右江通大理上木路。左江與安南接境。兩江羈縻州峒險
隘不一。先朝疆以屬。邕賴此以控制之故也。考之邕州圖經。兩
江如横山永平等處。皆是慶曆景祐間。祖宗盛時。朝旨措置城
築。見得以其地為重如此。至於諸峒丁壯。則先朝團結訓練。建
炎初年。再行抄點。結成保隊。兩江總計二百八十一指揮。共計
一十九萬餘人。比之熙豐舊數。為增。其封境之廣闊。丁民之蕃
庶。又於此可見。所置提舉都巡檢使四員。分隸兩江。左江則永
平太平兩寨各一員。右江則横山寨有東西二員。平時則與之
平雖撫禁捺。有警則調兵於諸峒。協力以合戰。其次寨以
下官。蓋無不書十餘員。乃中間至差文臣朝請郎為提舉。其請給
並依提舉市舶官條例。其官名之重又如此。臣竊謂祖宗當承

平時。其為區區經畫一隅措置若是周密。無非為思患預防。況止
備變非備韃也。近年以來。上下狃於猾習事勢。日以陵夷。諸寨
兵戍既廢。舊屯提舉四員。秖存虛闕。蓋有此舉而把雖未聞有
功而見知。既無俸可以養廉。則終喘艱於待。代遂致無人願注
類界擇官。會要小人損失大體。取輕綱侮習。久或屬以此來千
之被焚往見於交人。横山之寨印旋見於溪峒。何也。撫納秖求
及錢。以供提舉官請俸。今皆失陷。無撫有之尚也。首領至寨廷
參。今卑相抗禮。甚者反加侵罵矣。哉。思祖宗成規百年。爲麼以
相安。比歲廢壞之若此。積輕之勢有自來矣。嘉定年間經漕兩
司商議。漕司歲撥鹽四百籮以支兩江。每年俸給。亦嘗有意經
理。近歲守臣謝子强王雄。深兵邊防事。宜申明經司湖南憲宋
慈條畫圖結峒丁等事。申樞密行府與本司前帥皆嘗講畫

欲得措置修復固已。廖一飛者充左江提舉矣。今兩江仍前未有正官。諸峒未免仍習前態。恐南邊一層藩籬尚止一二千畧殺自毁撤置弗葺理。深為惜之。以臣愚見。今欲復以提舉官來專有此事。力盡若且復其一二。左江則駐永平。右江則駐橫山。蓋此二處人皆知為今日控扼險理防備幹腹之要地。略倣祖宗之制。稍重提舉之權。許令經司踏逐或臣優其資格。敘以添差本路兵馬副都監以居其官。其餘諸寨皆分聽兩提舉總轄。許及二年不候替離。任照例推行。到任任滿酬賞。任滿與本路州壘差遣。亦循瓊州將領任滿就除海外軍壘之例。併從經漕司措置任責。以多寡分認各官俸給。總司儻無此力。請之於朝。且未得催索諸峒苗税。除見管兵外。經司各撥以戍兵數十人。隨往各處。俾令行之以漸。徐就經理。是亦可為之太驟。以啓猜疑。如是而得人任之。加以數年。壹心稍知漸復舊觀。必能隱然為吾國保障。但患行之不力耳。經司去邕十八程。自邕至兩江又復數程。此則全在邕守之任。其責有扶持無沮撓。臂指相應。痛痒相關。顧何事之不濟哉。否則亦徒言耳。欲望朝廷裁酌。如其說可行。且乞下邕州守臣條畫始末。取朝廷指揮施行。此乃南中備邊第一事。消尾大之慮。釋齒寒之憂。莫切於此。

一言備邊於廣右者。數年以來講明條畫。一則曰輯約溪峒。二曰團結民丁。監司帥守之建明。樞密行府之經畫。與夫游談奏議。率以此為先務。今臣檢照前牘。所謂輯約溪峒。則類是損繻袜之禮物。給借補之資帖。取名作帳狀。曰已令措置關隘。糾集保守。其實相與羈縻而已。稍有實作區畫。即生猜疑。如獻之大步嶺。宜之龍櫟寨屋。變辛蠻後即焚。前帥董槐侍郎固嘗見於申請。亦以惹事端為慮。令官司輯約。使之不為我梗。諭令自保鄉井。姑為籬落則可。未可恃之固吾圉也。所謂團結民丁。則沿邊民丁之在省地者有限。居溪峒者為多。先儒所謂養兵數百。而獲十萬民兵之用。皆峒丁也。往時邊州紀綱修明。號令信服。乃得以疆理之。雖其說如此。蓋亦未嘗用之也。況今時異而事不同矣。前帥蔡範侍郎嘗申陳民兵利害。亦慮邊民鄰境易致疑愕。論述甚詳。今官司團結其間散在徭峒。號召之既難。使之自備器糧。資費之豈易。必盡得其首領之心。然後可頼其丁壯之力。此姑用之以壯聲勢則可。亦未可全恃之為吾用也。臣非材被命此來。所部尺籍既虛於此三者。亟討論措置。乃職分所當先。豈敢不加之意。近略檢照邕宜融三州。二三年間案牘之所載。溪峒之在邕州。則樞密行府嘗差邕從黃夢應者團結右江唐興歸樂等州一十八隘。又新置古細首領黃賢能等一十九隘。宜州則守臣曹晛亦嘗結約天地蘭那等州峒首領羅光具等一十二處。融州則差曾有開結約所部諸款。以路萬里為諸款首。或遺以銀牌塩錦。或假以資帖名目。或與之結立盟誓。諭以無事則守險隘。有警則協力勦逐。此近年溪峒之見於已行者也。民丁之在邕州。則已具之前項。左右江之所陳。不暇遠攷。近自淳祐八年經司嘗行下團結兩江諸州峒丁壯。右江則黃夢應具到名帳。共計一萬九百六十二人。左江則廖一飛具到名帳。共計二萬二千六百人。其本州民丁在外。如宜融兩州。則淳祐五年亦有團結舊籍。在宜州則有土丁民丁保丁義丁義效撞丁。共九千餘人。其猗撞一項可用。在融州則有土丁峒丁大款丁保丁。共九千餘人。其款丁一項可用。淳祐八年本司亦嘗行下團結。却未見申到。大率出於省地者。以家業充丁。或邑弱。或冗雜。未免備數。出於溪峒者。多習於戰鬬。如藥箭。如標槍皆其所長。此近年民丁見於已行者也。臣㧓此雖未久。朝夕考求始末。即欲申嚴行下屬。以邕宜兩郡守皆將更易。難以責之措置。融守謝圖南近却申本司。欲乘此農隙教練民丁。已即從其所請勉之究意矣。第臣私竊過計。近自蜀西少緩窺闖之報便覺嶺右浸寬備禦之憂。前項結溪峒團民丁。纔一有所施爲未免即生疑懼。前者朝廷行下閫臣奉命經理。上下知所遵承今臣雖爲此來。元未準朝廷指揮邊防戒飭一字。臣若安於循習。則失於先事而慮之防。若亟於講行。則恐有無事自擾之誚。蠻徭環境。動生猜疑。舉動稍輕。大係觀聽。茲不容不謹。如此臣欲且行下三郡各照已申經司之舊籍。其溪峒則諭令首領遵

守成規。布恩信。以示撫綏。葺險隘。以作隄備。民丁則因其名帳常加覈實。以彊壯而補老弱。因閒暇以加訓練。庶幾近年之所已行。不至既久而付文具。候其逐州申到。或有合作更革措置。又當隨時區處。若州郡事力不及。經漕兩司却當與之通融助給施行。欲望朝廷劄下邕宜融三郡守臣遵守

貼黃臣前項開畫之陳。雖爲幹腹之慮。竊念自古兵家有出閒道以謀人之國者。類以偏師濟。如深入險阻。重兵所難。今者韃戎窺闖之計。固難揣度。所當預防。然以臣涉歷淮事覘之。每歲虜當隆寒草枯。盛夏蝱出。不容不去。今自西蕃越南詔欲以窺我馬力所及。容或有之。然謂大勢遠來。其謀恐未至此。但當申嚴邊備。常若敵至。區區所陳。蓋又慮慢藏誨盜。如舊歲南丹宅寇之驚。交人假道之報。有不得不防者。非止爲備韃計也。

曾伯荆閫回奏四事劄子曰臣猥以庸繆本無他長遭逢聖時叨被煩使。戍淮困績。曲荷保全。入嶺無何。曾蔑補效。自天申命。易地上流。任重恩隆。犬馬難報。恪共職次。亦已兩旬。事雖多端。未易縷數。竊伏恭念乃者季春三日。叅畫誕頒。預授閫規。其條有四。曰推廣屯田勸督耕種。可以代和糴。建置榷場。南北互市。可以省科降。修復城池可以壯藩屏。撫輯流徙。可以固人心。大哉聖謨。此眞守邊之良策。當世之急務也。臣不武。何足以上副隆委。然自服膺訓飭。願竭涓塵。朝斯夕斯。念此至熟。今者既臨疆埸。親訪軍民。聿昭聖主萬里之明。可無愚臣一得之獻。臣謹不避天威。爲陛下條陳之。臣竊見京湖自江北諸城往罹狄難。闢田曠土。彌望荆榛。皆二十年前禾麥膏壤也。然而不患無可闢之地。所患無可耕之人。在我固無出田之謀。在敵則當防因糧之患。此連政制臣所以艱於經畫。未易廣於開拓也。本

司所管江南江北屯田人。謂孟珙嘗云尚餘九百萬畝。以臣愚料。珙亦誇言。儻計夫而授田。以何人而充募。稽其舊籍。洊漫難考。珙存日歲耕。今已莫得其實。但聞其末年歲上朝廷物斛。不過二十餘萬石。賈似道以盛年精力。極意經理。田萊加闢。穡人成功。視珙時固已推廣倍半矣。然歲租之上。僅能及三十餘萬石。計諸項畝所收。固不止此。然軍民雜耕。官吏程督。牛種器具。歲時賑貸。工本於此乎仰。而又司存生券貼支無藝。頭目添給月廩浩繁。南北之應酬。緩急之椿備舉是數者。皆取給焉。譬諸常產之家。仰爲卒歲之計。似道非不欲具以成數來上。蓋以此也。臣今驅馳入境。已是六月初旬。勸督耕種。已非其時。方幸諸屯將遂一稔。積雨成潦。江湖泛漲。田禾頗傷。於巨浸歲事已乏於全功。而況本司今春優恤佃戶。又以每畝減租二分。有差。今年所收。其視似道連年之數。决是不及遠矣。若曰欲以收數而

代和糴則恐其間秋收雜斛豈足以充軍餉。歲科經費必至於誤邦儲。糴時一失糴價倍踴將徒咎無及也。昔羊祜屯田襄陽始至軍無百日之糧季年乃有十年之積。此亦須遲之歲月功效乃見固未可責之旦暮也。臣愚欲望陛下念邊寄之匪輕期田功之經久堅持定畫委任責成容臣自今以往廣招農佃墾闢荒閑親率勸課思廣積貯。他時稍增塞下之耕或可少寬湟中之糴此推廣屯田之說也。臣竊惟南北互市所以懋遷有無通惠商賈往年與金為鄰沿邊置場之利。公私共之。近歲韃與中國交兵嚴貿易之禁始於邊州守將博易馬疋繼之藥物錢貨。私相交關臣在淮時已親其事。然其交猶有場其來猶有限。未至如近日淮邊之皆可自為也。財計所入。固宜歸之公家。豈邊臣可私。但臣竊觀京湖之互市與淮間之互市異。蓋淮去北境止隔一河。北客率是齎已貨越吾土以求售於我京湖則置

場所在。此衰彼獎。惟此一處可通自江陵齎貨而往倚嘗千里載以舟楫衛以軍兵。泝流而上。先費月日。所歷無異生界。以此淮之互市。不拘冬夏之候。荊之互市惟在夏潦之時。秋水一枯。舟不敢踰郢矣。昨自孟珙至賈似道任內每夏僅止一兩次貿易似道視珙時固已有加。然聞之舊歲。不過得銅錢數萬餘則如當歸甘草雜藥之類皆滯貨也。計其息若贏羨之可數視其本或變轉之尚難。所得幾何歟費尤甚可存徒以置場則可以覘虜情可以得韃馬可以通襄陽一綫之脉。志不盡在利也。邊臣能為公計。苟籍此有餘積。亦猶國之外府。然若曰目前欲指擬以省科降。則恐藥物之類。使未得錢。會券等需何所取辦。此場必至於廢而不敢為矣。又况北方頭目。大抵多貪可以利誘。昔良平以金啗秦楚之將。高祖聽其用而未嘗計卒能成大功。其可不略假之乎。臣愚欲望陛下寬邊臣以責大體通北貨以

疑敵情異時而討之可支撕亦國費之自省。臣聞月今樊城略有北容。正欲遣舟辦貨而往。初為交易宜亦優容。若欲定其成規當俟嗣歲此建置互市之說也。至於修復城池。則臣竊惟方城漢水自昔用武之國向也壁壘相望蔽護風寒今惟南郡一城歸然江北與夫下而漢陽耳漢陽距郢一葦。虜不易窺始南郡城池則近歲賈似道一新規模。從事畚築亦既浚淺而培薄轉瑕而為堅矣。此外諸城多往窩治鑿斯築斯固未有及是者。臣伏讀修復之劄。睿謨宏遠蠢質莫窺。慄然未知所措。竊計陛下披輿地圖指示郡國不忍墮甑之視將後金甌之全聖意蓋有為而發也。臣自扺戍所訪諸故老諸校。皆謂虜自十數年來。沿邊無可疽食稍遠區脫人。非城是山河不殊曩時。擊柝之地往往嘷狐狸而長荊棘矣。有志之士。豈不感歎况以睿訓之丁寧如此。臣子之責任當然。諸酋之骨肉方爭。中國之機會難得

陛下念慮及此真宗社之福也。然前此閫臣志在王室者皆有經略之意。或者養威伺釁未見可為。慶力撥時將有所待。歷年雖久。抑亦教訓生聚根本之未至。陛下不以臣無狀今欲付之以此指縱効力固不敢辭但今兩路城之未復者曰襄郢隨棗安信鄧復武當荊門凡十郡旁元無城未暇一一枚舉而襄陽天下之脊國之西門若郢荊岑通襄脉絡將大為經理之計。抑姑為徐進之規。私慮我必守者彼所必爭其進銳者其退易速。昔趙普論幽燕之伐曰以翰取以翰守。以至於孰可為代規圖天下大事。反覆深慮如此猶恐成敗利鈍不可以逆睹。不然則徒為褚裒商浩貽笑方冊也。今將為修復某城計則當度有司量功日兵用幾人。從何而調。不可盡撤見屯兵力當防其乘虛糧支某歲從何而取。須是令外辦此一項粮食不妨常來器械從何而辦財用從何而給城求成而敵已至則將何而應。凡

是軍實所需物物預圖，事事經慮，一毫不可以欠闕。當如孫叔敖城沂之舉，使封人先慮而授之，庶可不惑于素無虛役而有成績。更惟聖慈與大臣熟圖而指授之。至於撫輯流徙，則臣竊惟兩淮頻年受兵，而民之避冠江南者猶頗衆。京湖連歲稍減，而民之復業江北者已漸多。且聞去歲以及今春，邊民之携老幼，驅牛畜，歸返其舊土者，鱗鱗不絶于道。遠而隨、棗、襄、光之郊亦有人矣。其尚寓近裏者，則又公家給之牛種，勸之耕佃，聽其酤販，弛其征役，其視往時哀鳴嗷嗷大不侔矣。此固衆人視之以爲喜，有識思之猶以爲憂也。蓋由近日以來，邊人相傳虜哨不入，將謂疆埸自此無事，泰然散居郊野，不復隄防。深恐尉堠非行，驚擊必匿，慢藏啓侮，將厚盗資。臣夙夜思之，方此申諭諸郡，俾相告戒，類爲保伍，無事則耕以自給，有急則收之入保。所行雖若遲鈍，不可人意，實切於爲邦本計也。伏讀撫輯之訓，敢不益加勞徠安集，以稱明天子德意。然臣仰窺聖慮，俾固人心，意者爲蕃濮之撫摩，不專爲吾民之流徙，興言及此，臣罪不勝。所恃明主可爲忠言，愚臣豈敢有隱。蓋自孟珙招納太廣，不爲居重馭輕之慮，似道思結雖優，浸成外彊中乾之勢。今則諸屯典旅，多是其徒，有持阿授柄之憂；南岸列營，撫如驕子，有積薪厝火之慮。幸而不發，苟以無虞，蠶食安居，累將爲用。臣觀京湖之所處，若其視東淮不及遠矣。臣今雖恭奉寢旨撫輯兩字，銘著諸心，待之，用北之一家，俾無爾汝之形迹。然以前人養虎，常飽猶恐拂之，所謂詐狙作使，未易御者。臣嘗觀東漢末年，處降胡於近塞，異時劉石輩多出其中。符堅不聽王猛之言，亦受鮮卑之患，皆可鑒也。此輩養成，要已非一歲，于此往者則幾藉以貽繼者，則惟幸其弭若不及今商確預作圖，惟如療瘡於未病，而使醫如治水，勿與水而爭勢，洒洪優裕，勿露機括，思所以變之之地，用之之方，陰消而潛革之。臣恐異時不能不勤宵旰之憂也。光武推赤心置人腹，裴度待蔡人即吾人，明良一堂，意深義結，固無是慮。臣之此言似過，然亦出於拳拳發[illegible]之心爾。伏望聖慈密與大臣而圖全之。以上四事，皆恭因聖明之訓，用輒進狂瞽之言，冒瀆霆威，謹蹈踏以俟鈇鉞。此外猶有祈控於陛下者，臣自頻年定患，自念彫零，思慮不及於前時，材力豈堪於重任。封疆盡瘁，所不敢辭，餽餉仮司，實難共二。蓋人品智愚之既異，而物理盈縮之相因。人知爲閫費匱乏，賴以相通，臣則懼總計支吾久將不遠。陛下且謂日用如故，歲入頓虧，其可以有立乎。譬如中年之人，氣血豈能與盛年比。病證方異，而醫者謂兵充盈，取而朘削之，使盛年處此，亦不可同前日語，況衰竭者乎。強曰藉榮以養衛，正恐不日榮衛之俱虚也。臣愚欲望聖慈早賜別選計臣，俾臣專意兵事。若或委令兼任，亦須少存舊規，使得寬有一分展布，四體拱當九殞以報乾坤之大德。乃若胃臆所蘊，筆舌難窮，併乞睿照。

曾伯爲淮東制置使，奉詔言邊事，上奏曰：臣所準御筆指揮，仰見陛下申飭三邊，廣延群策，將以圖回一頁，政豫伐敵謀。臣恭體神謨，竭歷愚慮。伏讀密札所載，自兵備而下條目有七。臣之所部兩道，十有四州，所在皆當風寒，戎馬一入，無所限障。先而隄防備禦之具，千條萬緒，未易枚舉。大要一城之兵當使可自爲一城之守，臨急望援，決是誤事。其有戍卒不及，急當先期分布。臣竊計諸州守帥仰承上命，必能殫智畢慮，見之敷奏矣。臣竊謂沿淮城壁連年修浚，粗周，惟壽泗暨漣，越在淮北，雖葺理不廢，而疎略尚多。沿淮糧食，諸處運發無闕，惟豐濠及壽，遠在淮西，雖向後儘可支，而所憂在難繼。此二者未免尚厪廟堂之間。乃若賊情所在，則老罕諸酋睥睨於我者，已非一朝于此。春秋更哨盡將以歲月斃我。丙年以前。河南宿亳。應水間賊猶棄弗守。去歲以來。廢壘城矣。閑田耕矣。而目積粟於境。治舟於河。此其姦謀非有所圖。而河北據招泗濠梁報到賊中事宜。今秋之入。又欲早於去歲。臣已申之密院矣。彼之謀我若是其至。我之待彼。然則又其可忽。乃舟楫之當戒。險阻之當治。臣熟觀已事。遠慮未然。晝夜以思今日邊頭之事。淮面湖面為急。博采衆論。亹亹然非不可聽。然不要其利害之實。甲可乙否。徒費空言。臣請別白而言之。臣竊見長淮諸隘。如安豐之上則潁河口。濠梁之上則渦河口。招泗之上則五河口潼河口。淮安之上則大小清河口。皆是賊舟可以出淮之路。往年下流潼舟師之備。而上流無隘口之防。賊亦未習於舟。不敢輕突。近年以來。安豐則防潁口。濠梁則防渦五二口。淮安則防大小清河口。如潼河等處。招信亦往防托。規模布置。似若嚴密。非不欲遏截此虜使不得渡。然觀迺年與賊應接。止是壬寅之秋。劉虎始以舟師在五僅收一捷。然不能遏虜舟之不出。虜馬之不渡也。是年主將幾陷賊手。遠至去春賊之圍壽。由潁出舟。豐壽兩郡差調謝天祐石閏等諸郡舟師防遏隘口。兵力不為不多。賊船一出。蕩不可禦。去秋五河措置趙文亮連月整葺堡圍。備竭心力。臨期益以劉虎湯孝信舟師。何啻萬兵。與賊相持累日。弗能遏賊兵。張濟呂文德雖以捷告。然僅收之桑榆耳。至于今春。以文德文虎聚重兵於此堡南北之銳在馬轉戰幾晝夜。賊勢四集。圍堡亦遂不支。若非文德見幾急急收斂入濠固守。豈不中賊毒手。即是數節反復以觀。前項諸隘今始未知備禦之策。蓋舟師本我長技。賊乃習而用之。由諸隘出淮。皆順流建瓴之勢。而此賊又於南北兩岸夾以馬步。翼以砲弩。每每我以一面而受敵三面之鋒。而又衆寡相絕。勢所難禦。非我師之不盡用命也。今

來秋防在即。方欲再責諸將措置堡圍。則觀諸已然之事。深恐緩急徒損威力。無補關防。置而弗備。則賊舟上下往來。蕩無限禁。長淮千里與我共之。我之咽喉脈絡。為彼所斷。諸州特撲。豈不可憂。今只得思變通之策。姑捨諸隘之備。而於沿淮諸州擇受害去處。各置舟師大屯。依城擺泊。臨流控扼。以虎視諸隘往來。隨宜防托。自五河而上舟用輕捷。招泗而下。則用巨艘。使賊有所顧忌。縱或侵犯。我得以臨機制之。猶有取勝之道。此淮面舟師之當戒者也。至若淮東射陽一湖。地跨三州。自上口以至廟灣。上下三百餘里。所謂湖者。初無澎湃瀰漫之勢。秋冬之間。不過一衣帶水。投鞭可涉。往時山東紅襖之兵皆能習知湖澳地里。賊之垂涎。蓋食非一朝夕。連年出沒湖西。雖抄掠之患猶淺。而賊之來路已熟。益入于牙。殆浸淫未已。兩淮自十餘年來。生齒蕩析。半成荊榛。根本之地。得此湖在。良田沃壤。稻粱所生。民食兵儲。歲所取辦。其中資貨人畜。聚落實繁。中間所謂水鄉可恃。不過如德勝湖博支湖一二水面稍闊。胡馬難侵。其餘雖名湖瀆。非有巨浸。至於海岸。又皆平川。我之能往。賊亦可到。果何恃而不恐。臣往在京湖。嘗聞復州諸湖。非不恃水。卒亦不能禦此寇之入。繼在淮西。親見和州麻湖。乃丙寅間居人避虜之地。亦為賊以計取。卒用其衆彎而他攻。此皆往事之鑒。臣嘗慮及此事將來為淮東之患者。必自射湖始。壬寅之秋。賊分兩路侵犯。一從平河過湖西。一從泰州沿海溝而入。是年湖中全無兵備。其不至滋蔓者幸也。次年臣嘗委官白事廟堂。乞令項招湖兵五千。置一總管駐之湖。從專令為湖中之備。此策弗行。徒能言耳。後來朝廷命高郵守臣節制諸湖。不過行團結之政。分委水寨頭目各相保聚。自為防托。寇至則淮郵泰楊各調少舟師以防遏之。然亦僅可分布控扼。使此賊不敢徑涉。慮吾之襲

其後耳。若曰可以遏此賊之不渡，未敢以為然也。而況湖中舟備，如自平河過湖西一路，則猶或可遏。萬一賊用故智，復由海壖斡腹透漏，則我之舟楫反在賊背，豈可不慮？近自賊退後，訪之各郡守將及士大夫父老，有謂圍結恐誤民，不若聽其遷避者；有謂守射湖不若守運河者；有謂宜復寶應舊壘者；有謂宜築壘于平河黃浦者。詳玩數說，見各不同，深思其宜，各有得失。若曰盡令遷避，則一湖數十萬之生靈，何地容之？若曰欲守運河，則自維揚至淮安三百餘里，除水濼隔絕外，其可入處者不止一路，又安得有此一項兵力以分守此河？若曰再復寶應，則又添此一城之守，況坐寶應亦不能遏此賊之不過。若曰築平河黃浦，責之高沙、淮安，則高城大池猶懼賊犯，臨河小壘何以抵當？臣憂心如灼，竟未得其長策。近見委官再往鄱淮兩郡諮之守將，臣意欲得圍結遷避兩說並行。水鄉之深闊可恃，賊所不

可到者，從其圍結以避寇。其他令淮安、泰州、高郵各從其境預行告報，委首領官遍到，秋防寇至，入城遷避。惟有此山東高或可行，此外寶應及湖濱亦量用舟師往來，耀敵以防賊由平河入之路。泰州堡城一帶亦用官民船張耀，以防賊由海濼入之路，庶亦止可以為賊勢小入之備。其大至則地勢綿亘之廣，兵力數倍之寡，奇不添憂也。此湖面險阻之曾者也。凡此二者，切於目前，臣憂此熟矣。今雖待罪將去，敢不力疾以聞？伏望睿慈速下有司，更加商確。如臣言可採，早乞處分行下，秋風不遠，頃刻渺茫，江淮相為表裏，藩籬堅密，門戶自安。惟陛下亟圖之。

貼黃：臣有少管見，言之若涉於臣之利害，然實切於國之利害。淮西安撫使王鑑與淮西招撫使呂文德，亦東名位相埒，意嚮不同，其守禦事績，自不待辯。然臣觀綠，又不樂制司之居其上。文德則不甘鑑之居其後，同舟遇風，豈宜自為胡越？臣得近日左相繳示廟堂條具奏請，亦已明知維揚兼制淮西，地遠勢均，違掉不行，而招司自謂贊貪嘗懷觖望，非更張不可，是說也已在神謨廟筭中矣。此聲已出，恐難置之不問。兼臣今日據文德所申，既欲辭新除之命，且欲免招司之權。明有贊貪觖望之言，前遺臣書，其言頗激，若只仍此局面，決貽顧憂，他時設有疏失，無謂臣不具奏。臣雖將罷，豈敢不盡言以臣一忠？慮莫若罷淮西制置司，或併歸王鑑權管，却分呂文德過淮東，界以沿流一大郡，分淮東安撫一司以畀之，仍畀兼節制沿淮諸州策應軍馬。如揚州則只以淮東制置使兼知。庶幾東西兩道得兩大將臨其前，各有責任，無相推托，如淮面湖面俱有可恃，權時制宜，無易此策。伏乞睿斷。

李鳴復上奏曰：臣蜀人也，三仕劍外。蜀之安危成敗，嘗身履而目擊之。今蜀民困於科擾之煩，蜀兵壞於驕縱之久，蜀財竭於費用之繁，其可慮者多矣。而關外五州，所以蔽捍全蜀，利害尤重。謹摘其切於邊防者二事以進，陛下幸垂聽焉。一曰復家計寨之舊，二曰增忠勇軍之額。寨之有家計，向者吳玠實創之。岷曰仙池，鳳曰秋防原，階曰楊家崖，成曰董家山。是四者皆有險可恃，有泉可飲，又為之糧以食，為之屋以居，無事則寓于州，有事則歸于寨。其為慮蓋甚悉也。自紹興至開禧，虜嘗侵犯矣，視之而不敢攻，以有險在前也；過之而不敢越，懼吾之襲其後也。古人設險守國，殆不過此。曦變以後，一時邊帥欲築城以為守，而家計寨之實遂廢。曩時蜀帥又欲列柵以為固，而山寨之役遂興。夫謂之山寨，與前所謂家計寨若類矣，而實非也。蓋家計寨凡四，擇地利之絕險者為之；而山寨則為數七十，無其險也。

家計寨之設，乃官與民相保聚，其力足以捍敵，而山寨則家自為活，無其力也。彩畫成圖，但誇觀美，多張虛勢，無補實用，是驅之使就死地也。以山寨之受禍也，而併與其足以避禍者廢而不葺，亦未之思耳。臣故謂家計寨當復其舊者此也。軍之有忠勇，初以陝西弓箭手法為之，興洋曰義士，金州曰保勝，京西曰保捷，而關外則謂之忠勇。是兵也，可以攻，可以戰，而尤利於守。蓋有墳墓屋廬以繫其志，有妻子骨肉以堅其心，其勢當效死弗去也。關外之賦，總不過四十萬，若盡蠲以為軍，一人執役，數人荷戈隨之，籍一萬人，可得數萬人用。古者寓兵於農，何以異此。雖虜之入，制司懼其勢之難以支也，徧給旗榜以招忠義。事定之後，又知忠義之不容散遣也，創置軍籍以行屯田矣。謂之忠義，與前所謂忠勇若一矣，而實殊也。蓋忠勇軍自給衣糧器械，而忠義則給之於官者也。忠勇軍有常產，故有常心，而忠義則皆烏合者也。責以屯田，未必果能執耒；核其實數，未必果皆按籍。此蓋不能無弊也。創增官券以養忠義，而甚不費官券者乃寢而不行，亦幾倒置矣。臣故謂忠勇軍當增其額者此也。家計寨復則保聚有要地，而人心安；忠勇軍增則備禦有勁兵，而人心固。臣之所論，非特為五州計，為四蜀計也。陛下如以臣言為可采，乞下四川制置司參酌施行。

嗚𠋫為侍御史，論今日當議備邊之實，上奏曰：臣竊聞韃使之來，朝廷議所以待之。今之議和，猶昔之議戰也。臣以為和戰皆不必多議，所當議者，邊備之實爾。臣嘗觀班固論漢一代禦戎之策，至其終則曰：來則懲而禦之，去則備而守之；其慕義而貢獻，則接之以禮讓，羈縻不絕。此聖人制御蠻夷之常道也。夫懲而禦，備而守，此最邊防急務，不容一日闕者，而今焉上下皆忽之。問之朝廷，則曰已行下戒約，行下是備矣。問之邊帥，則曰某處差某防遏，某處差某屯戍矣。驗之以事實，未見其實也。何以知其無是實？往者汴京之得捷報，飛來謂全子才陳兵以護關，趙葵諭衆以宣德意，又申諭諸將，益整六軍，渡河陰之師，奪孟津之險，朝廷亦信其言，第功行賞矣。小戰纔衄，望風皆潰，守禦之實安在？已而趙范至浮光，齎書告廟堂曰：淮北之守，已遣五千人屯息，二千人屯蔡矣；又遣李寬孫軍勝守鈞守許厚臨而往，斷可得其死力矣。雖使敵國有韓信復生，亦恐未能勝范也。其詞甚壯，若無復可慮矣。而哨馬一至，數州俱陷，守禦之實何有？前日無其實而欲僥倖乎戰之捷，今日無其實而又欲僥倖乎和之成。誤國若此，豈不大有可憂也哉！臣謂韃使之來，隨宜區處，視其貢獻之物，隆其賜予之禮，寧過乎厚，毋傷乎薄，使一二犬羊弭耳而退足矣。若曰仗一王檝可堅兩國之新好，憑一鄒伸之可復中原之故境，

恐無是理也。金昔以和誤我，韃復以和誤金，商鑒不遠，而猶欲蹈其覆轍乎？為今之計，當務所以議韃使者議邊備，舉所以講虛文者講實政。財必欲其豐，糧必欲其足，器械必欲其備，人心必欲其固，士馬必欲其壯健，而又擇良將以任之，使吾邊陲之間屹然長城，隱若敵國，則有所不和，和無不成；有所不戰，戰無不勝矣。此上策莫如自治。朝廷所宜加意者在此不在彼也。惟陛下垂察。

貼黃：臣既謂韃使之來，隨宜區處，不必多議矣。似聞朝紳有以借吉服一日為言者，此趨時俯仰，不知大體者之說。關係甚重，有不容默。夫中國所以異於夷狄者，以有禮義也。國家大典禮，豈宜為夷狄一介之使輕易？陛下方以孝治天下，行之三年，而遽壞之一日，可乎？伏乞睿照。

嗚𠋫又論和議不足恃，當以守備為急，上奏曰：臣竊見韃使之來，引

見已畢此既待之以有常之禮彼亦不肆其無厭之求由中及外咸謂自今可以變干戈為玉帛矣而臣愚不識事勢獨有憂焉臣之憂非於今日而後發也往歲之秋適當輪對是時朝廷姿襲遣使銜命而往猶未出疆也臣妄謂韃之情有不可測者二有深可憂者一既踰一年而韃使再至其狀猶前日也臣之憂亦猶未釋也臣之所謂不可測者人皆見之不敢贅述所謂深可慮者人未必皆知之其可不申言以冀中外之警悟乎往者寶慶丁亥韃嘗遣兩金牌至蜀大書偽號于牌之上自謂為天所錫附以幅紙幾百有餘言狂僭異常悖慢無禮大槩只欲吾投拜否則厮殺耳彼所謂投拜即吾之所謂和也吾以講好為和彼則以投拜為和全非不通好也通好而不投拜其禍卒不可解於他國亦然此豈可不深致其慮哉王檝之來以宣撫為使名只此一端便覺可怪臣閱邊報韃人蹂踐關隴占據河南有所謂宣差矣有所謂元帥矣名曰宣撫獨於王檝見之雖往時密院劄下襄陽亦曰蒙國偽宣撫此名何為而至吾國也臣觀檝之為人外雖恭順內實姦詐意其涉吾境也固例曰通好也曰議和也其反命虜酋也未必不曰吾使事畢矣由鄰境至國都皆聽吾之宣撫不吾拒矣異日見之國書萬一有如金牌之僭嫚我其何以待之將却之乎抑受之乎却之則貽禍自前受之則貽羞萬世利害既息吐吞不能臣恐紹興故事將復再見宰相不免為秦檜執政不免為孫近在朝忠憤之士將有如胡銓者出寧欲赴東海而死矣陛下試觀鄧伸之等輩果能如富弼肯與虜酋爭獻納二字乎肯辭官不拜謂虜或敗盟死且有罪乎一意詭隨首端捏合是亦王倫耳慮事當察之於始防患當謹之於微先事而為言則亦當先事而為備然則策將安出乎自昔待夷狄之說有三曰和曰戰曰守而已和戰盡

相反而守則行乎二者之間不容以一日闕不戰則和不和則戰此所謂相反也能守則可以和可以無和能守則可以戰可以無戰此所謂不容一日闕也為今之計嚴吾守備以待其勢之自定斯得之矣天險不可升也地險山川丘陵也王公設險以守其國此以勢為守者也鑿斯池也築斯城也與民守之效死弗去此以人為守者也固國不以山谿之險威天下不以兵革之利得道者多助失道者寡助此以道為守者也得其道則人為我用得其人則勢為我有其說雖三其理則一而已矣且所謂道何道也其要為三綱五常其序為君臣上下其用為禮樂刑政備之身者此道也達之天下者亦此道也使綱紀森嚴法度峻整衆賢聚於內群邪屏於外六典治邦國而見之政事者無不舉八柄馭群臣而施之賞罰者無不當則此道行乎朝廷役簡刑清政平訟理循良者必用貪暴者必黜布中和之化而嘆息愁恨之聲以消行寬大之書而安靜和平之福以集則此道行乎郡國峙乃糗糧備乃器械有功則賞雖小校必旌其勞有罪則誅雖大將必正其法使皆有仗節守義之志而無畏死貪生之心則此道行乎邊鄙言必忠信行必篤敬彼以暴吾則以仁彼以力吾則以德自治以定其立國之本權時以施其應變之宜則此道行乎蠻貊果能此道矣人心愛戴國勢安彊因斯民歸往之情符上天助順之意雖以混一區宇掃清中原蓋將有自然而然者豈必待惴惴而為戰汲汲而為和而後是以固吾國哉邇者恭承陛下頒示宰相鄭清之章疏臣以濫陪經幄例獲諦觀篇末奏陳理盡而詞切諒陛下亦犁然有當於聖心矣雖然宰相事無不統非但發於言而止也乃言底可續然後相之職為無負漢申公曰為治不在多言顧力行何如耳此人主事亦宰相事也惟陛下與大臣益加之意

貼黄臣近見四川制置趙彥呐備申韃寇犯蜀直至武階漓遣諸處軍馬併力鏖戰賊遂敗績然則使地利在我人和在我韃未嘗不可勝也韃方遣使議和而亦遣兵入寇和果足恃乎和不足恃則守備之實尤不容一日不講行也併乞睿照

鳴復乞宣引兩督視使各陳已見上奏曰臣竊謂今日之邊患嘗邊臣有以致之致韃使之來者嵩之也致韃騎之來者范葵頋也蔡息不共事則韃使未必徑造闕庭河洛不出師則韃騎未必指為仇敵和戰雖用處置失宜啓釁召戎實基於此今范守襄峴葵守維揚犄守合肥皆曩時之主戰者也韃若抉我藩籬入我門户為三帥者其戰乎其守乎兵凶器戰危事戰或不捷棄將安施苟嬰城固守而長江之險敵遂與我共之計又安出陛下亟建督視蓋謂朝廷去邊面遼邈就遣二重臣假以便宜從急應接耳五大帥不得為之事兩督視當為之朝廷不及行之事兩督視當行之抑不知為督視者將謂遣淮襄以掃除寇賊耶或欲捍禦江面以固護根本也若止於捍禦則沿江兩制帥足矣奚必督府而後能辦如志在掃除而且聽賊之自為去來諸帥之自為戰守諸軍之自為叛服則今日之患正坐此爾局面既新而積弊如故奚以督視為哉和戰守之孰是孰非兵將帥之孰勇孰怯沿邊之地利孰險孰易沿江之津渡孰緩孰急大帥或不職誰可摽任大將或不利誰可御衆此皆大節目所當講貫曾次看夫有此規模然後有此措置有此措置然後有此成就凡事豫則立不豫則廢安危利害之機決在俄頃恐非徒事繁文務為觀美可以虛聲了辦也高帝一築壇而漢楚勝負已決於韓信之數言先主三顧草廬而魏吳蜀形勢已定於諸葛亮之數語陛下苟不宣引二臣使各陳已見聽其有何等籌畫乎伏乞睿照

貼黄臣竊聞趙范有樊城之報賊衝我軍不動退走數里亦足之振起士氣未可言捷也儻朝廷因此玩弛二督視因此懈怠悠悠其出坐失事機警報忽來倉皇無措矣陛下限之以五日君命顧可違乎陛下之令不行於督視督視之令顧可行於將帥乎無以事上恐無以使下併乞睿照

鳴復知福州乞嚴為廣西之備上奏曰臣七年去國放浪江湖未許乞身猶縻廩粟事有關於國家之大利害者不容不以奏聞臣近得四川茶馬司準遣牟申之十一月書謂今歲韃兵分兩道入寇一由利閬一由巴山利閬之寇至磑子溪我軍發伏頗捷餘衆却轉入巴山合而為一未知向後如何制師迤邐搜回已抵合陽觀賊所向而圖之最是交廣之憂不可不慮前此入蜀之兵本三十萬忽抽二十萬入雲南見茂州所申白曲納族節節透入已至渭節村千八族步已投拜若得此蠻長驅而往則大理危矣邕宜其可不警臣向者已亥之歲僑寄毗陵曾聞蜀帥陳隆之具申朝廷謂韃賊欲由大渡河攻破大理等國斡腹入寇密院劄下廣西經畧徐清叟嚴行體探預作隄防後來清叟到大理自杞等國回報繳申今可覆視也近又從邸報見樞密都承旨蔡節奏章尋坐廣西經畧蔡範申到事宜謂邕宜深為可慮與今來牟申之所言及向來陳隆之所申大槩一同臣竊惟韃虜向與金為讎掃穴犁巢自燕徙汴盤旋積歲竟不能過黄河以遂其不奪不厭之志或教之曰河之尾有路可以轉入於是破西夏踰積石蹊蜀境竟求以快其欲而後已今其與我為鄰也虔劉我兩淮蠶食我西蜀所幸天限南北長江洶湧不容輕涉然數年以來嘗過萬州以下之胡灘透漏黎州以後之大渡河彼其熟諳詭計未必不曰河之尾有路可以虜金則江之尾亦必有路可以

窺我天道好華而惡夷不義而彊其黨必速彼其貪惏無厭其亡可立而待然在聖賢每思患而預防之必於無事之時先為有事之備亦曰無恃其不來恃吾有以待之可也臣心於憂國不能自已惟陛下與二三大臣深慮而亟圖之天下幸甚宗社幸甚伏乞睿照

歷代名臣奏議卷之三百三十八

歷代名臣奏議卷之三百三十九

禦邊

宋理宗時李鳴復知樞密院事上奏曰臣比者伏蒙聖慈擢貳樞筦繼又從宰臣之請以兵財楮幣分而為三委之執政臣以繆庸仍獲任兵戎之責朝夕惟念大懼無以稱塞嘗攷究其利病竊謂有一時權宜之策有萬世經久之慮審思事勢而定其應補葺罅漏以周其防此一時策也規模欲其宏遠法度欲其整肅此萬世慮也自三關失險內郡摧殘一時軍將蕩無綱紀寇來則散而為盜以擾害百姓寇去則聚而為兵以仰食縣官其為數至十有三萬而蜀之兵不如昔自襄陽不守荊鄂繼失連歲帥閫急欲隄防創軍籍以招無業之民抑餉所以贍無額之兵其為數至二十餘萬而荊鄂之兵不如昔蜀去天萬里閫外之事未可遙制故擇兩帥以分其憂荊鄂正今要衝列戍分屯權當歸一故命督府以總其勢莫遠於蜀莫重於上流委寄得人則區處有道赳赳雄斷是用出此兩淮所以蔽江浙而自浮光陷虜惴惴然常有抱虎之憂長江所以限南北而自淮堧被兵凜凜乎常有飲馬之懼故收彊壯以實軍籍兩淮皆然沿江亦然不如是恐反以資寇勢實使之不容斬也廣科降以修戰備兩淮皆然沿江亦然不如是恐無以禦寇勢實為之不容吝也蜀楚之兵雖已溢額而不可驟減江淮之兵雖無虧額而不可不增蓋敵勢尚彊國威未振撫事應變權時施宜凡以為一時備禦計爾若曰立國之宏規禦戎之上策盡在於是則非也昔太祖受天明命撫有大寶戰士不過十餘萬北禦契丹西捍河東猶以其餘威開荊楚包湖湘卷五嶺吞巴蜀掃江南服吳越太宗繼之遂拔晉陽一統四海兵固不在衆也南渡以來諸大將陳兵以捍虜各以數萬計事定之後內而三

衙外而沿江遠而四蜀皆有旨並定軍額其溢額人依舊存留惟日後更不作闕額招收而已措置得宜遵行惟議兵固當有限制也人皆以為今之患在乎兵少不足以強國臣獨以為今之患在乎兵多反所以蠹國兵非惡其多也多而不足用不若少而精之為愈也以其不足用也而又求多焉抑甚矣今天下兵數視祖宗時何啻數倍廂禁軍散在郡國殿步司拱衛京都御前軍分屯要害皆官軍也蜀有忠勇襄漢有保捷兩淮有義士皆民兵也禁軍本以備征戰今供雜役矣御前軍專以充調遣今多占破矣散在郡國者動干紀律而每懷不逞之志號為御前者屢增券廩而且有無厭之心竭天下之力以養兵而流弊至此尚足為國哉臣嘗伏而思之革積弊者當以漸振頹綱者當以理老弱交雜而力之壯者無以自伸精觕混殽而藝之強者無以自見此今日之弊也吾能明訓練之法壯而強者差

而別之使自為一軍無事則溫飽以養其勇有事則激勵以作其氣彼既有進取之望則必無非僻之心而所謂老且弱者待之如常闕則勿補將見數年之後天下皆可用之兵而凌犯之風不期而自息矣名隸尺籍而半為市人月破廩給而安居他所此今日之弊也吾能嚴占破之禁某處役充則仍隸某處教閱某郡支請則仍於某郡居住嚴加訓練而且緩招刺將見數年之後天下皆實在之兵而僥倖之習不令而自消矣由前而論特一時應變之權由後而言實萬世常行之理臣願陛下以萬世為慮而勿以一時為安以兵之冗為可憂而勿以兵之多為可恃孜孜然思之斷斷然行之整今日之新規復先朝之舊觀生靈之幸宗社之福也

貼黄臣近見田慶宗具到步司所管在寨軍一萬三千六百餘人

老病借差約五千有零外止管強壯八千二百四十二人三千人充梁石揀禦五千人僅可管幹寨柵及隨番披撥臣竊疑焉問之同列則曰權要借使吏房占破皆於焉取之名存實亡殆無足怪一司如此他可類推也臣曩在會稽嘗攷覈軍籍帶請給者三千三百餘人而日就教閱日充祗應者僅及其半詢士差借雖稱外而甲乙相傳權貴占留雖易世而執持不遣鄉官之借出其為數猥衆浙漕之抽差視他司獨多計二百有八人以私僕而掛公籍者有之以虛名而竊實廩者又有之一郡如此他可想見也夫支請有定限雖頃刻不容稽違幫勘有定數雖錙銖粒不容虧欠上下煎熬為養兵計也文移旁午為養兵設也乎居耗不貲之費卒無可用之人其可聽其自為縱弛而略不加察哉伏乞睿照

貼黄臣竊見平江置戍以拱衛名慮遠識高蓋有深意但數以萬

計經始實難然徑從荊鄂召募而或慮其太遽欲分委州郡招收而或疑其紛雜欲且就諸屯抽摘以實其半而二三其說意亦未定以臣觀之在內與在邊不同徐為之計似亦未晚夫五材並用誰能去兵然兵可止亂亦足兆亂顧所以御之者何如耳御得其道則紀律脩明雖舊管之兵皆可使為吾用御失其道則風聲交扇雖新招之卒安知不重吾憂合舊以圖新而吾之法度紀綱蕩然如故恐亦無益也臣謂創軍額不如脩軍政急招刺不如精訓練愚見如此併乞睿照

貼黄臣竊見全蜀并分為四而利州一路實為三路屏蔽蕃人連歲蹂踐自利以上半為盜區去歲有興洋間土人數十輩赴制司陳狀謂蕃人屢出擄招安乞急調兵收復某等當為內應不然則無以自活是祖宗德澤在人者深而人心愛戴猶一日也

令宣行下本路安撫陳隆之審加搜訪擇其土人之可任一郡者俾守一郡官得自辟財得自用如能捍禦外寇顯立儁功當議特許世襲如古方鎮之法類而推之京西一路悉倣而行之實當今經理之一策也。

貼黄臣聞兵之與財本相為用制司主兵總司主財欲其專也蜀之財計適年以來困於供億之勞司存徒移寇盜劫掠今無一孔之遺矣總所積弊其端非一或司虛籍為蠹尤甚若仍舊貫兵財各分財匱而主兵者不知兵增而主財者無以為應已然之弊不容革未然之憂蓋未艾也今宣威新建而總餉乃楊恢正制副暫權宜乘此時盡將總所之權併歸宣司以蜀之財養蜀之兵有無虛實皆得以相通兵無虛籍財無橫費而蜀庶乎其可為矣所有合置掌財官屬併令宣司具名辟奏朝廷審度除授。

貼黄臣聞守國之道莫先設險蜀自韃虜犯邊以來昔之恃以為險者今蕩然矣鑿斯城以固吾圉非所當講明者乎益昌舊為制總置司之地有寶峯山以屏其左有嘉陵江以限其右適者蜀士聚議謂宜於此郡築城移沔戎司一屯固守以扼賊衝突之路臣已嘗移書楊恢止陳隆之令相與叶濟以圖其成未知目即有無已行措置去秋風聞幾欲乞睿旨行下促令作緊計辦外此如潼川重慶府各據兩江之會亦乞行下本路監司帥守相度形勢若可恃以為險即任責城築以為節節屯守之計如事力不足仍自朝廷量與科降如此則虜必有所畏而不致長驅吾亦有所恃而可以為守矣。

中書舍人袁甫上疏曰臣竊謂今日事勢不當論安危當論存亡夫關於國家存亡之最急者莫急於韃虜秋高馬肥必謀大舉得聞將以三路並進按只觧與逆全妻將自山東窺我淮甸速不觧將自下波界窺我西蜀倴盞將自陝州窺我襄漢萬一果如所聞國家何以禦之倴盞本主和者也近者淮安之兵倴盞舉兵相應所以致此者蓋亦有説武僊田八䩠之深仇襄州輕於接納已為失策李伯淵又以詐奪受項馬由是倴盞之怒愈甚然則和好已難諧矣始輕戰而靴䩠中議和而欲師今戰既不可和又不成勢甚迫矣尚覬和而忘備從容悠悠度日殃在眼中奚止累卵之危而已哉然則為今之計不破拘攣之格顯幽拔滯則真才必不出不除張皇之禁披肝露膽則下情必不通不掃塵冗之務一意憂邊則神志必不專不去浮淫之靡舍虛就實則功程必不著不振朝廷之綱信賞必罰則氣勢必不奮不併江淮之勢合異為同則事權必不一不察卒伍之情賑乏賙急則軍心必不安此皆通國之人明知其當然而上之人遲疑顧慮不能果於有為者正以未知其職耳夫天下之所以治安者以內外上下各得其職也欲守邊人人稱職必先任大閫者不失其職欲閫寄人人稱職必先臺諫給舍不失其職欲臺諫給舍人人稱職必先廟堂之上不失其職今兩淮荆襄四蜀衝要之地處處楞虛色色凋弊身居大閫不暇問朝夕之所計慮者不過互相猜疑巧為傾陷謀邊甚疎謀身甚密外謀甚拙內謀甚巧讎虜甚淺私讎甚深帥臣若此邊守何責臣所謂必先閫寄不失其職者此也自輕啓兵端經營京洛喪師辱國愁痛尚新恥過作非復事磨宕委棄軍實衆笑黠虜繩以國法罪何可逭而臺諫給舍重於執章國有丘山之損罰無毫毛之加精采既頽折衝何賴臣所謂必先臺諫給舍不失其職者此也范葵父處襄淮朝廷未得其代甚類一則杜杞二則杜杞之説此

在廟堂平日儲才耳。昔之儲才者，預事先定某死則某代之。今事急矣，何暇言儲。敗證既形，勢當更改。臨敵易將之失，此拘常襲故之論，不足信也。然求可代者大作規模，并謀合智，推誠付託，勿掣其肘。事力雖匱，不可吝財。兵難遙度，不可中御。任責在閫寄，而主張在廟堂。讒言莫入，論議歸一，庶或有濟。今閫寄之誤國者，臺諫給舍不敢言，而廟堂亦不問。使代之者果得其人，臺諫給舍或以風聞動搖，而廟堂又輕信之，則國事去矣。臣所謂必先廟堂不失其職者，此也。而臣又有疑而未諭者：天下之事，緩則緩圖，急則急著。今觀呼吸危亡之秋，而不厲卧薪嘗膽之志，曾雍容鎮靜之事，而不為救焚拯溺之舉。方且牽於常調，拘於吏議，參於苟安，惑於坐談。大敵臨前，縛手無措，則不得已而行守江之下策。淮襄既不可守，江其果可守乎？今淮襄尚無恙也，不肯破拘攣之格，不肯除張皇之禁，不肯掃塵冗之務，不肯去浮遲之蠹，不肯振朝廷之綱，不肯合江淮之勢，不肯收卒伍之心，坐待北風一起，遠近響震，則財為誰之財，民為誰之民。與其一擲而輕棄，曷若先事而亟為。與其疑醫而待亡，曷若信醫而圖存。自古有病者未必死，而諱病者必死。今朝廷諱言病矣，縱使開不諱之門，而未能確然信任可用之人，束縛繩墨，靳吝脂膏，不捐反間數萬之金，反聽市虎三至之說。臣恐禍不在外而在內，兵不動草地而起於蕭墻矣。抑臣復有過慮，請盡瀝衷悃，為陛下精言之。孟軻曰：入則無法家拂士，出則無敵國外患者，國常亡。此言人君當納其身於戒謹恐懼之地。雖有敵國外患，乃可為進德之助也。韃虜迫我，人皆憂畏，臣獨謂陛下進德之機正在於此。伏願陛下杜女謁，遠閹宦，戒旨酒，親忠賢，精明不衰，則昏怠不起，畏忌常存，則邪僻莫干。凜凜然常有履霜堅冰之念，而後可以壯元氣，消外患，強中國，攘韃虜矣。臣猥以

淺學備數經帷，正以推明經誼，論說古今，開導上心為職。臣今此疏自廟堂臺諫給舍以至閫寄邊守，皆以不失其職為言。臣豈不自知其職乎？若陛下乾剛日進，敬心匪懈，觀宮闈如坐朝廷，對妃嬪如對儒生，則無怠無荒，而四夷來王。天下將曰：講說之官不失其職如此。如或不然，純一有間，怠荒乘之，緣飾雖多，真實反寡，則清議將以臣之責人者移而責臣矣，豈不甚可懼哉！臣亦心愛君，不識忌諱，盡吐肝膈，惟陛下裁赦。

甫又奏曰：臣聞觀事勢孔棘之時，與常日不同。有大幹旋則可以運動事機，有大力量則可以鎮壓人心，有大識慮則可以消伏變故。史冊所載，亦可覩矣。胡為今日之事獨不然耶？邊遽方聞，窘態已露，楮幣一事耳，論說紛起，施行倉卒，實效未獲，疑謗先騰，臣甚惑焉。且克敵一軍，植根伏藏久矣。諸帥不叶，互相猜貳，狼子野心，竊窺間隙，於是渾决而不可制。任閫寄者各執所見，朝廷持兩可而聽其所為，遂折而歸於招之一說。然既招之後，憂慮萬端，今邊報又急矣。韃犯鳳州，又犯蔡息，三道並進，已驗于此。淳光、棗陽又闕正守，此為何時，拱默坐視，齊安制閫精銳消耎，濟陽江面守備尤疎，朝廷非不明知，柰何不為拯溺救焚之計，而尚爾遷延玩愒耶？自古主於綏懷則不輕用武，主於敵愾則不屑招納。今既許其勦，又許其招，雜用錯施，初無定守。有謂秦鞏不可棄者矣，而又惑於韃不及馬之論；有謂秦鞏不可納者矣，而又搖於獸窮則搏之說。委孟珙以通好於倴盞，然今之窺我者倴盞也。和安可輕信？任范葵而加兵於唐宿，然今之為吾患者唐宿也。兵豈可輕舉？首鼠兩端，莫知所從。宵旰之憂，其有既乎？畝輸挽，可謂下下之策。曩嘗議及此矣，其時尚畏公論，未敢犯此惡名。遽改而為羈縻祠牒之舉。已而怨謗譁然，亟從寢罷。曾幾何時，今又

歸于優畝度牒信不美也猶有物以予之今優畝則白取矣度牒數
配僅及大家今優畝雖云有官之家而七色雜流與已仕而亡殁者
咸不免焉則所及者亦泛濫矣一命之微官與故官之子孫伏臘不
周事育不繼者何限今乃使與宰官顯爵家溫祿厚者一槩同科州
縣之吏不能皆良覬望回護避貴虐賤有力者頑未應令而追呼迫
促破家蕩產悲痛無聊者大抵皆中下之君先受其害昔之謀國興
利貽笑千古若括商若僦質若稅間架若除陌錢彼豈以為得已不
已耶蓋亦曰不得已而為之耳然上焉不得已而虐甚下則下焉亦
不得已而叛其上涇原之變此亦激於不得已之至耳非獨前古然
也本朝熙豐間若青苗若助役若市易若手實彼其施行之初人言
籍籍主國論者惟曰是不足恤也然始於不恤人言而終於不恤國
家被害之民在在嗟怨我不恤彼則彼亦不恤我矣王安石誤國之

罪至於激成靖康之禍皆不恤之一念為之也然則為今邊事之計
當如何曰臨敵雖不可易將宜急擇忘身徇國有謀知義之帥以為
之儲和戰雖不可執一說宜痛懲獨運祕密之弊使舉朝群臣得以
獻其謀屏目前常程細務而廟堂謀謨專一以料敵制勝為急令淮
襄四蜀之血脉俾與朝廷為一家而無一毫壅閼蒙蔽之患則邊事
其庶幾矣為今楮幣之計當如何曰行法自貴近始凡將相勳戚之
家斷不得免緣幸免而使貧弱者偏受無窮之毒恢洪朝廷寬恤之
意凡產去稅存有名無實者一切務從闊畧勿為迫促急遽之態以
激天下等死之心昭示大信上下交孚勿使疑吾徒有截鑿之空言
而終行刻忍椿留之實意收愈多則數愈少數愈少則價愈昂非獨
國利亦為民利則楮幣其庶幾矣顧臣迂愚之質實懷國體之忠每
見聖上有仁心仁聞而今乃為寧考所未為之事二揆禀已奉公而

今乃為故相不屑為之舉心誠痛之故嘗謂厥今有大患下人輕上
幸災樂禍此風滋長真可寒心若邊事區處合宜楮幣施行有序尚
可弭輕上之心消意外之變如其不然邊事擾軍心於外楮幣搖人
心於內內阻外訌不亦岌岌乎殆哉臣之愚策如上所陳吐自肺肝
不識忌諱惟陛下財幸

甫又奏乞降詔撫諭四蜀劄子曰臣竊謂韃兵犯蜀憂慮萬端今趙
彥吶隔在仙人原音問久曠陳隆之離興元見住米倉山高稼在沔
州亦無音耗朝廷就令四川總領安癸仲撫諭軍民陛下宜降手札
勞勉制帥及撫諭使又宜命詞臣草詔具述陛下憫傷蜀民罹經韃
虜蹂踐痛猶未定今又重遭兵禍皆由和戰不決舉措不審召釁納
侮悔其可追老弱死於流離士卒戕於鋒鏑惕然愧懼食息靡遑即
此大意更加深切庶幾遠民明知上心亦使軍士生其氣勢臣之愚

慮蓋見故相當國以言為諱詞臣揣摩意見多所避忌語不懇惻豈
能動人陛下更化以來曠然與天下為公今者詔旨丁寧所貴明白
洞達臣不暇遠引三代詔命只如漢武末年兵戈不息深陳往悔吐
自肺肝與夫唐德宗奉天詔書自謂天譴不悟人怨不知痛心醜面
罪實在予下至封敕草陣傷邊將詔有云傷居爾體痛在朕躬如此
等語頗得王言之體願陛下明諭詞臣使之展意無所依違敕書誕
敷將見歡聲如雷賈勇敵愾韃兵不足慮也僭瀆愚忠惟陛下採擇

甫又奏備邊四事劄子曰臣濫叨班綴賜對便朝竊見陛下軫念邊
陲憂形玉色微臣恨無良策少濟時艱姑竭愚慮畫為四條皆至緊
至切汲汲行之如拯溺救焚庶克有濟

一曰固江陵以重上流之勢臣聞去年撥襄郢隨郢復岳德安漢
陽信陽蜀沿江副司而置司於鄂撥江陵均房歸峽光化荊門

屬京湖制司。而置司於江陵。襄陽距郢千里。而聲勢不接。江陵介居襄郢之間。而孤城無助。今德安棗陽隨郢襄陽皆破。而復與信陽漢陽僅存空城而已。均房光化歸峽荊門。或破或潰。而江陵遂成孤立矣。顧乃責沿江制司以復襄陽。責京湖制司以守江陵。地勢隔越。事權不專。彼此牽制。決至蹉跌。莫若以京湖諸郡仍舊併歸一帥。總治江陵。且撥湖南九郡隸之。庶幾形勢便順。事力從容。經理上流。莫急於此。

二曰。堰瓦梁以壯東淮之防。臣聞韃虜往年嘗犯襄境。連年遂入西淮。至去冬又擾東淮。直抵維揚。三邊之禍。歲甚一歲。今荊襄已失。止守江陵孤城。西淮屢擾。蕩無藩籬可恃。儻東淮守禦又復不固。則虜馬飲江。而江浙震矣。豈容玩視而弗戒乎。昔孫吳築瓦梁堰以抗彊魏。江南恃以為安者六十年。南唐李氏悉力經營堰不及成。淮已盡失。今制臣建議修復。病於工力浩瀚。宜從朝廷亟助其費。乘此虜退。作急經畫。併日興工。猶可有濟。

三曰。勸流民俾復生業。臣聞淮民少長習兵。為國保障。去冬虜騎奄至。西淮義勇憤激思鬬。任邊閫者惟恐推鋒而怒敵。但知撤花以避寇。驅逐老弱。焚蕩生聚。謂之清野。重以胡馬蹂躪。腥熖熏炙。扶携渡江。不可勝計。勞來之使中輟。賑貸之令徒煩。彼留江南。別無所得食。返江北。又無以為生。不亟圖之。非但失扞敵之利。必且重蕭墻之憂。謂宜申飭江淮帥臣。亟行賑恤。朝廷亦合貼助支費。假以資糧。俾復生業。或團結以助聲勢。或揀刺以填闕額。或選擢材武。優補軍職。兼此數端。實區處淮民之切務。

四曰。責邊閫遣回韃使。臣聞比者朝廷已嘗戒飭邊臣遣回韃使。中外之人。方幸廟謨堅定。不墮姦謀。稍有生意。但見王檝盤旋窺覘。久未出境。觀聽已惑。近者傳聞。循為可疑。豈其不禀朝命。遣宣歃而來耶。朝廷固慮曲防閫萬無是事。不知道路之言何為有此。結虜變詐無得。慣便既有輕量之心。恐肆玩弄之計。今茲復來。非前日比。包藏叵測。必有出於邀索之外者。兼邊彊効死之臣。無非與韃為仇。復有訛言媒揺。可憂非一。儻虜阻遏其來。貽禍目即。則專在邊閫委曲區處。豈無良策。或謂茲事當審難使戶知。但恐欲遏闒人。而人終不可愚耳。以臣管見。王檝之欲來者。乃邊臣請其事於朝廷。而止其勿來者。在朝廷當專其責於邊閫。處置少差。噬臍何及。臣所陳四事。雖樸拙。情實懇至。儻陛下以臣言為可采。伏乞睿斷。速賜施行。

許應龍進故事曰。慶曆六年詔曰。西北多故。虜態難常。預備不虞。理當先物。又詔陝西河東經略司。諜西人雖納款稱臣。犬戎之心。詭譎難信。恐諸路罷兵之後。漸弛邊備。其務練兵卒。全城壁。常若寇至。有不如詔者。坐以名聞。

臣聞先為不可勝。以待敵之可勝。此用兵之至計也。急則倉皇而失措。緩則玩弛以苟安。事變猝來。莫之能禦。其患有不可勝言者。書曰。不見是圖。易曰。君子以思患預防。此正今日之所當講也。仁宗當天下全盛之日。尚慮虜態之不常。西人納款之後。猶恐詭譎之難信。況今日韃兵之出沒不特。而荊襄之敗壞已極。西蜀之關隘未固。而外郡之寇攘間作。東支西撑。進寇少息。而根本不立。備禦無策。其可不焦心勞思。以求安邊固圉之術乎。權宜通好。意畫少安。而敵情叵測。尤當為自治之謀。闢邊拓境。盍監覆轍。而量時度力。豈宜為輕進之舉。殘破之郡。尚費經理。歸附之卒。未易調服。儻優游歲月。不思屢實。此去秋高馬肥。能幾何日。萬一赤白囊交至。然後科瑣遝來。無乃大寒而索裘乎。今日之事功。其所以弗立者。蓋由於議論之不定而事權之不一。夫議論不定。則或進或退。莫知適從。事權不一。則相忌相傾。各欲求勝。緩急誰復應援。兵力遂至單弱。是以邊陲非寧。上勤憂顧。爲今日之計。莫若先定其規模。而使諸將有所稟承。先正其體統。而使諸閫勿相矛盾。如此。則上令而下從。謀并而智合。以守則固。以戰則勝。升平之效。日月可冀矣。

應龍又進故事曰。藝祖命李漢超等守關南凡十七年。郭進守西山。賀惟忠守易州。姚內斌守慶州。董遵誨守環州。各十餘年。管榷貿易。悉以給之。又使之私募驍勇以爲爪牙。軍中之事。復許其便宜。二十年間。曾無西北之虞。眞宗朝錢若水上言曰。今日之所患在戰守不同心。伏望陛下選武臣有謀素諳邊事者。任爲邊郡刺史。令召募武勇爲隨身部曲。官爲廩給。然後嚴亭障。明斥候。無得專以寇相報示。寇來則齊出討除。寇去則不令遠追。各務安靜。苟無大過。不輕替移。儻立微功。就加爵賞。如此。則戰守必同心。戎虜不敢近塞矣。

臣謂極邊州郡與敵對壘。烽燧警報。無時無之。若用文臣。則不請戰鬬。或遇侵擾。懍懍危懼。多至退遁。若用武臣。則驍勇敢爲。遇寇不懾。惟患無兵可用耳。今若令其招募武勇。給以廩賜。而復久其職任。莞榷貿易悉以畀之。俾得以激厲士卒。固結其心。則孰不思奮。而又嚴斥堠。精間諜。寇至則互相救應。併力捍禦。寇去則各嚴備守。不務窮追。聲勢既張。敵自讋伏。歲終則視其功績。就加旌賞。苟無大過。不輕替移。則士卒相爭。同心協力。如手足之捍頭目。何患疆場之不寧哉。今之邊郡。多任左選。兵略素不講究。行陳又非涉歷。安乎無事。僅可自保。一聞警急。率至奔逬。間有究心備禦。差強人意。則又委之不專。任之不久。財用既無積蓄。士卒又非素練。無一可恃。無怪乎邊陲之不固也。今若遵太祖之策。用錢若水之言。以爲守邊備塞之計。則兵威振而外侮消矣

禮部尚書魏了翁進故事曰。唐陸贄奏議第十六卷興元賀吐蕃尚結贊抽軍田歸狀。右欽溆奉宣聖旨。適得渾瑊奏。比日尚結贊頻使人計會。擬自領兵馬。尅期同收京城。緣春來蕃軍多有疾疫。近得探報。尚結贊等並抽兵退歸。未知遠近。朕意緣吐蕃士馬強盛。又以和好之義。自請將兵助國討賊。朝夕望其成功。今忽抽軍退歸。甚失准擬。渾瑊李晟等諸軍兵馬。並不至多。若無蕃軍應接。深慮被賊衝突。卿試料量事勢如何者。臣質性愚昧。不習兵機。但以人情揆之。時亦偶有所得。自承此旨。欣賀良深。竊謂蕃戎退歸。乃是社稷避禍。昨日已附欽溆口奏。訖伏恐未盡愚款。尚勞聖憂。謹復披陳。庶解疑結。彼吐蕃者。犬羊同類。狐鼠爲心。貪而多防。狡而無恥。威之不格。撫之不懷。雖或時有盛衰。大抵常爲邊患。陰詐難御。特甚諸夷。陛下但舉

建中以來近事准之。則戎心難知。固可明矣。頃者方靖中夏。未遑外虞。因其乞盟。遂許結好。加恩降禮。有欲無違。而乃邀求寖多。翻覆靡定。託因細事。積有煩言。首尾凡歷四年。要約竟未堅決。立碑纔畢。復請改移。猜矯多端。於斯可驗。逮至盜驚都邑。駕幸郊畿。結贊總戎。在邊因請將兵赴難。陛下推誠允納。厚賂招來。逗留持疑。竟不肯進。無濟討除之用。但攜將帥之心。懷光遂至猖狂。頗亦由茲促禍。及皇輿再駕。移蹕漢中。陛下猶望蕃兵。以寧內難。親倚之情彌厚。屈就之事亦多。豺狼野心。曾不知感。翻受朱泚信使。意在觀變推移。頻與諸軍尅期。至時皆不赴會。致令群帥進退憂虞。欲捨之獨前。則慮其懷怨乘躡。欲待之合勢。則苦其失信稽延。既姦且驕。曷望成績。非唯變態難測。且又妨擾實深。戎若未歸。寇終不滅。但願陛下謹於撫接。以奮起忠勇之心。勤於砥礪。以昭蘇遠近之望。中興大業。旬月可期。不宜

尚眘眘於犬羊之群。以失將士之情也。

臣聞善為天下者。不計夷狄之盛衰。而計在我之虛實。中國是狄一氣耳。其盛衰誠無與於我者。先王以其叛服去來。荒忽無常。故雖懷之以德。接之以禮。未嘗逆示猜閒。然亦豈引而致之。倚與為援。而略無防慮也。德宗每事猜忌。雖內焉陸贄外焉李晟。猶疑之不釋。而獨於尚結贊。乃用其信何哉。方其自請入援其情不難知也。德宗慮渾瑊李晟兵必幸其可以為卽總之不疑。至於結贊抽兵自退。人情騷然。倚伏各懷畏懼。則德宗又以為憂。說一結贊之來為喜。一結贊之去為憂。安有堂堂中國而專為此廩廩也。陸贄獨曰。此社稷遐福也。拜疏入賀。臣以為籍令倚伏結贊幸而成功。猶懼無以賞之。而況狼心貪很狙詐橫生。求欲無厭。去來自若。可以遂為之憂喜乎。詩曰。夙興夜寐。洒掃廷內。維民之章。修爾車馬。弓矢戎兵。用戒戎作。用遏蠻方。古之所謂待夷狄者。亦惟盡吾所以自治之道而已。顧舍其在我以資乎人。祇見其害。未睹其利也。結贊既退。旋復舊京。初無賴乎蕃戎贊之言。既信矣。而德宗尚眘眘於犬羊之群。以貽後日劫盟之悔。為千古笑。至是而贄益有知言之名。然已無及於損威辱國矣。比年以來。夏人既約而復渝。韃使已來而自郤。此正所謂荒忽無常者。故臣敢以贄之所言者為今日獻。願陛下與大臣力圖所以自治之實。而常為不可勝之勢。則叛服去來。吾皆有以待之也。

劉克莊進故事曰。石虎死。蔡謨曰。胡滅實為大慶。然度德量力。非時賢所及。當浩北伐。王羲之曰。區區江左。營綜如此。識者寒心。桓溫謀遷洛。孫綽曰。趨死之憂促。返舊之樂賒。出晉書

臣竊惟居重御輕者安。虛內事外者危。胡運寖衰。王氣稍振。荊甲擣虛。重關上疆。蜀兵攻堅。大獻俘馘。向也我師畏韃如虎。今遂能袒裼而暴。下車而搏。雖未遽收卞莊子之功。然亦頗奮馮婦之勇矣。此皆陛下廟謨雄斷。長駕遠馭所致。如閫閫臣忠憤激發。荊狃一勝。蜀謀再舉。識者憂之。臣觀晉人畫江自守。精兵名將。往往分布沿流重鎮。如庾翼在襄陽。陶侃在武昌。褚裒在京口。桓溫在姑孰之類。故昔人有長江千里。如人七尺之軀。護風寒者不過數處之喻。而自江以北之地。則付之祖逖劉琨輩使自疆理。琨握空拳。守并。逖以募隊千人。布三千匹。渡江。不給鎧仗。晉人能量事力。權輕重。如此。偏安一隅。而不害其立國。非偶然也。今之閫臣。握兵柄。操利權。朝家又抽摘科降以助之。適值目前之安靜。遂有分表之經營。比之晉人。則似輕堂奧而重極邊。虛根本而事遠略。臣不敢援引前古。姑以近事言之。趙范欲圖唐鄧。唐鄧不可得。而襄陽先失。於是安隨郢復均房之境皆為丘墟。趙彥吶欲圖秦鞏。秦鞏不可得。而劍關不守。五十四州蕩覆。豈非外重而不能御。內虛而無以守。其勢必至此歟。臣竊私憂過計。謂江陵重。然後可以援襄樊。重慶實。然後可以圖漢中。范與彥吶即吾龜鑑。夫蔡謨王羲之孫綽之言。蓋英雄豪傑之所誚侮以為怯懦者。然自晉至今。欲保守金甌。使之無缺者。終不能易此論也。惟陛下詔闕臣熟籌之。

監察御史吳昌裔同臺論邊防事宜。疏曰。臣等嘗兩上章留徐清叟。又各上疏乞畀叢祠。一無報行。日切兢懼。自合居家待罪。未當僭有所陳。然事關危急。存亡不容自默。臣等每謂今日邊事。蜀中之患。不在韃而在秦鞏。淮襄之患。不在韃而在北軍。昨聞雍州汪世顯等已

降於韃爲之引兵直窺階文則秦蜀之患已有證矣近者訪聞襄陽城中北軍挾李伯淵以叛半殲南軍制帥趙范帶親兵而出僅以身免雖傳聞未可盡信若其果爾則是北軍之患又有證矣竊惟荆襄東連吳會西通巴蜀古人以爲國之西門又謂天下喉襟若爲寇賊據其門户扼其喉襟則吳蜀中斷自上流渡江直可以控湖湘若得舟而下直可以擣江浙形勢順便甚來莫禦萬一有此則人心動搖望風奔潰雖有勇智將焉用之況自去年以來郭勝叛於唐范用吉叛於均尚全等克敵叛於德安皆以北軍相率叛去今李伯淵素號膽勇爲三軍所推又逐人往來江淮稔知地利若群兇並嘯四叛連衡守我城池據我糧食則其謀深計狡將不止掠抄邊疆而已加以韃騎往來不常此輩爲之向道則事在社稷恐有不忍言者昔宣和間童貫開邊郭藥師以常勝軍來降又招雲朔漢兒以爲一軍謂之

義勝厥後金虜南牧二軍首叛以降遂導虜軍傲擾中土時宦官尚闕其事不以上聞竟成靖康之禍臣等讀國史至此不勝痛心今日之事雖未遽至是其危證亂階亦已畢露不知陛下亦嘗憂及此乎大臣亦嘗以此告陛下乎臣等忝在言責得之風聞若不亟爲陛下言之何以自解不忠之罪用敢不識忌諱冒犯奏陳欲望陛下明諭大臣思所以靖難保邦之計若趙范果已離襄急令收聚諸郡餘兵固守江陵以爲上流捍蔽鄂渚與江陵相近陛下已嘗命帥而尚未啓行即宜申命督促疾馳以往如其方命乞別畀有威望忠略之人以鎮武昌與江陵犄角併乞行下淮西帥尤須嚴作隄備所有淮東之地亦多北軍雖聞分戍淅徙州軍然恐聞風相挺而動亦乞下趙葵疾速措置毋使噬臍區處既定則守江之策尤不可緩乞專以責之陳韡如戰艦軍糧防江民兵等宜日下辦集以防不測其他所合

思患預防之事並自廟堂同心區畫不可循習故態苟安目前不可畏避張皇護爲覆蓋夙夜憂懼惟恐禍至無日而亟圖利之庶或可以扶顛持危而不至淪胥以敗也臣等不勝憂念懇切之至謹錄奏聞伏候敕旨

貼黄臣等昨與清叟以開邊論及首相又因發下條具邊防事宜見其所具多有疏略已同諫官疏其不可行並以復廟堂但知控竭愚忠不知觸忤時忌今外有虎視之狂韃內有鴟張之叛兵不待秋防患已立至國勢凜凜危於綴旒大臣於此不能憂邊思職爲君父討而乃徒事猜防空擲歲月甚可憂也今清叟既已出臺臣等自難安職惟君臣義重冒言及此又將不免廟堂之疑欲乞陛下以社稷大計爲念毋以人情牽制爲拘若謂臣等不能靜嘿安觀乞早罷黜或與以祠庶使大臣不以臣等

多言爲慮專爲陛下區處邊防臣等雖退歸山林實爲大幸

昌裔又論三邊備禦狀曰臣聞射不志吾雖巧無用藥不當病雖良無益臣不量愚賤冒進瞽言前疏六條於陛下之心之身家國之事粗陳其槩矣今事有至急至切者又何敢隱情惜己不爲陛下終言之臣聞之道路見之諜報竊知韃虜聚兵牧馬決意南來一渡河洛以窺江淮一由唐鄧以窺襄漢一託秦鞏以窺四川三道並入聲號百萬甚至修搭橋路將帶羊皮浮環以爲飲江之計兵有先聲雖虛實未審然三伍見聞殆有深可慮者胡不以金人之初起觀之五月傳箭於國中令鄉兵備戰至八月則點集今秋風已勁非草地點集之時乎四月放馬入泊逐水草至七八月則取馬出濼以備戰鬥今童馬兒乳非出牧戰鬥之時乎漢備匈奴率以秋冬唐遣戍卒謂之防秋中國於秋高馬肥之時每每嚴作隄備如此豈可以候卒流傳

之繆。邊謂疆吏張皇之言，欺我邊陲，懈我守備，特其不來而不恃吾有待之乎。紹興庚申兀朮分四道入寇，外則張燾、辛次膺言之，内則陳淵等繼言之，下則京局小官亦言之，而秦檜忍恥待和，漫不為戰守之備，使無劉錡順昌一捷，則鐵浮屠必南牧矣。紹興辛巳，逆亮分四道入寇，舊相張浚首言之，老將楊存中力言之，從官金安節等交議之隙，康伯雖決戰守之策，然江沱燕安之久，使非虜酋自斃以歸，則紫茸軍必絕江矣。以今事力視紹興時，將無河北山西之舊也，兵無背嵬鐵山之勇也，器械無銳首駐隊之犀利也，舟師無戈船海鰍之堅壯也。況京洛潰師以後，精銳殲於鋒鏑，糧械委於蒿萊，京帑耗於犒邊，儲空於生券，四總所科降之數日積月壓，無以給其乏，然而邊民凋瘵之餘，冰銷火燎，靡敝不知其幾也。以空虛無可恃之邊備而當飄忽不可測之虜兵，脫或哨騎一來，直闖籬落，則沿邊鎮戍聞

風蕩搖，惟有卷甲以南趨，必不能北向為陛下發一矢矣。秦師伐鄭，蹇叔曰：師之所為，鄭必知之，勤而無所，必有悖心。夫以勞師襲遠而敵國先知，尚且肆其貪殘，不肯徒返，矧犬羊無厭，鄰我猶境，若知而不為之備，則其悖心豈不烈哉？今之授任者考敵未有釁，則抵掌虛喝，欲營分表之功，及寇已有萌，則搏手周章，不為局內之慮。我之將士不豫附，而乃醲其賞賜，過待新附之軍；我之田野不加闢，而乃侈其饋牽，外招遺燼之衆。軍實無楚師之儆，師衆無晉卿之和，端居無事互相猜防，萬一事會之來，而望其首擊尾應難矣哉！事之急者不可以紓緩圖，寇之深者不可以浮談應。臣愚欲望陛下少垂聖思，明詔二三大臣，不拘旦暮，延見議事，如建炎詔書，許令侍從、臺諫聚議都堂，講明軍政，如紹興典故，取張守四路帥守之議，經理淮甸，以為外禦之防，取表臣七處備禦之策，控制長江，以為裏虛之備，取允文三

重防托之說，保護蜀口，以為上流之固。兵食之數有幾，當置講議一司，以考登耗之源；風寒之處有幾，當置修攘一司，以議攻守之要。偏裨材武當有格法，遂軍事藝當有掌記，軍書之措畫來上者擇行之，邊守之貪懦不職者易置之，事事精思，日日申儆，而又命一重臣視師江上，董督諸將，以訓齊三軍，如張浚、汪澈、葉義問故事，庶幾紀律一而國勢張，思慮集而人心奮，臂指服役，而精神折衝，吾圉有備，又何憂虜兵之暴至乎？天下之事難平，敵人之情難料，佳兵者殆，忘戰者危。老師弗戢，既一失於前時，玩寇養安，難再誤於今日，若頻復而數誤，則國事非矣。詩曰：猶之未遠，是用大諫。臣不勝拳拳。

昌裔又論三邊防秋狀曰：臣聞防秋之說尚矣。薇作而遣戍，剛而歸，說者曰：周之戍役，猶今防秋之兵也。瓜時而往，及瓜而代，傳者曰：齊之戍期，即今防秋之候也。蓋北虜風俗，四月放馬入泊，令逐水草，禁

人秉騎，八月取馬出濼飼，以麥草準備戰鬪。方隆暑則筋解膠緩，方不及遠，至秋高則勁弓折膠，銳不可當。故漢軍備胡率以秋冬，唐兵戍北，謂之防秋，皆時吾戰備過彼寇虐也。國家當海東崛起之虜，立中國自治之規，每於秋時常若寇至，靖康有防秋詔，建炎有防秋議。謂夏已及半，去秋不遠，非早圖之，則虜又奔突者，李剛之疏也；謂時已中夏，去秋無幾，惟博謀群議，則尚可捍虜者，劉珏之策也；謂防秋之期才一兩月，而控扼守禦蓋非一途者，張守之言也；謂秋防事迫，僅有兩月，而防托戰守尚無定謀者，葉夢得之請也。君臣之間，日夜凜凜，惟恐一事蹉跌，此豈故為是過計哉？撤桑牖戶之謀，折柳樊圃之戒，昔人所以無日不申儆於國中也。今計秋風不十日矣，韃之驃悍過於殘金，師之出沒飄若風雨，但聞其以草青為放牧之候，葉紅為出哨之期，則避暑而遁，逮涼而來，乃狼子之常也。不知上之所以

憂邊思職下之所以料敵禦戎者亦有如中興之深略乎分上下流守淺險以修戰艦閱水軍此防江上之秋也斂淮東戍厚淮屯募土豪訓義甲此防淮堧之秋也招水手葺海鰍結固民船選擇嶼長此防海道之秋也援忠勇集流移繕修城壁關浚海櫃此防京湖之秋也固三關天險開諸道支徑補兵籍峙軍糧此防蜀口之秋也備風寒者不下數處為秋防者非止一條所當變日惜陰并手合力如撲原火如拯溺舟旦旦而為之猶恐不蔇而今朝廷之上百辟晏然言論多於施行浮文妨於實務右族王宮之兇費列曹坐司之常程群工閑慢之差除諸道非泛之申請以至土木營繕時節宴遊神霄禱祈之禮錫賚藻飾治具亡以異於平時至於治兵足食之方修車備器之事則反皆闊略不暇精講方且今日一人而出疆進聘曰吾將以厚藩離明日一人而遣使求成曰吾將以寬歲計京湖焚蕩者一

十四郡而區撥地界之未明蜀口委棄者二十三關而分布司存之未定勢均者持意見權扼者快思讎膽薄者徇顏情氣揚者亡死律蛇豕薦食此為何時而汎無規模擔閣日子脫或游騎闌陸浮筏渡江而後調兵符料邊瑣為應急草草之謀則亦晚矣昔靖康之難虜方退師上下恬嬉遂謂無事方建議立東宮開講筵後春秋罷配饗有言責者曰論京畿之黨當事任者謀遂許李之賢密院欲追擊賊三省欲護出境宣司欲調戰士廟堂欲止援師行移二三命令反復玉輅之索爭議未定而鐵騎已過河矣故當時有不理會防秋卻理會春秋等語吁此豈二酋之善戰哉亦一時謀人之不臧有以致寇而深之耳昔胡安國有言軍政未修既不可戰疆弱不敵又不可和惟有講求防守之方以為攘狄之備最為上策臣謂今日之事當置和戰不議而專議秋防三省進呈之際畫屏細務非備禦不謀樞密

本兵之地略去彝章非兵食不講侍從不拘早晚許以邊事請對臺諫不限月評時以邊警奏聞百僚師師日以敵國外患衛慮而陛下又鑒靖康之所以失法建炎之所以興屏聲色節燕飲帶以貂帽思將士之勞抑倖賞減浮費務以金帛代軍儲之糴躬率內外以弘濟時艱則敵來而應可以伸吾威敵去勿追可以成吾信虜雖吞噬諸國橫截八荒而終不敢干中華正統之所在矣惟陛下宵旰亟圖之宗社幸甚

貼黃臣近收鄉人書言戎帥曹友聞得諜者報草地欲以八月入寇則是臣防秋之說於蜀尤不可緩也蓋蜀自去冬虜退之後尚留哨騎出沒並邊或伏草間以待麥熟董鵬飛以守城死時當可以剏寨亡陳瑀以行邊執不三月間失三太守皆西歷才勇之人以此邊氓愈更畏怯又東有李伯淵窺上津而有近世

願伺仇池種類寔繁景色可畏兵無三萬之數糧無十日之儲色色藥底惟有民氣一髮僅存而數年間捐財以助邊儲增以供餉不知其幾屢竭矣近聞總所有對糴之法制司有起夫之令臣為之駭然此說果行則民病困極之餘將引繩而絕之矣欲望聖慈申勅制總禁戢科需而於驅磨所之失陷者撫諭司之科撥者蠲益戶之輟借者留意審核以應支梧庶可寬民一分實非小利所有三太守死事得之公論謂董鵬飛為上時當可次之陳瑀又次之欲乞行下密院等第推賞施行伏候勅旨

昌裔又奏曰準御史臺牒輪當十二月一日視朝轉對有已見下項事須至奏聞者

一臣比以一介孤愚待罪分察無裨於時政空臆盡言旁忤宰臣幾負大譴尚賴聖恩天廣曲賜存全叠拜命卿又兼史事自知無

以稱塞屬當轉對其敢隱情惜己而有愧於初心哉臣聞天之所以職覆君之所以司牧不過曰仁而已天之仁在於與民物以爲生君之仁在於承天心之所生故好生惡殺三代之所以得人心也大兵大獄漢唐之所以殄國脉也洪惟本朝以仁立國其得天下也不妄殺一不辜其謹刑獄也不誤入一有罪其懷遠人以恩未加以侮慢不恭之誅其體近臣以禮不坐以曖昧不明之過漢以王恢首邊釁兵連不解者踰三十年而本朝謀臣務存大體不曰澶淵卻敵之後十九年不言兵則曰陛下即位之初二十年不可適用兵不曰首兵必有其禍則曰用兵不是好事蓋恐干戈一啓有貽根本之憂唐以林甫陷善良羅織被罪者幾數百家而本朝議論務從忠厚不以女奴之僞書而誣正人不以奏邸之傲歌而網名士不以詠檜之詩而終棄

奏議卷之三百三十九　二三二

奇才不以與甲之語而深罪舊弼蓋恐刑獄一興有以開荆棘之路此皆列聖仁厚之德大臣深遠之慮所以培護元氣而祈天永命於無疆也不幸其間小人相繼用事以深入之說而啓兵端以陰中之術而造黨禍然仁聖相傳神武不殺未嘗一墮其姦謀故熙河之師王韶實倡之而當宁歎息深咎廷臣之不言涇原之築李憲實繼之而中使奏聞乃痛邊民之疲敝鄯湟之復朝廷初無堅决之謀而童貫造釁師敗者數十萬人燕雲之取聖訓嘗有全師之戒而蔡京首謀兵潰者五十萬衆是階厲者之罪也而何足以傷祖宗之仁華亭之獄安石之子雱爲之會上察其誣而事遂寢同文之鞫蔡確之子渭爲之會事無其證而計不行元祐之籍等定者三百九人矣示其厭而碑仆不立矣趙汾之家根連者五十三家矣奪其魄而欺與不書矣

是執讒者之過也而何足以累祖宗之聖上天有祚我宋之心祖宗無咈人心之事故雖王室屢經多難而國勢安若泰山蓋其所以貽謀者至深且長也陛下蹈規祖武祗事天明小心抑畏惟恐傷乎民生盛德溫恭惟恐咈乎物論咨儒臣以講學未嘗不盡下之情導諫臣以敢言未嘗有拒人之色中更大化庶事厲精思欲取濁亂之政習而一新之天下翕然莫不有升平之望矣獨惟宰揆非人不能仰承聖意方其始也輕躁寡謀而首興京洛之師及其久也猜忌深中而陰造縉紳之謗僥兵之禍至于甲卒喪亡膏血沾漬有目者所得而見也而中傷士夫之穽則猶隱而不彰從諛之苦至于室家離散哭聲流傳有耳者所得而聞也而傾陷善類之罟則幾發而幸免若非陛下翻然感悟洞燭其非則大兵之後又將醞成衣冠之禍矣夫有司

奏議卷之三百三十九　二三三

失一死罪責尚不輕今以無罪而驅民於兵凡不附己者誅中以危法安知無夕雷雨之累非其亂心積慮之慘有以上干至和乎適者德音一播丁寧罪己而三邊莫不屬心廷制一揚奮發拜罷而多士爲之吐氣所謂兵獄三事皆自惠卿發之者今已昭昭暴白於天下矣然而仁足以回震霆之怒而不能以革夷狄之悔心明足以開積潦之陰而未能以釋中外之疑慮豈可不求其故乎孟子曰是乃仁術也善推其所爲而已矣不殺羔小善爾我真宗推之至於家富人足聿成景德和平之風不踐螘微事爾我哲宗推之至於役減刑清坐歸元祐安靜之福今陛下有悔過之大德有洗冤之盛心盡不以其隱之於中者而推之庶政百度即由是而體行葦之厚以篤兄弟之戚按棠之燕以懷死喪之戚則親親之仁也由是而復貽養之令以

培元良之本。立内學之教，以選宗藩之英，則幼幼之仁也。召用衆賢，勿以好名之嫌而絕為善之路，則敬賢之仁也。優容言者，勿以約鬧之謗而杜敢諫之門，則好善之仁也。僑姦宿惡之夷，蘊崇勿使，是殖是長，則惡惡之仁也。僑户流民，還定安集，毋使靡室靡家，則愛人之仁也。念一覺悟而天下無窮民，心一惻怛而萬物皆生意，則陛下之仁實與天地同其大。彼以暴，吾以仁；彼以嗜殺，吾以好生，雖卓地窮漠之夷，亦不能干中國正朔之所在矣。先儒程頤有曰：充拓得去，則天地變化，草木蕃；充拓不去，則天地閉，賢人隱。惟願陛下善推而力行之，臣不勝拳拳。

一、臣聞聽言之道，固不可偏，亦不可雜。偏則所受狹隘，無以公天下之言；雜則所聽混殽，無以一天下之善。不失之偏以來衆正，不鄰於雜以杜多門，而後兼聽盡天下之美矣。且當今急務莫大於朝政邊事也。在廷則有大命之出納，庶政之廢興，百吏之進退；在邊則有幾事之翕張，帥權之分合，敵情之去來。此皆國家之命脉，天下之機括所關係也。故昔之議朝政也，命令必出於人君，政本必歸於中書。令有不當者，必使給舍審覆；事有不便者，必許臺諫盡言。所以政令詳審，而朝廷尊行之於天下者無一事之闕。議邊防也，處分必出於廟堂，謀謨必參於都省。侍從之知兵事者許以論思，廷紳之歷邊任者責以條具。所以處置得宜，而軍情服行之三邊者無一籌之誤。此古今之常理，亦祖宗之家法也。蓋自人君喜獨斷之名，而耳目之司或偏於所寄；宰相操獨運之說，而幾事之密或徇於所私。於是始有以近習干公議，有以小臣與朝政，而事權雜出，徒為群下梯進之謀；有以私人通密報，有以遊士與邊機，而意見皆懵，適為外臣交賄之地。紀綱之所以隳壞而不振，血脉之所以壅塞而不通，由此其積也。臣不敢遠引先朝故事，姑以乾淳之間聞見之所接者為陛下言之。孝宗皇帝睿斷明謨，雖博采於衆議，而虛心聽度。曾公聽於外庭，熊克以曾覿薦而權直，則宰相入奏言之；劉甄夫以王淇薦而得召，則政府援牘問之；葛𨚗以內臣薦而欲除要官，則宰執又留班奏之。是議政之地未嘗使小臣與聞也。有邊事則令侍從、兩省至都堂會議之；將才則令制領將佐赴樞密院審察識倏後，則令朝士之可與大計者兼局官。幾密之地未嘗許遊士請謁也。孝宗二十八年之治，所以光明俊偉而不可及者，豈非朝廷邊鄙之事操執綱要，而微賤冗散之士不得以輒與其議哉？今陛下慨念時艱，復置元輔，人心固喜政本之有所歸；大臣留意邊事，博詢廷紳，人言亦知國論之無所偏。然或者過慮邇言之聽不察，而小臣密啓猶習於命相之前；遠猶之告不聞，而游士私謁尚狃於前相之舊，則體統不明，事宜亦當，其弊反有甚於前日之所為矣。臣願陛下一以孝宗為法，政事一歸於三省，而勿以親信近臣與差除議論，公於外朝；而勿以遠術纖士與邊議，則小不聞大，私不勝公，朝政清明，邊塵弭息，乾淳之治可坐而致矣。伏乞睿斷留神，天下幸甚。

貼黃：臣蜀人也。向在臺時，屢言蜀事，謂趙彥吶年老智窮，所當擇代。又於秋防一疏，論蜀必危，而朝堂廷臣之言曾不留意。今聞虜騎徑破閬中，分為兩隊：一沿江至順慶，一絕流指潼川。曹友聞以轉戰敗于芭蕉谷，劉孝全以食盡潰于鷄翁隊，趙彥吶以羸卒退保劍門，今又之江油。楊恢以無兵禦閬寇，今已趨東關；李極以按部行順慶；孫以新除去潼、遂、順慶，皆無守臣。藺移之

舟遯截于廣拚西赴江死者以數十萬計此得於著作郎李心
傳十月十七日成都書報如此吁蜀亡矣或者但知以斬將之
虛從告于廊廟而不以敗亡之實證聞于朝廷衆議欲除一宣
諭從夔門經理今已旬月而未見施行又聞有臺臣有言欲斥
遂小吏之壅蔽蜀事者公論咸以為快而亦未見檢會行遣豈
朝廷之議殆類於棄蜀耶夫蜀猶首也荆猶咽喉也江淮則猶
股臂也今病在頭目日濵危亡而猶翫愒恬嬉不知救療欲為
保其四體之計抑難矣臣願陛下明諭大臣亟圖以救蜀之策
不勝鄉國父老之望

右臣前項所奏一論本朝仁政謹刑息兵二論朝政邊議貼黄論蜀
危急事謹錄奏聞伏候勅旨

吕齋又論湖北蜀西具備奏曰臣自蒞列以來使閫廣西經畧司據

岑遯謝濟所申以為敵已破大小雲南雲南與廣西為隣審如所申
廣西事體直可寒心今廟筭深長必能選有威風大臣控扼廣西如
招兵積粟等事或通湖南或通廣東想皆次第施行筭無遺策矣而
臣之愚見則以為上流尤所當備臣十年前聞虜有幹腹之謀欲借
路雲南圖我南鄙當時說者皆以為迂今聞瀘州安撫司所申密院
事稱西蜀南蕃蠻王阿永申敵攻打大理國并殺死姚州高慶節度
見在大理國內屯駐四向生蠻悉皆投拜烏蒙國都蠻王阿吕申本
蕃見婆帶領軍馬往後蕃見敵兵深入攻打邛部川界分使破散小
雲南國見敵兵在大理國界分駐扎言說今冬再出求路要出漢地
此皆去歲事也若然則是小大雲南悉皆狼狽迫我後户矣詎可不
為關防哉試將蜀西湖北之與南蠻接者為陛下條陳之南方諸蠻
之大者莫如大雲南其次小雲南次烏蒙次羅氏鬼主國其他小國

或千百家為一聚或二三百家為一族不相臣屬皆不足數而其他
皆蜀之徼外諸蠻接黎州大度河之對有所謂邛部川邛部川之後
即小雲南也邛部川之下即兩林虛恨蠻虛恨之下即馬湖大江蠻
之部族夷都蠻也馬湖大江蠻每借兩林虛恨邛部川路販馬于青
羌彌羌時有好馬至敘州三市皆得之西方馬湖一江自敘州入江
至關邊寨右去為大江蠻左去為小江蠻小江即烏蒙部落也烏蒙
疆界稍大於諸蠻可為雲南之次所有之地隨小江而上遠出大江
兩林虛恨之後與小雲南相接烏蒙之下即吕告蠻吕告之下即阿
永蠻其他皆與蜀之諸郡接由邛部川可通黎州大度河由虛恨可
通峨眉縣出正寨由夷都可通犍為縣沐川寨由大江蠻可通宣化
縣崖門及敘之關邊寨由吕告可通長寧由阿永河可通瀘水之江
門寨此皆通行往來之路今小雲南已困小雲已亡若烏蒙次第皆

破則驅諸蠻行熟路嘉定瀘敘長寧皆可至矣而臣之所憂又恐其
捷於湖右蓋阿永與播接而瀘之仁懷綏遠寨實出播州之境又與
思播相連而思播可連南平珍黔以出鼎澧初無關隘止以山箐為
限可十日自烏蒙來吕告亦可十日自吕告來阿永可八九日阿永
來播州可七八日播至鼎澧亦不過旬日而羅氏鬼主國在思播之
後亦可透辰沅萬一計出於此不但蜀邊腹背受敵而湖右之腹心
先潰可不畏哉臣謂廣西固當備蜀西之南徼湖北之南鄙尤當備
蓋廣西猶可諉曰炎瘴之毒非彼所宜在蜀西在湖北則併炎瘴無
之矣以冀北之馬而行於無所障礙之鄉其鋒何可當耶臣以為敘
州兩江之會當用桑愈之說增兵屯駐扼塞要衝思播田楊之族當
推赤心置其腹中相為掎角以為烏蒙國之藩籬使借兵出漢之謀
不得逞則西蜀之南徼屹然如金城之不可拔辰沅之間當用史子

羣之策增兵屯鼎灃之間當臣寮之說選擇冦守以為羅池國之前拒使斡腹旋出之師不可得進則湖北之南鄙截然如中防之制水矣然在蜀者宜由勑蜀帥使之用力關防毋為輕敵之舉在湖北者宜亟建制閫使之盡心區處毋為漫浪之計不然則長江在吾北不足為吾之限制而江以南為其所蹂躪宗廟社稷將何地而置安哉臣連疏求去蒙陛下宣諭強顏復留偶聞廣西之事其敢自嘿此之經筵雖嘗畧言其槩猶未詳今為陛下底裏言之惟陛下容與二三大臣圖之臣不勝俟命

金世宗時宗叙嘗請募貧民戍邊屯田給以廩粟既貧者無艱食之患而富家免更代之勞得專農業上善其言而未行也十七年上謂宰臣曰戍邊之卒歲冒寒暑往來番休以馬牛往戍往往皆死且奪其農時敗其生業朕甚閔之朕欲使百姓安於田里而邊圉彊固卿

等何術可以致此左丞相良弼曰邊地不堪耕種不能久戍所以番代耳上曰卿等以此急務為末事耶往歲叅政宗叙嘗為朕言此事若宗叙可謂盡心於國者矣今以兩路招討司烏古里石壘部族臨潢泰州等路分置堡戍詳定以聞朕將親覽上追念宗叙聞其子孫家用不給詔賜錢三千貫明昌五年配享世宗廟庭

金東海侯大安初北兵南嚮召平定州刺史趙秉文與待制趙資道論備邊策秉文言今我軍聚於宣德城小列營其外涉暑雨器械弛敗人且病俟秋敵至將不利矣可遣臨潢一軍擣其虛則山西之圍可解兵法所謂出其不意攻其必救者也

金宣宗貞祐三年朝廷欲起代州戍兵五千河東路兵馬都總管胥鼎上言嶺外軍皆已南徙代為邊要正宜益兵保守今更損其力一朝兵至何以待之平陽以代為藩籬豈可撤去尚書省奏宜如所請詔從之

鼎為尚書左丞兼樞密副使上言自兵興以來河北潰散軍兵流亡人戶及山西河東老幼俱徙河南在處僑居各無本業易至動搖切慮有司妄分彼此或加迫遣以致不安今兵日益盛將及畿甸倘復誘其失職之衆使為向導或驅之攻城豈不益資其力乞朝廷遣官撫慰及令所司嚴為防閑庶幾不至生釁上從其計

詔諸道按察司講究防秋按察轉運使盧庸陳便宜曰自鄜延至積石雖多溝坂無長河大山為之屛蔽恃弓箭手以禦侮其人皆剛猛善鬭熟于地利夏人畏之向者徙屯他所夏人即時犯邊此近年深患也人情樂土且耕且戰緩急將自奮又曰防秋之際宜先清野又曰掌軍之官不宜臨時易代兵家所忌將非其人屢代何益無何有言庸老不勝任者即罷之

興定二年樞密院以海州軍食不足艱于轉輸奏乞遷于內地詔問資德大夫兼三司使尚書右丞侯摯摯奏曰海州連山阻海與沂莒邳密皆邊隅衝要之地比年以來為賊淵藪者宋人資給之故若棄而他徙則直抵東平無非敵境地大氣增後難圖矣臣未見其可且朝廷所以欲遷者止慮粮儲不給耳臣請盡力規畫勸喻農民趨時耕種且令煑鹽易粮或置場宿遷以通商旅可不勞民力而辦仍擇沭陽之地可以為營屯者分兵護邏雖不遷無患也上是其言乃止

元世祖時成都失利帝遣人問所以失之之故及今措置之方昭勇大將軍夔東路招討使李忽蘭吉附奏曰初立成都惟建子城軍民止於外城別無城壁宋軍乘虛來攻失於不備軍官皆年少不經事之人以此失利四川地曠人稀宜修置城寨練習軍馬措畫屯田規運粮餉創造舟楫完繕軍器兵者不可缺一又當任賢選能信賞必

罰脩內治外戰勝攻取選用良將隨機應變則邊陲無虞矣

中統元年六月郝經備禦槩奏目曰臣經言臣初離闕廷未知朝廷用兵次第雖條奏新政不敢遽言但舉備預大略一條而已今關西北阻命朝廷處置自遼東至于豐靖以及河西其關隘備禦必無缺綻未知西域回鶻諸國及土波大理繞出西南嘗為備禦否其土地廣遠兵力豪勁且其酋長多變詐懼乘虛作變與西北連衡遏截旭烈大王在所鐵聚轉相營惑使有反顧之憂又西蜀兩川新集或為搖蕩使有意外之變宜遣一大官知兵者選集回鶻諸國土波大理一帶軍馬於好水草險要處駐劄與關西宣撫司肱脾相應是斷西北右臂且張聲勢以接應旭烈大王軍馬則國勢日張西北日沮諸國不敢覬覦兩川得以倚重如不為備或有透漏則數千騎可以突出關西河南無結草之拒中原震動矣臣又切見江上退師以來宋人

頗有輕中國之心蓋彼瘡痍未完不敢窺伺然國家不可不為之備四川河南京東山東當置四總帥西川自成都至興元接上均州置一帥河南自唐鄧至陳潁置一帥京東自睢亳至宿泗置一帥山東自邳徐沂海并東北海口置一帥於陝西河南酌中處置一大行臺總統東西以壯國家藩垣使使宋人請和邊備亦當如此臣愚微賤爝火之見不敢自蔽且即入宋不勝戀闕故又及此伏取聖裁

歷代名臣奏議卷之三百四十

夷狄

周靈王三年無終子嘉父使孟樂如晉因魏莊子納虎豹之皮以請和諸戎晉侯曰戎狄無親而貪不如伐之魏絳曰諸侯新服陳新來和將觀於我我德則睦否則攜貳勞師於戎而楚伐陳必弗能救是棄陳也諸華必叛戎禽獸也獲戎失華無乃不可乎公曰然則莫如和戎乎對曰和戎有五利焉戎狄荐居貴貨易土土可賈焉一也邊鄙不聳民狎其野穡人成功二也戎狄事晉四隣振動諸侯懷德三也以德綏戎師徒不勤甲兵不頓四也鑒于后羿而用德度遠至邇安五也君其圖之

漢高帝罷平城歸韓王信亡入胡當是時冒頓為單于兵強控弦三十萬數苦北邊上患之問建信侯劉敬劉敬曰天下初定士卒罷於

兵未可以武服也冒頓殺父代立妻群母以力為威未可以仁義說也獨可以計久遠子孫為臣耳然恐陛下不能為上曰誠可何為不能顧為奈何劉敬對曰陛下誠能以適長公主妻之厚奉遺之彼知漢適女送厚蠻夷必慕以為閼氏生子必為太子代單于何者貪漢重幣陛下以歲時漢所餘彼所鮮數問遺因使辯士風諭以禮節冒頓在固為子壻死則外孫為單于豈嘗聞外孫敢與大父抗禮者哉兵可無戰以漸臣也若陛下不能遣長公主而令宗室及後宮詐稱公主彼亦知不肯貴近無益也高帝曰善欲遣長公主呂后日夜泣曰妾太子一女柰何棄之匈奴上竟不能遣長公主而取家人子名為長公主妻單于使劉敬往結和親約

孝惠帝時單于嘗為書嫚呂后不遜呂后大怒召諸將議之上將軍樊噲曰臣願得十萬衆橫行匈奴中諸將皆阿呂后意曰然中郎將

季布曰。樊噲可斬也。夫高帝將兵四十餘萬衆。困於平城。今噲柰何以十萬衆橫行匈奴中。面欺。且秦以事於胡。陳勝等起。于今創痍未瘳。噲又面諛。欲搖動天下。是時殿上皆恐。太后罷朝。遂不復議擊匈奴事。

武帝元光元年。主父偃西入關見衛將軍。衛將軍數言上。上不省。資用乏。留久。諸侯賓客多厭之。偃迺上書闕下。朝奏暮召入見。所言九事。其八事爲律令。一事諫伐匈奴。曰。臣聞明主不惡切諫以博觀。忠臣不避重誅以直諫。是故事無遺策。而功流萬世。今臣不敢隱忠避死。以效愚計。願陛下幸赦而少察之。司馬法曰。國雖大。好戰必亡。天下雖平。忘戰必危。天下既平。天子大愷。春蒐秋獮。諸侯春振旅。秋治兵。所以不忘戰也。且怒者逆德也。兵者凶器也。爭者末節也。古之人君一怒。必伏尸流血。故聖王重行之。夫務戰勝。窮武事。未有不悔者

也。昔秦皇帝任戰勝之威。蠶食天下。并吞戰國。海內爲一。功齊三代。務勝不休。欲攻匈奴。李斯諫曰。不可。夫匈奴無城郭之居。委積之守。遷徙鳥舉。難得而制。輕兵深入。糧食必絕。運糧以行。重不及事。得其地不足以爲利。得其民不可調而守也。勝必棄之。非民父母。靡敝中國。甘心匈奴。非完計也。秦皇帝不聽。遂使蒙恬將兵而攻胡。卻地千里。以河爲境。地固澤鹵。不生五穀。然後發天下丁男以守北河。暴兵露師十有餘年。死者不可勝數。終不能踰河而北。是豈人衆之不足。兵革之不備哉。其勢不可也。又使天下飛芻輓粟。起於黃腄琅邪負海之郡。轉輸北河。率三十鍾而致一石。男子疾耕不足於糧餉。女子紡績不足於帷幕。百姓靡敝。孤寡老弱。不能相養。道死者相望。蓋天下始叛也。及至高皇帝定天下。略地於邊。聞匈奴聚代谷之外而欲擊之。御史成諫曰。不可。夫匈奴獸聚而鳥散。從之如搏景。今以陛下盛德攻匈奴。臣竊危之。高帝不聽。遂至代谷。果有平城之圍。高帝悔之。乃使劉敬往結和親。然後天下亡干戈之事。故兵法曰。興師十萬。日費千金。秦常積衆數十萬人。雖有覆軍殺將。係虜單于。適足以結怨深讎。不足以償天下之費。夫匈奴行盜侵敺。所以爲業。天性固然。上自虞夏殷周。固不程督。禽獸畜之。不比爲人。夫不上觀虞夏殷周之統。而下循近世之失。此臣之所以大恐。百姓所以疾苦也。且夫兵久則變生。事苦則慮易。使邊境之民靡敝愁苦。將吏相疑而外市。故尉佗章邯得成其私。而秦政不行。權分二子。此得失之效也。故周書曰。安危在出令。存亡在所用。願陛下孰計之而加察焉。書奏上。迺拜偃爲郎中。

五年。番陽令唐蒙風曉南越。南越食蒙以枸醬。問所從來。曰。道西北牂柯江。牂柯江廣數里。出番禺城下。蒙歸問蜀賈人。賈人曰。獨蜀出

枸醬。多持竊出市夜郎。夜郎臨牂柯江。江廣百餘步。南越以財物役屬之。然亦不能臣使也。蒙乃上書曰。南越王名爲外臣。實一州主也。今以長沙豫章往。水道多絕。竊聞夜郎精兵可十餘萬。浮船牂柯出其不意。此制越一奇也。請通夜郎道。爲置吏。上乃拜蒙爲中郎將。

元狩元年。博望侯張騫自月氏還。具爲天子言西域諸國風俗。大宛在漢正西。可萬里。其俗土著耕田。多善馬。有城郭室屋。其東北則烏孫。東則于窴。于窴之西。則水皆西流注西海。其東水東流注鹽澤。鹽澤潛行地下。其南則河源出焉。鹽澤去長安可五千里。匈奴右方居鹽澤以東至隴西長城。南接羌鬲漢道焉。烏孫康居奄蔡大月氏皆行國。隨畜牧。與匈奴同俗。大夏在大宛西南。與大宛同俗。臣在大夏時。見邛竹杖蜀布。問安得此。曰。市之身毒。身毒在大夏東南可數千里。其俗土著。與大夏同。臣度大夏去漢萬二千里。居漢西南。今身毒又居

大夏。從羌中險少北。則為匈奴所得。從蜀宜徑又無寇。天子旣聞諸國多奇物而兵弱貴漢財物。誠得而以義屬之。則廣地萬里重九譯致殊俗威德徧於四海。帝欣然以騫言為然。乃令騫因蜀犍為發閒使四道並出求身毒國。各行一二千里。其北閉氐筰南閉嶲昆明。殺略漢使終莫得通。於是始通滇國。乃復事西南夷。

元鼎二年。騫又建言烏孫王昆莫本為匈奴臣。後兵稍彊。不肯復朝事匈奴。匈奴攻不勝而遠之。今以厚幣招。以益東居故渾邪之地。則是斷匈奴右臂也。旣連烏孫。自其西大夏之屬。皆可招來而為外臣。上以為然。拜騫為中郎將。齎金幣帛直數千巨萬。至烏孫。久之。不能得其要領。因分遣副使使大宛。康居。大月氏。大夏。安息。身毒。于滇。及諸旁國。烏孫送騫還。使數十人。馬數十疋。隨騫報謝。是歲騫還到。後所遣使通大夏之屬。皆頗與其人俱來。於是西域始通於漢矣。

元狩中。匈奴渾邪王率衆來降。漢發車二萬乘。縣官無錢。從民貰馬。民或匿馬。馬不具。上怒。欲斬長安令。汲黯曰。長安令無罪。獨斬黯。民乃肯出馬。且匈奴畔其主而降漢。漢徐以縣次傳之。何至令天下騷動。罷弊中國。而以事夷狄之人乎。上默然。及渾邪至。賈人與市者。坐當死者五百餘人。黯請閒見高門。曰。夫匈奴攻當路塞。絶和親。中國興兵誅之。死傷者不可勝計。而費以巨萬百數。臣愚以為陛下得胡人。皆以為奴婢以賜從軍死事者家。所鹵獲因予之。以謝天下之苦。塞百姓之心。今縱不能。渾邪率數萬之衆來降。虛府庫賞賜。發良民侍養譬若奉驕子。愚民安知市買長安中物。而文吏繩以為闌出財物于邊關乎。陛下縱不能得匈奴之資以謝天下。又以微文殺無知者五百餘人。是所謂庇其葉而傷其枝者也。臣竊為陛下不取也。上默然不許。曰。吾久不聞汲黯之言。今又復妄發矣。

武帝時。匈奴求和親。羣臣議前。博士狄山曰。和親便。上問其便。山曰。兵凶器。未易數動。高帝欲伐匈奴。大困平城。乃遂結和親。孝惠高后時。天下安樂。及文帝欲事匈奴。北邊蕭然苦兵。孝景時。吳楚七國反。景帝往來東宮間。天下寒心。數月吳楚已破。竟景帝不言兵。天下富實。今自陛下興兵擊匈奴。中國已空虛。邊大困貧。由是觀之。不如和親。

宣帝五鳳元年。匈奴亂。五單于爭立。漢議者多曰。匈奴為害日久。可因其壞亂。舉兵滅之。御史大夫蕭望之曰。春秋晉士匄帥師侵齊。聞齊侯卒。引師而還。君子大其不伐喪。以其恩足以服孝子。誼足以動諸侯。前單于慕化鄉善。請求和親。未終奉約。不幸為賊臣所殺。今而伐之。是乘亂而幸災也。不以義動兵。恐勞而無功。宜遣使弔問。輔其微弱。救其災患。四夷聞之。咸貴中國之仁義。如遂蒙恩復其位。必稱

臣服從。此德之盛也。上從其議。

甘露二年。初匈奴呼韓邪單于來朝。詔公卿議其儀。丞相黃霸。御史大夫于定國議曰。聖王之制。施德行禮。先京師而後諸夏。先諸夏而後夷狄。詩云。率禮不越。遂視旣發。相土烈烈。海外有截。陛下聖德充塞天地。光被四表。匈奴單于鄉風慕化。奉珍朝賀。自古未之有也。其禮儀宜如諸侯王。位次在下。望之以為單于非正朔所加。故稱敵國。宜待以不臣之禮。位在諸侯王上。外夷稽首稱藩。中國讓而不臣。此則羈縻之誼。謙亨之福也。書曰。戎狄荒服。言其來荒忽亡常。如使匈奴後嗣卒有鳥竄鼠伏。闕於朝享。不為畔臣。信讓行乎蠻貉。福祚流于亡窮。萬世之長策也。天子采之。

元帝建昭三年。郅支單于叛逆。未服。甘延壽陳湯上疏曰。臣聞天下之大義。當混為一。昔有唐虞。今有彊漢。匈奴呼韓邪單于已稱北藩。

唯郅支單于叛逆，未服其辜，大夏之西以爲強漢不能臣也。郅支單于慘毒行於民，大惡通於天。臣延壽、臣湯將義兵行天誅，賴陛下神靈，陰陽並應，天氣精明，陷陳克敵，斬郅支首及名王以下。宜縣頭稾街蠻夷邸間，以示萬里，明犯強漢者，雖遠必誅。事下有司。丞相匡衡、御史大夫繁延壽以爲郅支及名王首更歷諸國，蠻夷莫不聞知。月令春掩骼埋胔之時，宜勿縣。車騎將軍許嘉、右將軍王商以爲春秋夾谷之會，優施笑君，孔子誅之，方盛夏，首足異門而出。宜縣十日廼埋之。有詔將軍議是。

成帝元延二年，康居遣子侍漢，貢獻，然自以絕遠，獨驕嫚，不肯與諸國相望。都護郭舜數上言：本匈奴盛時，非以兼有烏孫、康居故也；及其稱臣妾，非以失二國也。漢雖皆受其質子，然三國內相輸遺，交通如故，亦相候伺，見便則發。合不能相親信，離不能相臣役。以今言之，結配烏孫竟未有益，反爲中國生事。然烏孫既結在前，今與匈奴俱稱臣，義不可距。而康居驕黠，訖不肯拜使者。都護吏至其國，坐之烏孫諸使下，王及貴人先飲食已，乃飲啗都護吏，故爲無所省以夸旁國。以此度之，何故遣子入侍？其欲賈市爲好，辭之詐也。匈奴百蠻大國，今事漢甚備，聞康居不拜，且使單于有自下之意，宜歸其侍子，絕勿復使，以章漢家不通無禮之國。敦煌、酒泉小郡及南道八國，給使者往來人馬驢橐駝食，皆苦之。空罷耗所過，送迎驕黠絕遠之國，非至計也。

河平元年，單于遣右皋林王伊邪莫演等奉獻朝正月。伊邪莫演言欲降：即不受我，我自殺，終不敢還歸。使者以聞，下公卿議。議者或言宜如故事，受其降。光祿大夫谷永、議郎杜欽以爲漢興，匈奴數爲邊害，故設金爵之賞以待降者。今單于詘體稱臣，列爲北藩，遣使朝賀，無有二心。漢家接之，宜異於往時。今既享單于聘貢之質，而更受其逋逃之臣，是貪一夫之得而失一國之心，擁有罪之臣而絕慕義之君也。假令單于初立，欲委身中國，未知利害，私使伊邪莫演詐降以卜吉凶，受之虧德沮善，令單于自疏，不親邊吏；或者設爲反間，欲因而生隙，受之適合其策，使得歸曲而直責。（歸曲於漢，而直義來責也。）此誠邊境安危之原，師旅動靜之首，不可不詳也。不如勿受，以昭日月之信，抑詐諼之謀，懷附親之心。便。對奏，天子從之，遣中郎將王舜往問狀。伊邪莫演曰：我病狂妄言耳。遣去。歸到，官位如故，不肯令見漢使。

哀帝建平四年，單于上書願朝五年。時哀帝被疾，或言匈奴從上游來厭人，自黃龍、竟寧時，單于朝中國，輒有大故。上由是難之，以問公卿，亦以爲虛費府帑，可且勿許。單于使辭去，未發，黃門郎揚雄上書諫曰：臣聞六經之治，貴於未亂；兵家之勝，貴於未戰。二者皆微，然而大事之本，不可不察也。今單于上書求朝，國家不許而辭之，臣愚以爲漢與匈奴從此隙矣。匈奴本北地之狄，五帝之所不能臣，三王之所不能制，其不可使隙甚明。臣不敢遠稱，請引秦以來明之。以秦始皇之彊，蒙恬之威，帶甲四十餘萬，然不敢窺西河，迺築長城以界之。會漢初興，以高祖之威靈，三十萬眾困於平城，士或七日不食。時奇譎之士、石畫之臣甚眾，（石，言堅固如石也。畫，計策也。）卒其所以脫者，世莫得而言也。（莫得而言，謂自免之計，其事醜惡，故不傳。）又高皇后嘗忿匈奴，羣臣庭議，樊噲請以十萬眾橫行匈奴中，季布曰：噲可斬也，妄阿順指。於是大臣權書遺之，然後匈奴之結解，中國之憂平。及孝文時，匈奴侵暴北邊，候騎至雍甘泉，京師大駭，發三將軍屯細柳、棘門、霸上以備之，數月廼罷。孝武即位，設馬邑之權，欲誘匈奴，使韓安國將三十萬眾徼於便墜，（徼，要也。墜，古地字。）匈奴覺之而去，徒費財勞師，一虜不可得見，況單于之面乎！其後深惟社稷之計，規恢萬載之策，廼大興師數十萬，使衛青、霍去病操兵，前後十餘年。於是浮西河，絕大幕，破寘顏，襲王庭，窮極其地，追奔逐北，封狼居胥山，禪於姑衍，以臨瀚海，虜名王貴人以百數。自是之後，匈奴震怖，益求和親，然而未肯稱臣也。且夫前世豈樂傾無量之費，役無罪之人，快心於狼望之北哉？以為不壹勞者不久佚，不暫費者不永寧，是以忍百萬之師，以摧餓虎之喙，運府庫之財，填盧山之壑而不悔也。至本始之初，匈奴有桀心，欲掠烏孫，侵公主，廼發五將之師十五萬騎，獵其南，而長羅侯以烏孫五萬騎震其西，皆至質而還。（質謂單于所處也。）時鮮有所獲，徒奮揚威武，明漢兵若風雷耳。欲空行空反，尚誅兩將軍。故北狄不服，中國未得高枕安寢也。逮至元康、神爵之間，大化神明，鴻恩溥洽，而匈奴內亂，五單于爭立，日逐、呼韓邪攜國歸死，扶伏稱臣，（皆肅也反）然尚羈縻之，計不顓制。（顓與專同。專制謂以為臣妾也。）自此之後，欲朝者不距，不欲者不彊。何者？外國天性忿鷙，形容魁健，負力怙氣，難化以善，易隸以惡，其彊難詘，其和難得。故未服之時，勞師遠攻，傾國殫貨，伏尸流血，破堅拔敵，如彼之難也；既服之後，慰薦撫循，交接賂遺，威儀俯仰，如此之備也。往時嘗屠大宛之城，蹈烏桓之壘，探姑繒之壁，（姑繒謂西南夷種也。）籍蕩姐之場，（羌屬也。籍猶蹈也。姐音紫。）艾朝鮮之旃，拔兩越之旗，（艾讀曰刈，絕也。）近不過旬月之役，遠不離二時之勞，（離，歷也。三月為一時。）固已犁其庭，掃其閭，（犁，耕也。）郡縣而置之，雲徹席卷，後無餘菑。惟北狄為不然，真中國之堅敵也。三垂比之懸矣，前世重之茲甚，未易可輕也。今單于歸義，懷款誠之心，欲離其庭，陳見於前，此乃上世之遺策，神靈之所想望，國家雖費，不得已者也。柰何距以來厭之辭，疏以無日之期，消往昔之恩，開將來之隙？夫款而隙之，使有恨心，負前言，緣往辭，（言單于因緣往昔和好之辭以怨漢也。）歸怨於漢，因以自絕，終無北面之心，威之不可，諭之不能，焉得不為大憂乎？夫明者視於無形，聰者聽於無聲，誠先於未然，即蒙恬、樊噲不復施，棘門、細柳不復備，馬邑之策安所設，衛、霍之功何得用，五將之威安所震？不然，壹有隙之後，雖智者勞心於內，辯者轂擊於外，（轂擊，言使車交馳，其轂相擊也。）猶不若未然之時也。且往者圖西域，制車師，置城都護三十六國，費歲以大萬計者，豈為康居、烏孫能踰白龍堆而寇西邊哉？乃以制匈奴也。夫百年勞之，一日失之，費十而愛一，臣竊為國不安也。惟陛下少留意於未亂未戰，以遏邊萌之禍。書奏，天子寤焉，召還匈奴使者，更報單于書而許之。

新莽建國四年，烏孫大小昆彌遣使入貢。莽以烏孫國人多親附小昆彌，欲得烏孫心，乃遣使者引小昆彌使坐大昆彌使上，師友祭酒滿昌劾奏使者曰：夷狄以中國有禮義，故屈而服從。大昆彌，君也。今序臣使於君使之上，非所以有夷狄也。奉使大不敬。莽怒，免昌官。

漢光武（皇帝）建武十一年，先零諸羌數萬人屯聚寇鈔，距浩亹隘。馬成與馬援深入討擊，大破之，徙降羌致天水、隴西、扶風。是時朝臣以金城破羌之西塗遠多寇，議欲棄之。馬援上言：破羌以西，城多完牢，易可依固，其田土肥壤，灌溉流通。如令羌在湟中，則為害不休，不可棄也。帝從之。民歸者三千餘口。援為長吏，繕城郭，起塢候，開溝洫，勸以耕牧。郡中樂業。又招撫塞外氐羌，皆來降附，援奏復其侯王君長，帝悉從之，乃罷馬成軍。

十七年，莎車王賢復遣使奉獻，請都護。帝賜賢西域都護印綬，及車旗黃金錦繡。敦煌太守裴遵上言：夷狄不可假以大權，又令諸國失望。詔書收還都護印綬，更賜賢以漢大將軍印綬。其使不肯易，遵迫奪之。賢由是始恨，而猶詐稱大都護，移書諸國，悉服屬焉。

二十四年，匈奴南邊八部立日逐王比為南單于，款五原塞內附，願

求爲藩蔽扞禦北虜事下公卿議者皆以爲天下初定中國空虛不
可許。五官中郎將耿國獨以爲如孝宣故事受之。令東扞鮮卑北拒
匈奴。率厲四夷。完復邊郡。帝從之。於是分爲南北單于。
二十七年北單于遣使詣武威求和親。天子召公卿廷議不決。皇太
子言曰。南單于新附。北虜懼於見伐。故傾耳而聽。爭欲歸義耳。今未
能出兵。而反交通北虜。臣恐南單于將有二心。北虜降者且不復來矣。
帝然之。告武威太守勿受其使。
二十八年。北單于復遣使詣闕貢馬及裘。更乞和親。并請音樂。又求
率西域諸國胡客與俱獻見。帝下三府議酬答之宜。司徒掾班彪奏
曰。臣聞孝宣皇帝勑邊守尉曰。匈奴大國。多變詐。交接得其情。則卻
敵折衝。應對入其數。則反爲輕欺。今北匈奴見南單于來附。懼謀其
國。故數乞和親。又遠驅牛馬與漢合市。重遣名王。多所貢獻。斯皆外

示富強。以相欺誕也。臣見其獻益重。知其國益虛。歸親愈數。爲懼愈
多。然今既未獲助南。則亦不宜絕北。羈縻之義。禮無不答。謂可頗加
賞賜。略與所獻相當。明加曉告以前世呼韓邪郅支行事。報答之辭
令必有適。今立藁草并上。曰。單于不忘漢恩。追念先祖舊約。欲修和
親。以輔身安國。計議甚高。爲單于嘉之。往者匈奴數有乖亂。呼韓邪
郅支自相讎隙。並蒙孝宣皇帝垂恩救護。故各遣侍子。稱藩保塞。其
後郅支忿戾。自絕皇澤。而呼韓附親。忠孝彌著。及漢滅郅支。遂保國
傳嗣。子孫相繼。今南單于攜衆向南。款塞歸命。自以呼韓嫡長。次第
當立。而侵奪失職。猜疑相背。數請兵將。歸掃北庭。策謀紛紜。無所不
至。惟念斯言。不可獨聽。又以北單于比年貢獻。欲修和親。故拒而未
許。將以成單于忠孝之義。漢秉威信。總率萬國。日月所照。皆爲臣妾。
殊俗百蠻。義無親疏。服順者褒賞。畔逆者誅罰。善惡之效。呼韓郅支

是也。今單于欲修和親。款誠已達。何嫌而欲率西域諸國俱來獻見。
西域國屬匈奴。與屬漢何異。單于數連兵亂。國內虛耗。貢物裁以通
禮。何必獻馬裘。今齎雜繒五百匹。弓鞬韣丸一。矢四發。遣遺單于。又
賜獻馬左骨都侯右谷蠡王雜繒各四百匹。斬馬劍各一。單于前言
先帝時所賜呼韓邪竽瑟箜篌皆敗。願復裁賜。念單于國尚未安。方
厲武節。以戰攻爲務。竽瑟之用。不如良弓利劍。故未以齎。朕不愛小
物。於單于。便宜所欲。遣驛以聞。帝悉納從之。
明帝永平中。益州刺史梁國朱輔。好立功名。慷慨有大略。在州數歲。
宣示漢德。威懷遠夷。自汶山以西。前世所不至。正朔所未加。白狼槃
木唐菆等百餘國。戶百三十餘萬。口六百萬以上。舉種奉貢。稱爲臣
僕。輔上疏曰。臣聞詩云。彼徂者岐。有夷之行。傳曰。岐道雖僻。而人不
遠。詩人誦詠。以爲符驗。今白狼王唐菆等慕化歸義。作詩三章。路經

邛來大山零高坂。峭危峻險。百倍岐道。繈負老幼。若歸慈母。遠夷之
語。辭意難正。草木異種。鳥獸殊類。有犍爲郡掾田恭與之習狎。頗曉
其言。臣輒令訊其風俗。譯其辭語。今遣從事史李陵與恭護送詣闕。
并上其樂詩。昔在聖帝。舞四夷之樂。今之所上。庶備其一。帝嘉之。事
下史官。錄其歌焉。遠夷樂德歌詩曰。大漢是治。與天合意。吏譯平端。
不從我來。聞風向化。所見奇異。多賜贈布。甘美酒食。昌樂肉飛。屈申
悉備。蠻夷貧薄。無所報嗣。願主長壽。子孫昌熾。遠夷慕德歌詩曰。蠻
夷所處。日入之部。慕義向化。歸日出主。聖德深恩。與人富厚。冬多霜
雪。夏多和雨。寒溫時適。部人多有。涉危歷險。不遠萬里。去俗歸德。心
歸慈母。遠夷懷德歌曰。荒服之外。土地墝埆。食肉衣皮。不見鹽穀。吏
譯傳風。大漢安樂。攜負歸仁。觸冒險陜。高山岐峻。緣崖磻石。木薄發
家。百宿到洛。父子同賜。懷抱匹帛。傳告種人。長願臣僕。

八年帝遣鄭衆持節使匈奴衆至北庭虜欲令拜衆不爲屈單于大怒圍守閉之不與水火欲脅服衆衆拔刀自誓單于恐而止乃更發使隨衆還京師朝議復欲遣使報之衆上疏諫曰臣伏聞北單于所以要致漢使者欲以離南單于之衆堅三十六國之心也又當揚漢和親誇示鄰敵令西域欲歸化者局足狐疑懷土之人絶望中國耳漢使既到便偃蹇自信若復遣之虜必自謂得謀其羣臣駮議者不敢復言如是南庭動揺烏桓有離心矣南單于久居漢地具知形埶萬分離析旋爲邊害今幸有度遼之衆揚威北垂雖勿報荅不敢爲患帝不從復遣衆衆因上言臣前奉使不爲匈奴拜單于恚恨故遣兵圍臣今復銜命必見陵折臣誠不忍持大漢節對氊裘獨拜如令匈奴遂能服臣將有損大漢之彊帝不聽衆不得已既行在路連上書固爭之詔切責衆追還繫廷尉會赦歸家其後帝見匈奴來者問

衆與單于爭禮之狀皆言匈奴中傳衆意氣壯勇雖蘇武不過乃復召衆爲軍司馬

章帝建初五年軍司馬班超率疏勒康居于寘拘彌兵一萬人攻姑墨石城破之斬首七百級超欲因此叵平諸國乃上疏請兵曰臣竊見先帝欲開西域故北擊匈奴西使外國鄯善于寘即時向化今拘彌莎車疏勒月氏烏孫康居復願歸附欲共并力破滅龜茲平通漢道若得龜茲則西域未服者百分之一耳臣伏自惟念卒伍小吏實願從谷吉效命絶域庶幾張騫棄身曠野昔魏絳列國大夫尚能和輯諸戎況臣奉大漢之威而無鈆刀一割之用乎前世議者皆曰取三十六國號爲斷匈奴右臂今西域諸國自日之所入莫不向化大小欣欣貢奉不絶惟焉耆龜茲獨未服從臣前與官屬三十六人奉使絶域備遭艱厄自孤守疏勒於今五載胡夷情數臣頗識之問其城郭小大皆言倚漢與依天等以是效之則葱領可通葱領通則龜茲可伐今宜拜龜茲侍子白霸爲其國王以步騎數百送之與諸國連兵歲月之閒龜茲可禽以夷狄攻夷狄計之善者也臣見莎車疏勒田地肥廣草木饒衍不比敦煌鄯善閒也兵可不費中國而糧食自足且姑墨温宿二王特爲龜茲所置既非其種更相厭苦其埶必有降反若二國來降則龜茲自破願下臣章參考行事誠有萬分死復何恨臣超區區特蒙神靈竊冀未便僵仆目見西域平定陛下舉萬年之觴薦勳祖廟布大喜於天下書奏帝知其功可成議欲給兵平陵人徐幹素與超同志上疏願奮身佐超五年遂以幹爲假司馬將弛刑及義從千人就超先是莎車以爲漢兵不出遂降於龜茲而疏勒都尉番辰亦復反叛會徐幹適至超遂與幹擊番辰大破之斬首千餘級多獲生口超既破番辰欲進攻龜茲以烏孫兵彊宜因其

力乃上言烏孫大國控弦十萬故武帝妻以公主至孝宣皇帝卒得其用今可遣使招慰與共合力帝納之

章帝時北單于遣使貢獻求欲和親詔問羣僚議者或以爲匈奴變詐之國無内向之心徒以畏漢威靈逼憚南虜故希望報命以安其離叛今若遣使恐失南虜親附之歡而成北狄猜詐之計不可玄武司馬班固議曰竊自惟思漢興已來曠世歷年兵纏夷狄尤事匈奴綏御之方其塗不一或修文以和之或用武以征之或卑下以就之或臣服而致之雖屈申無常所因時異然未有拒絶棄放不與交接者也故自建武之世復修舊典數出重使前後相繼至於其末始乃暫絶永平八年復議通之而廷爭連日異同紛回多執其難少言其易先帝聖德遠覽瞻前顧後遂復出使事同前世以此而推未有一世闕而不修者也今烏桓就闕稽首譯官康居月氏自遠而至匈奴

離析。名王來降。三方歸服。不以兵威。此誠國家通於神明自然之徵也。臣愚以為宜依故事。復遣使者。上可繼五鳳甘露致遠人之會。下不失建武永平羈縻之義。虜以來。然後一往。既明中國主在忠信。且知聖朝禮義有常。豈同逆詐。示猜孤其善意乎。絕之未知其利。通之不聞其害。設後北虜稍彊。能為風塵。方復求為交通。將何所及。不若因今施惠。為策近長。

元和二年。武威太守孟雲上書。北虜既已和親。而南部復往抄掠。北單于謂漢欺之。謀欲犯邊。宜還其生口以安慰之。詔百官議朝堂。公卿皆言夷狄譎詐。求欲無厭。既得生口。當復妄自誇大。不可開許。太僕袁安獨曰。北虜遣使奉獻和親。有得邊生口者。輒以歸漢。此明其畏威。而非先違約也。雲以大臣典邊。不宜負信於戎狄。還之足示中國優貸。而使邊人得安。誠便。司徒桓虞改議從安。太尉鄭弘。司空第

五倫皆恨之。弘因大言激勵虞曰。諸言當還生口者。皆為不忠。虞廷叱之。倫及大鴻臚韋彪各作色變容。司隸校尉舉奏。安等皆上印綬謝。帝詔報曰。久議沈滯。各有所志。蓋事以議從。策由眾定。誾誾衎衎。得禮之容。寢嘿抑心。更非朝廷之福。君何尤而深謝。其各冠履。帝竟從安議。許之。乃下詔曰。昔獫狁獯鬻之敵中國。其所由來尚矣。往者雖有和親之名。終無絲髮之效。墝埆之人。屢嬰塗炭。父戰於前。子死於後。弱女乘於亭障。孤兒號於道路。老母寡妻。設虛祭。飲泣淚。想望歸魂於沙漠之表。豈不哀哉。傳曰。江海所以能長百川者。以其下之也。少加屈下。尚何足病。況今與匈奴君臣分定。辭順約明。貢獻累至。豈宜違信。自受其曲。其勑度遼及領中郎將龐奮。倍雇南部所得生口。以還北虜。其南部斬首獲生。計功受賞。如常科。

章和二年。鮮卑擊破北匈奴。而南單于乘此請兵北伐。因欲還歸舊庭。時竇太后臨朝。議欲從之。尚書宋意上疏曰。夫戎狄之隔遠中國。幽處北極。界以沙漠。簡賤禮樂。無有上下。彊者為雄。弱即屈服。自漢興以來。征伐數矣。其所剋獲。曾不補害。光武皇帝躬服金革之難。深昭天地之明。故因其來降。羈縻畜養。邊人得生。勞役休息。於茲四十餘年矣。今鮮卑奉順。斬獲萬數。中國坐享大功。而百姓不知其勞。漢興功烈。於斯為盛。所以然者。夷虜相攻。無損漢兵者也。臣察鮮卑侵伐匈奴。正是利其抄掠。及歸功聖朝。實由貪得重賞。今若聽南虜還都北庭。則不得不禁制鮮卑。鮮卑外失暴掠之願。內無功勞之賞。豺狼貪婪。必為邊患。今北虜西遁。請求和親。宜因其歸附。以為外扞。巍巍之業。無以過此。若引兵費賦。以順南虜。則坐失上略。去安即危矣。誠不可許。會南單于竟不北徙。遷司隸校尉。

漢和帝永元四年。北單于既亡。其弟於除鞬自立。遣使款塞。竇憲請

立為單于。置中郎將領護。如南單于故事。事下公卿議。袁安任隗以為光武招懷南虜。非謂可永安內地。正以權時之筭。可得扞禦北狄故也。今宜令南單于反北庭。領降眾。無緣復更立於除鞬。以增國費。安又獨上封事曰。臣聞功有難圖。不可豫見。事有易斷。較然不疑。伏惟光武皇帝本所以立南單于者。欲安南定北之策也。恩德甚備。故匈奴遂分。邊境無患。孝明皇帝奉承先意。不敢失墜。赫然命將。爰伐塞北。至乎章和之初。降者十餘萬人。議者欲置之濱塞。東至遼東。太尉宋由。光祿勳耿秉。皆以為失南單于心。不可。先帝從之。陛下奉承洪業。大開疆宇。大將軍遠師討伐。席卷北庭。此誠宣明祖宗。崇立弘勳者也。宜審其終。以成厥初。伏念南單于屯先父舉眾歸德。自蒙恩以來。四十餘年。三帝積累。以遺陛下。陛下深宜遵述先志。成就其業。況屯首唱大謀。空盡北虜。輟而弗圖。更立新降。以一朝之計。違三世

之規。失信於所養，建立於無功。由秉實知舊議，而欲背棄先恩。夫言行君子之樞機，賞罰理國之綱紀。論語曰：言忠信，行篤敬，雖蠻貊行焉。今若失信於一屯，則百蠻不敢復保誓矣。又烏桓鮮卑新殺北單于，凡人之情，咸畏仇讎，今立其弟，則二虜懷怨。兵食可廢，信不可去。且漢故事，供給南單于費直歲一億九十餘萬，西域歲七千四百八十萬。今北庭彌遠，其費過倍，是乃空盡天下，而非建策之要也。詔下其議，安又與憲更相難折。憲險急負埶，言辭驕訐，至詆毀安，稱光武誅韓歆、戴涉故事，安終不移。憲竟立匈奴降者右鹿蠡王於除鞬為單于，後遂反叛，卒如安策。

永元六年，時南單于與中郎將杜崇不相平，乃上書告崇。崇諷西河太守，令斷單于章，無由自聞。而崇因與行度遼將軍朱徽上言：南單于安國疏遠故胡，親近新降，欲殺左賢王師子及左臺且渠劉利等。

又右部降者謀共迫脅安國起兵，背畔，請西河、上郡、安定為之儆備。帝下公卿議，皆以為蠻夷反覆，雖難測知，然大兵聚會，必未敢動搖。今宜遣有方略使者之單于庭，與杜崇、朱徽及西河太守并力，觀其動靜，如無他變，可令崇等就安國會其左右大臣，責其部衆橫暴為邊害者，共平罪誅。若不從命，令為權時方略，事畢之後，裁行客賜，亦足以威示百蠻。帝從之。

安帝永寧元年，北匈奴率車師後王軍就共殺索班，擊走前王，略有北道。曹宗請出兵擊匈奴，以報之，因復取西域。公卿皆以為宜閉玉門關。太后聞軍司馬班勇有父風，召問之。勇上議曰：昔孝武皇帝開通西域，論者以為奪匈奴府藏，斷其右臂。光武中興，未遑外事，故匈奴驅率諸國，河西城門晝閉。孝明皇帝深惟廟策，命將出征，然後匈奴遠遁，邊境得安。間者羌亂，西域復絕，北虜遂遣責諸國，逋租高其價直，嚴以期會。鄯善、車師皆懷憤怨，思樂事漢，其路無從。今曹宗徒欲報雪匈奴，而不尋出兵故事，要功荒外，萬無一成。兵連禍結，悔無所及。況今府庫未充，師無後繼，臣愚以為不可許也。宜於敦煌復置營兵三百人，及護西域副校尉，遣長史將五百人屯樓蘭，西當焉耆、龜茲逕路，南彊鄯善、于寘心膽，北扞匈奴，東近敦煌。既為胡虜節度，又禁漢人侵擾，如此誠便。公卿難曰：前所以棄西域者，以其無益而難供也。今欲通之，班將能保北虜不為邊害乎？勇對曰：今置州牧以禁盜賊，若州牧能保盜賊不起者，臣亦願要斬保匈奴之不為邊害也。今通西域，則虜勢必弱，為患微矣。孰與歸其府藏，續其右臂哉？若棄而不立，則西域望絕，必就北虜，恐河西城門必須復有晝閉之儆矣。今不廓開朝廷之德，而拘屯戍之費，豈安邊長久之策哉？難者又曰：西域遣使求索無厭，一旦為匈奴所迫，當復求救，則為役大矣。勇

對曰：今設以西域歸匈奴，而使其恩德大漢，不為鈔盜，則可矣。如其不然，則是富仇讎之財，增暴夷之勢。且西域來者不過稟食，今若拒絕，勢歸北虜，夷虜并力以寇并涼，則中國之費不止十億。置之誠便。於是從勇議，復營兵，置副校尉，居敦煌，雖以羈縻西域，然亦未能出屯。其後匈奴果數與車師入寇，河西大被其害。

順帝永建四年，虞詡言：安定、北地、上郡，山川險阨，沃野千里，土宜畜牧，水可溉漕。頃遭羌亂，郡縣兵荒，一十餘年矣。棄沃壤之饒，捐自然之財，不可謂利；離河山之阻，守無險之處，難以為固。今三郡未復，園陵單外，而公卿巽懦，計費不圖其安。宜開聖聽，考行所長。從之，使謁者督徙者各歸本縣，繕城郭，置候驛，又浚渠屯田，省費歲一億計，遂令諸郡儲粟周數年。

永和元年，武陵蠻反。初，太守上書，以蠻夷率服，可比漢人，增其租賦。議

者皆以為可。尚書令虞詡獨奏曰。自古聖王不臣異俗。非德不能來。非威不能加。知其獸心貪婪。難率以禮。是故羈縻而綏撫之。附則受而不逆。叛則棄而不追。先帝舊典。貢稅多少。所由来久矣。今猥增之。必有怨叛。計其所得。不償所費。必有後悔。帝不從。其冬。澧中漊中蠻果爭貢布非舊約。舉種反叛。

晉惠帝時。關隴屢為氐羌所擾。山陰令江統深惟四夷亂華。宜杜其萌。乃作徙戎論。其辭曰。夫夷蠻戎狄。謂之四海。九服之制。地在要荒。春秋之義。內諸夏而外夷狄。以其言語不通。贄幣不同。法俗詭異。種類乖殊。或居絕域之外。山河之表。崎嶇川谷阻險之地。与中國壤斷土隔。不相侵涉。賦役不及。正朔不加。故曰。天子有道。守在四夷。禹平九土。而西戎即敘。其性氣貪婪。凶悍不仁。四夷之中。戎狄為甚。弱則畏服。強則侵叛。雖有賢聖之世。大德之君。咸未能以通化率導。而以恩德柔懷也。當其強也。以殷之高宗。而憊於鬼方。有周文王。而患昆夷獫狁。高祖困於白登。孝文軍於霸上。及其弱也。周公来九譯之貢。中宗納單于之朝。以元成之微。而猶四夷賓服。此其已然之效也。故匈奴求守邊塞。而侯應陳其不可。單于屈膝未央。望之議以不臣。是以有道之君牧夷狄也。惟以待之有備。禦之有常。雖稽顙執贄。而邊城不弛固守。為寇賊強暴。而兵甲不加遠征。期令境內獲安。疆場不侵而已。及至周室失統。諸侯專征。以大兼小。轉相殘滅。封疆不固。而利害異心。戎狄乘間。得入中國。或招誘安撫。以為己用。故申繒之禍。顛覆宗周。襄公要秦。遽興姜戎。當春秋時。義渠大荔居秦晉之域。陸渾陰戎處伊洛之間。鄋瞞之屬害及濟東。侵入齊宋。陵虐邢衛。南夷与北狄交侵。中國不絕若綫。齊桓攘之。存亡繼絕。北伐山戎。以開燕路。故仲尼稱管仲之力。加左衽之功。逮至春秋之末。戰國方盛。楚吞

蠻氏。晉剪陸渾。趙武胡服。開榆中之地。秦雄咸陽。滅義渠之等。始皇之并天下也。南兼百越。北走匈奴。五嶺長城。戎卒億計。雖師役煩殷。寇賊橫暴。然一世之功。戎虜奔却。當時中國無復四夷也。漢興而都長安。關中之郡號曰三輔。禹貢雍州。宗周豐鎬之舊也。及至王莽之敗。赤眉因之。西都荒毀。百姓流亡。建武中。以馬援領隴西太守。討叛羌。徙其餘種於關中。居馮翊河東空地。而与華人雜處。數歲之後。族類蕃息。既恃其肥強。且苦漢人侵之。永初之元。騎都尉王弘使西域。發調羌氐。以為行衛。於是群羌奔駭。互相扇動。二州之戎。一時俱發。覆沒將守。屠破城邑。鄧騭之征。棄甲委兵。輿尸喪師。前後相繼。諸戎遂熾。至於南入蜀漢。東掠趙魏。唐突軹關。侵及河內。及遣北軍中候朱寵將五營士於孟津距羌。十年之中。夷夏俱斃。任尚馬賢僅得克之。此所以為害深重。累年不定者。雖由禦者之無方。將非其才。亦豈不以寇發心腹。害起肘腋。疢篤難療。瘡大遲愈之故哉。自此之後。餘燼不盡。小有際會。輒復侵叛。馬賢狃忕。終於覆敗。段熲臨衝。自西徂東。雍州之戎。常為國患。中世之寇。惟此為大。漢末之亂。關中殘滅。魏興之初。与蜀分隔。疆場之戎。一彼一此。魏武皇帝令將軍夏侯妙才討叛氐阿貴千萬等。後因拔棄漢中。遂徙武都之種於秦川。欲以弱寇強國。扞禦蜀虜。此蓋權宜之計。一時之勢。非所以為萬世之利也。今者當之。已受其弊矣。夫關中土沃物豐。厥上上上。加以涇渭之流。溉其舄鹵。鄭國白渠灌浸相通。黍稷之饒。畝號一鍾。百姓謠詠其殷實。帝王之都每以為居。未聞戎狄宜在此土也。非我族類。其心必異。戎狄志態。不与華同。而因其衰弊。遷之畿服。士庶翫習。侮其輕弱。使其怨恨之氣毒於骨髓。至於蕃育衆盛。則坐生其心。以貪悍之性。挾憤怒之情。候隙乘便。輒為橫逆。而居封域之內。無障塞之隔。掩不備

之人收散野之積。故能為禍滋蔓。暴害不測。此必然之勢。已然之事也。當今之宜。宜及兵威方盛。衆事未罷。徙馮翊北地新平安定界內諸羌。著先零罕开析支之地。徙扶風始平京兆之氐。出還隴右。著陰平武都之界。廩其道路之糧。令足自致。各附本種。反其舊土。使屬國撫夷就安集之。戎晉不雜。並得其所。上合往古即敘之義。下為盛世永久之規。縱有猾夏之心。風塵之警。則絕遠中國。隔閡山河。雖為寇暴。所害不廣。是以充國子明能以數萬之衆。制羣羌之命。有征無戰。全軍獨克。雖有謀謨深計。廟勝遠圖。豈不以華夷異處。戎夏區別。要塞易守之故。得成其功也哉。難者曰。方今關中之禍。暴兵二載。征戍之勞。老師十萬。水旱之害。荐饑累荒。疫癘之災。札瘥夭昏。凶逆既戮。悔惡初附。且款且畏。咸懷危懼。百姓愁苦。異人同慮。望寧息之有期。若枯旱之思雨露。誠宜鎮之以安豫。而子方欲作役起徒。興功造事。

使疲悴之衆。徙自猜之寇。以無穀之人。遷乏食之虜。恐勢盡力屈。緒業不卒。羌戎離散。心不可一。前害未及弭。而後變復橫出矣。答曰。羌戎狡猾。擅相號署。攻城野戰。傷害牧守。連兵聚衆。載離寒暑矣。而今異類瓦解。同種土崩。老幼繫虜。丁壯降散。禽離獸迸。不能相一。子以此等尚挾餘資。悔惡反善。懷我德惠。而來柔附乎。將勢窮道盡。智力俱困。懼我兵誅。以至於此乎。曰。無有餘力。勢窮道盡故也。然則我能制其短長之命。而令其進退由已矣。夫樂其業者不易事。安其居者無遷志。方其自疑危懼。畏怖促遽。故可制以兵威。使之左右無違也。迨其死亡散流。離逷未鳩。與關中之人。戶皆為讎。故可遐遷遠處。令其心不懷土也。夫聖賢之謀事也。為之於未有。理之於未亂。道不著而平。德不顯而成。其次則能轉禍為福。因敗為功。值困必濟。遇否能通。今子遺弊事之終。而不圖更制之始。愛易轍之勤。而得覆車之軌。何哉。且關中之人。百餘萬口。率其少多。戎狄居半。處之與遷。必須口實。若有窮乏糝粒不繼者。故當傾關中之穀。以全其生生之計。必無擠於溝壑。而不為侵掠之害也。今我遷之。傳食而至。附其種族。自使相贍。而秦地之人。得其半穀。此為濟行者以廩糧。遺居者以積倉。寬關中之逼。去盜賊之原。除旦夕之損。建終年之益。若憚暫舉之小勞。而忘永逸之弘策。惜日月之煩苦。而遺累世之寇敵。非所謂能開物成務。創業垂統。崇基拓跡。謀及子孫者也。并州之胡。本實匈奴桀惡之寇也。漢宣之世。凍餒殘破。國內五裂。後合為二。呼韓邪遂衰弱孤危。不能自存。依阻塞下。委質柔服。建武中。南單于復求降附。遂令入塞。居於漠南。數世之後。亦輒叛戾。故何熙梁瑾戎車屢征。中平中。以黃巾賊起。發調其兵。部衆不從。而殺羌渠。由是於彌扶羅求助於漢。以討其賊。仍值世喪亂。遂乘釁而作。鹵掠趙魏。寇至河南。建安中。又

使右賢王去卑。誘質呼廚泉。聽其部落散居六郡。咸熙之際。以一部大彊。分為三率。泰始之初。又增為四。於是劉猛內叛。連結外虜。近者郝散之變。發於穀遠。今五部之衆。戶至數萬。人口之盛。過於西戎。然其天性驍勇。弓馬便利。倍於氐羌。若有不虞風塵之慮。則并州之域可為寒心。滎陽句驪。本居遼東塞外。正始中。幽州刺史毋丘儉伐其叛者。徙其餘種。始徙之時。戶落百數。子孫孳息。今以千計。數世之後。必至殷熾。今百姓失職。猶或亡叛。犬馬肥充。則有噬齧。況於夷狄能不為變。但顧其微弱。勢力不陳耳。夫為邦者。患不在貧而在不均。憂不在寡而在不安。以四海之廣。士庶之富。豈須夷虜在內。然後取足哉。此等皆可申諭發遣。還其本域。慰彼羇旅懷土之思。釋我華夏纖介之憂。惠此中國。以綏四方。德施永世。於計為長。帝不能用。未及十年。而夷狄亂華。時服其深識。

宋明帝太始七年單于猛叛屯孔邪城武帝遣婁侯何楨持節討之楨素有志畧以猛衆悍非少兵所至乃潛誘猛左部督李恪殺猛於是匈奴震服積年不敢復反其後稍因忿恨殺害長吏漸為邊患侍御史西河郭欽上疏曰戎狄彊獷歷古為患魏初人寡西北諸郡皆為戎居今雖服從若百年之後有風塵之警胡騎自平陽上黨不三日而至孟津北地西河太原馮翊安定上郡盡為狄庭矣宜及平呉之威謀臣猛將之畧出北地西河安定復上郡實馮翊於平陽已北諸縣募取死罪徙三河三魏見士四萬家以充之裔不亂華漸徙平陽弘農魏郡京兆上黨雜胡峻四夷出入之防明先王荒服之制萬世之長策也

齊高皇帝建元元年王奐進號左將軍明年遷太常領鄱陽王師仍轉侍中秘書監領驍騎將軍又遷征虜將軍臨川王鎮西長史領南蠻校尉南郡內史奐一歲三遷上表固讓南蠻書曰今天地初闢萬物載新荊蠻來威巴濮不擾但使邊民樂業有司脩務本府舊州日就殺阜臣昔遊西土較見盈虛薦日者戎燼之後殘毀難復雖復緝以善政未及來蘇今復割撤大府制置偏校崇望不足以助強語實安能以相弊且資力既分職司增廣衆勞務倍文案滋煩非獨臣見其難竊以為國計非允見許

齊武帝永明中虜遣使求書朝議欲不與丹陽令中書郎王融上疏曰臣側聞僉議疑給虜書如臣愚情切有未喻夫虜人面獸心狼猛蜂毒暴悖天經虧違地義逋竄燭幽去來沙朔綿周漢而不悛歷晉宋其踰梗豈有愛敬仁智恭讓廉脩愧犬馬之馴心同鷹虎之反目設彙秣有儲筋竿足用必以草竊關燧寇擾邊疆寧容款塞卑辭承衣請朔陛下務存遵養不時侮亡許其膜拜之誠納褁之貢況復願同文軌儀見款遣患恭聲教方致猜拒將使舊邑遺逸未知所寶褁胡餘燼或能自推一令慕革難鉏消流泛酌豈直疏靡輕府容為心腹重患抑孫武之言也因則數罰窘則多賞先暴而後畏其衆者虜之謂乎前中原士庶雖淪僻殊俗至於婚葬之晨猶巾褠為禮而禁令苛刻動加誅轘于時獯粥初遷犬羊尚結即心校夠困懼成逃自其將卒奔離資待銷闕北畏勍蠕西逼南胡民背如崩勢絕防斷於是曲從物情傷竊章服歷年將絕隱蔽無聞既南向而泣者日夜以覬北顧而辭者江淮相屬凶謀歲窘淺慮無方於是稽顙郊門問禮求樂若來之以文德賜之以副書漢家軌儀重臨畿輔司隸傳節復入關河無待八百之師不期十萬之衆故其提挈衿帶揮戈願倒三秦大同六漢一統又虜前後奉使不專漢人必介以匈奴備諸覘獲且設官分職彌見其情抑退舊苗扶任種戚師保則后族馮晉國總錄

則邽姓直勒渴侯台鼎則丘頹茍仁端執政則目凌鉗耳至於東都羽儀西京簪帶崔孝伯程虞蚪久在著作李元和郭李祐止于中書李思沖飾虜清官游明根泛居顯職今經典遠被詩史北流馮李之徒必欲遵尚直勤等類居致乖阻何則匈奴以氈騎為帷牀馳射為旅服冠方帽則犯沙陵雲服左衽則風驤鳥逝若衣以朱裳戴之玄頍節其揖讓教以翔趨必同艱桎梏懼冰淵婆娑躑躅困而不能前矣及夫春草水生阻散馬之適秋風木落絕驅禽之歡息沸脣於桑墟別醍乳於冀俗聽韶雅如聾瞽臨方丈若爰居馮李之徒固得志矣虜之凶族其如病何於是風土之思深悽戾之情動拂衣者連裾抽鋒者比鏃部落爭于下酋渠危于上我一舉而兼吞卞莊之勢必也且𨷖竇蓋廩晉彊弥盛犬鍾出智宿氏以亡帝畧遠孚無思不服鑒光幸慮雖慕思朝臣請收籍伊遞茲書復革猶取之內府藏之

外蕃於理有損。即事何損。若狂言是採。請決敕施行。世祖答曰吾意不異卿。今所啓。比相見更委悉。事竟不行。

齊明皇帝建武初。南郡太守孔稚珪以虜連歲南侵。征役不息。百姓死傷。乃上表曰。匈奴為患。自古而然。雖三代智勇。兩漢權奇。筭略之要。二塗而已。一則鐵馬風馳。奮威沙漠。二則輕車出使。通驛虜庭。推而言之。優劣可覩。今之議者咸以丈夫之氣。恥居物下。況我天威。寧可先屈。吳楚勁猛。帶甲百萬。截彼鯨鯢。何往不碎。請和示弱。非國計也。臣以為戎狄獸性。本非人倫。鴟鳴狼噬。不足喜怒。蜂目蠆尾。何關美惡。唯宜勝之以深權。制之以遠筭。弘之以大度。處之以蟲賊。豈足肆天下之忿。損蒼生之命。發雷電之怒。爭虫鳥之氣。百戰百勝。不足稱雄。擒尸千里。無益上國。而蟻聚蠶攢。窮誅不盡。馬足毛群。難與競逐。漢高橫威海表。窘迫長圍。孝文國富刑清。事屈陵辱。宣帝撫納安

靜。朔馬不驚。光武卑辭厚禮。寒山無霧。是兩京四主。英濟中區。輸寶貨以結和。遣宗女以通好。長轡遠馭。子孫是賴。豈不欲戰。惜民命也。唯漢武藉五世之資。承六合之富。驕心奢志。大事匈奴。遂連兵積歲。轉戰千里。長驅瀚海。飲馬龍城。雖斬獲名王。屠走凶羯。而漢之器甲。十亡其九。故衛霍出關。千隊不反。貳師入漢。百旅頓降。李廣敗於前鋒。李陵沒於後陣。其餘奔北。不可勝數。遂使國儲空懸。戶口減半。好戰之功。其利安在。戰不及和。相去何若。自西朝不綱。東晉遷鼎。群胡沸亂。羌狄交橫。荊棘攢於陵廟。豺虎咆於宮闈。山淵反覆。黔首塗地。逼迫崩騰。開闢未有。是時得失。略不稍陳。近至元嘉。多年無事。末路不量。復挑彊敵。遂廼連城覆徙。虜馬飲江。青徐州之際。草木為人耳。建元之初。胡塵犯塞。永明之始。復結通和。十餘年間。邊候且息。陛下張天造曆。駕日登皇。聲雷寓宙。勢壓河岳。而封豕殘魂。未屠劍首。長蛇餘喘。偷窺外甸。烽亭不靜。五載於斯。昔歲蟻壞。瘻食樊漢。今茲蟲毒。浸淫未已。興師十萬。日費千金。五歲之費。寧可貲計。陛下何惜匹馬之驛。百金之賂。數行之詔。誘此凶頑。使河塞息肩。關境全命。蓄甲養民。以觀彼弊。我策若行。則為不世之福。若不從命。不過如戰失一隊耳。或云遣使不受。則為辱命。夫以天下為量者。不計細恥。以四海為任者。寧顧小節。一城之沒。尚不足惜。一使不反。曾何取懟。且我以權取貴。得我略行。何嫌其恥。所謂尺蠖之屈。以求伸也。臣不言遣使必得和。自有可和之理。猶如欲戰不必勝。而有可勝之機耳。今宜早發大軍。廣張兵勢。徵犀甲於岷峨。命樓船於浦海。使自青徂豫。候騎星羅。沿江入漢。雲陣萬里。據險要以奪其魂。斷糧道以折其膽。多設疑兵。使精悉而計亂。固列金湯。使神茹而慮屈。然後發衷詔。馳輕驛。辯辭重幣。陳列吉凶。北虜頑而愛奇。貪而好古。畏我之威。喜我之賂。

畏威喜賂。願和必矣。陛下用臣之啓。行臣之計。何憂玉門之下而無款塞之胡哉。彼之言戰既慇懃。臣之言和亦慊闊。伏願察兩塗之利害。檢二事之多少。聖照玄省。灼然可斷。所表謬奏。希下之朝省。使同博議。臣謬荷殊恩。奉佐朱岳。敢肆瞽直。伏奏千里。帝不納。

後魏世祖蒐于河西。詔崔浩詣行在所議軍事。浩表曰。昔漢武帝患匈奴彊盛。故開涼州五郡。通西域。勸農積穀。為滅賊之資。東西迭擊。故漢未疲而匈奴已弊。後遂入朝。平涼州。臣愚以為北賊未平。征役不息。可不徙其民。案前世故事。計之長者。若遷民人。則土地空虛。雖有鎮戍。適可禦邊而已。至於大舉。軍資必乏。陛下知此事闊遠。竟不施用。如臣愚意。猶如前議。募徙豪彊大家。充實涼土。軍舉之日。東西齊勢。此計之得者。

氐羌慕璝奉表歸國。尋討禽赫連定。送之京師。世祖嘉之。遣使者策

拜慕璝為大將軍西秦王慕璝表曰臣誠庸弱敢竭情款俘獲僭逆獻捷王府爵秩雖崇而土不增廓車旗既飾而財不周賞願垂鑒察亮其單款臣頃接寇逆疆境之人為賊所抄流轉東下今皇化混一求還鄉土乞佛白連寇略寒張華等三人家弱在此分乖可愍願并敕遣使恩洽遐荒存亡感戴世祖詔公卿朝會議答施行太尉長孫嵩及議郎博士二百七十九人議曰前者有司處以為秦王荒外之君本非政教所及來則受之去則不禁皇威遠被西秦王慕義畏威稱臣納貢求受爵號議者以為古者要荒之君雖人土衆廣而爵不擬華夏陛下加寵王官乃越常分容飾車旗班同上國至於繒絮多少舊典所無皆當臨時以制豐寡自漢魏以來撫接荒遐頗有故事呂后遺單于御車二乘馬二駟單于荅馬千匹其後匈奴和親敵國遺繒絮不過數百呼韓邪稱臣身自入朝始至方伯今西秦王若以

土無桑蠶便當上請不得言財不周賞昔周室衰微齊侯小白一匡天下有賜胙之命無益土之賞晉侯重耳破楚城濮唯受南陽之田為朝宿之邑西秦所致唯定而已塞外之人因時乘便侵入秦涼求有經略拓境之勳爵登上國統秦涼河沙四州之地而云土不增廓比聖朝於弱周而自同於五霸無厭之情其可極乎西秦王忠款於朝廷原其本情必不至此或左右不敏因致斯累撫西秦流人賊時所抄悉在蒲坂今既稱藩四海咸泰天下一家可敕秦州送詣京師隨後遣還所請乞佛三人昔為賓國之使來在王庭國破家遷即為臣妾可勿聽許

高祖時楊椿為太僕卿加安東將軍初顯祖世有蠕蠕萬餘戶降附居於高平薄骨律二鎮太和之末叛走略盡唯有一千餘家太中大夫王通高平鎮將郎育等求徙置淮北防其叛走詔許之慮不從命乃使椿持節往徙焉椿以為徙之無益上書曰臣以古人有言裔不謀夏夷不亂華荒忽之人羈縻而已是以先朝居之於荒服之間者正欲悅近來遠招附殊俗亦以別華戎異內外也今新附者寵若舊者見徙新者必不安不安必思土思土則走叛狐死首丘其害方甚又此族類衣毛食肉樂冬便寒南土濕熱往必將盡進失歸伏之心退非藩衛之益徙在中夏而生後患愚心所見謂為不可時八座議不從遂徙於濟州緣河居之冀州元愉之難果悉浮河赴賊所在鈔掠如椿所策

孝明帝熙平二年蠕蠕主醜奴遣使來朝抗敵國之書不修臣敬朝議將依漢荅匈奴故事遣使報之司農少卿燕州大中正張倫表曰臣聞古之聖王疆理物土辨章要荒遐之俗政所不及故禮有壹見之文書著羈縻之事太祖以神武之資聖明之略經略帝圖日有

不暇遂令豎子遊魂一方亦由中國多虞急諸華而緩夷狄也高祖光宅土中業隆卜世赫雷霆之威震熊羆之旅方役南轅未遑北伐昔舊京烽起虜使在郊主上按劍璽書不出世宗運籌帷幄開境揚旌衣裳所及舟車萬里于時醜類款關上亦述遵遺志今大明臨朝澤及行葦國富兵彊能言率職何憚而為之何求而行此往日蕭衍通敬求和以誠爾未純抑而不許先帝棄戎於前陛下交夷於後無乃上乖高祖之心下違世宗之意且虜雖慕德亦來觀我懼之以彊儻即歸附示之以弱窺覦或起春秋所謂以我卜也又小人難近夷狄無親踈之則怨狎之則侮其所由來久矣是以高祖世宗知其若此來既莫逆去又不追不一之義於是乎在必其委質玉帛之辰屈膝蕃方之禮則可豐其勞賄籍以珍物至於王人遠役銜命虜庭優以匹敵之尊加之相望之寵恐徒生虜慢無益聖朝假令選衆而舉

使乎称職資鄰生之辯聘終軍之辭憑軾下齊長纓縶越尚異義時猶爲不顧而況極之以隆崇申之以寅好臣雖下愚輒敢固執若事不獲已應須例詔示其上下之儀宰臣致書諷以歸順之道若聽受忠誨明我詁言則萬衆之感不失位於域中天子之聲必能章於無外脫或未從焉能損益絲舞干戚以招之敷文德而懷遠如迷心不已或肆犬羊則當命辛李之將勤衛霍之師蕩定雲沙掃清通薛飲馬瀚海之濱鏤石燕然之上開都護置戊己斯亦陛下之高功百世之盛事如思按甲養民務農安邊之術經國之防豈可以戎夷兼并而遂廢典制將取笑於當時貽醜於來葉昔文公請隧襄后有言削莊問鼎王孫是抑以古方今竊爲陛下不取又陛下方欲禮神岷瀆致禮衡山登稽嶺窺蒼梧而反與夷虜之君酋渠之長結昆弟之忻抗分庭之義將何以瞰文命之遐景迹重華之高風者哉臣以爲報使甚失如彼不報甚得如此願留須臾之聽察愚臣之言

正光二年詔遣楊鈞送蠕蠕主阿那瓌還國諫議大夫張普惠諫遣之將貽後患上疏曰臣聞乾元以利貞爲大非義則不動皇王以博施爲功非類則不從故能始萬物而化天下者也伏惟陛下屬括欽明道光虞舜八表宅心九服清晏蠕蠕相害於朔垂妖師扇亂於江外此乃封豕長蛇不識王度天將悔其罪所以奉皇魏故荼毒之辛苦之令知至道之可樂也宜安民以悅其志恭己以懷其心而先自勞擾艱難下民興師郊甸之內遠投荒塞之外救累世之勍敵可謂無名之師諺曰唯亂門之無過愚情未見其可當是遏將窺竊一時之功不思兵爲凶器不得已而用之者也夫白登之役漢祖親困之樊噲欲以十萬衆橫行匈奴中季布以爲不可請斬之千載以爲美況今旱酷異常聖慈降膳乃以萬五千人使楊鈞爲將而欲定蠕蠕

忤時而動其可濟乎阿那瓌投命皇朝撫之可也豈容困疲我兆民以資天喪之虜昔莊公納子糾以致乾時之敗魯僖以邾國而有懸胄之恥今蠕蠕時亂後主繼立雖云散亡姦虜尚難抑脫有井陘之慮楊鈞之肉其可食乎高車蠕蠕連兵積年饑饉相仍須其自斃小亡大傷然後一舉而并之此卞氏之高略所以獲兩虎不可不圖之今土山告難簡書相續蓋亦無能爲也正與今舉相會天其或者欲以告戒人不欲使南北兩疆並興大衆脫狂狡構間於其間而復事連中國何以寧之今宰輔專欲好小名不圖安危大計此微臣所以寒心者也那瓌之不還負何信義此機之微際北師宜停臣言不及義文書所經過不敢不陳兵猶火也不戢將自焚也彼焚戒之形可以爲啟鑒伏願輯和萬國以靜四疆混一之期坐而自至矣臣愚昧多違必無可擇匹夫之志願以呈獻表奏答曰夫窮獸歸人尚或興惻況那瓌嬰禍流離遠來依庇在情在國何容勿矜且納亡興喪有國大義皇魏堂堂寧庇斯德後主亂亡似當非謬此一送彼迎想無拒戰國義宜表朝算已決卿深誠厚意朕用嘉歎俾此段機略不獲相從脫後不違勿憚匡言

莊帝時蠕蠕主阿那瓌返國其人大飢相率入塞上表請臺賑給詔尚書左丞拓跋孚爲北道行臺詣彼賑恤孚陳便宜表曰皮服之人未嘗粒食宜從俗因利拯其所無昔漢建武中單于款塞時轉河東米糒二萬五千斛牛羊三萬六千頭以給之斯即前代和戎撫新柔遠之長策也乞以牸牛產羊餬其口命且畜牧繁息是其所便毛血之利惠兼衣食又尚書奏云如其仍住七州隨寬置之臣謂人情戀本寧肯徙內若依臣請給賑雜畜愛本重鄉必還舊土如其不然禁留益損假令逼徙事非久計何者人面獸心去留難測既易水草疴

恙將多憂愁致困死亡必甚兼其餘類尚在沙磧脫出狀勳翻歸舊巢必殘掠邑里遺毒百姓亂而方塞未若杜其未萌又開遷起於一古交易行於中世漢與胡通亦立關市今北人阻飢命懸溝壑公給之外必求市易彼若顧求宜見聽許又云嘗大者不計小名圖遠者弗拘近利雖戎狄衰盛歷代不同叛服之情略可論討周之北伐僅獲中規漢氏外攘裁收下策昔在代京恒為重備將帥勞止甲士疲力前世苦之計未能致今天祚大魏亂亡在彼朝廷垂天覆之恩廓大造之德鳩其散亡禮送令返宜因此時善思遠策竊以理雖萬變可以一觀来事雖懸易以往卜昔漢宣之世呼韓款塞奉遣董忠韓昌領邊郡士馬送出朔方因留衛助又光武時亦令中郎將段郴置安集掾史隨單于所在參察動靜斯皆守吉之元龜安邊之勝策計今朝廷成功不減曩時蠕蠕國弊亦同疇日宜準昔成謨略依舊事借

其所聞地聽使田牧粗置官屬示相慰撫嚴戒邊兵以見保衛馭以寬仁縻以久策使親不至矯詐疎不容叛反今北鎮諸將舊常云一人代外邏因令防察所謂天子有道守在四夷者也又云先人有奪人之心待降如受強敵武非專外亦以防內若從處分割配諸州鎮遼遠非轉輸可到悔叛之情變起難測又居人畜業布在原野戎夷性貪見則思盜防彼肅此少兵不堪渾流之際易相干犯驅之還本未必樂去配州內徙復不肯從既其如此其費必大朝廷不許

隋文帝開皇元年突厥攝圖曰我周家親也今隋公自立而不能制復何面目見可賀敦乎因與高寶寧攻陷臨渝鎮約諸面部落謀共南侵帝新立由是大懼修築長城發兵屯北境命陰壽鎮幽州虞慶則鎮并州屯兵數萬人以為之備奉車都尉長孫晟先使突厥知攝圖玷厥阿波突利等叔姪兄弟各統強兵俱號可汗分居四面內懷猜忌外示和同難以力征易可離間因上書曰臣聞喪亂之極必致升平是故上天啓其機聖人成其務伏惟皇帝陛下當百王之末膺千載之期諸夏雖安戎場尚梗興師致討未是其時棄於度外又復侵擾故宜密運籌策漸以攘之計失則百姓不寧計得則萬代之福吉凶所係伏願詳思臣於周末忝充外使匈奴倚伏實所具知玷厥之於攝圖兵強而位下外名相屬內隙已彰鼓動其情必將自戰又處羅侯者攝圖之弟姦多而勢弱曲取於衆心國人愛之因為攝圖所忌其心殊不自安迹示彌縫實懷疑懼又阿波首鼠介在其間頗畏攝圖受其牽率唯強是與未有定心今宜遠交而近攻離強而合弱通使玷厥說合阿波則攝圖迴兵自防右地又引處羅遣連奚霫則攝圖分衆還備左方首尾猜嫌腹心離阻十數年後承釁討之必可一舉而空其國矣上省表大悅因召與語晟復口陳形勢手畫山

川寫其虛實皆如指掌上深嗟異皆納用焉

七年突厥攝圖死遣長孫晟持節拜其弟處羅侯為莫何可汗以其子雍閭為葉護可汗處羅侯因晟奏曰阿波為天所滅與五六千騎在山谷間伏聽詔旨當取之以獻乃召文武議焉樂安公元諧曰請就彼梟首以懲其惡武陽公李充曰請生將入朝顯戮以示百姓上謂晟曰於卿何如晟對曰若突厥背誕須齊之以刑今其昆弟自相夷滅阿波之惡非負國家因其困窮取而為戮恐非招遠之道不如兩存之上曰善

二十年都藍大亂為其部下所殺晟為驃騎將軍因奏請曰今王師臨境戰數有功賊內攜離其主被殺乘此招誘必並來降請遣染干部下分頭招慰上許之果盡來附達頭恐怖又大集兵詔晟部領降人為秦川行軍總管取晉王諱節度出討達頭與王相抗晟進策曰

突厥飲泉易可行毒。因取諸藥毒水上流。達頭人畜飲之多死。於是大驚曰。天雨惡水。其亡我乎。因夜遁。晟追之。斬首千餘級。俘百餘口。六畜數千頭。上大喜。

開皇中。容納突厥啓民居於塞內。光祿大夫段文振恐為國患。上表曰。臣聞古者遠不間近。夷不亂華。周宣外攘戎狄。秦帝築城萬里。蓋遠圖良算。弗可忘也。竊見國家容受啓民。資其兵食。假以地利。如臣愚計。竊又未安。何則。夷狄之性。無親而貪。弱則歸投。強則反噬。蓋其本心也。臣學非博覽。不能遠見。且聞晉朝劉曜。梁代侯景。近事之驗。衆所共知。以臣量之。必為國患。如臣之計。以時喻遣。令出塞外。然後明設烽候。緣邊鎮防。務令嚴重。此乃萬歲之長策也。

文帝征高麗。文振為左候衛大將軍。出南蘇道。道病。上表曰。陛下以遼東未服。親降六師。夷狄多詐。深須防擬。口陳降款。毋宜遽受。水潦方降。不可淹遲。惟願嚴勒諸軍。星馳速發。水陸俱前。出其不意。則平壤孤城。勢必可拔。如不時定。脫遇秋霖。兵糧必竭。彊敵在前。靺鞨出後。遲疑不決。非上策也。及卒。帝甚惜之

煬帝大業三年。幸榆林。欲出塞外。陳兵耀武。經突厥中。指于涿郡。仍恐染干驚懼。先遣長孫晟往喻旨。稱述帝意。染干聽之。因召所部諸國奚霫室韋等種落數十酋長咸萃。晟以牙中草穢。欲令染干親自除之。示諸部落。以明威重。乃指帳前草曰。此根大香。染干遽嗅之曰。殊不香也。晟曰。天子行幸所在。諸侯躬親灑掃。耘除御路。以表至敬之心。今牙中蕪穢。謂是留香草耳。染干乃悟曰。奴罪過。奴之骨肉。皆天子賜也。得効筋力。豈敢有辭。特以邊人不知法耳。賴將軍恩澤而教導之。將軍之惠。奴之幸也。遂拔所佩刀。親自芟草。其貴人及諸部爭傚傚之。乃發榆林北境。至于其牙。又東達于薊。長三千里。廣百步。舉國就役。而開御道。帝聞晟策。乃益嘉焉。

西域諸蕃多至張掖。與中國交市。帝令尚書左丞裴矩掌其事。矩知帝方勤遠畧。諸商胡至者。矩誘令言其國俗山川險易。撰西域圖記三卷。入朝奏之。其序曰。臣聞禹定九州。導河不踰積石。秦兼六國。設防止及臨洮。故知西胡雜種。僻居遐裔。禮教之所不及。書典之所罕傳。自漢氏興基。開拓河右。始稱名號者有三十六國。其後分立。乃五十五王。仍置校尉都護。以存招撫。然叛服不恒。屢經征戰。後漢之世。頻廢此官。雖大宛以來。畧知戶數。而諸國山川未有名目。至如姓氏風土。服章物產。全無纂錄。世所弗聞。復以春秋遞謝。年代久遠。兼并誅討。互有興亡。或地是故邦。改從今號。或人非舊類。因襲昔名。兼復部民交錯。封壃移改。戎狄音殊。事難窮驗。于闐之北。葱嶺以東。考于前史。三十餘國。其後更相屠滅。僅有十存。自餘淪沒。掃地俱盡。空有

丘墟。不可記識。皇上膺天育物。無隔華夷。率土黔黎。莫不慕化。風行所及。日入以來。職貢皆通。無遠不至。臣既因撫納。監知關市。尋討書傳。訪採胡人。或有所疑。即譯衆口。依其本國服飾儀形。王及庶人。各顯容止。即丹青模寫。為西域圖記。共成三卷。合四十四國。仍別造地圖。窮其要害。從西頃以去。北海之南。縱橫所亘。將二萬里。諒由富商大賈。周遊經涉。故諸國之事。罔不徧知。復有幽荒遠地。卒訪難曉。不可憑虛。是以致闕。而二漢相踵。西域為傳。戶民數十。即稱國王。徒有名號。乃乖其實。今者所編。皆餘千戶。利盡西海。多產珍異。其山居之屬。非有國名。及部落小者。多亦不載。發自敦煌。至于西海。凡為三道。各有襟帶。北道從伊吾經蒲類海鐵勒部突厥可汗庭。度北流河水。至拂菻國。達于西海。其中道從高昌焉耆龜茲疏勒。度葱嶺。又經鏺汗蘇對沙那國。康國。曹國。何國。大小安國。穆國。至波斯。達于西海。其

南道從鄯善、于闐、朱俱波、喝槃陀，度葱嶺，又經護密、吐火羅、挹怛、帆延、漕國，至北婆羅門，達于西海。其三道諸國，亦各自有路，南北交通。其東女國、南婆羅門國等，並隨其所往，諸處得達。故知伊吾、高昌、鄯善，並西域之門戶也。總湊敦煌，是其咽喉之地。以國家威德，將士驍雄，汎濛汜而揚旌，越崑崙而躍馬，易如反掌，何往不至。但突厥、吐渾分領羌胡之國，為其擁遏，故朝貢不通。今並因商人密送誠款，引領翹首，願為臣妾。聖情含養，澤及普天，服而撫之，務存安輯。故皇華遣使，弗動兵車，諸蕃既從，渾厥可滅，混一戎夏，其在茲乎。不有所記，無以表威化之遠也。帝大悅。

帝巡于塞北，幸啟民帳。時高麗遣使先通于突厥，啟民不敢隱，引之見帝。矩為銀青光祿大夫，因奏狀曰：高麗之地，本孤竹國也。周代以之封于箕子，漢世分為三郡，晉氏亦統遼東。今乃不臣，別為外域。故先帝疾焉，欲征之久矣。但以楊諒不肖，師出無功。當陛下之時，安得不事，使此冠帶之境，仍為蠻貊之鄉乎。今其使者朝於突厥，親見啟民合國從化，必懼皇靈之遠暢，慮後伏之先亡。脅令入朝，當可致也。帝曰：如何。矩曰：請面詔其使，放還本國，遣語其王，令速朝覲。不然者，當率突厥，即日誅之。帝納焉。

歷代名臣奏議卷之三百四十

歷代名臣奏議卷之三百四十一

夷狄

唐高祖武德三年，謂左右曰：名實須相副。高麗雖臣於隋，而終拒煬帝，何臣之為。朕務安人，何必受其臣。溫彥博等諫曰：遼東本箕子國，魏晉時故封內，不可不臣。中國與夷狄，猶太陽於列星，不可以降。乃上。

五年，突厥寇并州，命太子建成、秦王世民禦之。唐主謂羣臣曰：和戰孰利。鄭元璹曰：戰則禍深，不如和利。封德彝曰：突厥恃犬羊之眾，有輕中國之意。若不戰而和，示之以弱，明年將復來。臣愚以為擊之，既勝而後與和，則恩威兼著矣。唐主從之。

六年，并州總管劉世讓除廣州總管，將之官，唐主問以備邊之策。世讓對曰：突厥比數為寇，良以馬邑為之中頓故也。請以勇將戍崞城，多貯金帛，募有降者厚賞之，數出騎兵，蹂其禾稼，敗其生業，不出歲餘，彼無所食，必降矣。唐主然其計，曰：非公誰為勇將。命世讓戍崞城，突厥患之。

七年，突厥入寇，或說上曰：突厥所以屢寇關中者，以子女玉帛皆在長安故也。若焚長安而不都，則胡寇自息矣。上欲從之。秦王世民諫曰：戎狄為患，自古有之。陛下以聖武龍興，所征無敵，奈何為此舉，貽四海之羞，為萬世之笑乎。願假數年之期，臣請係頡利之頸，致之闕下。若其不效，遷都未晚。上曰：善。

八年，西突厥統葉護可汗遣使請婚，上以問裴矩，矩對曰：今北寇方彊，國家且當遠交而近攻，臣謂宜許其婚，以威頡利，俟數年之後，徐思其宜耳。上從之。

太宗即位，梁師都所部離叛，國浸衰弱，乃朝於突厥，勸令入寇。於是頡利突利二可汗合兵十餘萬寇涇州頡利進至渭水便橋之北遣其腹心執失思力入見以觀虛實思力盛稱二可汗將兵百萬今已至矣乃請返命上讓之曰吾與汝可汗面結和親贈遺無筭今汝可汗背盟入寇於我無愧汝雖戎狄亦有人心何得全忘大恩自誇強盛我今先斬汝矣思力懼而請命蕭瑀封德彝請禮而遣之上曰不然今者放還必謂我懼乃遣囚之上乃自與高士廉房玄齡等六騎徑詣渭水上與頡利隔水而語責以負約突厥大驚皆下馬羅拜俄而諸軍繼至旌甲蔽野頡利見思力不返而上輕出軍容甚盛有懼色上麾諸軍使却而布陳獨留與頡利語蕭瑀叩馬固諫上曰突厥所以敢傾國而來者聞我家國新有內難又聞朕新即位謂我不能抗禦也我若示之以弱閉門拒守虜必放兵大掠不可復制故朕輕騎獨出示若輕之震耀軍容使知必戰虜既深入必有懼

心與戰則克與和則固制服突厥在此舉矣是日頡利來請和詔許之斬白馬與盟于便橋之上突厥引兵退蕭瑀請曰突厥未和之時諸將爭欲戰陛下不許而虜自退其策安在上曰突厥之衆多而不整君臣之志唯賄是求昨其達官皆來謁我我若醉而縛之因擊其衆伏兵邀其前大軍躡其後覆之如反掌耳然吾即位日淺國家未安一與虜戰結怨既深彼既懼而修備則吾未可以得志也故卷甲韜戈啗以金帛彼得所欲志必驕惰然後養威俟釁一舉可滅也將欲取之必固與之此之謂也瑀謝不及頡利獻馬三千匹羊萬口上不受詔歸所掠中國戶口

貞觀初突厥政令煩苛國人不悅加以兵革歲動連年饑饉內外離叛言事者多請擊之上問群臣蕭瑀以為擊之便右僕射長孫無忌曰虜不犯塞而棄信勞民非王者之師也上乃止

突厥寇太原且遣使和親帝問計群臣咸請許之可紓戰內史舍人封倫曰不然彼有輕中國之心謂我不能戰若乘其怠擊之勢必勝勝而後和威德兩全今雖不戰後必復來臣以為擊之便詔可

頡利政亂薛延陀回紇等叛之頡利不能制會大雪羊馬多死民大饑鴻臚卿鄭元璹使還言於上曰夷狄興衰專以羊馬為候今突厥民饑畜瘦將亡之兆也群臣多勸上乘間擊之上曰背盟不信利災不仁乘危不武縱其種落盡叛六畜無餘朕終不擊必待有罪然後討之

武侯將軍張公謹副李靖經略突厥條可取狀於帝曰頡利縱欲肆凶誅害善良昵近小人此主昏於上可取一也別部同羅僕骨回紇延陀之屬皆自立君長圖為反噬此衆叛於下可取二也突利被疑以輕騎免拓設出討衆敗無餘欲谷設師無託足之地此兵挫將敗

可取三也北方霜早糇糧乏絕可取四也頡利疏突厥親諸胡胡性翻覆大軍臨之內必生變可取五也華人在北者甚衆比聞屯聚保據山險王師之出當有應者可取六也帝然所謀

竇靜為夏州都督禽頡利詔處其衆河南靜上書曰夷狄窮則搏噬飽則群聚不可以刑法繩仁義教也衣食仰給不待耕桑今損有為之民資無知之虜得之無益於治失之不害於化況首丘未忘剚一旦變生犯我王略矣不如因其破亡假以賢王一號妻之宗女披其土地部落使權弱勢分易為羈制則世為藩臣矣

三年高昌王麴文泰將入朝也西域諸國咸欲遣使乃勅壓怛紇干使往西域引諸國使入朝魏徵以秘書監參預朝政諫曰中國始平瘡痍未復若有勞役則不能安往年高昌王來入貢馬纔數百匹所經州縣猶不能供況復加於此焉則顧塞州縣以之致罪者衆若任

其興敗。邊人則獲其利。若引為賓客。中國則受其弊矣。漢建武二十二年。天下寧晏。西域請置都護。送侍子。光武不許。不以蠻夷勞弊中國。今若許十國入貢。其使不減千人。使緣邊諸州將何取給。事既不濟。人心萬端。後方悔之。恐無所及。太宗然其議。乃追歷怛紇干還。四年。突厥既亡。其部落或北附薛延陀。或西附西域。其降唐者尚十萬口。詔群臣議區處之宜。朝士多言戎狄自古為中國患。今幸破亡。宜悉徙之河南兗豫之間。分其種落。散居州縣。教之耕織。可以化為農民。顏師古請寘之河北。分立酋長。領其部落。李百藥以為突厥雖云一國。然種類區分。各有酋帥。宜因其離散。各署君長。使不相臣屬。則國分勢散。不能抗衡中國矣。仍於定襄置都護府。為之節度。此安邊之長策也。中書令溫彥博議。請於河南處之。准漢建武時置降匈奴於五原塞下。令其部落得為捍蔽。又不離其土俗。因而撫之。一則實空虛之地。二則示無猜之心。故是含育之道也。太宗從之。秘書監魏徵曰。匈奴自古至今未有如斯之破敗。此是上天剿絕。宗廟神武。且其世寇中國。萬姓冤讎。陛下以其為降。不能誅滅。即宜遣還河北。居其舊土。匈奴人面獸心。非我族類。強必寇盜。弱則卑服。不顧恩義。其天性也。秦漢患之若此。故發猛將以擊之。收其河南以為郡縣。陛下奈何以內地居之。且今降者幾至十萬。數年之後。滋息過倍。居我肘腋。甫至王畿。心腹之疾。將為後患。尤不可處以河南也。溫彥博曰。天子之於物也。天覆地載。有歸我者必養之。今突厥破除。餘落歸附。陛下不加憐愍。棄而不納。非天地之道。阻四夷之心。臣愚甚謂不可。宜處之河南。所謂死而生之。亡而存之。懷我厚恩。終無叛逆。魏徵曰。昔代有魏時。胡落分居近郡。郭欽江統。勸逐出塞。武帝不用其言。數年之後。遂傾瀍洛。前代覆車。殷鑒不遠。陛下必用彥博言。遣居河南。所謂養獸自

遺患也。彥博又曰。臣聞聖人之道。無所不通。突厥餘魂。以命歸我。收居內地。教以禮法。選其酋長。遣居宿衛。畏威懷德。何患之有。且光武居河南單于於內郡。以為漢藩翰。終于一代。不有叛逆。太宗竟從其議。自幽州至靈州。置順祐化長四州都督以處之。其人居長安者近且萬家。十二年。太宗幸九成宮。突利可汗弟中郎將阿史那結社率陰結所部。并擁突利子賀羅鶻夜犯御營。事敗。皆捕斬之。太宗自是不直突厥。悔處其部眾於中國。還其舊部於河北。建牙於故定襄城。立李思摩為乙弥泥熟俟利苾可汗以主之。因謂侍臣曰。中國百姓。天下之根本。四夷之人。乃同枝葉。擾其根本以厚枝附。而求久安。未之有也。初不納魏徵言。遂覺勞費日甚。幾失久安之道。

帝與侍臣議安置突厥之事。中書令溫彥博對曰。隋文帝勞兵馬。費倉庫。樹立可汗。令復其所。欲河南河北。任情居住。各有酋長。不相統屬。力散勢分。安能為害。給事中杜楚客進曰。北狄人面獸心。難以德懷。易以威服。今命其部落散處河南。逼近中華。久必為患。至如鴈門之役。雖是突厥背恩。自由隋主無道。中國以之喪亂。豈得云興復亡國。以致此禍。夷不亂華。前哲明訓。存亡繼絕。列聖通規。臣恐事不師古。難以長久。太宗嘉其言。方務懷柔。未之從也。自突厥頡利破後。諸部落首領來降者。皆拜將軍中郎將。布列朝廷。五品已上百餘人。殆與朝士相半。唯拓拔不至。又遣招慰之。使者相望於道。涼州都督李大亮以為於事無益。徒費中國。上疏曰。臣聞欲綏遠者。必先安近。中國百姓。天下根本。四夷之人。猶於枝葉。擾其根本以厚枝附。而求久安。未之有也。自古明王化中國以信。馭夷狄以權。故春秋云。戎狄豺狼。不可厭也。諸夏親暱。不可棄也。自陛下君臨區宇。深根固本。人逸兵強。九州殷富。四夷自服。今者招致突厥。雖入提封。臣愚稍覺勞費

未悟其有益也。然河西民庶。鎮禦藩夷。州縣蕭條。戶口鮮少。加因隋亂。減耗尤多。突厥未平之前。尚不安業。匈奴微弱以來。始就農畝。若即勞役。恐致妨損。以臣愚惑。請停招慰。且謂之荒服者。故臣而不内。是以周室愛民攘夷。竟延七百之齡。秦王輕戰事胡。故二十載而絕滅。漢文帝養兵靜守。天下安豐。孝武揚威遠略。海内虛耗。雖悔輪臺。追已不及。至於隋室。早得伊吾。兼統鄯善。且既得之後。勞費日甚。虛内致外。竟損無益。遠尋秦漢。近觀隋室。動靜安危。昭然備矣。伊吾雖已臣附。遠在藩磧。民非夏人。地多沙鹵。其自豎立稱藩附庸者。請羈縻受之。使居塞外。必畏威懷德。永為藩臣。蓋行虛惠而收實福矣。近日突厥傾國入朝。既不能俘之於江淮。以變其俗。乃置於内地。去京不遠。雖則寬仁之義。亦非久安之計。每見一人初降。賜物五疋。袍一領。酋帥悉授大官。祿厚位尊。理多縻費。以中國之租賦。供積惡之凶虜。其衆益多。非中國之利也。太宗不納。

十四年。侯君集平高昌之後。太宗欲以其國為州縣。魏徵曰。陛下初臨天下。高昌王先來朝謁。自後數有商胡。稱其遏絕貢獻。加之不禮大國詔使。王誅載加。若罪止文泰。斯亦可矣。未若因撫其民。而立其子。所謂伐罪弔民。威德被於外邊。為國之善者也。今若利其土壤以為州縣。常須千餘人鎮守。數年一易。每來往交替。死者十有三四。遣辦衣資。離別親戚。十年之後。隴右空虛。陛下終不得高昌撮穀尺布以助中國。所謂散有用而事無用。臣未見其可。太宗不從。竟以其地置西州。仍以西州為安西都護府。每歲調發千餘人。防遏其地。黃門侍郎褚遂良亦以為不可。上疏曰。臣聞古者哲后臨朝。明王創制。必先華夏而後夷狄。廣諸德化。不事遐荒。是以周宣薄伐。至境而反。始皇遠塞。中國分離。陛下誅滅高昌。威加西域。收其鯨鯢。以為州縣。然則

王師初發之歲。河西供役之年。飛芻輓粟。十室九空。數郡蕭然。五年不復。陛下每歲遣千餘人。而遠事屯戍。終年離別。萬里思歸。去者資裝。自須營辦。既賣菽粟。傾其機杼。經途死亡。復在方外。兼遣罪人。增其防遏。所遣之内。復有逃亡。官司捕捉。為國生事。高昌塗路。沙磧千里。冬風冰冽。夏風如焚。行人去者。遇之多死。易云。安不忘危。理不忘亂。設令張掖塵飛。酒泉烽起。陛下豈能得高昌一人斗粟而及事乎。終須發隴右諸州。星馳電擊。由斯而言。此河西者方於腹心。彼高昌者他人手足。豈得糜費中華。以事無用。陛下平頡利於沙塞。滅吐渾於西海。突厥餘落。為立可汗。吐渾遺萌。更樹君長。復立高昌。非無前例。此所謂有罪而誅之。既服而存之。宜擇高昌可立者。徵給首領。遣還本國。負戴洪恩。長為藩翰。中國不擾。既富且寧。傳之子孫。以遺後代。疏奏不納。至十六年。西突厥遣兵寇西州。太宗謂侍臣曰。朕聞西州有警急。雖不足為害。然豈能無憂乎。往者初平高昌。魏徵褚遂良勸朕立麴文泰子弟。依舊為國。朕竟不用其計。今日方自悔責。昔漢高祖遭平城之圍。而賞婁敬。袁紹敗於官渡。而誅田豐。朕恒以此二事為誡。寧得忘所言者乎。

帝常御瑤池殿。顧謂侍臣曰。西蕃通來幾時。魏徵對曰。禹貢云。西至流沙。又云。西戎即敘。不明境域所至。漢武帝置敦煌張掖等郡。自此以後。漸通西域。帝又曰。朕聞漢武帝時。為通西蕃。中國百姓死者太半。此事著在史籍。不能具道。但隋後主欲開葱嶺已西。鎮守俱未當。死者繼於道路。如聞流沙已西。仍有隋破壞車轂。其邊即有白骨狼籍。始築長城。東渡遼水。征伐不息。人無聊生。天下叛之。衆而為盜。煬帝安然。恣其所欲。遂至滅亡。秖為不聞其過。朕以此事永為鑒誡。今與諸公共理百姓。但有不可。行即向朕言。勿得面從。苟相悅譽。且朕

素無學術，未閑政道，一日萬機，不能盡經耳目。所有處斷，恐獨見不明，致有失所，所以委公等。公等善相輔弼，使兆庶得所，此乃長保宮貴，蔭及子孫。若尸祿曠官，苟貪榮利，必加黜辱，終不容捨。朕既以漢武帝、隋後主為龜鏡，公等亦須常將此事相規諫也。群臣並拜謝。徵進曰：陛下恐弘至化，砥礪群下，臣等敢不竭股肱之力。但恐識度愚淺，無益萬分。臣聞漢武帝承五代之資，天下無事，府庫充實，士馬彊盛，遂思騁其欲，以事四夷。開蒟醬而開邛僰，貪良馬而通大宛，老弱疲於轉輸，丁壯死乎軍旅，海內騷然，戶口減半，至於國用不足，府庫空虛。乃推估鹽鐵，征稅關市，課筭舟車，告緡貲爵，侵漁百姓，萬端俱起，外內困窮，無以給邊費。議以營田代卒，冀以助軍，迄於暮年，方始覺悟，下哀痛之詔，封丞相為富民侯，僅以壽終，幾及大亂。煬帝恃其彊盛，思欲追蹤漢武，戎車屢動，人不聊生，十餘年間，亡身戮國。陛下

威加海外，無遠不臻，深惟二主，以為殷鑒，所謂一人有慶，兆民賴之。

臣等奉以周旋，不敢失墜。太宗曰：朕遇千慮一失，必望有犯無隱。

太宗時，遣使者至西域，立葉護可汗，未還，又遣使賫金帛諸國市馬。徵曰：今立可汗未定，即詣諸國市馬，彼必以為意在馬，不在立可汗。可汗得立，必不懷恩，諸蕃聞之，以中國薄義重利，未必得馬而先失義矣。魏文帝欲求市西域大珠，蘇則以為惠及四海，則不求自至，求而得之，不足貴也。陛下可不畏蘇則言乎？帝遂止。

貞觀十六年，帝謂侍臣曰：北狄代為寇亂，今延陀倔強，須早為之所。朕熟思之，惟有二策：選徒十萬，擊而虜之，滌除凶醜，百年無事，此一策也。若遂其來請，與之婚媾，朕為蒼生父母，苟可利之，豈惜一女。北狄風俗，多由內政，亦既生子，則我外孫，不侵中國，斷可知矣。以此而言，邊境足得三十年來無事。舉此二策，何者為先？司空房玄齡對曰：遭隋室大亂之後，戶口太半未復，兵凶戰危，聖人所慎，和親之策，實天下幸甚。帝曰：善。許以新興公主下嫁，召突利失大享群臣，侍陳寶器，奏慶善破陳盛樂及十部伎。突利失頓首上千萬歲壽。詔夷男親迎。帝將幸靈州以成昏事。夷男大喜，謂曰：我鐵勒部人耳，上以我為可汗，公主以女我，乘輿為我幸邊，誰與我榮。乃搜賦諸下羊馬為貲。或說夷男曰：可汗與唐皆一國主，柰何往朝？有如見執，尚可悔。夷男曰：不然。吾聞唐天子有德，四方共臣之。藉獨留我，磧北亦須有主。然舍我而求他，非計也。下乃不敢言

薛延陀真珠可汗使其姪來納幣，獻羊馬，契苾何力上言：薛延陀不可與昏。上曰：吾許之矣，可食言乎？何力對曰：願且遷延，敕夷男使親迎，彼必不敢來，則絕之有名。上從之，乃詔幸靈州，召真珠可汗會禮。真珠欲行，其臣曰：不可往，必不返。真珠曰：天子聖明，遠近朝服，今

親幸靈州，以愛主妻我，我得見天子，死不恨矣。薛延陀何患無君？又多以羊馬為聘，經沙磧耗死過半，乃責以聘禮不備絕之

薛延陀請婚，帝已納其聘，復絕之。遂良曰：信為萬事本，百姓所歸，故文王許枯骨而不違，仲尼去食存信，貴之也。延陀曩一俟斤耳，因天兵北討，蕩平沙塞，威加諸外，而恩結於內，以為餘寇不可無酋長，故璽書鼓纛，立為可汗，負抱之恩，與天無極。數遣使請婚於朝，陛下既開許，為御北門，受獻食，今一朝自為進退，所惜少，所失多，虧信夷狄，方生嫌恨，殆不可以訓戎兵，勵軍事也。且龍沙以北，部落牛毛，中國擊之，不能盡，亦猶可北敗。芮芮興，突厥亡，延陀盛，是以古人虛外實內，懷之以德，使為惡在夷，不在華，失信在彼，不在此也。惟陛下裁察。不納。

貞觀十七年，遣太常丞鄧素使高麗，素還，請於懷遠戍增兵，以逼高

麗。上曰。遠人不服。則脩文德以來之。未聞一二百戍兵能威絕域者也。

十八年。帝將伐高麗。其莫離支貢白金。黃門侍郎褚遂良諫曰。莫離支虐殺其主。九夷所不容。陛下以之興兵將事弔伐。為遼山之人報主辱之恥。古者討弒君之賊。不受其賂。昔宋督遺魯君之郜鼎。桓公受之於太廟。臧哀伯諫曰。君人者昭德塞違。今滅德立違而置其賂於太廟。百官象之。又何誅焉。武王克商。遷九鼎於商邑。義士猶或非之。而況將昭違亂之賂器置諸太廟。其若之何。夫春秋之書。百王取則。若受不臣之筐篚。納弒君之朝貢。不以為愆。何所致伐。臣謂莫離支所獻自不合受。帝從之。謂其使者曰。蓋蘇文弒逆。汝曹不能復讎。更為遊說以欺大國。罪孰大焉。悉以屬大理。

十九年。高麗王高藏及莫離支蓋蘇文使獻二美女。帝謂其使曰。朕憫此女離其父母兄弟於本國。若愛其色而傷其心。我不取也。並卻還之本國。帝謂羣臣曰。蓋蘇文殺君攘國。朕取之易耳。不願勞人。若何。司空房玄齡曰。陛下士勇而力有餘。戢不用。所謂止戈為武者。司徒長孫無忌曰。高麗無一介告難。宜賜書安慰之。隱其患。恤其存。彼當聽命

貞觀中。突厥俟利苾可汗有衆十萬。不能撫御。其衆悉南度河請處於勝夏之間。上許之。羣臣皆曰。陛下方遠征遼左。而置突厥於河南。距京師不遠。豈得不為後慮。願留鎮洛陽。遣諸將東征。上曰。夷狄亦人矣。其情與中國不殊。以德洽之。則可使如一家。且彼不北走薛延陀。而南歸我。其情可見矣。俟利苾既失衆。輕騎入朝。上以為右武衛將軍。蔗國歸附。上謂侍臣曰。前代帝王大有務廣土地。以求身後之虛名。無益於身。其人甚困。假令於身有益。於百姓有損。朕必不為。況求虛名而損百姓乎。康國既來歸朝。有急難不得不救。兵行萬里。得無勞於人。若勞人求名。非朕所欲。所謂歸附。不須納也。上又謂侍臣曰。天道福善禍淫。事猶影響。昔啓人亡國來奔。文帝不恡粟帛。大興士衆營衛安置。乃得存立。既而彊富。當須子子孫孫不忘報德。纔至失脫。即起兵圍煬帝於鴈門。及隋國亂。又恃彊深入。遂使昔安立其國者。身及子孫。並為頡利破亡。豈非背恩忘義所至也。羣臣咸曰。誠如聖旨

武后時。四夷質子多在京師。如論欽陵、阿史德元珍、孫萬榮。皆因入侍見中國法度。及還。並為邊害。左補闕薛登諫曰。臣聞戎夏不雜。古所戒也。故斥居塞外。有時朝謁。已事則歸。三王之法也。漢魏以來。華裔衣冠。築室京師。不令歸國。較其利害。三王是而漢魏非。拒邊長而質子短。昔晉郭欽、江統。以夷狄處中夏。必為變。武帝不納。卒有永嘉之亂。伏見突厥、吐蕃、契丹往因入侍。並被獎遇。官戎秩。步黌門。服改纓冕。語習楚夏。窺圖史成敗。熟山川險易。國家雖有冠帶之名。而狼子孤恩。患必在後。昔申公奔晉。使子狐庸為吳行人。教吳戰陣。使之叛楚。漢遷五部匈奴於汾晉。卒以劉石作難。[illegible]許秦并天下。及劉項用兵。以士凋散。以冒頓之盛。乘中國之虛。而高祖困厄平城。匈奴卒不入中國者。以其生長磧漠。謂穹廬賢於城郭。氈罽美於章紱。既安所習。是以無窺中國心。不樂漢故也。元海五部散亡之餘。而能自振者。少居內地。明習漢法。鄙單于之陋。竊帝王之稱。使其未嘗內徙。不過劫邊人繒絲麴蘖。歸陰山而已。今皇風所覃。含識革面。方由余效忠。日磾盡節。然臣慮備豫不謹。則夷狄稱兵。不在方外。非貽謀之道。臣謂願充侍子。可一切禁絕。先在國者。不使歸蕃。則夷人保護遺邑

無爭。武后不納。

特吐蕃九姓叛。詔田揚名發金山十姓討之。十姓君長以三萬騎戰有功。遂請入朝。后責其嘗不奉命擅破回紇。不聽。麟臺正字陳子昂上西蕃邊州安危事三條。疏曰：臣聞聖人制事，貴於未亂。所以用成功，光濟天下大業。臣伏見國家頃以北蕃九姓亡叛，有詔出師，遣田揚名發金山道十姓諸兵，自西邊入。臣聞十姓君長奉詔之日，若報私讎，莫不爲國家剋翦兇醜，遂數州之內，自率兵馬三萬餘騎，經途六月，自食私糧，誠是國家威德早申，蕃戎得効忠赤。今者軍事已畢，情願入朝，國家乃以其不奉璽書，妄破回紇部落，責其專擅，不許入朝，便於涼州發遣各還蕃部。臣愚見竊爲國家危之，深恐此輩自致成隙。何以言之？國家所以制有十姓者，本爲九姓強大，歸服聖朝，十姓微弱，勢不能動，所以委命臣妾，爲國忠良。今者九姓叛亡，北蕃喪亂，君長無主，莫知所歸，迴紇金水又被殘破，磧北諸姓已非國家所有。今欲掎角亡叛，維持邊疆，唯倚金山諸蕃，尚爲形勢。有司不察此理，乃以田揚名妄破回紇之罪坐及十姓，諸豪拒而遣還，不許朝覲。臣愚以爲非善御戎狄、制於未亂之長筭也。夫蕃戎之性，人面獸心，親之則順，疑之則亂，蓋易動難安，古所莫制也。今阻其善意，逆其歡心，古人所謂放虎遺患，不可不察。且臣昨在甘州，日見金山軍首領擬入朝者，自蕃中至，已負其功，見燕然軍漢兵不多，頗有驕色，察其志意，所望殊高，與其言宴，又詞多不順。今更不許入朝，謂疑之以罪，與回紇部落復爲大讎，此則內無國家親信之恩，外有回紇報讎之患。若使狼心有顧，懷不自安，亡叛沙漠，則河西諸蕃道恐非國家所有。且夷狄相攻，中國之福。今回紇已破，既往難追，十姓無罪，不宜自絕。今者妄破回紇，有司已罪揚名，在於蕃情，足以爲慰。十姓首領，國

家理合羈縻，許其入朝，實爲得計。今北蕃既亡，此虜不安，廟勝之策，良恐未彌。事既機速，伏乞早爲圖之。臣伏見今年五月勅，以同城權置安北府，此地逼磧南口，是制匈奴要衝，國家守邊實得上策。臣在府日，竊見磧北歸降突厥已有五千餘。惟後之來者道路相望。又甘州先有降戶四千餘。惟奉勅亦令同城安置。磧北喪亂，先被飢荒，塗炭之餘，無所依仰，國家開安北府招納歸降，誠是聖恩洪流，覆育戎狄。然臣竊見突厥者莫匪傷夷，殘羸飢餓，並無人色，有羊馬者百無一二。然則（一作其）所以攜幼扶老遠來歸降，實將以國家綏懷，必有賑贍，望（一作冀）恩覆獲以安存，故其來者日以益衆。然同城先無儲蓄，雖有降附，皆未優矜。蕃落嗷嗷，不免飢餓，所以時有劫掠，自相屠戮，君長既不能相制，以此盗亦稍多。甘州居者，鈔竊尤甚。今安北府見有官羊及牛六千頭口，兵糧粟麥萬有餘碩。安北初置，庶事草創，城孤兵少，未足威懷。國家不瞻恤來降之徒，空委此府安撫，臣恐降者日衆，盗者日多，戎虜桀黠，必爲禍亂。夫人情莫不以求生爲急。今不以此粟麥，不以此羊牛，夫爲其餌而不救其死，人無生路，安得不爲群盗乎？群盗興，則安北府城必無全理；府城一壞，則甘涼以北恐非國家所有。後爲邊患，禍未可量。是乃國家故誘其爲亂，使其爲賊，非所謂綏懷經遠之長策也。且磧北諸蕃，今見大亂，亂而思理，生人大情。國家既開綏撫之恩，廣置安北之府，將理其亂者，以慰喻諸蕃，取亂存亡，可謂聖圖弘遠矣。然時則爲得，事則未行。何者？國家來不能懷，去不能制，空竭國用，爲患於邊，取亂之策，有失於此。況夷狄代有其雄，與中國抗衡，自古所病。倘今有勃起，遂雄於邊，招集遺散，收強撫弱，臣恐喪亂之衆，必有景從。此亦國家之大機，不可輕而失也。機事不密，則害成，聖人之至戒。今北蕃未定，降者未安，國家不早爲良圖，恐坐

而生變。乞得面奏。指陳其利害。遮境幸甚幸甚。

武后方謀開蜀山。由雅州道翦生羌。因以襲吐蕃。子昂上書以七驗諫止之。曰。臣聞亂生必由於怨。雅州羌未嘗一日為盜。今無罪蒙戮。怨必甚。怨甚則蜂駭且亡。而邊邑連兵守備不解。蜀之禍搆矣。東漢喪敗。亂始諸羌。一驗也。吐蕃黠獪。抗天誅者二十餘年。前日薛仁貴。郭待封以十萬衆敗大非川。一甲不返。李敬玄。劉審禮舉十八萬衆困青海。身執賊廷。關隴為空。今乃欲建李處一為上將。驅疲兵襲不可幸之吐蕃。舉為賊笑。二驗也。夫事有求利而得害者。昔蜀與中國不通。秦以金牛美女啖蜀侯。侯使五丁力士棧褒斜鑿通谷。迎秦之饋。秦隨以兵。而地入中州。三驗也。吐蕃愛蜀富。思盜之矣。徒以障隧隘絕。頓餓喙不得噬。今撤山羌。開阪險。使賊得收奔亡以攻。邊是除道待賊。舉蜀以遺之。四驗也。蜀為西南一都會。國之寶府。又人富粟

多。浮江而下。可濟中國。今圖僥倖之利。以事西羌。得羌地不足耕。得羌財不足富。是過殺無辜之衆。以傷陛下之仁。五驗也。蜀所恃有險也。蜀所安無役也。今開蜀險。役蜀人。險開則便寇。人役則傷財。臣恐未及見羌。而姦盜在其中矣。異時益州長史李崇真託言吐蕃寇松州。天子為盛軍師。趣轉餉以備之。不三年。巴蜀大困。不見一賊。而崇真姦贓已鉅萬。今得非有姦臣圖利。復以生羌為資。六驗也。蜀士尫孱。不知兵。一虜持矛。百人不敢當。若西戎不即破滅。臣見蜀之邊垂且不守。而為羌夷所暴。七驗也。國家近廢安北。拔單于。棄龜茲。疏勒。天下以為務仁不務廣。務養不務殺。行太古三皇事。今徇貪夫之議。誅無罪之羌。遺全蜀患。此臣所未諭。方山東飢。關隴弊。生人流亡。誠陛下寧靜思和大人之時。安可動甲兵。興大役。以自生亂。又西軍失守。北屯不利。邊人駭情。今復舉興師役。不測小人徒知議夷狄之利。

非帝王至德也。善為天下者。計大而不計小。務德而不務刑。據安念危。值利思害。願陛下審計之。

子昂又為喬補闕論突厥表曰。臣某言。臣以事蒙叨幸。近侍陛下。不以臣不肖。特勑臣攝侍御史。監護燕然西軍。臣自違闕庭。涉歷秋夏。徒居邊徼。無尺寸之功。臣誠暗劣。孤負聖明。然臣久在邊隅。夙夜勤灼。莫不以蕃事為念。比按察已北突厥離亂事迹。參驗委曲。窮問往來。竊有以得其真。莫不自為鯨鯢。遞相吞食。流離殘餓。莫知所歸。臣誠愚不識事機。然竊以往古之變。考驗於今。乃知天亡凶醜之時。陛下收功之日。然臣聞難得而易失者。時也。易遇而難見者。機也。聖人所貴。去禍於未萌。今陛下體上聖之資。開太平之化。匈奴為中國之患。自上代所吞矣。今天降其災。以授陛下。百代之業。在於今時。臣請以秦漢已來事迹證明之。伏願陛下少留聖聽。尋繹省察。天下幸甚。

臣聞秦始皇之時。併吞六國。制有天下。接級叱咤。八荒奔駭。然匈奴強盛。威不能伏。牧馬河內。以侵邊疆。始皇赫然使蒙恬將四十萬衆。北築長城。因以逐胡。取其河南之地七百餘里。當時燕齊海岱贏糧給饋。徭役困苦。人以不堪。故長城未畢。而閭左之戍已為其患。二世而亡。莫不始於事胡也。至漢興。高帝受命。率羣臣棕一作乘利。傳以三十萬衆。窘困白登七日。被圍僅而獲免。自是歷呂太后至孝文帝。單于桀驁。益凌漢家。文帝徒以遜辭致幣。金帛但求其善和而已。不敢有圖。賈誼所以深之痛。文帝以天子下一作之盛。而畏事戎夷。以倒懸天下也。至景帝時。邊受其患。於是漢武藉踐祚。以承六代鴻業。屬手文景玄默之化。海內乂安。太倉之粟紅腐而不可食。內府之錢貫朽而不可校。財力雄富。士馬精強。忿一匈奴之驕慢。將報先帝之辱。遂使王恢韓安國將四十萬衆以馬邑誘單于。師出徒費。竟無毫髮之功。於是

大命六師尊以擊戎（戎一作胡）為務首尾二十餘年中國騷然大受其弊至於國用不足軍興不給租及六畜算及船車盜賊群起京師起亂竟不能制單于之命一日而臣服之漢宗衰殘僅自覆社稷也故漢武晚年厭兵革之弊乃下哀痛之詔罷輪臺之田封丞相為富民侯將以蘇中國也至宣帝代罕復出師屬匈奴數窮天降其禍虛閭權渠單于病死右賢王屠耆代立骨肉大臣自不相服又立閏振單于子為呼韓耶單于擊殺屠耆諸名王貴人各自分立為單于更相攻擊以至大亂殘虐死者計萬億數畜產耗減十至八九人以飢餓相燔燒以求食於是寄命無所諸名王貴人左伊秩訾且渠當户以下將衆五萬稽首來降於是北方晏然靡有兵革之事直至哀平之際邊人以安臣竊以此觀匈奴之形察天時之變盛衰存亡機事可見也然則匈奴不滅中國未可安臥亦已明矣夫以漢祖之武武帝之

雄謀臣勇將勢盛雷電窮兵黷武傾天下以事之終不能屈一舌伏一國宣帝承衰竭之後撫瘡痍之人不敢灼然為（一作有）出征（一作之）之意然而未有遺矢之費而臣僕於單于其故何哉蓋盛衰有時理亂有數故曰聖人修備以待時是以正天下如拾遺陛下爾恭神明德動天地今上帝降罰匈奴之災孽遺陛下之良時不以此時順天誅達大業使良時一失凶虜復興則萬代為患後雖悔之亦不及矣古語曰天與不取反受其殃（一作咎）今天意厚矣陛下豈可違之哉臣比在同城接居延海西逼近漢南口其磧北突厥來入者莫不一一臣所慰察比者歸化首尾相仍攜幼扶老已過數萬然其瘡痍羸憊皆無人色飢餓道死頗亦相繼先右（一作姓）中遭大旱經今三年野皆赤地少有生草以此羊馬死耗十至七八今所來者皆是稍能勝致始得度磧磧路既長又無水草羊馬因此重以死盡莫不掘野鼠食草根或自相食以活喉命臣與委細問其磧北事皆異口同辭又耆老云自有九姓來未嘗見飢餓之甚今者同羅僕固雖為逆首僕固都督早以伏誅為亂之元既自喪滅其餘外小醜徒侵暴白賊耳本無遠圖多獵爲復自相讎人被塗炭逆順相半莫知所安迴紇諸部落又與金州橫相塗戮群生無主號訴嗷嗷臣所以願陛下建大策行遠圖大定北戎不勞陛下指麾之間事業可致則千載之後邊鄙無憂（一作虞）中國之人得安枕而臥豈不在陛下一斷哉且匈奴為中國患非獨秦漢之間臣竊惟先帝時衛公李靖盃中庸之一老臣假（一作將）先帝之威用廟勝之策當頡利可汗全盛之日因機逐便大破虜庭遂繫其俟王裂其郡縣六十年將於今矣使中國晏然無斥候之警書之唐史傳之無窮至今天下謂之為神況陛下統先帝之業履至尊之位屬虜狂悖大亂邊陲皇天遺陛下以鴻業之時陛下又得先

帝之蹤德之大者其何以加若失此機事以過後使李靖豎子獨成千載之名臣愚竊惟陛下不取也伏見去月日勅令於同城權置安北都護府以招納亡叛扼匈奴之喉愚臣伏慶陛下見機於萬里之外得制匈奴之上策臣聞隗囂言漢光武見事於萬里之外制敵應變未嘗有遺今陛下超然神鑒遠照實所謂聖明之見發於無形也臣比任（一作使）同城周觀其地利又博問諸知山川者莫不悉備其地東西及北皆是大磧磧並石鹵水草不生突厥嘗所在大（一作入道）莫過同城今居延海澤接張掖河中間堪營田處數百頃水草蓄牧之供具為人又甘州諸屯犬牙相接見所蓄粟麥積數十萬田因水利種無不收轉軍（一作運）同城甚省功費又居延河海多有魚鹽此可謂強兵用武之國也陛下若調選天下精兵擇拔名將任以同城都護臣愚料之不用三萬陛下大業未出數年可坐而取成臣比者看國

家與兵但循於常軌主將不選士卒不練徒知驅市人以戰耳故臨陣對寇未嘗不先自潰散遂使夷狄乘利輕於國威兵愈出而事愈屈蓋是國家自過計於敵耳故非小醜能有異圖臣竊以為陛下今日不更為之圖以激厲天下忠勇但願以今日之兵今日之將異收功於異日難矣臣不勝踴躍之至

聖曆三年拜諸曷宣超左豹韜員外大將軍襲故可汗號餘部詣涼甘肅瓜沙等州降宰相張錫與右武衛大將軍唐休璟議徙其人於秦隴豐靈間令不得畔去涼州都督郭元振以為吐谷渾近秦隴則與監牧雜處置豐靈又逼默啜假在諸華亦不遽移其性也前日王孝傑自河源軍徙耽爾乙句貴置靈州既其叛乃入牧坊掠群馬殘夷州縣是則遷中土無益之成驗往素和貴叛去於我無損但失吐谷渾數十部豈與句貴比耶今降虜非彊服皆突矢刃棄吐蕃而來

宜當循其情為之制也當甘肅瓜沙降者即其所置之因所投而居則情易安磔數州則勢自分順其情分其勢不擾於人可謂善奪戎心者也歲遣鎮遏使者與宣超兄弟撫護之無令相侵奪生業固矣有如叛去無損中國詔可

武后時吐蕃乞和其大將論欽陵請罷四鎮兵披十姓之地乃以郭元振充使因覘虜情還上疏曰利或生害害亦生利國家所患唯吐蕃與默啜耳今皆和附是將大利於中國也若圖之不審害且隨之欽陵欲裂十姓地解四鎮兵此動靜之機不可輕也若直遏其意恐邊患必甚於前宜以策緩之使其和望勿絕而惡不得萌固當取捨審也夫患在外者十姓四鎮是也患在內者甘涼瓜肅是也關隴屯戍向三十年力用困竭脫甘涼有一日警豈堪廣調發耶善為國者先料內以敵外不貪外以害內然後安平可保欽陵以四鎮近已畏我侵掠此吐蕃之要然青海吐渾密邇蘭鄯易為我患亦國家之要今宜報欽陵曰四鎮本扼諸蕃走集以分其力使不得併兵東侵今委之則蕃力益彊易以擾動保後無東意當以吐渾諸部青海故地歸於我則俟斤部落還吐蕃矣此足杜欽陵口而和議未絕且四鎮久附其倚國之心豈與吐蕃等今未知利害情實而分裂之恐傷諸國意非制御之算后從之又言吐蕃倦徭戍久矣咸願解和以欽陵欲裂四鎮專制其國故未歸款陛下誠能歲發和親使而欽陵常不從則其下必怨設欲大舉固不能斯離間之漸也后然其計

中宗時郭元振為金山大總管時烏質勒之將闕啜忠節與娑葛交怨相侵元振奏請闕啜入宿衛許之闕啜逐行經略副使周以悌說之且教以重賂宰相無入朝闕啜即勒兵擊于闐元振知之上疏曰國家往不與吐蕃十姓四鎮而不擾邊者蓋其諸豪泥婆羅等屬

國自有攜貳故贊普南征身殞寇庭國中大亂嫡庶競立將相爭權自相翦屠士畜疲癘財力困窮顧人事天時兩不諧契所以屈志於漢非實忘十姓四鎮也如其有力後且必爭今忠節忽國家大計欲為吐蕃鄉導主人四鎮危機恐從此啓吐蕃得志忠節亦當在賊掌股若為復得事我哉往吐蕃於國無有恩力猶欲爭十姓四鎮今若效力樹恩則請分于闐疏勒者欲何理抑之且其國諸蠻及婆羅門方自嫌阻藉令求我助討者亦何以拒之是以古之賢人不願夷狄妄惠非不欲其力懼後求無厭益生中國事也臣愚以為用吐蕃之力不見其便又請阿史那獻者豈非以可汗子孫能招綏十姓耳且斛瑟羅及懷道與獻父元慶叔僕羅兄俀子俱可汗子孫也往四鎮以他匐十姓之亂請以元慶為可汗矣卒亦不能招來而元慶沒賊四鎮淪陷忠節亦嘗請以斛瑟羅及懷道為可汗矣十姓未附而碎

葉幾危。又吐蕃亦嘗以倭子僕羅并拔布為可汗矣，亦不能得十姓，而皆自亡滅。此非他，其子孫無恩下之才，恩義素絕故也。豈止不能招懷，且復為四鎮患，則冊可汗子孫，其効固試矣。歡又遠於其父兄，人心何繇即附？若兵力足取十姓，不必要須可汗子孫也。又請以郭虔瓘蒐兵救焉於拔汗那往。虔瓘已嘗與忠節擅入其國，臣時在疏勒，不聞得一甲一馬，而拔汗那挾忿侵擾，南導吐蕃，將倭子以擾四鎮。且虔瓘往至拔汗那國，四面無助，若覆虛邑，猶引倭子為救，況今北有突厥，當知虔瓘之西，必引以相援，拔汗那倚堅城而抗于內，突厥邀伺于外，虔瓘等豈能復如往年得安易之幸哉？疏奏不省。

玄宗開元三年，突厥默啜為拔曳國所殺，其下多降，既而稍稍叛去。原州都督王晙上言：突厥向以國亂，故欵塞與部落無間，近傃北風，何嘗忘之。今徙處河曲，使內伺邊釁，久必為患。比者不受要約，兵已屢動，擅作蜂蠆，閉障行李，虜脫南牧，降帳必與連衡，以相應接，表裏有敵，雖彭韓孫吳無所就功。請至農隙，令朔方軍大陳兵，召酋豪告以禍福，啗以金繒，且言南方糜鹿魚米之饒，並遷置淮右河南寬鄉，給之程糧。雖一時之勞，然不二十年，漸服諸華，料以充兵，則皆勁卒。議者若謂降敵不可以南處，則高麗舊俘置沙漠之西，城傍編戶居青徐之右，何獨降胡不可徙歟？臣復料議者必曰：故事置于河曲，前日已寧，今無獨異。且往者頡利破亡，邊鄙安定，故降戶得以久安。今虜未殄滅，此降人皆戚屬，固不與往年同。臣請以三策料之：悉其部落置內地，獲精兵之實，開黠虜之患，此上策也。亭障之下，蕃華參處，廣屯戍為備擬，費甚人勞，下策也。置之朔塞，遂成禍萌，此無策也。不然，前至河冰，且必有變。書未報，而虜已叛。

玄宗時，吐蕃金城公主請文籍四種，玄宗詔祕書寫賜。正字于休烈上疏曰：戎狄國之寇，經籍國之典也。戎之生心，不可以無備。昔東平王求史記、諸子，漢不與之，以史記多兵謀，諸子雜詭術也。東平，漢之懿戚，尚不示征戰之書。今西戎國之寇讎，豈可貽以經典？且吐蕃之性慓悍果決，善學不回。若達於書，則知戰；深於詩，則知武夫有師干之試；深於禮，則知月令有廢興之兵；深於春秋，則知用師詭詐之計；深於文，則知往來書檄之制。此何異假寇兵而資盜糧也？臣聞魯秉周禮，齊不加兵；吳獲乘車，楚屢奔命。變法危邦，可取鑒也。公主下嫁異國，當用夷禮，而反求良書，恐非本意，殆有姦人勸導其中。若陛下慮失其情，示不得已，請去春秋。夫春秋當周德既衰，諸侯盛彊，征伐競興，情偽於是乎生，變詐於是乎起，有以臣召君，取威定霸之事，誠與之，國之患也。狄固貪婪，貴貨易土，正可錫以錦綵，厚以金玉，無足所求，

以資其智。疏入，詔中書門下議。侍中裴光庭曰：吐蕃不識禮經，孤背國恩，今求哀稽顙，許其降附，漸以詩書，陶以聲教，斯可致也。休烈但見情偽變詐於是乎生，不知忠信節義亦於是乎存。帝曰：善。遂與之。

中書令張九齡賀奚契丹並自離貳廓清有期狀曰：右適高力士宣示臣等張守珪奏契丹及奚並自離貳，兼安祿山復有殺獲賊數，將盡觸緒猜攜，邊鎮動兵，伺隙而動，誅翦有日，廓清可期。此皆天威遠臨，逋醜自滅。臣等不勝慶躍之至。答曰：比未窮巢窟，有慎佳兵，果自猜攜，人神所棄，折衝鐏俎，遂可圖之，所賀知。

九齡又賀誅奚賊可突于狀曰：右高力士宣示張守珪所上逆賊契丹屈烈及可突于等首級，此等惡稔，覆敗將及，致天誘其衷，既降又貳，而感義之士，惡其翻覆，背恩之賊，既已誅鋤。幽障廓清，華夷俱靜。計其餘噍，必無動搖。陛下遴任先擇，聖謀獨斷，克稟成命，樹此戎功，且知河朔無轉輸之勞，林胡為賦稅之地。臣等忝在樞近，預聞遠績。

捷書之至喜倍恒情謹奉狀陳賀以聞謹奏荅曰用兵之上者脩政於廟堂折衝千里之外此之謂也小寇遠降復為翻動邊軍除翦有國常刑朕方事籍甲而今獻捷當鋒飫戰以為農器悉也

九齡又賀破突厥狀曰右張守珪表奏突厥四萬騎前月二十五日至能訖雖山契丹湼禮等前後斬獲俘馘數十萬突厥可汗弃甲遁亡奚王李歸國又平盧軍將等追奔逐北計日殲滅更聞奏者伏以突厥新喜輕事用兵彼之威衆在於一舉又兩蕃與其結隙交搆未深在於邊陽猶幹天策陛下料其終始指授規模知其舉種盡來本自無策勞師襲遠必合成擒使蕃騎先鋒漢軍堅壁坐觀成敗自戰蠻夷今契丹絕交突厥已破計其奔北必至喪亡縱脫身獲全亦舉衆皆棄北虜震懾從此氣衰東胡保邊永不搆貳寬徭罷析自此可期斯皆聖謨遠覃皇威遐振事無遺策舉不失圖臣忝跡樞近親承

睿略抃躍之至倍百恒情謹奉狀陳賀以聞謹奏荅曰兩蕃歸我因用禦邊北虜猖狂欲有侵率何則馳騁之騎突厥頗殊弓矢之功契丹稱勁彼強也歷遠已弊此勁也襲近而攜勢自不敵況遠天意廟堂良筭亭障稜威故合而有成豈朕之獨斷所貫知

九齡又賀東北累捷狀曰右今日劉思賢至奉宣聖旨垂示臣等破賊所由兼見守珪表奏具承契丹累捷伏以聖武所加制勝者無失天威不抗犯順者自亡突厥負衆背恩窮凶遠鬬兩蕃懷德視死如歸三軍奉國從命如指遂使一戰便封已聞殺傷無算勦突而奔則知主將必死且蠻夷相伐我則不勞疆埸有虞義亦奚失固知無慙信於漢北有大造於燕陵此實獨斷神謀事皆有預萬全之策永靜邊陽薄伐之師匪勞中夏凡在黎庶孰不欣躍臣等忝預樞近倍百恒情無任慶悅之至荅曰東歸兩蕃不孤含育北制殘虜自知威信自相攻伐積警邊隆屢有奔亡非無逆順朕之早預其亦常圖今乃歸功得無同贈

九齡又賀依聖料赤山北無賊及突厥要重人死狀信安郡王褘承王忠副警固牒云赤山有賊狀曰右先得前件牒云九月三日奚探見賊無數前坐日臣等面奉聖旨料此必安祿山所將之兵奚疑是賊便有此牒也臣等當時又奏突厥舉國大來微有輸失便去竊料此意恐其有謀陛下又云必應彼有要重人死所以即去今日幽州節度判官監察御史張曉至云今月十一日從幽州發來赤山元自無賊奚所見者正是安祿山下兵馬又云契丹有蕃落人走來云突厥之兵馬平章事第一人死所以狼狽即去在路每日於衙帳前哭此並聖心懸照有如目擊臣等親奉睿筭及此符同萬里無差不勝驚喜無任踴躍之至仍望宣付史館荅曰朕臨御有年更事多矣天人之際先意後合此亦賊意可量非朕謀之必中將有可知任付史館

九齡又賀突厥小可汗必是傷死狀曰右牛仙童宣勅送前件契丹令問委曲者臣等借問突厥退散所由其伊吐于被擒將隨五日因夜却走遇每日實見突厥諸將皆於衙帳前哭及整正面是實據此必是小可汗傷死若其不然未合如此審覩伊吐于情狀亦即不敢妄言必其不虛乃是天敗比其歸至本處固應更有餘殃醜虜破亡必自此始也陛下聖德無遠妖沴自銷不勞師徒已清朔漢臣等獲奉廟筭不勝抃躍無任喜慶之至

九齡又賀聖料突厥必有亡徵其兆今見狀曰右林招隱宣勑示臣等張守珪云契丹婦女屈將從突厥出來知可汗死是實又云黃頭突厥與默啜突厥爭言氣兵馬欲鬬驚惶屈將然得去來者參驗前後從突厥來者說事多同況此婦人尤為指實死既非謬天實誅之且諸蕃之中北虜為梗不待征戰而自取殲夷此誠天助有道坐清

妖祲陛下嘗有聖料者知其必有亡徵今云兵馬自争其兆已見停
聽其敗但只納降亭障息兵將自此始不勝欣慶之至
九齡又賀蓋嘉運破賊狀曰右高力士宣奉勅示臣等王尚客奏狀
知蓋嘉運至突厥施店密城逢賊便鬬多有殺獲且凶黨大衆見在
邊城方擬繆春圖爲邊患忽聞嘉運此入復有破傷必其驚怖當有
携散皆是聖略先定萬里懸同尚客所言合符前旨臣等不勝慶躍
之至荅曰方隅楚警乃圖其事不出意外且有殺傷雖復噍類聚邊城
故應知難而退鼎臣叅佐何獨朕躬所賀知
代宗永泰元年吐蕃遣使請和詔元載等與之盟上問郭子儀子儀
對曰吐蕃利我不虞若不虞而來則國不可守矣乃遣兵戍奉天
大曆八年元載嘗爲西州刺史知河西隴右山川形勢言於上曰四
鎮北庭既治涇州無險要可守隴山高峻南連秦嶺北抵大河今國家

西境盡潘原而吐蕃戍摧沙堡原州居其中間當隴山之口其西皆
監牧故地草肥水美平涼在其東獨耕二縣可給軍食故壘尚存吐
蕃棄而不居每歲夏吐蕃畜牧青海去塞甚遠若乘間築之二旬可
畢移京西軍戍原州移郭子儀戍涇州爲之根本分兵守石門木峽
漸開隴右進達安西據吐蕃腹心則朝廷可高枕矣并圖地形獻之
會田神功入朝上問之對曰行軍料敵宿將所難奈何用一書生語
欲舉國從之乎載尋得罪事遂寢
德宗建中元年命回紇使者突董盡帥其徒歸國輜重甚盛至振武
留數月求資給殘果稼人甚苦之留後張光晟欲殺之奏曰回紇群
胡自相魚肉陛下不乘此際除之乃歸其人與之財正所謂借寇兵
齎盜糧者也請殺之上不許
興元元年翰林學士陸贄賀吐蕃尚結贊抽軍迴歸狀奏曰右欽溆

奉宣聖旨適得渾瑊奏此日尚結贊頻使入計會擬自領兵馬剋期
同收京城緣春來蕃軍多有疾疫近得探報尚結贊等亟抽兵退歸
不知遠近朕意緣吐蕃士馬強盛又以和好之義自請將兵助國討
賊朝夕望其成功今忽抽軍退歸甚失准擬渾瑊李晟等諸軍兵馬
並不至絶多若無蕃軍應援深慮被賊衝突卿試料量事勢如何者
臣質性庸昧不習兵機但以人情揆之時亦偶有所得自承此旨欣
賀實深竊謂蕃戎退歸乃是社稷遐福昨日已附欽溆口奏記伏恐
未盡愚懇尚勞聖憂謹復披陳庶解疑結彼吐蕃者犬羊同類狐鼠
爲心貪而多防狡而無恥威之不格撫之不懷雖或時有盛衰大抵
常爲邊患陰詐難御特甚諸夷陛下但舉建中已來近事准之則戎
心難知固可明矣頃者方靖中夏未遑外虞因其乞盟遂許結好加
恩降禮有欲無違而乃邀求寖多翻覆靡定詭因細事憤有煩言首

尾凡歷四年要約竟未堅決立碑纔畢復請改移猜嬌多端於斯可
驗逮至盜竊都邑駕幸郊畿結贊擁戎在邊因請將兵赴難陛下推
誠允納厚賂招徠逗留持疑竟不時進無濟討除之用但携將帥之
心懷光遷至猾猾頗亦由茲促禍及皇輿再駕移蹕漢中陛下猶望
蕃兵以寧內難覩倚之情彌厚屈就之事亦多犲狼野心曾不知感
翻受朱泚信使意在觀變推移頻與諸軍剋期至時皆不赴會致令
群帥進退憂虞欲捨之獨前則慮其懷怨乘躡欲待之合勢則苦其
失信稽延既恐且驕曷望成績非唯變態難測且又妨擾實深戎若
未歸寇終不滅臣請復爲陛下根本其說則人情物理昭然皆可得
而察焉向者謀誘蕃兵本是使臣失策陛下急於戡亂嘉彼効誠唯
恐後時不暇詳議遽降優詔促令進軍遠近聞之莫不危駭將帥意
陛下不見信任且患蕃戎之奪其功士卒恐陛下不恤舊勞而畏蕃

戎之專其利。賊黨懼蕃戎之勝。不死則悉遺之擒。百生長蕃戎之素有財必盡為所掠。是以順於王化者其心不得不急。陷於寇境者其勢不得不堅。急我之師距寇之衆。戎心變詐。復來可量。以此益兵屯招其精兵。以此靖國。適資其亂耳。一昨蕃戎未退。臣又竊有過憂。流聞結贊好謀。恐其潛蓄姦計。儻或幸朝廷播越之際。乘賊泚窮蹙之時。輕犯近郊。若升虛邑。耀兵牧馬。不却不前。外奉國家。內通兇逆。兩持誘脅之勢。俱納贈遺之資。旁觀戰爭。坐乘衰弊。如此則王師不得伐叛。烝黎不得寧居。賊必延亡。我亦困竭。京甸所有。勢無孑遺。千里丘墟。得將安用。是乃戎有萬全之利。我有不測之危。臣所以痛心傷神。晝驚夕惕者。慮其意及於此也。所賴天奪其魄。神降之災。觀釁若瞑。遊屬旬。適貫異穹悔禍之應。列聖垂祐之期。郿清妖氛。慶必非遠。何以知其然也。且賊泚之亂。始於暴兵。困徵役之繁。興衆衛禁之關備。誘扇羣屬。遂謀大逆。逆天僭君。躬肆攻逼。凡有血氣。皆知憤嗟。朔伊忠良。孰不痛憤。獨惡無與。何能久存。加以聖德日新。改過不吝。布革弊之詔。弘恤隱之懷。天下黎元。翕然遷善。易心改觀。厭亂思安。和風既揚。沴氣自歛。蠢茲狂悖。久合殲夷。頃屬懷光昏迷。緩師養寇。吐蕃翦干撓。生事惑人。故使義士無施。厲階猶梗。今懷光別保蒲絳。吐蕃遠避封疆。形勢既分。腹背無患。瑊晟諸帥。才力得伸。又各士馬非多。資糧向竭。若不降賊。即須建功。此輩寵任已崇。貴位已極。建功則寵增而位同。降賊則名辱而身危。況賊之兇愚。滅亡可必。賊之孤勞窮撲非難。孰肯捨因而就危。違寵而從辱。棄垂成之業。臣將滅之虜哉。既牽於利害之情。理不同惡。又迫於單之之急。勢難久居。勢理相驅。安能無戰。渾瑊統戴休顏韓遊瓌乘其西北。李晟率駱元光尚可孤攻其東南。同病相資。自當合力。但願陛下慎於撫接。以奮起忠勇之心。勤於慰撫。以昭蘇遠近之望。中興大業。旬月可期。不宜尚眷眷於犬羊之群。以失將士之情也。臣愚不任懇悃之至。輒以私懷忖度。謹冒昧以聞。謹奏。

上發吐蕃以討朱泚。許以安西北庭之地與之。及泚誅。吐蕃來求地。上欲與之。李泌曰。安西北庭。人性驍悍。控制西域五十七國。及十姓突厥。又分吐蕃之勢。使不得併兵東侵。奈何拱手與之。且兩鎮之人。勢孤地遠。盡忠竭力。為國家固守。近二十年。誠可哀憐。一旦棄之戎狄。彼必深怨中國。他日從吐蕃入寇。如報私讎矣。況日者吐蕃觀望不進。陰持兩端。大掠而去。何功之有。衆議亦以為然。上遂不與之。

貞元三年。回紇使使者獻方物。請和親。帝蓄前恚未已。謂宰相李泌曰。和親待子孫圖之。朕不能已。泌曰。陛下豈以陝州故憾乎。帝曰。然。朕方天下多難。未能報。且毋議和。泌曰。辱少華者。乃牟羽可汗也。知陛下即位。必償怨。乃謀先寇邊。然兵未出。為今可汗所殺矣。今可汗初立。遣使來告。垂髮不翦。待天子命。而張光晟殺突董等。雖幽止使人。然卒完歸。則為無罪矣。帝曰。卿言則然。顧朕不可負少華等。奈何。泌曰。臣謂陛下不負少華。少華負陛下。且北虜君長身赴難。陛下在藩。春秋未壯。而輕度河。入其營。所謂冒豺虎之場也。為少華等計。當先定會見禮。臣備危之。柰何率然赴哉。臣昔為先帝行軍司馬。方葉護來。先帝欲使宴於府。及議征討。則不見也。葉護邀臣至營。帝不許。使好謂曰。主當勞客。客反勞主乎。東收京師。約曰。土地人衆歸我。玉帛子女予回紇。戰勝。葉護欲大掠。代宗下馬拜之。回紇乃東向洛。臣猶恨以元帥拜葉護於馬前。為左右過。然先帝曰。王仁孝。足辦朕事。下詔慰勉。葉護乃牟羽諸父也。牟羽之來。陛下以元子不拜於帳下。而可汗不敢少有失於陛下。則陛下未嘗屈矣。先帝拜葉護。全京城。

陛下乃不拜可汗固仲威於虜尚恨爲然計昔積陝州事以爲已爲是乎伸威爲是乎藉令少華等以陛下見可汗開壁五日與陛下張飲矣天下豈不寒心哉而天助威神使豺狼馴服牟羽母捧陛下以貂裘叱左右促命騎躬送出營此少華等負陛下也假令牟羽爲有罪則今可汗已殺之立者乃牟羽從父兄是爲有功渠可忘之耶且回紇可汗銘石立國門曰唐使來當使知我前後功云今請和必擧部南望陛下不之荅其怨必深上謂李晟馬燧曰朕素怨回紇今聞泌言自覺少理卿以爲如何皆對曰誠如泌言泌曰臣以爲回紇不足怨尚來宰相乃可怨耳回紇再復京城今可汗又殺牟羽復有何罪吐蕃幸國之災陷河隴數千里之地又入京城使先帝蒙塵於陝此乃百代必報之讎爲可怨耳上曰今與之爲怨已久今往與之和得無復拒我爲夷狄之笑乎對曰臣請以書與之約爲臣子往來不過

二百人印馬不過千匹無得攜中國人及商胡出塞五者皆能如約則主上必許和親如此威加北荒旁讋吐蕃足以快陛下平昔之心矣上從之既而回紇可汗遣使上表廷命上太喜謂泌曰回紇何畏卿如此對曰此乃陛下威靈臣何力焉上因問招雲南大食天竺之計對曰回紇和則吐蕃已不敢輕犯塞矣雲南皆吐蕃賦役未嘗一日不思復爲唐臣也大食在西域爲最強與天竺皆慕中國代與吐蕃爲仇臣故知其可招也遂遣其使者歸許以公主妻之

貞元三年吐蕃卑辭厚禮求和於馬燧燧信其言爲之請於朝李晟言於上曰戎狄無信不如擊之韓滉曰今兩河無虞若城原鄯洮渭使晟及劉玄佐等守之河湟二十餘州可復也上欲從之會滉卒張延賞與晟有隙數言和親便上亦素恨回紇欲與吐蕃擊之遂從燧延賞計

貞元三年渾瑊與吐蕃盟于平涼吐蕃劫盟初瑊之發長安也李晟深戒之以盟所爲備不可不嚴張延賞言於上曰晟不欲盟好之成故戒瑊以嚴備我有疑彼之形則彼亦疑我矣盟何由成上乃召瑊切戒以推誠待虜勿爲猜疑瑊奏吐蕃決以辛未盟延賞集百官稱詔示之曰李太尉謂和好必不成今盟日定矣晟聞之泣曰吾生長西陲備諳虜情所以論奏但耻朝廷爲犬戎所侮耳上始命駱元光潘原韓遊瓌屯洛口以爲瑊援是日上視朝謂諸相曰今日和戎息兵社稷之福柳渾曰戎狄豺狼也非盟誓可決今日之事臣竊憂之李晟曰誠如渾言上變色曰柳渾書生不知邊計大臣亦爲此言耶皆頓首謝是夕韓遊瓌表言虜劫盟者兵臨近鎮上大驚謂渾曰卿書生乃能料敵如此其審邪

憲宗時回紇使者再朝遣伊難珠再請昏未報可汗以三千騎至鸊

鵜泉於是振武以兵屯黑山治天德城備虜禮部尚書李絳奏言曰回鶻盛彊北邊空虛一爲風塵則弱卒非抗敵之夫孤城爲不守之地儻陛下懷此增甲兵飭城壘中夏長策生人大幸也臣觀今日虜置未得其要者過憂有五請悉言之北狄貪沒唯利是視比進馬規直再歲不至豈厭繒帛利哉殆欲風高馬肥而肆侵軼故外攘內備必煩朝廷一可憂兵力未完斥候未明戎甲未備城池未固飭天德則虜必疑虛西城則磧道無虞二可憂夫城保要害攻守險易當謀之邊將今乃規河塞之外裁廟堂之上虜猝犯塞應接失便三可憂自脩好以來山川形勝兵戍滿虛虜皆悉知賊掠諸州調發在旬朔外其係累人畜在旦夕内比王師至則虜已歸寇能久留役亦轉麕四可憂北狄西戎素相攻討故邊無虞今回鶻不市馬若與吐蕃結約解仇則將臣閑壁憚戰邊人拱手受禍五可憂又淮西吳少陽垂

死可乘其變。諸道興發，役且十倍。臣謂宜聽其舍，使守蕃禮，所謂三利也。和親則烽燧不驚，城堡可治，戢兵以畜力，積粟以固軍，一也。既無北顧憂，可南事淮右，申令於垂盡之寇，二也。北虜恃我戚，則西戎怨愈深，內不得寧，國家坐受其安，卷掠長息，三也。今舍三利，取五害，甚非計。或曰：降主費多。臣謂不然。我三分天下賦，以一事邊。今東南大縣，賦歲二十萬緡，以一縣賦為昏貲，非損寡得大乎？今惜昏貲不與，假如王師北征，兵非三萬騎五千不能折且馳也。又如保十全之勝，一歲輒罷，其饋餉供擬，豈止一縣賦哉？帝不聽。

元和三年，山南東道節度使于頔憚上英威，為子季友求尚主，上以普寧公主妻之。李絳諫：頔，虜族；季友，庶孽，不足以辱帝女。上曰：此非卿所知。頔大喜。上因使人諷之入朝，頔遂奉詔。

文宗太和五年，吐蕃請和約弛兵，而大酋悉怛謀舉維州入之劍南。於是李德裕上言：韋臯經略西山，至死恨不能致。今以生羌三千，合燒十三橋，擣虜之虛，可以得志。帝使羣臣大議，請如德裕策。僧孺持不可，曰：吐蕃綿地萬里，失一維州，無害其彊。今修好，使者尚未至，遽反其言。且中國禦戎，守信為上，應敵次之。彼來責曰：何故失信？養馬蔚茹川，上平涼坂，萬騎綴回中，怒氣直辭，不三日至咸陽橋，此時西南數千里外，得百維州何所用之？徒棄誠信，有害無利。此匹夫所不為，況天子乎？上以為然，詔德裕以其城及悉怛謀等歸之吐蕃，吐蕃誅之境上。

武宗會昌中，時回鶻先為黠戛斯所破，烏介可汗挾公主牙塞下，種族大飢，以弱口重器易粟於邊，退渾、党項利虜掠，因天德軍使田牟上言：回紇叛將嗢沒斯等侵迫塞下，願以部落兵擊之。議者請可其奏。德裕曰：窮鳥入懷，猶當活之，況回紇於國屢建大功，今為鄰國所破，以窮來歸，未輒擾邊，遽伐之，非漢宣帝待呼韓之義，不如與之食，以待其變。陳夷行曰：資盜糧，非計也，不如擊之便。德裕曰：沙陀、退渾不可恃也。夫見利則進，遇敵則走，雜虜之常態，孰肯為國家用？天德兵素弱，以一城與勁虜角，無不敗。請詔牟無聽諸戎計。帝於是賚粟三萬斛。會嗢沒斯款，亦以降，赤心兵潰去。於是回紇勢窮，數丐牟馬，欲藉兵復故地；又願假天德城以舍公主。帝不許，乃進逼振武保大柵、杷頭峯，以略朔川，轉戰雲州，刺史張獻節嬰城不出，回紇乃大掠，党項、退渾皆保險莫敢拒。帝益知向不許田牟用二部兵之效，乃復問以計。德裕曰：杷頭峯北皆大磧，利用騎，不可以步當之。今烏介所恃，公主爾，得健將出奇奪還之，王師急擊，彼必走。今銳將無易石雄者，請以潘、渾勁卒與漢兵銜枚夜擊之，勢必得。帝即以方略授劉沔。今雄邀擊可汗於殺胡山，敗之，迎公主還。回紇遂敗，進位司徒。黠戛斯遣使來，且言攻取安西、北庭，帝欲從黠戛斯求其地。德裕曰：不可。安西距京師七千里，北庭五千里。異時繇河西、隴右抵玉門，關皆我郡縣，往往有兵，故能救急調發。自河隴入吐蕃，則道出回紇，回紇今破滅，未知黠戛斯果有其地邪？假令安西可得，即復置都護，以萬人往戍，何所興發？何道饋輓？彼天德、振武於京師近，力猶苦不足，況七千里安西哉？臣以為縱得之，無用也。昔漢魏相請罷田車師，賈捐之請棄珠崖，近狄仁傑亦請棄四鎮及安東，皆不願貪外以耗內，此二臣者，當全盛時，尚欲棄割以肥中國，況又沒其遠之地乎？是持實費市虛事，滅一回鶻，而又生之。帝乃止。

德裕又請遣使訪問太和公主狀，奏曰：右伏以元和中回鶻累請和親，憲宗不許。至長慶初，穆宗以北虜代結姻好，中國無虞，邊境晏然，生人受福，所以割愛下嫁，用示懷柔。今回鶻國已破亡，公主未知所存若不遣使訪問。慰其艱危。戎狄必謂國家降主虜庭。本非愛惜。使虜懷甥舅之意。永無敬重之心。非止甚傷虜情。實亦負於公主。臣等商量。望令苗縝將一二十輕騎齎詔書先至嗢沒斯處。令其轉差人送入至公主所在。若嗢沒斯便受朝旨。固表恭順之心。若辭拒此行。足彰背叛之跡。因此偵察。無所隱情。伏希聖旨特賜省察。

德裕又論田牟請許党項讎復回鶻嗢沒斯部落狀奏曰。右臣等雖不習兵鈐。昧於邊事。然酌其物理。情實可知。伏希聖慈特賜詳覽。臣者陛下常慮回鶻國中離散。未是實情。今據我阿泥及伊難珠合等奏云此間更無消息。即是實耗。又回鶻安孝順云。亦心宰相問漢國中看你回鶻好弱。是知依倚大國。意甚懇懇。今若許田牟徇党項貪利之心。不自量力犯必死之虜。絕歸款之誠。事機亦損。兼甲兵。大虧恩信。不戍則永爲邊患。取笑四夷。況窮鳥入懷。尚須矜憫。遠人慕義。

曾來犯邊。自六月至今。未嘗擧烽戍。一令奪党項一物。披誠無寄。曲關哀鳴。昨者所獻表章。詞意懇款。棄而不納。先務誅夷。此不可一也。若回鶻國中無寇。種落皆安。嗢沒斯叛逆而來。即須拒絕。可汗既自失國。牙帳已無。携挈傷殘。寄命他所。嗢沒斯等迫於飢困。苟欲求生。田牟執稱背國亡命。是去年爲惡徒黨。都似與德裕爭展爲党項報讐。竊其用情殊非體國。此不可二也。漢宣帝五鳳中。匈奴大亂。議者多曰。匈奴爲害日久。可因其壞亂擧兵滅之。蕭望之對曰。宜遣使弔問。救其災患。四夷聞之。咸貴中國之仁義。其後南單于果自臣服。六十年邊境無事。今縱不能扶其微弱。豈宜因此幸災。此不可三也。伏望且詔太原振武。排比騎兵於邊上。戒嚴防其侵軼。待犯國家城鎮。然后以武力驅除。若只於党項沮渾小有劫奪。任部落自相仇報。亦未可助以甲兵。常令大信不渝。懷柔得所。彼雖戎狄。必合感恩。待張賈使回。足知情實。仍望詔田牟不得擅出詭計。妄邀奇功。兼詔仲武不得納將吏感詞。爲國生事。如蒙允許。伏望付翰林約此意處分。又曰。比者只待張賈使回。今到已數日。須早發遣。緣回鶻已入邊界。未謝多兇。天德兵力寡弱。須務懷柔。伏以自古禦戎。只有二道。一是厚加撫慰。二是以力驅除。此事利害較然。前古皆有明效。漢宣帝厚撫呼韓。代享其利。邊境六十年無事。漢武力制匈奴。海內疲弊。生人減半。今嗢沒斯若不稍加恩意。益歡心。須至以力驅除。必恐永爲邊患。假使其衆殘破。擒此不難。亦須先加以恩。不令疑貳。古人云。將欲取之。必固與之。正謂此也。臣等商量。縱不與糧食。接借其賜物。恐不可太薄。若止於所賜特勒宰相。普恐發遣未得。須是稍令優厚。於朝廷亦無費損。可以保全。朝野群情。皆望如此。伏希聖慈特賜察納。

黠戛斯阿熱遣使行三歲至京師。武宗大悅。班渤海使者上。以其處

窮遠。能修職貢。命太僕卿趙蕃持節臨慰其國。詔宰相即鴻臚寺見使者。使譯官考山川國風。德裕上言。貞觀時遠國皆來。中書侍郎顏師古請如周史臣集四夷朝事爲王會篇。今黠戛斯大通中國。宜爲王會圖以示後世。有詔以鴻臚所得續著之。

三年。德裕言維州據高山絕頂。三面臨江。在戎虜平川之衝。是漢地入兵之路。初河隴盡沒。惟此獨存。吐蕃潛以婦人嫁此州門者。二十年後。兩男長成。竊開壘門。引兵夜入。遂爲所陷。號曰無憂城。從此得以併力西邊。憑陵近甸。韋臯欲經畧河湟。須此城爲始。急攻數年。卒不可克。臣到西蜀。空壁來歸。南蠻震懾。山西八國。皆願內屬。可減八處鎮兵。坐收千里舊地。且維州未降前一年。吐蕃猶圍魯州。豈顧盟約。當時不與臣者。望風疾臣。詔還悉怛謀等。令彼自戮。臣累表陳論。乞垂矜捨。詔嚴切竟令執還。將吏對臣。無不隕涕。蕃帥即以此人

戎於境上，絕忠款之路，快兇虐之情。乞追獎忠魂，各加褒贈。詔贈悉怛謀為右衛將軍。

宣宗時，濮陽判官李義山為節度使王茂元奏吐蕃交馬事宜狀。右臣得所由狀報，吐蕃請於鳳翔交馬，若臣伏以吐蕃家則犬羊，心唯蛇豕，不思率服，但逞姦欺。國家務以懷柔，控其撫御，數息好於非類，擇使命於本朝，容養甚弘，錫賚非薄。昔魏酬倭國，止於銅鏡紺文；漢遣單于，不過犀毗綺袷。孟一介之使，將萬里之恩，豈若陛下還彼周行，取於宗屬，而敢淹停曠日，留止彌年。久已迴東，又請交馬，視其詭詐，難以保明，須籌機宜，未可容許。臣又見蕃中來人說云：其首領素已年侵，叛心疾，不恤其衆，連誅舊臣，差徵無時，凶荒累歲，以此遂遣盟約，仍致逗留。令恐事出多端，發由蘗下。上繫聖德，旁損廟謨，翻覆難知，善惡未決。竊計君來，合有表章，伏望更勑羣臣商量，且令界首止絕。儻須存遠馭，要示殊恩，但言彼蕃來往不時，邊將奏論甚切，亦無妨國體，未阻戎心。臣自擁節旄，曾踰星琯，修裝器械，蓄積糧儲。又時巡訪川原，討尋蹊隧，每當衝要，必有隄防，增築故城，穿濬新塹，彌縮犄角，未易可當。木柹魚膏，不曾虛棄，雖臨搖落，免有寇攘。忖彼物情，未能動衆，其若便侵亭障，自起烟塵，臣且率勵當軍，猶可獨當一面。況其隣道，悉是強兵，設忌充國之請行，不應張宗之辭難。伏乞聖恩鑒臣纖石，納臣芻蕘，使其畏慴威靈，遵守平好。況臣不勝憤激懇迫之至。

懿宗即位，南詔豐祐卒，子酋龍立，僭號，遣兵陷播州。咸通二年，詔平章事杜悰上言：南詔彊盛，西川兵食單寡，未可輕與之絕，且應遣使弔祭，諭以新王名犯廟諱，故未行冊命，待其更名謝恩，然後遣使。

僖宗時，南詔酋龍卒，子法立，請和親。吏部侍郎崔澹等上言不可從。高駢劾澹沮議。西川節度使崔安潛上言：蠻蓄鳥獸之心，不識禮義，安可以賤隸尚貴主，失國家大體。澹等議可用。臣請募義征子弟十戶一保，願發山東銳兵六千戍論州，比五年，蠻可為奴。久之，帝手詔問安潛和親事。答曰：雲南姚州，昔一縣，中國何資於彼，而遣重使加厚禮？彼且妄謂朝廷畏怯，無能為。脫有它請，陛下何以待之？且太宗近屬不可下小蠻夷，臣比移書不言勞賜，所惜也。有如蠻使者不復至，當遣諜人伺其隙，可以得志。

晉高祖天福六年，成德節度使安重榮疏契丹，使者上表稱吐谷渾、兩突厥、渾契苾、沙陀各帥部衆歸附，党項等亦納契丹告牒，言為虜所凌暴，願自備十萬衆與晉共擊契丹。陛下屢敕臣承奉契丹，勿自起釁端，其如天道人心，難以違拒。大抵斥晉主父事契丹，竭中國以媚無厭之虜。又為書遺朝貴云，已勒兵必與契丹決戰。晉主患之。時鄴都留守劉知遠在大梁，泰寧節度使桑維翰密上疏曰：陛下免於晉陽之難，而有天下，皆契丹之功，不可負也。今重榮恃勇輕敵，吐渾假手報仇，皆非國家之利，不可聽也。臣觀契丹士馬精彊，戰勝攻取，其君智勇過人，其臣上下輯睦，牛馬蕃息，國無天災，此未可與為敵也。且中國新敗，士氣彫沮，又和親既絕，則當發兵守塞，兵少則不可以待寇，兵多則饋運無以繼之。我出則彼歸，我歸則彼至，臣恐禁衛之士疲於奔命，鎮定之地無復遺民。今天下粗安，烝民困弊，靜而守之，猶懼不濟，其可妄動乎。契丹與國家恩義非輕，信誓甚著，彼無間隙而自啓釁端，既使克之，後患愈重，萬一不克，大事去矣。議者以歲輸繒帛謂之耗蠹，有所卑遜謂之屈辱，殊不知兵連禍結，財力將匱，耗蠹孰甚焉。武吏功臣過求姑息，屈辱孰大焉。臣願陛下訓農習戰，養兵息民，俟國無內憂，民有餘力，然後觀釁而動，則動必有成矣。又鄴都富盛，國家藩屏，今主帥赴闕，軍府無人，乞陛下略加巡幸，以杜

姦謀。晉主謂使者曰。朕比日以來煩懣不決。今見卿奏。如醉醒矣

歷代名臣奏議卷之三百四十一

歷代名臣奏議卷之三百四十二

夷狄

宋太祖時趙普上禦戎策曰。夫禦戎之道。有三策焉。前代聖人論之詳矣。繕修城壘。依憑險阻。訓戎聚穀。分屯塞下。來則備戎。去則勿追。策之上也。偃革櫜弓。卑辭厚禮。降王姬而通其好。輸國貨以結其心。雖屈萬乘之尊。暫息三邊之戍。策之次也。練兵選將。長驅深入。擁戈鋋而肆戰。決勝負于一時。策之下也。國家自戎馬生郊。邊防受敵。兵連禍結。累載于茲。邠郿致蹂踐之虞。上谷失藩籬之固。飛芻輓粟。千里騷然。丁壯斃于轉輸。膏血塗于原野。尚賴聖君宵旰。廣運宸謀。今夏以來。方隅稍定。糇糧以濟。城邑粗安。然而胡虜之情。變詐難測。或慮朔風高引。塞草具腓。乘大漠之苦寒。棄穹廬之醜類。南下燕趙。復恣憑凌。則成敗存亡。未可量也。況河朔之地。困阨方深。邑里丘墟。黎元蕩析。儻後日之戰。覆車之禍。則趙真定。疇能守之。人心一搖。天下之事去矣。國家素失薊北關塞之險。亡控守之處。是上策不能舉也。頓兵草野。與匈奴轉戰。勞弊已甚。勝負未分。是下策不足恃也。審觀天下之形勢。憂患未已。唯與之通好。或可解紛。今山東諸侯近不交戰。訪問匈奴休兵馬退在虜庭。宜因此時舉和親之策。夫屈信變化。與道汙隆。轉危就安。聖人之務也。將誠成于四海。豈凝滯于一方。昔高祖奮布衣。起豐沛。誅暴秦。滅強楚。不五七年平定天下。而雄圖大略。自軒昊以降。未見其倫。以天子之尊。唯有曾元一女。及出師朔野。困于白登。爰從說士之詞。遂舉和親之策。逮及文景。承先人之業。開太平之基。至道興行。兆民胥悅。海內田賦。三十而稅一。太倉之粟。紅腐而不可食。內府之錢。貫朽而不可較。亞夫賈誼為謀議將帥之臣。三十年間。天下刑措。巍巍功業。與三代比隆。及其火照甘泉。兵屯細

抑宗室之英出稗草乎。夫以高祖之雄才，文景之淳化，豈力之不足而德之不至也耶。然而與之通好者，蓋視夷狄猶禽獸爾。安肯耗竭中國事無用之虜，傷害德義，而與犬豕爭。前代喻夷狄之侵，譬猶蚊虻螫軀，驅之而已，豈求功業于其間哉。觀典策之遺文，審安危之大計，降志戎虜，惟聖人能之。結好息心，正在今日。儻或上天悔禍，醜類佯仁，舉二國之歡盟，息邊夷之烽燧，誠祖宗之福也。夫盛衰之理，其機存焉。聖賢因之，以定其業。昔者隋季版蕩，唐室勃興，高祖、太宗肇登天位，英、衛、房、杜為佐命之臣，而頡利可汗遽犯京邑，太宗躬杜車駕，以敦其夙好，廣輸財貨，以厭其貪心。歲月荐更，犬戎浸弱，李靖以數萬之衆擒而滅之。此王者蒙垢俟時，藏強制之明效也。今契丹變臣擅軸，牝雞司晨，單于幽屏，權移于母，治越于強大，地震于燕冀，天平之衆雖繁，攻奪之形已露，況治天亂夏，極惡窮凶，以人事言之，星紀未周，冒頓之謀必興于虜帳矣。國家嚮時屈己以濟艱也，而取亂侮亡其則何遠。若契丹恃憑種落，張皇寇暴，逆天悖理，不奉綏懷，然聖人屈己濟物之誠，已顯白于天下矣。豈獨回昊穹之眷命，固亦激戰士之鬭心，曲直實在我，又何恤。利害斯見，宜賜察焉。

太宗太平興國五年，左拾遺張齊賢上奏曰：臣竊惟方今海內一家，朝野無事，關聖慮者，豈不以河東新平，屯兵尚衆，幽薊未下，輦運為勞。以生靈為念乎。臣每料之，此不足慮也。自河東初降，臣即權知忻州，捕得契丹納來專典，皆自山後轉般以援河東。以臣料契丹能自備軍食，則於太原非不盡力，然終為我有者，蓋力不足也。河東初平，人心未固，嵐、憲、忻、代未有軍寨，入寇則田牧頓失，擾邊則守備可虞。而反保境偷生，畏威自固，及國家守要害，增壁壘，左控右扼，疆事甚嚴，恩信已行，民心已定，乃於鴈門陽武谷來爭小利。此則戎狄之智力可料而知也。聖人舉事動在萬全，百戰百勝，不若不戰而勝，若重之謹之，戎虜不足吞滅，燕薊不足取。自古疆埸之難，非盡由戎狄，亦多邊吏擾而致之。若緣邊諸寨撫御得人，但使峻壘深溝，畜力養銳，以逸自處，寧我致人，李牧所以稱良將於趙，用此術也。所謂擇卒不如擇將，任力不及任人，如是則邊鄙寧矣。邊鄙寧，則輦運減，輦運減則河北人民獲休息矣。獲休息則田業增而蠶織廣，務農積穀，以實邊用。且戎狄之心，固亦擇利避害，安肯投死地而為寇哉。臣又聞家六合者以天下為心，豈止爭尺寸之事，角戎狄之勢而已。是故聖人先本而後末，安內以養外。人民，本也；戎狄，末也。中夏，內也；夷狄，外也。是知五帝三王未有不先根本者也。堯舜之道無他，廣推恩於天下之民爾。推恩者何，在乎安而利之。民既安利，則戎狄斂袵而至矣。陛下愛民利天下之心，真堯舜也。臣所聞多以纖微之利，尅下之術，侵苦窮民以為功能者，彼為此效，相習已久，至于生民疾苦，見之如不見，聞之如不聞，斂怨速尤，無大于此。伏望審擇通儒，分路採訪，兩浙、江南、荊湖、西川、河東有偽命日賦斂苛重者，改而正之，因而利之，使賦稅課利通濟，可經久而行，為聖朝定法，除去舊弊，天下諸州有不便於民事，委長吏聞奏，如職循常不以上聞，自當嚴加典憲，使天下耳目皆知陛下之仁識，陛下之惠心。此以德懷遠，以惠利民，則幽燕竊地之醜，沙漠偷生之虜，擒之與否，縢在術爾。

七年，李繼遷擾西鄙，保安軍奏獲其母，至是太宗欲誅之，以寇準居樞密副使，獨召與謀。準退，過相幕，呂端坐，疑謀大事，邀謂準曰：上戒君勿言於端乎。準曰：否。端曰：邊鄙常事，端不必與知；若軍國大計，端備位宰相，不可不知也。準遂告其故。端曰：何以處之。準曰：欲斬於保安軍北門外，以戒凶逆。端曰：必若此，非計之得也。願少緩之。端將覆奏。入曰。昔項羽得太公欲烹之。高祖曰。願分我一杯羹。夫舉大事者不顧其親。況繼遷悖逆之人乎。陛下今日殺之。明日繼遷可擒乎。若其不然。徒結怨讎。愈堅其叛心爾。太宗曰。然則何如。端曰。以臣之愚。宜置於延州。使善養視之。以招來繼遷。雖不能即降。終可以繫其心。而母死生之命在我矣。太宗撫髀稱善曰。微卿幾誤我事。即用其策。其母後病死延州。繼遷尋亦死。繼遷子竟納款請命。端之力也。

左拾遺知相州田錫論邊事。上奏曰。臣聞動靜之機不可妄舉。安危之理不可輕言。利害相生。變易不定。用捨無惑。思慮必精。夫動靜之機不可妄舉者。動謂用兵。靜謂持重。應動而靜。則養寇以生姦。應靜而動。則失時以敗事。動靜中節。乃得其宜。今北鄙繹騷。蓋亦以居邊任者規羊馬細利為捷。捕斬小勝為功。賈怨結仇。茱狄致寇。召戎起釁。職此之由。伏願申飭將帥謹固封守。勿尚小功。許通互市。索獲蕃

口。撫而還之。如此。不出五載。河朔之民。得務三農之業。亭障之地。可積十年之儲。前歲併擾邊陲。親迂鑾輅。今茲張皇聲勢。頗動人心。若玁狁來侵。六龍夙駕。戎羯既退。萬乘方歸。是皆失我機。先落其術內。所以兵不得分屯。農人不得收斂。勞頓數藝。可勝言乎。軍國大端。固當謹始。戎族未亂。無煩強圖。狄勢未衰。何勞力取。待其亂而取之則克。乘其衰而兵之則降。既心服而志歸。則力省而功倍。自古貪利存食。不獨匈奴。邀功起戎。多自邊將。當鑒前軌。以恢永圖。昔漢安帝時。東夷犯境。連年不息。漢頗患之。其主云亡。其子繼立。漢乃命一使吊之。東夷感悅。還漢生口。一隅晏然。至於南蠻。亦嘗叛渙。始由邊吏增賦。乘怨覘掠。光武時。西戎犯邊。班彪請置護羌校尉。通其貨之有無。治其人之寬狂。塞垣遂安。誠願依古道。務遠圖。示綏懷萬國之心。用駕馭四夷之策。事戒黷武。理在深謀。臣又謂安危之理不可輕言。國家務大

體。求至理則安。捨近謀遠。勞而無功則危。為君有常道。為臣有常職。是務大體也。上不拒諫。下不隱情。是求至理也。帝王之道。慈萌欲心。漢武帝躬秉武節。遠登單于之臺。唐太宗手結雨衣。往伐遼東之國。率義勳之衆。徇無厭之求。輸常賦之財。奉不急之役。是捨近謀遠也。沙漠窮荒。得之無用。羌狄遺種。殺之更生。是勞而無功也。臣又謂利害相生。變易不定者。兵書曰。不能盡知用兵之害者。則不能盡知用兵之利。蓋事有可進而退。則害成之事至焉。可退而進。則利用之事去焉。能審利害。則為聰明。以天下之耳聽之則聰。以天下之目視之則明。故書曰。明四目。達四聰。惟此聰明。無壅塞。盡去相蒙之弊。乃協知幾之神。臣又謂取捨不可以有惑。故曰孟賁之狐疑。不如童子之必至。思慮不可以不精。故曰差若毫釐。繆以千里。自國家圖燕以來。連兵未解。財用不得不耗。人臣不得不憂。恢復弔伐之名。雖建洪業

可否禍福之實。宜留聖心。願陛下精其思慮。決其取捨。無使曠日持久。窮兵極武。為國大計。不得不然。

雍熙中。詔詢文武禦戎之策。殿中侍御史趙孚奏議曰。臣愚以為不用干戈。不勞飛輓。為萬世之利者。敢獻其說。惟明主擇之。古者兵交使在其間。雖飛矢在上。走驛在下。蓋信義不可廢也。昔苗民逆命。帝乃誕敷文德。而有苗格。又仲尼曰。有能一日克己復禮。天下歸仁。只如并門一方。歷代難取。聖謀英斷。一舉成功。當其逆城危於累卵。生聚懷伏。而陛下猶遣通使舍人薛文寶入城諭之。日者北邊未賓。全燕猶梗。再興軍旅。將復土疆。臣竊計屯戍邊陲。故非獲已。暴露原野。豈是願為。欲望朝廷通達國信。近鑒唐高祖之降禮。遠法周古公之讓地。聖人以百姓之心為心。君子見幾而作。諭以禍福。示以恩威。議定邊疆。永息征戰。養民事天。濟時利物。莫過於此。臣又計彼雖嗜好

不同。然去危就安，厭勞喜逸，亦人情之所同也。上嘉之。

端拱二年，吏部侍郎李至乞懷柔北狄，上奏曰：臣今月十一日，奉宣御札，以北虜犯邊，廣延群議，天慈惻隱，睿訓丁寧，仰承屈己之仁，俯愧素餐之責。伏聽綸旨，戰汗交并。臣謬以庸虛，叨塵侍從，國家之事，皆合上言。但以章句之能，記問之學，徒欲循先賢之陳迹，習迂儒之懦謀，豈敢自衒於多士之朝，輕瀆於至聖之鑒。今陛下戒臣以鉗口，責臣以惜言，既迫威嚴，輒陳狂瞽。臣竊惟北狄為患，自古而然，不足致怒，唯在御之得其道爾。若綏之以德，則其用功也逸，其經費也約，其見效也速，其保安也久，而無衒耀彰灼之名，但有安樂富壽之實。若爾之以威，則在良將勁兵，奇謀詭道，士冒鋒鏑霜露，民竭資財糧穀，伏屍流血，搴旗斬將，然後振旅凱樂，薦功清廟，此誠天下之壯觀，臣非不欲之也，直以非被堅執銳之士，無運籌借箸之智，欲之而不能致之也。春秋傳云：人有能有不能。臣豈強以所不能，而誣惑於天聽哉。若其懷柔之術，粗能言之，請陳其一二。昔者漢高祖既定天下，唯匈奴為梗，奉春君獻議，請以魯元公主妻之，望其執子婿外孫之禮。高祖欣然納之，臣以為奉春之策，愚之甚者也。彼單于冒頓弒殺其父，而奪其位，肯顧外祖哉。以高祖聰明神武，豈不知此謀之拙，蓋有以也。是時民困已久，皆望息肩，高祖所以屈萬乘之尊，捨骨肉之愛，為百姓請命於匈奴爾。百姓見高祖如此，則仁義浸於骨髓，感激盈於胸臆，始肯為不顧命以扞國。天意見高祖如此，始肯霈然垂祐，以致和平，遂以至愚之策，而獲萬世之福，此理出於杳冥微妙，非尋常所能見也。至于孝文能遵前訓，亦不以萬乘為貴，尚海為太，卑事匈奴，所以海內富壽，粟腐貫朽，幾致刑措。至于孝武，承累代之業，任雄武之才，奮兵而出，收河南之地，取渾邪之域，推兇殄惡，功冠前古。及其連兵不已，國家殘弊，戶口減半，於是罷輪臺之戍，下哀痛之詔，然後僅安，則知威懾之與德綏，利害不侔矣。此乃前古之顯效也。近者李繼遷以蕞爾之眾，侵擾西邊，為我疥癬之患，陛下尚能憫西民之勞苦，下惻隱之命，赦繼遷之罪，加保以恩，化狂悖為忠順，變殺戮為生成。凡在含識，莫不上感聖德，此又目前之顯效也。昔者仲尼垂持滿之誡，曰：聰明睿智，守之以愚；功被天下，守之以遜；勇力振世，守之以怯；富有四海，守之以謙。此天道也。夫四德者，陛下可謂兼之矣。而有邊寇之患者，天意將儆戒陛下，欲遵仲尼之教，守不世之烈，以永八百年之基者，所以臣昧死上言，願陛下上恭天意，下徇民情，審雷霆之威，霈雨露之澤，追禹湯罪己之旨，下漢武哀痛之詔，開懷以待之，玉帛以撫之，文告以諭之，明神以要之。使彼服義懷仁，則我無邊鄙之警，保覆盂之安，如使驕狠不悛，則我之士民怒氣自倍，則後日之戰，必無前日之遲延也。臣愚暗昏耄，所見止此，塵瀆天鑒，伏俟刑書，謹奏表以聞。

至道二年，出李重貴為衛州團練使。未行，會白將五路討李繼遷，以重貴為麟府州濁輪砦路都部署。對便殿，言曰：賊居沙磧中，逐水草牧畜，無定居，便戰鬬，利則進，不利則走。今五路齊入，彼聞兵勢太盛，不來接戰，且謀遠遁。欲追則人馬乏食，將守則地無堅壘。賊既未平，臣等何顏以見陛下。太宗善之，出御劍以賜。

真宗即位，拜李至工部尚書、參知政事。一日，上訪以靈武事，至上疏曰：河湟之地，夷夏雜居，是以先王置之度外。繼遷異類，擾動疆埸，然臍不足殫其凶，擢髮不足數其罪。然聖人之道，務屈己含垢，以安億民。蓋所損者小，所益者大。望陛下以元元為念，不以臣愚介意，料彼脅從，亦厭兵久矣，苟朝廷舍之不問，啖以厚利，縻以重爵，亦安肯逆

而不復說於淪胥哉昨鄭文寶絕青鹽使不入漢界禁粒食使不及
羌夷致彼有詞而我無謂此之失策雖悔何追今若復禁止不許通
糴恐非制敵懷遠不戰屈人之意昔唐代宗雖罪田承嗣而不禁鄰
藩隣下宜行此事必安邊鄙使其族類有無交易售鹽以利之通糴
以濟之彼雖遠夷必然向化互相告諭一旦懷恩舍逆效順則繼遷
豎子孤而無補又安能為我蜂蠆哉今靈州不可不棄非獨臣愚以
為當然若移朔方軍額於環州亦一時之權也或指靈州為咽喉之
地而北要衝安可棄之以為敵有此不智之甚非臣之所敢知也後
靈武卒不能守
時邊人屢寇知鎮州謝泌上疏曰臣竊惟聖心所切者欲天下朝夕
太平爾雍熙末趙普錄唐姚崇太平十事以獻未幾普復相時雍致
治之策無出於此尋普病又遼騎擾邊因循未行今北邊謐寧繼遷
請命則可行於今日矣臣以為先朝未盡行者俟陛下爾陛下自臨
大寶過不加兵西北肅然民安歲登則太平之象復何遠哉至於省
不急之務削煩苛之政抑奔競采直言斯皆致太平之術又豈讓唐
開元之治也議者或謂方今用兵異於開元且開元邊戎孔熾明皇
平與之和至如漢高祖亦然此皆屈己以寧天下豈以輕大國而競
小忿哉請以近事言往歲討交阯王師一動南方數擾先皇以為得
之無用棄之實便及授官為藩屏則至今帰伏石晉之末耻講和契
丹遂致天下橫流豈得為強或者有言敵所嗜者禽色所貪者財利
餘無他智計先朝平晉之後若不舉兵臨之但與財帛則幽薊不日
納土矣察此乃知其情古猶今也漢祖明皇所用之計正可以弭其
心矣臣伏覩近詔以不逞之徒所陳述皆閭閻事臣聞古先哲王詢
于芻蕘察於邇言者蓋廣視聽之蔽故採此以達物情亦宜行其事

也先朝有侯莫陳利用陳廷山鄭昌嗣趙贊之徒喋喋利口賴先帝
聖聰尋翦除之然為患已深矣
咸平三年知雄州事何承矩上奏曰夫榷場之設蓋先朝從權立制
以惠契丹縱其渝信犯盟亦不之廢似全大体今緣邊榷場因其犯
塞尋即停罷去歲以臣上言於雄州置場賣茶雖貲貨並行而邊氓
未有所濟乞延訪大臣議其可否或文武中有抗執獨議是必別有
良謀請委之邊任使施方畧責以成功苟空陳浮議上惑聖聰秪如
靈州足為證驗況兹契丹又非夏州之比也
真宗時契丹聚兵幽薊聲言將入寇議者請城洛陽司空呂夷簡謂
契丹畏壯侮怯遽城洛陽亡以示威景德之役非乘輿濟河則契丹
未易服也宜建都大名示將親征以伐其謀或曰此虛聲爾不若修
洛陽夷簡曰此子囊城郢計也使契丹得渡河雖高城深池何可恃
耶乃建北京
仁宗時陝西經畧安撫使夏竦奏策曰臣聞犬戎狗態存食邊境為
日久矣周道中興宣王薄伐秦氏孔武逐之塞北雖繞長城終非良
策漢高北伐師泛白登奉春獻議乃約和親俟給至豐寇掠無厭太
宗中年侵軼岐雍孝武窮兵橐街秉律精銳深入摧敗醜類甘露之
中呼韓款塞當是之時虜勢微弱中國懷德控御有宜新莽盜漢寇
心復叛世祖中興敵分南北勢既携離邊防稍泰竇憲繼師遂破其
種逮及桓靈復患寇鈔漢祚纔絕中原瓜割鐘彝大盛亂華猾夏周
隋之際突厥驕矜胡后外入宗女外降唐室初開邊境多虞渭橋之
陣文皇盟載雖李靖之擒討蘇定方之破滅邊鄙之間不能無害聖
宋龍興廓有諸夏桀驁之賊山海之利勇悍之士金革之物無有遠
塗皆入縣官獫狁之寇猶比漢唐非勇之不足枝梧抑虜之梗於噂

昔自幽薊陷虜之餘。重季蒙塵之後。中國器度工巧。衣冠士族。多為犬戎所有。迨今六十年間。盜稔兇狡。多誘中原亡命之徒。善侵塞下。生問之輩。狼貪嘯聚。皆於邊邑。前年冬寇我北鄙。暨于澶淵。將帥之臣。嬰城自守。生靈膏血。腥汙原膏。自非陛下拯救元元。親馳車輅。匈奴之氣未易當也。洎乎天威震耀。醜虜喪膽。遁逃無所。願款歸命。陛下赦其鯨鯢。寬其貪戾。要以日月之盟。質以丹青之信。若能悛變。野心。永懷聖德。將民偃革。犬為長策。誠恐犬羊之性。不恥貪戾。若絕棄虛之寇。必有無已之求。從之則虛府庫而資寇讎。拒之則積怨心而起驕慢。為國計者。其猶病諸。莫若明待以信。陰為之固。以臣料之。非難事也。夫匈奴之衆。勝兵者不遠二十萬。糇糧不過數日。輜重不過數乘。長於寇鈔。短於守禦。利於騎鬭。拙於步戰。便於弓矢。拙於劍戟。以其兵則不及中國五分之一。以其用則不及中國十分之一。以其技

則不及中國三分之一。比年寇略而疆場之臣不能扞者。豈天時乎。抑亦將之不省兵乎。夫虜之寇盜。無代無之。若其殄滅。固有時矣。陛下必欲恢復塞垣。清謐邊陲。在擇將帥而後議之。

寶元元年。右司諫韓琦論外憂始於內患。上奏曰。臣伏聞元昊狂謀僭命。朝貢不修。輕犯天誅。人神共怒。陛下雖寬詔厚澤。姑務懷柔。其如逆狀已然。必為邊患。今獻策陳事者。大抵不過欲朝廷選擇將帥。訓習士卒。修利戈甲。營葺城隍。廣蓄資糧。以待黠羌之可勝。此乃安邊扞寇之切務也。然而凡人之慮。皆能及之。臣切謂此特外憂而已。雖漢唐全盛之際。豈能使四夷常自竄伏。而保不為盜哉。若乃綱紀不立。忠佞不分。賞罰不明。號令不信。浮費靡節。橫賜無常。務宴安之逸游。縱宮庭之奢靡。受女謁之干請。容近昵之僥倖。此臣所謂內患也。且四夷內窺中國。必觀釁而後動。故外憂之起。必始內患。臣今為陛下計。莫若先治內患。以去外憂。內患既平。外憂自息。譬若木之有蠹。未有本固而枝葉不盛者也。臣欲望陛下深惟祖宗所謂內患者。盡革而去之。則陛下威德遠暢。外夷高視於漢唐之上。元昊小醜。孰能為國家之患哉。如外憂已兆。內患更滋。臣恐國家之慮。非直元昊一凶而已。臣切為陛下憂之。臣猥備諫員。不敢循默。言涉狂直。惟陛下憐其納忠。貸其萬死。

仁宗時。趙元昊且叛。為嫚書來。規得譴絕。以激。使其衆。通判睦州張方平請順適其意。使未有以發。得歲月之頃。以其間選將厲士。堅城除器。為不可勝以待之。雖終於必叛。而兵出無名。吏士不直其上。難以決勝。小國用兵三年而不見勝負。不折則破。我以全制其後。必勝之道也。時天下全盛。皆謂其論出姑息。決計用兵。方平上平戎十策。以為入寇當自延渭。巢穴之守。必虛。宜屯兵河東。卷甲而趨之。所謂

攻其所必救。形格勢禁之道也。

慶曆元年。方平知諫院。請因郊禋肆赦。招懷西賊。劄子曰。伏以前景祐五年。有事於圜丘。西戎貢職不至。始萌兇慝。次年春。遂擁兵犯邊。殺掠吏民。邊將備禦無策。賊數入寇。輒以勝歸。滋其兇謀。氣燄益盛。今自陝西四路。河東麟府。遠近屯戍。輸輓供給。天下為之勞弊。而群寇息甲。未可以日月期也。臣嘗聞自邊來者。詢賊中事。蓋今羌戎乃漢唐郡縣。非以逐水草射獵為生。皆待耕種而食。賊每點集資糧器用。人自為備。須歲年為討。乃能一大舉。雖破城寨。不能有我寸土也。而又絕其俸賜。禁其關市。賊中尺布直錢三數百。邊防守禦備繕完益固。賊情見勢屈。自當畏圖。然猶騎虎不可復下。雖有悔心。亦何由自通誠款。朝廷雖欲招來。若非時無名。事亦難舉。儻因今來郊禋覃慶之時。特開曠蕩之恩。示以綏懷之意。或特降一詔。或著之赦書。其

辭意大略則曰。夫王者以天下爲度。含生之類。罔不亭育。況朔方靈武河西三郡。聲教所暨。莫非王民。頃自德明已來。克保外臣之節。朝廷眷待恩禮至隆。去年元昊遣使人來。稱爲本蕃推戴。緣其附順三十餘年。忽此奏陳。不與旋駮。見情未審。遂至興兵。使邊人不寧。師徒暴露。今親郊上帝。盛禮告成。慶賜大行。囚繫盡釋。乃眷西顧。惻然軫念。尉於撫育。吾甚傷之。今後夏州或有使人至。卷候人不得遏絶。或有頓通於朝廷之意。即令邊臣受而上聞。且迭告邊臣。以謹守封略。罔或生事。今榜而揭諸塞上。或邊臣之有忠望者。遣單使以朝旨往爲開諭之。彰陛下德義之厚。無損朝廷威重之體。且賊妄自尊大。於蕃窟中父事王者。固宜以鳥獸畜之。豈足與之辨名器尊威之分哉。賊若有悔禍之心。稱蕃納貢。陛下優爲封爵名號以服接之。出府庫之餘以歲時奉餌之。使天下知陛下深識遠慮。爲生靈計。至於天地

鬼神亦當助仁而佑順。仁者無敵於天下。況一賊歟。若賊悍然自恃凶復不移。亦足以驕怠彼心。激怒我衆。邊臣必曰。天子之恩意如此。賊終革心。我不可以不奮身而爲國致討矣。戰士必曰。天子不以賊之不義而必窮誅。是哀吾屬之久戍也。今賊無革心。吾屬不可以不效命鬭戰矣。自邊之人至於天下之民必曰。天子所以赦賊。蓋念賊役之煩擾。吾人之困勞。今賊終革心。吾人不得不竭力以奉邊矣。賊黨必曰。天子幸加恩而不我誅也。而其主苟不思焉。是驅我於鋒刃之下以濟其欲而已。夫兵猶火也。不戢將自焚。使我怒彼怨。賊有自焚之勢。則成敗有所分矣。今議者聞臣之說。必難臣曰。賊自入寇無不克。何困之有。今雖招懷之。徒示國之弱。賊肯革心乎。臣請對曰。昔遷賊之爲邊患也。號爲驍悍有謀略者。陷朔方靈武。國家喪地且千里。而其衆亦大弊。爾時繼遷雖不爲六合所棄。勢亦不支矣。故其死時戒德明曰。爾當傾心歸順朝廷。如一兩表未蒙開納。但連上封章以祈見聽。故德明款附。畢世不渝。今賊非遷比也。不幸自其初叛而我守邊匪人。是故賊累得志。而其衆嗜爲寇之利。向使我無大敗。彼無大獲。而以賊之虐用其下。尋應疲潰矣。今朝廷處置邊事。少過者固。將卒用命。財用不乏。雖未能大殘其衆。姑使來無所掠獲。即賊自窮蹙。今先開其歸路。以爲後圖。縱賊未懷。與國何損。必又難臣曰。賊雖致款。戎心可保乎。即有其實。邊備得以徹之乎。臣請對曰。昔景德初。契丹大入河朔。先帝親駕北狩于澶淵。虜主始遣使議通和好。儀又其統軍撻覽中伏弩以死。和議遂定。于時邊陲可保戎心。徹警備而謂繼好至今之堅乎。在朝廷所以撫納控馭而已。今事邊之費歲且千萬。用師以來。係累殺戮幾十萬人。故自古以來。論邊事者莫不以和戎爲利。征戍爲害。蓋深念此也。伏願陛下廷召二府大臣試詳

此議。儻蒙採聽。則生民之福。實所繫賴。臣不勝區區之懇。

方平議西北邊事上奏曰。今月五日中書樞密院聚廳奉傳聖旨宣示契丹來奏并朝廷回答書本。如所見有異。令具陳奏者。今觀廷答書。大意欲早納元昊。故書末有理難阻絶之語。臣竊詳今來契丹與元昊相交虛實未保。且以來書大体言之。其辭以元昊不順朝廷之故。因緣構釁。遂已興兵。恐深入討伐。後元昊却歸朝廷。故乞拒而不納。今若答書直云理難阻絶。則是峻拒契丹之請。堅納西人之盟。得新附之小羌。失久和之強虜。況契丹見屯兵甲。近在邊際。因此違言。或成怨隙。控弦近塞。有以爲名。則河朔邊防素備何若。必有遲速事有輕重。廟算折衝。屬階自弭事要。允當義在兩全。今西鄙遣人已到境上。欲乞朝廷降詔元昊。大約言昨者朝廷納卿款誠。亦緣契丹啓奏。嘉其善意。遂議加封。今聞卿招誘契丹邊戶。頗失甥舅之權。契丹遣使爲言。朝

廷睦隣有體。援之大義。有軫于懷。所宜審處事宜。早除嫌隙。則誓書封册便可施行。仍乞於契丹回書中。具及此意。如此。則朝廷於西人有恩意之厚。於北鄰無嫌怨之端。中國禮義容覆大矣。若將來契丹却與元昊通和。遣人復請開納。則今詔勑已具後命。元昊被此德音應知感戴。儻其凶德復爲狼拒。則較其輕重。兇虜之志必契丹之意大。斷可知矣。叨蒙訪逮。分當罄愚。惟採擇用捨。繫之朝廷。

方平又奏曰。臣昨近爲中書樞密院傳聖旨宣示所答契丹國書。令各陳所見。已於初六日同上劄子。具陳事意。竊聞朝議改定回答契丹書。必爲元昊若盡如要約。即朝廷難爲辭却者。臣等竊懷未盡。須至再有敷陳。蓋當今可慮於西者三。可虞於北者五。何者。若朝廷已納元昊拾書。勢必便行封册。而虜使復至。固邀我以拒絶。此其可慮一也。若朝廷已納元昊拾書。遂留未行封册。是使西人窺我有可牽

制。此其可慮二也。必不獲已而封册之命中止。是中國無復信義。未斷招懷之理。此其可慮三也。若報至虜廷。見我辭拒意堅。言詞一一雖肝生忿。因成急變。則河東河北忽爲所乘。邊備何若。此其可虞一也。且以西人搆難於我。虜曾約東使來納和。今西人起釁於虜。義乃遂納。不同其患。持此責我。虜爲有辭。此其可虞二也。今二虜相持事形可見。元昊權譎無恥。狙詐多端。縱負屈膝之强。必不兩延大敵。虜兵既迫。或迎而伏罪。則虜之論令。元昊未應敢逆。安知已和之約。不能復使之離。是我不能弭患於西。徒以致怨於北。此其可虞三也。今虜聚兵馬近在境上。擇利而動。勢不虛歸。若元昊旦而受封。虜必怨而望報。但恐事之以金帛。未釋其所欲也。故不如叩其兩端之中。徐觀二虜之變。逗留日月。繕完守備。不當乘其方逞激之卒發。此其可虞四也。夫二虜之隙。誠僞未明。就使信然。尤宜審處。見情則獲。直往必遽。而我以新附難保之叛人。恐久和可患之强敵。既促爭戈之釁。翻堅元昊之交。此其可虞五也。凡此可慮可虞之事。若朝廷深謀長策有以善其後。臣等所不敢知。儻未有以待之。則若虜撥張撲括期於必甲兩臣等前議。誠願示以大義。要之兩全。且未納西人拾表時降詔書。或遣一介之使。往申告諭。堅於和約。又非阻絶。即具以此意回報契丹。因令使人邀其終趣於北。則言遜而體正。於西則名折而實通。凡諸事機。後皆可救。臣等位叨侍從。義均休戚。國之大議。復家訪逮。愚慮所及。不避再三。伏望朝廷更賜採亮。

仁宗時。知諫院蔡襄論趙元昊狂僭之計。上奏曰。趙元昊棄其祖父盟約。妄爲狂狡。僭稱大號。不臣之迹。彰著朝廷。大增邊備。議者皆謂元昊遣人入朝。不從其所請。必寇邊郡。以肆狂心。臣切謂不然。戎狄之心。見利則動。若元昊欲寇邊。當去年未備之時。舉衆而來。勢或難

禦。於其時尚不入寇。今乃先自狂悖。待我邊之皆有禦然後入寇。亦有何利。臣切料元昊本無寇邊之心。但張聲勢欲求中國歲與貨財耳。

襄又論地形勝負。上奏曰。論者或以西虜之俗善騎射。習戰鬬。以爲北虜之比。臣切謂過也。夫凡騎軍利平地。步卒利險隘。得地形之利者勝。勢常多趙魏之地千里。無關塞之險。虜善騎射。故勝勢多在彼也。今西邊之地。自鄜延環慶涇原沿邊三路。皆是山險要塞之處。此乃步卒之地。非騎軍之利。若以其俗善騎射。樂戰鬬。則不減北虜。若論步騎之利。則地形異矣。故勝勢常在我也。

襄又論虜騎强弱。上奏曰。臣聞景德中。契丹大舉攻瀛州。經二十日不破。而虜衆死傷者數萬人。南略趙魏之境。所攻下者唯通利德清兩軍而已。以北虜之强。舉國而來。又趙魏之地。無險隘之阻。尚不能

必取中國州郡。況趙元昊以數郡之衆。入險陸之地。殞於堅城之下。豈能必勝哉。故元昊當無備之時。不敢伺隙而來。但遣使人妄說尊名以搖朝廷之心。幸朝廷怯其勢而聽其請。此乃元昊狡心能計利害之深者也。爲國家計者當知其不足懼。但深察情實於虜寡則狡謀自破矣。

襄又料元昊擾邊境。上奏曰。或問。元昊既無來寇之心。今者遣使人入朝。不得如其所請。元昊之計其將安出。臣切揣趙元昊必自度邊塞險固。難於進攻。若大衆甲兵。既一敗衂。則窮蹙之勢日見。坐爲中國擒也。此必但時以輕騎偏軍往來邊地。鈔畧蕃部。若此不已。是中國邊鄙之兵。不可一日罷去。年歲之間。歲月之久。運餉畢完城寨關中勢當疲擾。此虜常佚。而我常勞。利害可明也。臣故謂今來未必大舉兵。用偏師鈔擾邊境者。此也。

襄又論契丹遣使之意。上奏曰。契丹舉兵征元昊以助中國。仍責以劫略之罪。或曰。二虜互相疑貳。勢不兩雄。必有釁隙。臣謂契丹與元昊久爲親好。元昊爲中國邊患。若與契丹結隙。則腹背受敵。元昊黠賊。豈有如此失策。假使契丹凌辱百端。元昊亦卑屈而就之。必無自下結隙之理。契丹今日之謀。主於自邀通和之功耳。或曰。契丹既欲邀功。理當趣和。今乃請朝廷不與元昊通和。何也。臣聞妄有朝廷使者在虜。契丹多出元昊之書以示之。然以功不顯著。既和之後。中國之儐我者必輕。又元昊必自恃已力。能與中國通和。不以契丹爲重。故契丹以兵脅我之絕而示元昊。又以兵制元昊之和。以示我左右持之而自收其功。是爲威武之勢。臣謂今雖請與元昊絕和。朝廷若從之。亦非久必遣使請與元昊通和

襄又乞拒元昊之和。上奏曰。元昊非久必有使來。若更有所求。可因而絕之。若無所求。奉正朔正名分。貢方物。相續而至。朝廷以何事拒之。若以契丹之故而拒之。相次又以契丹之故招與之和。元昊以中國之言足爲信。今既絕和。元昊必以重兵箚麟府之間。既防契丹。又窺河東。以輕兵出陝西沿邊州郡。朝廷不敢輕移陝西兵馬。河東一路。不增兵則不可以守。增兵則糧運難繼。不戰已困。況乘時觀隙。奔突難防。非細故也。

襄又乞不聽議者許西賊不臣事。上奏曰。臣伏見元昊遣人乞和名分不正。須索過多。必朝廷深究事體。已有定議。然臣切慮有昏謬之人。請損名分。且與和好。務從權變以寬民力。此實苟且之論。非長久之策也。今邊兵久戍。餽運繁數。誰不欲通和以就休息。奈何名分不正。須索過多。便生北虜之心。立見危亡之患。非特執一端之說。與羌戎爭氣而已。伏望陛下深思熟慮。拒絕小人之言。主持天下之計。夫凡百事廢置失錯。徒可更改。若此事一失。更無可救之理。欲絕後患。莫若斷之在前。區區愚情。不勝披瀝肝膽之至。

襄又乞早降元昊冊書。上奏曰。伏見元昊使人至已數月。如聞措書大體。頗有朝廷約束。蕭余靖使北已有回奏。別無齟齬之意。切謂宜速行封冊。者今契丹兵西獨在未勝負以前。遣使報之。度其勢必假他議。苟有所俟。契丹幸而勝元昊。其心益驕。或於貢謝之外。輒有所求。何以應之。臣故謂莫若速之利也。若報聘之禮已行。契丹雖欲乘間生端。則曲不在我。況存元昊之和。則契丹未敢輕絕中國而爲患也。伏惟陛下揣度事勢。不可緩也。

寶元二年。直集賢院富弼上奏曰。臣切聞去歲十二月中。趙元昊反。自立爲大夏皇帝。改元稱制。引兵犯邊。遣使致書。割地邀貨。陛下召輔相於宴會。不容食頃之間。輔相馳車馬於康衢。殊乖坐鎮之重。變起

倉卒事無準繩朝議紛拏人心皇駭不逾旬浹傳佈四方衆皆謂之
怨然臣則知其有素請陳有素之狀其狀有六焉昔者德明尚存元
昊方幼常勸厥父勿事中朝安能舉我國家終久爲人臣哉且謂所
得俸賜只以自歸部落寔繁窮困頗甚苟茲失衆何以守邦不若練
習干戈杜絕朝貢小則恣行討掠大則侵奪封疆上下俱豐於我何
恤德明以力未甚盛不用其謀豈有身自縱之而不行其說耶此元
昊反狀有素者一也自與通好略無猜情門市不譏商販如織縱其
來往蓋示懷柔然而迹稔則容姦事久則生變故我道路之出入山
川之險易邦政之否臧國用之虛實莫不周知而熟察又比來放出
宮女任其所如元昊重幣市之內之左右不唯朝廷之事爲其備詳
至於宮禁之私亦所窺測濟以凶狡之性貪欲之謀豈肯固守盟約
坐受羈制此元昊反狀有素者二也西鄙地多帶山馬能走險瀚海

彌遠水泉不生王旅欲征軍須不給窮討則遁匿退保則襲追以逗
撓爲困人之謀以遲久爲匱財之計元昊恃此艱險得以猖狂復如
先朝加兵於我而終棄靈夏況我彊盛百倍往時今若称兵必能付
志此元昊反狀有素者三也朝廷累次遣使元昊多不致恭或敢作
留而不迎或佯爲怨遠而見迫或欲負扆而對或欲專席而居雖相
見之初暫御臣下之服而送出之後便具帝者之儀蓋久已稱尊成
其驕態恕下編於臣列深恥見於國人且講異圖自求是眷此元昊
反狀有素者四也頃年靈州屯戍軍校鄭美奔我德明用之持兵朝
廷終失靈武元昊早蓄姦險務收豪傑故我舉子不第貧賤無歸如
此數人自投於彼元昊或授之以將帥或任之以公卿推誠不疑倚爲
謀主彼數子者既不得志於我遂奔異域觀其決策背恩發憤包藏
肯教元昊爲順乎其劫鄭美必矣此元昊反狀有素者五也西北相

結華亂爲虜自古聞之于今見矣頃者元昊援契丹爲親私自交通
共謀寇難緩則指爲聲勢急則假其師徒至有掎角爲奇首尾相應
彼若多作牽制我則困於分張蓋先已結大虜之援方敢立中原之
敵此元昊反狀有素者六也是六者歲月已久中外共聞而天子不
得知朝廷不爲備養成深患遂至大驕此乃兩府大臣之罪也此外
元昊大抵復知朝廷以久安自恃不悟邊鄙之防以無戰爲常不求
帥將之具士卒驕惰器用凋零無謀臣策士以經營四方無宏綱大
紀以控制萬國以此故元昊敢以一方之衆坑我天下之師輙稱皇
帝殊不忌憚其爲小戎輕蔑也如此累遣數介平致尺書而大臣不
知所爲措置乖失以致調發軍旅塞滿邊陲戰陣未嘗一施儲餉已
閱屢空關中大擾人心不寧而元昊宴安自居一毫無損坐觀其弊
切笑所爲其爲小戎侮玩也又如此臣雖賦性至昧語才不長然自

陷驗繹常切憂憤況臣知元昊必爲今日之患十年于茲矣懷不能
已遂於景祐元年嘗進文數軸內關將一篇頗叙其事當時朝廷方
謂天下大定四夷無虞臣不敢極陳西戎不賓之由但述選將預備
之策而已不見省納棄爲空文今變故已成邊事爲梗致陛下憂勞
在念旰昃唯勤尊委任於輔臣謀削平於寇亂僅周歲序尚留天誅
且自用武以來作事多失凡降一詔未嘗合朝廷之宜凡建一謀未
聞愜天下之望寬猛不中動靜皆違謂之德則人不肯懷謂之威則
人不肯懼威德既弛夷夏何觀臣今畧舉八條止爲戎事未論其佗
伏惟至明詳擇

一事伏聞元昊遣使今擬虜庭部伍甚雄解禮俱亢觀其勇悍難制強
辨自高若非使者請行即是元昊遴差取其籌畫推爲腹心必謂
不敢加誅得以恣行殭暴以能揣敵情爲有智以不辱君命爲得

賢。我若察其所叛之謀。知其所求之意。存之則元昊遂其志。誅之則元昊喪其嘍。所宜始至之日。亟遽斬都市。事出不意。奪其本謀。即時宣聞遠行削奪。或命將致討。因蒐兵備邊。上則可以示大邦不測之威。下則可以杜小人好亂之漸。豈不壯哉。戎人必憚而失國戰士必為之增氣。而反遠從境上。召至都下。資其貿易。待以雍容。重幣遣還。優辭慰恤。意者豈非冀其回心易慮。而伏義向化乎。夫朝廷結以恩信幾四十載。尚無懷感之意。終至反常之禍。豈兹姑息遂可悛移。且以放還謂之懷柔耶。則元昊悖逆之性。向懷柔之肯馴。謂之矜恕耶。則元昊僭竊之罪。尚矜恕之可忍。謂之他計耶。無可觀。只是執事者巽懦自居。優游不斷。殺之恐其急擊。囚之恐其有辭。遂至放還。優示寬貸。尚若未能加戮。只宜境上交罰。使其不測淺深。猶可謂之良策。召而復遣。理有何長。乃是大國之謀。悉為小

戎所料。遂其所以能揣敵情之智。成其所以不辱君命之賢。況當時詞藝正當華選。相屬道路。雜沓民口。沸騰使之往來。蓋得聞見謀事若此。取侮之過也。臣嘗觀前史。見隗囂遣將高峻據高平。光武使寇恂往降之。峻命皇甫文出謁。辭禮不屈。恂立斬之。峻即日降。諸將曰。殺其使而降其城。何也。曰。文者峻之腹心。今者辭意不屈。必無降心。全之則文得其計。殺之則峻亡其膽。是以降耳。又唐太宗即位。突厥入寇。直至涇州。突厥遣其腹心執失思力入朝為覘。自張形勢。云百萬之兵。今且至矣。乃請反命。帝讓之曰。我先戮尔。蕭瑀封德彝請禮遣之。帝曰。不然。今若放還。當謂我懼。遂縛思力囚於門下。勒兵欲戰。突厥懼。遂請和。伏惟陛下觀寇恂唐太宗之所為。復思今日。元昊殊不悔過。則當誅其來使。果是邪非邪。機會一失。不可復得。臣深念此。痛惜萬萬也。若事皆此類。禍未可知。

二事。伏自元昊稱亂。西鄙震驚。或帥臣乞師。或朝議遣使。沿邊要害宿兵猥繁。雖與舊日不侔。然亦不過一二十萬。京師屯衛則甚減。天下禁旅則尚多。起為應兵。舉嘗之使。切見自去年十二月至今年四月。未半年之內。相繼三度揀軍。皆遣使臣傳布宣命。每至一郡。無不張皇。仍帶殿侍數員。番次押人赴闕。村民恐懼。未點鄉軍致有奔竄山林。鑽鑿支体。不顧傷毀。苟避涅黥。又乃知其非然。其如終是已感。三揀兵吉厥數臣則不知然。觀此施為。所獲必鮮。若其事頻驚衆。則莫甚於茲。臣又伏思內則省廢。外則轉運司以至州縣。勤勞供職。嚴峻用刑。所急之須。唯財是務。盡農畝之稅。竭山澤之利。舟車屋宇。虫魚草木。凡有所有。無一不征。共知困窮。都為賦斂。自來天下財貨所入。十中八九贍軍。軍可謂多。財可謂耗矣。今始用武。遠近之人。即不知向前所贍之軍何在。所耗之財何歸。

殊未戰鬬。已大驚擾。萬一或至敗衂。頗有殺傷。須行補添。别設應援。至時又不知調發者何所揀選。若徵番比之今來。必大興作。凡係兵籍。既已不充。所謂鄉軍。豈免強驅。此時百姓所懼。將來必有不虞。若果行之。為患非細。

三事。伏見今年四月降中書省劄子。稱臣寮上封。財賦所出。各有攸司。由外以充內。自下而奉上者也。又曰。仍取裁登用備供入。乞戒諭諸路轉運司。如用度或闕。須管自辦。畫支贍者。的是圓融不出。即許於隣道轂有剩處支那。不得更似日前乞自京般請錢銀之類。徧行下者。臣聞民者本也。存心於民。則邦國寧。財者末也。屬意於財。則黎庶畔。是以王者以天下之財。養天下之民。不聞誅求以害生靈。蓄積以奉私欲。易曰。何以聚人曰財。禮曰。財散則人聚。此經典之明文也。伏以國家肇造之時。疆境甚隘。財賦至微。而征伐

不停用度亦是洎太祖盡取川蜀河東江南兩浙荆南湖南廣南閩粵之地倚富萬里不計遐方所積寶貨當時盡歸京師且以後來賦輸無不經度逐年只留實約軍費其餘每歲盡數上供民力所輸秋毫無隱不問遠近不問災傷輦運縱橫水陸奔湊官司督責時無暫休凡天下如此者已七十年矣豈非由外以充內自下而奉上歟而又干戈不作華夏底寧唯是常須別無他費臣謂都下財貨固當在處如岡如阜有入無出莫知紀極諸路運司以逐州實約之費無多羨餘其間年歲有凶殺則必蠲除朝廷有要索則必應副多行拔拆裁可張羅若又分外督之不知出於何所朝廷既行誠諭運司不敢冒違無計以供唯民是取民若可出豈復行仁民又不禁必生怨怒虧損和氣馴致深憂是元昊擾邊陝西被害士馬日齎芻粟頓竭緡錢治甲兵修築城壘百役興作萬倍艱

難復阻旱災無收農賦中羅之入既不厚鬻爵所得又不豐數十萬兵所仰給坐觀困弊未行救卹而執事者尚曰財賦者由外以充內自下而奉上爾之不足竊自營求是何乖方之深也夫上下相維中外一体豈可豐上而刻下空外而實中下苟困則上豈得安外若撓則內豈能安況以七十年天下所入而救此日一方之急豈為難哉若但誅求取足人民無所逃避變亂豈有不害手足之患未除心腹之疾又作則臣深為執事者危之臣不敢遠引古事恐煩省察只以本朝事驗之切聞太宗皇帝初實內帑嘗謂侍臣曰河東敵境甚近吾必取之至時不免擾民今內帑所積以備調發戒重擾也其後皆如詔卒不擾下今元昊背畔關中用兵要在安民圖共禦寇而反斬中府無用之物擾四方已困之民惜財費人大非太宗皇帝之所用心也臣又聞王者貴為天子富有天下藏於天下者天子之富也藏於國內者諸侯之富也藏於室廬筐篋者庶人之富也今執事勸陛下行庶人之事何示人不廣也且又云的是圖融不出許於鄰道支那夫鄰道貨財各有用度必難假貸徒費規求臣又敢以近日一事為證切見河北轉運司奏乞割河東五州十三縣稅賦充河北支用本路自奏一路之費悉賴五州之資若遂割移殆難供給尋具聞奏事已寢停鄰道支那徒虛語爾唯是朝廷遂急救濟乃為良圖矧向者居無事之時已行假貸豈今來當用武之際復致艱難前後不侔利害可見臣謂建此計者不姦則妄蹟其說者非愚則諛惟陛下察之以明斷之以果則大事不失而帝業可保矣

四事切見去歲降詔令內外兩省官及諸司使副在邊者并軍職刺史等近百人各結罪保舉殿直京官已上委無贓私堪充邊任者

臣聞有德者然後知人之德有才者然後識人之才無德者見有德必憎非才者見有才必忌唯憎與忌固非存公萬一才德雖蹤憎忌不作其如所見相戾所為相乖使之擇人何由得士切以兩省官及諸司使副雖名顯宦豈必皆賢多由積累而陞亦有容易而得軍職刺史本是武夫校力則多語識全未盡今舉將帥之士便以委邊塞之權不問舉主之才德如何安知所舉者善惡若忌憎已有所害非戾復更相黨所舉之人豈堪任事臣又聞官大者德未必大位高者才未必高京朝殿直之流固有可採借職選人之輩豈盡無能假有兩省官識一選人果有奇才又有諸司使副識一借職果有異術借可薦舉實于邊陲而限以韶條須且棄置究轉尋訪別得所聞又請與旋擇固殊自覩與耳聞又遂限官而選得士為難臣又聞善任人者必適其所用善御物者不強其不

能。蓋以輪桷異宜。鑿柄殊制。苟只取其無過。而不問其用之所有。秖重其守廉而不究其謀之所存。則臨事必憊。當官必敗。廉而無過者。行也。用而有謀者。才也。行則主於化導。才則主於經營。居治安之時。宜乎化導以行。在擾亂之日。則當經營以才。大凡處邊任者。小則衆一障。大則守一州。或驅馳戰陣之間。或出入戎狄之境。或經度芻草。或熟習山川。或選驍勇以雄邊。或行反間以疑敵。或陳討伐之策。或謀守禦之術。如此數事。皆須藉才。必求非常之人。乃立非常之效。若但取齪齪無過。規規守廉。施之邊方。萬必無用。不止無用。必誤軍機。徒令舉者易與而自便爾。後有喪師失律。其若我何。臣謂此詔舉官。蓋因循平日所行。甚非今時之宜也。臣伏望兩省官諸司使副或軍職刺史在邊者。不可一例受詔。宜令兩府精擇有才識公望卓然為人所稱者。方令舉官。仍宜不限品秩。自借奉職選人已上。皆得充舉。所保之事。須保堪任邊上重難任使。如上之所陳。或本人邊事不集。並當同罪。則人人自畏。豈敢容易而舉哉。十得十。百得百。不虛授。不濫賞。斷可知矣。倘有所繆詐其自新。得出沉埋。必有植立。夫先擇舉主。則所舉者不謬矣。不限品秩。則下位有才者不遺矣。不免責罰。則負犯者激勵而自奮矣。利害甚煥。可舉而用。然須能否既著。賞罰必行。國無虛辭。人則皆勸。

五事。切聞鄜延路嘗與蕃兵接戰。有一寨主為蕃兵所得。及虜去軍民甚衆。西頭供奉官閤門祗候馬遵引兵迎戰。即時奪回。延帥范雍及副部署劉平奏乞酬獎。朝命只遷東頭供奉官而已。伏以元昊僭尊。西陲被擾。方勵武節。以寧邊患。其要在乎善惡必辨。賞罰必明。則人各有心。孰不宣力。賞若當則有功者勸。罰若當則有

過者自修。賞罰不明。功過兩弛。轉相教告。誰肯奮激武節。不勵。武心益生。有敗而無戒。有亂而無治。漸漬不救。淪胥以鋪。蓋由乎辨之不早也。夫馬遵者出死力。突堅圍。引既衂之兵。入不存之地。奪已擒之將士。拔已陷之師徒。雖非大功。亦可謂之奇節矣。況范雍劉平者。國家方大倚注。保奏理合超遷。只進一官。殊乖典論。當並始初用武。尤在賞勸激人。苟未得宜。必難勵衆。臣切聞河北一都巡檢王守琪。捉殺得獨流寨潰散兵士二三十人。自禮賓副使轉供備庫使。仍差知隴州。又見京東都巡檢李知和。捉得劫賊七人。自內殿崇班轉供備庫副使。此二賊徒者。只是草竊之輩。固非勍敵之人。殺之不足震天威。縱之不能成大患。而王守琪則驟遷十餘級。李知和亦超轉兩資。至於馬遵者出境討賊。不顧存亡。援兩政獘。皆得全活。上可以壯朝廷之威。下可以抑僭國之陵。比王李之功効。則度越有餘。比王李之遷酬。則數倍不足。邊臣見之失色。

元昊聞之長驁。用人若斯。致寇之道也。

六事。近於七月中。伏聞中書樞密院同進呈募擒元昊科格。遂告示天下者。切以拓跋異類。西域諸羌。自唐末亂離。五代爭戰。盜乃土守。侈其封疆。時肆猖狂。罕能懷服。常致邊患。每勞王師。歷代以犬豕畜之。暨諸度外。國家引為宗屬。付以節旄。割賜名城。世襲王爵。廩給甚厚。貿遷弗停。其國富強。皆我資用。蠢彼戎醜。變為華風。則我於西夷。恩德豈不大哉。盟誓弗渝。始終無負。而元昊不圖報效。輒肆頑兇。欺誣上天。僭竊大號。合行誕告。速寘明誅。庶俾征伐之權。以快人神之憤。況自西陲變動。天下震驚。聚目而視。攢耳而聽。或謂朝廷有上策。廟堂有奇兵。豈容有臣敢行稱亂。顒顒佇望。以日繫時。殆踰半年。不聞下令。反之乃舉削奪之罰。行募賞之科。倚

其隘哉矣始未有為人實莫測一旦告諭共知非誅戮不疑朝廷
自怯未能加誅於元昊而又慮久無處置姑設賞募以厭天下之
望乎適足示弱不足威人示人以彊猶懼不振示人以弱其救何
勝故書曰安危在出令存亡在所任若謂元昊小戎之業費民力但
誅首惡是致和平則臣請終始陳之切聞自邊事初警即行調發
師徒合雜器械堆盈官私俱勤道路如沸易置邊吏辨集軍糧闌
輸大發黎庶已困何民力之無費焉募令一施敵情愈熟知有切募
益自周防增置守衛之兵廣募樂侮之士寢食必以討虜必以
權動則有謀大為之備何首惡之可募焉況夫募者起於亂秦用
於末世三代已往未聞有此豈我太平之世天下一統偶有小醜
背叛稽之典策自有討禦而執事者不為良畫遂勸陛下行亂秦
末世之事乎既非至公之謀又匪常行之法然有不得已者亦或

為之何則昔於用兵終未獲敵思為助兵之術則募之漢高祖於
項羽是也兵力驟敗敵勢轉盛內懷震懼計無所出則募之王莽
於劉演是也用兵不一困於支離敵又相乘力不能應則募之梁
太祖於劉知俊是也一夫跳走不知所從雖有兵甲之彊無以加
討則募之楚平王於伍員之類是也募賞雖設無一獲者是募賞
為無益不可全任明矣今元昊初叛未嘗大戰非昔於用兵也師
旅屯聚空食遷延非兵力驟敗也諸方不得獨西鄙有警非用兵
不一也元昊大據全夏擁衆不伏非一夫跳走不知所從也臣以
此觀之甚非用募賞之時且以我大邦坐視小醜況我直彼曲宜
所憚焉正朝廷之大刑副天下之公議舉不失体動則有辭欲征
則征之是以示猛欲守則守之姑以示寬表以大御小之權行禁
暴安民之道俯令天下豈不偉哉何乃偷募苟求潛謀切取似同

盜法不敢公行謂之容則元昊之惡不可容謂之怨則元昊之謀
不可怨謂之惜用則用已費矣謂之惜民則民已勞矣況又滯師
已衆遣將已多邊境騷然曠日持久而反止於用募更無他圖倚
之幸安謂已得策以此厭天下之望以此安君上之心臣深為執
事者羞之兵既不行募又無得為此逗撓不滅戎粮國用且殫民
財是取怨叛必作表裏合攻臣亦甚為陛下憂之夫元昊既懷逆
謀彼必大為禦備今聞上下募賞自知高枕無虞蔑狄之心畏強
侮弱因而肆暴遂成深憂若誘之使來自有方略則非臣所知萬
一執事者謀之不臧按止於此遷延玩寇盜没養奸禍已成而計
窮敵已大而力屈則誰復為陛下圖之
七事伏聞秋初夏守贇為樞密使夫樞密之任秉國大權起於有唐
始用宦者降及後世更以武臣國家恩禮益隆委任尤重本天下

之兵柄代天子之武威勢均中書稱為兩府苟為轉換不若閑官
夏守贇早事先朝嘗參儲吏既緣攀附漸致顯榮惟事貴驕罔思
畏謹無更劇任頗乏清名才術無聞公忠弗有一旦擢居衆賢之
上俾贊萬務之機朝命則行人心不允又況元昊作梗西陲用兵
上資睿聖之謀下取樞臣之畫庶臻泰定以安黔黎所宜妙擇才
能削平禍亂而間詢厥德遽用斯人不問賢愚皆所輕笑夫樞密
者內陶鑄武臣外鎮撫夷狄無事則坐制機軸以修武備用兵則
指畫方略以殄寇讎是四者皆非守贇所能知其驕暴而正當用
武之際使談論兵之職不誤國事復何為哉雖樞府之柄不專一
人然大抵任賢豈當如是傳曰得賢則能為邦家立太平之基書
曰罔有立政用憸人惟吉士用勱相我國家是則賢者可以立太
平而憸人不可與於政也雖陛下用守贇蓋以為賢者可立太平

故用之苟知其憸人則必不用矣使陛下用而不知者執政緘默之過也用之和平之日已曰濫官委於艱難之時尤為非據英傑為之解体姦雄為之生心唯是得賢乃能靜亂臣又聞為國家者得人則安失人則危得人則重失人則輕唐郭子儀係乎安危者也入則天下安出則天下危裴晉公係乎輕重者也進則朝廷重退則朝廷輕今守贇反是其在朝廷也雖未即致危亦可謂取輕矣亟宜罷免以重觀瞻所以示陛下不私於一人而蓋為萬世也臣又慮者以其嘗為攀附而謂之親信可使以其父歷寄任而謂之耆舊可尊以其官是節制而謂能知兵以其貌甚魁梧而謂能鎮俗是皆不然唯盡公者可以親信不主乎攀附之遇唯宿德者可謂耆舊而不至乎寄任之多有才武而好學則能知兵不在乎官有器業而不佻則能鎮俗不在乎貌伏惟陛下察守贇之所至

驗守贇之所為可謂盡公宿德者乎可謂有才武而好學者乎器業而不佻者乎臣於守贇愛惡不相干聲迹不相接非有家世之嫌祿位之嫌而進是說也但聞諸公議有是惜者區區之愚實願究陳

八事伏聞西鄙用兵以來不住差移武臣往彼每有過闕下而求見者不多許見臣切詳所謂未見其宜謂之天子至尊不可令小臣浼瀆則非所以詢芻蕘而廣接納也謂之循守舊例未嘗許小臣求見則今用兵要在開通壅非循舊例阻絕人臣之時也謂武臣多鄙不可令容易而對則既已委任用為好人非宜鄙之也謂朝廷差除自有命令本職所管自有局分不必令對則用兵之際事興舊殊本職或有更張局分亦有規制何由開達非以博究利病而剪除壅蔽之意也以此四事求之臣故曰切詳所謂未見其宜

今邊寇方興陝西大擾朝廷多故兵係選任武臣雖則直樂冠戎蓋亦分備此路凡有武臣求對必於邊事有聞陛下聽朝之餘何惜一見召於咫尺待以從容詢其戚藉加之善誘使無懼懾盡日敷陳然後聽其奏對之是非察其趣向之邪正可者則獎激而遣之不可者亦優容而罷之如此則自謂官家知我姓名身心有所分付不患邊事不肯不憂讒臣害能各盡所懷無不感悅勇銳而去登塲為期勠志夷西立功報主尚分豈有不寧聖人所以感人心而天下和平者蓋用此矣又何憂乎叛寇何恤乎用兵陛下勤勞之心豈不至哉接納之禮豈不優哉聞見之事豈不博哉今却其所求不與之見奏對之是非無由辨趣向之邪正不得知彼又自謂朝廷雖然遣行官家未嘗識面但從職任罔察事情曾臆不伸指景而去幸則邊事擬奏而不敢奏兵機欲陳而不敢陳或應

明不聞或憂懼臣見忌人皆懼禍誰肯盡心縱有所聞豈如面奏陛下勤勞之心則怠矣接納之禮則疏矣聞見之事則隘矣禍不滋蔓已為大幸如望寇之速平兵之速弭則不可得也議者又謂臣曰此非主上怠於勤勞而疏於接納蓋執政者自知致寇常慮獲罪不欲許人非次上殿或論奏四方之事或有陳兩府之罪開悟聖人聰明則非已之利也故但奏云某人已有差使某人已與遷補所求入見不宜允從只欲徼望恩榮別希錫賜以此罔上上以為皆意欲阻絕天下是非蔽塞天子耳目自以為安身之計也臣謂果有是事則非臣所知唯在陛下察其忠邪而進退之則蒼生之福也宗社無疆之慶也

沔又上奏論不可待西使太過疏曰臣近者切聞昊賊遣其偽六宅使賀從勗齎書到闕欲議通好事頗爭寄臣不知審實但外人傳說

昊賊來書未肯稱臣。別圖位號。兼臣昨在西京閑居養疾切見傳宣下河西一路州軍排備祇候西使次第甚盛。又令延州通判就驛相看置酒管領。臣甚憂事體太過。必恐下面難為變置。有失中國制馭夷狄之術也。臣又切聞西使之來。非自然之意。蓋契丹特遣使往河西教之令來。既是元昊稟畏契丹。使來貢奉。元昊不敢不從。即不假怨怅。可且持重與之商議。縱時下未合。必有後圖。今來請和。既不由元昊。使人豈能專其可否。以此思之。朝廷待西使不必過當。大凡措置機事。在乎制之於初。初若失宜。後難救應。臣又今日切聞西使入見。賜與甚多。既許人使偽官之稱。則元昊所圖。勢難止遏。前一一遂其所欲。臣不知向去事體如何。況臣去年兩使北虜。所議西事。甚是分明。臣前後邀勒度數頗多。不能一一記憶。臣今省得再去時。與館伴劉六符所說一節。臣謂六符云。北朝將來令元昊如何歸附。須是

卻令依舊納款。不可令別有所望。六符云。固是如此。況元昊自來稱臣於南朝。今來更待望甚。是須令納款稱臣。況南朝與北朝書云。彼若翻然效順。此必待之如初。臣今記得上項一節甚明。伏乞朝廷檢會臣再奉使過日別錄照對。方見的實。向者所許北虜歲添金帛之數。蓋為令他指揮西事。初既不避。張此名聲。今來又却不依舊約。則是虛受前恥而不獲後效。甚可痛惜也。此事朝廷須是廣為思慮。何者。北虜元許卻令稱臣。今來自是朝廷過有許可。亦恐北虜意不欲。謂元昊於中國尚不肯稱臣。於我豈肯甘分。則是因此致他北虜亦難制元昊。元昊亦自此所圖愈大也。若北虜遣使以此來問。則朝廷何辭以對。又慮元昊若不稱臣於朝廷。則北虜必曰元昊本稱臣於南朝。今元昊既於南不復稱臣。漸為敵國。則是元昊與南朝等。唯我契丹獨尊矣。臣謂北虜因此益藏。必自喜名分暗定。異日稍有覺隙。緣此若有所求。則未知朝廷何以待之。臣旦夕思此二事。將必有一焉。不可不深圖。不可不早慮。願朝廷且執北虜所約。更加裁擇。不可容易過許。則不至別生後患。臣又恐延州及京師幹當事人。且貪成功。不為國家思後來之患。伏乞陛下與兩府臣寮。深切計慮。必無後悔。然後徐而行之。則天下之幸。宗社之福。臣不勝懇懇之至。

歷代名臣奏議卷之三百四十二

夷狄

宋仁宗康定元年同知樞密院事陳執中論西邊事宜上奏曰臣伏見元昊乘天下久不用兵而竊發西陲以游兵而困勁卒用甘言而悅守臣一旦違犯亭障延安幾至不保范雍納詭詐之說失於戒嚴劉平任輕躁之心喪其所部上下紛擾遠近駭驚自金明李士彬族破而沿邊籬落大壞塞門至金明二百里須列修三城每城屯精卒千人招土民為弓箭手寇大至則入保城壘小至則自可驅逐每城選閤門祗候以上寨主都監別以諸司使為鄜延一路都巡檢以鎮士彬之闕仍以兵二千人為三寨之援使上下應接左右相顧為不可攻之勢並邊熟羌久居漢地未嘗逃徙者委邊臣拊存之潛通賊謀及覆者破逐之至於新附黠羌尤為難信議者欲結西域諸國為天兵之援且戎狄貪而無親勝不相下恐徒耗金帛而終誤指蹤涇原康奴滅藏大蟲巉數族久居內地常有翻覆之情更瞻覷以沿邊巡檢彼既不孝於父安肯納忠於國若交兵之際與賊互出首尾則疆場之憂百倍於前邊兵小屈皮膚之傷也民力既窮腹心之疾也凡軍須一出於民夫運而妻供父挽而子荷道路愁歎井落空虛今復備修城池欲如河北之制及夏須成使神運之猶未及況民力乎當四路用兵之郊列城禦寇之地騎不並轡車不方軌唯涇州鎮戎軍似少平易若不責外守而增內營誠取笑狂童未為上策夫役既興春種不入食竭必亡力竭必亂嘯聚千百惡黨相從小則掠道路大則攻縣鎮賊兵外擾群盜內侵臣恐宵旰之憂不在於一方矣請且修沿邊城池其次邊如延州之鄜同環慶之邠寧不過五七處壘為營葺則科率既減民力稍蘇仍須土兵漸減騎卒盡土兵增則守

禦有備騎卒減則轉餉可蠲優爵秩之科以誘蕃弁寬禁鹽之法以邀入中靜守以驕其心畜銳以挫其鋒更須主張將臣使橫議不及則忠臣得以盡節虎士得以忘生也

慶曆三年侍讀學士歐陽脩論廷議元昊通和事上奏曰臣近有奏論今後軍國大事不須秘密請集百官廷議近聞元昊再遣使人將至闕下和之與否決在此行竊計廟謀合思成算臣謂此寔大事也天下安危係之今公卿大夫愛君憂國者人人各為陛下深思極慮唯恐廟堂之失策落夷狄之奸謀眾口紛紜互有論議一曰天下困矣不和則力不能支少屈就之可以紓患一曰羌夷險詐雖和而不敢罷兵則與不和元無異是空抱屈就之羞全無紓患之實一曰自屈志講和之後不過退而休息練兵訓卒以為後圖然此亦必不能者只以河朔之事可知蓋虜纔和之後便忘設備因循弛廢為患轉深縱使元昊稱臣西邊減費不弛武備不忘後圖然猶有大可憂者北戎將攬通和之事以為己功過有邀求遂興兵革是暫息小患於關西復生大患於河北臣忝為耳目之官見國有大事旁採外論所聞如此異同然大抵皆謂就和則難不和則易不和則害少和則害多然臣又不知朝廷之意其議云何臣見漢唐故事大事必須廷議蓋以朝廷示廣大不欲自狹謀臣思公共不敢自強故舉事多臧眾心皆服伏思國家自兵興以來常祕大事初欲隱藏護惜不使人知及其處置乖違豈能掩蔽臣謂莫若採大公之議收眾善之謀待其都無所長自用廟謀固亦未晚其元昊請和事伏乞於使人未至之前集百官廷議臣只自朝夕已來諸處詢訪已聞眾說如此若使並集於廷各陳所見必有長策以裨萬一

脩又論元昊來人不可令朝臣管伴狀奏曰臣風聞朝旨欲以殿中

丞任顓管伴元昊遣來一行人等。臣竊知元昊此來，全無好意，不肯稱臣，索物太多，其志不小，乃是欲以强相迫脅爾。朝廷既不能從，則待其來人，凡事不可過分。至於禮數厚薄，賜與多少，雖云其事小，不足較量，然於事體之間，所係者大。凡兵交之使，來入大國，必須窺伺將相勇怯，覘察國家强弱。若見朝廷威怒未息，事勢未削，必內憂斬戮，次恐拘留，使其偶得生歸，自為大幸，則我弱形未露，壯論可持。今若便損國威，過加厚禮，先為自弱，長彼驕心，使其知我可欺，則議論愈難合矣。必欲成就其事，尤須鎮重為先。況其議必不成，可惜空損事體。前次元昊來人至少，朝廷只以一班行待之。今來漸多，遂差朝士。若其後次來者漸盛，則必須差近侍矣。是彼轉自强，我轉自弱。況聞邵良佐昨來往，僅免屈辱而還，則彼雖夷狄，不為無謀。今其來人，必須挫驕辭辯，以圖相勝。若能先薄其禮以折之，亦挫之一端也。其元昊來人欲乞更不差人管領，送置驛中，不須急問，至於監視饋犒，傳道語言，一了事班行足矣。臣料今國家若不能曲從其意，即不須尊寵來人，厚加禮遇，元昊不免出兵攻寇，遑彼忿心，等是不和，何必自屈事體。不若急修邊備，以圖勝筭。

脩又論西賊議和利害狀。奏曰：臣伏自如定等到京以來，竊聞朝議必欲令其稱臣，然後許和。乃國家大計，廟堂得策，蓋由陛下至聖至明，不汚目前之事，能慮向去之憂，斷自宸衷，決定大議。然數日來風聞頗有不識之人，妄陳愚見，不思遠慮，欲急就和。臣雖知必不能上惑聖聰，然亦慮萬一少生疑沮，則必壞已成之計。臣職在言責，理合辯明。伏自西賊請和以來，衆議頗有同異，多謂朝廷若許賊不稱臣，則慮此戎別索中國名分，此誠大患。然臣猶謂縱使賊肯稱臣，則此戎尚有邀切責報之患，是臣與不臣，皆有後害。如不得已，則臣而通

好，猶勝不臣，然於後不免也。此有識之士憂國之人，所以不願急和者也。今若不許通和，不過懼賊來寇。且數年西兵遭賊而敗者，非是賊皆善戰，蓋由我自繆謀。今如遣范仲淹處置邊防，稍不失所，則賊之勝負尚未可知。以彼驕兵當吾整旅，使我因而獲勝，則善不可加。但得兩不相傷，亦足挫賊銳氣。縱仲淹不幸小敗，亦所失不至如前後之戰。是比於通和之後，別有大患，則所損猶少。此善筭之士見遠之人所以知不和害小而不懼未和也。臣謂方今不羞屈志急欲就和者，其人有五。一曰不忠於陛下者欲急和，二曰無識之人欲急和，三曰姦邪之人欲急和，四曰疲兵懦將欲急和，五曰陝西之民欲急和。自用兵以來，居廟堂者勞於斡運，在邊鄙者勞於戎事。若有避此勤勞，為欲陛下屈節就和，而自偷目下安逸，他時後患任陛下獨當。此臣所謂不忠之臣欲急和者也。和而偷安，利在目下，和後大患，伏而未發，此臣所謂無識之人欲急和者也。自兵興以來，陛下憂勤庶政，今小人但欲苟和之後，寬陛下以太平無事，而望聖心怠事，因欲進其邪佞，惑亂聰明。大抵古今人主憂勤，小人所不願也。此臣所謂姦邪之人欲急和者也。屢敗之軍，不知得人則勝，但謂賊來常敗。此臣所謂懦將疲兵欲和者也。此四者，皆不足聽也。唯西民困乏之意，必望和，請因宣撫使告以朝廷非不欲和，而賊未遜順之意，然後深戒有司寬其力役可也。其餘一切小人無識之論，伏望聖慈絕而不聽，使大義不沮，而善筭有成，則社稷之福也。

脩又論西賊議和請以五問詰大臣狀，曰：右臣伏見張子奭奉使賊中，近已到闕。風聞賊意雖肯稱臣，而尚有數事邀求，未審朝廷如何處置。臣聞善料敵者，必揣其情偽之實，能知彼者乃可制勝負之謀。今賊非難料，雖知但患為國計者昧於遠見，落彼姦謀，苟一時之暫

安名無涯之後患自爲削弱助賊姦謀此左傳所謂疾首痛心賈誼所以太息慟哭者也今議賊肯和之意不過兩端而已撫恩天下者必曰賊困窘而求和稍能曉事者皆知賊權詐而可懼若賊實困窘則正宜持重以裁之若知其詐謀則豈可厚以金繒助成姦計昨如定等回但聞許與之數不過十萬今子奭所許乃二十萬仍聞賊意未已更有過求先朝與契丹通和只用三十萬一旦劉六符輩來又添二十萬今昊賊一口許二十萬到他日更來又須一二十萬使四夷窺見中國廟謀勝算惟以金帛苟人則邀川首領豈不動心一旦興兵又須三二十萬生民膏血有盡四夷貪欲無厭引之轉來倚有限極今已許之失既不可追尔外過求尚可抑絶況今北虜往來尚在沿邊市易豈可西蕃絶遠須要直至京師只用此詞自可拒止至如青鹽犯禁尤不可從於我雖所損非多在賊則爲利甚博況鹽者民間急用既開其禁則公私往來姦細不分若使賊損百萬之

鹽以啗邊民則數年之後皆爲盜用矣凡此三事皆難允許今若只爲目下苟安之計則何必愛惜盡可曲從若爲社稷久遠之謀則不止目前須思後患臣願陛下試發五問詢於議事之臣一問西賊不因敗衄忽肯通和之意或用計困之使就和乎或其與北虜連謀而偽和乎二問既和之後邊備果有減而寬國用乎三問北使一來與二十萬西人一去又二十萬從今更索又更與之凡廟謀爲國計者止有此策而已乎四問既和之後能使北虜不邀功責報乎虜或一動能使天下無事乎五問元昊一議許二十萬他日保更不邀求乎他日有求能不更添乎陛下赫然以此五事問之萬一能有說焉非臣所及若其無說則天下之憂從此始矣方今急和繆議既不可追許物已多必不能減然臣竊料元昊不出三五年必更別猖獗以邀增添而將相大臣只如今日之謀定須更與添物若今日一頓盡與則他時何以添之故臣願惜今日所求其如西賊雖和所利極鮮若和而復動其患無涯此臣前後非不切言今無及矣伏望陛下留意而思之且可不與彼若實欲就和雖不許此亦可若實無和意與之適有後虞

四年脩改右正言論與西賊大斤茶劄子曰臣伏覩昨者西賊來議通和朝廷許物數目不少內茶一色元計五萬斤緣中國茶法大斤小斤不同當初擬議之時朝廷謀慮不審不曾明有指定斤數竊慮西賊通和之後須要大斤若五萬斤大斤是三十萬小斤之數如此則金帛二十萬茶三十萬乃是五十萬物真宗時契丹大舉至澶州只用三十萬物三十年後乘國家用兵之際兩國交爭方添及五十萬今元昊一隅之敵一口便與五十萬物臣請畧言爲國家大患一兩事不知爲國計者何以處之三十萬斤之茶自南方水陸二三千里方至西界當今民力困乏陛下不恥屈志就和本爲休民息力若歲般輦不絶只此一物可使中國公私俱困此大患一也許元昊境土人民歲得三十萬茶其用已乏然則兩榷場撘茶之

外須至別將好物博易賊中無用之物其大患二也契丹常與中國爲敵國指元昊爲小邦若見元昊得物之數與彼同則須更要增添何以應副不過云茶不比銀絹本是麄物則彼必須亦要十數萬大斤中國大貲利止於茶鹽而已今西賊一歲三十萬斤北虜更要三二十萬中國豈得不困此其大患三也昨與西賊議和之初大臣急欲事就不顧國家利害唯恐許物不多及和議將成契丹語洩兩府方有悔和之色然許物已多不可追改今天幸有此一事尚可罷和臣乞陛下特召兩府大臣共議保得久遠供給四夷中國不困則雖大斤不惜若其爲患如臣所說不至妄言即乞早議定計

脩又論乞不遣張子奭使元昊劄子曰臣竊聞昊賊來人議論數目全無遜順之意朝廷又欲遣張子奭復往賊中仍聞且只在延州伺候賊意待其來迎方敢前進未知果有如此議否若實有之大爲不便臣謂方今兩議未決正是各爭名分之時尤不可自辭事體元昊

既見朝廷議論不合，必料邊防須爲準備，其僞以好辭來迎子奭，使我望和而少弛，然後不意以出攻。子奭或被拘留，或遭虐害，以爲中國萬世之辱，則悔何及焉？雖不知此使子奭端坐延州，不來省問，欲歸則又慮來迎，久待則寂然無報，進退不得，何恥如之！蓋元昊已與中國三次商量，必知難合，子奭之往，又別無議論未盡之事，彼不求相見，則於臣二説慮有一焉。臣不知朝廷以昊賊爲可臣乎，不可臣乎？若有可臣，則自當以重兵壓境，仍選忠厚知謀之士直入賊中説令臣伏。如其不可，則何必遣人？或但欲遷延歲月，不拒絶之，則只當因如定之回，賜以甘言，許其厚賂，諭以若能遜順，則使通意邊臣，俟得其實，然後定議，乃是未絶其來之意也。不可令天子使臣待賊命而進退。萬一遭其拒絶，或被拘縶，則於事無益，空損國威。爲今計者，不若速遣范仲淹嚴備邊境，徐放如定等還，當自爲謀以求勝策。

脩又論元昊不可稱吾祖劄子奏曰：臣伏見如定等來，西賊欲稱吾祖。竊聞朝議已不許之，今日風聞議却未定，不知虛的，深切驚憂。且吾祖兩字，是何等語？使當拒絶，理在不疑，安有未定之説哉？夫吾者我也，祖者，俗所謂翁也。今匹夫臣庶尚不肯妄呼人爲翁，若欲許其稱此號，則今後詔書須呼吾祖，是欲使朝廷呼蕃賊爲我翁矣。不知何人敢開此口？且蕃賊撰此名號之時，故欲侮玩中國而已。今若得其稱臣，則此二字尤須論辨。今自元昊以下，名稱官號皆用夷狄，若蕃語兀卒，華言吾祖，則今賊中每事自用夷禮，妄得惟於此號獨用華言，而不稱兀卒，且彼於我稱臣，而使我呼爲祖，於禮非便，故當以此折之可也。朝廷自有西事以來，處置乖方，取笑於人者多矣，未有如此一事最可笑也。竊慮小人妄有議論，伏乞拒而勿聽。

脩又論孫抃不可使契丹劄子曰：臣伏見差孫抃等充契丹人使。臣謂朝廷新遭契丹侮慢陵辱之後，必能發憤，每事用心。凡在擇官，各慎措置。及見抃等被選，乃知忘怨慮患，依舊因循。今西賊議和，事連北虜，中間屢牒邊郡，來問西事了與未了。今專使到彼，必先問及，應對之際，動關利害，一言苟失，爲患非輕。豈可四人之中，令抃先往？抃本蜀人，語音訛謬，又其爲性靜默自安，軍國之謀，未嘗與議，凡關機事，多不諳詳。臣聞古者遣使，最號難才，不授以辭，許其專對，蓋取其臨事而敏，應卒無窮。今抃既不可預教以言，則將何以應卒？苟一辭既失，取笑四夷。其孫抃欲乞不令出使，或恐中書不能逆於人情，尚執前議，即乞別令一人言語分明、料知朝廷事者先往，貴不誤事。且北虜君臣頗爲強黠，中國常落其計，不可不知。今欲雪前恥，雖知未能，其如後患，豈可不慮？伏望聖慈早令兩府別議。

脩知諫院，又論乞放還蕃官胡繼諤劄子曰：臣竊見朝廷前歲以延州蕃官胡繼諤因爲邊臣所疑，移入内地，見任亳州都監，以子守清爲領父之諸部，風聞近爲不服亳州水土，死亡却家族，身又疾病。嘗有奏陳，乞移一京西地凉之處。臣謂方今西鄙用兵之際，朝廷宜廣推恩信，撫御蕃夷。既欲守清盡死於邊疆，當厚遇繼諤，保全其家族，豈有既任其子，又疑其父？繼諤求還内地，其實異鄉，雖曰居官，乃是因縶，致其失所，身病家亡。況彼初心又無顯過，在繼諤之身，已有幽囚冤枉之嘆，於守清之分，又失駕馭豪傑之术。萬一繼諤疾病死而不歸，守清父子之心豈得無恨？反視中國，乃爲世讎，必與邊臣別生患害。其餘部族，亦必離心。國家自用兵以來，凡所計謀，未聞勝算，尤於招撫蕃夷之術，常失恩威，致使離叛者多，皆願附賊。在於繼諤處置特乖，臣欲乞因其有請，召至京師，與雪前疑，厚加禮遇，放還本族，示以推誠。守清得父子復完，必思盡節。繼諤感國家之遇，必有所施

若朝廷猶以為疑。即乞先以此意詔問守濟。詰其必無棄父之理。若
彼自不欲其歸。則他日可無後患
四年脩又論乞與元昊約不攻唃廝囉劄子曰。臣風聞魚周詢余靖
孫抃等奉使北虜。皆有事宜。為北虜中詰問元昊通和之意。將來必
須因此別興。朝廷生患。又聞虜人已欲議移界至。漸示相侵。禍亂之
萌。其端可見。臣自去年春。始蒙聖恩擢在諫列。便值朝廷與西賊初
議和好。臣當時首建不可通和之議。前後具奏狀劄子十餘次論列。
皆言不和則害少。和則害多。利害甚詳。懇切亦至。然天下之士無一
人助臣言。朝廷之臣無一人採臣說。今和議垂就。禍胎已成。而韓琦
自西來。方言和有不便之狀。余靖自北至。始知虜利急和之謀。見事
何遲。雖悔無及。當臣建議之際。衆人方欲急和。以臣一人。誠難力奪
衆議。今韓琦余靖親見二虜事宜。中外之人亦漸知通和為患。臣之
前說稍似可採。但願大臣不執前議。早肯回心。則於後悔之中。尚有
可為之理。昨來許賊之物。數已太多。然尚有禁青鹽還侵地等事。非
賊所利。幸其因此自絕。不遣人來。朝廷深戒前非。慎自持重。因而罷
議。不落賊計。則轉禍為福。後策可為。若賊志愈驕。貪心未滿。復遣人
使。更有須求。則假此為名。亦可拒絕。今通和之事。為中國之患大。為
二虜之利深。萬一西賊貪深利。而不惜侵地。更無他求。急來就和。則
此時取舍。便繫安危。陛下宜詔執議之臣。定果決之計。認賊肯和之
意。知我墮彼利之謀。尤須多方以事拒絕。臣計西賊無故而請和者
不止與北虜通謀。共困中國。兼欲詐謀欵我。併力以吞唃廝囉摩旃
瞎旃之類諸族。地大力盛。然後東向以攻中國耳。今若未有他計拒
其和。則當賜以詔書。言唃廝囉等皆受朝廷官爵。父子為國藩臣。今
若講和。則不得攻此數族。且攻此數族。是賊本心所[illegible]聞我此言。必

難聽約。用此為說。亦可解和。臣所以區區惟願未和者。蓋臣愚慮知
不和患輕。易為處置。和後患大。不可救。臣前後奏章論列已備。此
乃天下安危大計。望心日夜所憂。臣為言事之官。見利害甚明。若不
極言。罪當誅戮。伏望聖慈。特賜省覽。
脩為河北轉運使。上奏曰。臣伏見契丹宣徽使劉三嘏挈其愛妾兒
女等七口。向化南歸。見在廣信軍聽候朝旨。竊慮朝廷只依常式。授
來人等依例約回不納。國家大患。無如契丹。自四五十年來。智士謀
臣晝思夜算。未能為朝廷出一奇策。坐而制之。今天與吾時。使其上
下乖離。而親貴臣忽來歸我。此乃陛下威德所加。祖宗社稷之福。竊
慮憂國之臣過有思慮。以謂納之則恐引惹。臣請畧陳納之却之二
端利害。伏望聖慈裁擇其可。往年山遇捨元昊而歸明。邊臣為國存
信。拒而遣之。元昊甘心山遇。盡誅其族。由是河西之人。皆怨朝廷不
納。而痛山遇以忠而赤族。吾既自絕西人歸化之路。堅其事賊之心。
然本欲存信以懷元昊。而終至叛逆。困天下。是拒而不納。未足存
信。而反與賊堅人心。此已驗之効也。其後朝廷悟其失。討歸罪郭勸
悔已難追矣。此事不遠。可為鑒戒。伏望陛下思之。此不可拒而可納
一也。三嘏是契丹貴臣。秉節鉞。兼宣徽。可謂至親且貴矣。一旦若臣
離心。走而歸我。是彼國中大醜之事。必須掩諱。不使人聞。必不敢明
言求之於我。此其可納二也。況彼來投。又無追者相繼。既絕蹤跡。別
無明驗。雖欲索之於我。難以為辭。此其可納三也。三嘏既彼之貴臣
彼國之事。無不與知。今既南來。則彼之動靜虛實。我盡知之。可使契
丹日夕懼我攻取之不暇。安敢求索於我。自起兵端。若使契丹疑三
嘏果在中國。則三四十年之間。卒無南向之患。此又納之大利。其可
納四也。彼既窮來歸我。若懼而遣之。使其受山遇之禍。則幽燕之間

四五十年來心欲南向之人。盡絶其歸路。而堅其爭狀之心。思為三嘏報仇於中國。又終不能固契丹之信。此為誤計。其失尤多。且三嘏在中國。則契丹必盡疑幽燕之人。是其半國離心。常恐向背。凡契丹南寇常藉幽薊。使其盡疑幽薊之人。則可無南寇之患。此又可納大利五也。古語曰。天與不取。反受其咎。此不可失之機也。其劉三嘏伏望速降密旨與富弼。令就近安存。津送赴闕。惟乞決於睿斷。不惑羣言。

嘉祐二年。脩又上奏曰。臣伏見契丹所遣汎使專為御容而來。中外之議。皆謂前歲既已許之。於理不可中止。失於不早踐言。至彼非時遣使。及朝夕以來傳聞頗異。或云大臣共議。欲遂拒而不與。若然則臣恐釁隙之端。自此而始。禍患之起。未易遽言。大凡為國謀事者。必先明信義。審曲直。酌人情。量事勢。四者皆得。然後可以不疑。苟一有未然。尚恐敗事。況四者俱失。豈可不思。契丹與中國通盟久矣。而嚮來宗真特於信好。自表慇懃。別有家書。繼以畫像。聖朝納其來意。許以報之。而乃遷延至今。遂欲食言而中輟。是則彼以推誠結我。我以不信待之。失信傷義。甚非中國待夷狄之術。而又其曲在我。使彼易以為辭。自南北通和以來。信問往復之際。每於報答常從優厚。假借既多。其心已驕。況此畫像之來。特表慇懃之意。是則於平常之禮厚報以驕之。慇懃之來則不報以沮之。沮之彼必怒。不報彼必恥。懷恥蓄怒。何所不為。此人之常情也。許其父不許其子。厚薄之際。此亦人情之難處也。臣竊見契丹來書。初無寒溫問候之言。直以踐言孤約為說。其意在於必得。若此時被沮。勢必更來。事既再三。豈能堅執。若待其失於遂順。已成釁隙。然後與之。則重為中國之辱。又使夷狄謂中國難以恩意交。惟可以勢力脅。因之引惹。別有他求。則為後患。何可

涯。我今虜主雖弱。而中國邊備未完。廟謀未勝。未可生事。而欲執我曲彼直之義。以起戎而結禍。夫察彼事勢。必不能中止。量我事勢。又未能必沮之。臣故曰。四者俱失也。臣又聞虜使入境之日。比震星殞變異非常。先事深防。猶恐不及。失計招禍。豈可自為。臣願聖慮出於獨斷。勿沮其善意。無失我信言。臣今欲乞回諭虜中。告以如約。直候今冬因遣常使時與之。則於事體稍便。伏乞速下兩府商議。上繫國家利害。臣不敢不言。

寶元二年。吳育論元昊不足以臣禮責。上奏曰。臣聞聖人統御之策。夷夏不同。雖有戎虜之君。尚化賓服。終待以外臣之禮。羈縻勿絶而已。或一有背叛。來則備禦。去則勿追。蓋異俗殊方。視如犬馬。不足以臣禮責之。今元昊若止是抄掠邊陽。當置而不問。若已見叛狀。必須先行文告。以詰其由。若是同中國叛臣。即加征討。大凡兵家之勢。征討者貴在神速。守禦者利在持重。況夷狄之性。唯爭剽急。因而僞遁多誤王師。武夫氣銳。輕進貪功。或陷誘詐之機。今但明烽燧。堅壁清野。以挫剽急之鋒。而徐觀其勢。此乃廟堂之遠筭也。

仁宗時。契丹與元昊搆兵。元昊求納款。契丹使來。請勿納元昊。朝廷未知所答。育為禮部郎中。因上疏曰。契丹受恩。為日已久。不可納一叛羌。失繼世兄弟之懽。今二蕃自鬬。鬬久不解。可觀形勢。乘機立功。萬一過計。並納元昊。臣恐契丹窺兵趙魏。朝廷不得元昊毫髮之助。而太行東西。且有烟塵之警矣。宜使人諭元昊曰。契丹汝世姻。一旦自絶。力屈而歸我。我所疑也。若無他者。當順契丹如故。然後許汝歸欵。告契丹曰。已詔元昊。如能投誠款門即聽內附。若猶堅拒。當為討之。如此。則彼皆不能歸罪我矣。於是召兩制出契丹書。令兩制同上對。不易育議。

西鄙厥兵元昊請和議增歲賜右正言余靖言景德中契丹舉國興師直抵澶淵先帝北征渡河止捐金繒三十萬與之今元昊戰雖累勝皆由將帥輕敵易動之故數年選將練兵始知守戰之備而銳意解仇所予至二十六萬且戎事有機國力有限兵之於始雖悔何追夫以景德之患近在封域之內而歲賜如彼今日之警遠在邊鄙之外而歲賜如此若元昊使還益有所許契丹聞之寧不生心無厭之求自此始矣儻移西而備北為禍更深但思和與不和皆有後患則不必曲意徇以貽國羞

宋祁議西人劄子曰臣伏見元昊遣使進納誓書西人在館以待荅報伏知朝廷議欲降詔遂相關納止留冊命未便舉行又聞余靖使回北虜謂本朝若必行元昊封冊勿令使命深入恐契丹兵馬一例殺傷又其荅書有俟平定西鄙遣人來報之意此皆含糊未決之辭

包藏禍怨之語也臣愚不敏不知大計竊謂機危之會理須審思事脫一失悔將難救且西北二虜連兵構難中國之利也方當整勵兵馬陰拱高視候其大傷小亡乃可以逞今若便許元昊同其誓文則二國要約固已先定不待封冊方正君臣如此則元昊之貢獻必且續至朝廷之金幣亦便須分假使北虜能勝西則契丹必歸曲朝廷以謂撫彼叛臣逆其來信負力悖慢勢必稱兵而元昊得朝廷誓詔必且取重外鄙市怨耶律肆其狡獪因為間諜得我金幣以救敗亡是乃紓賊禍於一時嫁虜怨於中國矣使西能勝北則二賊之怨必深契丹士力更當攜貳則朝廷卻與元昊歡盟厚賂安得不動虜情貳契丹之怨朝廷益深則元昊之結朝廷益固者非謂與我為金石交也彼賊藉我之賄假我之據全境徼敵以誓劫我使吾遂戎束手瞪目熟視流歎不得侵略然後首鼠窺吝養成豺虎斯其謀也臣又料契丹毒蓄怨損歎窮反噬未能得志於元昊先且取償於河北避強擊弱有何不可是朝廷免西鄙之小衄結北方之巨釁輕重之擇安得不懷且契丹言恐一例殺傷又云俟平定西鄙此何等語朝廷忽而不計邪臣伏見元昊誓書中要結天地誓及子孫言雖夸險勢亦窘急何者彼重迫契丹之用兵畏我境之乘便略其邊塞取其老小重復詛誓務在速成必知朝廷已賜開許不肯先違信誓則彼一心拜此永無東顧之虞此賊昊之計事在目前確然可辨臣以為當今計者不如且遣彼使賜以存問詔書詰難誓文更令備正遣延來往以賒後期兼令雄州牒報虜帳俟其雄雌之決更議拒納之宜撫西懷北兩得其便伏望略回聖慮一賜財擇

知諫院司馬光論環州事宜狀曰右臣竊知環州熟户蕃部屯聚攻劫殺傷兵民雖犬羊之衆人面獸心綏之則驕怠之則叛固其常性

亦由將吏恩不能懷威不能服信不能結勇不能斷平居無事則擾之使亂及其陸梁又不能制是使戎狄順服王化則侵苦不安桀驁鴟張則富饒熾大凡邊境所以多事未有不由此也夫以屬國小胡背誕不恭而國家不能擒討使西北二虜聞之豈不益有輕漢之心伏望陛下特詔陝西不干礙路一面體量蕃部所以叛亂之因若果由將吏撫御乖方所致即乞明行誅責以謝邊民更選良將能吏有方畧者使之鎮撫分別蕃部善惡附順者撫而安之以壞散其黨悖逆者討而誅之使永久慴服不然臣恐其日月浸深罪惡愈重自知不為朝廷所容將外連西夏內結諸部黨與益衆氣燄益大乃為朝廷旰食之憂非特鼠竊狗偷而已也

英宗即位司馬光為殿中侍御史論夏國入弔劄子曰臣伏聞夏國所遣使人前日不肯門見固求入對朝廷不許勸歸館舍臣愚竊

以陛下繼統之初四夷之人皆欲舉踵天表窺覘聖德又聞鄉曾不安意謂未能視朝所以犬羊之心敢爾猖獗今若深閉固拒不聽入見則必疑有所隱避蓋足使之驕慢況御日陛下已御正殿臣謂何惜紫庭數步之地使之稽首拜伏瞻仰清光庶幾得識陛下神武之姿知必能鎮服四海歸至其國轉相告語醜蟻之衆心服氣沮不敢窺邊此所謂上兵伐謀不待戰而屈敵者也

同知諫院呂誨請重造蕃部兵帳上奏曰臣聞兵家之說國雖大好戰必亡天下雖平忘戰必危此蓋恒古深戒也國家承平日久自元昊納款兵防不葺邊備皆弛臣切謂最可憂者陝西四路熟户蕃部以失制馭將恐離落盡隳亭障不固邊事從起必為深患昨聞保安軍蕃官胡守清身死後有承襟也香於前年走投夏國今已兵却來本族界上招誘自己手下人馬及於次年春西界賊馬來攻擄胡守清地界熟户相殺經略司亦曾差官檢驗戰場胡守清承守中相繼走投西界保安軍累行公牒取索得守中等雖已隊斬訖奈何人情搖貳其必有因多是蕃官優年或即首領酷暴良亦主管兵官失恩威制馭之然也況胡守清族下從來富盛人馬強壯鄜延倚以為固者朝廷更不為存郵則人不安居又焉知其他蕃部不有擀也香守中之志萬一倡率皆逃邊城危矣如李金明三十餘族向時失於存撫盡為元昊以利招誘逐部首領臨陣皆無鬭意故李金明失利於師陷沒至今邊人以為深痛昔四路所管熟户不下數十萬人自寶元用兵以來相繼陷沒十無四五存焉後慶曆以後兵帳未嘗改造二十年間逃亡死損不可勝數忽有調發何憑點集是見邊臣因循積弊為日深矣況蕃部雖居漢界自來田業盡是父子相承典買住佃但無徭賦此外別不露恩惟首領遇有傳箭邊戰陣則方當前鋒詰

其實效勝正兵遠甚居無事之際尤宜存撫逐部族今所存者都有外來散户依附其間或是連親或即庸力混雜居處例各年深察其情意未有不願為漢民者是彼有鄉順之心而我失羈縻之策爾儻不收附兵籍徒使蕃息於王土非但緩急不得其用而又容庇在内使往來作過此必然之事不可不慮也臣欲乞朝廷委自四路帥臣選差有心力官員與逐處州縣堡寨勒本部蕃官供析見在人數未附籍者與舊管人一處造帳收係或逐處更有係官閒田畫令均匀給受候造帳了畢應舊管蕃官及蕃族首領各與轉資酬奬所貴窮邊人衆仰戴國恩樂其效用各盡死節況蕃族首領自來給俸至薄軍主都虞候每月不過二貫文以次等級從而可知雖遷轉一二資無所損費推是恩信結之必因兹大段添收得人數庶幾邊防籬落漸次修葺所有胡守中等逃背因由伏乞指揮下鄰路密切體量詣

實本地分主管官員乞重行責降所貴今後邊臣撫存蕃部不敢懈慢今來因胡守中等逃背點檢蕃部整齊兵帳不為生事於體甚便

治平初知桂州陸詵言交州來求儂宗旦男曰新及欲取温悶洞等地帝問交趾於何年割據輔臣對曰自唐至德中改安南都護府梁貞明中土豪曲承美專有此地韓琦曰向以黎桓叛命太宗遣將討伐不服後遣使招誘始效順交州山路嶮僻多潦霧瘴毒之氣雖得其地恐不能守也

治平二年參知政事歐陽脩論西邊可攻四事上奏曰臣伏見諒祚狂僭釁隙已多不越歲年必為邊患臣本愚庸不達時機輒以外料敵情内量事勢竊往年已驗之失思今日可用之謀雖兵不先言然見形而應變然坐而制勝亦大計之可言謹具條陳庶裨萬一臣所

謂外料敵情者諒祚世有夏州自彝興克叡以前止於一鎮五州而已太宗皇帝時繼捧繼遷始爲邊患其後遂陷靈鹽盡有朔方之地蓋自淳化咸平用兵十五餘年既不能剪滅遂務招懷適會繼遷爲潘羅支所殺其子德明乃議歸款而我唯以恩信復其王封歲時俸賜極於優厚德明既無南顧之憂而其子元昊亦恃遂併力西攻回紇拓地千餘里德明既死地大兵強元昊遂復背叛國家自寶元慶曆以後一方用兵天下騷動國虛民弊如此數年元昊知我有厭兵之患遂復議和而國家待之恩禮又異於前矣號爲國主僅得其稱臣歲予之物百倍德明之時半於契丹之數今者諒祚雖曰狂童然而習見其家世所爲蓋繼遷一叛而復王封元昊再叛而爲國主今若又叛其志可知是其欲自比契丹抗衡中國以爲鼎峙之勢爾此臣切料敵情在此也夫所謂內量事勢者蓋以慶曆用兵之時視方

今邊備較彼我之虛實強弱以見勝敗之形也自真宗景德二年盟北虜於澶淵明年始納西夏之款遂務休兵至寶元初元昊復叛蓋三十餘年上下安於無事武備廢而不修廟堂無謀臣邊鄙無勇將將愚不識干戈兵驕不知戰陣器械朽腐城郭隳頹而元昊勇鷙桀黠之虜也其包畜奸謀欲窺中國者累年矣而我方恬然不以爲虞待其謀成兵具一日反書來上然後茫然不知所措中外震駭舉動倉惶所以用兵之初有敗而無勝也而朝廷用韓琦范仲淹等付以西事極力經營而勇夫銳將亦因戰陣稍稍而出數年之間人謀漸得武備漸修似可枝梧矣然天下已困所以屈意忍恥復與之和此慶曆之事爾今則不然方今甲兵雖未精利不若往年之腐朽也城壘粗嘗修緝不若往年之隳頹也土兵藩落增添訓練不若往年之寡弱驕怠也大小將校曾經戰陣者往往尚在不若往年魏昭炳夏

隨之徒膏粱子弟也一二執政之臣皆當時宣力者其留心西事熟矣不若往年大臣茫然不知所措者也蓋往年不知邊事之謀臣駁不識干戈之將用驕兵執朽器以當桀黠新興之虜此所以敗也方今謀臣武將城壁器械不類往年而諒祚狂童不及元昊遠甚往年忽而不思今又已先覺可以早爲之備苟其不叛則已若其果叛未必不爲中國利也臣謂可因此時雪前恥收後功但顧人謀如何爾若上憑陛下神威睿算係累諒祚君臣獻於廟社此其上也其次逐狂虜於黃河之北以復朔方故地最下盡取山界奪其險而我守之以永絕邊患此臣內量事勢謂或如此臣所謂鑒往年已驗之所失者其小失非一不可悉數臣請言其大者夫夷狄變詐兵交陣合彼佯敗以爲誘我我貪而追之或不虞橫出而爲其所邀或進陷死地而困於束手此前日屢敗之戒今明習兵戰者亦能知之此雖小事

也亦不可忽所謂大計之繆者攻守之策皆失爾臣視慶曆禦邊之備東起麟府西盡秦隴地長二千餘里分爲路者五而分爲州爲軍者二十有四而軍州分爲寨爲堡爲城者又數二百皆須列兵而守之故吾兵雖衆不得不分所分既多不得不寡而賊之出也常舉其國衆合聚爲一而來是吾兵雖多分之而寡彼衆雖寡聚之爲多以彼之多擊吾之寡不得不敗也此城寨之法既不足自守矣而五路大將軍所謂戰兵者分在二十四州軍欲合而出則懼後空而無備欲各留守備而合其餘則數少不足以出攻此當時所以用兵累年終不能一出者以此也夫進不能出攻退不能自守是謂攻守皆無策者往年已驗之失也臣所謂可用之謀者在定出攻之計爾必用先起制人之術乃可以取勝也蓋列兵分地而守敵得出而撓於其間使我處處爲備常如敵至師老糧匱我勞彼逸昔周世宗以此累

困李景於淮南。昨元昊亦用此策以困我之西鄙。夫兵分備寡，兵家之大害也。其害常在我，以逸待勞，兵家之大利也。其利常在彼，所以往年賊常得志。今誠能反其事而移我所害者寄敵，奪敵所利者在我，則我當先為出攻之計。彼疲於守禦，則我亦得志。凡出攻之兵，勿為大舉。我每一出，彼必呼集而來拒。彼出於東，則別出其西。我歸彼散，則我復出而又集。我以五路之兵，番休出入，使其一國之衆聚散奔走，無時暫停，則無不困之虜矣。此臣所謂方今可用之謀也。蓋往年之失在守，方今之利在攻。昔至道中，亦嘗五路出攻矣，當時將相為謀不審，蓋欲攻難虜方強之國，不先以謀困之，而直為一戰必取之計，大舉深入，所以不能成功也。夫用兵難事也，故謀既審矣，則其發也果，故能動而有成功也。凡用兵之形勢，有可先知者，有不可先言者。臣願陛下遣一重臣出而巡撫，徧見諸將，與熟圖之，以定大計。

凡山川道路，番漢步騎出入，所宜可先知者，悉圖上方畧。其餘不可先言付之將帥，使其見形應變，因敵制勝。至諒祚之所為，宜先屈意含容而曲就之。既以驕其心，亦少緩其事，以待吾之為備，而且嚴戒五路，訓兵選將，利器甲，畜資糧，常具軍行之計，待其反書朝奏，則王師暮出，以駭其心而奪其氣，使其枝梧不暇，則勝勢在我矣。往年議者亦欲招輯橫山蕃部，謀取山界之地。然臣謂必欲招之，亦須先藉勝捷之威，使其知中國之強，則方肯來附也。由是言之，亦以出攻為利矣。凡臣之言者，大略如此。然臣足未嘗踐邊陲，目未嘗識戰陣，以一儒生偏見之言，誠知未可必用，直以方當陛下勞心西事，廣詢衆議之時，悉竭愚慮，備芻蕘之一說耳。

脩又上奏曰：臣近嘗上言諒祚為邊患，朝廷宜早圖禦備。及乞遣一重臣親與邊將議定攻守大計等事。至今多日，未蒙降出施行。臣竊見慶曆中，元昊作過時，朝廷輕敵，號令無素定之謀，每遇邊奏急來，則上下惶恐，倉卒指揮既多，不中事機，所以落賊姦便，敗軍殺將，可為痛心。今者諒祚以萬騎寇秦渭兩路，焚燒數百里間，掃蕩俱盡，而兩路將帥不敢出一人一騎，則國威固已挫矣。諒祚負恩背德，如此陛下未能發兵誅討，但遣使賫詔書賜之。又拒而不納，使者羞媿俛首懷詔而回，則大國不勝其辱矣。當陛下臨御之初，遭此狂童威沮國辱。此臣等之罪也。臣謂陛下宜赫然發憤，以邊事切責大臣，至於山川形勢，有利有不利，士卒勇怯，孰可用孰不可用，何處宜攻，何處宜守，何兵宜屯其地，何將可付其兵，如此等事甚多，皆陛下聖慮所宜及者。臣謂陛下宜因閑時御便殿，召當職之臣，使案圖指畫，各陳所見，陛下可以不下席而盡在目前，然後制以行機畧，責將相以成功。而陛下以萬機之繁，既未及此，兩府之臣如臣等日所進呈，又

皆常程公事，亦未嘗聚首合謀，講定大計。外則四路邊臣，自賊馬過後，亦不聞別有擘畫。臣恐上下因循，又如慶曆之初矣。近者韓琦曾將慶曆中議山界文字進呈，此邊事百端中一端爾。蓋琦亦憂事不講求，假此文字為題目，以牽合衆人之論爾。自進呈後，尋送密院，至今多日，亦未嘗擬議。臣以非才，陛下任之政府，使是國之謀臣，若其謀慮淺近，所言狂妄，自可黜去不疑。臣亦昨因目疾，懇求解職，曲蒙聖恩，未許其去。既使在其位，又棄其言而不問，使臣尸祿厚顏，何以自處？所有臣前來所上奏狀，欲望聖慈降付中書密院，與韓琦山界文字一處商量。若其言果不足取，棄之未晚。

英宗時，陝西轉運副使范純仁奏乞早遣夏國封冊使。臣疏曰：臣近聞朝廷許西人納款，先遣梁交齎賜詔書，而封冊之使，久未聞進發。竊以夷狄之性，荒忽無常，惟在朝廷結以恩信。今既納其善意，賜以德

嗇則封賞之恩亦宜早下名實相副示我致誠犬羊之心感恩必固不可更自稽緩益彼姦心遂詐意疑恐貽後患又聞陝自春少雨邊計未豐雖於此時與較毫末漢祖行封南粤稽首項籍刓印莫雄雖心況如聖謨不可不慎伏望聖慈指揮夏國封冊使臣速令進發庶得疆埸早寧兵民受賜縱彼別懷狙詐固亦曲不在我但使彼國生靈先感朝廷好生之德則其酋首自無能為

治平四年神宗即位御史中丞司馬光上言橫山劄子曰臣竊聞陝西邊臣有上言欲招納趙諒祚國內人者漸圖進取者臣竊惟諒祚驕僭之罪宜伏天誅為日固久今國家新遭大憂陛下初承寶命公私困匱軍政未講恐征伐四夷之事未易輕議也況諒祚雖內懷桀驚而外存臣禮方遣使者奉表弔祭尚未還國而遽令邊臣誘納其亡叛之民臣恐未足以衡損諒祚而失王者之體多矣伏望陛下且

以撫循百姓為先以征伐四夷為後速詔邊臣務敦大信勿納亡叛專謹斥候防其侵軼而已俟諒祚惡既熟中國兵穀有餘然後奉辭伐罪不為晚也

光又論納橫山非便上奏曰臣聞王者之於夷狄或懷之以德或震之以威要在使之不犯邊境中國獲安則善矣不以踰意殲誅大宄絕沙漠擒頡利然後為快也竊聞有邊臣趙諒祚部將輕泥嚷側欲以橫山之眾攻取諒祚歸命聖德朝廷已有指揮許令招納臣近者雖嘗論列以為非冝尚慮語言疏畧未盡本末不敢不再為陛下陳之今進謀者但言其利不言其害臣請試言其害雖逆盛意願陛下勿遽加棄置略賜省覽與進謀者參校其是非臣聞戎狄之俗自為兒童則習騎射父子兄弟相與羣聚未嘗講仁義禮樂之言也唯以詐謀攻戰相尚而已故其民習於用兵善忍饑渴能受辛苦樂鬭死而恥病終身中國之民所不能為也是以聖王與之校德則有天淵之殊與之校力則未能保其必勝也以舜禹之明征二苗而三旬逆命商高宗之賢伐鬼方而三年乃克漢高祖之雄傑為冒頓所圍七日不火食國朝以太宗之英武北舉河東南取閩浙若拾地芥加之猛將如雲謀臣如雨天下新平民未忘戰當是之時繼遷背叛太宗以鄭文寶為陝西轉運使用其計策假之威權以討之十有餘年卒不能克發關中之民飛芻輓粟以饋靈州及清遠軍為虜所抄掠及經沙磧饑渴死者什七八白骨蔽野號哭滿道長老至今言之猶歔欷酸鼻及真宗即位會繼遷為潘羅支所殺真宗因洗滌其罪撫其孫賜節鉞使長不毛之地訖于天聖明道四十餘年為不侵不叛之臣關中戶口滋息農桑豐富由是觀之征伐之與懷柔利害易見矣及元昊背恩國家發兵調賦以供邊役關中饑竭延及四方東自

海岱南踰江淮占籍之民無不蕭然苦於科斂自其始叛以至納款纔五年耳天下困弊至今未復仁宗屈己賜以誓詔冊為國主歲與之物凡二十五萬豈以罪不足誅而功可賞哉計不得已也向者諒祚雖時有桀驁禮節不備或誘掠熟戶驚擾邊民然猶稱臣奉貢未敢顯然自絕也今乃誘其叛臣以圖之縱使誠梟諒祚之首復靈夏之土以王者之兵言之猶可恥也況其成敗未可知乎臣恐邊事之興生民之苦由此而始也王者之於諸侯叛則討之服則撫之是以諸侯懷德畏討莫不率從去歲諒祚攻大順城殺掠吏民今春朝貢之使不以時至當是時不能討也今朝廷既赦其罪與其賜物受其使者納其貢獻又從而誘其叛臣激其忿心是常欲其叛而不欲其服也信義賞罰將安在乎議者或以為彼誘我民我誘彼臣何為不可是特閭閻小人之語非知國家大體者也彼僻陋小羌切誘我民

以益其衆，仍欲以天子億兆之富，而效其所爲，譬如鄰人竊己之財，已以正議責之可也，豈可復竊彼之財以相報邪？臣聞諒祚陰蓄姦謀，爲日固久，招納不逞之人，以爲謀主，誘脅熟戶，以撤中國之藩籬，常有據關中窺河東之心，雖未必能然，若縱其毒，蓋亦足以爲亭鄣之患，未可以小種之羌孱弱之人待之也。國家不幸比遭大憂，帑藏空虛，關中之民自經西事以來，仍苦鐵錢，財力凋弊，熟戶屢經殺掠，亡失太半，縱其在者亦懷二心，非復得如景祐、寶元之時也。當此際，陛下深詔邊吏，崇信誓，保分界，嚴守備，明斥候以待之，猶惟諒祚狼子野心，不識恩義，乘我釁隙，侵擾疆場，況彼不動而擾之，不來而召之乎？臣又聞虜中間諜所在甚多，中國動靜，豪髮皆知。其嚢側自程戡在鄜延時，已有聲聞云欲歸降，自去至今已經數年，朝廷屢召邊臣與之謀議，外人往往知之，亦有邸吏傳報四方，安有虜中獨不覺悟乎？然無事常無誅討之意乎？臣切疑其內挾詐謀，未可信也。或者諒祚久懷逆討，以朝廷待之恩禮優厚，無因而發，故遣其部將詐降以卜之，若朝廷受之，則將歸曲而責直，得以爲背叛之名；或者使其部將詐言勢孤力微，不能獨制諒祚，乞朝廷遣將出師爲助，而陰設伏兵以徼大利。此二者皆未可知也。若萬一有之，則今日受之正墮其計中矣。縱使嚢側實有降心，蓋亦私有忿恨，或別負罪惡，反側不安，欲倚大國之威以逼其主，其所部之民，未必肯盡從也。雖其自言權勢之強，甲兵之盛，有謀善戰，爲民所附，蓋欲自誇以求售耳，未必然也。借令實能舉兵以與諒祚爲敵，戰而勝之，則是滅一諒祚，生一諒祚也。若其不勝，必引其餘衆南奔中國，諒祚悉其境內之兵以追之，怒氣直衝，長驅入塞，當是之時，非口舌文移所能解也。臣恐朝廷不惟失信於諒祚，又將失信於嚢側也。若嚢側餘衆無幾，猶可

以縛而送之，以謾諒祚之兵。然形迹已露，諒祚必叛無疑也。若嚢側餘衆尚多，還北不可，入南不受，窮無所歸，必不肯如山遇束手就死，將突據邊城，以救其命，更爲中國之患，未有涯也。陛下不見侯景之事乎？臣聞羽翼未成，不可以高飛；邇者未悅，不可以來遠。上自堯舜禹湯文武之主，下至齊威、晉文之霸，未有不先治其內而能治於外者也。故孔子曰：善人教民七年，亦可以即戎矣。又曰：以不教民戰，是謂棄之。今陛下新即大位，尚未逾年，朝廷之政，未盡修也；封域之中，未盡治也。內郡無一年之蓄，左帑無累月之財，民間貧困，十室九空，小有水旱，即化爲流殍。承平日久，戎事不講，將帥乏人，士卒驕惰，上下姑息，有同兒戲，教閱稍頻則愠懟怨咨，賜與不時則揚言不遜，被甲行數十里則喘汗不進，遇鄉邑小盜則望塵奔潰，此乃衆人所共知，非臣敢爲欺罔。兵法曰：知彼知己，百戰不殆；知彼不知己，一勝一負；

不知彼不知己，每戰必殆。陛下視今天下如此，而欲謀境外之事，起兵革之端，挑強梁之虜，冀難立之功，此臣所爲寒心者也。爲今日之計，莫如收拔賢俊，隨才受任，以舉百職；有功必賞，有罪必罰，以修庶政；選擇監司，澄清守令，以安百姓；屏絕浮費，沙汰冗食，以實倉庫；詢訪智略，察驗武勇，以選將帥；申明階級，翦戮桀黠，以立軍法；料簡驍銳，罷去羸老，以練士卒；修整犀利，變更苦窳，以精器械。俟百職既舉，庶政既修，百姓既安，倉庫既實，將帥既選，軍法既立，士卒既練，器械既精，然後惟陛下之所欲爲，復靈夏，取瓜沙，平幽薊，收蒲朔，無不可也。今八者未有其一，而欲納邊吏之狂謀，信黠虜之詭辭，臣恐不能得其降者數百，而虜騎大至，覆軍殺將，邊城晝閉，朝廷乃爲之宵衣旰食，焦心勞思，興兵運財，以救其急，使天下愁困，如康定、慶曆之時，已而乎無可奈何，然後忍恥以招之，卑辭以諭之，尊其名以悅之，增

其路以來之。其為損也不亦多乎。斯乃國之大事。安危所係。非特邊境之憂而已。願陛下深留聖思。勿為後悔。乃天下之福也。彼進謀者。皆非實為國家斬將搴旗。拓土開境。進衛霍甘陳之功也。但以利口長舌。虛辭大言。一時詿惑聖聰。欲盜陛下之官職耳。他日國家有患。不預其憂。是豈可哉。凡邊境有事。則將帥邊官士卒受賞。無事則上下安寧。無因徼幸。此乃人臣之利。非國之利。陛下不可不察也。

歷代名臣奏議卷之三百四十三

歷代名臣奏議卷之三百四十四

夷狄

宋神宗熙寧元年。王韶詣闕上平戎策三篇。其畧以為西夏可取。欲取西夏。當先復河湟。則夏人有腹背受敵之憂。夏人比年攻青唐不能克。萬一克之。必併兵南向。大掠秦渭之間。牧馬于蘭會。斷古渭境。盡服南山生羌。西築武勝。遣兵時掠洮河。則隴蜀諸郡當盡驚擾。瞎征兄弟其能自保邪。今唃氏子孫。唯董氈粗能自立。瞎征欺巴溫之徒。文法所及。各不過一二百里。其勢豈能與西人抗哉。武威之南至于洮河蘭鄯。皆故漢郡縣。所謂湟中浩亹大小榆枹罕。土地肥美。宜五種者在焉。幸今諸羌瓜分。莫相統一。此正可併合而兼撫之時也。諸種既服。唃氏其敢不歸。唃氏歸。則河西李氏在吾股掌中矣。且唃氏子孫。瞎征差盛。為諸羌所畏。若招諭之。使居武勝或渭源城。使糾合宗黨。制其部族。習用漢法。異時族類雖盛。不過一延州之李士彬、環州慕恩耳。為漢有肘腋之助。且使夏人無所連結。策之上也。神宗異其言。

翰林學士承旨王珪乞令木征不得還熙州劄子曰。臣早來伏奉聖諭。王韶欲令木征復還熙州。臣甚惑之。竊惟熙河一道。俗本羌戎。自唐以來棄中原。盛衰或得或失。然失之莫不易。得之莫不難也。今得其地環數千里。據大河上游。使夏國有腹背之憂。董氈失脣齒之附。不為不要矣。顧非陛下獨奮英武。蓋未易得之。前日得巴氈角、瞎吳叱、董谷數人。皆授以官而遣之。蓋欲招致木征。爾木征既出而韶意欲復還者。不過以南山猶有未附之人。臣以為不然。且木征集殺害邊吏衆。亦知其出而不還。非如巴氈角等之比。因而縻之。足使未附之人。皆憚漢之威靈。却易為撫輯。況西蕃大首領其桀黠更無有過木征者自韶經制一方捕斬無慮數萬級其威名蚤立今所遺一二種落豈待木征還而後定觀木征之降蓋勢不獲已即非誠有向漢之心如使居熙州我之動靜虛實一以得之其種人皆腹心又恐漢滁一旦引夏國與董氊乘間發兵扼通遠之衝絕枹罕之餉西面番部合力而攻熙州洮岷疊宕連衡而撓階秦方是之時恐熙河非復我有也踏白之變虜猶可以復勝者彼內無應也儻諜出木征變起熙州則事安可測也不但失之四夷又從而見侮棄前功遺後患木可不思也竊以為木征之還利小而害大如陛下必欲慰羌人之心且令居秦州為便臣之愚見如此不敢自默更繫聖裁

二年翰林學士司馬光論召陝西邊臣劄子曰臣竊任御史中丞日聞國家招納夏國降民曾上言方今百職未舉庶政未修百姓未安倉庫未實將帥未選軍法未立士卒未練器械未精八事不完未可

興兵智慮迂疏不合聖心俄而种諤等起綏州之役楊定為夏虜所殺陝西騷然困於餽戍朝廷悔前之失故謫降种諤等以謝夏虜再三招撫方能得其稱臣奉表復遵舊約朝廷特遣使者以誓詔冊命及金帛雜物賜之尚未返命今竊聞陛下復召种諤等詣闕引對不知陛下欲何所興為中外聞者無不寒心夫布衣不守信義猶見輕於鄉黨況王者臨御四夷當叛則威之服則懷之使信義之明皎如日月若戎狄幸而臣服無故擾之及其背誕則從而嫗煦之得其臣服又從而擾之其於信義威懷如何我國家以信義臣畜戎狄百有餘年前日种諤等舉而棄之興兵掩其不備以邀一時之功僅能得不食之地百餘里飢虜萬餘人耳今地則歸之虜庭民則逃散略盡朝廷有何所得而發兵守衛轉粟饋餉公私之費以鉅萬計其為失策豈不昭然今瘡痍未復憂患未弭臣前所言八事一無所修而虜疑忌中國警備已嚴怨毒之心蓄而未發諤等乃欲復為前日所為臣見其無復綏州之功而必有大敗覆沒之事兵連禍結不可救解公私困竭盜賊將生此乃社稷之憂非獨邊鄙之患也孔子曰過而不改是謂過矣伏望陛下留神深念至于再至于三當先修內政未可輕議用兵實天下幸甚

六年韓琦判相州契丹來求代北地帝手詔訪琦琦奏言臣觀近年以來朝廷舉事似不以大敵為恤彼見形生疑必謂我有圖復燕南舊疆引先發制人之說造為釁端所以致疑其事有七高麗臣屬北方久絕朝貢乃因商舶誘之使來契丹知之必謂將以圖我一也強取吐蕃之地以建熙河契丹聞之必謂行將及我二也遍植榆柳於西山冀其成長以制蕃騎三也創團保甲四也諸州築城鑿池五也置都作院頒弓刀新式大作戰車六也置河北三十七將七也契丹

素為敵國因事起疑不得不然臣昔年論青苗錢事言若無肆厚誣非陛下之明幾及大戮自此闕新法日下不敢復言今親被詔問事係安危言及而隱死有餘罪臣嘗竊計始為陛下謀者必曰治國之本當先聚財積穀募兵於民則可以鞭笞四夷故散青苗錢使民出利為免役之法次第取錢道置市易務而小商細民無所措手新制日下更改無常官吏茫然不能詳記監司督責以刻為明今農怨於畎畝商歎於道路長吏不安其職陛下不盡知也夫欲攘斥四夷以興太平而先使邦本困搖眾心離怨此則為陛下始謀者大誤也臣今為陛下計謂宜遣使報聘具言向來興作乃修備之常豈有他意疆土素定悉如舊境不可持此造端以隳累世之好以可疑之形如將官之類因而罷去益養民愛力選賢任能疏遠奸諛進用忠鯁使天下悅服邊備日充若其果自敗盟則可一振威武恢復故疆攄累

朝之宿憤矣。䟽上，會王安石再入相，遂以所爭地與契丹東西七百里，論者惜之。

神宗時，吏部尚書蘇轍論北朝政事大略䟽曰：臣近奉勅差充北朝皇帝生辰國信使，爭已具語錄進呈訖。然於北朝所見事體，亦有語錄不能盡者，恐朝廷不可不知，謹具三事，條列如左。

一、北朝皇帝年顏見今六十以來，然舉止輕健，飲啗不衰，在位既久，頗知利害，與朝廷和好年深，蕃漢人戶休養生息，人人安居，不樂戰鬬。加以其孫燕王幼弱，頃年契丹大臣誅殺其父，常有求報之心，故欲依倚漢人，輸附本朝，為自固之計。雖北界小民亦能道此。臣等過境後，見其臣僚年高曉事，如接伴耶律恭、燕京三司使王經、副留守耶律世京、館伴使鄭顓之流，皆言及和好，咨嗟歎息，以為自古所未有。又稱道北朝皇帝所以館待南使之意極厚，有接伴臣等都管一人，來到帳下，除翰林副使；送伴副使王可離帳下不數日，除三司副使，皆言緣接伴南使之勞。以此觀之，北朝皇帝若且無恙，邊可保無事。惟其孫燕王骨氣凡弱，瞻視不正，不逮其祖。雖心似向漢，未知得志之後能彈壓蕃漢，保其祿位否耳。

一、北朝之政，寬契丹，虐燕人，蓋已舊矣。然臣等訪聞山前諸州祗候公人，止是小民爭鬬殺傷之獄，則有此弊。至於燕人強家富族，似不至如此。契丹之人，每冬月多避寒於燕地，牧放住坐，亦止於天荒地上，不敢侵犯稅土。燕人賦役頗輕，漢人亦易於供應。惟是每有急速發調之政，即遣天使，帶銀牌於漢戶須索，縣吏動遭鞭箠，富家多被強取玉帛子女，不敢愛惜。燕人最以為苦，兼法令不明，受賕鬻獄，習以為常。此蓋夷狄之常俗。若其朝廷郡縣，蓋亦粗有法度，上下維持，未有離析之勢也。

一、北朝皇帝好佛法，能自講其書。每夏季輒會諸京僧徒及其羣臣執經親講，所在修蓋寺院，度僧甚衆。因此僧徒縱恣，放債營利，侵奪小民，民甚苦之。然契丹之人緣此誦經念佛，殺心稍悛。此蓋北朝之巨蠹，而中朝之利也。

右謹錄奏聞。乞賜省閱，亦足以見鄰國向背得失情狀。取進止。

強幾聖論邊事劄子曰：臣聞契丹之於中國，其勢不可常也。弱則臣，強則相抗，或至於侵軼而不已，遂有闚中原之心。蓋三代以迄五季，其間臣附者無幾。若代侵而代衰之，或絕也。既尊大於石氏之晉，又得燕地，而虜勢益張。始以胡人為腹心，而眡燕人猶行路也；以是群胡翕為之用，勝國而不可已。而燕人狡黠而巧事，虜親燕人，而群胡日寖以疏。故金城宗元之變起於蕭墻，相殘者未幾，而西夏遂攻其右脇，而軍中往往出叛語，安直、許趙又乘釁而動。今契丹雖欲復置群胡於腹中，而人心亦已去矣。夫逐水草、習騎射，此胡人之所利，今反棄之，但坐啗中國之金繒，而漸嗜奢侈之為樂，此特天亡胡時也。萬一虜衆兵其主而南，報怨於燕，燕人懼其塗炭也，必求救於我。朝廷即當遣良將勁卒以撫援燕人，且行復吾境土，則幽薊之地皆漢有也。如曰未能，則是朝廷坐眡燕人之將死，而投其首於群胡，俾得血肉也。其必反怨於朝廷，而愈懼胡人之仇，已無難矣。設有慷慨豪俠如荊軻輩，復出於其地，一呼其徒而響應之，南驅以避仇讎，竊恐大河以南不得而有也。臣兩使河朔，頗究邊事。今既耳剽其說，心惟其勢，豈敢嘿焉而不言。為今計者，莫若練兵實邊，逆為北備，使胡馬不敢牧於南，此先時之長策也。朝廷垂聽而留意焉。

鄭獬論西夏事宜狀奏曰：臣近獲賜對，條列西羌狀，陛下不以臣愚陋，垂屈天意，容其長論。至於還綏州，救害，陛下雖以臣言為是，然竊觀聖語躊躇而不發，以有隱計未欲□□於外者。臣退而惑之。豈有執議之臣趨時窺利，將有所邀乎？蓋邊臣之萌其曲不在彼，是以諒祚敢肆其禍心，誘揚定而戕之。自定之死，如朝廷能沮撻以竟之暴，則宜聲鐘鼓而伐之。何為忍恥至今，未能發一卒以問罪？是不獨無辭，其實力不足耳。則瘡痛之在邊，猶未愈也。今幸而諒祚死，稚子方在人股掌之間，酋豪相謀變，未能固其國，最亂使以告其纏甚順，不失藩臣之體。陛下所宜照其肝膽而存撫之。既已納其表，則不宜反有所邀，以咈其向義之心。若責其殺揚定，必使割地乞盟，然後還其綏州而貸其顛殺之誅，如此，則恐非帝王綏遠之大略、柔人之要。拂其孤兒，因告哀之使從而以圖利，夷狄聞之，不有窺中國之淺深乎？而議者乃用此為奇貨，將以售寵市功於己之小智則可，而豈不謬為國之大計哉！方元昊之梟張，鳴天下之力而距之，而竟不覩獻廟

之俘，又冊之以主號，嗚之以金繒，乃得其歸款而盟。不於此時摧其光焰以示威德之使，乃於孤兒之喪謀其小利，是豈足稱雄武？彼綏以零丁不支，惟天子之命是從，匍伏請盟，割橫山之地歸于我，我得之猶且不武，況彼君臣尚能倔強於一方，萬一如有不奉詔，則我又將奈何？遂爾切於其無名而使之必從耶？遂爾遣將練兵以討其不恭耶？是二者又非至理。既無可奈何而復置之，則我無乃返辱，寧是無疾而自灸也。較不若不邀之為善。誠能講襲故事，立其幼子，明告之曰：殺揚定者，爾父也，爾所不及，嗣我已赦之。向之邊臣擅城綏州，又欲歸汝，以揚定之死故不可，今還汝。如此，則中國之恩威垂於夷狄如泰山矣。彼雖鳥獸，豈無戢仰躑躅之感？而疑之禍亦可解矣。釋金石之成議，圖圭黍之小利，虧損國家，非至計也。朝廷如欲經營四夷，則今之羌雖弱稍衰，□家用事，必不能相下，方且有隙，因機制變，陛下

少遲之然，非今日之事也。臣自种諤結隙已來，以為朝廷之憂無大於此者。故曉夕講劘，思有以弭其患，少報陛下收采之恩。所以每當機會，屢言之不已。伏望陛下奮獨見之明，擯斥邪議，一舉而夷狄懷，邊安中國，豈不美歟？前日誅种諤之機既以失之，邊有揚定之恥，則今日之議不宜再失。恐有甚於揚定者矣。臣之懷懷，不勝至願。

熙寧九年，樞密使文彥博上奏曰：臣伏奉詔書，詢及疆事。臣以衰拙昏耄，何足仰承聖問，蔽以久當柄任，蒙國恩深，義激於中，敢不罄露，庶伸補報之萬一。夫戎狄之情，貪利忘義，從古以來載於書史者詳矣。自真宗朝與通好，所以息民幾八十年，未嘗犯順。惟慶曆初，乘我西事未弭，故有邀求，餌之而已。當時載立誓書，亦古尋盟之義也。歷覽前代中國與戎狄通好，未有如今

之悠久，蓋朝廷謹守信誓，不聯瑣瑣細故，亦不輒生變改。是以戎人亦不敢輕有希求。自數年前，蕃家妄理白溝館驛及要拆去鋪屋，況誓書之中明載雄州所管白溝，兩朝遵守已久，且信誓之辭，質於天地神祇，告於宗廟社稷，此而可渝，何以享國？今蕭禧之來，又決於雄州北亭交割禮物，其意欲以雄州北亭為界，乃其如誓書何？誓書若不為憑，即代北之地，止以圖籍照驗，宜其不以為據。原其貪心，亦因慶曆初西事未平之際，求黃嵬之地，朝廷容易棄與之，又致今日妄有侵理。誠如聖詔所謂虜情無厭，執恐未已。臣亦謂虜因此妄起釁端，聖意謂萬一不測，何以待之。臣以謂中國御戎，守信為上。今以誓書為證，彼將何詞以亢？縱肆詭詞，難奪正論。臣又以事理度之，事固有逆順，理固有曲直，順而直，天必助之；逆而曲，天不與之。若虜人不計曲直

利害。肆其貪狠。敢萌犯順之心。朝廷固已於預備之要。足食足兵。堅完城壁。保全民人。以戰則勝。以守則固。止此而已。臣又聞用兵之道。兵應者勝。不得已而用之。此所以天必助之。大抵中國之兵。利在爲主。以主待客。以逸待勞。理必勝矣。亦應兵之道也。臣伏詳詔書曰。思所以待遇之要。與夫方切料量意慎於舉動。尚慮發言盈庭。各有異論。或曰先發制人。意在輕動。或曰乘其未備。報取燕薊。事不審處。恐將啓釁。非王師萬全之舉也。伏願陛下垂意熟察之。今朝廷分置將官。此亦應器械。固得之矣。然將校偏裨。更須慎擇其人。又河朔頻歲災荒。糧餉用度窘乏。充實計置。若兵連禍結。物力殫屈。即誤國大事。切要先事而辦。乃無後艱。至於不急煩費事。須裁節。在臣本道者。亦當續次奏聞。臣識淺才薄。思慮不周。伏望聖慈稍垂省覽。寬其罪戾。臣無任惶恐之至

元豐六年。夏人款塞乞還侵疆。戶部尚書安燾言。地有非要害者。固宜予。然羌情無厭。當使知吾宥過而息兵。不應示以厭兵之意。指宋立。復仍前議。二府遂欲并棄熙河。燾固爭之曰。自靈武而東。皆中國故地。先帝有此武功。今無故棄之。豈不取輕於外夷。於是但以葭蘆等四砦歸之。元祐二年。進知院事。時復洮河。擒鬼章。請宜紿二邊小清。而並塞猶苦寇掠。燾言爲國者不可好用兵。亦不可畏用兵。好則疲民。畏則遺患。今朝廷深戒黷武。非舉國入寇。毋得應之。則固畏用兵矣。雖僅保障。然實墮其計中。頃復講攻擾之策。臣竊謂乾順幼豎。梁氏擅權。族黨圍集。多反側傾望。若有以離間之。未必不回戈而復怨。此一奇也。其後夏人自相攜貳。使來修貢。悉如燾策

元豐間。中書舍人曾肇乞存恤外國。請著爲令。上言曰。臣昨任明州。曰有高麗國界託羅國人崔舉等。因風失船。飄流至泉州界。得捕魚船援救全度。從此隨捕魚船同力採捕。得食自給。後於泉州自願來明州。候有便船。却歸本國。泉州給與沿路口券。差人押來。臣尋爲置酒食犒設。送在僧寺安泊。逐日給與食物。仍五日一次別設酒食。具狀奏聞。臣奏未到之間。先據泉州奏到。奉聖旨令於係官屋舍安泊。并一切照管。則臣存恤舉等頗合朝廷之意。自後更與各置衣裝。同天節日。亦令冠帶。得預宴設。竊以海外蠻夷。遭罹禍亂。漂溺流轉。遠失鄉土。得自託於中國。中國禮義所出。宜厚加撫存。令不失所。泉州初但給與口券。差人徒步押來。恐於朝廷矜恤之恩有所未稱。檢皇祐一路編勑。亦只有給與口食指揮。今來聖旨令於係官屋舍安泊。常加照管。事理不同。緣今來所降聖旨。未有著令。欲乞今後高麗等國人船因風勢不便。或有飄失到沿海諸州縣。並令置酒食犒設。送係官屋舍安泊。逐日給與食物。仍數日一次別設酒食。闕衣服者。官爲置造。路道隨水陸給借鞍馬舟船。具析奏聞。其欲歸本國者。取禀朝旨。所貴遠人得知朝廷仁恩待遇之意

神宗時。晁補之上書論此事曰。臣窮年抱經。志頗局促。綠衣紆絫。多學無益。竊比野人自曝之溫。輒昧廣廈重裘之燠。退無尸祝尊俎之位。進乎庖人操刀之職。不計僭越。冒言天下之事。陛下赦其狂瞽。而矜其市井草莽有介然之心。一賜察省。天下幸甚。天下之治。莫大於制禮作樂。而臣之愚。以謂二事有在於施設之後者。其所先舉者已定。天下晏然則禮不制而備。樂不作而洽。凡此所缺。特北胡一事而已。臣愚之至深。以謂陛下神道

設敎紀綱既正，天下大定，燕居而高拱，百工安職，四民樂業矣。而不能無一朝之事，或經聖慮者，庶幾在此。廷臣之狂瞽而深思所至，有取萬一，則臣區區窮年抱經，志願爲促，猶不爲綠衣紵絮，多學無益。夫豈惟天下幸甚，臣之師敎臣亦若此也。北胡猖狂最胃，故邊徼，使天下百年有爲兵不得藏。今四野肅清，邊不告遽，而縉紳先生、四方寒士盛北首憤悱，爭道利害者，非願於太平無爲之時生事覓功，特以中國之地，前王之舊，有未復而已。獻言陳計者，蹤相接於國，陛下優而容之，如假種借耕，久假不償，亦只以務實，豈非周慎而思萬舉萬全，以謂將欲取之，必固予之，不欲以所重試所輕哉。內治未具，安遑外憂，心腹既寧，手足當治。以今準昔，莫利此時。置而不念，何以異夫宿雨拗池，科斗所泳，不以時去，設不害事，而蠢蠢日喧，乃臣之所願爲陛

下滌思者。特曰以中國之師，責中國之地，得地而師解，未爲無名如此而已。陛下知兵之道愈於黃帝，復古之功過於宣王，拔圖在目，長想遠慮，則窮髮龍堆，蠮螉藏情，不待前箸，而臣私憂過計，竊不自揆，忘己之愚，不敢膠柱鼓瑟，御馬以書。陛下一發天光，使得竭愚，則言而有罪，非臣所敢避也。夫北胡之盛，莫盛漢唐，而所以制胡，亦漢唐爲得。三王以前事，則經見戰國之際，人自爲防，備舉志數，則孰與四庫之書，終始爲備，百數之謀，同異致詳，以臣輒皆置而不論。漢唐之所以制其強者，其強可制，則方其弱時，不論可知。漢病匈奴，唐病突厥，至於亂內鳴鏑，渭橋按轡，後宮辱於遺裔，宗室降於絕域，其形如此之逼也。然而列五單于議，而突厥擒，回紇制，延陀漢南塞北，皆漢之賦；盧龍松漠，皆唐之府。臣源思至此，然後知北胡之盛，雖莫盛於漢唐，

而所以制胡，亦漢唐爲得也。冒頓、烏維，力足以弊漢，而武帝雄才，數戰不倦，匈奴絕幕，自以漢不能至，而漢率二三歲一出，或二千里不見一人，故匈奴至於孕重墮殰，罷極苦之，以持鼠當庭，善遁易失，濯垣燻穴，則生無聊賴，故欲戰在我，則不欲戰在敵。此其情自昔然也。頡利、突利進如飄風，而太宗知兵善戰，虜在其術中而不悟，兩陣馳語，二王坐擒，六騎臨水，群酋奪魄，盡朔之境，曰我將滅之，命有司更所與書爲詔，書勅思摩屬儒，至域恩流沛，顧爲一犬守吠北門，蓋五十年無突厥患。臣嘗壯二主以謂得一時之權，置三王之事，則漢唐之事猶在中策，何遽無策乎？今臣又計之，耶律雖桀驁，其強亦未有以過匈奴、突厥者。陛下神武不殺，高越前世，制之得術，可使繞指，惟上之命，何至越百餘年而不暇替哉？臣請爲陛下言契丹可取之形五。古

者北胡無大君長，種落部族，不相統攝，捽持鬬擊，強者爲制，往往而聚者百有餘，戎勝不相推，敗不相愛，尺地一民，不自保而有也。無城郭邑居，故其民遷徙難制；無耕田作業，故其人食足不勞；無文書約束，故其人一而易使；無營陣行伍，故其人戰有趨利。彼以其智力之全，不治四者，而一之於鞍馬射獵；中國亦以其智力雜治四者，日夜不息，而以應戎狄之至閑，故其自視常以無法勝中國，利則爲合謀而從人，不利則雲散四去，欲追無所。負冒頓盡有北垂之地，胡人始不安其舊，而有侈心，尺地一民，皆以保而有之，不能去也。其後衛律教單于穿井築城，治樓以藏粟，或者以謂胡不能守。降及唐世，尤以合中國之好爲重，至佩印綬，服爵命，盡一置一，皆決於朝廷，亡虜之在中國者，或樂而忘歸，胡人自是益歸中國之俗。乃臣以今料之，則盧龍

沈陽中國故地。又非特如此而已。城郭邑居耕田作業。文書約束營陣行伍。四者皆因漢俗。而胡無一焉。雜處而交治。欲其胥而胡。不知彊勉之難堪。此其可取之形一也。冒頓烏維伊稚皆席匈奴之始彊。能以其力為中國患。武帝中年力盡於此。胡而朔方之患無歲無之。然匈奴卒不能踰塞而南。以有漢尺寸之地。而陰山草木茂盛。單于之所依阻者。漢輒奪焉。匈奴失陰山之後過之未嘗不哭也。頡利突利延陀之兵。皆號精悍。數入寇唐。唐旦至渭上。薄畿內。唐亦以其南征北伐之餘。力窮不敵。日削月朘至尊之地而隸都護府。不敢執綴。蓋未有地。然虜寄窟宅中國之地。藏獲諸夏之民。如耶律之侈者。臣嘗計之。其君亦非有冒頓頡利等輩亢毅雄勇之姿。阿保謹特有天命為德。光之暴以謂晉之立自我。晉亦不勝其德而屈之。驕子不制。日益侈大。割地弗厭。至

蹂中國。此如黔中之驢。上所不虞。方其一鳴。虎為遠遁。而其技止此。亦足悲也。夫人之情。勝則驕。驕則不自彊。衆秋未霜。則水濱之腐草猶足以爭明於陰夜。天寒既至。萬物將肅。則莫或使之一夕而零。其理然也。璟與明賢昏懦不事事。隆緒稱多謀。未幾復振焉。宗真嘗與而母爭權。至內相殘。當是時。皆有可乘之隙。而中國不取。迄於今四十年。彼其君苟非有過人之才。臣知今日之治。與璟明宗真亦無異也。夫知敵之主。知敵之將。則每戰不殆。彼曲我直。我壯彼亂。此其可取之形二也。石氏之割地。當其窮人之力。制命在外。無以異於晉惠公河外之列城。買入而已。無積仁累義之資。立朝而有天下。舉天下之大。偶偲然常恐其不能守。何暇重割地哉。譬窮空之人。驟獲千金。未能經營。販夫竊子。皆得以起而制其弊。富家巨室。力足以仁其四鄰。則四鄰之外。所衣食者猶我有也。尚誰得而奪之哉。石氏既亡

京師不守。中國為之一虛。當時人君內憂其腹心。外病其四鄰。中國狼顧自救之不暇。故胡人得以竊計其不及圖。已而跳踉虛喝。求以蹙中國不動之心。至於柴周。天下小定。以其享國之日淺。乃能用一朝之議。一戰而勝。以復三關。由是言之。胡雖彊。中國雖積衰之緒。猶足以勝。矧況治朝哉。耶律明時胡已浸盛。柴周之取三關。蓋人有告之者曰。此本漢地。何惜之有。然則彼其平居。蓋能不硜跳踉虛喝。豈固敵吝其非已有之。以為所當守之資哉。求以堅中國不動之心而已。今國家百年太平。而陛下神武不殺。高越前古。心有所懷。敵動萬里。柴周叔世。臣豈敢議。然以今天下言之。運偶聖今。時在千一。當萬柴周力。萬柴周將。賢則萬柴周士。兵則萬柴周斷。而必行。鬼神且避。以懾小醜。勢易破竹。此其可取之形三也。太祖龍躍不折一矢。不馳一馬。而有天下。天下稽顙而稱臣者。閩安命而下。吏之見獻之興。莫若此之捷也。

當是時。舉中國之兵十二萬而已。太宗皇帝繼以神武之資。經營四方。至于大定。并汾之討。師久於外。雖迄奏功。然倉廩之資。士卒之銳殫憊於河東。太宗為社稷長慮。慨然太息。有恢復心。士不弛弓。馬不解勒。倍道兼行。趨數百里。一日出塞。金鼓之聲。如在天上。虜不素備。而燕城圍。分軍收城。所向輒靡。天下以謂遂無胡矣。幽燕之人。老弱登陴而望。翹首延頸。庶幾復戰。虜之計自謂力不足抗。乃為先聲揚言兵之眾五十萬。太宗恐重傷民命。不肯以力服虜。欲退脩德以懷之。而師久翔翔。士馬南首。宗有怠意。幾舉而捨。燕既釋圍。而諸將所下輒復為胡。蓋臣聞之。城中有謀執其帥而降者。王師既還。莫不泣下。雖幾胡入。自是始有疑中國之心。四方已定。中國厭兵。嗣宗懷德之後。乘中國不虞。大舉來寇。章聖北巡。天意助順。繳弩竊發。遂殪撻覽。虜相顧自失。厥首請命。亦無復闚志。當時之議。以謂宜勝而舍不取。冀避前大

軍徑後可使無遺噍。而天子嘉其既服，亦棄不戮。虜始痛自懲艾，以謂中國不可得而侮也。夫太宗以收并汾之餘力，討議無交倉卒比狩，然而一舉幾復華聖，以寇北不廣至北輔郡，出師逆擊，然而一戰遂却。況今陛下席祖宗積累之資，虜不加彊，而中國之盛則倍前日。肉食之謀，芻蕘之言，垂數十年，已審已備，計成而動，何慮不獲。此其可取之形四也。太祖神武有布世之才，御將訓兵，臨機料敵，出人意表。舉天下之衆，宰制役使，如視嬰兒，嘗謂胡人之衆不過二十萬，吾以十縑購一胡，二百萬縑足矣。以太祖神武，左右之將不減衛霍，滅越、滅吳、滅江南、滅蜀、滅河東，天下已安，四方之金帛充於內府，士卒平居無事，奕睥超距，志意無所騁。當是時，中國特不舉，孰有爲虜執能禦之者。天下百年，無水旱兵革，法度致脩，人物阜安，以三十年之通制國用，山積水委，虞唐所無，則我太祖之所臣以謂固在於今日。

陛下建學設科，使爲士者知兵，頒教之法，使爲兵者知戰。十有餘年，墮慢疲軟之氣既復振矣，而堅甲利兵，羨於四邊，偏州小戍，不移而具。臣竊以北道三數者言之，通都要路，一庫之藏足以衣被十萬。況濟之以大司馬之備，驍騎西征，偏師南略，河湟六城，交州九郡，歸命内附，而飛輓之煩不及於邊民。此其前古未有也。舉事動衆，宜百日之費者，今千日之費不憂乏；宜百金之賞者，今千金之賞不憂匱。蓋非徒以厚費重賞爲得也，要以爲前世之所不爲者，知今日之能爲之而已。順流建瓴，如風靡草，以臨不加彊之虜，此其可取之形五也。兵法曰：取兵之極。陛下亦既知形，則不圖而何待？臣請爲陛下言所以入胡之策。夫欲興大事，所病者兵不衆，食不充。天下之言者必曰：舉二十萬衆，虞百日糧，鳴鼓而攻之，以臨不加彊之虜，如孟賁之戰嬰兒，何往而不可入。而臣獨計以謂非勝之難，所以入虜者實難，以

樊噲之驍悍，自意得十萬之衆足以橫行於匈奴，而或者曰樊噲可斬。夫使好奇之人，不度是非，不量利害，高論而慷慨，其言固甚可喜，然空語無施於實事，則陛下尚誰取之？今臣則不然，舉二十萬衆，度百日糧，非三年經營之不可。借使以國家之盛，一朝而可集，銜枚縛馬，日千里，奄至，雖計甚秘，而人固有知之者矣。餘十許州塘水之隔，以彼入非易，故我入亦難，阻塞而陣，燕亦起而拒白溝之南。兵雖衆，食雖充，非勝不能入也。臣請爲陛下效臣之狂計。蓋昔者尉陀畔越，漢兵出豫章，出會稽，而唐蒙獨上書發巴蜀罪人，下牂牁以出越人不意，卒擒尉陀。蜀姜維拒劍閣，鄧艾乃潛自陰平，驅無人之地七百里，卒降劉禪。兩人者，若校之以事而索其情，則皆近乎不知迂直之計。而臣則以謂論越與蜀者不如是，則不可得而入。今虜之勢，亦何以異此。臣請先爲樓船百艘，精甲萬人，浮膠東，待渤海，而勿發，使大

軍出次於王畿，聲言以十萬出瓦橋，瓦橋敵所備，出亦此，入亦此，在兵法則所謂以正合者也。潛軍其東，以五萬，則自滄趙平州，同時而偕發；潛軍其西，以五萬，則自代趙雲州，同時而偕發。平雲非敵之所素備，則滄代之兵宜衆，不而兩翼偕縱，則燕之東西可擾矣。東軍入平州戰，且誘以稍西行，附於瓦橋之軍矣。西軍入雲州戰，且略翱翔乎蔚朔之間，而東以牽制敵勢。敵必分軍以禦雲州，然後瓦橋之大軍與東軍合勢南俯入，則涿州新城不戰而可收。東軍既棄平州，平州備少解，然後渤海之精甲可以乘間入平州。平州下，則營并舉矣。乃間使渤海之師通高麗，曰中國責故地，高麗宜以國兵從。而浙渤海之精甲三千，背遁絕險，以徑中京之，而鋒占北之後，奪關而守之，謹守勿戰。虜狼狽自救，然後雲州之西軍鼓而東，以取易州，而與大軍合，吾兵益張，乃稍乘勝逐北，則燕城可圍矣。度燕城之大，二十七里

而止。一人而守地六尺。三圍之。則滿卒三萬。守地無餘。以二十萬衆頓燕南攻而圍之。若適三萬。則是野戰以拒虜之大軍者猶十七萬也。虜之大軍。亦不過二十萬。盡燕城之大。而以五萬人實之。不能容矣。虜之名統軍在燕城者其所護契丹奚渤海兵馬數才滿三萬。而其曰侍衛在燕城者騎一萬。步一萬而止。借使臣所聞未實。虜能盡之。度燕城之大不過容五萬。則既勦蹙矣。而大軍相持。倉黌未決。其勢不相救。以三萬銳師齊以臨衝雲梯之械。并力而急攻。間使張良陳平不愛千金從反間以昭城中臣虜之子孫能以禍福諭其衆使為附者許以封侯萬戶之賞。彼其在虜或身居將相。而服衣食飲不免於輿臺之賤。一聞德音宜有發憤內應如望并汾之師者。一人有心。則舉燕城之內其勢搖矣。燕城可圍。則山前後之地雖未盡得可徐致也。臣又率臣之意料之。使虜能收上策中國之師始動虜無

空國逆戰。亦以二十萬拒大軍。而更縱奇兵。間道他徑。反乘我隙。我大軍遠戍深討。而虜兵出於不意。釋燕而自圖。則前功一失。而盡發欲勿釋耶。而自治未可安。能治人。然而舉塞上十許州言之。大軍出瓦橋矣。又五萬出滄。五萬出代。虜亦以其軍三析之而應我。滄冀其右。而霸與信安保定介其間。使堅壁勿戰。則虜雖出奇兵。亦必不能入霸。入信安。入保定。代冀其左。而保與廣信安肅介其間。使堅壁勿戰。則虜雖能出奇兵。亦必不能入保入廣信入安肅。苟則吾為之守者素也。置是數者。自渤海之東言之。操舟於水。固非虜之所宜便。而其所不當忽。萬一可虞。慮者其西北之疆乎。昔唐安祿山以范陽亂稱兵。道胡中犯京兆。不朞月耳。臣嘗考之圖志。則祿山所行自燕而西。其跡具存。不可不察也。國家方恢復河湟。全秦之力河湟之所仰。武者思慮而豫防之。蓋全秦之地以待虜之出於不意。如此而已。臣

又率臣之意料之。今單于之才。未聞其沈毅雄勇。敢為難制如冒頓為維頡利突利等輩比者。其左右賢王谷蠡亦未有如張說所稱闕特勒暾欲谷之徒。超卓過人之才。怙怙然慕中國學文字工語言。是口尚乳臭。安知出上策哉。虜計出於數者。而皆不能。遂則臣之所料不過舉國興師。烏合蟻聚而已。使虜先能扼古北口而守之。渤海之舟師無以伺其利。則我東軍扼弥老符家私亭口之右。以西軍扼挑峪紫荊金坡口之左。使其東西不能出奇。而後大軍鼓行而障以挑其南。虜進不能拒。退無所逃。不力戰求勝則必有內顧自保之心。此在兵法所謂窮寇。臣請勿薄勿逼。緩而持之。置曹王居庸等關而無奪。以開其生路。我亦視白溝之南。扼水之浸。防從歸者狹。何以異於淮陰泜水之傳。滄東西與北三面薄阻而背阻塘水。則士卒無所往其心宜固。當是時。陛下得人如韓信使乘其亾而擁而扼之於井陘

莫利乎此。願為陛下將者如何耳。臨衝雲梯器械致備。士力致完。以中國之善攻。而加不能善守之虜。則二十七里之城而已。何為而不下。燕城下。空其積以賞戰士。以臣虜之。三年可以無飛輓自京東西與河朔之列郡。更葺繕數以實之。臨以重臣。列亭障於外。燕可守也。陛下以河湟六城之富。孰與全燕。河湟邈遠。城中素空。匱中國且能保而實之。則全燕之富。其易守可知也。惟其城郭邑居耕田作業文書約束營障行伍無一不出中國之舊。今以中國之法守之。其民宜易安。燕城既守。則凡石氏之故地猶不盡舉者。未之有也。雖然。臣猶有說者。則在乎先勝而後戰。夫入人之地。欲其不遠。未可以不知地。索人之情。欲其不匿。不可以不明。間地可知。間可明。而軍無選鋒。則兵不可以交。有選鋒而不較長短。未合外助。則雖多猶寡也。臣請為陛下言所以必勝之道。陛下誠得數十將用之。則何患夫四五者。為

今之處士已知兵兵已知戰而臣獨過計以謂今選於班列以將名官者患未試而已夫將欲興大事不可以無重臣重臣君所信功業已試可使士卒親附可使四夷知畏可使任重德亦重可使權重威亦重可使舉一軍二十萬之衆而重臣得其人審之命定矣千夫長萬夫長才各不同則舉二十萬之軍夫吏偏裨二百人而後可也夫安能皆得重臣者而使之將委之有司之選耶則天下必有蕭何之至明然後可以知韓信之未試不然則趙括之易言不窮天下喪何其不以言而信之人之才有不能治一妻一妾者有不能耘三畝之宅者持籌挾策擐甲百萬守地千里儵然不勞手其間忘昔之短也平居自喜袒裼而按劍志如飄風而聞金鼓之聲失氣而死此人之情也然則將其可以不試哉天下之言兵曰微妙者祖孫吳然臣以謂是何以異於宋人之遺券密數其齒而曰吾富可待豈不誤哉陛下知人能否與大事遊大將帥既已得其人矣況此臣不敢議然臣以謂舉二十萬衆而為之吏者二百人所試者在此而已子文之治兵終朝而罷未戮一人子玉之治兵終日而畢鞭七人貫三人耳然而若子與子文李廣之行軍逐水草不擊刁斗程不識之行軍嚴斥候擊刁斗自衛然而士卒樂李廣將之才固不可而一也孫武之試於吳也以婦人孫臏之試於齊也以上中下馬用之於婦人用之於馳馬非將之常也而人者唯其無所不可用以成功故卒之式能將吳以入郢臏能將齊以却魏豈不用其試哉驪山之閱天下擐兵服以令賢如郭元振以失軍容而誅而薛訥解琬乃獨有不動之軍教使然也今天下之吏以將名官握兵柄習軍事者環列於輔郡邊數十人平居無事夫車駟馬洋洋乎國中與之言兵而不能者幾人若此臣豈敢以為遂乏才哉凡所以必待試而後可用者特不敢以

能之於平居無事而信其用之於倉卒擾攘也陛下知人則哲能官人用人之仁去其貪用人之勇去其暴用人之智去其詐皆得其所以用則向之四五者凡可以委之大將而已以二十萬之軍處百日而後罷廝役在行者人日糒二升則率兩日而食非萬石不可百日則百萬千日則千萬邊餉不足以給則不可不權而行之於民今天下之買爵者緡錢五千高得一尉下乃助教極矣為之說者曰商賈之子孫不可以揭而加之於民上此為說者之過也天下無賴之民游手不業計窮力盡者皆起而為兵能犯矢石致頭首有一日之勞則紆朱懷金美爵厚廩往往而加之民上者皆是也何獨至於民而疑之天下之民不幸而陷於盜賊白日殺人而奪之財亦可棄矣甚者竄山林晨夜聚嘯州里為之搖動其中有一人焉造利而自言則賞千金而命之官未始疑也則夫商賈之子孫雖其類則賤豈未至於盜賊哉臣請為賣爵如漢故事惟勿為郎而已其餘皆可易之以他秩得比朝籍與京師官者能入粟於邊滿三萬石者為之等級以授事定而止不過假百人要可充也昔武帝用晁錯議卒弱匈奴今臣區區意竊在此陛下幸聽焉則其詳有司可得而講也何謂知地夫四夷之與中國其土地風俗剛柔險易之不同猶之城市之與山林並得其宜各便其欲未嘗同也百蠻之地皆阻山負海遠者去王畿數千里一隅有故不得已而應就其近者調之則兵少不足以用欲置大軍則病道里之遠首尾衡決倉卒不救設或遂能致之其土地風俗皆非國之所習知雖百萬之衆而頓絕徼之下欲深入不可欲致敵不能譬之逐兔叢林遇穴而失則良鷙逸足猶翱翔傍徨雖巧而無所騁其理然也東南西南群夷皆絕遠致險論其近而與中國比者則莫若北胡古者北胡則本非與中國近且此也踰塞而北至

於塞露遠野人跡所不至者乃精精也張蓋孳牧破於胡雖斥地千
里而胡不能奪自漢至唐迄於五代始侵尋是術寖有中國之地自
王襲而言則白溝之南千里而近耳置驛十數則舉朔漠之事十日
而傳之可聞城郭邑居漢也耕田作業漢也文書約束漢也嘗陣行
伍漢也舉山前後之地而言之無為而非漢者臣嘗披圖而觀起白
溝趨燕城二百里而止居庸曹王大安泰谷煙洞之山環抱如箕而
燕城峙其中自白溝而北衆山而跨燕城之四隅在其中者其地如
掌由燕城之三隅東西與北衆山之塞川關要害遠者不過四百里
近乃二百里而止山非不可陟也水非不可涉也土地風氣水泉百
物之產又非中國之所不習也徒可徒騎可騎車可車何動而不可
圖正可正奇可奇伏可伏何動而不如欲願為陛下將者如何耳何
謂明間夫書生之論以謂仁義之兵無術而自勝此臣讀孫子至所

謂賞莫厚於間事莫密於間非聖智不能用間非仁義不能使間非
微妙不能得間之實臣始不信今乃知之夫使仁義之兵無術而自
勝則敵衆我寡亦勝敵彊我弱亦勝敵實我虛亦勝敵逸我勞亦勝
敵有備我無備亦勝而聖人者何事乎教民七年而後即戎而其曰
不教民戰是謂棄之者又何用也夫仁義王者所以無敵於天下不
得已而去焉兵可去而去仁義則不安至於不得已而用兵仁義非
可忘而所謂權焉者蓋聖人亦多有之而未嘗去也孫武無王佐之
才而其言有用於王者之事間非平日之所宜先也故非聖智不能
用非仁義不能使非微妙不能得其實始此而已聖君乘之以獲夷
狄之心賢將持之以制三軍之命士卒獲之以幸封侯之賞夷狄取
之則四境不能以是一日而安其理然也秦得由余而八國賓燕入
秦關而東胡破漢得閼氏而冒頓解唐得突利而頡利疑此中國之

以間勝夷狄者也韓王信在胡而匈奴入太原盧綰在胡而匈奴入
上谷中行說在胡而漢不得美幣市匈奴以至於唐突厥以葛榮侍
子而寇瀛州回紇以僕固懷恩而入涇陽此夷狄之以間勝中國者
也自昔兵家之用間者一勝一負不可得而數姑以中國夷狄之制
勝負者言之在中國則夷狄憂在夷狄則中國病此其理易知而其
事難成不可不察也今臣以北胡之勢言之山前後之民大槩皆思
漢并汾之事王師在燕有謀執其帥而降者誠能得張良陳平不愛
千金以致內應猶反掌耳唐周鼎失沙州州人胡服而臣虜歲時祀
父母衣中國之服號慟而藏之河廣武梁故時城郭未發龍支城耋
老見唐使者拜且泣曰頃從軍沒於此朝廷尚念之乎臣讀史書至
此則慨然知燕之地士大夫之子孫宜有發憤不忍驟氣南首而望
王師者徒患無以發之耳以契丹之舊法言之其得漢人皆僕妾役

之仕宦而顯者歸見其主如舊禮殺漢人而以牛馬償之為詐也迨
蕭氏乃始徙漢人盈北居而以契丹與渤海之民雜處幽薊殺漢人
者如殺人之罪自以謂漢人之子孫可懷矣然臣慮之燕之人皆謹
厚朴茂世漢種也終不能胥而胡白溝新城崎立而相望漢之俗良
美也不幸而子孫世世為虜孫人不忘起首者不忘視勢不可矣天
下識不乏張良陳平之智不愛千金付社稷之神靈所麾前務所指
前死五間俱起莫知其道是謂神紀莫幽薊之城百日而平使彼粟
實可因而食使彼粟麥可因而據也地可知間可明夫然後合三軍
之士而表其技且勇者此之謂選鋒哉有君子五千人秦之鬪士倍
於晉若此皆選鋒也凡兵尚義而保氣義之所勝愚可明氣之所加
柔可疆之情非有頓利之殊也顧上所以表之者何如而已一夫
嘗死而狂易而不畏則千人為之失色已壹乎按劍而先登則七尺之

丈夫全軀保妻子者猶爲之却也。然則人之情豈固難知也哉。前有大釁臨之。則絕蹟而懼。狼狽却蹟則身在平地。夫誰肯舉足而蹈其危。使爲士卒者知有死之榮無生之辱。夫然後顧平地不爲安。蹈大釁不爲懼。則攻何患堅城。戰何患堅陣哉。吳起臨陣有一夫不勝其勇。遽前取首而還。吳起曰。雖勇非吾法也。斬之。吐蕃遲奉天。渾瑊進單騎馳之。挾虜一將躍而出。一軍皆譟。臣以爲若此者皆可賞勿誅。而吳起戾之。此用兵之過也。鋒可選。然而不校長短。則臣以謂兵不可以交。何則。天下皆以北胡爲善用兵。而臣獨計胡非能出奇合變循環無窮也。顧其長在騎射而已。自圖志言之。多馬之地半出於胡。而其能挽弓騎射蓋亦天性使然。趙武靈王變服從胡騎射。而由是以取中山。此其爲策之得者。非以其所長制其長哉。冒頓控弦百萬。白登之圍。騎驄驪白各以其方之色。自古以馬戰。未有如此之盛者

也。漢武帝中年銳意爲備。阡陌之間盛或成群。比戰數勝。匈奴羅極矣。而其後亦以馬少不能復出。則度漢之能以其長弊匈奴。亦在騎不在徒明矣。唐薛延陀不知以所長抗中國。而自恃其衆以徒勝。執馬者既收。而徒不能復爲卒以取敗。胡人自是益自知其短於徒。而中國亦暴其所長而術制之。比者朝廷置騎射。又教民畜馬。意良而法美矣。而或者民之馬雖畜而未教。故臣以謂置義勇置保甲。則民馬皆可以假而習矣。夫馬生其水土。則人心可知。然而教訓之不安。必之當胡馬之新羈。朝夕馳騁乎荊棘斥澤之地。體安而心調者。恐非敵也。陛下誠用臣說。則義勇保甲之籍於民者。方其教時。皆使之習騎射。不足則更借之乎民。馬嘗入而籍諸官者。番假之。則民力不勞。所馬不病。不過三年。天下皆可用之馬。以是佐軍。則漢之戰何以易此。雖然。猶有所需者。則外助而已。自昔爲國。未嘗不以夷狄制夷狄

其說以謂海瀆之蚌鷸兩自斃。而後人能并得之。匈奴方病漢。而烏孫昆彌亦自以不得與中國通。漢籍烏孫撫諸羌以孤匈奴之外援。校尉常惠護五將軍兵擊胡。而昆彌常力戰爲漢軍鋒。所殺過當。匈奴遂虛。於是丁令攻其北。烏桓入其東。烏孫擊其西。而匈奴析其兵支三敵國。以南與漢爭一旦之命。卒以困弱。至於裂五單于。昆彌與有助也。臣嘗譬之鄉邑之小盜。三人而爲輩。則百人不得以力捨一人焉。爭財而不平。則二人者不制而自弊。何則。其素相知者審也。陛下南面負扆。冠帶而朝百夷。西海之內。八荒之外。心有所懷。唯上之所命。適者高麗折於契丹。不敢越遼而西。以効其一日之力於中國。陛下能撫之至。絕海踰越綿數千里而入貢闕廷。陛下嘉納。遣使報聘。增異於祖宗之禮。臣聞之其國見使者至。皆懽喜擁道。自慶未始獲也。彼其折於胡久矣。宜有以遲其志。如烏孫昆彌者。而臣未敢言焉。凡

此數者。陛下得一重臣而委之。與在廷一二之士嘗得預聞腹心者。皆可以使之雜而議。然後臣之策庶幾乎可効也。兵既定。石氏之故地已復。臣請謹封疆。嚴斥候。戒邊吏無得以非中國之地而利絲毫以爲功。且示聖人以天下爲度。而致誠信以結之。虜雖失燕。知其本中國之舊。而不以爲吝。中國亦與之講好修聘。懽猶昔時。可使如伯氏之奪邑。沒齒而無怨言。此百世之計也。臣身未嘗爲吏。則凡國中之議是非利害。未知其果何從。姑以臣深思所得。發於畎畝憤悱之衷。而不能以自揜者。獻之闕下。陛下好問如虞舜。亦幸擇焉。韓愈曰。凡此蔡功。惟斷乃成。故臣至此。猶願致其愚者。則曰必行而已。以臣之幼而學。壯而欲行之心。而又幸出於聖人之世。三代之時。以戴非常之治。沐無窮之休。褒衣博帶。學古人之事。而名諸生之列。每聞陛下德音。雖在市井草莽。欣喜自幸。如第五倫。其所願伸嚎道說。以家

補於萬一者。豈特此書之所叙而已。然臣竊以謂禮樂為人。而必其所先舉者已定。天下晏然。然後禮不制而備。樂不作而洽。區區之愚。蓋在於此。臣身賤跡外。其學甚野。輒敢不避鈇質之誅。而冒言其所不當預之事。懷不能忍。憤悱自致。然以異於傳之所謂怨讟。而幸人君之一式。陛下揭日月之光。而蔀屋之幽得以容。則臣踈遠之言庶幾乎司採而無罪。若乃安畎畝之賤。而不知聖人之世。三代之時。非常之治。無窮之休。親逢之會為難逢。則臣之悵悵不出門庭。其失時亦極矣。伏惟陛下萬機之閑。一留神聽焉。天下幸甚。天下幸甚。臣無任俯伏待詔激切之至。臣補之誠惶誠恐謹昧死再拜。

歷代名臣奏議卷之三百四十四

歷代名臣奏議卷之三百四十五

夷狄

宋哲宗元祐元年門下侍郎司馬光論西夏劄子曰。臣伏見神宗皇帝以夏國主趙秉常為臣下所囚。興兵致討。奮揚天威。震動沙漠。虜攜其種落。竄伏河外。諸將收其邊地。建米脂、義合、浮圖、葭蘆、吳堡、安疆等寨。此蓋止以藉口用為己功。皆為其身謀。非為國計。臣竊聞此數寨者。皆孤僻單外。難於應援。田非肥良。不可以耕墾。地非險要。不可以守禦。中國得之。徒分屯兵馬。坐費芻糧。有久戍遠輸之累。無拓土闢境之實。此眾人所共知也。三師既攻靈州不克。狼狽而歸。卒疲食盡。失亡頗多。西人知中國兵力所至。自此始有輕慢之心。是以明年邊臣築永樂城。虜潛師掩襲。覆軍殺將。塗炭一城。久之又舉一國之眾。攻圍蘭州。期於必取。將士堅守。僅而得全。虜自是銳氣小挫。不敢輕犯邊矣。臣聞此數寨之地。中國得之。雖無所利。虜中失之。為害頗多。何則。深入其境。近其腹心。常慮中國一朝討襲。無以支吾。不敢安居。是以必欲得之。不肯弃捨。一年前虜嘗專遣使者詣闕。深自辯訴。請臣服如故。其志無他。止為欲求其舊境而已。朝廷既許其臣服。虜來請舊境。朝廷乃降指揮。其前則云。所以興舉甲兵。本欲執取罪人。救拔幽厚。非有意侵取疆場土地而已。其後乃云。兵將已得些小邊土。聊示削罰。豈可更有陳乞還復之理。此則朝旨首尾已自相違。又興師本為振拔秉常。拒命者國人之罪。豈可更削秉常之地。於理差似未安。王者以大信御四海。羌戎雖微。恐未易以文辭欺也。於是虜既失望。憤怒怨懟。移文保安軍。辭理不遜。云今來賀正旦人使。難議發遣。自是正旦生辰乃至陛下繼明。皆不遣使入賀。其不臣大矣。然而去歲四遣使者詣闕弔慰祭奠。告其母喪。并進遺物。理雖不備猶示屈服。臣竊料虜意不出於三。一者猶冀朝廷萬一赦其罪戾。返其侵疆。二者賜其恭順使中國怠息。陰伺間隙。入為邊患。三者久自絕於王國。其國中貧乏。使者往來得賜賚之物。且因為商販。昔衛貳於晉。晉取戚田。及衛人既服。卻歆曰。日衛不睦。故取其地。今已睦矣。可以歸之。叛而不討。何以示威。服而不柔。何以示懷。非威非懷。何以示德。遂歸戚田于衛。今西人所為如此。朝廷既不能拒絕。勿受其使。又不能招納與之更始。彼來則迎送館穀。以賓客待之。不來則一無所問。日復一日。將踰二年。臣竊意朝廷謂西人勢已衰弱。心實內附。故來則不拒。去則不追。置之度外。不以為虞。殊不思數年前王師大舉深入。將士所過。烈於猛火。割其疆場。屢請而不還。彼怨毒欲讎報之心。窺睿欲乘釁之意。日夜不忘。若渴者不忘飲。盲者不忘視也。譬如有虎狼在屋側。垂頭熟寢。人豈可見其不動。狎而侮之。循其頭。蹂其尾邪。臣每思之。終夕寒心。以臣愚慮。於今為之。止有二策。一者返其侵疆。二者禁其私市。何謂返其侵疆。凡天子即位。天地一新。滌瑕蕩穢。小大無遺。昔趙佗自稱南越武帝。恃強嶺南。漢文帝即位。赦其大罪。遣單使往諭之。佗稽首請服。累世為臣。李繼遷叛。據西陲十有餘年。關中困弊。真宗皇帝即位。赦其大罪。割靈夏等數州。除其子趙德明為定難軍節度使。由是邊境安寧者四十年。此乃前世及祖宗之成法。非無所依據也。今秉常之罪。不大於繼遷也。米脂等寨。不多於靈夏也。陛下誠能於此踰年改元之際。特下詔書。數其累年不來賀正旦生辰及登寶位等不備之禮。嘉其再慰祭奠告國母喪。進遣物之勤。曠然推恩。盡赦前罪。自今已後。貢獻賜予。悉如舊規。廢米脂義合浮圖葭蘆吳堡安疆等寨。令延慶二州。悉加毀撤。除省地外。元係夏國舊日之境。並以還之。其定西城蘭州。議者或謂本花麻所居。

趙元昊以女妻之。羈縻役屬。非一本上。欲且存留。以為後圖。猶似有名。禦夷狄者不一而足。俟其再請。或留或與。徐議其宜。亦無所傷。至於會州。尚在化外。而經略司遽經熙河蘭會。虜常疑中國更有闚境之心。不若改為熙河岷蘭經略司。如此。則西人忽被德音。出於意外。雖禽獸木石。亦將感動。況於人類。豈得不鼓舞抃蹈。世世臣服者乎。議者或曰。先帝興師動衆。所費億萬。僅得數寨。今復無故棄之。此中國之耻也。昔漢元帝棄珠崖。詔曰。朕日夜惟思議者之言。羞威不行。則欲誅之。通於時變。則憂萬民。夫萬民之饑餓。與遠蠻之不討。危孰大焉。遂棄之。此乃帝王之大度。仁人之用心。如天地之覆燾。父母之慈愛。盛德之事。何耻之有。國家方制萬里。今此尋丈之地。惜而不與。萬一西人積怨憤之氣。逞凶悖之心。悉舉大衆。投間伺隙。長驅深入。覆軍殺將。兵連禍結。如曩日繼遷元昊之叛逆。天下騷動。當是之時。雖有米脂等千寨。能有益乎。不惟待其攻圍自取。固可深恥。借使虜有一言不遜而還之。亦傷威毀重。固已多矣。故不若今日與之為美也。此國大事。伏望陛下留神熟慮。更與執政詳議。以聖意斷而行之。不可後時。失此機會。悔將無及。何謂禁其私市。西夏所居。氐羌舊壤。地所產者。不過羊馬氈毯。其國中用之不盡。其勢必推其餘與他國貿易。其三面皆戎狄。鬻之不售。惟中國者羊馬氈毯之所輸。而茶綵百貨之所自來也。故其民如嬰兒。而中國乳哺之矣。寶元慶曆之間。元昊負恩僭亂。屢犯邊境。大入則大利。小入則小利。中國未嘗蹈其境。破其軍。禽其將。屠其城。有害於社稷也。而首尾六年。元昊遣使因緣邊吏卑辭納款。頓顙稱臣。雖其惡積罪盈。欲懷音革面。原其私心。未必不貪中國之財。思私市之利故也。舊制官給客人公據。方聽與西人交易。傳聞近歲法禁疏闊。官吏弛慢。邊民與西人私交易者日夕公行。彼西人公則頻遣使者商販中國，私則邀鄙小民竊相交易。雖不藉歲賜之物，公私無乏。所以得倔強自肆，數年之間，似恭似慢，示不汲汲於事中國。由資用饒足，與事中國時無以異故也。陛下誠能却其使者，責以累年正旦、生辰及登寶位皆不來賀，何獨遣此使者，拒而勿內。明勅邊吏，嚴禁私市，俟其年歲之間，公私困弊，使自謀而來，禮必益恭，辭必益遜，然後朝廷責而赦之，許通私市，待之如初。然邊民與西人交易為日積久，習玩為常，一旦禁之，其事甚難。倘則若以常法治之，則有司泥文，動循繩墨，追問證左，逮捕傳送之人，停匿之家，奏裁待報，動涉半年。如此，則徒使邊民罹刑者衆，獄犴盈溢，而私市終不能禁也。夫三尺之限，空車不能登，峭峻故也。百仞之山，重載陟其上，陵夷故也。今必欲嚴禁邊民與西人私市，須權時別立重法，犯者必死無赦。本地分吏卒應巡邏者，不覺透漏，官員衝替，兵士降配，仍許人告捉，獲者賞錢若干，當日內以官錢支給，更不以犯事人家財充。如此，則緣邊六路各行得一兩人，則庶幾可以聳動人耳目，令行禁止，人不敢犯矣。然人存政舉，此事全在邊帥得人。昔龐籍為河東經略使，下令禁邊民與西人私市，有熟户犯禁，籍斬於犯處，妻孥皆送淮南編管。一境凜然，無敢犯者。其後施昌言為環慶路經略使，亦禁私市，西人發兵壓境，昌言遣使問其所以來之故，西人言無他事，只為交易不通。使者懼其兵威，輒私許之，法遂復壞。若邊帥未能盡得其人，則此法恐未易可行，不若前策道大體正，萬全無失也。

光又乞未禁私市先赦西人劄子曰：臣於今月三日上言，以西人未服，中國不得無憂，而邊備不敢少弛，不自揆其狂妄，獻二策。上策欲因天子繼統，曠然赦之，歸其侵地，與之更始。下策欲嚴禁私市，俟其屈服，然後赦之。然禁私市甚難，立法極嚴，又邊帥得人，然後能行。若前策之道大體正，萬全無失也。今竊聞執政用臣下策，止令禁私市，又立法不嚴，邊帥未盡得人。若邊吏拘文，獲一漏百，私市滔滔如故。或此路禁絕，而彼路放行，如隄防一存一亡，將何所益。如此，適足以激怒西人，使益發悖心，安肯屈服。萬一微犯邊境，或表牒中形不遜語，至時朝廷轉難處置，悔之無及。不若用臣上策，早相彌縫，縱未欲還其侵地，且下詔書責而赦之，使彼此安心。時難得而易失，不可忽也。況本欲因天子繼統，蕩滌其罪，今日行之，已為太晚，若更遷延，則赦之無名。茲事繫國安危，若俟執政論議僉同，恐失機會，誤國大事。伏望聖意獨斷行之，勿復有疑。天下幸甚。若有執政立異議，乞令其人自入文字，若依從其議，他日因此致引惹邊事，當專執其咎。

光又乞先赦西人劄子曰：臣於今月十二日上言，乞以天子繼統，曠然更始，宜下詔數西人之罪而赦之，縱未還其侵地，且行此策，以安邊境。至今聞執政議尚未決。臣之愚意，以為封內未安，未可圖外。故欲急行臣前策，以羈縻西人，且可數年邊鄙無事，朝廷得休息戍兵，安養百姓，待國力完備，家給人足，然後奮揚天威，討貳柔服，何所不可。若行臣前策，可以萬全。行臣後策，有得有失。豈可弃上策而用下策，捨萬全而就有失也。太平興國中，李繼遷反，西陲不解甲者十餘年，關中困竭。寶元、慶曆之間，趙元昊叛，屢入為寇，覆軍殺將，自是中國屈耗，不復富實。今國家理財未得其道，民力困窮於下，府庫窘乏於上。又新遭大喪，山陵纔畢，自去年十月初以來，不雨雪，旱勢甚大。若萬一激怒西人，微出一不遜語，則非臣前策亦不可行矣。今因天子即位未久，西人外迹未有不順，故臣願朝廷旦夕汲汲行之。機會難得，時不可失。此臣所以惓惓進言不已者也。若萬一激怒西人，致失邊患兵連禍結士卒殄盡於鋒鏑生民困竭於轉餉饑殍蔽地盜賊蜂起為國家憂豈不危哉而執政方以為西人微弱未敢復動數遣使來誠心內附置之度外不以為虞今復因執先禁私市之議又立法不嚴邊帥不才者未先易去行之太早不能中節一旦禍生所忽邊鄙震驚乃始歸罪戎狄豈不害國事乎臣於今月三日所上言措置兩邊事雖畫二策因以還其侵地責而赦之為上策嚴禁私市待其數年貧困來服然後赦之為下策所謂絕私市非立法至嚴帥臣智勇此法恐未易可行不若前策道大體正萬全無失非臣前後返覆靜言庸違也朝廷比來擢臣於冗散之中使預聞國論蓋亦誤謂臣微有益於國家非徒采其虛名也臣之不敢終辭亦欲竭盡疲駑少酬大恩非苟貪於祿位也今盡忠謀圖而為衆所排臣尚留此有何所用此國大事伏望陛下早審察二議從其長者若聖意以臣言為然乞御批依臣前策若降付三省樞密院執政仍有固守已見爭之最力者乞如臣前奏令自入文字言先禁私市保得他日必不致引惹邊事如其不然身執其咎。

光又乞不拒絕西人請地劄子曰臣近具劄子奏乞於今月八日隨執政延和殿進呈文字復蒙聖慈遣中使封還令依前降指揮臣不敢再三固違聖旨然臣區區之心所以欲於八日入對者竊見夏國宥州有牒稱已差人詣闕計會所侵疆土城寨竊慮其日進呈上件文字此乃邊鄙安危之機生民休戚之本不可不察臣自今年二月初以來累曾上言乞因新天子即位西人恭順之際早下詔書赦其罪戾待遇如故如此則控縱在我天子之體正休兵息民夷夏之心安不幸虜人有一語不遜一騎犯邊則此詔不可復下無何臣在病假不得面論人心不同為衆所奪日復一日遷延至今虜先遣使來

直求侵地猶陳兵端辭意凌慢前所議詔書已不可下矣既失此機會即日使至應答亦難若遂從其所請則彼益驕而無厭若堅拒而不從則邊患由此而起今就二者之中寧為百姓屈己少從所請以紓邊患不可激令憤怒致興兵犯塞以困生民所以然者靈夏之役本由我起新開數寨皆是彼田今既許其內附豈可猶靳所侵地而不與彼必曰我自天子新即位卑辭厚禮以事中國庶幾歸我侵疆今猶不許則是恭順無益不若以武力取之彼小則上書悖慢大則攻陷新城當是之時不得已而與之其為國家之恥無乃甚於今日乎以小諭大譬如甲奪乙田未請而與之勝於請而後與若更請而不與則彼必與鬪訟矣此是非利害明如白黑臣竊慮進呈之際群臣猶有見小忘大守近遺遠惜此不毛無用之地結成覆軍殺將之禍兵連不解為國家憂伏望陛下決自聖志勿聽浮言為兆民計文彥博輔佐四朝熟知虜情此可謂軍國重事獨陛下詢彥博以決之

光又乞撫納西人劄曰臣先於二月中嘗上言乞因新天子繼統下詔悉赦西人之罪與之更始雖未還其侵疆且給歲賜待之如故此道大體正萬全無失而執政所見各有異同遲難遷延遂屏棄不行臣竊聞今來西人已有闕新定使副詣闕賀登寶位國家若於此際又不下詔開而納之萬一西人心蓄怨積憤肆其悖心或有一騎犯邊或於表牒中有一語不遜當是之時雖欲招納乃是畏其陸梁殤成疑重傷恥如之臣之前策亦不可行矣伏望陛下令三省樞密院將臣三月三日十二月十六日并今來所上文字處進呈臣愚欲為國家銷患於未萌誠惜此機會夙夜遑遑廢寢忘食陛下若俟詢謀僉同然後施行則執政人人各有所見臣言必又屏棄凡邊境安則中國安此乃國家安危之機伏望陛下深察臣所言甚易行而無後

害可使準湊兩安為利甚大。斷自聖志勿復有疑取進止

韓維論息兵棄地上奏曰臣竊見先帝時夷與甲兵南討夏國始以問罪為名既亦收其土地遂致夏人有辭違失恭順夷狄之恣以不報仇怨為恥今其國力漸復必來攻取故地若不幸復為聾主則先帝累年勞師所得一旦失之已為可恥若興師攻戰則邊隙自此復開兵連禍結未有已時臣切思兵之不可不息者三地之不可不棄者五請為陛下陳之伏惟皇帝春秋尚富太皇太后深處九重豈嘗習聞軍旅之事萬一寇兵犯塞調發兵應接不暇或恐震驚上心焦勞聖慮此兵之不可不息一也自靈州之役永樂之敗閭陝之力凋耗上風未復今若再興大役必有失律違命散而為盜賊者外虞方作內患又起臣恐朝廷之憂不在夏國此兵之不可不息二也綿地千里屯兵數十萬必藉沉謀重望之臣為之統御忠義英勇之將出當戰鬬幹事宣力之臣促辦錢粮歷數見在之臣復推近事之驗恐未足以充此任者又器械皆捐棄之餘帑庾有乏絕之憂此兵之不可不息三也先帝以秉常受朝廷爵命而國安擅行囚廢故發兵問罪今梁氏已死秉常復位所為恭順有藩臣之禮若復其故地則神宗問罪之名不為虛語嗣皇賜地之意實成先志此地之不可不棄一也朝廷自得熙河之地歲費緡錢五六百萬以上所得愈多所費愈廣拓地之無利亦已明矣此地之不可不棄二也議者或以為蘭州趨夏人巢穴至近最為形勝自餘亦有要害可以增置城壁棄之非便陛下欲再興師旅收復靈夏之地則存之可也若無此意勞人費財以奉空虛之地則是又添一熙河也陛下以清淨為心仁恵為政竊恐此事不當更興於今日此地之不可不棄三也遼夏二國世有婚姻且有脣齒之勢萬一遼國移書據先帝興師之意以梁氏死秉

常復位為其請所失之地則先得我之義理而奪我之機會矣此時朝廷欲與地則是聽遼國之命而恩歸於彼若不與則是彰先帝之過虧大國之信而遼患復興矣此地之不可不棄四也中國之所以為可貴者為有禮義忠信也夷狄之可賤者以其貪狼暴虐也今捨可貴以殉所賤則中國亦夷遂其所欲以成吾所不欲則夷狄那此地之不可不棄五也臣聞古公亶父居邠為夷狄所攻欲得地與民民皆怒欲戰古公不忍乃去邠而居于岐山之下邠人舉國扶携老弱從公于岐山之下旁國聞古公行仁亦多歸之古公周之先也其後世因其仁愛得民至於文武遂有天下今乃奪人之地又欲殺人之父兄而守之與古公異矣陛下試計修德行仁之效與用兵拓地之利孰為多少誠能於此時特降明詔盡以向者所得之地賜還夏國則其君長荷陛下之恩意人民感朝廷之恵澤必於僻陋聞中國之行仁政吾民與兵知人主之惜民命其懽忻之聲戴荷之心將有甚焉伏惟陛下鑒古公之修德亮愚臣之忠計發自誠心斷而行之臣料不獨夷狄感悅上天鑒德助順亦且福祐無疆矣書曰惟德動天又曰至誠感神矧茲有苗此皆前代帝王行之已有成效願陛下勿疑若夫計已往之費隆難保之地耗金帛動兵甲以爭不可知之勝負而且有後患皆世俗之常談豈足為陛下道哉

維又乞息兵棄地劄子曰臣近具奏聞陳論兵之不可不息者三地之不可不棄者五利害甚明極有義理竊恐邊防之機陛下或未盡經聖慮乃不避喋喋再有陳述且思當今所宜無出此策願陛下詳覽而深思之若爭地用兵則向後患禍不可知矣陛下若發誠心以息兵愛民為意自足以動天感人亦不須待其來請地然後賜之也又古人以禽獸待夷狄但當自計利害不當與之校也臣竊謂劉法

今日未是用兵勞人之時前代聖王屈於夷狄非一皆是此意今之所處義理甚高非有屈也又臣今所言須及時為之乃可若夏國興兵来犯塞北虜貽書為請地則失我機會不可用矣古人脩德行仁不計一時利害何則脩德行仁之功大世俗所計利害小相去如天地之遠又臣此策可以實先帝問罪之意廣陛下行仁之德內對士民之心外消夷狄之患願聖意速行天下幸甚

司諫王岩叟論西人請地狀奏曰臣累月前嘗上疏論天下之大害曰莫如熙河蘭會之坐弊中國願陛下早圖之今聞西人入朝以請地為事陛下念生靈安樂遠久之計深以此事屬謀國大臣而聞大臣議論參差無一定之策切度聖心惑之未有以處臣以謂聽言之道必以革觀之則一言可決國家未開拓以前唯以信義為重夷狄之心不敢輕侮故邊患少邊患少故民力紓民力紓故人心安人心安故兵威彊兵威彊所以能制夷狄而不坐弊中國開拓以來以有限之財供無窮之費以無窮之費貪無用之地國力已困而不可支人心已危而不可保兵威已沮而不可恃於此時當修復信義為天下休息計豈可固執更增後日之患也昔漢桑弘羊輩請田輪臺之田以威西國武帝下詔深陳既往之悔曰前有司奏請欲益民賦三十助邊用是重困老弱孤獨也今又請遠田輪臺是擾勞天下非所以憂民也今朕不忍聞乃封丞相田千秋為富民侯以明休息富養也今議者欲請留蘭皋而田之何以異此惟陛下鑒武帝之所以悔於終者早悔之幸甚至宣帝時魏相請罷車師之田元帝時賈捐之請弃朱崖郡唐相狄仁傑亦請弃四鎮立斛瑟羅為可汗又請弃安東却立高氏李德裕亦請勿保安西是數人皆一時之賢豈不為國家惜威靈重弃其地哉蓋不欲貪外耗內瘡痍生靈徇虛名受實禍

遺國家之患也今窮荒之地於國家之勢不以得為強不以失為弱識者皆曰去大患以自全乃所以彊耳夫得地不如養民防人不如守己今因其有請而與之足以示懷柔之恩結和平之信又失此時後日兵連禍結中國厭苦而為腹心之患陛下雖欲[illegible]而弃之將不能矣臣度議者不過曰十餘年間竭天下之力而得之寧忍一旦弃之乎此不知經遠者之論也夫已耗之民財已傷之民命既非悔可追矣而後日之患猶不處之乎今則當何時而已耶又不過曰恐啓無厭之求益生邊患不如勿與此不知自處者之慮也夫彼求者無名則我報者有辭無名之求勢當自屈且彼雖夷狄既已與之寧不知恩尚何無厭之請耶若有恩以結之猶恐其察則無恩以畏之將如何哉臣聞開邊之初其費不可以數言罷兵之後歲歲常費猶不減數百萬一有騷動其將奈何陛下須念此皆出於中原生靈膏血夫中原者陛下據之以制四夷者也而以生靈膏血塗窮荒不毛之地欲為垂世長久之計豈不誤哉以事萬萬無可疑惟陛下留神早賜睿斷天下幸甚

元祐中殿中侍御史呂陶乞早定蘭會議上疏曰臣聞朝廷之安危不繫於疆土之廣狹中國之盛衰不在於夷狄之違順取與守難易不同其術內與外輕重各異其宜知守之為難則不敢易於所取知內之為重則不忍輕以事外此得失成敗之機也昔之聖人大有為於天下者莫不欲震耀皇武以威四夷空其巢穴絕其種類使之竄伏奔走而惟令之從其規模權略豈非恢宏深遠哉然天下之勢或至於不能成者此雖可為後世惜亦可為後世利也臣恭聞太祖皇帝嘗出幽州圖以示趙普普對曰此必曹翰所為翰往必可得幽州然陛下既得幽州則以何人代翰太祖於是默然持圖歸內臣又聞

太宗皇帝太平興國中既平汾晉車駕遂北征欲乘勝取范陽王師所至皆克捷降者亦衆竟以士卒疲頓轉輸迴遠乃班師而歸雍熙中又嘗詔欲親征會有岐溝之敗而止夫以二聖之睿謀英筭徘徊指顧而四海混合豈獨一幽州而不能取哉蓋不欲以大定之天下而耗其力以事一方也恭惟神宗皇帝聖智高曠有削平夷狄之志既取熙河又復蘭會方將一舉而滅西夏不幸弃四海矣則今日之計固宜權其輕重審其難易而決其予奪也夫元元之疲瘵可謂甚矣陛下深知其然加意惠養仁澤流行非特一事夙夜焦勞慨勤且至然而邊鄙有深憂國家有大費則生民何時休息哉所謂蘭州定西城龕谷寨者久在封域之外一旦取而有之地不可耕而食人不可收而使廢垣頹壘如狐兔之穴輦金帛以具版築而郡縣力困於饋挽驅士卒以嚴戍守而肝腦或至於塗地今日運鏹數百萬明日致粟數百鍾然後有累月之用環而視之則帑廩又空矣平居無事一歲之費凡二百萬緡烽候忽警安可勝計生耗中國莫甚於斯如火銷膏不自知覺非朝廷之福也臣嘗觀有唐之盛其君臣不勤遠畧不貴邊功者蓋不欲使國家掠虛名而生民受實害爾儻得無用之地終則捨之或因而封其酋長俾之自守請舉一二以明之太宗既擒頡利割其故地置都督以統之擢酋長為郎將者五百人又嘗克平九姓冊李思摩為可汗使率所部建牙於河北又嘗以鐵勒迴紇等十三部內附遂置六府七州各以酋帥為都督刺史蓋叛則討之服則懷之得推亡固存之義無費財勞人之役何必利其土地然後為勝哉魏鄭公褚遂良溫彥博狄仁傑輩皆持此議莫不欲肥中國而綏生民也以今天下民力凋弊之後太母垂簾保祐聖君措置萬事尤宜安靜以享太平之福彼窮邊荒徼無用之地固當割弃[illegible]

賜其酋長如唐故事因而封之一則全恩信懷柔之體二則息饋運轉輸之勞三則免攻戰死亡之憂朝廷大利莫過於此然則大臣之議遷延而不決者必曰先帝神武聖機有鞭笞四夷之意復數百年陷沒之地其功可謂大矣今輒弃之無乃隳大功損盛德乎臣愚竊謂不然夫中國之待夷狄者惟恩威二術而已方其未服則威以屈其力及其既從則恩以懷其心於是取與之權我嘗兩得於內而逆順之勢彼不能逃乎其外先帝昔取之者威也故其力屈陛下今與之者恩也故其心懷然則何累於功德哉亦是以成先帝之志矣向日[illegible]臣不能堅守營堡以折虜使乃捨緣邊數百里襟要之地而與北狄矣豈數百里之襟要則可捐而數城之孤虛則不可弃乎且彼數百里者存之未有損去之未有益而遂去之此一州二寨者去之則為利存之則為害而反存之又非通論也況守之與弃義不相須可與不可一歸於必有必可守之策然後有必不可弃之理今一州二寨之地久陷異域一旦復歸於我則事將至於必爭爭則有勝負是未可必守也處未必可守之勢持必不可弃之論臣恐異時之悔有甚於今日矣昔貞觀既平高昌拔其地為郡縣號西昌州魏鄭公諫以謂不出十年隴右且空既而置安西都護府調兵徙罪人以戍褚遂良諫以謂宜擇高昌可立者立之召其首領悉還本土書皆不報其後突厥寇西州太宗悔不用褚魏之計抑可為今日監也臣願陛下參酌古今之迹早決蘭州之義無使重困生民久生邊患則天下幸甚

諫議大夫范純仁乞誅鬼章狀曰臣近日親聞宣諭欲留鬼章在邊以招其子臣等奏對不若且令到京再蒙德音三省密院且更商量止鬼章於洮路所到處別聽指揮臣有管見已曾錄與文彥博已下

看詳。亦合上瀆聖聰。具畫一條件如右。一。朝廷獲罪人。若長其子弟之強。防其釁嫌而不誅。則典刑廢矣。如梁乙逋之輩。假設獲之。若有強子弟。則亦將費豢養矣。若止欲存鬼章而招其子。則有逐件利害。一。若存鬼章以招其子。必曰我父之存。由我輩在。我若皆往。則父子俱死。如此。固無束身歸朝之理。若使復統部族。効力伸報。則鬼章常宜存在。忽然死亡。則適足為其怨叛之資。却貽後日之患。一。鬼章本非君長。止緣誘殺景思立而覆其軍。干犯先朝。罪大。而告于裕陵。設若留之。有用尚恐不快神明之怒。今留之無益。則告陵之典。乃是虛行。一。鬼章今已七十餘歲。設使可系其子之心。亦無多日。况更因疾異卿憂愁寂寞。其死朝夕可待。既死之後。其子必却歸怨朝廷。雖諭以善終。亦必不信。兼是辭紛向罪人之子。深損朝廷威重。若任其疑怯。則彼必曰。既悞我降而殺我父。則將怨叛有名。一。存鬼章若不稍

使寬足。則必無聊而死。若使之寬足。則戰士之當星霜矢石之苦。皆有不如之歎。一。鬼章自先朝以來。前後殺害中國兵將蕃漢人民萬數極多。死者冤憤莫伸。其家孤寡窮獨之人。恨不臠食其肉。今得朝廷生獲。日望藁街之戮。以快存殁之冤。而得存養供飼。過於有功之人。徒使激憤幽明。有傷和氣。一。朝廷賞功。雖不繫鬼章存殁。然用命死戰之人。見朝廷將其所獲怨而誅之。則其心苦快。若釋而養之。則其心憤鬱。今大寇未平。尤當體察將士之情。一。鬼章之獲。本由熙河蕃將怨其害已。故對游師雄憤怒請行。今既冒死獲之。使其不得甘心。亦恐惰其鬭志。一。交趾方欲妄起事端。若鬼章戮於京師。則四方易得傳聞。交人亦將寢謀。兼使其他夷狄尊畏中國。一。阿里骨見今兼趣恣求鬼章。俟得然後納貢。若存鬼章近邊。不惟阿里骨以不如所請。遷延為名。未肯納貢。兼其詞已曰。鬼章在漢在胡一般。若今留之

在邊。厚加恭養。卹其羸瘠。則正行阿里骨之言。彼將市恩於鬼章之子。何暇復感朝廷哉。一。誅鬼章。則上可伸先帝之怒。其次可正朝廷之法。使夷狄知畏。又其次可雪踏白南川之讎。增戰士之氣。快人神之憤。又可使阿里骨知朝廷果於誅惡。不敢侮慢邀求。早肯納貢。此一舉而數利從之也。

純仁為尚書右僕射。論不當許阿里骨與鬼章相見。疏曰。臣竊見昨日文彥博與樞密院。堅欲令阿里骨來使與鬼章相見。欲其子結吼掟得知父在。審實可以繫累其心。臣愚以為不然。鬼章是西蕃驍將。身繫其國輕重。未擒之前。敢與中國相抗。既擒之後。遂使狼狽納款。則其要藉鬼章灼然可見。然其謝罪之始。既已推過本人。雖與劉舜卿蕃字中曾乞放還。未敢便於朝廷陳請。今若得與其使相見。其心必猜朝廷別有意謂歸國。却須生心。或請放鬼章歸國。如夏國乞還城

寨之類。至時必須堅拒。却致嫌怨。復生事。若更於不與之間。忽然病死。則必謂朝廷因其請而殺之。尤可為阿里骨舉兵之名。則是今日使見。未必為利。適足為他日之害也。又况大國舉動。當使夷狄難測。使其知存。足以示恩。使其知亡。不能生怨。今區區欲悅其子。悉使見我之情。恐生輕慢之心。亦似有虧大體。若陛下以六臣之言須至依從。則乞假將來當貢之使。因事漸通消息。則亦足以使知陛下容貸之恩。伏望聖慈更將臣言子細審詳。庶於幾事無害。鬼章就擒已久。彼國自已絕望。故於納款蕃字之內。一切歸罪鬼章。若却使之相見。恐恐復生覬望之心。結吼掟等既知朝廷顯示其父。必以得見為期。後若不遂其心而死。却恐嫌隙再生。更乞聖慈深加詳察。

純仁又論不當授鬼章陪戎校尉。疏曰。鬼章自先朝作過。陷沒將卒最多。近日南川之圍。殺害邊人亦眾。百里之地。為之一空。遣人棄重

然歸發憤往報。偏得檢獲。略告裕陵。阿里骨失其強臣。亦使納款。旣釋先朝宿憤。亦快天下人心。陛下曲示至慈。特貸其死。足使族類懷感。已是國家權宜。今更命之以官。於事卻恐過當。伏惟陛下視民如子。賞罰至公。今殺匹夫者必就大刑。殺數人者乃獲爵賞。不惟刑賞倒置。有紊典常。兼恐被害之家。冤憤難訴。人情天道。兩皆有違。伏望聖慈特以臣言。子細詳察。又言鬼章曾殺團練使。仍賜金帶。尚自不顧恩義。謀叛殺害邊人。今一授尉。何足以收其子心。若朝廷久遠要與一官。可俟他月。不必太速。以違人心。兼已具劄子奏入。昨日同樞密院進呈。依已得旨與官。則恐臣言未能上動天聽。臣以備位宰執。叨預朝廷。國之刑賞。尤當盡心。竊緣鬼章停獻之日。親受聖旨。令招喚其子歸漢。或納質之時。與貸生命。後來鬼章並不曾肯依詔旨。寫蕃字招喚。自稱我唯一死。如此悖慢違命。朝廷尚貸其死。已是優恩。

今更與官。恐傷信令。所有樞密院關到聖旨。未敢施行。兼劉舜卿回報。溫溪心文字正用鬼章曾陷邊將。及昨來犯邊。且歸罪鬼章。圖得不見阿里骨罪過為解。今卻與鬼章官爵。即是令來朝廷不以為鬼章之罪。不唯赦阿里骨無名。兼使邊臣失辭。今後難為應答。又欲使阿里骨人使書見鬼章。止欲使知生存。審實。今既有文字來乞。則是彼國已知鬼章之在。今來人使自亦不消使見。卻恐誘引別生觀望。勘會捉到西蕃大首領鬼章。昨引見日奉聖旨。候親書蕃字招喚得結呪捉等歸漢。或納質時。與貸生命。仍免因禁。令於茶場安下。其鬼章後來雖寫到蕃字到熙州。及阿里骨亦遣使詣闕謝罪。兼朝廷已降回詔。訖乞賜詳察。

龍圖閣直學士判慶州范純粹乞不妄動以觀成敗之變。奏曰。臣唯樞密院劄子。諸路探報。自秉常身亡。梁氏族人侵擅國事。遂致諸部酋豪。往往不伏。變亂交攻。日相屠害。雖不住據逐處奏報。終未見的確事情。緣自來賊中事宜。多是歸順人口通說。事必真實。慮兩界近上酋首。因此變亂。離析各懷去就。或欲據元有州城自守。遂託朝廷應援。或欲率其部族。直謀歸漢。願為近塞藩籬。若從而聞納。即應展轉生事。難保成功。若一切拒之。又慮反為他國所有。為國患轉甚。乘審於當今邊情。合如何處置。致不失事機。右三省同奉聖旨。令河東鄜延環慶涇原秦鳳熙河蘭會路帥臣。密切指揮沿邊官吏。若有投來西人。如審驗得委知次第。即仰相度可否收留。仍更切厚與賞物。募人遠探。所有西界首領。若謀歸中國。仰詳前項所問各以目今邊情。向去利害。縷細詳究。措置條畫。實封入急遞聞奏。親自收掌。不得下司。今劄付臣。准此。右臣除已依朝命施行外。伏詳詔旨所問。蓋邊防機事。而繫中外安危之本者。如臣之愚。顧何足以語此。然臣忝

膺任使。久在邊陲。採摭審料。粗若有得。伏見陝西諸路邊防。自元豐用兵之後。未即解嚴。乃者秉常失職。諸酋並奮。相與吞噬。未有寧日。方其自顧之不暇。尚能為中國患耶。在朝廷正宜安不妄動。用觀成敗之變。今詔旨以謂近上酋首。或欲據元有州城自守。遂託朝廷應援。夫夷狄殊類。為變盛衰無常。先王列於荒服之外。棄而不擾。縻而弗絕。御戎之策。無以過此。今彼酋豪。於變亂艱危之時。欲以內附為名。而請朝廷為應援。苟可而許之。臣不知一日急難有請。則朝廷將真應而援之乎。應援之舉。名正而理勝乎。邊兵之衆。樂援而悅行乎。不為之援。則害大信乎。凡此數者。皆不可不慮也。聖朝方以安靜治天下。息兵止殺。重農務本。太平之基。始於今日。尚何此策之議哉。又詔旨以謂或欲率其部族。直謀歸漢。願為藩籬。昔漢武帝時。降胡數萬仰給縣官。天子出御府禁藏以贍之。後日之害。大不可救。是知夷狄

為款附之名則中國受勞弊之實也今沿邊諸路自元豐以來所納降羌無慮二萬口而羌雖無用者十有七八增耗邊廩為害已大其心之向背未可知故平日間有引而去者則警急之際安知其非謀也然則降羌之無益中國亦已明矣況彼之存亡興衰有未可知者異時彼事既定復有君長必曰前日某部某族某人之亡歸中國者我國叛人也柰何受之我今請之則朝廷將若為處乎豈不理屈而辭沮乎此又不可不慮也或謂彼既附我柰何不受何辭以却之臣以謂不然彼之部酋若有以梁氏之禍來告者若請兵于朝廷者若據地而願附者若挺身以降者朝廷當使邊臣諭之曰若主不幸酋乃臣子當盡死節之義若為若主討賊而已尚何來告耶何但欲脫身而內附耶我之邊兵方備他盜而不爾捕寇也夫如是則中國豈不甚尊而名體豈不甚正乎如此則彼於異時必曰我變亂患禍

之中朝廷不棄我之不幸而存我有德撫我有道尚得志而負之乎夫如是則朝廷之義豈不甚勝而彼之德我豈不甚重哉又詔旨以謂若一切拒之慮為他國所有臣觀戎狄之性以種族為貴豢故部酋之死其後世之繼襲者雖雛稚之子亦足以服老長之衆何哉風俗然也唯秉常父子有國綿久國人歸心焉今諸路諜者之言雖曰秉常之死不明梁氏之族侵擅國事此特目今之勢然耳若謂遂能滅李氏之宗而有其國則臣未之信也蓋一國之衆豈無豪傑推李氏族子以繼後者乎豈遂甘心為梁氏屬乎臣以謂借使李氏遂有絕滅之禍尚當爭奪反覆屠戮相仍曠日持久然後定也夫困獸猶鬭者冀其或生也彼有力者方互為爭奪各將以衆自守乘隙而奮覬覦而動矣必并小强必吞弱縱未敢統一諸部豈不據一隅以自全固顧束手為他國虜乎臣知他國未能遽有者斷可識也借有亡

命避患而他附者不過逋逃之餘種耳顧何足道哉夫羌狄相吞并者中國之利也若天祐聖世遂使此羌卒至離析凡力等而勢均者各據土地自為一部則於時庶幾有患附大國者矣雖然大河之南橫山之地必附于中國大河之北賀蘭之封必附于契丹酒泉武威之境必牽於西域蓋勢力遠邇之異也昔呼韓裂為五單于匈奴分南北庭自是漢之邊候遂無匹馬之蹤我之所利正類如此故臣所謂在朝廷今日唯安不安動用觀成敗之變者蓋謂此也夫中國者禮義之所由出也臣願朝廷靜占往鑒處以禮義參稽古昔無蹈後患深敕諸邊將吏使積粟養士勵兵戒嚴從容無為坐觀其變應夏國酋領及部族生口有欲歸漢者並依前降詔旨一切納回決無收受以全中國尊大之體以破夷狄反覆之謀如此則元詔旨所謂自今邊情尚未利害者臣愚妄意可以為盡之矣若夫一[illegible]小利小

權私己喜功為國生事者非臣所知也伏惟聖慈特賜省察

五年純粹為環慶路安撫使論息兵失於欲速疏曰臣伏見熙延兩路與夏國所劃封疆至今未決外議謂朝廷務在息兵失於欲速敵狂寇要索日益滋彰雖聖朝懷來四夷固為上策若邊臣不究利害但務委隨則國體事機不無虧失何以言之二聖臨御之始夏人來朝繼而秉常訃哀乾順嗣立使者往返五六賈販貿易隨已豐富雖脩好甚恭蓋亦為自資之計耳在朝廷固宜開納容彼自新然於參畫土疆未經決議當徐觀向背以察姦謀而朝廷即遣使人往加封冊欲速之意為賊所窺果致侮慢使人不即稱謝起兵入寇延渭挾殘反覆不恭宜在誅絕後日復有所請但可一委邊臣與之要約示以閑暇使望望焉惟恐朝廷之拒而不納也則輕重之權豈不在我乎所謂要約者凡疆界之地與夫後日之可慮者皆當條畫具奏必

使異日莫得而變也。事既審決。遣人始以謝拒請盟之狀。聞于朝廷。然後明詔中外。貸其既往之罪。聽其乞盟之請。歸吾陷賊之人。賜汝既許之地。如是則朝廷之體。豈不甚尊。而制禦之策。豈不甚簡歟。昨不為此計。而聞其有請。即許遣朝。此又欲速之意。為賊所窺者也。使人既至朝廷。凡朝夕議論。往復酬對。寧不知皆廟堂謀臣之言乎。是頗接太重。而許可太輕。此又欲速之意。為賊所窺者也。朝廷既許以陷虜之衆。易新造之壘。人有品色多寡之異。地有形勢遠邇之差。約當素明。謀當素定。定必皆著見于書。然後受人割地。兩相付與。而彼尚何能為乎。今謀不素定。約不素明。彼以疲殘百餘人塞命而已。我乃不復較問。亟以四壘付之。則彼計固已行矣。聞四壘付之。即已平徹。而熙延二境始議畫疆。固不晚乎。欲速至是。其理固然。外議但見朝廷旌賞邊臣。切意朝廷謂事已平。無足慮者。豈以其目今貢奉不

爽。謂其無事乎。彼貢奉不爽者。是覆為買販計耳。恐不足恃也。前日事之已然者。固不可追。今日事之可為者。若審計而徐圖之。亦不晚也。如聞夏賊於塞門金城之地。重有邀求之請。聲言與西蕃為合從之謀。將以動我。外議恐朝廷不以為重。而輕棄之。信如是。則欲速亦已甚矣。朝廷所以謂金城塞門為不可棄者。非以兩孤壘之為利也。謂其形勢險阻。足以藩籬邊徼。土田沃壤。足以贍給邊兵也。利害所繫。他壘莫比。故獨不在給賜之限。今畫疆之議。乃欲苟目前之小休。棄形勢之要地。啗數千戶已耕之土。斷數百里斥堠之衛。屏蔽無餘。出門遇敵。道路梗塞。運餉難虞。孤壘僅存。我將安用。譬猶欲保一身。而捐去四體。是大不可也。然則前日詔旨所不予之地。徒虛名耳。且彼之所求。我必與之。臣不知真足以厭其所欲。而不為他日之患乎。失要害之地。濟無厭之求。虧國體勢。墮賊計謀。養虎開端。不可不謹。臣伏思邊陲誤釁。迨今十有餘年。未為不久也。朝廷不惜十年之費。不憚十年之勞。而務為堅守者。何哉。為形勢人民惜也。今日之議。借如所傳。是能久而不能近也。前日諸路大舉。雖覆巢之計。尚能為之。今安以待斃。而甘就如此。是能大而不能小也。能大而不能小。能久而不能近。棄前功於垂成。開後艱於不測。臣切為朝廷惜之。臣竊觀朝廷會其遠近。計於久長。其所取予。並以元降詔書從事。如其僥倖寒盟而不同。仍飭邊吏嚴備。如昔希功造事。則固所不可。謹邊待敵。則宜無甚難。以區區內亂之小羌。尚能與中國久抗乎。期以歲年。決可覺悟。在朝廷不惑而已。臣聞自陝以西。識者靡不知此。而莫有為朝廷言者。是亦以出位為誠耳。雖朝廷前此議論邊事。專委帥臣。他路邊臣無得干預。而臣任忝帥寄。職在論思。今以所得衆人之論。妄進狂瞽。則亦未為出位也。伏惟聖心採擇。不勝大幸。

夷狄

宋哲宗元祐中御史中丞傅堯俞奏曰臣聞西夏人欵塞傳者謂必緣請地而來臣竊思之方今邊備未豐士氣未振民力未完賞罰不明將帥難倚其尤可慮者議論不一平居講事或經時曠日而不能合苟必至於用兵豈能迎機應務制變於千里之外哉臣竊為陛下憂之夫自古和戎未有能抗天威而快人意者惟所屈者益深則所伸者益遠願陛下姑務柔之以德專以繼好息民為意則天下幸甚

四年龍圖閣學士朝奉郎知杭州蘇軾狀奏曰臣伏見熙寧以來高麗人屢入朝貢至元豐之末十六七年間館待賜予之費不可勝數兩浙淮南京東三路築城造船建立亭館調發農夫侵漁商賈所在騷然公私告病朝廷無絲毫之益而夷虜獲不貲之利使者所至圖畫山川購買書籍議者以為所得賜予大半歸之契丹雖虛實不可明而契丹之强足以禍福高麗若不陰相計構則高麗豈敢公然入朝中國有識之士以為深憂自二聖嗣位高麗數年不至淮浙京東吏民有息肩之喜唯福建一路多以海商為業其間凶險之人猶敢交通引惹以希厚利臣稍聞其事方欲覺察行遣今月三日准秀州差人押到泉州百姓徐戩擅於海舶內載到高麗僧統義天手下侍者僧壽介繼常穎流院子金保裴善等五人及齎到本國禮賓省牒云奉太國主旨令壽介等齎義天祭文來祭奠杭州僧源闍黎臣已指揮本州送承天寺安下選差職員二人兵級十人常切照管不許出入接客及選有行止經論僧伴話量行供給不令失所外已具事由畫一奏稟朝旨去訖又據高麗僧壽介狀稱臨發日奉國母指揮令齎金塔二所祝延皇帝太皇太后聖壽臣竊觀其意蓋為二聖嗣位數年不敢輒來入貢稍失厚利欲復遣使又未測聖意故以祭奠源闍黎為名因獻金塔欲以嘗試朝廷測知所以待之之意輕重

享薄不然者豈有欲獻金塔為壽而不遣使奉表上因祭奠亡僧遂
致區區之意蓋疑中國不受故為此苟簡之禮以卜朝廷若朝廷待
之稍重則貪心復啓朝貢紛然必為無窮之患待其已至然後拒之
則又傷恩恭惟聖明灼見情狀廟堂之議固有以處而臣忝備侍從
出使一路懷有所見不敢不盡以備採擇
八年軾為端明殿學士兼翰林侍讀學士左朝奉郎守禮部尚書論
高麗買書利害劄子曰臣近准都省批送下國子監狀准館伴高麗
人使所牒稱人使要買國子監文字請詳此印造供赴當所交割本
監檢准元祐令諸蕃國進奉人買書具名件申尚書省今來未敢支
賣本部看詳從來只是指揮本部令申都省除可令收買名件
外其冊府元龜歷代史太學敕式奏聞奉敕便令收買從乞朝廷詳
酌指揮尋准都省批狀云勘會近據高麗人使到闕已曾許買冊府

元龜并北史今來本部並不檢會體例所有人使乞買書籍正月二
十七日送禮部指揮許收買其當行人吏上簿者臣伏見高麗人使
每一次入貢朝廷及淮浙兩路賜予館送燕勞之費約十餘萬貫而
修飾亭館騷動行市調發人船之費不在焉除官吏得少餽遺外了
無絲毫之利而有五害所得貢獻皆是玩好無用之物而所費皆是
帑廩之實民之膏血此一害也所至差借人馬什物攪擾行市修飾
亭館民力倍有陪費此二害也高麗所得賜予若不分遺契丹則契丹安肯
聽其來貢顯是借寇兵而資盜糧此三害也高麗名為慕義來朝其
實為利度其本心終必為北虜用何也虜足以制其死命而我不能
故也今使者所至圖畫山川形勝窺測虛實豈復有善意哉此四害
也慶曆中契丹欲渝盟先以增置塘泊為中國之曲今乃招來其與
國使頻歲入貢其曲甚於塘泊幸今契丹恭順不敢生事萬一異日

有桀黠之虜以此藉口不知朝廷何以答之此五害也臣心知此五
害所以熙寧中通判杭州日因其餽送書中不稱本朝正朔卻退其
物待其改書稱用年號然後受之仍催促進發不令住滯及近歲出
知杭州卻其所進金塔不為奏聞及盡一處置緣路接待事件不令
過當仍奏乞編配狡商猾僧并乞依祖宗編敕杭明州並不許發船
往高麗違者徒二年沒入財貨充賞并乞刪除元豐八年九月內創
立許舶客專擅附帶外夷入貢及商販一條已上事並蒙朝廷一一
施行皆是臣素意欲稍稍裁節其事庶幾漸次不來為朝廷消久遠
之害今既備員禮曹乃是職事近者因見館伴中書舍人陳軒等申
乞盡數差勒相國寺行鋪入館鋪設以待人使買賣不惟移市動眾
奉小國之陪臣有損國體兼亦抑勒在京行鋪以資吏人廣行乞取
弊害不小所以具申都省乞不施行其乖方作弊官吏並不蒙都省

略取問今來只因陳軒等未待申請直牒國子監收買諸般文字內
有冊府元龜歷代史及敕式國子監知其不便申稟都省送下禮部
看詳臣謹按漢書東平王宇來朝上疏求諸子及太史公書當時大
臣以謂諸侯朝聘考文章正法度非理不言今東平王幸得來朝不
思制節謹度以防遺失而求諸書非朝聘之義也諸子書或反經術
非聖人或明鬼神信物怪太史公書有戰國縱橫權譎之謀漢興之
初謀臣奇策天官災異地形阨塞皆不宜在諸侯王不可予詔從之
臣竊以謂東平王骨肉至親特以備位藩臣猶不得賜而況海外之
裔夷契丹之與國乎臣聞河北榷場禁出文書其法甚嚴徒以契丹
故也今高麗與契丹何異若高麗可與則榷場之法亦可廢兼竊聞
昔年高麗使乞賜太平御覽先帝詔令館伴以東平王故事為詞卻
之近日復乞詔又以先帝遺旨不與今歷代史冊府元龜及北史恐切

以謂前次本不當與，若便以為例，即上乖先帝遺旨，下與今來不賜
御覽聖旨異同，深為不便，故申都省，止是乞賜詳酌指揮，未為過當。
使家行遣吏人，上簿書罪，臣竊為無罪可書，雖上簿得責，至為末事，
於臣又無絲毫之損，臣非為此奏論。所惜者，無厭之虜，事事曲從，官
吏能徇其意，雖動衆害物，不以為罪；稍有裁節之意，便行結責。今後
無人敢逆其請，使意得志滿，其來愈數，其患愈深，所以須至極論，仍
具今來合處置數事如後。
一、臣在杭州日，奏乞明州、杭州今後並不得發船往高麗，蒙已立
條行下。今來高麗使卻搭附閩商徐積船入貢，及行根究，即
積是條前發船。臣竊謂立條已經數年，海外無不聞知，而徐積
猶執前條公憑，影庇私商往來海外，雖有條貫，與無同。欲乞
特降指揮，出牓福建、兩浙緣海州縣，與限半年內，令繳納條前
所發公憑，如限滿不納，敢有執用，並許人告捕，依法施行。貼黃
據陳軒所奏語錄，即是高麗知此條。
一、今來高麗使所欲買歷代史、冊府元龜及敕式，乞並不許收買。
貼黃　都省批狀指揮，人以所買書籍內有敕式，若今外夷收
買，事體不便。看詳都省本意，案：冊府元龜及北史前次已有條例，
故以禮部並不檢會為罪，未委敕式有何條例，一槩令買。
一、近日館伴所申，乞為高麗使買金箔一百貫，欲於杭州粧佛。臣
未敢許，以申稟都省，切慮都省復以為罪。切緣金箔本是禁物，
人使欲以粧佛為名，久住杭州，搔擾公私。切聞近歲西蕃阿里
骨乞買金箔，朝廷重難其事，節次量與應副。今來高麗使朝辭
日數已迫，乞指揮館伴，令以打造不出為詞，更不令收買。
一、近據館伴所申，乞與高麗使抄寫曲譜。臣為鄭衛之聲，流行海

外，非所以觀德，若晝一朝言，特為抄寫，亦為不便，其狀臣已收繳
不行。貼黃　臣前在杭州，不受高麗所進金塔，雖曾奏聞，亦已
作臣意度拒絕。兼自來館伴，虜使若有所求請，不可應副，即須
一面說諭不行，蓋其事勢大，即候拒訖，密奏。今陳軒等事事曲
從，便為申請，若不施行，即顯是朝廷不許，使虜使悅己而怨朝
廷，甚非館伴之體。
右所有申都省狀，其歷代史、冊府元龜及敕式，乞詳酌指揮，事並出
臣意，不干僚屬及吏人之事。若朝廷以為有罪，則臣乞獨當責罰，所
有吏人，乞不上簿。
貼黃　臣謹按春秋，晉，盟主也；鄭，小國也，而晉之執政韓起欲買玉
環於鄭商人，子產終不與，曰：「大國之求，若無禮以節之，是鄙我
也。」又晉平使其臣范昭觀政於齊，昭請齊景公之觴為壽，晏子
不與；又欲奏成周之樂，太師不許。昭歸謂晉侯曰：「齊未可伐也。
臣欲亂其禮而晏子知之，欲亂其樂而太師知之。」今高麗係契
丹之黨，而我之陪臣也，乃敢干朝廷求買違禁物，傳寫鄭衛曲
子譜，褻慢甚矣。安知非黠虜欲設此事以嘗探朝廷深淺難易
乎？而陳軒等事事為請，恐失其意，臣竊惑之。又據軒等語錄云：
高麗使言海商擅往契丹，本國王捉送上國，乞更賜約束，恐不
穩便。而軒乃荅之：風訊不順，飄過，乃是與閩中狡商巧說詞理，
許令過界。切緣私往北界條禁至重，海外陪臣猶知遵稟，而軒
乃歸咎於風，以薄其罪，豈不乖戾倒置之甚乎？臣忝備侍從，
事關利害，不敢不奏。
戟又劄子奏曰：臣近奏論高麗使所買書籍及金箔等事，準尚書省
劄子，二月十一日三省、樞密院同奉聖旨：所買書籍曾經收買者許

依例收買金箔特許收買條依奏吏人免上簿者臣所以區區論奏
者本爲高麗契丹之與國不可假以書籍非止爲吏人上簿也今來
吏人獨免上簿而書籍仍許收買臣切惑之檢會元祐編敕諸以熟
鐵及文字禁物與外國使人交易罪輕者徒二年看詳此條但係文
字不問有無妨害便徒二年則法意亦可見矣以謂文字流入諸國
有害無利故立此重法以防意外之患前來許買冊府元龜及北史
已是失錯古人有言一之謂甚其可再乎今乃廢見行編敕之法
而用一時失錯之例後日復來例愈成熟雖買千百部有司不敢復
執則中國書籍山積於高麗而雲布於契丹矣臣不知此事於中國
得爲穩便否昔齊景公田招虞人以旌不至曰招虞人以皮冠孔子
韙之曰守道不如守官夫旌與皮冠於事未有害然且守之今買書
利害如此編敕條貫如此比之皮冠與旌亦有間矣臣當謹守前議

不避再三論奏伏望聖慈早賜指揮
貼黃臣點檢得館伴所公案內有行下承受所收買文字數內一
項所買冊府元龜敘兵雖不曾賣與然高麗之意可見矣
又貼黃臣已令本部備錄編敕條貫符下高麗人使所過州郡約
束施行云訖亦合奏知
轍又劄子曰臣近再具劄子奏論高麗買書事今准敕節文檢會國
朝會要淳化四年大中祥符九年天禧五年曾賜高麗九經書史記
兩漢書三國志晉書諸子曆日聖惠方陰陽地理書等奉聖旨依前
降指揮臣前所論奏高麗入貢爲朝廷五害事理灼然非復細故近
又檢坐見行編敕并具論奏並不蒙朝廷詳酌利害及編敕法意施
行但檢坐國朝會要已曾賜予便爲收買切緣臣所論奏所計利害
不輕本非爲有例無例而發也事誠無害雖無例亦可若其有害雖

百例不可用也而況會要之爲書朝廷以備檢閱非如編敕一一皆
當施行也臣只乞朝廷詳論此事當遵行編敕耶爲當檢行會要而
已臣所憂者文書積於高麗而流於北虜使敵人周知山川險要邊
防利害爲患至大雖曾賜予乃是前日之失自今止之猶賢於接續
許買蕩然無禁也又高麗人入朝動獲所欲頻歲數來馴致五害如
此之類皆不蒙朝廷省察深慮高麗人復來遂成定例所以須至再
三論奏兼今來高麗人已發無可施行
五年御史中丞蘇轍論不可失信夏人狀奏曰臣聞善爲國者貴義
而不尚功貴信而不求利非不欲功利也以爲弃義與信雖一快於
目前而歲月之後其害將有不可勝言者矣昔晉公圍原命三日之
糧原不降命去之諜者曰原將降矣軍吏曰請待之公曰信國之寶
也民之所庇也得原失信何以庇民所亡滋多退而原降晉荀吳圍

鼓鼓人或請以城叛吳弗許左右曰師徒不勤而可以獲城何故弗
爲吳曰吾聞諸叔向好惡不愆民知所適事無不濟或以吾城叛吾
所甚惡也人以城來吾獨何好焉使鼓人殺叛人而繕守備三月鼓
人請降使其民見曰猶有食色姑脩而城軍吏曰獲城而弗取勤民
而頓兵何以事君吳曰吾以事君也獲一邑而教民怠將焉用邑鼓
人告食竭力盡而後取之克鼓而反不戮一人以世俗言之此二人
者可謂疎於事情而怠於功利矣然晉文公以霸天下荀吳以
強晉國則信義之効見於久遠如此臣切觀朝廷之所以御西夏者
可謂異矣方元祐三年既受冊命不肯入謝弃以大兵蹂踐涇原大
臣畏之明年遣使請以所許四寨易蘭州塞門朝廷雖不許大臣務
行姑息不俟其請而以歲賜等事許之一歲所賜凡二十萬夏人仰
以爲命雖以一歲之入易蘭州塞門可也而況何與之蓋自失歲賜

以宋朝廷蕩然無復可以要結夏人者。然此已往之事。臣不復追咎矣。頃者夏人既得歲賜。始議地界。朝旨許以見今州城堡寨依綏德城例。以二十里為界。十里外量置堡鋪。其餘十里為兩不耕地。約束既定。大臣中悔。又欲堡寨相照取直。議猶未定。而熙河將佐范育、种誼欲於見今城堡之外。更占質孤、勝如二堡。大臣僥倖拓地之功。不以育等為非。從而助之。尋為夏人所破。所殺兵民皆不敢以實聞。繼修城門。并被焚毀。其事至今未寧。然夏人迫於內患。不敢堅抗朝命。許以照直為界。其言猶未絕口。而大臣又悔。欲以堡鋪之外。對留十里。通前共計三十里。此命既出。有識之士以為失信尤甚。非中國之體。若使邊臣稍知義理。必不忍自出反覆之言。以彰不信。幸而夏人終以內患未解。不欲違拒。黽勉從之。十里之地。得之不足為殖。失之不足為弱。雖小人以為得計。而君子謂之失策。何者。要約未定。今歲

已添屯重兵。前後十將有餘。十將之眾。凡五萬人。使五萬人西食貴粟。其費已不貲。而夏人順否。又未可必。雖復暫順。要之久遠。不信朝廷。為患何所不至。然此亦既往之事。臣復何言。載臣之所憂。但恐大臣狃於小利。睥睨夏國便利田地。貪求不已。訪聞近邊稽衙與邊臣計議。既欲取質孤、勝如兩城一帶良田。凡數十里。又欲與秦鳳路隴諾城。與熙河路定西城。照直地僅一百里。規畫極大。聞者驚愕。若此謀復作。夏人不堪其忿。竊出作過。邊民被已。何以禦之。且先朝用兵所得四寨。朝廷猶務息民。棄而不惜。況於其餘。何足計較。在兵法有之曰。有其有者安。貪人有者殘。又曰。利人土地實貨者。謂之貪兵。兵貪者破。今之所為。正犯此禁。臣切怪大臣皆一時儒者。而皆棄所學。貪求苟得。為國生事。一至於此。外人皆言前後計畫。皆出种誼。誼本小人。安知大體。而舉朝廷以從之乎。要之不出數年。此患必見。甚至所使言言雖易。信而已無及矣。伏乞陛下以社稷生民為念。察之於心。止其妄作。則天下幸甚。

貼黃。臣數日前見陝西轉運使李南公言。自元祐以來。朝廷不起邊事。凡自前邊臣欺罔殺略熟戶。計級受賞。鹵掠財物。私自潤入。及邊民幸於擾攘。買賤賣貴。如此等事。皆不得為。故上下嗷嗷頗有遺憾。凡此皆姦人自作身計。非國之利也。今勝如質孤等處良田。實西邊第一等膏腴。豈我獨知以為利。而夏人不知耶。彼知愛之。則不免於爭。爭端一起。則兵革不息。此正墮邊臣之姦計矣。臣訪聞夏國柄臣梁乙逋者。內有篡國之心。然其為人狡而多算。冀而得眾。方欲內安豪酋。外結朝廷。俟內外無患。然後徐篡取之。所以朝廷近日打量地界。前後要求。反覆而乙逋一一聽從。蓋見議地界止於二三十里之間。於彼國不繫

利害故也。今朝廷若見其易與。因而別有大段求索。使彼不能堪忍。或至忿爭。兵難一交。必非朝廷所願。至此而後返欲求和。則所喪多矣。

轍又乞罷熙河修質孤勝如等寨劄子曰。臣伏見西夏輕狡。屢臣屢叛。為患莫測。昨與延安商量地界。遷延不答。搶歸本國。招之不至。遣人乞議。始謂地界自此不可復議。而坤成賀使亦當不至矣。今者天誘其衷。使者既已及境。而地界復議如故。方其未通告絕。招懷之計。猶可復施。此實中國之利也。然臣恐朝廷忽而不慮。不於今日窮究端由。望其釁隙。必俟邊患既起而後圖之。則無及矣。臣聞熙河近日創修質孤、勝如二堡。侵奪夏人御莊良田。又於蘭州以北過河二十里議築堡寨。以廣斥候。夏人因此猜貳。不受約束。其怨毒邊吏。不信朝廷。不言可見矣。從以歲賜至厚。和市至優。是以勉修臣節。其實非

德我也。使之稍有便利，豈肯帖然不作過哉。何者？中國既失大信，則夷狄不可復責故也。臣竊惟朝廷之於西夏，棄捐金帛，割裂疆土，一無所愛者，累年于茲矣。而熙河帥臣與其將吏不原朝廷之心，徼求尺寸之利，妄覬功賞，以害國事，深可疾也。頃年熙河築西關城，聲言次築龕谷、兔章，疑懼遂舉大兵攻擾，一路瘡痍，至今未復。今既城質孤、勝如，其勢必及龕谷，夏人驚疑，正與兔章事同。由此言之，則曲在熙河，非夏人之罪也。夫蘭州之為患，所從來遠矣。昔先帝分遣諸將入界，李憲當取靈武，畏怯不敢深入，遂以此州塞責，自是以來築城聚兵，完械積粟，勞費天下，動以千萬為計，議者患之久矣。好事之臣因此講求遺利，以為金城本漢屯田舊地，由極膏腴，水可灌溉，不患無食。患在不耕，不患不耕患無堡障。凡西關、龕谷、質孤、勝如，與過河築城，皆所以為堡障也。從來熙河遣兵侵耕此地，皆為夏人所殺，況於築堡，致寇無疑。而朝廷恬不為怪，坐視邊要之警，深可惜也。夫蘭州不耕，信為遺利矣。若使夏人背叛，則其為患比之不耕蘭州，何翅百倍。故臣以為朝廷當權利害之重輕，有所取捨。況蘭州頃自邊患稍息，物價漸平，比之用兵之時，何止三分之一。若能忍此勞費，磨以歲月，徐觀間隙，候夏人微弱，決不敢爭，乃議修築，如此施行，似為得策。臣不知邊臣何苦而為此怨怒也。昔唐明皇欲取吐蕃石堡城，隴右節度使王忠嗣名將也，以為頓兵堅城，費士數萬，然後可圖，恐所得不酬所失，請厲兵馬待釁取之。帝意不快，忠嗣由此得罪。其後帝使哥舒翰攻拔之，雖開也以獲，其實不為無補，而士卒死亡略盡，皆知忠嗣之言。唐史以為深戒。此則今日之龜鑑也。若朝廷不用臣言，臣恐夏人久必復叛，用兵之後，不免招來，其為勞恥必甚於今日。敵人強梁則畏之，敵人柔伏則陵之，恐非大國之體也。惟陛下留神省察。

貼黃：臣聞朝廷欲遣孫路以點檢弓箭手為名，因商量熙河界至。

臣觀孫路昔在熙河，隨李憲等造作邊事，由此蒙朝廷擢用，深恐路狃習前事，不以夏人逆順、利害為心，而妄圖蘭州小利，以失國家大利。伏乞明賜戒敕，若因界至生事，別致夏人失和，勞民蠹國，罪在不赦。

元祐中，轍又奏乞裁抑高麗人使，狀曰：臣伏見高麗北接契丹，南限滄海，與中國壤地隔絕，利害本不相及。本朝初許入貢，祖宗知其無益，絕而不通。熙寧中，羅拯始募海商誘令朝覲，其意欲以招致遠夷，為太平粉飾，及掎角契丹，為用兵援助而已。然自其始通，及今屢至，其實何益於事，徒使淮浙千里勞於供億，京師百司疲於應奉。而高麗之人所至游觀，伺察虛實，圖寫形勝，陰為契丹耳目。或言契丹常遣親信隱於高麗三節之中，高麗密分賜予，歸為契丹幾半之奉。朝廷勞費不訾，而所獲如此，深可惜也。今其復至，既朝廷未欲遽絕，謂當痛加裁損，使無大饒益，則其至必疏，而我得其便矣。切見近日已降朝旨，自明州以來州郡待遇禮節，率皆減舊，而京師諸事未加裁定。臣以謂朝廷交接四夷，莫如遼、夏之重，而目前所以遇高麗者，幾比二虜，非獨於本朝事有不便，儻使二國知之，亦為未允。況高麗之於契丹，大小相絕，有君臣之別，今館待之數，出入之節，或皆如一，或更過厚，其於事體實為不便。臣欲乞凡館待送遺並量加裁抑。

五年，范育知熙州，論禦戎之要，上奏曰：臣切以禦戎之要，防患在於無形，制勝在於未然。患至而後圖安，未有不危者也；兵交而後求勝，未有不敗者也。臣觀本路有無形之患，其端已見，其憂甚大。臣蒙朝廷假以方面之守，為身自謀，依違不言，使患至形成，上貽朝廷憂，下為一方害則臣上負明主不忠之罪大矣故臣敢極陳其說臣伏見近朝廷詔本路與夏人分畫疆界依綏德例非所賜城寨外以二十里為界通遠軍定西通西榆木等城寨朝廷指揮拶邊斜照取直西人執以遂寨外取二十里蘭州質孤勝如堡前日朝廷命常作守據之計本路按視合取二堡外立界西人指為非舊堡寨要自龕谷寨打量此二事若朝廷從夏人之請則於本路邊面形勢有無窮之大害若不從夏人今必起兵爭占有害今日和議而西兵未有可息之期臣請陳其故蓋定西北與夏人接境通西榆木等處則賊境在東若皆取二十里則今日所築邊面多者已三二十里所從弓箭手已數百十戶夫膏腴之地數千畝又定西孤絶賊兵可徒中斷其歸路其勢決不可守則通遠之邊面所蹙未啻數十里而賊兵無出可至通遠通遠受敵則洮河一路有扼吭不通之患矣蘭州向藉質孤勝如川地垂十餘頃皆膏腴上田有水田可以灌溉其收畝數斛無慮置弓箭手二千人昔之堡障未立不敢就耕而以名目占生不去已千有餘人若從畝各二十里為界則二堡之地皆不可耕蘭州捨此北距河南介山東西境壤無餘其耕種之地既不足以自食其州粟日益貴糴日益虧又況賊兵一出則立至州之西野增兵備無時而已豈不危哉此所謂從夏人之請於本路邊面有無窮之大患者也臣訪聞定西一帶川原廣闊昔范康所居西市夏人置倉以積穀質孤勝如川偽號御莊自歸本路其上人皆走天都山及會州之境地瘠人貧未嘗一日不回思其地又聞夏人常使北方之人自謀爭奪之計昨正月中西界所差分畫首領與邊臣議論不合而去今其再至挑得集兵數萬屯於境上時出遊騎道不遜之語度其意蓋將必爭而後已雖至於用兵廢絶和事皆且不顧此所謂不從其請將見兵

爭而不解未有可息之期者也以臣計之不與則用兵雖速而患小蓋吾邊有易守之形也與之則用兵雖緩而患大蓋吾邊有難安之勢也然此二者不可不慮也臣請終言之切聞青唐阿里骨昔以篡得國朝廷既行封爵常與夏賊伺謀寇邊賴朝廷威斷邊將出兵生擒鬼章斷河橋以挫其鋒遂寢其姦謀納質効順息數歲之邊患今聞阿里骨常疑其下有攜貳之謀而因誅殺易置首領且與夏賊結約甚懽遣人往夏國請其與漢和以激其用兵之意蓋夷狄氣類既同其嗜欲既一犬羊之黨勢必相為而又阿里骨篡於前梁乙逋篡於後昔也相視而成其謀今也同心而濟其惡理必然也臣恐二賊締交夏賊出兵通遠金城之郊本路嚴兵以禦之羌賊又出兵河岷之郊則本路分兵而力不給朝廷方且益發兵增備不知幾何而止也商者不得安於途耕者不得安於野則所仰之粟不知幾何而足五州之境邊面二十餘里已二賊據吾咽喉背歲歲不可弛備一日不可減兵備其東則西出備其南則北出左提右挈四面受敵朝暮相救之不暇一有交兵則五州之勢岌岌乎皆有動搖之憂又況萬有一至於敗撓而不可支可不慮哉此臣所謂無形之大患可為朝廷之憂者也以臣愚計欲防此未形之患必制勝未然之術臣願朝廷悉聽無忽臣昨累經畫青唐邈川利害朝廷未賜俞允近阿里骨再召溫溪心愈懷疑懼邈川人情亦不安又殺五六落族四人錮其囚苟又勾隴逋裔家族首領徒於六心樁其人户丁從遂拘執首領致有五百餘户走入河州界約欄來去自朝廷除結呃捉鎮州刺史今在青唐拘留不還又勾界遣廝波結亦留青唐其國人携二酋長豪又懼愈甚於前又近探得阿里骨病甚或云死匿哀不發欲踵前日篡奪之迹此逆酋之暴虐與人情之怨叛較然可見矣臣觀夏賊之邈川地

近而形勢便青唐情通而利害同彼兩地之動息夏人知之固執徒以乙逋始篡及疆議未決故遲遲計未以故爾使其志得謀行移兵以舉邈川併青唐若振槁木之易其為西邊大患臣前日已嘗具奏于朝矣就其未能二賊方且合謀為患臣所陳其勢必矣臣又聞古人善為謀者因禍而為福轉敗而為功今本路欲與夏人交議地界當賊兵之鋒而爭口舌之勝臣未見其可也不若緩其所當爭而出其所未發先為之討夏賊之謀而絕其交秦青唐之釁而定其國用臣前策納趙醇忠繼董氊後醇忠既立忠順戴漢固撫諸酋悉皆內向則二賊之交絕矣董氊繼世人心皆服雇亂既除國內翠安則青唐之變定矣夏賊失青唐之援則有背腹之憂本路得邈川歸順則有形勢之利彼之所恃者復在我吾之所患者復在彼如此則臣區區之夏賊將假息於巢穴而不敢窺吾邊鄙通遠金城之疆埸之則

為朝廷之德不興則亦不敢爭吾兵不用而可以制夏賊之猖獗卑西賊之禍亂威行萬里義服四夷雖唐虞三代之盛殆不過是矣將見本路州民有卧鼓息鋒之安既耕稼而成樂俗矣復何邊患之憂哉此所謂制勝於未然之術也臣伏思朝廷大計務欲安邊息民不用兵革臣為此謀其始雖護趙醇忠假兵力因其人心助其聲勢過此以往更不煩兵其津遣趙醇忠鎮撫部族合措置事件如蒙朝廷賜可乞別具條析聞奏須臣雖近此利害或恐更有未盡事理朝廷若行詰問卻致往復已依近降朝旨選差本司幹當公事种朴乘遞馬赴闕詣三省樞密院稟議去訖伏乞朝廷檢會臣累狀及今奏事理早賜處置指揮

哲宗時畢仲游論復境土上言曰自漢以來言夷狄之利害者不知幾十人矣然其成效非漢元鼎唐正觀之間則夷狄之強未有不過中國者也由三代以前夷狄之患雖不免然終不能害中國也故詩曰征伐玁狁蠻荊來威又曰戎狄是膺荊舒是懲以玁狁戎狄雖始有其患而終至於威懲者此不能害中國之實也故所以不能害中國者以御之有道而有軍旅之制也有威德之施也有地勢之利也今國家軍旅未制制之可也威德未施施之可也地勢未利雖欲利而已失也故議者未嘗不惜幽薊之土以至晉石氏所割十六州者皆中國之大險也以大險之利而久失之於胡故太宗始因太原之捷直抵其地幾拔易順薊三州中又嘗駕幸大名未至於雍滲遂還十八將同出飛狐雍州鴈門之三道環朔雲應涿五州之民已望其更生矣然以貪將之累而不成功也及章聖景德間虜嘗至鸞趙魏之地賴天地宗廟之神靈酋死虜散故國毋奉誓求和至今為萬世討此皆以地利失得而致者也今上欲強中國弱四夷追祖宗之盛

畫復先王之故地則在知其兵之本兵之主兵之教兵之用然後可也故省費寬徭厚其輸畜者兵之本也熟察將帥試之以事者兵之主也習勤戰士四時不廢者兵之教也脩完械用並使堅利者兵之用也今械用不利是無用也士不習勤是無教也將不察使是無主也輸畜不厚是無本也無用則不可敵無教則不可勝無主則不可戰無本則不可守四者不備則雖百勝之畫無虜之地不可追復也四者備而用之是黃帝之兵也昔者太宗倚高麗安定渤海而北征章聖封爵潘羅而弱繼遷此可追之成畫而晉石氏所割十六州皆不待痛而復矣

仲游論棄熙河蘭會上言曰天之生民初無中國夷狄之別以其不可以冠帶禮義治也然後謂之夷狄而自漢已來爭取其不可治之地而治之是以府庫空匱人民死亡僅能得之而還為夷狄之地者

多矣。昔大王之治邠。狄人攻之。事之以玉帛皮幣狗馬子女。而皆不免。乃曰。狄人之所欲者土地也。為吾臣與為狄人臣奚以異。因杖馬捶去之岐山之下。中國之地。至其不可有也。則猶不欲強治之。況欲強取夷狄之地而治之乎。雖嘗為中國之郡縣。而本夷狄之地者。則亦無所用之。雖欲用之。而多不能有。故武帝不能有輪臺。元帝不能有朱崖。光武不能有西域。而本朝亦棄靈武。則今日熙河蘭會之計議足以斷矣。然事有既得之復棄。而與未得同者。有既得之復棄之。而與未得不同者。武帝棄輪臺。則不耕而已矣。元帝棄朱崖。則勿擊而已矣。光武棄西域。則謝其質子而已矣。本朝棄靈武。則置之度外而已矣。此所謂與未得同者。而今日棄熙河蘭會。則與未得不同。徹舊障而為新障。棄之則新障已淪。而舊障未完。一不同也。伐其山林。平其道路。棄之則無險阻。而胡人將牧馬於階成之境外。二不同也。立

城郭。置倉廩。實以穀粟錢幣。而棄之則資中國而肥夷狄。三不同也。然此猶小小者爾。蓋熙河之未取也。為唃氏。而蘭會之未取也。為華麻氏。雖羈屬夏人。而非夏人之所有。故猶足以分中國之寇。今舉熙河蘭會而棄之。則唃氏華麻氏者。勢不能反而將為夏人之所有。是以中國之力而為夷狄驅除。此大不同者也。而不棄之。則歲運府庫之財以填黃河之磧。又非中國長久安寧之策。昔西羌反叛。如趙充國者可謂知兵矣。而曰。難於遙度。願馳至金城。圖上方略。其後烏孫圍都護。而陳湯於數千里之外。遙知有吉語。期以五日。而四日至。非充國之拙而陳湯之巧也。蓋烏合之兵易為料。而長久之計難為功。今熙河蘭會。制之於未取之前。則國無事。今已取之。而復棄之。棄之之利如彼。其害如此。守之之利如此。其害如彼。則殆非遙度之所能盡。必有馳至河隴。而圖上方略者。然後可決。

歷代名臣奏議卷之三百四十六

歷代名臣奏議卷之三百四十七

夷狄

宋徽宗即位。殿中侍御史龔夬論青唐狀奏曰。臣竊聞夷狄之勢分而不一。則為中國之利。自須夷狄強盛。必賴比近部族自相勞貳。偵伺虜情。為國藩翰。臣伏見青唐一族。世受封爵。堅心依漢。又歲出善馬以供和市。自熙寧元豐已來。朝廷待之尤厚。昨因強臣盜有其地。至其嗣子。國人不附。逃難東奔。特青唐之一虜耳。而朝論以為納土之降王。引對闕庭。超受節鉞。為夷狄之笑。至於道路宴犒之費。以巨萬計。關輔騷擾。不可具道。今則不惟不得其地。而使青唐之人遂無向漢之心。其勢必與夏人解仇結約。以為邊患。和市善馬。不復出矣。數年之後。夏賊兵力稍全。青唐不復附漢。而合從於虜。臣恐朝廷西顧之憂未易言也。今既往之失。無所云救。將來之策。尚或可圖。伏望聖慈特詔邊臣。多方誘諭。赦其罪戾。使之自新。待其入貢。因撫而有。庶幾復堅向漢之誠。不復歸心於虜。以為預備不虞之計。邊防幸甚。

建中靖國元年。侍御史陳次升論西蕃市馬。上奏曰。臣切以戎狄勢合則強。勢分則弱。強則難禦。弱則易制。神宗皇帝熙寧元豐間。以夏人為中國患。乃優撫青唐一族。世襲封爵。俾伺間隙。蟲其腹心。而又歲市善馬。以強兵。深得禦戎之要道也。其後青唐衰弱。土地為強臣之子繼立。國人不附。棄位為僧。迹不自安。窮來歸我。將一亡虜爾。邊臣張皇招納。以致种朴敗衂。為國家辱。所得亡虜。道路將迎。甚勤朝廷。恩賜甚渥。費用不貲。為夷狄咲。已往之失。不可救。未來之患。深可慮。夫兵家制勝莫如馬。步兵雖多。十不當馬軍之一。故自古論兵。必以馬為先。今西戎既款。馬不出市。國家每歲所失二萬餘疋。數年之後。騎必甚闕。萬一夏人與青唐解仇連衡。入寇併力。衝突其將何

又訪聞今日邊將乃是前日招納之人。多行庇護。冀免譴責。患害並不以實聞。伏乞睿旨令本路帥臣將官各具的實利害。結罪保明敷奏。朝廷詳酌施行。或令多方開諭。許其自新。依前入貢。待遇如初。可益強兵勢。威聲遐憚。夏人不敢窺邊。國家之福也。

龍圖閣學士范純粹乞令蕃官不得換授漢官差遣。上奏曰。臣久忝帥任。殆遍諸邊。切見諸路蕃官。近年以來。志意驕滿。習於惰慢。緣嘗有立功之人。敘述祖父曾任漢官。或帥臣姑息。特為陳乞。遂得輕授漢官差遣。致互相攀援。不安守分。訪聞各有覬望。不肯專意訓習弓馬。管幹部族。以至遣使採諜。講論邊事。無復留心。倣傚成風。事有未便。切緣屬羌部族。既始祖元是羌人。即雖綿隔世代。因功授官。不論高卑。要之終是蕃種。豈容輒有變易。雜亂華人。況自來應蕃官首領侵刻部族。或犯餘罪。罪雖至死。止是罰納羊馬。以至婚姻亂倫。養葬

異制。皆與漢戶禮法不同。兼條禁不得與漢官婚姻。亦不許置買產業。固有深意。今昔不殊。雖功大官高。不過充蕃將。享厚祿而已。而其位著。久來不以官品高卑。並敘在漢官之下。所以尊中國而賤夷狄也。故每遇差點驅使。並聽漢官統馭指呼。命無不伏。今則輒容僥倖。改授漢官差遣。不惟上下姑息之風。既已增熾。而於漢蕃區別之體。遂致陵夷。因此又多與漢人婚姻。敗亂中國禮法。各自置買田產。廢格朝廷典刑。胡種亂華。不可不戒。兼逐人皆是近上使額。或至遙郡防團。一旦既敘漢官。多在舊統轄官之上。事屬倒置。人情不甘。犬羊之徒。豈可如此。積弊在後。毋有已時。若不別作申明。來者未易止息。兼誘致諸路蕃官子弟。儇衣豐食。驕恣相尚。未肯伏從。若復緩急之際。更無可使之人。雖有得力蕃兵。亦無舊人統領。臣恐積久之後。部族減耗。離諸凋殘。遂盡長謀。為損不細。輒有短見。謹具下項。

一乞朝廷明降指揮今後諸路帥臣不得奏乞與蕃官換授漢官
差遣其蕃官亦不得輒有陳乞。
一乞朝廷契勘諸路蕃官已換漢官差遣之人並與改換就差充
元舊部族都巡檢或官職甚高者即與某路蕃兵統領兼本地
分沿邊都巡檢名目並在將副之下仍明降指揮並令久任不
限資考。
一乞立法應蕃官雖已換授漢官如遇舊曾統轄將副城寨官不
以官職高下依舊在舊統轄官之下。
一乞立法應蕃官已換授漢官差遣之人並止終其身其弟姪子
孫雖因薦奏得官並只得充舊管本族蕃官各依蕃官條貫施
行。
一乞立法應蕃官已換授漢官差遣之家婚姻及置買產業並依

蕃部舊條施行。
右伏乞朝廷更賜詳酌如臣言可採乞以臣今奏潤色立法遂賜
施行仍乞不坐臣所奏行下。
崇寧五年知鳳翔府馮澥論湟廓西寧三州疏曰臣伏覩陛下比年
以來知關陝勞弊罷兵偃武與之休息和氣充塞年穀豐稔百姓扶
樂道路歌舞臣於今年三月到任首問民間疾苦皆云自罷兵之後
人若更生疾苦事十已去九唯支移一事尚為民害自本府至湟州
千有餘里唯道里遥遠又為經涉生界民間勞困不易與調臣遂即
敷奏蒙恩第加寬免上等不過十程下户不出府界皆下之日萬口
歡呼言自今以去更無餘事太平如此尚復何言而臣切有所憂者
病本尚在陛下雖欲罷兵而兵安可得罷雖欲息民而民安可得息
臣切以湟廓西寧三州本不毛小聚大河之外天所限隔陛下空數

路之內帑竭生靈膏血而取之收復以來何嘗得一金一縷入府庫
一甲一馬備行陣而三州歲用以億萬計仰於官也而帑藏已空取
之民也而膏血已竭有司束手莫知為計塞下無十日之積戰士飢
餒人有菜色今羌寇遊魂求即歸順黠羌阻命公為唇齒窺伺間隙
忽肆姦偽則兵將復用役必再籍殘弊之後尚安可堪陛下以四海
九州之大德被萬方威震四夷奈何以二三小聚困弊關陝一方生
靈長為朝廷西顧無窮之憂乎臣愚欲乘前世羈縻之義擢其酋豪
授以旌鉞其首領等級命官使失地無歸之虜復得其巢穴奔竄逃
散各安其故嚴其要約結以息侵役將畏威懷德稽顙聽命輸誠效
順長為漢守有得地之名無費財之患兵革不用藩籬永固而又可
以逆絕北虜之謀旁釋西羌之怨一舉而衆利得策無上於此者或
以謂朝取暮與取與無常為已甚者此大不然始朝廷處其為邊患

也一舉而取之易於探囊今知無所用也一舉而與之輕若[illegible]於其
擒縱在我取與不計大度無所不包神機不俟終日利便所在何常
之有又謂棄地之議未遠罪斥之人未復今而為此彼將有辭又大
不然羈縻之義使為臣屬與夫捐棄自不同且此輩沮壞先帝功烈
宜加罪誅今之利害彼復何異議方陛下以邊鄙生靈為念含垢忍
恥或不辭況茲小嫌尚何所恤臣望陛下下臣言於本路帥府使
之看詳或遣近臣臨察可否然臣言一出必為衆所咻沮何者蓋無
邊事則朝廷之福有邊事則臣下之福用兵以來州縣小官反掌而
登侍從行伍賤夫投足而專斧鉞金鐵充棟宇田壤連阡陌下至蓋
府偏裨趨走廝役計其所得略皆稱是故大者稱功德小者論利害
掀因熒惑自陳於前陛下雖欲不作邊事尚安可得雖愛民如赤子
亦無暇顧矣臣願陛下懲既往之眷窒方來之路奮威斷獨紐一二

以示好惡以絕欺罔則朝廷之福天下之幸臣遠方疏賤不避忌諱觸冒陛下非常之過蒙陛下不次拔擢念非捐軀隕命無以報稱冒萬死為獻使狂瞽獲效萬一則臣雖死之日猶生之年

大觀四年安堯臣上書論燕雲之事其言曰宦寺專命倡為大謀燕雲之役興則邊釁遂開宦寺之權重則皇綱不振昔秦始皇築長城漢武帝通西域隋煬帝遼左之師唐明皇幽薊之寇其失如彼周宣王伐玁狁漢文帝備北邊元帝納賈捐之之議光武斥臧宫馬武之謀其得如此藝祖撥亂反正躬擐甲胄當時將相大臣皆所與取天下者豈勇略智力不能下幽燕哉蓋以區區之地契丹所必爭忍使吾民重困鋒鏑章聖澶淵之役與之戰而勝乃聽其和亦欲固本而息民也今童貫深結蔡京同納趙良嗣以為謀主故建平燕之議臣恐異時唇亡齒寒邊境有可乘之釁狼子蓄銳伺隙以逞其欲此臣

所以日夜寒心伏望思祖宗積累之艱難鑒歷代君臣之得失杜塞邊隙務守舊好無使外夷乘間窺中國上以安宗廟下以慰生靈上然之

宣和間承平日久兵將驕惰蔡攸童貫貪功開邊將興燕雲之役引女真夾攻契丹以宇文虛中為參議官虛中以廟謨失策主帥非人將有納侮自焚之禍上書言用兵之策必先計強弱策虛實知彼知己當圖萬全今邊圉無應敵之具府庫無數月之儲安危存亡係茲一舉豈可輕議且中國與契丹講和今踰百年自遭女真侵削已來嚮慕本朝一切恭順今捨恭順之契丹不羈縻封殖為我藩籬而遠踰海外引強悍之女真以為鄰域女真藉百勝之勢虛喝驕矜不可以禮義服不可以言說誘持卞莊兩鬬之說引兵踰境以百年怠惰之兵當新銳難抗之敵以寡謀安逸之將角逐於血肉之林臣恐中國之禍未有寧息之期也

四年童貫蔡攸學師既行即降旨妄議北事者必罰無赦廷臣皆無一言獨朝散郎宋昭論女真決先敗盟上疏曰臣聞夷戎之性不可以信義結去來無定叛服不常雖成周盛世尤有玁狁之難故自古禦戎未見上策漢唐以還或盛或衰作叛作服其禦之之術率非良策皆不足為聖世道故略而不論迄我有宋寰區之內靡不歸順而景德中亦有澶淵之役真宗皇帝天威一震賊勢瓦解當是時乘勝逐北則腥膻之種無噍類矣真廟聖慈深厚特以兩國生靈為念故推天地之量貸螻蟻之命庶以厚利與之議和為天下後世萬萬年安全之計故虜人謹守盟誓不敢南下而牧馬者誠以天地之洪恩不敢忘也自爾聖聖相承明明繼照雖睿智神武堯仁湯德足以懷柔然實亦恃此以為長城神宗皇帝熙豐之間銳意北伐選將練卒

積穀理財葺城郭修器械十九年間倉廩實府庫充貔貅之士無不一當百當是時鼓譟而前則自燕以北其人皆俎上肉矣亦以河朔祖宗興王之地不忍驚動安可快一時之忿失百年之好故終莫之舉也陛下即位以來禦戎之術實得上策虜使之來宴犒賜予恩無曲盡故懷德畏威尚風慕義稽首稱藩介胄之士橐弓偃息黔黎之民鼓腹謳歌歷觀三代以來傾心悅服至誠面內莫如今日實太平希世之盛事也比者王黼童貫力引狂生李良嗣董才之徒妄興邊事致煩宸慮遣大臣提重兵久屯塞上倉廩府庫為之一空官卒民兵死亡無數前所奏陳悉皆誕妄財用尚可復全死者何由更生欺君罔上蠹國害民罪不容誅臣願斷此數人頭以令天下不唯謝安虜人之心使明知陛下德意無復猜忌謹守盟好庶幾奸臣賊子欺君罔聖妄興邊事僥覬功賞者有所懲戒臣固知陛下聖慈不忍誅

我臣下。然此數人不誅，則虜人猜忌之心未易可解。臣願陛下勿以馭賢臣之禮馭此姦賊，則不勝幸甚。臣聞虜中頻歲不登，斗米千錢，雖或請和，恐非本心，特出於不得已耳。萬一養銳數年，歲穀小稔，秋高馬肥，士氣稍振，復來侵擾，則干戈相尋，無時而已。較其利害輕重，則姦臣數人之誅不足恤也。又況李良嗣、董才皆北虜叛臣，心懷怨望，故附會邊臣，撰造虛語，欲假中國之勢，以復私讎耳，實兩朝之姦賊。豈復忠義之可望哉？臣切料議者謂歲賜浩瀚，虛蠹國用，是不知祖宗建立榷場之本意也。蓋祖宗朝賜予之費，皆出於榷場歲得之息，取之於虜，而復以予虜，中國初無毫髮損也。比年以來，榷場之法寖壞，遂耗內帑。臣願遴選健吏，講究榷場利害，使復如祖宗之時，則歲賜之物不足慮也。或者又謂九州中國之地，皆上饒膏腴之田，歲得甚厚，是曾不慮屯戍守禦之備，戰鬭犒賞之費，歲幾百萬計耶？貪

其所得，既不足以償所失，而又戰鬭死亡之苦，攖被屠戮之民，幾人也哉！徒有闢國之虛名，而無補國之實利。或者又謂山後之民皆有思漢之心，咸欲歸順，此尤誕妄之易見者。不唯北虜為備日久，山後之民往往徙居漠北，又自唐末至於今數百年間，子孫無慮已易數世，今則盡為蕃種，豈復九州中國舊民哉？皆由邊臣用人無術，致探報者利於所得，恣為誕謾，帥臣庸暗，更加緣飾，妄議邊事，僥覬功賞。或者又謂北虜比年以來為女真所困，侵擾掠地，橫亘千里，勢以迫蹙，願與女真合從，腹背攻射，則撲滅之易甚於反掌。是亦弗思之甚也。滅一弱虜而與強虜為鄰，恐非中國之福，徒為女真之利耳。且北虜雖夷狄，然久漸聖化，粗知禮義，故百餘年間謹守盟誓，不敢妄動者，知信義之不可渝也。今女真性剛狠，善戰鬭，茹毛飲血，殆非人類，北虜以夷狄相攻，尚不能勝，儻與之鄰，則將何術以禦之？不過修盟誓以結鄰國之歡好而已。本朝與北虜通好百有餘年，一旦敗之，女真果能信其不渝乎？異日女真決先敗盟，為中國患必矣。此理之必然，事之必至，雖使伊、周復生，不能易此議也。臣又聞兩國之誓，敗盟者禍及九族。陛下以孝理天下，其忍忘列聖在天之靈乎？陛下以仁覆天下，其忍致河北之民於塗炭之中，而使肝腦塗地乎？臣切謂凡今之人，臣不負陛下諫諍之意，愛君憂國，論奏忠赤者，間亦有之，其希意承旨，背公營私，苟求陛下富貴者，不可勝數，遂使忠赤之臣志不得伸，言不見用，此臣所以痛心疾首，扼腕憤悶，犯顏逆鱗，以蹈萬死者，豈得已哉？誠以國之大事，實係安危，下情壅遏，不得上達，今而不言，其如後患何？譬猶人之一身，中氣痞膈，陽不降，陰不升，則百脈不調，四體不充，久而不治，病在膏肓，雖有良醫，不能愈也。今疾幸在膚腠，是正宜投藥石之時也。臣願陛下出獨斷，諭虜人云：比因虜

中亡失虜主，深慮擾攘之時，疆陲不戒，姦人作過，遂遣近臣使之防邊。果有群盜妄託北朝，驚劫邊民，雖降處分，不得殺戮，止牒北界緊行捕捉。切慮尚懷疑貳，妄興兵馬，務在謹守祖宗之盟，無失百年之好。如女真侵削不已，力不能勝，則許求援於中國，報使復來，厚加恩禮，以釋其疑，使之外扞女真，內屏中國，則陛下奠枕，永無憂於北顧，百姓安業，得盡力於南畝，實天下萬萬年無窮之利。古人謂夷狄相攻，中國之福，正謂是矣。臣固知疏遠微賤，輒以狂瞽冒犯天威，難逃誅戮。然臣聞忠臣徇義，志士徇名，故忠義發於內，則鼎鑊忘於外。愛君之心切，則慮患之志深也。況頑石五色，尚有補天之功；愚夫千慮，豈無一得之長？願陛下勿以人廢言，留神聽察，則撮土之微，尚能增山嶽不厭之高；爝火之光，尚可裨日月不照之明矣。臣向任陝州靈寶知縣日，臣論列陝右錢法，蒙恩召對，面奉德音，欲除監

司徒致煩言猶叨貳郡未到往間復蒙聖恩除臣提舉江南茶鹽公事以歲課增衍又蒙特轉一官臣每以未能仰報天地為恨今者伏覩姦賊敢爾欺君義當竭節圖報消殞是敢越職輒貢芻蕘儻一臣言可采乞不時出示庶使天下皆知斷自宸衷不由人言足以竦動神靈聳鼎士類北虜聞之恩歸陛下則臣報上之心足矣儻或上誤聖聽置諸鼎鑊亦臣之所甘心也惟陛下擇而與之

真定府路安撫趙遹乞撫存北虜狀曰臣伏准今月十三日樞密院劄子奉御筆虜界為女真所侵犯窮蹙瓦解切慮奔潰侵軼逼犯邊境仰河北諸路帥司依降指揮團結兵馬編排器甲準備不測勾抽上邊使喚仍先具知委奏聞除已具知委及遣時探到北界事節次附入內內侍省遞奏聞去訖臣切詳北虜自澶淵既盟之後歲省用兵之費國享重幣之利虜自知得計守盟修好皆其誠心然累年以來虜酋失德上下離叛人不為用女真勃海寇亂其國征伐不已敗衂相繼境土侵削士馬凋殘財力匱耗常疑中國密有窺伺左枝右捂困弊日甚恭惟陛下好生之德深洽民心帝王之舉必度萬全況臣嘗親奉玉音屢被詔劄每念南北歡好方固祖宗盟誓謂非細事不可少有引惹造端生事而虜殊不知聖神加惠兩國之意如此今茲聖旨特慮他寇與奔潰之衆不測侵軼故亦備禦之計廟謨甚遠預為之防然臣叨承閫寄職所當言苟有管見豈敢緘默伏覩邊報近者虜酋獵於白水川女真掩其無備全軍陷沒虜酋不知存亡虜中震擾未見所立若復調兵上邊虜將謂中國起乘其弊疑隙既開何可復釋唯當示之安靜致其懷服臣愚切謂耶律氏既有沙漠歷年甚多虜人習熟貫其種類設有姦雄誰肯推服仰惟朝廷與虜兄弟之國共守盟好百有餘載今虜酋叔兄子弟甚衆若虜酋真遂不虞

願陛下用寡人禮特遣重臣將命致問推急難之義念外侮之虞借諭其宗族臣下厚加撫勞勉以忠孝堅恥戡難就其虜酋叔兄子弟取虜酋之所愛國人之所慕擇賢立孫以主虜衆隆其恩禮錫封冊申結信誓以繼好息民俾之知戴中國虜既倚中國為重得存其宗社則中國有大造於虜也陛下雖不責報虜歸故地或歲幣必有一以報陛下矣如是則中國不得汗馬之勞遣鏃之費萬無失一而安享大利機會之來間不容髮伏望聖慈特加採擇速奮睿斷施行貴天下大幸

貼黃臣愚切謂虜失其酋未知所立方疑中國乘間而攻之然陛下秉愛南北生靈務隆義好若即恤其禍難援立新酋當此孤遺之助之時得倚朝廷以存其國名正言順勢無不從則恩歸于我必復拔心中國盟誓為利無窮若使彼新酋自立則恩非我出立而衆附則勢將復強增戍緣邊適為良備徒足生事以啓戎心願陛下無遽增戍開先時之隙毋緩立孤貽不及時之悔孔子曰興滅國繼絕世天下之民歸心焉惟聖神亟圖之

貼黃臣契勘女真蕞爾小夷自昔臣屬北虜勢不過虜之一大族其衆彊弱與虜不侔徒以虜酋失德乘其離心遂致以寡敵衆以弱陵彊者非女真之能皆虜所自取也然北虜大國其人素不畏女真女真今雖得志亦豈能久橫行於虜中哉虜之新酋既立得國人心事將反掌也陛下仁聖被於四海普天率土罔不臣妾若逮於斯有以深結虜心使之懷服自削其平日之釁傲今若止增戍之役罷援立之恩廢以守盟存國之大義蠻貊革心罔不難矣臣所謂用力小而見功多也

徽宗時趙鼎臣代條具北邊事宜曰臣竊以耶律氏自五季以來盜

据全燕抗衡中國遭值國家以仁德撫四裔屈以休兵與之講好息藉祖宗百年畜養之恩因得私其一宇有其人民盡自古昔以來其盛未有如此者也。自禧僭立之後肆為荒淫無復法度舞至燕京窮極暴虐。燕人痛毒貫入骨髓。而又出入輕脫斥去防衛嬖幸使令皆厮賤者。人怨神怒罪已貫盈譬如猛虎不自養廢而終日與狼搏噬其勢窮力困。當自斃踣。且殆天亡胡之時也。今虜又首亂以其三州兵勢甚盛。據諜報所傳。殊未衰息。密邇漢境。休戚繫焉。而守邊之吏未有深謀遠慮。條畫上聞。致煩聖訓。委曲訪逮。綱羅設張。究極終始。此臣所以被詔震恐。自訟其不敏而無所辭誅也。臣材質駑下。思慮短淺。何足以贊廟謀之末議。頃以方承人乏冒領帥事。不量不自竭其愚。以塞聖問。臣聞古之善用兵者。在於觀釁而動。所謂釁者固有小大強弱之形。遲速遠近之變。善觀其變而應以謀。則動無不剋

矣。今夷人叛虜衆已盈萬。止殺契丹。不戮漢人。其意蓋欲陰結其豪以為己助。雖曰草竊固亦未易可量。然既破三州。未能長驅者所源入。尚且屯聚於採涼山中。不聞謀者言其有窺窬燕薊之意。則虛實強弱亦未可以隃度也。臣竊料之。彼與虜戰而勝也。則其志將愈大。志將愈大。必不肯侵犯吾圉。以結中國之怨明矣。使彼戰而不勝耶。一旦豕突。敢犯吾境。則是乃吾之賊也。邊吏當亟捕之矣。復何疑。其或戰既不勝。而提其孤軍扣關請命。則是特虜之一叛將耳。以中國之大。而納其亡人。吾何賴焉。又況隳盟約以啓兇隙。決非朝廷之所樂為也。臣愚以謂窮來歸我。宜不可受。深閉固拒。理不獲已。既足以昭睦鄰之德。又足以示中國之義。禧雖膺虜將。感激沒齒。不敢忘陛下之賜矣。至其盛者。虜不勝賊。敗北擾亂。而思漢之民悉舉燕地來歸有司。方是之時。勝負之數既可見。強弱之勢又可知。應接斷於一朝。竊謂未可遽決其去取也。何則。漢宣因匈奴乖亂。五單于爭立。然後擁護呼韓。卑臣其國。光武因匈奴自分為南北。單于然後建立日逐。終羈縻其利。唐失河湟舊封。至宣宗時吐蕃主弱。大臣相攻。兵拏不解。然後唐不血刃而復三州七關。已而沙州人張義潮以瓜沙十一州歸于有司。蓋存亡之數。成敗之形。天時人事。率相符合。故臣願徐觀其釁。最策之上也。恭以本朝和戎之久。講信之篤。自三代以來。未見其比。今禧雖荒縱。不恤其於奉事中國。亦未敢大失禮也。然其國內不靖如此。或是滅亡之萌兆。皇天所以右助我宋。而付與陛下以燕之遺黎。蓋必有曰。雖不可以後時而縮。然尤不可以先時而起也。自古王師之出。要必有名。故臣深願陛下靜而俟之。不勝幸甚。臣伏誦聖訓。所以咨謀臣者。可謂至矣。而必繼之以有備無患。仰見陛下凡所以周旋戒敕臣者。要使之先備而預謀耳。臣聞宣王懷夷狄。復

疆土。必使之修車馬。備器械。漢高祖欲伐魏。聞其三將皆不及吾所遣也。然後進兵。自古待敵。未有不先於自治者矣。今防邊之備。可謂致嚴矣。然臣竊嘗以謂一堡寨官之能否。乃一路之休戚。一隊部將之勇怯。乃一軍之勝敗。故臣守邊日久。每以選人材為最急。自邊事平息以來。本路奏舉大小使臣。率多以不應格報罷。今雖未有他警。然求於倉卒。顧安足以及事。臣愚乞聖慈特降睿旨。應河東河北緣邊帥司所舉大小使臣。負關權許不以有無違礙。特行差注一次。庶幾官無曠細。皆得其人。敵至則戰。未至則守。陛下雖高枕。可以無北顧之念矣。至於軍中儲蓄。尤為急務。而邊臣稟粟。每以匱乏為憂。伏乞嚴飭計司多方積貯。或果有急闕。仍許帥司申請措置支降施行。邊境之上。既得可用之人。又有可食之粟。奉陛下之威靈。稟廟堂之成算。區區鼠盜不足置齒牙間也。臣不勝昧死。謹上。

宋欽宗靖康元年尚書右丞李綱上徽宗疏曰臣聞中國夷狄相為盛衰非徒人為殆亦天數一昨金賊緣藥師叛既陷燕山遂寇河北城壘相望而無藩籬之固牧守相視而無討禦之臣老將持兵望風先潰大河解凍乘桴蔑浮驍騎長驅於中原勁兵直指於畿甸以正月初七日迫逼都城劫掠士民焚蕩廬舍以大火船燒攻水西門守衛之具辦於倉卒臣奉皇帝旨率勵將士誓以死守設械拒於汴流之中殺獲數千人迫曉方息復以銳兵攻酸棗門一帶犬戎之衆蜂屯蟻附渡壕臨城梯長如雲箭落如雨天地改色風沙晝昏人心震驚宗社危急臣奉皇帝旨將諸班直弓弩手救援躬冒矢石以摧其鋒令敢死士斬雲梯殺獲首領一人攻破其黨獲級甚衆賊兵棄械以強弩射之往往沒溺障汴河水令歸城壕水勢漲溢自卯及午賊兵方退却知我城中有備始遣使人同李鄴等計議臣等糾集

將士欲以死戰皇帝以宗社生靈之故務令持重始議通和使者旁午冠蓋相望累日而後議成皇帝聖德格于曠古變臨鴟為好音化虎狼為善類不愛金帛務保要害之地遂遣康王張邦昌使軍前悉如所請賊方退舍挾犒師之物以歸然邀求數多殫竭帑藏空匱民力不足以給之虜情難窺尤當預防臣見修治守禦之具訓練出戰之兵使虜騎或所須之數果如期而退夫復何言萬一有毀盟之憑陵欲危宗社臣等當陳師鞠旅以圖進討神人共憤天必助之恭惟道君太上皇帝德邁神考以武繼文天下稱其孝傳位聖子法堯禪舜天下稱其高舉華南幸臣狗以職守不敢負羈紲以從艱難之秋冒處政機誓將肅清畿甸奉迎鑾輿矢心已明殞首何悔

綱又上奏曰臣伏蒙聖慈以臣乞罷職任特降親筆令安心職事及蒙宣諭和議解圍兩不相妨若虜人必欲三鎮不免戰爭今則解圍之事不可少緩臣伏讀聖訓第深感懼竊以今春賊馬犯闕倉卒無備自當議和但一切如其所欲許以三鎮及金幣之數太多則為非是臣所以當時與宰執力爭者正恐貽今日之患非為不欲和而主戰也賊馬既退河北兩鎮幸自保全而太原之圍至今未解陛下既出師以解圍又遣使以約和議雖兩不相妨然虜情狡獪自春徂秋頓兵堅城之下而不退又以重兵侵犯河朔我師屢北而議和之使始行臣恐中國之勢益弱而黠虜之氣益驕矣且自秋以來沿邊探報金人日聚兵為南牧深入之計朝廷日罷兵如太平無事之時今中山河間真定諸郡乞兵告急羽書狎至宣撫司無兵可遣申奏朝廷又只行下宣撫司措置是徒以空文往復初無補於實用虜騎猖獗復有今春之虞將何以禦之臣累具劄子乞再行起發後來罷止防秋人兵團結弓手之類未蒙施行伏望留神為宗社計募兵擇將

以圖自強無謂和議之使便可恃以為安也如臣書生不習兵法不歷行陣大帥之任誠非所宜況今春危城之中陛下之所驅策者悉已去位而臣獨以非材尚以重寄恐不知者謂臣黷武貪功為國生事招致人言陛下雖欲保全不可得也仰冀聖慈終始哀憐特降睿旨許臣守本官致仕糜捐之報期於異日干冒天威不勝戰越待罪之至

吏部侍郎程振上言曰柄臣不和論議多駁詔令輕改失於事幾金人交兵半歲而至今不解者以和戰之說未一故也裁抑濫賞如白黑易分而數月之間三變其議以私心不除各徇其黨故也今日一人言之以為是而行明日一人言之以為非而止或聖斷隃度而不暇時咨或大臣偏見而遂形播告所以動未必善處未必宜乃輒為之反汗其勢不得不爾也時金兵至河北振請糾諸道兵掎角擊之

曰彼猖獗如此。陛下尚欲守和議。而不使之少有懲艾乎。上嗟味其言。而牽於外廷不能用。

監察御史余應求。乞將相勿爭私忿早定和戰之計。上疏曰臣嘗讀六月之詩有曰。文武吉甫萬邦為憲。又有曰侯誰在矣張仲孝友。蓋宣王既使文武之將征伐於外矣。若內無孝友之臣以與王居。則讒毀之言日至。忠謀不見用。雖有吉甫。焉能成其功哉。至唐穆宗則不然。裴度以元臣宿望。出討幽鎮。烏重胤李光顏皆一時名將。勢若甚易而元稹用事。恐度有功。姑已進取。所畫軍事。皆從中沮壞之。故也守踰年迄無成功。夫內外之事。相須如此。可不鑒哉。方今強虜入寇四郊多壘。講和之計雖決。而金帛之數未足。兵將之勢已振。而師出之日無期。是宜內外之臣同心一意。共議國事。以雪恥辱之時也。而道路籍籍。皆言宰執大臣與將相異謀。朝夕諍爭。未有定論。審如此豈誠心為國者哉。夫和親征戰之說。漢廷臣論之詳矣。今日之策。未可偏廢。然金幣既不足。虜人必不肯退師。又三鎮三關之地。尚以兵力爭奪。不得不姑從之。今老將援師繼至。而城下要盟。神弗信也。若虜人必要金幣之足。與三鎮三關之地。又豈得憚於用兵哉。陛下既以兵事委李綱與諸將矣。願詔執政大臣。以孝友張仲為心。和以濟事。無爭私忿。先公而後私。庶幾大功可立。如或不悛。與夫妨功害能之人。當顯出之。求所謂孝友者而任之可也。雖然。戎馬在郊。城門未啓。中外不通。已再旬矣。和戰之計。亦宜早定。願詔宰執將帥。僉議於黼座之前。使將帥出師與之對壘。然後遣辯士。以利害禍福成敗曲直與之言。若能休兵講和。以繼好息民。策之上者。苟貪婪而無厭。旅拒而不受。陛下雖欲勿戰得乎。又況事直師壯。人有鬬心。以宗廟社稷之靈。何憂不克。所可慮者。窮寇遠來。自居死地。困獸猶鬬之時也。

願更詔將帥存重應變。無輕接敵。以取萬全之策。不勝幸甚。臣一介書生。不知兵。謀忠憤所激。欲默不能。惟陛下財擇。

晁說之應詔上封事曰。二月十六日。朝請大夫賜紫金魚袋臣晁說之謹昧死再拜上書皇帝陛下。昨者皇天眷命陛下即位之七日。下詔求直言。天下幸甚。比臣居山邑。距京師逾百里而近。踰月得隨士庶吞淚以伏讀。干戈阻絕如此。不謂國家遭陽九之厄也。女真小醜。豺狼入塞。擁馬渡河。曾不淹時。勢如壞山。直抵王城之下。嗚呼天乎。忘我祖宗配天澤民二百年之基業。乃一日有斯酷耶。在昔春秋之時。周室衰微。天下無王。諸侯相侵。莫酷於城下之師。莫辱於國中之盟。孔子春秋用是作也。竊謂國家聖聖相繼。重光洽熙。天下太平。自結繩而來。未之或有。天子坐廣內。朝四夷。而欲萬國歡。不足以為輕重。盛至廣也。乃於女真小醜。卒昔僕役高麗臣事契丹者。遠巡偃蹇。乃有城下之師。國中之盟。何其甚耶。義士痛心。壯夫泣血。竊甚於斯時恥臣至愚且老。敢齒於義士壯夫。而姑視熟狀思詩妾婦恩勇之際。寧無一言以自効哉。況臣一門七世食祿。高祖迥咸平景德之際。極禮樂文章之譽。曾祖宗慤寶元康定之時。尋任西鄙之役。遂參大政。罷兵息民。自爾以來。海內搢臣族為文學之家。微臣之言。亦其職也。雖然。臣在元符末。上皇即位之初。嘗應詔有封事。蒙有司第臣為邪等。著籍刑部。初禁入京城。漸許仕宦。而擯斥界籍二十餘年矣。其所言皆天下大利害。今莫能悉記。唯是二事不能忘也。一曰國家累聖功德巍巍。無所與二。而近日諂諛大姦。獨推尊考廟。是親穢不在七世之廟。而下同庶士祭行於寢乎。二曰自古亂世暗君乃有諱議先烈之言。以鉗天下之口。唯我神宗皇帝。何所負於天下。天下內外。固有一人不足於恩德者。尚何謗毀之有。彼諂諛大姦。濟以幽累從以資一身之欲而不知上累先帝之明也臣愚欲因此二事申言當今之急務豈頓下和之玉再刖其足邪竊惟城下之師明主夙夜焦勞憂慮之時任夫之言求暇擇也伏覩戊申大赦封禪遣濟齊民又安凡有血氣之屬咸以更生相賀又不必自言也舍哺鼓腹以沐太平之澤不知其已雖死猶生也然赦文有新邊之語讀者疑焉識者則歎妄以謂瀛州易州之地竟不能保而復棄之為新邊也既而乃知所謂新邊者河間府中山府太原府三大鎮無慮二十餘州五六十縣自州升之為府而未幾乃自中國棄之為新邊也嗟夫斯地可棄也斯民其可棄乎斯民可棄也吾祖宗艱難之業其可棄乎嗟乎誰為陛下而為此策乎昔賈誼不忍以文帝之明承天下之資而久為戎人欺傲乃嘆曰可謂中國無人矣臣竊考之當是之時高祖之舊臣猶有在者如陳平周勃灌嬰季布之徒其後進者議論有袁盎晁錯賈

山馮唐守正有宋昌申屠嘉司刑有張釋之司兵有周亞夫柴武誼尚何恨哉使誼尚在請今之日有人無人乎臣於是乎忘其至愚且老不能默已請專以割地為言求暇及天下事也唯陛下幸察臣危特中知磁州武安縣事作朔問二篇因杜牧之論而發也牧之意則勸矣其論失之迂而不密蓋山東不足以兼河北而河北為能制山東牧安得以天下之勢專之於山東也哉凡君天下者得河北則得天下失河北則失天下凡有國者得河北則其國興失河北則其國弱又有其國雖不吾而得河北則彊其國雖吾而失河北則弱其國雖無道而得河北則彊其國雖不至無道而失河北則弱秦漢晉隋唐之有天下宋武帝之不能有天下符堅之秦拓跋之魏朱氏之梁李氏之後唐石氏之晉劉氏之漢其國所以強弱之勢與夫曹氏之魏彊於劉氏巴蜀之漢高氏之齊彊於宇文氏崎嶇之周其迹昭然

在方策可考不誣是謂河北之形勢臣敢為陛下累言之陛下幸察臣既言河北重於天下矣乃敢復言三鎮之重於河北者不必繁引遠古唯事與國家造邦相因者則不得而略昔周世宗之英武雄彊實漢光武唐太宗之流承石晉父事契丹之後劉漢禍亂於契丹之餘即位僅踰兩月黃鉞親征而師出之日四壘奔北為我有宋驅除睨以數千之師伐契丹不血刃而取益津關繼取瓦橋關又繼取高陽關是三關者晉人棄之以為契丹之元首非特為其右臂也何則契丹之所盜據者六國時燕地也唐方鎮中盧龍也六國之燕最弱非韓魏趙之比河北方鎮中盧龍亦最弱朱滔朱克融輩非魏博田承嗣鎮冀王武俊之比而其人堅忍奇僻藏禍心畜凶謀前有太子丹荊軻之風後習安祿山史思明之態易以與亂而難與圖治也以故雖曰弱燕而常重於趙魏雖曰陰燕而常動搖乎魏博鎮冀之上

棄之以奉契丹固非所宜况以奉契丹之叛臣女真小醜者譬之黠鼠得幽薊則濟窟壞得三關則遊梁積其勢倍萬也然克是三關者雖曰周世宗之英武而我太祖太宗實在師間也世宗嘗以千人之軍溺於亂流叢葦之中而契丹不敢以一鏃來加者以三天子之威靈在是也其克瓦橋關者又專在太祖之功也夫以三天子之威靈而得之者乃一日無名而棄之於一荒裔小醜豈勝慟哭之痛哉又如晉開運之末出帝之醜先自梁漢璋覆師于高陽關遂使契丹侵鎮定入京師縛晉帝而北其在咸平中康保裔敗于高陽關契丹遂得犯澶淵儻如康保裔無高陽之敗則不勞真宗皇帝為澶淵之役矣高陽關之勝敗猶繫中國之輕重如此忍論高陽關之存亡耶廊廟之上肉食者宜為陛下念之中山府唐義武軍也此軍甲兵雄於天下城壁堅高自昔有攻客三年不得上之語况又其帥獨知臣節

昔號河北四叛之時義武不與後稱河北二寇之時義武亦不與也逮黃巢之亂中原四方諸鎮孰為勤王之師獨義武王處存擁兵渡河以解關中之急不幸石晉之梁漢瑋敗于高陽契丹遂得犯鎮定攻中山然契丹之兵亦豈能必勝而前為入京師之舉哉亦且屢危矣唯是張彥澤杜重威以禁旅重兵至中渡橋降于契丹而中山李商者納契丹于中山使契丹遂得入京師成晉出帝之禍為中國之醜向使高陽党師中山堅壁寧至是邪咸平中康保裔既敗于高陽而定州之望都且復失守遂勞真宗皇帝革輅親征而傅潛擁十數萬精兵屯中山不出一騎當斯之時逐通愚智無不憤疾潛者恥與之俱生無幾何革輅班師之後潛議罪當斬真宗特賜其首領竄斥之衆議甚鬱也至今聞者擊指奮袂而起孰知真宗聖意自有在也豈臣下所易窺哉蓋潛實白首老將耳目親接晉開運之禍變今坐

擁十萬精兵以完中山示怯於契丹勿擊堂堂之陣勿當得意之鋒就使能至澶淵必不能渡河待其將成渡河之役我出中山十萬畜銳請戰之師一舉而蹙之彼契丹雖衆豈堪填吾洪流而代吾洒掃也哉彼或不克渡河我以此師覆其歸路片馬隻輪定不返矣恭惟祖宗無失刑且真宗豈特私一傅潛也哉真宗清淨垂拱之君不惑於群策而決意親征不以王超石普楊延斷契丹之歸路不斬傅潛之不濟師巍巍然振乎千古之上矣中山之形勢其何如哉唯我祖宗為能用中山之形勢也何則在戰國時介於魏趙之間屹然自成一國其地雖狹而謀至齊其人雖寡而材最武西足以抗秦北足以制燕無論趙魏也所謂中山君者是也太祖太宗時每歲防秋之兵全師聚于定州真宗躬置禦戎之陣以鎮定高陽諸路之兵並會定州夾唐河為大陣量蕃寇遠近出軍建柵仁宗謹是祖宗之制積累則中山為象畜兵則中山為重命帥則得韓琦焉至今廟而祀之歲時最也太原府劉氏盜有之太祖皇帝親往而未之克留以待太宗皇帝特封太宗為晉王逮夫晉王即皇帝位之四年親征克之於是有宋受天明命平一天下萬國罔不臣妾逮今將二百年重惟太祖皇帝號令之所如鼓鼙之所及一日削平唐末暨五代百年之僭亂曾不足以推枯拉朽諭之乃於太原獨艱難如此何邪劉繼元雖孺子也有郭無為之謀侯霸榮之勇其兵嗜戰不怯死其民樂土不輕去且從令曰太原吾父兄之世有也吾家所以革晉為漢者自太原基之也彼石氏有天下者亦自晉而得之遂以晉自命也晉篡李氏之唐而李氏所以為唐奪朱氏之梁者初實起諸晉也其上則高祖太宗所以為唐者晉奪之也楊氏所以為隋者晉奪之也高氏所以為齊者晉大之也司馬氏以晉自命者實謂受命於晉也其在成周宣

王承厲王之亂號為中興者伐獫狁於太原也其後王師敗績於羌氏之戎至乃料民於太原是太原為成周之盛衰者又如此也嗚呼太原之為鎮可輕畀付哉重以太宗皇帝之神武念太原久未下顧視群臣誰可與議者首詢之張暉暉曰戢兵育民待富庶而後為謀繼詢之張永德永德曰太原兵少而悍加以北虜為援未可倉猝取也莫若先離其戎心又詢之薛居正居正曰太原自古難克之國周世宗之伐至於師老太祖破北虜於鴈門關南盡驅其人民居虎牢以西雖巢穴尚存而危困已甚卒得曹彬而謀之尚曰顯德開寶兩征太原以當時兵力不能克何也帝意豈不深哉彬能身任其役帝遂決意親征躬貫介冑曹彬潘美郭進等為之將之以進守石嶺關禦北援乃降繼元以太原保全其人民而毀焚其城郭將貽萬世之安也嗟夫兩朝三帝二十餘年而得之者一日甘心而棄之邪或謂唐

自安史之後河北遂非朝廷所有亦何害乎為唐也哉臣應之曰唐之河北國重而失之然其據太行津太河以制河北太原猶在朝廷也允李德裕相武宗毅然以身許國不赦澤潞卒能號令鎮魏以誅劉稹成一代偉績也以兵論之河北之銳師固為三鎮而飛揚然太原青州各有兵十萬邠寧宣武各有兵六萬自足以制彼三鎮矣今又并太原而棄之古未之有也太原唐重兵之地今棄之矣而青州賊盜久熾又未必皆如唐之重兵也邠寧之兵凋殘於近歲汴易並言唐之宣武是謂今之汴都祖宗以重兵威天下千百倍於唐宣武之兵也太宗時張洎為能言京師之兵制因於唐之兵制仁宗時尹洙又能言京師兵制出於秦漢上非特與唐室論也後來者宜不復措意閒口於斯也柰何初變更於王安石卒殲盡於童貫天下之勢墊矣惟陛下念之天下萬方臣妾不勝至願而三鎮之形勢臣愚者

諫之矣臣前謂國家無名而賜之者敢復言之夫凡王者慎一嚬一笑不易以假人不知此三鎮於一嚬一笑孰輕重哉謂此小醜為有功則隋唐因突厥之兵以有天下唐郭子儀嘗以回紇南蠻大食之兵而興復中國矣安得人人賜之土田也哉惟石瑭父事契丹假其兵力以即帝位割燕以委契丹而魏趙之地猶不與也謂其能戰則彼荒絕遐陬疆場不相接未嘗一日當中國仁義之師也亦未嘗一日聞中國雷霆之音也果孰怯而孰勇哉但聞渤海者高麗之別種也女真者渤海之別種也高麗臣事契丹而女真國因高麗以臣事契丹者也在祖宗時嘗因高麗以入貢而昔因於契丹之三柵求救於淳化之初也其後國家絕高麗而不與之通女真遂亦自絕於中國遂熙寧初國家復與高麗通而女真方狃於契丹不得與也柰何一旦光謀傾奪契丹之國出其故君空其寶貨而對絕之號不能自

已遂欲陸梁於中國哉在祖宗時嘗來寇我白沙寨害官馬三匹民一百二十八口適其貢馬之使在京師遂執之不得還繇繫何渤海入貢而渤海之酋為謝女真之過遂詔還女真之使不知今日女真之暴逆不恭自干天誅孰與三馬百人多少在祖宗之令當如何哉議者曰柰其頓兵城下何請責之曰唐廣德初突厥自涇州犯長安至於代宗幸陝而郭子儀師師則吐蕃望風遁去越二年僕固懷恩以吐蕃回紇羌渾二十萬寇京畿郭子儀以回紇伐吐蕃而雜子皆未有割土田以奉之者也恭惟陛下始初清明之時夫以小醜譬攜陛下增脩威德巖廟之上肉食者必有長駕遠馭之術三鎮已復歸於職方氏矣顧惟疏遠小臣必待百官班賀之後乃得與昆蟲共慶也雖然臣猶將有所陳者唐杜牧最善論兵謂上策莫如自治漢皇甫規善用兵而先零諸種羌慕其威信相勸降者十餘萬則以威信

為干櫓也規之言曰力求猛敵不如清明勤明孫吳未若奉法皆自治之道也又如程苞於板楯蠻但選明能牧守自然安集不煩征伐亦知自治者也陛下誠得如皇甫規之有威信者為帥師程苞之明能者為州郡則三鎮之復為王土可指日而期也然而此則邊場之臣自治之道也若夫人君之自治者無時而不然尤見於變亂之後循之治兵也漢路溫舒嘗為宣帝言之曰齊有無知之禍而小白以興晉有驪姬之難而重耳用霸近趙王不終諸呂作亂而孝文為太宗禍亂之作將以開聖人也文帝永思至德以承天心崇仁義省刑罰通關梁一遠近禮賢如大賓愛民如赤子內恕情之所安而施於海內是以囹圄空虛天下太平夫繼變亂之後必有異舊之恩此聖賢所以昭天命也溫舒於是遠不及高祖近不及武帝可謂知務矣其視東方朔對武帝之化民不言堯舜而言文景尤著明也今陛下

繼變亂之禮愚所以昭天命者其不在仁宗乎凡謚鄧之稱文帝者實爲吾仁宗而云爾也據而論之仁宗於斯天德加以謚恭賢景翼異而純矣漢文未必無愧色也且文帝在位二十三年其歲晚頗惑異端孰如仁宗在位四十二年日昝一日圖治愈切求言愈急用賢愈勤正德愈厲使漢文加之二十年之後不知又果如何也語曰不知其君視其臣漢文之臣畧如前之所陳者矣孰如仁宗初相王曾李迪呂夷簡晚得杜衍文彥博韓琦富弼其在內外大小華國命世之臣蔚乎不可稱數也其用之未盡留以遺子孫若呂誨范鎮司馬光呂公著皆社稷之衛也陛下今日繼變亂之後誠能得臣如仁宗時未聞邊以玩兵不專務以殘民不急刑以殺士不禁言拒諫以自蔽則何慮乎女真小醜是謂大有上九天祐之吉無不利之時也是謂洪範九疇彝倫攸敘之時也儻或不然使梟鳴嘉木之上蛙毒清池之中如漢季而有皇甫規張奐爲將而不幸胡廣趙戒爲相其害則張遜段珪曹節單超閹爲之虎狼唐季而有郭子儀李光弼爲將而不幸元載盧杞爲相其中則李輔國程元振魚朝恩輩宦閹爲之虎狼則天下之事去矣是謂困之六三困于石據于蒺藜入于其宮不見其妻凶之時也是謂洪範九疇彝倫攸斁之時也嗚呼天下治亂與亡之跡出一轍也如此其在治世既有明君則有賢相而將臣自出矣臣雖至愚不顧國家獨以將掛而無相也者賈誼慟哭於明時不勝其患也阮籍慟哭於衰世不勝其憂也當今執政大臣必有撥亂之才幹國之器請爲陛下念之臣前所謂大有上九自天祐之吉無不利者乃自乎六五之君厥孚交如威如吉也六五有信以奉乎天下終以威乎天下是謂德威故能以一柔用五剛使上九受天人信順之助吉無不利也大有之君於是乎得以遏惡揚善順天休命如其惡者不遏則善亦無自而揚何以爲大有之休命也大有一變而爲乾乾之德首在剛健而後曰中曰正曰純曰粹曰精也人君之德固宜先之以剛健而繼之以中正歸之於純粹精而天下何難乎爲治哉臣愚言不識忌諱陛下赦其死幸甚所謂朔問二篇者今輒隨封事上進以備乙夜之覽兄重增死罪陛下赦之幸甚臣誠之昧死再拜

侍御史胡舜陟論高麗人使所過州縣之擾狀曰臣伏以漢建武時西域請置都護遣侍子光武不許唐貞觀中高昌王將入朝西域諸國欲悉遣使奉獻魏徵以爲不可太宗從之皆不欲以蠻夷弊中國也高麗弊我國家五十餘年矣政和以來人使每歲一至淮浙之間不勝其擾所過州縣官私船盡爲用驅村保挽舟一縣有至數百人田桑之時農業盡廢州縣前期勾集保丁多致凍餒失所沿流亭館寺觀悉陳設排辦所用之物皆出於民官吏督迫急如軍期吏緣爲姦民無所訴更有官爲之提轄事過有須索州縣尤畏之雖皆取辦於民故淮浙間言高麗一過甚於遭寇朝廷所得貢獻皆玩好無用之物所費皆帑藏之實民之膏血近歲錫予尤腆所費不貲而有一路饋遺燕勞之用約數十萬緡高麗人貪利唯欲數至臣不知朝廷盍國害民以待此小醜果何用耶有爲害之大者彼昔臣事契丹今必臣事大金二虜能制其死命而我無如彼何故畏虜而不畏我所得賜予聞與虜分我之山川形勢兵旅衆寡財用虛實往往窺測以報虜人如此不唯有所煩費資養虎遺患豈非爲害之大者乎臣近見兩浙路申高麗人使入朝非久到明州臣恐復如前日騷動淮浙盡耗郡財今日望政一新悉革弊事以撫養吾赤子伏望陛下以漢光武唐太宗爲法勿使入朝貴國之利如使人已到明州止令本州

適表入進遣還使人。大寧麗人入貢於國於民有害焉。於州縣職吏小人有利焉。臣願陛下明示以革數十年之弊焉以慰天下企望之情。

歷代名臣奏議卷之三百四十八

夷狄

宋高宗建炎元年。知□封府宗澤上疏曰。臣聞天下者我太祖太宗肇造一統之天下也。奕世聖人繼繼相承增光共貫之天下也。陛下為天眷佑。為民推戴。入紹大統固當兢兢業業思傳之億萬世。奈何遽議割河之東。又議割河之西。又議割陝之蒲解乎。此三路者。太祖太宗基命定命之地也。奈何輕聽姦邪附賊張皇者之言。而遂自分裂乎。臣竊謂淵聖皇帝有天下之大。四海九州之富。兆民萬姓之衆。自金賊再犯。未嘗命一將。出一師。厲一兵。秣一馬。曰征曰戰。但聞姦邪之臣朝進一言以告和。暮入一說以乞盟。惟辭之卑。惟禮之厚。惟虜言是聽。惟虜求是應。因循踰時。終致二聖播遷。后妃親王既離北去。臣每念是禍。正宜天下臣子弗與賊虜俱生之日也。臣意陛下聰

位。必赫然震怒。旋乾轉坤。大明黜陟。以賞善罰惡。以進賢退不肖。以再造我王室。以中興我大宋基業。今四十日矣。未聞有所號令作新斯民。但見刑部旨揮有不得謄播赦文於河東河西陝之蒲解者。茲非新人耳目也。是欲蹈東晉西遷既覆之轍耳。是欲裂王者大一統之緒為偏霸耳。竊是說者不忠不孝之甚也。既自不忠不孝。又壞天下忠義之心。挑天下忠義之氣。俾河之東西陝之蒲解皆無路為忠為義。是賊其民者也。臣雖駑怯。當躬冒矢石為諸將先。得捐軀報國恩足矣。臣衰老不勝憤痛激切之至。

三年。澤又奏給公據與契丹漢兒及本朝被虜之民疏曰。臣契勘金人一族。本大遼之臣。曩緣群臣姦謀。苟以目前之利相結。壞亂耶律天祚。使金人假大遼之衆侵犯中國。竊緣契丹漢兒自與我宋盟約幾百年。實唇齒之邦。兄弟之國。偶被金人殺虜。忿怨不已。止緣一時

之勢未由報冤。今若復盟會，但得回戈共力破敵，一舉便可滅亡。臣已措置彫印文榜公據，令空獲漢兒齎往傳報，自相激發，諭契丹漢兒未知所措，金人知之，必懷疑貳，即與契丹漢兒互相併力，分離勢。所有本朝被虜良民，臣亦依此措置曉諭外，今繳連文榜公據共三本在前者

元年，開國伯李綱上封事曰：自古夷狄為中國患，所以待之者不過三策：曰和，曰戰，曰守而已。長驅深入，吾城池堅而人心固，則可守；凌犯無已，吾士卒勇而形勢利，則可戰；虜氣既懾，吾辭理直而威力強則可和。故能守而後可戰，能戰而後可和。三者雖殊，其致一也。臣不敢遠引前古，請借景德、靖康之事以明之。真廟景德中，契丹百萬入寇，廷臣之議有欲幸江南及蜀以避之者。賴寇準一言而決，巡幸澶淵，渡河而親征，既殺其酋撻攬，虜情震怖，遣使請和，捐金幣三十萬

而約成，是景德之事非獨能守，而於戰與和兩得之。所[illegible]盟好之固，踰百年而兩國生靈皆賴其利也。至靖康初，金人稱兵以犯中原，當時亦有為避狄之計者，而從李堅守，虜騎薄城，攻圍連日，殺傷甚衆，賊氣挫矣。而吾之援師日集，和非所難，朝廷主議之臣苟欲脫一時之禍，而不為長久之計，其所邀求，一切許之，既割三鎮，又質親王，又取犒師之物，金銀幣帛不可勝計，千倍於澶淵之時，而歲賂之數又不與也。有以死爭之而弗能得者，迨援師之集，既衆，士氣勇銳，可以施周亞夫困七國之策，以與之再盟，而朝廷懲姚平仲劫寨小衄，遂寢用兵之謀。及其退也，又不復邀擊，遂使金人志得氣滿，有輕中國之心，是靖康之事止於能守，而於和與戰兩失之也。其後三鎮之兵民為國堅守，朝廷始以保塞陵寢之故，遣使封識，願以租賦代割地之約。金人唯阿違為釁端，以寇邊，而許和猶自若也。主議者信之以為

其和必成，而凡欲治兵設備者皆以為害於和議而沮罷之。虜將渡河，猶以為割河北、河東之地，奉之以衮冕、輅車、尊號而師可解，及既登城，矣猶邀朝廷降詔，假和議遮蔽之說，以欺勤王之師，至盡取都城之子女、玉帛，然後劫質二聖、六宮、宗室、百官以行。然則自今觀之，所謂和議者果如何也。夫金人自用兵以來，專以和議疑敵人，以取勝，其與契丹用二十餘戰，每戰得地，輒和；既和，復求釁端以戰，而卒滅之。今於中國復用此策，中國信之而不悟，至於今日禍敗如此，豈不重可痛哉！或謂吾之兵力不逮金人遠甚，靖康之初雖欲坐困邀擊，必無成功，徒結深怨，故不得已而信其和。此殆不然。夫論兵當論其機會，失機會弗可為也。靖康之初，金人初無犯闕之意，兵不過六萬，太半雜種，而河北邊郡帥府既不設備，沿河又無控扼之兵，是以乘勢直犄都畿，而吾之守禦既嚴，援師既集，進不能攻，退不能歸，以

重兵臨之，而以餘軍待其抄虜，即行掩擊，則糧餉絕而虜可圖矣。既歸，渡河擄掠婦女，輜重徧野，半濟擊之，其法必勝，而朝廷皆不以為然，失此機會，致有今日之患。夫夷狄者，小人之類，猶之盜賊也。小人無以制御之，而欲乞憐以望惻隱之心，不可得已。盜賊白晝入主人之室，探囊發篋，得其所欲，曾不為之捍禦，則何憚而不再來。何為而不盡取哉。若夫吾之將士，背於軍政久廢之後，固難得人，然以忠義激其心，以賞罰作其氣，豈無可用者。將士猶手足也，朝廷猶腹心也。今與人鬭，腹心怯而望手足之强，必無此理。朝廷議論二三，而望將士之用命，蓋亦難矣。此皆前事不可追悔，而臣之所以痛心泣血者二聖沈于虜廷，生靈陷於塗炭，自古夷狄之禍中國，未有若此其甚也。天佑我宋，必有英主為宗廟社稷之所頼，係萬邦群黎之所戴仰，撥亂反正，以圖中興，故使陛下聖躬得脫於屢危之際。去春奉命使

虜而去其軍中。去冬出自危城而總師朔部。乃有今日入繼大統之
事。皆天地神示之所願。非人力也。恭惟皇帝陛下英睿之姿。又動
群聽。孝友之德。實形四方。然而嗣位之初。當宗社艱危之秋。中國衰
弱之日。上則欲還二聖之鑾輿。下則欲拯生靈之危陷。捍禦大敵。保
綏萬方。厥惟艱哉。思其艱以圖其易。則今日待夷狄之策。所謂和戰
守者。當何所從而可也。欲和乎。則前日之和其效如此。而金人北騎
雖宗室亦盡徙以行。其意為如何。而二聖之辱。實不共戴天之讎。和
豈可復信。欲守乎。則朝廷已失河北山東兩路士民之心。或為金人
之所得。或為豪傑之所據。密邇畿甸。易為侵陵。守豈復易圖。欲戰乎。
則去冬將佐卒伍之人。撫御皆散而為盜賊。兵力益弱。經此禍亂。士
氣益衰。所謂勤王之師。多募之於田畝之間。不習兵革。戰豈可必勝。
是三者今日國論以何為宗。顧臣日夜思慮。念之至熟。因時施宜。有

繫於此。及當今之務數十條。皆急切而不可緩者。非得望清光於咫
尺之間。未易殫言也。夫以今日之國勢。而望靖康之初。其不相侔豈
止相什哉。然而猶有可為者。祖宗德澤在人者深。陛下英明。天下仰
望。以謂必能濟大業。轉危而為安也。且害菑之發。國家代有。或多難
以興。或將墜復續。故無知禍齊而小白實長五霸。驪姬亂晉而重耳
實盟諸侯。司馬晉罹聰曜之酷。而元帝起於江東。李唐有安史之亂
而肅宗起於靈武。況我有宋幅員萬里。生齒之衆。士民猶足用哉。儻
能嘗膽勵句踐之心。枕戈懷子胥之志。駕馭豪傑。攬用賢材。法創業
之雄。講革天下之弊事。則中興之功亦不難達。昔少康以一旅之衆。
滅浇羿而祀夏。以至不失舊物。光武以數千之卒破尋邑而克清大
憝。漢以再興。況陛下之明而臨御九有之師哉。然大患之後。百孔千
瘡。夏已及半。去秋不遠。非早圖之。則秋高馬肥。虜騎又將奔突。未能

支梧四海。且有橫流之勢。可不為之寒心。以夜繼日。而為其所當為
者也。臣素愚直。平日惟知讀書。深考古今治道。欲推之當世以尊主
而芘民。又嘗願以忠義自奮。以徇國家一日之急。當宣和之初。蒙道
君皇帝拔其虛聲。擢置左史。得侍清光。竊見天下有危亂之兆。因奏
疏論水事。其意以謂變異不虛發。必有感召之因。災害未易弭。必有
銷復之策。乞因侍立面奏其故。譬猶失火之家。欲為曲突徙薪之謀。
而權臣忌之。沮抑使不得對。因而遷謫沅落七年。其後有盜賊兵革
之事。道君皇帝感悟。以奉常召還。然已晚矣。靖康改元。金人犯闕。前
皇帝於倉卒擾攘之中。聽用其言。擢與大政。竊見和議不可保信。因
力陳兵備之策。其意以謂夷狄之性貪婪無厭。不可恃其不來。當恃
我之有備。蓋治兵收將士之心。以禦外侮。欲以身任其責。譬猶救火之
家。賞為焦頭爛額之客。而忌嫉者衆。讒譖百端。使其身不得一日安

於朝廷。其策百不得行於一二。卒誣以罪。竄之遠方。其後虜騎再犯
都邑。而前日以和議為然者。舉皆誤國。前皇帝感悟。復有今日之召。
然又已晚矣。臣荷二聖之知遇。悼孤忠之失圖。雖心馳魏闕九重之
中。而身在江湖萬里之外。不獲執干戈衛社稷。以伸臣子犬馬之誠。
疾首痛心。泣盡而繼之以血。恭承召命。即日戒途。率湖南義兵倍道
前進。欲趨元帥行府。以造闕庭。而行次江淮。恭聞二聖羽衛北遷。遠
狩沙漠。痛憤徹骨。絕而後蘇。繼覩陛下俯徇群情。嗣登寶位。悲喜交
集。不能自勝。夫人君大正始。故於即位之初。立政用人。必有以大慰
天下之望者。況於國勢削弱。天步艱難之時。其可忽哉。恭儉者人主
之常德也。英哲者人主之雄材也。繼體守文之君。則恭儉足以優於
天下。至於興衰撥亂之君。則非英哲不足以當之。惟其哲。故見善明
足以任君子。而不為小人之所間。惟其英。故用心剛足以斷大事。而

不為小故之所搖。在昔人君體此道者，惟漢之高祖、光武，唐之太宗，本朝之藝祖、太宗為然。臣願陛下深考漢、唐三帝與藝祖、太宗之所以創業中興大過人者，了然於胷次，勿至一而應之，則天下之事雖未底績，固已定於心術之中矣。臣以疏遠去觀清光，輒敢以芻蕘之言求籲天地，誠以愛君憂國心迫而情切，故不自知其不可。伏惟聖慈留神幸察。使愚者千慮或有一得之可採，則臣所以盡忠於陛下者，乃所以報二聖之知遇也。干冒天威，無任惶懼戰越之至。

紹興間，李綱又論金人失信劄子曰：臣竊觀金人自宣和、靖康以來，憑陵中國，其所以為起兵之辭者，不過以失信二字加於中國而已。文檄之中，動輒及此。而中國之士大夫與夫兵民將士，不察其故，亦自以為失信於夷狄，而致此擾攘也。語之則愧恥而扼腕，用之則望風而奔潰，職此之由。殊不知失信在金人，而不在中國。彼方恃虎狼之威，假信義之說以責我，吾之人謀回遹，方震怖之不暇，豈敢與之爭是非曲直哉？徒受失信之名，使士大夫與夫將士兵民茫然不知所仗，此不可以不辯也。臣請為陛下詳言之。方宣和間，遣使與金人結約海上，同謀契丹，厚與之賂，而得燕雲之地。以為失信於契丹則可，以為失信於金人則不可。其後金人敗盟，以陷燕山，遂犯京城。此則金人之失信一也。虜騎犯闕，勤王之師未集，人情震駭，主和議者不為久長之計，一切以不可許者許之，結成禍根，至今為梗。然當時所許乃城下之盟，神所弗聽。元約肅王至河而反，不肆侵掠，而金人挾肅王以渡河，虜掠子女玉帛，殺戮尤甚。黏罕復陷威勝、隆德等州，淵聖嘗降詔書，謂金人渝盟，必不可守，此則金人失信者二也。朝廷遣使交割三鎮，而三鎮之民守死不從，此特中國之人不願淪於夷耳。淵聖奉書，請增歲幣，以代三鎮租賦，金人挾此遂有再入之舉。朝廷遣執政郎官分行割地，奉使虜中，往往為兩河之民所殺，如聶山、王雲之流是也。由是觀之，三鎮之民，朝廷豈能令之哉？虜騎既破汴都，登城不下，猶假和約已成之說，以款勤王之師，遂遷二聖，卷六宮而北之，冊立逆臣，易姓建號，此則金人失信者三也。金人負大失信者三，反以此名加於中國，以為起兵之辭。正猶盜賊劫掠士人，恃其凶威，靡所不至，而猶自以為己之直，而主人之曲也。小人橫逆，君子猶以禽獸畜之，況夫夷狄強暴，中國豈可以信義與之較曲直哉？然臣聞師直為壯，曲為老，興師動衆，奉辭伐罪，以直為先。願陛下降臣此章與大臣熟議，發德音，下明詔，詳述自宣和、靖康以來，信失在彼而不在此，使中外士大夫與夫將士兵民，同知其故，曉然不疑。庶幾在我有辭，人百其勇，士氣日振，戡亂定功，莫此為先。伏惟陛下留神幸察。

高宗時，戶部侍郎葉夢得奏論金人劄子曰：臣伏見黠虜去冬雖逮嘗長驅入塞，然今春以來散遣醜類，西略關陝，東殘青、濰，南破許、蔡，至今或聞尚屯集於同、華、河、洛之間，阻河自守，伏料捍禦攘卻之道，聖智先物，廟論深遠，必已朝夕講求，非外廷所得知。然臣蒙召自遠方，叨寘從橐，感激恩遇，思報萬一，不無螻蟻過計。妄意虜若但守今日疆土，力疲志怠，稍知悔禍，則我徐為後圖，實未為晚。若以西北諸路郡縣，焚劫殆盡，金帛子女，皆其所有，犬羊貪婪，吞噬未已，不肯徒守空地，既聞東南富實，業各陰懷窺伺，則不得不過為預備。臣嘗逆其為策，不過有三：宿師河洛，分兵鼓行，直趣襄沔，藉據荊渚，因我舟楫，人卒順流西下，進逼江左，上也。盡悉其衆自許、蔡、荊南，一出歷陽，徑斷釆石，以趣金陵，一入滁壽，旁引徐泗，以擊山陽，中也。循汴淮進量力而動，左掠徐、鄆，以擣楚、海，右輟陳、潁，以衝宋、亳，下也。若出上策長江之險我恃以為固者彼已共之。則王濬入吳。高景入陳。皆由此則利害大約可考而見。若出中策則蘇峻所從亂。昔本朝曹彬下江南。亦用以成功。若出下策則曹嵩柴榮連年從事於孫權李景之間勝負得失。進退相半。然聞道途之言。多及其下。未能深計中上。兵法曰。無恃其不來。恃吾有以待之。又曰。先為不可勝。安危之幾。間不容髮。臣以謂寧可有備而無事。不可事至而無備。今天下大勢可見矣。東晉之南。固不足道。是時以備西北。則劉琨在太原。李矩在平陽。祖逖在淮陰。以備西南。則郗鑒在歷陽。温嶠在武昌。陶侃在江陵。此固未為至計。是以適幸劉聰石勒內自殘擾。無意再動。故此數人粗能枝梧。卒不能掃平僭叛。混一區宇。況今虜勢方張。未見其隙。而盜賊竊發。與寇相繼乎。夫窮兵深入。渡淮越江。誠非虜利。彼以甲兵為發奇捍亦非其便。然古之善治夷狄者。以夷狄攻夷狄。今虜之技謀若

反用此術。欲以中國攻中國。故兵不必皆其民。惟所驅虜。糧不必皆其物。惟所剽劫。形勢不必皆其有。惟所占據。器械不必皆其備。惟所奪取。役我之人。困我之食。竊我之勢。用我之器。彼但或以殘暴吳以重利。使我欲守則或屈而破隳。欲戰則或潰而奔逃。則彼雖長驅深入。何憚而不為乎。是必有以禁之。使其術不得施。至於詭譎變詐。乍出乍入。或佯為講和。以疑我之師。或徼為敗衂。以驕我之氣。或豐為斂退。以弛我之備。或驟為侵侮。以駭我之衆。其情尤不可盡測。此皆所宜熟慮素計。以定萬全之策者也。臣愚伏願陛下益廣睿算。深詔大臣。歷考古今之變。及此防秋之時。深察虜情之所在。而審觀其所用之術。其或出於前三策。則我所待之而為不可勝者。當以何道。有合先事而為。則早謀之。以一二行於前。有宜待事而應。則預計之。以次第施於後。大抵曰形。曰勢。曰氣而已。形以地理山川為本。勢以城池。以糧器械為重。氣以將帥士卒為急。形固則可恃以守。勢強則可資以立。氣振則可作以用。如是則虜皆在吾度內矣。臣區區不勝大願。

夢得為兩浙西路安撫使。乞差人至高麗探報金賊事宜。狀奏曰。右臣竊惟善用兵者莫先於廣耳目以明斥堠。善覘國者莫深於審形勢以察情實。蓋耳目廣。則意之所不及有愈於意之所及。形勢審。則迹之所不見有出於迹之所見。此不可不知也。春秋之時。秦欲伐鄭師次于滑。鄭商人弦高遇之。密以告鄭穆公得聞而警。因以圉田之事謝秦客孟明知其有備而不敢進。鄭之使秦者。不知其何人。而迹為之備。以捍其鋒。遂以保國。乃得於逆旅之商人。非意之所不及有愈於意之所及者乎。漢高帝欲擊匈奴。使者十輩皆以為可。惟奉春君知其匿壯士健馬。以為欲見短伏奇兵以爭利。高帝不之信。乃以

三十萬衆困於平城。以高帝之智而不能詳奉春君之言。以漢在廷謀臣策士。而惟奉春君能測匈奴之隱。非迹之所不見有出於迹之所見者乎。竊見金賊陰懷不道。欲為封豕長蛇。荐食上國之日久矣。燕晉疆吏。初不以時聞。至前年冬。全師大入。將欲渡河而京師始知之。其罪固不容誅。去歲解圍之後。朝廷宜少警矣。然八九月之間尚聞持和議。以為必成。而謂秋冬決不復再入。傍觀者為之寒心。而廟堂以為得計。此雖玩習苟簡。更相覩望之過。然亦耳目不廣。形勢不審。有以致之。此天下所共痛憤而不能釋者也。臣所部浙西并浙東路。並外連海道。與高麗跨海相望。去賊境不遠。嘗聞賊有妄窺東南之意。若北自登萊東假高麗。揚帆而來。或出於二浙。皆遠不過二十日。近五七日可至。臣自到任。常有私憂於此。本州舶船舊許與高麗為市。間有得與其國人貿易者。往往能道其山川形勢。道里遠近。因

令舶主張綬招致人商柳悅、黃師舜問之。二人皆泉州人，世從本州給憑買販高麗，歲一再至，留高麗者率常經歲，因爲臣圖海道大畧言：賊境舊與契丹蘇州正直登萊。高麗東北與賊接界，有關門爲限。賊舊率高麗，每歲入關，即遣使進奉。崇寧三年，始與高麗稱兵。大觀元年，高麗遂取其六洞，於南境以築九城，賫以甲兵糧食，後復爲賊以沉羅黑水堆洞人奪之。自是與高麗絕。政和五年，契丹爲賊所敗，取其沿海六十餘州。高麗乘間誘得賊用事首領一人，賊屢來求不與。及賊滅契丹，宣和七年，高麗復遣使通好，爲賊留不歸。去年賊擾我畿甸之後，高麗遂兩遣人使賊，賊亦兩報之，併欲使之稱臣而修貢。正副使共二人，其一爲契丹人，其一爲金國人。高麗去年亦自爲其外大父謀篡，焚其宮室積聚器械甚廣，未能如前日之盛。見出避於別都，勢恐不能與賊重抗。然賊所得契丹傍海六十餘州，皆荒殘單弊。其地與高麗隔鴨綠江，每歲冬深，鴨綠江凍冰厚可勝車馬。此皆柳悅等親供說如此。臣既有聞，未敢隱默。竊以鄭弘高之事觀之，柳悅等雖商賈冗賤，然在高麗久，所聽探皆得其國人之言。初本無意，君因使伺賊萬一，欲謀擾我，或得其道里所出，期會所定，或其國中自有變亂，先事而達，有出於我耳目所不及，形勢所不見者，則不爲小補。輒肆管見，欲委此二人，許以名目，陰令如常歲之高麗賈販，應得賊中動息，密亟使來告。俟參驗得實，有補於事，即厚賞旌之。責以軍令，無得張皇漏泄。其人皆感奮願自效，欲以此月末渡海，約冬初復還。臣以申奏不及，已一面各權借以承信郎名目，給與公據，令趁時前去。伏望聖慈詳酌，如有可採，乞降廟旨，密付臣施行。遣臣採報，深入敵境，雖理之常，然今跨海越國，創始之初，迫於幾會，未先陳請，專輒自決，罪當萬死，更乞矜察。以臣職守，所欲圖報，激於忠憤，別無他腸，特賜容貸。所有柳悅等畫到海外圖一本，繳連在前，謹錄奏聞，伏候勅旨。

貼黃：臣伏聞朝廷見欲遣迪功郎劉蟲等使高麗。臣雖不知遣蟲等所謀，然今來柳悅等止是因其賈販，使密自刺賊動息，以廣耳目。俟有實驗，然後賞之，有利而無損。禁令無得漏泄，恐萬一或得以爲用，即於今來使命並無相妨。伏乞睿察。

侍御史孫覿和戎劄子曰：臣聞人主之行，異於布衣。布衣者飾小行，競小廉，自託於鄉黨；人主惟天下安、社稷固否耳。陛下即大位，坐席未暖，而強胡犯關，長驅萬里，所過州縣無一人嬰其鋒者，中外之憤，孰不欲一戰驅之以爲快。然茲事體大，陛下當飭將相大臣深思熟慮，爲萬全之計，差之毫釐，使有莫大之悔，遺社稷之憂，不可忽也。臣竊讀國史，見寶元、康定間，趙元昊爲嫚書，邀大名，以怒朝廷，規欲譴絕，以激使其衆。舉朝忿然，皆曰：發兵坑小醜耳。時吳育爲諫官，奏言：承平日久，將不知兵，士不知戰，民不知勞，若驟用之，必有喪師蹶將之憂，兵連民疲，必有盜賊意外之患。且當順而撫之，使未有以發，得歲月之頃，以其間選將擇士，堅城銳器，爲不可勝以待之，雖元昊終於必叛，而吾戰守之具立矣。疏入，宰相張士遜見之大笑曰：人言吳舍人患心風，果然。於是決意用兵，所向輒敗，一方騷然。大將劉平、石元孫、任福相繼戰沒，大盜王倫轉掠江淮間，契丹聚重兵境上，邀請三關之地。中國耗虛，邊民疲敝。天子厭兵，卒賜元昊夏國主，如育初議。今女真暴犯，滅契丹，爲北方大種，非元昊小醜之比，舉國大入，直抵京師，又非元昊犯塞擾邊之盜。天子之郊，宗廟社稷，太上皇兩宮在焉，亦非戰地。至於將帥不才，士卒驕惰，軍政隳壞，器械朽鈍，財用空竭，法度廢缺，又非仁宗皇帝之時。臣熟思之，莫如和戎爲上策。強胡乘勝頓兵觀闕之下。彼見天子宮室城池苑囿之大。而西兵日至。豈無懼不測之時。陛下戒諸將堅壁固守。示不施一鏃。不交一刃。使野無所虜掠。然後與之議和。群胡竦然聽命。卷甲而歸。足以為德矣。以其暇日蒐擇名將。選練將士。謹蓄積。修法度。成中國安強之勢。所謂函於一時。信於萬世之下者也。陛下受太上皇禪攘之託。至大至重。豈若匹夫之勇。不忍逐校勝負於一擲之間耶。伏望聖慈以趙元昊校北胡之強弱。以寶元康定校今日之盛衰。臣一人雖不能勝衆論。而憂國之言或有合於異日。特賜採納。不勝幸甚。

觀又論和戎劄子曰。臣聞道有經有權。事有常有變。知道之權者能摧剛而為柔。適事之變者亦轉禍而為福。今者強胡乘百戰百勝之威。合諸種控弦之士。踰邑越都。鼓行而至。直抵京室。以為中國有人乎。此臣區區之愚。力排群議。進和戎之策。庶幾甘言重幣。足以厭虎

狼貪暴之心。紓一旦倉卒非常之變。而後徐圖天下國家善後之計。其權固在於此也。昔漢高帝伏一劍誅秦蹙楚。以定天下。而冒頓亦崛越於東胡。呂太后稱制。冒頓遺嫚書。出惡言。虐戲醜詆。可謂甚矣。當是時謀臣猛將如陳平周勃灌嬰之徒固無恙。而上將軍樊噲請以十萬衆橫行匈奴中。豈不壯哉。獨季布以謂夷狄如禽獸耳。得好言不足喜。惡言不足怒。第當自計利害。何足與論是非。呂后讜然稱善。詔大謁者張澤持書幣奉車馬報謝。遂結和親。呂氏誰故本推轂高帝就天下。而季布為任俠以勇名關中。一言從容消弭兵端。貸兩國數百萬生靈肝腦之禍。非所謂大勇者乎。豈若小丈夫悻悻然捐軀疾視。斬頭穴胸。以報睚眦之怨者哉。臣又嘗讀國史澶淵之役。諸道兵大會行在。虜懼請和。諸將爭欲以兵會界河邀其歸。可勒殺無噍類也。真宗皇帝曰。如何殺得盡。徒結怨為邊患耳。詔按兵勿戰。縱

使歸國。旨是諸將讙言秋高馬肥。復入寇矣。或曰未也。邊儲稍實。復為盜糧矣。真宗頷近臣曰。將帥之臣平居無事。瞋目抵掌。欲建功名。臨時便誤事。卿等豈不知此輩情狀。乃相為和附信其說耶。陛下觀今日之勢為如何。大將劉延慶竈兵於燕山。一夕無故拔寨而遁。人馬相藉躪踐交道。委棄金帛穀粟如山積。虜人長驅萬里無所忌憚。職此之由也。伏望聖慈監觀炎漢之興。受命而帝。群臣佐命。百姓歸仁之初。真宗皇帝駕幸澶淵。殺其驍將撻覽。兵威大振之時。尚不忍計校一時小利。摧剛為柔。以為萬世無疆之福。固不俟臣謀瀆亂聖聽。而爭奪之計已黙定於聖心矣。

御史中丞廖剛狀奏曰。臣聞成大功者不謀於衆。守大信者不懷其私。國家昨遭艱危。喪亂弗支。淮北土疆悉非我有。日者上天悔禍。虜遣和使。盡歸河南陝西之地。約以休兵。陛下念生靈困苦之甚。亟如

其議。謀國之計得矣。詎容邊吏以細故而搖其成哉。竊惟二三大將繕甲治兵。雖有敵愾之志。是誠可尚。然今日之事。方且以守為戰。以弱為強。以不取為得。此烏可以不知。而或不能戒飭師徒。謹固封守以聽朝廷之命。輒復招納叛亡于彼之境。是將以小而害大。其不体國甚矣。昔景德初。既與契丹盟于澶淵。代州送投降契丹九人赴闕。真宗詔以請盟後者。付總管司遣之。因詔緣邊州軍。自今得契丹牛馬並仰牒還。其後又詔北界盜賊亡命至緣邊州軍者。所在即捕還之。蓋不如是之嚴。則不足以昭示大信。而堅和議之約也。臣願陛下亟降處分。約束諸將。自今毋或誘致彼界之民。其有盜賊遁逃而入吾境者。自合捕還。毋得容匿。敢有違者。必寘之罪。庶幾一境交和。而大計以定。所係實不輕也。

樞密行府參謀鄭剛中請放西夏捕獲人王樞等狀奏曰。臣准今年

六月四日尚書省闕備坐環慶路經畧安撫使趙彬奏遝處申到西賊出沒事奉聖旨令臣相度措置務要彼此情通各獲安帖仍詳具聞奏者臣契勘李世輔捉到西夏招撫使王樞見在四川宣撫司收管看養并據趙彬申到前後捉獲夏國一百九十四人送邠寧州慶陽府等處羈管臣相度關陝初復正與夏國為鄰欲令將帥通書恐計議未必周盡而於國體有傷置而不問則彼此疑懼莫之或先情亦無自而通矣兼前項人留之無益於事還之則感恩衔德更相告諭理或有補臣愚欲望聖慈將王樞并趙彬羈管一百九十四人許臣呼至行府犒勞放還夏國不惟使夷狄有感嚮之心實可以示朝廷廣大之意如蒙允許乞作睿旨行下

王元敵論遏虜之策曰臣聞中國之於夷狄未易以力勝也能使夷狄之人自相攻討則虜寇可遏矣西漢之屬國都護東京之南單于

與唐回鶻之師皆此道也金人用兵以來七年于茲而四夷之兵未聞效順虜兵以是日熾中國以是日陵禦遏之術未見其善必能合群夷之情捍強梁之勢然後虜寇可殄中國可安或曰中國之使夷於夷狄之事中國各有常勢胡可強議今中國之勢既陵夷狄之勢方盛安能間激使相戰争臣曰不然今者中國之財貨子女奇技珍巧金人奄取而盡有之固諸國之所欲也使諸夷取之之謀利則中國陷之之術行況今四夷諸國一介未通在此者既不示以撫安之情在彼者安知其無向化之意臣謂宜常遣二三使屢持尺書使知中國之勢尚可振起若諸國有能助順則金人行可破之何必輶軒旌旗然後增光遠之華箱籠乃可明遣使之禮申包胥之救楚但哭秦庭燭之武之使秦不開乎辭此所謂不可不為者不可以不為一而發功也事有不可為者固難以必為冒進亦有不可為者安得以不為而廢功

黃次山奏劄子曰竊聞明州申有高麗人金稚圭劉待舉等附舶到州事契勘高麗自神宗以至前朝許之來貢賜書入學宴樂賡詩其甚至於臨遣王人寵黜言者所以為之賜者甚寵而屬意者亦深艱難以來首鼠兩端坐觀成敗終賴謀臣獻計勇士竭力乃能立國由此觀之結納遠夷初未有益徒自取紛紛爾方今排決和議師律漸張若因循故事許至行朝必將託游說之詞背制人主使兵威自屈而和議復伸忠臣不得遂其謀烈士無所奮其勇從違之間利害不細昔劉琨欲結石勒勒答其賜而辭其言竊謂譬報方嚴防秋正急當辜其賜幣就彼遣還折衝消萌於計為得如有可采伏望敷奏施行

陳長方代人上殿劄子曰詩云迨天之未陰雨徹彼桑土綢繆牖戶

今女下民或敢侮余孔子曰為此詩者其知道乎能治其國家誰敢侮之臣伏見去歲僭叛之臣外連強虜陛下聖心果斷元戎北指天威皇靈截然而下如雷如霆震驚醜類故其野心奸計不日告窮然自賊師行遁已復半年臣輩遠在闕庭之外廟謀勝算有不及知而臣竊觀金人緣自靖康所向必得去歲之舉猶循故智不顧朝廷遣將四出六飛親駕前控大江後隔長淮頓兵老師不能寸進是自金人犯順以來未有若去歲少挫其鋒者也大凡狃勝者恥於少衄好利則不憚興師安知醜虜不於秋高馬肥之時猶恐奮其螳臂臣愚深恐議者妄意賊情因此畏怯僉軍調發勢難再舉以悅耳諛佞之詞上誤國家大計欲望聖慈敕喻輔臣內嚴師律外飭諸將謹長江控帶之方講漕運輓輸之事申飭百司庶務序假要經無不畢舉素定以視敵人之進退如此則孔子所謂能治其國家孰敢侮之者在於今

見之矣。

金國使人張通古在館吏部員外郎許忻上疏極論和議不便曰臣兩蒙召見擢寘文館今茲復降睿旨引對令見陛下於多故之時欲求千慮一得之說以廣聰明是臣圖報萬分之秋也故敢竭愚而效忠臣聞金使之來陛下以祖宗陵寢發祀徽宗皇帝顯肅皇后梓宮在遠母后春秋已高久闕晨昏之奉淵聖皇帝與天族還歸無期欲屈己以就和遣使報聘茲事体大固已詔侍從臺諫各具所見聞矣不知侍從臺諫皆以為可乎抑亦可否雜進而陛下未有所擇乎抑亦金已恭順不復邀我以難行之禮乎是數者臣所不得而聞也請試別白利害為陛下詳陳之夫金人始入寇也固嘗云講和矣靖康之初約肅王至大河而返已而挾之北行訖無音耗河朔千里焚掠無遺老稚係纍而死者億萬計復破威勝隆德等州淵聖皇帝嘗降

詔書諭金人渝盟必不可守是歲又復深入朝廷倒置失宜都城遂陷敵情狡甚懼我百萬之衆必以死爭也止我諸道勤王之師則又曰講和矣乃邀淵聖出郊次邀徽宗繼往追取宗族殆無虛日傾竭府庫靡有孑遺公卿大臣類皆拘執然後偽立張邦昌而去則是金人所謂講和者果可信乎此已然之禍陛下所親見今徒以王倫繆悠之說遂誘致金人責我以必不可行之禮而陛下遂已屈己從之臣是以不覺涕泗之橫流也而彼以詔諭江南為名而來則是飛尺書而下本朝豈講和之謂哉我躬受之真為臣妾矣陛下方寢苫枕塊其忍下穹廬之拜乎臣竊料陛下必不忍為也萬一奉其詔令則將變置吾之大臣分部吾之諸將邀求無厭靡有窮極當此之時陛下欲從之則無以立國不從之則復責我以違令其何以自處乎況犬羊之群驚動我陵寢戕毀我宗廟劫遷我二帝據守我祖宗之地

塗炭我祖宗之民而又徽宗皇帝顯肅皇后鑾輿不返遂致萬國痛心是謂不共戴天之讎彼意我之必復此讎也未嘗須臾而忘圖我豈一王倫能平哉方王倫之為此行也雖閭巷之人亦知其取笑外夷為國生事今無故誘狂敵悖慢如此若猶倚信其說而不寤誠可慟哭使賈誼復生謂國有人乎哉無人乎哉古之外夷故有不得已而事之以皮幣事之以珠玉事之以犬馬者曷嘗有受其詔惟外夷之欲是從如今日事哉脫或包羞忍恥受其詔諭而彼所以許我者不復如約則徒取莫大之辱貽萬世之譏縱使如約則是我今日所有土地先拱手而奉外夷矣祖宗在天之靈以謂如何徽宗皇帝顯肅皇后亦共戴天之讎遂不可復也豈不痛哉陛下其審思之斷非聖心所能安也自金使及境以來內外惶惑倘或陛下終以王倫之說為不妄金人之詔為可從臣恐不惟墮外夷之姦計而意外之虞將

有不可勝言者矣此衆所共曉陛下亦嘗慮及於此乎國家兩嘗敗外夷於淮甸雖未能克復中原之地而大江之南亦足支吾軍聲粗振國勢粗定故金人因王倫之往復遣使來嘗試朝廷我若從其所請正墮計中不從其欲且辱攜我之金幣而去亦何適而非彼之利哉為今之計獨有陛下幡然改慮而告中外以收人心謂祖宗陵寢廢祀徽宗皇帝顯肅皇后梓宮在遠母后淵聖宗族族屬未還故遣使迎請冀其歸今敵之來邀朝廷以必不可從之禮實王倫賣國之罪當行誅責以釋天下之疑然後激厲諸將謹捍邊陲無墮敵計進用忠正黜逐姦衺以振紀綱以修政事務為實效不事虛名夙慮朝謀以圖興復庶乎可矣今金使雖已就館謂當別議區處之宜臣聞萬人所聚必有公言今在廷百執事之臣與中外一心皆以金人之詔為不可從公言如此陛下獨不察乎若夫謂黏罕之已死外夷內

亂契丹林牙從竄故今金主復與我平等稱是皆行詐欵我師之計非臣所敢知也或者又謂金使在館今稍恭順如臣之所聞又何其悖慢於前而遜設恭順於後敵情變詐百出豈宜惟聽其甘言遂忘備豫之深待其禍亂之已至又無所及此誠切於事情今日之舉存亡所繫愚衷感發不能自已望鑒其惓惓之忠特垂采納更與三二大臣熟議其使無貽異時之悔社稷天下幸甚

金人遣張通古蕭哲來議和禮部侍郎兼侍講尹焞上疏曰臣伏見本朝有遼金之禍亘古未聞中國無人致其猖亂昨者城下之戰詭詐百出二帝北狩皇族播遷宗社之危已絶而續陛下即位以來十有二年雖中原未復仇敵未殄然而賴祖宗德澤之厚陛下勤撫之至億兆之心無有離異前年徽宗皇帝寧德皇后崩問遠來莫究不豫之狀天下之人痛心疾首而陛下方且屈意降志以迎奉梓宮請

問諱日爲事今又爲此議則人心日去祖宗積累之業陛下十二年勤撫之功當決於此矣不識陛下亦嘗深謀而熟慮乎抑在廷之臣不以告也禮曰父母之讎不共戴天兄弟之讎不反兵今陛下信仇敵之譎詐而覬其肯和以紓目前之急豈不失不共戴天不反兵之義乎又況使人之來以詔諭爲名以割地爲要今以不戴天之讎與之和臣切爲陛下痛惜之或以金國内亂懼我襲己故爲甘言以緩王師倘或果然尤當鼓士卒之心雪社稷之恥尚何和之爲務

金使至境語欲屈己就和令侍從臺諫條上吏部尚書張燾言金使之來欲議和好將歸我梓宮歸我淵聖歸我母后歸我宗社歸我土地人民其意甚美其言甚甘廟堂以爲信然而群臣國人未敢以爲信然也蓋事關國體臣請推原天意爲陛下陳之傳曰天將興之誰能廢之臣考人事以驗天意陛下飛龍濟川天所命也敵騎屢犯行闕不能爲虞甲寅一戰敗敵師丙辰再戰却劉豫丁巳廢豫雖賞爲孺恭廢戚之資皆天所贊也是蓋陛下躬履艱難側身修行布德立政上當天意而天祐之之所致也臣以是知上天悔禍有期中興不遠矣顧益自修自强以事天心以俟天時時之既至吾無不利則何戰不勝何功不立今此和議姑爲聽之而必無信之可恃也彼使已及境勢難固拒使其果願和好如前所陳是天誘其衷必不復强我以難行之禮如其初無此心二三其説責我以必不可行之禮要我以必不可從之事其包藏何所不有使當以大義絶之謹邊防厲將士相時而動韻斷自淵衷毋取必於彼而取必於天而已乃若屠國家之大恥置宗社之深讎躬率臣民屈膝于金而臣事之而覬和議之必成非臣所敢知也上覽奏愀然變色曰卿言可謂忠矣朕必不至爲敵所紿方且熟議必非詐僞而後可從不然當再使審虚實拘

其使人

魏矼上言曰臣素不熟敵情不知使人所需者何禮陛下所謂屈己者何事賊豫爲金人所惡爲之北虜陛下承祖宗基業天命所歸何藉於金國乎傳聞奉使之歸謂金人悉從我所欲必無難行之禮以重困我陛下何過自取侮乎如或不可從之事儻輕許之他時反爲所制號令廢置將出其手有不從使生兵隙乎奪在彼失信在我非計之得也雖使還我空地如之何而可保雖欲寢兵如之何而可寢雖欲息民如之何而可息非計之得也陛下既欲爲親少屈更願審思天下治亂之機酌之群情擇其經久可行者行之其不可從者以國人之意拒之庶無後悔所謂國人者不過萬民三軍爾搢紳與萬民一體大將與三軍一體今陛下詢于搢紳民情大可見矣欲望遠召大將各帶近上統制官數人同來詳加訪問以盡他日意外之

憂大將以為不可則兵氣益堅何憂此敵

戶部侍郎李彌遜論和議不當先事致屈劄子曰臣昨對日面奉玉音訓諭金人許歸梓宮還母后兄弟宗族事臣不勝感歎欣幸之至數日以來竊聞朝廷計議禮儀未定兼使人之說多不可從臣以所聞反復思之有不可先事以致屈者願為陛下陳之仰惟陛下聖孝之至不顧萬乘之尊求和異類而金人止以畫地講和為辭初不及母兄宗族也是豈可先事以致屈耶虜人狂悖吞噬欲盜混一之名故以陛下之所大欲邀陛下今信其空言遽從其請彼既得所欲則尚復何求而以土地宗族歸陛下耶是又不可先事以致屈也金人敵國也卿士大夫國人所賴以為國者也陛下欲為親而屈使梓宮至母后還猶有以實以慰國人今事未一得而坐失四海之心不可不慮是又不可先事以致屈也臣所陳三事於今日和議利害甚明甚切者儻陛下篤於愛親盡排羣議內懷欲速之心外示自弱之路以謂必先致屈而後和議可成臣恐啓敵人窺伺之意別生無厭事愈難從反害和議也臣願陛下厚禮使人館之闕下先遣報謝使致所以謝之之禮因令致書道廷臣國人衆情未安強以難從慮或生釁有害兩國之歡請致梓宮母后兄弟宗族于近地卜日奉迎然後議所以禮之則不失虜人之情而陛下之欲可得也臣自草莽累被親擢沐天地之恩異於倫等蚤夜思所以上報陛下者惟盡忠而已苟或緘默顧避知而不言致陛下墮敵人之計失國人之心以貽後患則臣之罪不容誅矣故敢以狂愚上瀆聰聽伏望陛下少寬萬幾察其拳拳之忠而採擇焉臣無任恐懼激切屏營之至

彌遜又答和議劄子曰准紹興八年十一月十九日樞密院劄子三省樞密院同奉聖旨大金遣使至境朕以梓宮未還母后在遠陵寢宮闕久稽汛掃兄弟宗族未得會聚南北軍民十餘年間不得休息意欲屈己就和在廷侍從臺諫之臣其詳思所宜條奏來上各限一日進入右劄付臣準此臣近於今月四日陛對嘗具奏陳金人遣使請和事當緩而圖之謀以致之必於有成至於先事致屈有大不可者伏蒙陛下聽納以謂當然茲承溫詔明諭聖意至於屈己就和臣仰體陛下孝慈哀痛有不得已者不知涕泗之下也陛下欲還梓宮迎母后修陵寢宗廟之奉復兄弟宗族之懽與軍民休息之期誠臣子之深願天下之至望也然虜情險詐姦謀詭計未易測度應之得其道則不必致屈而陛下之欲可得應之非其道則雖屈己從之求吾所欲未必可得而後日之患不可不慮也金人之擾中國十有餘年豺狼蠭蠆未足喻其毒殘我人民毀我城邑貪婪凶暴莫知窮極而一旦欲舉土地宗族以與我是大可疑也謂其衆離勢分為欺我之計則彼既弱矣尚何自屈之有哉謂其幣重言甘為誘我之策則屈己從之是墮其計中也或云來使之辭以謂酋主厭兵欲施大恩以釋前日之怨狼子野心萬無是理設或有之但當復我土地歸我宗族休兵息民不相侵伐而已何至先之以難從之禮責我必從而後議哉陛下受其空言未有一毫之得乃欲輕祖宗之所付就屈身委命自同下國而尊奉之是倒持太阿以授之柄也授之以柄危國之道而謂之和可乎借使虜人姑從吾欲假以目前之安異時一有無厭之求意外之欲從之則害吾社稷之計不從則釁端復開矣是今日徒有屈身之辱而後患良未已也陛下痛念梓宮不返母后未還不顧一身之屈求和異類彼乃先持割地之說以邀陛下使真得之陛下能與三軍百執事共守之耶不過分兵遣將以疆理之適是未必為我大利已能致陛下之屈則梓宮母后兄弟宗族相繼以

還陛下何所不至必得其欲而後已其可不預防之耶國家之禍曉古罕聞陛下冒犯險艱取神器而有之四海之內欣戴聖德無有窮已者識以祖宗流澤入人之深天下皆知忠於君上為不易之大節今陛下率在廷之臣以君夷狄後何以責其盡忠我兆三軍之士四海之衆視朝廷以為析斷而強之以其所不欲一夫不從則有不可勝慮者矣是又大不可者臣所謂應之非其道則吾之所欲未必可得而後日之患不可不慮者此也臣愚切料金人之失在於疑黏罕而廢劉豫黏罕疑則其國人之心離劉豫廢則中原之人不附所以恐懼自疑為求和之計而賊性詭誕變詐欲以自蓋尚持強大之勢以惑我是不足畏也願陛下深謀遠慮緩而圖之不待屈已就和而可以得聖心之所大欲苟內懷欲速之心外示深畏之跡寔啓其窺伺之意事未易可成也為今日計者莫若遣使境上從其割地之約

奏議卷三百四十八　二十二

俟其復我境土歸我宗族則重幣以報之必欲先屈我而後議其所以是將欺我也明矣則謝其使卑辭厚禮以遣之勿絕也陛下姑未遽與天討亦當申飭將帥厲兵秣馬固守疆埸俟釁而動然後修德布政下至誠惻怛之詔動人心激士氣使人人皆有報讎強虜之志則國威日振戎事日修彼將聞風震讋求附之不暇陛下端拱南面梓宮可還母后可迎宗族境土可得而保一舉而二善成不亦可乎臣所謂應之得其道則不必致屈而陛下之欲可得者此也陛下聖孝懿恭彌念宗社若以謂必先屈己而後和議可成則十年之間陛下之屈亦甚矣虜人所以報陛下者如何必復可以有加耶懷王絕齊以和秦而商於之地終不可得太公呂后之歸乃在項羽食盡少助之後果在於致屈以求之耶此又往古之明監也安危存亡之機實在於此伏惟聖慮詳擇之臣蒙被聖恩之厚逈於衆君敢竭其愚冒犯天聽伏望陛下廓天地之量貸臣萬死而取其一得為天下幸甚臣不勝惶懼忠憤激切屏營之至謹錄奏聞

紹興八年宰臣秦檜決策主和金使以詔諭江南為名中外洶洶樞密院編脩官胡銓抗疏言曰臣謹按王倫本一狎邪小人市井無賴頃緣宰相無識遂舉以使虜專務詐誕欺罔天聽驟得美官天下之人切齒唾罵今者無故誘致虜使以詔諭江南為名是欲臣妾我也是欲劉豫我也劉豫臣事醜虜南面稱王自以為子孫帝王萬世不拔之業一旦豺狼改慮捽而縛之父子為虜商鑒不遠而倫又欲陛下效之夫天下者祖宗之天下也陛下所居之位祖宗之位也柰何以祖宗之天下為金虜之天下以祖宗之位為金虜藩臣之位陛下一屈膝則祖宗廟社之靈盡汙夷狄祖宗數百年之赤子盡為左衽朝廷宰執盡為陪臣天下士大夫皆當裂冠毀冕變為胡服異時豺狼

奏議卷三百四十八　二十三

無厭之求安知不加我以無禮如劉豫也哉夫三尺童子至無識也指犬豕而使之拜則怫然怒今醜虜則犬豕也堂堂大國相率而拜犬豕曾童孺之所羞而陛下忍為之耶倫之議乃曰我一屈膝則梓宮可還太后可復淵聖可歸中原可得嗚呼自變故以來主和議者誰不以此說啗陛下哉然而卒無一驗則虜之情偽已可知矣而陛下尚不覺悟竭民膏血而不恤忘國大讎而不報含垢忍恥舉天下而臣之甘心焉就令虜決可和盡如倫議天下後世謂陛下何如主況醜虜變詐百出而倫又以姦邪濟之梓宮決不可還太后決不可復淵聖決不可歸中原決不可得而此膝一屈不可復伸國勢陵夷不可復振可為痛哭流涕長太息矣向者陛下間關海道危如累卵當時尚不忍北面臣虜況今國勢稍張諸將盡銳士卒思奮只如頃者醜虜陸梁偽豫入寇固嘗敗之於襄陽敗之於淮上敗之於渦口

敗之於淮陰枚之往時蹈海之危固已萬萬儻不得已而至於用兵
則我豈遽出虜人下哉。今無故而反臣之。欲屈萬乘之尊。下穹廬之
拜。三軍之士不戰而氣已索。此魯仲連所以義不帝秦。非惜夫帝秦
之虛名。惜天下大勢有所不可也。今內而百官。外而軍民。萬口一談。
皆欲食倫之肉。謗議洶洶。陛下不聞。正恐一旦變作。禍且不測。臣竊
謂不斬王倫。國之存亡未可知也。雖然。倫不足道也。秦檜以腹心大
臣而亦為之。陛下有堯舜之資。檜不能致君如唐虞。而欲導陛下為
石晉。近者禮部侍郎曾開等。引古誼以折之。檜乃厲聲責曰。侍郎知
故事。我獨不知。則檜之遂非愎諫已自可見。而乃建白令臺諫侍臣
僉議可否。是蓋畏天下議已。而令臺諫侍臣共分謗耳。有識之士皆
以為朝廷無人。吁。可惜哉。孔子曰。微管仲吾其被髮左衽矣。夫管仲。
霸者之佐耳。尚能變左衽之區而為衣裳之會。秦檜。大國之相也。反

驅衣冠之俗而為左衽之鄉。則檜也不唯陛下之罪人。實管仲之罪
人矣。孫近傅會檜議。遂得參知政事。天下望治有如飢渴。而近伴食
中書。漫不敢可否事。檜曰。虜可和。近亦曰可和。檜曰天子當拜。近亦
曰當拜。臣嘗至政事堂。三發問而近不荅。但曰已令臺諫侍從議矣。
嗚呼。參贊大政。徒取充位如此。有如虜騎長驅。尚能折衝禦侮耶。臣
竊謂秦檜孫近亦可斬也。臣備員樞屬。義不與檜等共戴天。區區之
心。願斷三人頭。竿之藁街。然後羈留虜使。責以無禮。徐興問罪之師。
則三軍之士不戰而氣自倍。不然。臣有赴東海而死爾。寧能處小朝
廷求活耶。

高宗時。金好成。直秘閣湖南提刑辛次膺極陳其詐。略曰。臣昨在諫
列。嘗有疏論金人變詐無常。願陛下為宗社生靈深慮。近觀邸報。樞
密院編修官胡銓妄議和好。歷詆大臣。欲沽名遠竄。已而得銓書藁乃

知朝廷遽欲屈已稱藩臣。未知其可。大臣懷奸固位。不恤國計。媮安
趨和。謬以為便。臣不知天下之人以為便乎。父兄之讎不與共戴天。况
弟之讎不反兵。棄讎釋怨。盡除前事。降萬乘之尊。以求說於敵。天下
之人果能遂亡怨痛。以從陛下之志乎。書奏不報。

高宗時。直秘閣喻汝礪論和好上言曰。古之人君。恢然有帝王之度
而其明哲英睿是以權天下強弱利害之勢者。西京之文帝。東京之
光武是也。臣嘗讀兩漢書。有以少識文帝光武之用心。嗇於用兵。而
孚於惜天下之力。所以為後世計至深遠也。漢遺單于書以尺一牘
單于乃以尺二牘。又印封皆同廣長大。倨傲其辭曰。天地所生。日月
所置。匈奴大單于。文帝乃復夷然安之不異也。未嘗復加大名而勝
之也。光武用兵機速若神。然天畀北胡。極容隱納。胷中曠然。而外之
於寒露不毛之地。臧宮馬武請言而欲誅之。帝惜其言弗用也。由是

觀之。是二聖人者其真有帝王之度哉。逮我臣宋。道德寬大。淵然有
帝王之度者。仁宗皇帝是也。慶曆中。富弼以知制誥資政殿學士。與
書戶部侍郎使契丹。劉六符館之。既謁虜主。退請崇修。弼乃委曲曉
之。虜謀遂折。增歲賂二十萬。弼還復命。仁宗寵嘉之。以為樞密副使。
王拱辰之譏弼也。欺之曰。弼第能弊中國以奉夷狄耳。胡功之為。仁
祖委其語待弼滋厚。遂升右府。已而相之。臣切考漢家故事。供給南單
于費直歲一億九十餘萬。西域歲七千四百八十萬。永初中羌有禁
心。剗亂西鄙。十有四年。靡二百四十萬億。永和之末。復經七年。八十
餘億。段紀明之平東羌也。凡百八十戰。而費四十四億。由是論之。王
拱辰以增幣為中國之弊。是蓋不知自漢以來。屯戍轉輸。歲與虜者
其費可勝支哉。吳克齊。子胥懼。晉侯敗楚子變乎。趙孟先哲。信聞諸
侯。悼公和戎。成伯中夏。然則天下利害強弱之勢。亦即其隱密之所

而逆制之。姑幸於一勝而忘其敗。姑恃其細娛而忽其大憂。此固有天下之至禁也。臣又嘗攷唐之中葉。方鎮狺狺然狃恩恃功。侮嫚不忌唐之臣辱。引兵而戰。魏博、析鎮、冀臨、淄青、鄆皆暫馴而復擾。陽假而陰搆。困而不支。唐日以微。論者乃謂其源肇於天寶、乾元之初。其流浸於大曆、貞元之後。自臣觀之。太宗所以為後世計者過也。左舉而頡利亡。右舉則高昌亡。中舉則吐谷渾、薛延陀之衆亡。唐之武威亦能振於天下矣。迺復慮卒弄兵而身恃之於遼水之上。夫太宗修於用兵。而厚於費天下之力。其毒延於代宗、德宗之世。日闘天下之士。而唐之謀臣不知所以解之。方鎮之士。復專兵一方。共起而危唐。而唐之謀臣不知所以禁之也。唐日闘天下之士以弊方鎮。方鎮闘河北之土而弊唐。而唐日以微也。臣故曰唐太宗所以為後世之計者過也。故曰天生五材而用之。力盡而弊之。不可復振。此有天下之至禁也。臣切伏覩陛下講信繻好。以交兩國之歡。寢兵休士。以重萬民之命。省征伐之用。肥仁義之訓。綏靜方國。以承天休。然則陛下之神謀昭鑒。固知兵力之不可盡。而思有以盡之也。固知天下之力不可費而思有以息之也。固知後世生事邀功之臣開邊以覷中國。而思有以戒之也。然臣區區之愚。尚有謂焉。宋國不覩楚國請交。羊祜務德吳人胥悅。一境交和。國家賴之。伏願陛下飭邊吏各守分界。無隱姦無專利。無邀功。以仰副陛下睦鄰好、紓吾民之嘉惠。永為萬世不窮之休。

宗正少卿史浩請安反側劄子曰。臣聞金虜不道。違天叛盟。陛下至仁。弔民伐罪。干戈所指。犬羣咸奔。適者變起蕭牆。刃戮酋首。普天率土。同知我宋之方興。掠地攻城。正非今日之所急。貴在先安於反側乃能蠲燕於流亡。蓋新變殘中孚之徒。徐文、施宜生之輩。甚非海納用彰曠蕩之恩。則必釋疑。別立姦兇之主。勿謂肉已登於几上。其如敵尚在於舟中。敢冀聖恩。亟頒曲赦。高其爵賞。示以腹心。使彼曉然而無他。則必懲爾而弗叛。中原之版地。於是可復。寰海之生靈。於是可安。儻不速赦群胡。必定復生一虜。時當其可。間無容髮。機今捨弗為。決有噬臍之悔。臣識非通敏。言又闕疎。仰冀聖聰。赦臣死罪。

紹興三年。臣僚言武岡軍溪峒舊嘗集人戶為義保。蓋其風土習俗服食器械悉同猺人。故可為疆埸捍蔽。雖曰籍之於官。然亦未嘗遠戍。靖康間。調之以勤王。其後湖南盜起。征歛百出。義保無復舊制。困苦不勝。乃舉其世業。客依猺峒。聽其驅役。州縣循蹈舊轄。催科胥隸及門。則挈家遠徙。官失其稅。猺獠日強。兼武岡所屬三縣悉為猺人所有。遠戍之賞已無。而鄉戶弩手之名尚在。乞取其直。人戶咨怨。乞擇本路監司詳議以聞。詔從之。

紹興十四年十月。湖南安撫使劉昉奏武岡軍猺人有父子相殺者宜出兵助其父。俾還省地。上以問輔臣秦檜。檜曰。恐輕舉生事。帝曰恩威不可偏廢。可懷則示之以恩。否則威之。示不侵省地。則已或有所侵。奈何不警俾知所畏哉。

歷代名臣奏議卷之三百四十九

夷狄

宋孝宗隆興元年顯謨閣直學士虞允文論虜遂衰弱乞和四州不可棄上奏曰臣今日伏准三省樞密院劄子盧仲賢齎北界書回議用敵國禮講和其南北歸附人彼此各不發遣臣除已施行外臣竊念虜兵威強凌奪中國餘四十年今陛下嗣位之初虜遂衰弱通書乞和亟正名分上天右序昭若日月大勲之集實基於此而臣惓惓之忠謂陛下宜審今日之機以答天之休賜蓋虜揭榜蔡州有云歲幣舊疆如故遠近傳録竊有所議以虜所不惜者虛名所必取者實利也虜自逆亮死虜兵一散馬多死亡衰既嗣立而昏庸契丹渤海之族因得以乘其釁隙而信其讎憤中原起義之師迭作於山東兩河之間內阻外訌殆無以植立其國將其用事之臣猶欲倔彊繆為

大舉以要我之和不頓一戟而得地得財何虜之每能用其術而我每墮其計中也虜謂海泗唐鄧四州以兵取則有勝有負以兵守則有得有失而知中國之意常汲汲於名分之正故棄虛取實大言夸我而不知亮與兵舊約已亡我之名分我自正之何待虜之從違而後有不正之名也士大夫懲靖康之禍不敢言兵亦垂四十年矣虜欲戰則上下憂懼如不可以朝夕虜欲和則輕於割地惟恐一失其意獨不思今日與靖康之初虜兵盛衰之勢如何官軍之可用不可用又如何也且海泗二州襟帶山東淮北之地得之所以繫其民之心而唐鄧二州利害尤重以之而守則上流之勢固以之而戰則窺洛趍汴外連兩河之民漢光武諸葛亮恢復漢祚其規摹皆出於此光武得之而中興亮不得之而馳驅於蜀漢之遠故大功終以不遂方冊可考也竊意朝廷之議必不出於此而臣去國萬里偶當襄漢一面苟有所見敢不盡誠再三披露願陛下深察之如曰本朝事力未給姑從其請若虜退而歸得以全力平其內難數年之後馬益蕃庶兵財兼裕亦不知我所積事力能與之相當否也一失此時之機臣恐後患有甚於今日比見探報虜今以迫促之期脅我以和恭惟陛下方以祖宗陵廟中原萬姓為心必不惜一介幅紙而命大臣別與之議如其不從臣雖已匄祠苟一日未去尚當躬率三軍嚴陣以待必不與此賊俱生天地神明實臨之惟陛下財幸

允文又論不當棄四州地與虜和上奏曰臣比准朝廷行下以敵國禮講和臣輒一具奏疏虜已衰之迹乞不棄四州之地方以冒昧日積憂惶伏奉御劄許臣以忠勤諭臣以能副陛下之意恩禮加重腹心示眷臣之欲報言之為淺伏讀聖詔所謂四郡之地虜人若許我則當遣使以欵之若不許我則不復議和睿謀閎深聖斷英果固非臣

所及亦非在廷將相大臣百執事所能及也傳曰有君如此其忍負之臣尚願畢其說惟陛下幸擇竊謂自古中國之於夷狄或戰或和必因盛衰之勢而用之若當戰而和與當和而戰此安危存亡之機不可不察也漢高祖唐太宗皆起於秦隋大亂之後其所遭之時所用將相所集兵卒所都勝勢大率皆略相似及天下初定高祖和匈奴太宗征突厥其不同遽如此何哉冒頓方盛而頡利衰故也二君者豈能為天下之機特因其機而不失爾臣不知士大夫以今日之虜為盛邪衰邪方虜盛時力苟不足尚以和而訹我我每墮其計中自宣和靖康而來可迭考而究見之也虜欲取契丹始訹我以海上之盟虜未得太原又訹我以城下之盟撻辣以蒙國為患棄河南之地而訹我以盟兀朮既引兵臨淮知江南不可下又訹我以盟數十年之間凡四與我盟而率自叛之而謂和猶可恃邪虜力不足雖戰必

和。虜力有餘雖和必戰。往事歷歷可鑑。而世不悟。有識者不知滿四
之橫集也。虜今已衰。不止於力之不足。一和之後。虜之力有餘亦知
今日之盟。士大夫能保其不叛否也。況逆亮死。舊盟已亡。空帝者我
自帝也。上天之所界付也。大國者我自國也。祖宗之所傳授也。何有
於不正之名。而汲汲於正之乎。娃國之稱豈無猶子之嫌未可以言
敵國。而四州之地與和尚原商於一帶之險皆不可以輕棄。願陛下
深思而熟計之。當前歲之冬。逆亮敗於采石。死於揚州。虜兵散亡殆
去。我乘其釁僅能得此四州。而官軍以戰而死者幾人。戰騎死於陣
者幾眾。輸財發斛。所費者不知其幾千萬。計第功行賞所以補者又
不知其幾千萬官也。而一旦忍棄之乎。棄之之後虜無可乘之機。如
異時又可以必取之乎。使必取而得之國家之所以耗蠹貲用。士馬
之所以散佚死傷又不知幾倍於前日也。士大夫厚祿於朝者亦嘗

奏議卷三百四十九　三

遠慮卻顧一念及此矣。或者謂太上皇帝得和戎之福。陛下所宜循
守。而不知太上當漢高祖之機。休養民力。積兵積財。堅忍二十年之
久。以待虜之衰。而以唐太宗之機付陛下於今日也。繼伐之功孰大
焉。浮言熒惑。古所深慮。願陛下於問安之餘。從容及臣之說。二聖合
謀。救寧天下。開聖子神孫萬世之丕基。臣不勝大幸。

允文又論虜中情偽。不可棄四州之地。上奏曰。臣於二月初得探報
虜帥拘留胡昉等。嘗於初五日奏虜必不敢執我使人。已而又報大
酋取昉往燕山。臣心竊笑之。今據探報。二月十一日自燕山發回昉
等。相傳以為大酋不欲和。必至於戰。臣竊有二疑。若虜庭君臣果不
欲和。何不執我使人。即日發兵赴期會戰。今二小介且不敢留。發之
使歸。當是有相就之意。於文移中或有大言。亦是用弱之勢當如此
耳。不出於戰一也。春今已三月。若和議不成。境上之虜必堅斷會合

分道窺邊。自旬日來。方且於界首置攔鋪。每鋪三十騎。以伺我動息。
又畫淮河漢河闊狹處。為圖再割量步口淺深。又驅虜邊居民。使之
內徙。皆是反為防我之計。其不出於戰二也。使其恥於怯名。使出恣
兵。僥倖一戰。我徐以兵應之。主客勞逸之勢。分曲直之理。若官軍破
之必矣。況迫於暑月。虜無深入久留之便。要是四州之地必不可棄。
當如陛下神謨聖斷無疑也。臣比遣官團結鄧州人丁。得一萬三千
七百九戶。凡三萬七千五百六十一口。選壯丁及一萬四千六百五
十二人。而中丁之數又三千七百一十四人。今視襄陽戶口丁數乃三
四倍。果可輕棄之乎。先正司馬光嘗論三晉者齊楚之藩蔽。齊楚者
三晉之根柢。形勢相資。表裏相依。安有撤其藩蔽以媚盜。曰盜將愛
我而不攻。豈不悖哉。臣竊於今日海泗唐鄧之勢亦云。伏惟陛下運
獨斷之明。下不移之令。以就大功。或羣言一搖。棄地暗和。臣聞命之

奏議卷三百四十九　四

日。即挂衣冠而去。決不敢先負陛下也。冒昧再三。伏用震恐。

允文又論召回信使。當廟議中外戰守之備。以安集歸正流民。上言曰。
臣准金字牌遞御前封降三省樞密院劄子。遣問使王之望等赴行
在奏事。三月二日奉聖旨劄下荊襄川陝。嚴為邊備。仍不得先事妄
舉。臣已具知稟狀聞奏訖。臣於前月初五日嘗具劄子。謂胡昉之歸。
虜之弱勢可見。冒昧以二策上干天聽。不自意臣之上策有合於淵
衷。伏惟陛下勇智如成湯。為天所錫。方略如漢高。為天所授。中外小
大之臣。實榮千載之遇。效謀效力。誰敢不自盡以赴功名之會。報萬
分之一。臣竊詳諸處探報。虜兵率多內徙。或聚於亳州。或聚於應天府。
或聚於汴洛二京。如其內難未平。當自此稍稍遠去。若只留近郡。即
是已迫暑月。為歇泊之計。發民料馬。以俟秋冬入寇。則必勝之算。不
一之備。凡在我者不可緩也。春已再。莫虜又寖退。必無深入久戰之

憂。况天誅亟决，羣疑自定，事當歸于一。亟指防秋之日，不過數月間。士馬之增損，金穀之盈虛，戎器之有餘不足，山川形勢之險易，與兵出入或守或戰之地，有司所宜豫計預定，惜分陰而不敢怠之時也。虜比下令，盡驅旁邊之民逃避者，諭以軍法，民相驚譁，謂當徙於黃河之北，老幼扶攜，或來歸正者，纍纍不絕，而藏匿於山林間者又甚衆，怨咨之聲盈於道路，天將亡胡，遽奪其魄至此，所謂為淵驅魚，為叢驅爵，以恐陛下湯武之興也。應天順人之舉，當動而風行，臣與江漢草木日月以冀，所有歸正之民，臣亦已遣官賫錢米賑給而安集之矣。伏乞睿照。

允文又論虜中兼弊，令兩軍習拒馬法，上奏曰：臣伏讀明詔之彰武之弊，有虜人雖弱而我不得志之歎。臣常與有識之士日夜歎此恨久矣。今陛下明以訓臣，是臣一戰之過，令其敢不勉。臣竊見虜自逆亮竭其國兵財之力，大舉以犯江，一敗之後，亟抵滅亡。虜氣頓塞，中原之民，因見虜之力果不可以勝天也，起義兵而歸正之人相與而趨起。延及渤海契丹之族，而虜勢遂孤。虜中始多事，外訌內阻，日有災災之憂，况頻年旱蝗，今山東河北斗米千錢，燕山之價倍之，咸平黃龍之價又兩倍之，人皆相食，以至盜起，識者謂天之亡虜其在茲乎。臣見荊鄂兩軍諸將多以其所不能戰於平原為憂。臣比與王彥商量，造木拒馬，用陝西陣法，教習兩軍，蓋中原平易，騎兵所利，而識者多欲造車以當騎，而不知拒馬之用如車，而其便利捷疾，兵不能潰去，車所不若也。自三國南北朝用以取勝，載於正史。近歲吳璘用於西邊，數致大捷，而王彥自謂已精其法，臣之孤忠，不獨使荊鄂之兵竊陛下守漢上一面而已。伏乞睿察。

乾道六年，盧陽西撥獠楊添朝寇邊，知沅州孫叔傑調兵數千討之，敗績，死者十七八。初，獠人與省民交爭，殺二人死，叔傑輒出兵破其十三棚，奪還所侵地，於是獠人相結為亂。諸司請調常德府城兵三百人，益官兵三千人合擊討之。宰臣虞允文奏曰：蠻夷為寇，皆守臣貪功所致。今獠人仇視守臣，右史去叔傑，量遣官軍示以兵威，徐與盟誓，自可平定。帝允其奏。俾[illegible]行代叔傑，開示恩信，諭以禍福，遂招降之。邊境悉平。前知武岡軍趙善毅言：武岡與湖北廣西鄰壤，為極邊之地。溪峒七百八十餘所，[illegible]峒隸綏寧縣，五溪峒隸臨江縣，紹興三十年，減冗員，改縣為臨口砦。然五峒之獠俗尤獷悍，擾生毫髮則操戈相讐。砦官不能為重輕。况本軍惟防砦棚，惟真良三門兵溪香平有土軍可備守禦，餘有官無兵，其關硤、武陽等砦設巡檢二員，徒費廩祿。以臣所知，宜復臨口砦為縣，則獠蠻易於制服，汰去冗員，則官廩亦無虛費，實邊郡之利也。

隆興二年，胡銓為兵部侍郎，上疏曰：自靖康迄今凡四十年，三遭大變，皆在和議，則醜虜之不可與和彰彰然矣。肉食鄙夫，萬口一談，牢不可破，非不知和議之害，而爭言為和者，是有三說焉：曰偷懦，曰苟安，曰附會。偷懦則不知立國，苟安則不戒鴆毒，附會則覬得美官，小人之情狀具於此矣。今日之議若成，則有可弔者十；若不成，則有可賀者亦十。請為陛下極言之。何謂可弔者十？真宗皇帝時，宰相李沆謂王旦曰：我死，公必為相，切勿與虜講和。吾聞出則無敵國外患，如是者國常亡。若與虜和，自是中國必多事矣。旦殊不以為然，既而遂和，海內乾耗，旦始悔不用文靖之言。此可弔者一也。中原謳吟思歸之人，日夜引頸望陛下拯溺救焚，不啻赤子之望慈父母。一與虜和，則中原絕望，後悔何及。此可弔者二也。海泗，今日之藩籬咽喉也。彼得海泗，且決吾藩籬以瞰吾室，扼吾咽喉以制吾命，則兩淮決不可保。

兩淮不可保，則大江決不可守。大江不可守，則江浙決不可安。此可弔者三也。紹興戊午，和議既成，檜建議遣二三大臣如路允迪等分往南京等州交割歸地。一旦叛盟，劫執允迪等，遂下親征之詔。虜復請和。其反覆變詐如此，檜猶不悟，卒之忽有逆亮之變，驚動輦轂，太上謀欲入海，行朝居民一空。覆轍不遠，忽而不戒，臣恐後車又將覆也。此可弔者四也。紹興之和，首議決不與歸正人。口血未乾，盡變前議，凡歸正之人一切遣還，如程師回、趙良嗣等聚族數百，幾為蕭墻憂。今必盡索歸正之人，與之，則反側生變；不與，則虜決不肯但已。夫反側則肘腋之變深，虜決不肯但已則必別起釁端，猝有逆亮之謀，不知何以伐之。此可弔者五也。自檜當國二十年間，竭民膏血以餌犬羊，迄今府庫無旬月之儲，千村萬落，生理蕭然，重以蝗虫水潦。自此復和，則盡國害民，殆有甚焉者矣。此可弔者六也。今日之患，兵費已廣，養兵之外又增歲幣，且少以十年計之，其費無慮數千億，而歲幣之外又有私覿之費，私覿之外又有賀正生辰之使，賀正生辰之外又有泛使，一使未去，一使復來，生民疲於奔命，帑廩涸於將迎，瘠中國以肥虜，陛下何憚而為之？此其可弔者七也。側聞虜人嫚書，欲書御名，欲去國號大字，欲用再拜，議者以為繁文小蕑，不必計較。臣切以為議者可斬也。夫四郊多壘，卿大夫之辱；楚子問鼎，義士之所深恥；獻納二字，富弼以死爭之。今醜虜橫行，與多壘孰辱？國號大小，與鼎輕重孰多？獻納二字，與再拜孰重？臣子欲君父屈己以從之，則是多壘不足辱，問鼎不必恥，獻納不必爭。此其可弔者八也。臣恐再拜不已，必至稱臣；稱臣不已，必至請降；請降不已，必至納土；納土不已，必至銜璧；銜璧不已，必至輿櫬；輿櫬不已，必至如晉帝青衣行酒，然後為快。此其可弔者九也。事至於此，求

為巳，夫尚可得乎？此其可弔者十也。竊觀今日之勢，和決不成，倘乾剛獨斷，追回使者魏杞、康湑等，絕請和之議以鼓戰士，下哀痛之詔以收人心，天下庶乎其可為矣。如此則有可賀者亦十：省數千億之歲幣，一也；專意武備，足食足兵，二也；無書名之恥，三也；無去大之辱，四也；無再拜之屈，五也；無稱臣之忿，六也；無請降之禍，七也；無納土之悲，八也；無銜璧輿櫬之哭，九也；無青衣行酒之冤，十也。去十弔而就十賀，利害較然，雖三尺童稚亦知之，而陛下不悟。春秋左傳謂無勇者為婦人，今日舉朝之人皆婦人也。如以臣言為不然，乞賜流放竄殛，以為人臣出位犯分之戒。

孝宗時銓又上疏曰：臣嘗讀書至伊尹作咸有一德，言君臣皆有純一之德也。其初曰：皇天眷求一德，俾作神主。惟尹躬暨湯咸有一德，克享天心。其中曰：非天私我有商，惟天佑于一德；非商求于下民，惟民歸于一德。德惟一，動罔不吉。又曰：終始惟一，時乃日新。又曰：惟和惟一。又曰：善無常主，協于克一。其終曰：俾萬姓咸曰大哉王言，一哉王心。說者謂一德之言，故曰大；能一德則一心。臣謹案是篇，言一字凡九，蓋明人主德與心不可二三。何則？二三則方寸亂矣。竊嘗譬之，猶天之潦不能終朝，而泰山之溜可以達石，一與不一故也。側行之蟲無爪牙之利，上食槁壤，下飲黃泉；蟹六跪而二螯，非蛇鱓之穴無所寄託者，顓與不顓故也。一則顓，二三則不顓，此必至之理也。顓則成，不顓則敗，亦必至之理也。大凡人之立事，無不銳始而工於初，以其用志不分，顓且一也。至其半則稍怠，卒而浸微不振，志分故也。陛下初登寶位，以剛健之資，奮然欲大有為於天下，嘗語臣朕決不與虜和。一日侍從之臣同班上殿，葉顒等首啓和議之請，陛下面折之曰：卿等不知主辱臣死之義乎？嗜嗚流涕，顒等羞縮而退。臣是時覩

聆玉音服膺寡息知陛下真撥亂興衰之主是年冬銓被旨措置海道以禦虜寇纔出北關而和議之使已在道矣和議既講犬羊無厭之欲難塞日務求釁或蕩搖我邊鄙或憑陵我城邑矣雖狂口稍寬哉心陛下見幾於未奔沉之先慨然有恢復之志四海之內皆引領而望曰吾君果撥亂興衰之主也然臣竊有疑焉何也以和議之使未絕而恢復之言日彰也夫和議未絕則吾歲幣之害無時弭也恢復之言日彰則彼講和之議必不堅以然而陛下持兩端之說無一定之論爲陛下謀主者豈不曰姑與之和而密圖恢復之計乎臣竊以爲大不然也夫不費歲幣姑與之和議猶不可况哀民膏血以爲歲幣而和議不堅是無益也知而無益是舉生靈之膏血委之溝壑也而忍乎難臣者則曰安知和議之不堅曰召公戒成王以祈天成湯誥萬方曰請命祈請二字乃人主所以尊敬天命也陛下爲陵寢

遣使以祈請爲名是尊之敬之與天等也彼乃謂我妄有僥求夫以尊之敬之爲妄則和議之不堅彰彰矣議者必曰彼強我弱彼衆我寡彼實我虛彼大我小彼盛我衰吾安得不出其下吾又安得計較生靈之膏血也哉臣又以爲不然臣聞秦以傑顛徐由幽縐可以強弱論乎紂臣億萬周士三千可以衆寡論乎隋洛口倉居資以興可以虛實論乎魯雖不期蜀雖不吝可以大小論乎秦嬴致壽盛壯暴亡可以羸壯論乎然則亦顧吾自治之道如何爾苟能自治彼又何足畏耶臣雖惷愚竊謂陛下有高世之行九醜虜有取滅之理三是我能自治而彼不能也請索言之臣聞陛下受斅盡於事親高世之行一也友于兄弟二也九族以睦三也平章百姓四也任賢勿貳五也克勤于邦六也克儉于家七也樂善不倦八也惠鮮鰥寡九也醜虜虐用其民取滅之理一也阻兵安忍二也惡直醜正三也以彼取滅之理當吾高世之行已不戰而勝矣臣謂亦顧吾自治之道如何者此也然則爲用以民膏血委溝壑之爲快哉臣願陛下一德一心應天順民俾萬姓咸曰大哉王言一哉王心罔俾阿衡專美有商臣雖不敏請事斯語矣惟聖神少加意焉

銓爲中書舍人論復讎疏曰臣聞前車覆後車戒自紹興初肉食者不能遠謀遂墮虜計和議三十年廢防弛備干戈朽鈍上下偷生不戒宴安之酖一旦逆亮肆封豕長蛇之毒宗廟社稷幾不血食天下寒心陛下即位以來懲羹吹齏誓不與醜虜共天日夜厲民秣馬苑衆補卒志弛於伊吾之北氣軼乎顯脫之外亦復鴈門之踦不已也不深二叛之恥不已也醜虜知陛下鋭意興復知吾力修守備知吾將士思奮近者輙移書請和非甘言誘我即詭計款我願陛下宜鑒前車之覆益修守備益張吾軍益固吾圉且戒將士曰醜虜虎

狼之國犬羊之羣忘我祖宗之大德而謀動干戈是以有靖康之禍殘毀我宗廟陵蔑我社稷劫遷我二帝垢蟣我兩宮皇室淑女嬪於穹廬掠庭良人汙於沙漠玉牒帝胄僕於龍荒尚忍言之哉又有甚可憤者我徽宗皇帝梓宮雖返而大讎未報我欽宗皇帝訃音雖聞而梓宮未返與言及此爲之酸鼻又有大可憤者我國家山陵發掘殆徧我哲宗皇帝陵寢既發而又暴其骨昨者太常少卿方庭實請命祈高歸奏其實臣不忍聞臣是以痛心疾首飲恨飲泣思欲知古人枕戈待旦以雪吾恥思欲如古人卧薪嘗膽以逞吾憤未嘗一日不北望慨然痛哭流涕也尚忍與之盟哉如此則將士激勵不戰而氣已倍不然雖增歲幣還故疆如前日屈膝請盟臣恐復有如逆亮者竊發於近甸矣

銓又上奏曰臣竊謂自昔夷狄憑陵中原未有如今日之甚者也非

夷狄有常勝之勢。蓋中國御之失其道爾。何謂御之失其道。自靖康之變。二聖蒙塵。兩宮執辱。非有他也。講和禍之也。自維揚之變。太上皇浮海。生靈屠戮。大內飛羅綺之灰。九衢轔公卿之骨。非有他也。講和禍之也。自逆亮之變。淮甸丘墟。原野饜人之肉。川谷流人之血。遺毒至今。非有他也。講和禍之也。夫自靖康迄今。凡四十年。三遭大變。皆坐和議。則醜虜之不可與和。彰彰然矣。

范成大內殿論虜使生事劄子曰。臣竊聞前日金國遣使來奉壽觴。其正使沿路於瑣瑣末節。多欲少變舊例。皆非國體重輕。特出一時無稽之說。陛下待之有法。不得志而去。然自近年未嘗敢爾。其所以敢爾者。士大夫竊議謂有兩說。或謂山東饑旱。民多流徙。恐爲吾所窺測。故爲此驕狀以示泰然。而堅盟信。或謂彼國以陛下天錫神武。不忘中原。經理邊陲。江淮增勢。必慮和好不久。虜之君臣或有計議。使者恐預知之。故敢肆然出此。二說是非。固未易決。要之皆所以啓陛下自治待時之計。何則。從前之說。彼憚於興役。而懼吾有謀耶。則安知其無可乘之機。從後之說。彼疑吾經畧而不恃和好耶。則安知其無先事之舉。故曰。皆所以啓陛下自治待時之計。臣愚欲望聖慈與帷幄大臣乘此閒暇之時。稍紓不急之務。益講待敵之策。蚤夜孜孜。更甚前日。以待事至而應焉。臣去年面對。嘗陳三力之說。一曰日力。寸陰可惜者是也。二曰國力。資用所出者是也。三曰人力。愚慮智術之所及者是也。此二力者有限。不可靡費於不急之地。盡用以待敵。猶恐不給。臣區區愚忠。因使人之來。又有所感。故復爲陛下略言之。伏惟留神省察。

乾道四年。敷文閣待制汪應辰轉對論自治劄子曰。右臣準御史臺牒。十一月一日視朝。當臣轉對者。臣愚不肖。不足以論天下之事。然竊以爲天下者。先後本末之序。要須有一定之計。然後從事。所謂事豫則立也。昔班固論夷狄之患。以爲漢興。忠言嘉謨之臣。運籌策相與爭於廟堂之上。總其要歸。兩科而已。縉紳之儒則守和親。介胄之士則言征伐。皆偏見一時之利害。而未究匈奴之終始。臣亦以爲國家自艱難來。所以待夷狄者。不過和戰兩說。然而皆未得其本也。欲和者則以無事爲安。諱兵而不言。偃武而不修。欲戰者則不相時。不量力。而始徼幸於一勝。此二者皆非也。二者皆非。則將何適而可。亦曰反其本而已。反其本者。自治之謂也。吾所以自治者周密堅固。無所不備。則或和或戰。特應之而已。詩人之稱文王曰。肆不殄厥慍。亦不隕厥問。柞棫拔矣。行道兌矣。昆夷駾矣。維其喙矣。夫夷狄而侵中國。此文王之所當慍怒而不釋者也。故不殄厥慍。國與夷狄爲鄰。則聘問之禮有所不可已也。故不隕厥問。苟吾之政事井井乎其有條理。所植之木。則拔而茂盛。所行之道。則兌而成蹊。以中國之治而制夷狄之亂。則彼將遁逃。而日以困窮矣。文王之政。其先後本末之序如此。萬世所不可易也。恭惟陛下有勤勞恭儉之德。有剛明果斷之才。又有將大有爲之志。而適當艱難之運。祖宗陵寢越在異域。中原士民淪之左衽。豈可以殄厥慍哉。惟是國勢未強。民力未裕。聖明遠覽。俯就和議。懋爲撫循。交接賂遺。所以待夷狄者甚備。蓋非淺見狹聞者所能窺測度量之萬一。臣願陛下無欲速。無見小利。而專以自治爲本。譬如農夫。是穮是蓘。人事既盡。天時自至。然後可以收其成。若不芸其田。或揠苗而助之長。皆爲不知時矣。此臣所謂無欲速也。孫權時。江邊諸將多陳便宜。有所掩襲。丞相顧雍以爲兵法戒於小利。此等所陳。欲邀功名而爲其身。非爲國也。宜禁制之。苟不足以耀威損敵。皆不宜聽。此臣所謂無見小利也。富弼使虜歸。言於仁宗皇帝顧常思夷狄輕慢中國之恥坐薪嘗膽不忘戒備內則修政令明賞罰辨別邪正節省財用外則選將帥練士卒安輯疲瘵崇建威武臣所謂專以自治爲本者此其目也仰惟陛下以勤勞恭儉之德而持之以久以剛明果斷之才而慮之以審以將大有爲之志而養之以晦凡自治之策如富弼所云者無不畢舉真措力久其效自見天意人事若合符節必將有不靡而不祈而獲者矣臣不勝仰望之至

孝宗時廣西提點刑獄林光朝陛辭劄子曰臣聞近日有自嶺外來者謂南丹馬路不可開白皮鹽場不可罷緣此二事關涉蕃漢即非州縣泛泛議論恐亦不可不早定也陛下不以臣爲駑劣使之按刑嶺右是宜宣布陛下寬簡好生之意至如招誘買馬及鹽場發置各有主此者然事關蕃漢嫌隙一開是二三有司者之責故不得不爲此過計夫寇賊姦宄多出於夷今舜嘗以是命皋陶皋陶一治刑獄之官而舜輒以是命之蓋爲冀州之外即蠻夷種落是夷人迫近中都必有爲此寇賊姦宄之事者故舜以是責之治刑獄之官上古夷狄皆小小種落爲甚易治自秦人輾皆六國合爲一家前收於是時亦效中州併吞他部是以有控弦三十萬之衆上古夷狄與秦漢以來不同使唐虞三代遇秦漢之夷狄不知禦戎當出何策漢之郡縣過交州數千里唐之安南都護府即漢之日南也本朝以交州爲荒梗不毛之地置之度外今爲方夷狄正如唐虞之時乃小小種落耳宜州邊南面爲高峯寨高峯去南丹州止一程羅殿多產馬每來邕州互市即爲自杞蠻所梗數年前羅殿欲取道南丹徑來宜州賣馬南丹盡嘗主此說而其說亦甚可聽自後議者又復多端謂南丹之外乃爲永樂州永樂從來不與南丹相下往時南丹爲永樂所攻尚然宜州不出救兵若置場南丹則南丹所以望我者又非前比也南丹一件雖未得其要領然無妨吾事惟白皮鹽場忽然罷去一帶亭戶往往失業遂逃入交州蓋緣溪洞不得白皮場鹽却轉食交州鹽溪洞數十爲吾扞蔽惟知有內地鹽豈可令交州鹽却流入溪洞傳聞交州界上前此有產鹽地分故易成爭奪後來不聽交人於近地煑鬻是以白皮鹽場自紹興之初官賣帳曆一一可驗不應今交州鹽却過來溪洞若此一事縱而不問恐積月累歲非必一與刑獄之官所能治也臣愚謂南丹馬路白皮鹽場是皆邊面細事不當處之太驟欲望睿斷行下本路令逐旋措置此爲有司所當爲之事未宜上瀆旒扆緣是關涉蕃漢有此隄防故不避喋喋

光朝直寶謨閣輪對劄子曰臣聞古之爲關也蓋以禦暴惟譏異言察異服不使奇袤之人變亂於國中此爲關之本意也是故蠻夷猾夏寇賊姦宄舜嘗以是命皋陶豈唐虞所都與狄人相近爲恐群狄變亂中華而爲是寇賊姦宄之事此不可不責之治獄者天下變端常生於所忽禦之未萌以簡書治之爲有餘及其已甚以甲兵取之爲不足唐虞盛時所以治夷狄者如此是治之於其早未嘗攻之於末流也東南有海道所以扞隔諸蕃如三佛齊大食占城闍婆等數國每歲其往來相爲互市遂於嶺南之廣州福建之泉州各置市舶一司諸蕃通貨聚積於此荊淮湖外及四川之遠商賈絡繹非泉即廣百貨所出有無相易此亦生人大利也臣昨在嶺分見諸蕃之貨近年以來多是蕃人以厚貲停塌而責商賈以數倍之息所以如是者謂其自有貨賣之處近聞蕃客十十五五嘗在都下自賣蕃物而以金銀爲回貨今又聞轉而之他中國禁令如此闌出非所以待夷狄也夫金銀可貴者之所寶以塗金銷金爲服用則坐罪爲不輕若之

何棄其所可貴者於化外窮髮之鄉。此物一去，即不復相流通，豈不重可惜也。然中國所得蕃物，往往可以充耳目之玩，若用之於救水旱、行軍旅，一皆爲無用之物。至如金銀可貴，自古而然，豈可使之日蠹月耗而不加恤焉。臣之過計，又不特此一事。如前年於吉陽軍買馬，今年復於泉州買馬及器仗，此孽漸生，焉可縱而不問。往時海外有一種落，俗呼爲毗舍耶，忽然至泉州之平湖，此尚在一絕島，續又至北鎮，去州治無二十里之遠。其視兵刃一無所畏，啗食生人，乃如芻豢。每得尺鐵，爭先收拾，所過之處，刀斧鉤鑿爲之一空。及散走嶺外，殺人爲糧，挾舟而行，出沒水中，猶履平地，潮患一帶，莫不戒嚴。此曹禽獸也，初不知所託在何等處，尚能爲吾民之害，況所謂熟蕃往來中都者乎。臣願聖慈戒勑嶺外及福建一路，所有蕃客止令於廣州、泉州相與貿易，不得輒出二州之界，庶幾他處金銀可貴之物不至泄之界外，且無往日意外之患，不勝幸甚。

韓元吉進故事曰：唐書李大亮傳：時突厥亡，帝遂欲懷四夷，諸部降者人賜袍一領、帛五疋，首領拜將軍、中郎將，列五品者贏百員。又置降胡河南，詔大亮爲西北道安撫大使，以綏太度設、拓設、泥熟特勤及七姓種落之未附者。大亮上言：嚮者突厥傾國入朝，陛下不即俘江淮，變其俗，而加賜物帛，悉官之，引處內地，豈久安計哉。臣以爲諸彝落請附者，宜羈縻受之，使居塞外，畏威懷德，永爲藩臣，所謂行虛惠、收實福。河西積困夷狄，州縣蕭條，願停招慰，省勞役，使邊人得就農畝，此中國利也。帝納其計。

臣聞唐太宗之平突厥也，降者尚十餘萬，帝用溫彥博之議，度朔方地，建順、祐、化、長四州，置定襄、雲中二都督統之。然擢酋豪爲將軍、郎將者尚五百人，奉朝請者且百員，入長安自籍者數千戶也。當時羈縻之策蓋亦可見，故大亮安撫伊吾，而陳羈縻塞外之策，蓋就往者不營，姑欲無事，招徠於七姓種落，以寬河西州縣而已。且漢置降匈奴五原塞下，以爲捍蔽，未始官於朝也。太宗之降突厥，遂官於朝矣。夫取其才而用之，固足以見聖王之大，至於奉朝請者多，籍長安者衆，則是煩費中國，以養裔夷之俘，亦不可不慮者。故大亮有言，太宗遂悟，可謂明矣哉。仰惟國家履中興之運，虜勢就亡，慕義効順者襁負來歸，既已處之州縣矣，則異時系踵而至者，臣亦願聖神鑒此而預爲之謀也。

元吉權吏部尚書進故事曰：唐書：太宗引諸衛將卒習射於顯德殿庭，諭之曰：戎狄侵盜，自古有之，患在邊境小安，則人主逸遊忘戰，是以寇來莫之能禦。今朕不使汝曹穿池築苑，專習弓矢，居閒無事，則爲汝師；突厥入寇，則爲汝將，庶幾中國之民可以少安乎。數年之間，悉爲精銳。

臣觀太宗可謂不忘突厥也。當時羣臣不察，以爲兵刃至御在所，而後世諸儒亦譏太宗閱武殿庭，以人主之尊而行將帥之事。臣知太宗之心在突厥者，以其非得已也。蓋唐初夷狄之患莫甚於突厥，自隋即以公主妻之。高祖得天下，羣盜角立，懼其爲助，故卑詞厚幣，約以連和，其禮有爲之屈者。及連歲內侮，甚至欲遷都避之，不勝其憤。武德八年，命有司削其敵國之禮，更所與書爲詔若敕。突酋頡利因自將其衆襲武功，而瞰渭橋。時太宗方即位，以六騎出，與頡利隔水語，僅成白馬之盟，虜始退舍。由是言之，高祖之憤幾貽大侮，未若太宗之能忍也。然帝雖能忍，而其志不一日忘虜，故虜退未踰月，即殿庭以教戰士，校其射藝，誘以厚賞，此特其一端爾。他所以備虜者，從可知也。貞觀之治，用賢納諫之方，選將練兵之法，皆足以自致於安強，然後堅坐不動，以待其隙。及頡利恃其強盛，專為多殺，又內與突利相攻擊，諸部皆畔，遂貞觀四年，始命李靖以六總管之師纔十萬人，破之陰山，擒頡利以獻。觀帝之告群臣，有曰：國家初定，太上皇以百姓之故，稱臣突厥，朕常痛心疾首，思一刷恥於天下。其勸高祖不必移都，則曰：願假數年，係頡利之頸，致之闕下。至是果酬其言。嗚呼，有志者事竟成，必有忍其乃有濟，太宗之謂矣。何則？夫待夷狄之禮，或可屈，而志不可屈也。惟禮或可屈，故權時之宜，有所不校，若太王事獯鬻，文王事昆夷，於得有之矣。惟志不可屈，故句踐之報吳，太宗之擒頡利，皆是道也。臣竊仰國家，今與虜和，豈異是哉。日者奉使之臣，辱命而還，陛下既已備正典刑矣。虜之驕慢吾使，而禮有未得伸者，譬猶狂犬之吠，義旭之聲，固不能不以為之動，亦何足與之校是非曲

直。專臣所願陛下，況戮先物，擴帝王之度以容之，堅忍不顧，厲太宗之志以圖之。如聞虜境旱蝗已久，民心離貳，諸雜各擅兵柄，互相窺伺，天道好還，豈患無頡利之變。陛下聖德英武，遠邁於太宗，假以歲月，則渭上之恥，未必不啓吾定襄之功也。臣是以因貞觀之事以證之云。

員興宗上殿輪對劄子：一察虜情曰：臣聞聖人有外懼，故有微權，有密機。權以忍而後濟，機以忍而後發，忍不忍之間，安危繫焉。使其伸縮在我，平日晦之，一日伸之，大事不足定矣，外懼何為也哉。昔句踐為國最弱國也，奉夫差以玉帛，又奉之以子女，常人所不忍者，句踐一切忍之，此豈其真情也哉？彼其奔走事人之日，皆陰謀生聚教訓之日也，故吳不有越，而越卒有吳者，句踐得此微權也。曹公之於袁紹也，地不如紹，兵不如紹，紹表除六將軍，操不拜也。

則避紹而與之。曹公豈避人者哉？彼其曲意奉紹者，所以怠紹之心，而緩河北之兵也。故袁不併曹，而曹卒併之者，曹公有此密機也。彼兩人興而機權用，機權用而曹之王，易王越之霸，易霸臣固知其忍而後動者也。恭惟陛下稟希世之明，天錫之勇，常有掃清中都，囊橐宇宙之意矣。然而即位四年，遵養時晦，敵有小大，勢有堅脆，陛下權敵以御時，俯已為和柔之盟，陛下意豈在是哉？機權之在是也，陛下忍之亦至矣。越王曹公之事，規模雖小，竟而用之，必在陛下度內也。然臣近者聞諸道路，敵有無故之形，和有不堅之意，衆說紛紛，不可執取。議者猶欲以祖宗待契丹之禮以待之，是不知彼已者也。自紹興至今，敵凡幾和，和亦幾變，信書在道，暴骨在野，前日已不可保，後日庸可保乎？豈可見其形不察其實，信其偽不昭其奸，首事揚揚，猶類平日，上下復欲長此安窮也。為今

日之慮，當堅籌謀，當預措置。江淮諸處屯兵幾所，孰要孰害；兵甲增減，為數幾何；孰訓孰墮；諸將可倚者凡幾何人；軍食可理凡幾何事。惟精應敵，惟長守扞，至纖至悉，不暫解弛，臣猶恐其未也。若將相循循，尚猶偷玩，今日得報，則四面倉皇，明日無報，則整容閒暇，謀國如此，抱虎而寢，虎未及起，因謂之安，未有不為傷矣。夫四夷孰適，兵甲不興，誰不願之，不幸或有外禦，雖宣王不免也。臣竊恐近臣大吏，轉以簿書期會為故，捨此弗圖，一忽有警，持循將何及也。詩曰：雖彼雨雪，先集維霰。而知雨雪者，見其兆也。陛下察敵之兆而預計之，機權在中，應變在外，陛下舉能辨此，願戒小大之臣，勿為偷怠而已。杜牧曰：國家大事，小臣不當言。臣與牧同一罪也，惟陛下幸赦。

二恤歸附曰：臣聞天下歸往謂之王，四夷觀赴謂之中國，樂於觀赴

而極其歸誅聖人之能事於此在矣臣竊觀鄉者江淮歸正士卒捨鱣裘襲禮義此豈一都督府有以諭而來之耶誠以吾宋有大義中國有至仁北方將士樂歸陛下之德者也臣前自上流過鄂江諸郡歸正之士往往而見其間遊談坐作意態慘戚多不自聊者臣退窮所聞則所在統軍宿將不能推原陛下德意接之不以恩惠是以羈旅相從於此臣竊思之華夷萬里異生不異情人之生去親戚而捨墳墓甘酸苦而受困折者皆非情之所安者也設若諸將能爲朝廷相親相比布露恩私如待寵子如父遇覺則歸附之士來喧廝而得此生矣近聞諸將敢有奴隷服役之者臣恐歸附生心役不以義則其徇義之意輕撫不以情則其効上之心薄待不以恩則其挾命之意衰風塵忽驚是縱虎狼於檻而保其不噬齧者也如是其可乎臣以爲諸將無異於此昔唐初有事

於突厥中葉有事於中原回紇特勤之徒何力國昌之將其人皆番將也其兵皆番兵也唐有恩意以羈之職官爵識共濟其用而共復京師唐於歸附一日不輕如此未聞諸將服役之陵藉之也臣愚伏望陛下垂厚恩布明旨凡歸正士卒分戍所在深詔沿江督將與逐路帥臣務加存恤賜給之間務加優厚使其客主之勢一安而相濟則情自相通然後推其首領功狀最白忠效最篤者陛下特賜勞問亦寵矣後有緩急出入死地彼又何辭安知無國昌何力之徒爲我用爲我守哉揚雄曰御得其道則天下狙詐咸作使此事是也惟陛下幸察

知婺州李椿奏曰臣竊見自紹興十年以後節次歸正中原之人或在軍中或散民間此皆國家赤子頃因南渡遂成隔絶今既來歸如子投父固宜存撫以繫中原人心惟是降虜我之仇讎狼子野心夫棄殘忍固敗來降蓋非本意逃死而已夷狄之性不可以義理曉不可以恩信結窮則服強則叛其來久矣若必以謂將欲收而用之則當置之於有用之地有以要束之雜於大衆之中使不得恣縱以勢力恐或可用今散在州郡閭閻驕橫凌民無所不有又多懶惰不習軍務高官厚祿無用而有害豈宜置而不爲今之計當因其代滿悉差上江屯駐中分配以伍毋令管事其官高頭首令充不釐務兵將官庶幾有以關防其出入禁衛者切乞聖慈遠之臣伏願陛下鑒唐太宗之寵突厥幾至狼狽晉武帝之處諸胡竟亂中華苻秦之信慕容垂鮮卑猖獗時有識之士皆知其必然臣愚慮實憂之所以不避瀆聖之聽冒昧言之臣不勝恐懼待罪

椿爲司農卿上奏曰竊見朝廷臣庶降虜未盡其宜私心深憂自北而來者皆曰歸明歸正然我中原之人偶因國家南渡隔絶數十年

身雖陷於異類其心豈忘祖宗二百餘年仁厚之恩又豈樂與夷狄同處今既來歸固有可用之理其間猶有不逞好亂之人自疑南北之異時於沿邊作過者其人皆有人心可以利害誘之恩信結之也如降虜我之仇讎狼子野心天資殘忍弱則服強則叛不可以恩信結不可以道理曉其來久矣故晉武帝時諸胡雜居中國不用郭欽江統之言不十二年濁亂中華苻秦苻堅委信慕容垂不用王猛之言鮮卑猖獗唐太宗受突厥之降不用魏徵之言幾至狼狽宣和間契丹郭藥師歸朝朝廷待之至厚不逾年乃爲金虜前驅首來犯順此古今之明驗也今降虜或布州郡或掌事軍中或往來闕下或宿衛禁庭此臣所以深憂者也臣年齒衰暮疾病相仍死亡無日矣固未必見其爲害近見耶律適哩所爲觸類而思之恐爲害於它日伏望朝廷於閒暇之際酌古驗今思患而豫防不動聲色有以處之措宗

社於泰山之安。天下幸甚。若直待臨事而憂。則無及矣。如臣愚言可採。乞賜敦納。審切施行。

制置四川兼知成都趙汝愚論羌賊降後乞修德任賢狀奏曰。臣昨據黎州申報。羌賊奴兒結之弟三開以疾自斃。賴苗率其餘亦悉降。伏蒙聖恩除臣龍圖閣直學士。臣自惟守邊亡狀。何敢論功。嘗瀝悃誠。乞賜恩免。兹奉溫詔。尚閟俞音。臣義當固辭。豈容虛受。實緣臣近方辭免召命。陳乞祠祿。不敢再三煩瀆天聽。已於今月十九日望闕祇拜新命訖。伏念臣蒙陛下之知最深。荷陛下之恩最厚。敢因前事少效愚忠。臣伏見黎州自太祖皇帝玉斧畫河之後。二百餘年。三陲晏然。一塵不動。蠢茲小醜。敢爲亂階。殺略吏民。擾我西鄙。覆亡將士。犯我王略。積十餘稔。罪惡貫盈。狡計益深。乍服乍叛。犂庭掃穴。理無可赦。陛下神武不殺。惟務羈縻。聖度有容。屢行恩宥。夫力行者遠無不至。真積者隱無不彰。終之帝德升聞。天鑒昭格。渠魁送死。授首窮荒。餘黨悉平。歸心大化。是知人衆者勝天。天定亦能勝人。非虛語也。書曰。惟德動天。無遠弗屆。滿招損。謙得益。時乃天道。臣愚伏願陛下觀天道爲甚邇。信聖言爲易行。推其所既爲。增其所未至。内以脩德爲本。外以用賢爲助。自然天意悅於上。人情恊於下。雖以之掃清中原。克復境土。宜無難者。區區小羌。何足爲陛下道哉。臣學術淺陋。無所知識。嘗究觀羌賊本末而竊有感焉。故因茲推謝而輒獻其誠。惟陛下留神。幸甚。

汝愚論金國人使生事狀奏曰。臣昨來在幕次侍班。承閤門傳旨。令改剋日朝見。臣詢問得今來使人頗失恭順。奉書不虔。觸犯天威。罪當萬死。陛下盛德全度。曲示含容。天地人神。孰不慶幸。然臣竊謂禮者體也。義者宜也。得體合宜。雖彊必服。萬一調護之際。稍失事宜。竊恐桀虜益驕。更貽後患。故臣謂莫若且令館伴臣寮委曲開諭。援之以義例。曉之以至理。我直彼曲。夫復何辭。然後令就館中封進國書。徐降指揮朝見。蓋陛下威尊固不宜再屈。兼恐臨期復有變態。則於朝廷事體。將來益難區處。若彼堅執愚暗。倔彊不從。則當致饋有司。稍加常禮。移文對境。告以事因。但當曲折其詞。亦不至遽生邊釁。說諭使人。此意料彼安敢不從。然須示以優待之閑暇。稍遲旦暮。彼自憂疑。若欲姑務曲從。別加厚賜。非惟有傷國體。亦恐別啓戎心。或謂國家連歲旱傷。未宜輕舉。敵情難測。將起爭端。臣則謂不然。使虜誠有深謀。夫非卑詞可已。若祗是使人生事。正可伐之以謀。臣伏抱愚誠。輒陳管見。惟聖明裁擇。幸甚。

歷代名臣奏議卷之三百四十九

歷代名臣奏議卷之三百五十

夷狄

宋寧宗嘉定四年著作佐郎真德秀奏曰臣竊惟今日北虜有必亡之勢三可為中國憂者二蓋自有天地以來夷狄盛衰不常然未有昌熾百年而無憂變者也女真盜據中原九十載矣自其立國唯以刑威殺戮劫制上下非有歡然心服之素也持此而欲久存雖秦隋不能況區區無道之女真乎此其必亡者一方阿骨打粘罕之崛興窮海之濱茹毛飲血雲合鳥散用夷狄所長以憑陵諸夏故所嚮莫能當今數十年豢養之餘已復前日堅悍之氣而達靼小夷歘起而乘之干戈相尋情見力詘蓋今之女真即昔之亡遼而今之達靼即鄉之女真也以垂亡困沮之勢既不足以當新勝之鋒而衆叛親離安知無他變乘之者此其必亡者二方其隆盛時用民力如犬馬戕

民命如草菅人情携離已一敗畔者積威約之素也今其潰散四出猶川決防不可遏止至用敵以安之危解土傾其形已露豈待智者而後知哉此其必亡者三嗟夫堂堂中華蛇豕宄之翼翼故都禾黍生之有志之士思欲壹洗久矣而暴者病於機會之難逢闇者敗於權姦之輕舉頃今何幸彼自阽危而臣復以為憂何也傳有之自非聖人外寧必有内憂孟子亦曰無敵國外患者國常亡方陛下更化之初和議未堅邊警未撤君臣上下惕然有不敢康之心迨夫聘覿交馳邊已狃目前之安而忘前日之患萬一此虜遂亡莫或余毒上恬下嬉自謂無虞則憂不在敵而在我矣此臣所謂可憂者一也事會之來應之實難毫釐少差禍敗立至設或外夷得志遂我以夾攻豪傑四起奉我以為主從之則有宣和結約之嘗戒張覺内附之可懲如將保固江淮閉境自守彼方雲擾我獨堵安以此為謀尤非易事此臣所謂可憂者二也今之議者大抵以為夷狄之衰適中國之利抑不思匈奴五單于之爭漢嘗獲其利矣拓拔氏河南之擊頡反為蕭梁之資何耶蓋有國者不當問敵人之盛衰惟當計吾政之脩否當漢宣時内有股肱之良外有爪牙之勇朝廷紀綱本末備具邊陲備禦斥候精明使匈奴盛彊尚當賓服況於浸微弱之後乎若梁武則不然啓正道而溺異端棄人事而談空寂内則三蠹弄權輕作威福外則諸王忿鬩骨肉相圖保境靖民猶懼不足況欲乘人之敝以徼幸萬一之功哉繇是觀之使今日能為漢宣之所為則虜之存亡俱不足慮抑猶未也多事之秋方自此始臣愚竊獨憂之伏惟陛下日與二三大臣深求自治之策勿以懲羹之故而謂雠耻可忘勿為視蔭之謀而謂幸安可恃修實德以格天命敷仁政以結民心奬忠實以作興天下之材省科斂以培養天下之本至於某人可將

某兵可用某城當繕某器當修無日不討于朝而申飭之庶幾國勢日尊敵人自懾則乘機取勝可以制蚌鷸之危養威俟時足以保金湯之固矣惟陛下毋以臣愚賤而忽其言

十年袁燮上已見劄子曰臣區區愚忠二月三日獲對威顏具陳正月雷雪非常之變宜修邊防為戰守之計臣非敢為此聽說也按春秋魯隱公九年三月癸酉大雨震電庚辰大雨雪周之三月夏之正月也孔子以八日之間再有大變故謹而書之又臣恭覽國史紹興三十一年正月丁亥風雷雨雪一夕交作侍御史汪澈殿中侍御史陳俊卿皆以為陰盛陽微夷狄窺中國之象是冬逆亮果提兵大入今殘虜衰微雖非亮比而雷雪作孽無異曩時臣所以不得不先事言之累月以來淮襄間幸稍寧息然犬羊之心變詐萬端安知其不養力蓄鋭伺隙而作乎蜀被其害所過為墟雷雪之變既昭然矣秋

冬之間。又將若之何。夫備禦有素。雖强大之敵不足以爲患。苟安無策雖僅存之虜亦敢肆毒而威者之論則曰。我朝與遼夏南北。間不免於用兵而終歸於和好。今亦和而已矣。豈必他求。臣以爲不然。異時戎虜窺窃。去中國甚遠。糧運難繼。故不敢輕動而和可以久。今假息之地密邇于我。利苟在焉。猝焉而至。豈復顧盟好哉。不可一也。汴都四平難以立國。欲奪我險要爲駐足之地。肯犯淮光。肆及襄漢。睥睨以至蜀。觀其志願。非專爲歲賜也。彼無求和之意。而我甚欲與通和。夫有邊索。何以堪之。不可二也。且所以欲和者。圖省費耳。往年四月。聘使之還。甫入吾界。而犯順之虜亦以是日入。難信如此。和可恃乎。戍可撤乎。輸轉之費。生券之費。猶自若也。夫何省之有。不可三也。忠義之流。排難解紛。實賴其力。既與虜爲仇矣。彼方仇之。我則和之。倒戈反噬。莫與爲禦。不可四也。堂堂大朝。卑辭厚禮。謹奉垂亡之虜。自示

削弱。謹不悔之。不可五也。推此以往。其不可者尚多有之。夫既不可和。則計將安之。曰。自古立國。固有終不與戎虜通好者。石勒來聘。晉焚其幣。符堅雖强。晉不少屈。而卒成淝水之功。何獨今日欲通好哉。毋溺於宴安而常矜淵冰之慮。毋樂於順從而急聞藥石之言。思天變之可畏。懷國勢之將危。無一日不修攻戰之具。無一日敢忘侵侮之恥。遴擇將帥。如恐不及。練習士卒。常若寇至。而絕口勿言通和。此則帝王之雄略也。嗚呼。財用未足。兵力未强。姑從和好。似爲體國。以通和爲戒。若非體國者。究其實而言之。求和自我。不保其往。將有無窮之悔。絕不通和。事雖難辦。是乃久安之策。然則臣之愚忠。爲國慮也深矣。雖然。謀之寡不若謀之衆。臣願陛下肆頒明詔。博謀群臣。凡可以制服戎虜者。畢陳於前。而擇其至當者亟施行之。古者國有大疑。謀及卿士。至于庶人。蓋所以廣其聰明也。庶人猶且及之。而況在廷之臣乎。惟陛下留神。則天下幸甚。

寧宗時。衞涇論治内備外曰。臣聞憂先於事。故能無憂。事至而憂。無救於事。臣觀中國之與北虜。其勢決不能以兩立。而較今日之事。體恐不能如日前之久安無事。所當先事而憂者也。何以明之。夷狄盜據中原。莫如元魏之久。然考其傳序。雖十六主。而不克令終者十世。始終雖百餘載。而號稱全盛。不過五六十年。蠢茲醜虜。崛起東夷之窟穴。盜我中原之土宇。六十有四年。靖康之禍。考之前古。又爲已甚。識宗社不磨之辱。子孫必報之讎也。高宗皇帝至仁兼覆。隱忍三十二年之間。大志未獲伸。至尊壽皇遵養時晦。勤勞二十八年之久。大業未獲就。陛下以英武神聖。嗣臨大寶。宸謨廟略。得於問安侍膳之餘。凡高宗未獲伸之志。壽皇未獲就之業。皆陛下今日所身任也。彼據非所有。未必懷不自安之心。而犬豕亡厭。猶每有不相忘之意。是則

名爲和好。而實則仇讎。名爲息兵。而實則觀釁。復讎之舉。直須時耳。故曰其勢決不能以兩立。自昔之有天下。未有更一二君之身。歷五六十年之久。晏然無一日之危動者。前代之君不暇悉論。惟祖宗混一太平極治之世。亦莫不然。矧今以偏方之勢。與虜約和。自紹興以來。五十餘年無大戰。自隆興以來。幾三十年無小鬭。今之虜酋。非前之虜酋比也。亡胡歷嘗患難。遠其得位。志在偷安。新雛少。不更事。血氣方剛。必有馳騖喜功之心。國内稍安。必謀外略。間隙之生。遠不過五六年耳。故曰不能如日前之久安無事。此明識遠見者所以爲國深憂也。今爲偷安之說者。乃曰胡運將終。滅亡可待。又曰。彼有内難。必不能動。又曰。雛虜庸才。不足多忌。夫五行之數。終於六七。以其時考之。固爲已盈之運矣。此雛得國不以序。群酋頡頏肘腋之變。誠未可保。然其新立之後。措意造事。類若有謀。恐未易以庸才忽之。彼果

內難也。果膺才也。達炎祐興之間亦有之矣。然一酋斃一酋出。其勢愈熾。曷嘗為中國利哉。古人有言。無恃其不來。恃吾有以待之。天下之事。豈當計其在彼者。亦須其在我者如何耳。使吾內治具舉。外備素修。敵雖強不足慮。茍吾自治之策闕然不講。左支右吾。僅足以了目前。敵雖弱猶有可憂。何暇乘敵之隙哉。臣誠願陛下奮發英斷。規恢遠圖。脩德以感天心。施惠以固民志。不以小康為已足。不以富貴為可娛。念讎恥之未復。念版圖之未歸。念壽皇付託得人之望為甚深。念中原遺黎思漢之心為久。鬱卧薪嘗膽。不忘北鄉。聖志先定。然後與二三大臣日夕孜孜。講求大計。委任而責成之。國計未強。所以足國計者何策。民力方困。所以寬民力者何道。將偷而未練。何以為擇將帥之方。兵冗而未精。何以為勵士卒之術。君臣之間。悉心悉慮。不存形迹。休戚憂樂。相與同之。凡足以為內治外備之具。無不備舉。

人事既盡。天時自來。則大讎可復。大義可舉矣。儻陛下立志不堅。大臣不知任責。百執事苟且以安祿位。歲月悠悠。大計不定。天下委靡。日趨於弱。一旦有變。皆諉曰非我責。獨以憂勞遺陛下。臣恐後時之悔無及矣。孟軻曰。國家閒暇。及是時明其政刑。雖大國必畏之矣。國家閒暇。般樂怠敖。是自求禍也。臣愚不勝拳拳。憂國愛君之私。惟陛下赦其狂僭。

臣奉使回奏事劄子曰。臣等猥以庸虛。誤叨隆委。將聘虜庭。陛辭之日。玉音宣諭。令因而詢訪虜廷事宜。不可張皇。臣等竊謂覘國者春秋之法。咨詢者使臣之事。欽承聖訓。夙夜究心。道塗往來。必加體問。有知虜酋荒淫無度。主德之不脩。頻歲水旱相仍。天時之不順。百姓科斂煩急。人心之已離。凡比年使者之所條陳。近日廷臣之所論奏。雖或未免過實。而亦有所由來。臣等得於見聞。不過若此數事。第虜法素嚴。今尤疑畏。初至北境。聞有言者。而未敢詳。然及抵偽都。正欲詢求。而防閑甚密。深懼無以稱塞明詔。今參考事迹。復撫其一二言之。大抵北虜狃於宴安。習成驕惰。非復曩時之舊。而韃靼生長西北。其人驍勇剽悍。地產壯馬。加以新集之衆。意氣方銳。倏來忽往。捷於風雨。契丹遺類。蒙國諸戎。扶其世讎。深視而動。左枝右梧之不暇。雖修守備。盛儀衛。外示強大之形。臣等見其在廷班行。人才委靡。上下窘蹙。若有旦夕肘腋之變。而所過河南州郡。凋弊太甚。供備牛馬。東辦軍須。十室九空。殆同清野。怨讟並作。至有及汝偕亡之謠。遺老尚存。頗感。起徯我來蘇之望。蓋非特中原之民素不懷附。而蕃兵部落亦有離心。公出怨言。無復顧避。河北河東。累行僉刷。每戰輒敗。或望風奔潰。士馬物故。糧械喪亡。郡遣餽運。至於邑之使。防護使客。驛兵類多疲癃老弱。今兩敵相持。猶在亘撫等州。而臨潢被圍。踰時未解。在邊

之兵。僅三十萬。後期以九月決戰。臣等回至涿州安肅軍。屢見介使奔馳。調發軍馬。會無虛日。觀其事勢。韃靼諸種。雖未足以滅虜。而侵擾者衆。轉鬭未休。久而禍結兵連。必至民愁盜起。危亡之兆。端在於斯。天道好還。胡運將盡。豈非天開陛下以大有為之期耶。然臣等區區愚衷。有不能自已者。觀人之國。雖古不廢。而自治之策。尤今日所宜素講。使吾治具畢張。儲蓄無闕。敵雖強不足畏。儻偷安歲月。僅了目前。一弱虜滅。一強敵生。猶未足以為喜也。臣等伏願陛下奮發英斷。規恢遠圖。旰食宵衣。急於自治。強君德。隆主威。振紀綱。守法度。謹爵賞。此自治之本也。選將帥。厲士卒。蓄財用。備器械。審形勢。此自治之末也。君臣交脩。本末具舉。平居暇日。國勢尊安。威望震疊。有以繫中原思漢之心。絕姦雄窺伺之望。遠其機會之至。則乘危解之勢。與帝眷之師。一舉而版圖可歸。讎恥可雪矣。若不量其在我。而徒欲乘

敵之多寡。譬之賁育與有力者鬬。未知孰勝。有一人焉。奪其不戒而搏其虛。或不足以制賁育之命。後患將若何。傳曰。盍姑內省德乎。無闕而後動。惟陛下留神幸甚。

淫又進故事曰。漢文帝十六年冬。匈奴寇邊。上親勞軍勒兵申教令。欲自征匈奴。皇太后固要。上乃止。後元二年六月。匈奴和親。詔曰。間者累年匈奴並暴邊境。未久結難連兵。中外之國。將何以自寧。今朕夙興夜寐。勤勞天下。憂苦萬民。爲之惻怛不安。未嘗一日忘於心。故遣使者冠蓋相望。結轍於道。以諭朕志於單于。今單于反古之道。計社稷之安。便萬民之利。新與朕俱棄細過。偕之大道。結兄弟之義。以全天下元元之民。和親以定。始于今年。

弭兵者。帝王之遠謀。息民者。國家之實利。夫民猶支體也。兵猶爪牙也。支體充盈。氣血強壯。而後爪牙可用之樂侮。自昔仁賢之君明智之臣。非無剛健之志忠憤之謀。審事量力。終于屈志以保民待時而養晦者。此非舉事而輒沮。圖功而不竟也。所以爲國計者至深長也。蓋民力之虛實。乃命脉之根本。傷耗意在目前。而事機之成否。他時猶可圖也。漢文帝其知此矣。平城之仇。嫚書之辱。皆文帝之耳目所親聞見。候騎烽火之警。至通甘泉。金絮采繒之奉。頗疲縣官。文帝豈一念慮忘此虜哉。方十四年。身御鞍馬。銳志親征。真有長驅殄滅之意。及其熟察中外事勢之詳。載念水旱疲疾之變。而堅忍和親。確然不搖。非與始謀自異也。能發而能收者。真慮國保民之善圖也。其和親詔書曰。朕憂苦萬民。爲之惻怛不安。又曰。計社稷之安。便萬民之利。以全天下元元之民。可見其以民心爲心。而灼知國計之當出乎此也。是以文帝弭兵而海內安富。武帝興師而戶口減半。其利如此。其害如彼。前事之驗。後事之師。可不監歟。

理宗紹定六年。知泉州真德秀應詔上封事曰。臣恭覩正月一日御筆。令內外小大之臣悉上封事。凡朝政得失。中外利病。盡言無隱者。臣愚不肖。往者陛下龍飛五位。召自長沙。一對便朝。再侍經幄。玉色睟然。顧訪甚寵。臣於是時。仰窺聖學之高明。已知爲不世出之主矣。狂躁妄發。自速辜愆。投迹山林。繫念宸極。一飯弗舍。此心如丹。陛下以天地之仁。不棄小物。復文扶而使令之。政維捐軀。未足論報。而天佑我宋。默啟聖心。躬攬大權。更張庶政。乾動雷發。觀聽一新。方且勞謙菲躬。親御翰墨。誕告中外。凡曰臣子。皆許盡言。伏想薦紳之士洋洋動心。咸辭正論。交進闕下。況如臣者。受恩思報。其敢忘言。而伏念旬時未知所以言者。適者竊聞京湖帥臣以八陵之圖來上。陛下恭覽再三。悲喜交集。命卿監郎官以上詣省恭聆集議以聞蓋將稽按舊章。遣使朝謁。以慰一祖六宗之靈。而遠方傳聞。未知其的。或謂韃人以河南歸我。而朝廷因有經畧中原之謀。審如所傳。是將徑蹈宣和之轍也。日夕恐懼。不知所云。及觀從臣集議之辭。乃知朝廷之上。務存審重。遣使一節。猶不敢輕。經畧之謀。斷所不苟。然臣區區猶以爲憂者。蓋強虜暴興。接我疆場。虎狼之敵。近在藩垣。應接少差。釁變難測。臣自嘉定四年。國信使余嶸歸自燕境。適因面對。論金虜必亡者三。中國當圖者二。其後叨塵柱史。宿直玉堂。中夜以思。惕然不寐。亟陳祈天永命之說。未幾。銜命聘虜。道梗莫前。歸對延和。深陳所以備敵之策。既又直前奏事。謂韃能越三關之阻以攻燕。豈不能踰黃河一帶之水以趨汴。盍圖自立之計。以謹未然之防。而一時儉人交相姍笑。臣以孤直。不勝衆譏。因以便親匄外而去。陛辭之日。猶獻瞽言。及在江東。復上封奏。舉宣和之十失。願今日之深懲。蓋臣愚忠知國家異日必與韃靼鄰既與之鄰安能無隙既與之隙未免交兵執所必然理當豫慮故不敢徇衆人之所忽而獨陳私已之深憂欲於未雨之時大為徹桑之備雖今二十有四年矣不幸故相譎聞人言獨任私智凡臣所陳一不警省乃今中原無主遺黎思宋攜清河洛茲惟厥時而士無智愚僉曰未可者以二十餘年之間政出私門講猶回遹隳祖宗之法度壞朝廷之紀綱民力殫剝而無餘人材衰颯而不振鄉陛下赫然振起風采頓殊然非堅持一意行之十年未可以冀中興之效也然以今日之名義揆諸宣和固有不同者蓋宣和之於契丹與國也今日之於女真世讎也伐與國為非義滅世讎為當然幽燕之先虜取之於前代中原之失虜取之於本朝前代之憾可捐而祖宗之恥不可以不雪惟其名義之不同故或以規恢為當舉然名必有實之相副義非徒說之可行求之在我力未足為而欲

借助於夷狄則臣未見其可也臣觀荆襄露布之上具述得蔡之由若盡出於我者然以繳匱燕略等語觀之是又不能不藉於韃何邪自有載籍以來與夷狄共事者未嘗無禍惟周漢之興無求於彼而彼自樂從所謂多助之至天下順之者也若唐高祖則求助於突厥矣肅宗則求助於回紇矣然伐隋之役主謀者太宗而奮力者諸將下西河破霍邑者太宗而非突厥也略扶風渡渭水者諸將而非突厥也入關之師二十萬而康鞘利以兵至者纔五百人豈嘗專恃之矣其復長安也郭子儀為主將李嗣業王思禮副之王師取勝於前而回紇始[illegible]於後廣平王俶統蕃漢之兵十五萬而葉護以兵至者纔四千人豈嘗專恃之乎高祖肅宗惟求助於夷狄是以有後日之禍惟不專恃於夷狄故其禍未至於極焉乃若宣和則異於此童貫圖燕不能得而女真得之譚稹圖雲中不能得而女真得之我

師敗於蘭溝甸又敗於白溝又敗於燕城而女真之兵所至輒克我不能自取寸土而即彼以求之故歲幣百萬之須吾不能卻也借糧之請犒師之請各以二十萬計吾不能拒也驅職官富戶以往而遺我空城吾不能爭也背雲中之約而自取之吾不能校也我無可恃之實而惟虜是恃故其禍至此而極臣尚忍言之哉今觀從臣所議蓋已深得事宜獨慮帥臣既以為功欲其亟還虜情未順必求好以悅之道塗尚梗必借力以通之如此則今之恃韃如昔恃金國家多事從此始矣夫犬戎之性皆貪惏一與之接焉能中絕獨不觀宣和海上之盟遼方其齎詔市馬亦未決然與之共事也其後裕陵悔悟固嘗中輟而虜責元約欲止不能侵尋蹉跌總成大咎今帥臣既遣小使與之往來又命帥徒與之會合雖曰未嘗交通不可得已若朝陵之行又復賴之臣恐無厭之求難塞之辭自此狎至雖竭吾力

以奉之未足以飽豺狼之欲也或謂故疆之復天實命之天與不取反受其咎臣以為不然當宣和之世契丹潰敗燕易來歸不可謂非天予也而人謀弗臧適以買禍今治化修明固非昔比然圖恢復之功必有恢復之人有恢復之人必有恢復之具謀臣勇將者恢復之人也聚財積粟者恢復之具也宣和之時羣邪用事寧有遠謀然西兵宿將蓋萃闕下老成持重有如种師道驍悍敢戰有如楊可世而驅之即敵每向輒北今羣賢在列豈曰乏材大抵文致雖優往往弗閑武略宣威制閫實難其人盼取輸守孰可以繼儲材待事所宜蚤圖而環聽諸將亦未見有种楊比者以种與楊猶不克濟而況弗若者乎此臣之所甚憂者一也宣和承平燕洽公私富實可知用兵曾未幾時而改鹽鈔法科免夫錢所至騷然民不堪命版圖未復羣盜蝟興今之事力視昔何若權門有丘山之積公家無旬月之儲在在

擾攘，人人愁歎。江湖閩浙，寇警甫平，民未懷生。幸禍者衆，啣之以循吏，卹之以寬條，疾痛呻吟，庶幾少息。而師期一起，科歛必繁，官吏緣此以誅求，姦雄因之而竊動，豈細故哉。此臣之所甚憂者二也。況於移江淮之甲兵，以守無用之空城，運江淮之金穀，以治不耕之廢壤，其費甚鉅，其力甚難。富庶之效，茫未可期，根本之虛，其弊立見。方女真以燕城遺我也，其臣有漏言者曰：此可僅保三年。蓋謂我之葺理粗成，彼之奪攘必至。及其背盟入寇，果如所云。犬羊之情，今昔豈異？此又臣之所甚懼也。伏惟陛下親政以來，清明在躬，志氣如神。二三執臣虛懷無我，進退用捨，多叶物情。正塗方開，善類吐氣，此鄉治之機也。但能持之以堅忍，守之以競畏，姦聲亂色不汩清明，倖臣懿戚不竊威福，廟堂行事常公而無私，臺諫言事有直而無枉，君子得行其志，而小人不敢為欺，正論益以開明，而邪説不容眩惑，則雖慶曆、元祐之治，指日可期。國家安榮，社稷長遠。為陛下計，孰便於此。若乃釋累成之業，而冀難必之功，聽可喜之言，而忘立至之患，此又臣之所甚惜也。臣雖懦庸，亦知英主有為之志，臣子所當奉承。顧今更張做爾，百度闕然，譬猶宿疾方瘳，正須保養，所當厚加擁護深培，以固元氣。不當輕舉妄動，以搖本根。願陛下日與輔臣籌之，委常務於有司，講安危之大計，緩謁陵之禮，而急扞禦之防，修理内之政，以為禦外之本。凡可以自強其國者，汲汲而圖之，使吾之元氣實，根本牢，則形勢自張，氣燄自著，鞬維強暴，豈能干有道之國哉。然後審度事情，為之應接，或用祖宗交遼之典故，或做東晉絕虜之規模，因時制宜，期於適當。至於中原舊物，豈可忘也？必量吾力之能為，然後隨機而善應。與其積虜以啓後患，不若俟時姑固吾圉。昔晉建元中，北方潰亂，商浩將謀討伐，王羲之諫曰：今雖有可喜之會，而内求諸己，所憂乃重於所喜，功未可期，遺黎殲盡，莫若先為不可勝之基，須根立，執轡謀之未晚。既而洛陽有變，浩遂帥所以往，修復園陵，羲之亦言未宜輕進，皆不見從。浩果喪敗，而歸晉室，益以不競。今雖未有此舉，然二王之言，可為龜鑑。惟陛下審之重之，毋使制閫之臣，誤事如商浩，而臣竊知言之名，不勝大願。

貼黄：臣竊見宣和平燕之議，本自姦臣。徽廟初無固必。其始也，布衣尭臣上書，斥童貫、蔡京妄開邊釁。尭臣乞加竄殛。上曰：言路壅塞久矣，豈可重罪？即命以官。此徽廟本心也。故其時内而執政，外而邊臣，猶有以正論進者。其後邪説浸淫，上誤聖聽，師行之日，詔妄議北事者必罰無赦。而宋昭以上書狂妄編竄嶺南，於是言路絕而禍階成矣。陛下盛德謙沖，開道求諫，羣臣仰體聖意，當此大議，必有昌言言之異同，均於為國。惟陛下悉加容納，毋以沮事罪之。

理宗時，侍御史李鳴復論韃使引見不必臨軒，上奏曰：臣竊聞韃使之來，引見有日，都司官條具欲陛下臨軒以接之。道路傳聞，虛實未可盡信。若果有此，恐於禮未安。臣竊以謂更宜商確。或曰：臨軒擇吉，臨軒釋囚，聖天子未嘗不臨軒也，何獨於此而用其靳？臣謂不然。三歲一取士，宰執讀其程文，呼名而進之，謂公卿大夫由此其選也。每歲一釋囚，宰執讀其情犯，呼名而釋之，謂清問下民不可不親也。今韃使之來，無國書可進，如常儀引見賜之例物足矣。必異其禮臨軒以接之，何為也哉？或者又曰：彼犬羊也，來自外國，未知陛下為何如主也。臨之以天威咫尺，彼將心悅而誠服，光武之於馬援是也。臣又謂不然。龍鳳之姿，天日之表，儼然人望而畏之。帝王固自有真也。何俟遷移黼座而後足以悅其心乎？下堂而見諸侯，昔人以為失禮。臨

軒以見夷狄。今顧以為得禮乎。且又有一說。都司條具之始。閤門引
臨軒。釋放罪人為例。萬一使人知之。必謂陛下臨軒。乃是以待罪人
之例待己。將以恍敵。反以怒敵矣。臣愚切以謂一如常儀為便。乞陛
下與二三大臣更加商確。

貼黃。臣檢閱國史。紹興三年。金國元帥府遣使副李永壽王翊等
到闕議事。上特御後殿引見。八年。金國軍前遣烏陵思謀石慶
充等來朝。詔辭宣陛殿。烏陵思謀以下執禮甚恭。然則當使之
來御後殿引見則有之。朝辭而宣其陛殿則有之。還御座以受
其禮。則未之前聞也。今引見韃使。如欲使之稍近天顏。當參其
果有恭順之實。候朝辭日。特宣陛殿。以示恩意。都有前朝故事
可以遵行。併乞睿照。

元世祖時。東平布衣趙天麟上太平金鏡策。有不庭曰。臣聞文德者

養平之膏粱。武威者。定亂之藥石。當太平之時。而耀威振武。所謂以
藥石代膏粱之用。其為害也。是曰非輕。是以定亂右武。守成上文。乃
國家久長之計也。方今龍飛九五。臣服億兆。太祖以神武開基。受天
眷命。奄有區夏。誕照多方。先帝以聖德乘時。繩其祖武。變荆涂化。異
域來庭。今陛下若稽上古之勳。光紹前王之蹟。普惠黎庶。屢降德音
今臣幸生於太平之世。竊見國家近年以來。越山浮海。征討不庭。謹
獻愚議。惟陛下察之。臣伏以殊方遼邈。風壤特異。天下有故。則窺隙
而先叛。天下已定。則觀化而後服。五帝之所不滅羈。三王之所不強
臣。然其見利則趨。見害則避之心。與中國之人一也。若將縻之以辯
計。良圖震之以長槍大劍。則彼方據險依阻。鼇力偷生。遂使吾之軍
士。身膏異域之風沙。及其納款。則吾之軍士亦已傷矣。且吾之軍士
皆中國之民也。中國之民。皆國家之赤子。為民父母者。因無用之地

而傷其赤子。亦獨何心哉。臣固知斯非國家之本心。但恐偶未之思
而過聽下言。或有此事也。昔舜帝舞干羽於兩階而有苗格。文王脩
德政於西土而崇國降臣。亦非謂放牛歸馬不用兵也。但中國逆衛
則越裳不召而自來。肅慎效誠而自至矣。安用征討為哉。伏望陛下
裁宣天旨。明諭軍帥。偃兵秣馬。謹衛邊疆。春夏屯田。秋冬校武。于其
無事。則備之而內守。脫有不虞。則應之而不遂。殊方之屬。欲來則聽
其來。不來則不以威脅之。但務內崇文化。發政施仁。振我皇綱。一我
王度。信我賞罰。興我禮樂。風以之移。俗以之易。上下和悅。內外無虞。
體舜之無為。希大庭之不宰。欲致越裳肅慎之類。亦豈難哉。此蓋太
平當務之資。守成上文之理。故曰元氣調而無不順之四時。心術定
而無不安之四支。中國盛而無不來之四遠。聖人極致參在於茲。又
金鏡策務柔服曰。臣聞群生有類。萬物分方。施仁於一類而同類感

臻。擴化於一方而餘方並至。此寔王者仁化之聖也。天道無私。降生
庶物。得五行之全。鍾二氣之正者。其惟人乎。彼四遠之外。雖不沾先
王之化。聖人之治。然其懷仁慕義。好是懿德之心。則無與焉。中國者
四遠之根柢也。四遠者。中國之枝幹也。自萬殊而言之。分雖不同。以
理一而推之。其趣一也。懼之以兵而欲其知畏。則彼方奮其釜魚之
餘命。而挾怒以相敵矣。結之以信而欲其來服。則彼方將遠其天日
之明鑒。而舒蠆以相陵矣。諭之以言而欲其回心。則彼方將背其盟
搶之大約。而恃強結援以輕中國矣。然則何為而可哉。莫若柔已服
以感之而已矣。柔之法奈何。崇其道以臨之。昭其禮以制之。厚其誠
以孚之。寬其命以逸之。定名分以曉之。降優詔以撫之。置諸度外以
待之。如是則彼餘國未服者聞之而皆曰。彼已服者既能托大國以
自固。而又無刻剝督責之苦。吾屬奚為而獨逢。皇天所輔。有道之君

哉。皆然相率而来服矣。今國家六合羣辟拜執豆籩。中華之區貢賦有常。其邊裔已服之域。正宜行此柔之之道。以盡感之之方。又何須徒費錢粮犒賞。以興當便之師。以征荒僻之地。以勞不可下之民哉。其所以柔之者。非但感未服之國。亦所以責其在我者當然之理也。御鈌有言曰。叛而不討。何以示威。服而不柔。何以示懷。非威非懷。何以示德。臣是以知討以威之。服以懷之。皆所以示其德也。或者以為四遠可以威威。不可以德德。臣愚以為不然。成湯解三面之網。文王息二君之訟。漢南諸侯聞之而歸者四十餘國。又闕至治之極。鳥獸魚鼈咸若。豈有不可以德德之人哉。或者以為不服則已。既服而置諸度外。不亦甚乎。臣亦以為非也。夫王者之臨下。其理本於安人也。非欲求土地之廣也。隆周之時。越裳自至。周公猶以為德澤不加。君子不享其質。政令不施。君子不臣其人。豈宜殺人以求之哉。然而方今或有是事者。皆羣下不能副朝廷之意。而曲說請行故也。伏望陛下幸從臣議。凡已服之國。行柔之之道焉。俾見銘心刻骨。荷乾坤再造之恩。同類餘方。仰父母一家之化矣。

秘書監趙良弼奉使日本還入見。帝詢知其故。曰。卿可謂不辱君命矣。後帝將討日本。三問良弼。言臣居日本歲餘。覩其民俗狠勇嗜殺。不知有父子之親。上下之禮。其地多山水。無耕桑之利。得其人不可役。得其地不加富。況舟師渡海。海風無期。禍害莫測。是謂以有用之民力。填無窮之巨壑也。臣謂勿擊便。帝從之

歷代名臣奏議卷之三百五十

歷代名臣奏議
篇名目録

《歷代名臣奏議》篇名詳目編製説明

一、《歷代名臣奏議》網羅繁富，卷帙浩瀚，所收奏議共約九千篇，無愧爲中國古代"奏議之淵海"。但原書僅有一個非常粗疏的分類總目，翻檢起來，極不方便。爲了解決這一困難，我們特編製了篇名目錄。

二、該書所收錄奏議，原多無標題，爲了便於檢索，我們一律補擬了篇名，如卷一《諫詰難臣寮上言書》；對於原有標題者，則仍其舊，如卷一《陳論三德劄子》。

三、補擬篇名之中，大部分是根據《全上古三代秦漢三國六朝文》、《全唐文》、《宋朝諸臣奏議》、《全遼文》、《金文最》、《金文雅》、《元文類》、《宋代蜀文輯存》及有關別集過錄的；一部分則是根據文意新擬的，凡新擬篇名均加標星號（*），以示區別。

四、新編篇名目錄，一律以原書卷次爲序，篇名下所註號碼係原卷内頁碼。如卷一

進經史子集要語（宋真宗咸平三年）　　田　錫15左

表示《進經史子集要語》這篇奏議的奏上時間爲"宋真宗咸平三年"，作者爲"田錫"，載影印本卷一第十五頁（見原葉中縫）左欄。

五、本索引由北京大學中國古代史研究中心張希清、臧健、李秀鈺、戴濟冠、楊澤清等同志編製。

卷一　君德

卷二　君德

卷三　君德

卷四　君德

卷五　君德

卷六　聖學

卷七 聖學

卷八 聖學

卷九　聖學

卷十　孝親

卷十一　孝親

卷十二 孝親

卷十三 敬天

卷十四 郊廟

卷十五　郊廟

卷十六　郊廟

卷十七 郊廟

卷十八 郊廟

卷十九　郊廟

卷二十　郊廟

卷二十一　郊廟

卷二十二　郊廟

卷二十三　治道

卷二十四　治道

卷二十五　治道

卷二十六　治道

卷二十七　治道

卷二十八　治道

卷二十九　治道

卷三十　治道

卷三十一　治道

卷三十二　治道

卷三十三　治道

卷三十四　治道

卷三十五 治道

卷三十六 治道

卷三十七 治道

卷三十八 治道

卷三十九 治道

卷四十　治道

卷四十一　治道

卷四十二　治道

卷四十三　治道

卷四十四　治道

卷四十五　治道

卷四十六　治道

卷四十七　治道

卷四十八　治道

卷五十二 治道

卷五十三 治道

卷五十四 治道

卷五十五 治道

卷五十六　治道

卷五十七　治道

卷五十八　治道

卷五十九　治道

卷六十　治道

卷六十一　治道

卷六十二　治道

卷六十三　治道

卷六十四 治道

卷六十五 治道

卷六十六 治道

卷七十　法祖

卷七十一　儲嗣

卷七十二　儲嗣

卷七十三　儲嗣

卷七十四 内治

卷七十五 內治

卷七十六 宗室

卷七十六

卷七十九　經國

卷八十　經國

卷八十一　經國

卷八十二　經國

卷八十三　經國

卷八十四　經國

卷八十五 經國

卷八十六 經國

卷八十七 經國

卷九十五 經國

卷九十六 經國

卷九十七 經國

卷九十八 經國

卷九十九　經國

卷一百　經國

卷一百一　經國

卷一百二　守成

卷一百三　都邑

卷一百四　封建

卷一百五 仁民

卷一百六　仁民

卷一百七　仁民

卷一百八 仁民

卷一百九 仁民

卷一百一十 務農

卷一百十一 務農

卷一百十二 田制

卷一百十三 學校

卷一百十四 學校

卷一百十五　學校

卷一百十六　風俗

卷一百十九　禮樂 統言禮

卷一百二十　禮樂統言禮

卷一百二十一　禮樂冠婚喪禮

卷一百二十二 禮樂喪禮

卷一百二十三 禮樂喪禮

卷一百二十四 禮樂 喪禮山陵

卷一百二十五　禮樂 喪禮山陵及祭禮

卷一百二十六 禮樂祭禮

卷一百二十七　禮樂統言樂

卷一百二十八　禮樂統言樂

卷一百二十九　用人

卷一百三十 用人

卷一百三十一　用人

卷一百三十二 用人

卷一百三十三　用人

卷一百三十四　用人

卷一百三十五　用人

卷一百三十六　用人

卷一百三十七　用人

卷一百三十八　用人

卷一百三十九　用人

卷一百四十　用人

卷一百四十一 用人

卷一百四十二 用人

卷一百四十三 用人

卷一百四十四　用人

卷一百四十五　用人

卷一百四十六　用人

卷一百四十七　用人

卷一百四十八 用人

卷一百四十九 用人

卷一百五十　用人

卷一百五十一　用人

卷一百五十五　知人

卷一百五十六 知人

卷一百五十七 知人

卷一百五十八　知人

卷一百五十九　建官

卷一百六十　建官

卷一百六十一　建官

卷一百六十二　建官

卷一百六十三　選舉

卷一百六十四　選舉

卷一百六十五 選舉

卷一百六十八 選舉

卷一百六十九 選舉

卷一百七十 選舉

卷一百七十一 考課

卷一百七十二 考課

卷一百七十五　去邪

卷一百七十六　去邪

卷一百七十七　去邪

卷一百七十九　去邪

卷一百八十　去邪

卷一百八十一　去邪

卷一百八十二　去邪

卷一百八十三　去邪

卷一百八十四　去邪

卷一百八十五　去邪

卷一百八十六　去邪

卷一百八十七　賞罰

卷一百八十八　賞罰

卷一百八十九 賞罰

卷一百九十　勤政

卷一百九十一　節儉

卷一百九十二 節儉

卷一百九十三　戒佚欲

卷一百九十四 戒佚欲

卷一百九十五　戒佚欲

卷一百九十六　慎微

卷一百九十七 謹名器

卷一百九十八　謹名器

卷一百九十九 求言

卷二百 求言

卷二百一 聽言

卷二百二 聽言

卷二百三 聽言

卷二百四 聽言

卷二百五　聽言

卷二百六 聽言

卷二百七 聽言

卷二百八 法令

卷二百九　法令

卷二百十 法令

卷二百十一 法令

卷二百十二 法令

卷二百十三　法令

卷二百十四　法令

卷二百十五　愼刑

卷二百十六　慎刑

卷二百十七 慎刑

卷二百十八　赦宥

卷二百十九 兵制

卷二百二十 兵制

卷二百二十一　兵制

卷二百二十二　兵制

卷二百二十三　兵制

卷二百二十四　兵制

卷二百二十五　宿衛

卷二百二十六　征伐

卷二百二十七　征伐

卷二百二十八　征伐

卷二百二十九 征伐

卷二百三十　征伐

卷二百三十一　征伐

卷二百三十二 征伐

卷二百三十三 征伐

卷二百三十四 征伐

卷二百三十五 征伐

卷二百三十六　任將

卷二百三十七　任將

卷二百三十八　任將

卷二百四十一　任將

卷二百四十二　馬政

卷二百四十三 荒政

卷二百四十四 荒政

卷二百四十五　荒政

卷二百四十六　荒政

卷二百四十七 荒政

卷二百四十八 荒政

卷二百四十九　水利

卷二百五十　水利

卷二百五十一 水利

卷二百五十二 水利

卷二百五十三 水利

卷二百五十四　賦役

卷二百五十九 賦役

卷二百六十 屯田

卷二百六十一　漕運

卷二百六十二　理財

卷二百六十三　理財

卷二百六十四　理財

卷二百六十五　理財

卷二百六十六　理財

卷二百六十七　理財

卷二百六十八　理財

卷二百六十九　理財

卷二百七十二　理財

卷二百七十三　理財

卷二百七十四　崇儒

請許教官對策*(世祖時)　趙天麟24右

卷二百七十五　經籍

上疏難范升奏左氏不宜立博士(東漢光武建武元年)　陳　元1右
奏難費氏易左氏春秋立博士(建武四年)　范　升2右
條奏左氏長義(章帝建初元年)　賈　逵2右
五經宜爲章句疏(和帝永元十四年)　徐　防3右
請大收篇籍明先聖之教*(魏武帝時)　袁　渙4右
奏上易注(吳大帝時)　虞　翻4右
奏鄭玄解尚書違失事目(吳大帝時)　虞　翻5右
請集經籍*(後魏道武帝時)　李　先5右
上疏請校補秘書(宣武帝時)　孫惠蔚5右
求撰集古今文字表(宣武帝時)　江　式6右
刊定秘府書籍議(北齊文宣帝天保七年)　樊　遜9右
上表請開獻書之路(隋文帝開皇初)　牛　弘9右
請置詩學博士書(唐憲宗時)　李行修11右
請孟子爲學科書(僖宗咸通中)　皮日休13右
請諸路以閏年圖上職方*(宋太宗至道二年)　吳　淑14右
乞印行荀子楊子法言狀(仁宗皇祐二年)　司馬光14右
論删去九經正義中讖緯劄子(至和二年)　歐陽修14右
代人乞存殁臣僚納家集狀(仁宗時)　宋　祁15右
乞藏王乘春秋統解於秘府疏(哲宗元祐四年)　呂　陶16右
請采王乘春秋統解等書疏(哲宗時)　呂　陶16右
封還差道士陳景元校道書事狀(元祐六年)　范祖禹16右
文議(哲宗時)　畢仲游17右
乞訪遺書劄子(高宗時)　洪　遵18右
論經解劄子(高宗時)　蘇　籀19右
論取士專優春秋三傳劄子(高宗時)　蘇　籀20右
論程頤王安石學術同異(高宗時)　陳　淵21右
論經籍*(孝宗時)　王之望22右
抑讖重賞疏(東漢光武建武間)　桓　譚23右
請禁圖讖疏(順帝時)　張　衡23右
議陶弘景胡笳曲*(元文宗至順二年)　香山等24右

卷二百七十六　國史

請備置史官*(東漢獻帝時)　荀　悦1右
論司馬遷非内懷隱切*(魏明帝景初中)　王　肅1右
上疏救韋曜(吳烏程侯時)　華　覈1右
上疏請召還薛瑩(烏程侯時)　華　覈2右
請建立國史疏(東晉元帝)　王　導2右
奏請修國史(後魏孝文帝時)　高祐、李彪等3右
求復修國史表(宣武帝初)　李　彪3右

卷二百七十七　國史

卷二百七十八 律曆

卷二百七十九 律曆

卷二百八十 律曆

卷二百八十一　謚號

卷二百八十二 謚號

卷二百八十三 襃贈

卷二百八十四 襃贈

卷二百八十五 禮臣上

卷二百八十六　禮臣下

卷二百八十七 巡幸

卷二百八十八 外戚

卷二百八十九　外戚

宗即位初） 陳瓘 15左

論士大夫交結向族子弟（徽宗時） 鄒浩 19右

論鄭居中除同知樞密院事（大觀二年） 吳執中 20左

論非孝非恩非賞*（高宗時） 衛膚敏 21左

論邢煥孟忠厚書讀行下指揮未敢施行*（高宗時） 汪藻 21左

論戚里除授劄子（高宗時） 廖剛 22左

上皇帝書十四事之三（高宗時） 曹勛 23右

論維持紀綱保全戚畹*（孝宗時） 陳良祐 23左

進故事（理宗時） 劉克莊 24右

卷二百九十　寵倖

論愛幸群臣朝廷之禮不可不肅*（漢文帝時） 申屠嘉 1右

論董偃有斬罪三*（武帝元光五年） 東方朔 1右

諫封董賢等封事（哀帝時） 王嘉、賈延 1左

因日食舉直言復奏封事（哀帝時） 王嘉 2右

上書諫尊寵董賢（哀帝時） 王閎 4右

奏請收還武庫兵器（哀帝時） 毋將隆 4左

上疏請出乳母王聖（東漢安帝建光元年） 楊震 4左

復詣闕上疏諫劉瓌襲爵（安帝時） 楊震 5右

諫為王聖修第疏（安帝時） 楊震 5左

上封事諫封山陽君及襄邑侯（順帝時） 左雄 6右

建康元年舉賢良方正對策（順帝時） 皇甫規 7右

奏劾侯覽（桓帝時） 楊秉 7左

上疏陳事（靈帝時） 呂強 8左

請斬十常侍書*（靈帝時） 張鈞 9左

論楊素專權*（隋文帝仁壽二年） 梁毗 10右

陳時政疏（唐中宗景龍元年） 蕭至忠 10左

論葛福順不宜與王毛仲為婚*（玄宗開元十九年） 齊澣 10左

論吐突承璀喪師不當寵以崇秩*（憲宗時） 李絳 10左

論女御以御寶白制除才人（宋仁宗時） 范師道 11右

繳吳子聰閤門事奏（理宗寶祐三年） 牟子才 11左

論吳子聰錄黃未敢書行疏（理宗時） 牟子才 12右

卷二百九十一　近習

論左右者國之社鼠用事者國之猛狗*（齊桓公時） 管仲 1右

諫宦者趙談參乘*（漢文帝時） 袁盎 1左

建白宜罷中書宦官（元帝初元中） 蕭望之 1左

上書諫縱宦官（東漢順帝時） 張綱 1左

自繫廷尉奏言（順帝時） 虞詡 2右

詣闕上書訟朱穆（順帝時） 劉陶等 2左

上疏請罷省宦官（桓帝延熹六年） 朱穆 3右

請罷遣閹人為常侍小黃門*（延熹六年） 朱穆 3右

卷二百九十二　近習

卷二百九十三　近習

卷二百九十四　封禪

卷二百九十五　災祥

卷二百九十六 災祥

卷二百九十七 災祥

卷二百九十八　災祥

卷二百九十九 災祥

卷三百　災祥

卷三百一　災祥

卷三百二 災祥

卷三百三 災祥

卷三百四　災祥

卷三百五　災祥

卷三百六　災祥

卷三百七　災祥

卷三百八　災祥

卷三百十五 營繕

卷三百十六　營繕

卷三百十七　弭盗

卷三百十八 弭盜

卷三百十九 弭盜

卷三百二十　禦邊

卷三百二十一　禦邊

卷三百二十二　禦邊

卷三百二十三　禦邊

卷三百二十九 禦邊

卷三百三十 禦邊

卷三百三十一 禦邊

卷三百三十二 禦邊

卷三百三十三 禦邊

卷三百三十四 禦邊

卷三百三十七 禦邊

卷三百三十八 禦邊

卷三百三十九 禦邊

卷三百四十　夷狄

卷三百四十一　夷狄

卷三百四十二 夷狄

卷三百四十三 夷狄

卷三百四十四 夷狄

卷三百四十五 夷狄

卷三百四十六　夷狄

卷三百四十七　夷狄

卷三百四十八　夷狄

歷代名臣奏議作者索引

編製說明

一、本索引在新編篇名詳目的基礎上編製。

二、本索引以作者姓名爲綱，按四角號碼編排。首先列出作者姓名的第一個字的四角號碼，如"王安石"，先列出"10104王"；然後取第二個字的上兩角的號碼排在人名之前，如"30王安石"。若遇第二個字上兩角號碼相同時，則暗取第二個字第三角的號碼，依次類推。作者姓氏未詳者置於最後，按卷次排列。

三、作者索引後附有《作者姓氏筆畫與四角號碼對照表》，以便讀者檢索。

四、作者索引在諸作者姓名之下，按原書卷次、葉碼先後，詳列了本書所收録該作者的全部奏議。篇名之後所列號碼，斜綫前者爲原書卷數，斜綫後者爲原書葉數及其左右面。如：

乞給還太學田土房緡狀　114/1右

表示該奏議見於原書的卷之一百一十四第一葉的右半葉。

五、作者姓名相同者，分别立目，並加註朝代名等，以示區别。如：

王珪〔唐〕

王珪〔宋〕

六、本索引由北京大學中國古代史研究中心張希清、臧健、李秀鈥、戴濟冠、楊澤清等同志編製

1123_2

宰司論	31/1右
論治道先後	31/2右
陳政事三條	31/3右
對手詔一道	31/5左
政體論	30/18左
論時政要務	35/2左
論治道大體	38/11左
論變更舊制事	69/5右
論王府官屬事	73/19右
乞立皇子劄子	73/19左
后妃論	74/19右
宗室論	77/1右
皇族試用	77/2右
諸院教授	77/3右
論藩鎮疏	81/24右
論罷河北榷鹽*	106/5左
學校論	114/5右
凡資任子弟隸名國子監立格試業補用論	114/7右
奏礦州學名額及公田狀	114/8左
僭俗論	116/16右
論小臣妄投封章訕上事	116/17左
禮樂論	119/15右
車服論	119/17左
論廟事疏	126/12左
雅樂論	128/11右
請郊祀用新樂事疏	128/13左
乞令中書樞密院依舊聚廳議事	134/4左
論請通中書樞密院事	134/5右
論磨勘叙遷保任之法*	134/6右
請令二府各舉將帥疏	134/6左
官人論	134/6左
用人體要論	134/8左
論進用互隸官事體	135/1右
辟署之制	160/7右
郡縣理本	160/8右
請慎用兩制資序事	160/14左
貢院請誡勵天下舉人文章	164/29右
選舉論	164/23左
孝廉論	164/25左
選格論	164/26左
川嶺舉人便宜論	164/28右
論考功之法狀	172/1右
吏爲姦賊	172/2左
主柄論	187/26右
論不孝之刑	187/7右
請節省財用事	191/13左
又論減省財用事	191/14左
論中使傳宣諸司煩數狀	210/26右
刑法論	210/26右
論赦前事	210/28右
請減刺配刑名劄子	211/3右
請刪定勅令劄子	211/4右
官刑之濫	216/6右
詔獄之弊	216/7右
陳州奏監司官多起刑獄	216/13左
論遣使往陝西河東等募強壯充兵	219/11左
論弓手强壯充軍不便事	219/13左
原蠹論（下篇）	219/14左
兵器論	219/16右
民兵論	219/17右
武備論	219/19右
論京師衛兵單寡疏	225/1左
乞擇人分總禁衛狀	225/2右
任將論	237/4左
論西北將率事	237/6左
倉廩論	244/1右
稅賦論	255/13右
譏賦論	255/14左
請減省河北徭役疏	255/15左

11232

12493

21234 虞

3426_0 褚

諫貸死以流人使自効疏 209/20左
李至〔宋〕
論開冰之祭當在春分* 126/2左
論祭遜方嶽鎮海瀆* 126/3右
諫親征 230/3左
乞懷柔北狄 342/6右
論靈武事疏* 342/7左
李元禮
諫幸五臺疏 287/23右
李平
諫幸鄴表 287/2左
李石〔唐〕
紫宸殿奏對* 28/29右
請鑒照不惑疏* 29/1右
李石〔宋〕
請以民寄於守令守令寄於監司疏 107/16右
營田疏 107/16左
請下勸農之詔疏 111/6右
請立五經博士疏 115/5右
武備疏 223/6左
請以裕民爲財勿以取民爲財疏 270/28左
李百藥
贊道賦 71/18右
封建論 104/13左
11 李珏〔唐〕
論爲國如治身* 29/1右
諫穆宗合晏群臣疏 122/26右
論王播增榷茶疏 255/3右
李珏〔宋〕
乞濬治常州漕渠修建望亭二牐* 253/14左
李彌遜
自廬陵以左司召上殿劄子第一道 48/23右
戶部侍郎轉對劄子 48/23左
紹興五年被召上殿劄子第一道 89/3左
紹興五年被召上殿劄子第二道 89/4右
紹興五年被召上殿劄子第三道 89/5右
答聖旨條具當行事件劄子 89/5左
乞罷莫將送伴使狀 183/17右
車駕南還舟行乞不乘馬劄子 195/3右
乞許内外職事官言事劄子 200/15右
紹興七年歲旱乞寬恤劄子 217/9右
乞募武臣及諸將諸軍子弟爲衛劄子 223/7右
再乞增禁衛 225/13右
乞薦舉武臣劄子 239/16左
乞寬恤劄子 246/1左
紹興七年自廬陵以左司召上殿劄子第二道 258/12左
紹興七年自廬陵以左司召上殿劄子第三道 270/17左
乞置使積粟疏 270/18右
乞募土人守禦 335/2左
論和議不當先事致屈劄子 348/20右
答和議劄子 348/20左
15 李迪
論曹瑋請益兵* 236/27右
請發内藏庫以佐國用 243/13左
論幸汾亳土木之役太過* 287/10右
17 李孟
論用人之方 152/28左
李邴
條上戰陣守備措畫綏懷各五事 88/17右
李尋

姓氏未詳

作者姓氏筆畫與四角號碼對照表

一畫

一 10000

二畫

丁 10200
卜 23000
刁 17120

三畫

三 10101
于 10400
士 40100
大 40030
子 17407
山 22770

四畫

卞 00230
文 00400
王 10104
元 10211
太 40030
不 10900
尤 43010
五 10107
公 80730
牛 25000
毛 20714
月 77220
屯 50717
少 90200
尹 17507
毋 77774
母 77550
孔 12410

五畫

主 00104
玄 00732
平 10409
甘 44770
术 43900
丙 10227
左 40101
石 10600
北 11110
甲 60500
田 60400
由 50600
史 50006
令 80307
丘 72101
白 26000
包 27712
司 17620
弘 12230
皮 40247
召 17602

六畫

江 31110
宇 30401
安 30404
亦 00330
羊 80501
有 40227
全 80104
朱 25900
伏 23234
伍 21217
仲 25206
任 22214
自 26000
臼 77770
伊 27257
朶 17904
牟 23500

七畫

沈 34112
汪 31114
汲 37147
完 30211
宋 30904
辛 00401
冷 38137
良 30732
匡 71711
邢 17427
杜 44910
李 40407
車 50006
束 50906
吾 10601
成 53200
扶 55030
把 57017
步 21201
里 60104
呂 60600
吳 26430
岑 22207
余 80904
谷 80608
何 21220
延 12401
伶 28237
伯 26200
狄 49280
阮 71211

八畫

法 34131
宗 30901
宛 30212
京 00906
房 30227
祁 37227
武 13140
林 44990
來 40908
東 50906
邴 17227
邳 17127
抹 55090
尚 90227
長 71732
叔 27940
芮 44227
昌 60600
昂 60727
固 60604
明 67020
帖 41260
金 80109
和 26900
季 20407
岳 72771
侍 24241
兒 77217
肥 77217
周 77220
狐 42230
屈 77272
弦 10232
邵 17627
承 17232
孟 17107
阿 71220

九畫

洪 34181
度 00247
施 08212
姜 80404
封 44100
耶 17127
相 46900
柳 47920
南 40227
胡 47620
郅 17127
柴 21904
范 44112
茂 44253
苻 44240
茅 44222
是 60801
爰 20447
俞 80221
契 57430
拜 21550
香 20609
段 77447
皇 26104
侯 27234
昝 23604
韋 40506
胥 17227
姚 42413
紇 28917
紀 27917

十畫

宮 30606
晏 60404
高 00227
唐 00267
凌 34147
郎 37727
祖 37210
秦 50904
班 11114
貢 10806
袁 40732
郝 47327
耿 19180
桓 41916
索 40903
真 40801
夏 10247
馬 71327
荀 44627
畢 60504
晁 60113
員 60806
郤 87627
翁 80127
倪 27217
烏 27327
師 21727
徒 24281
徐 28294
殷 27247
留 77602
桑 77904
姬 41416
孫 12493

十一畫

淳 30147
淖 31146
梁 33904
寇 30214
章 00406
商 00227
許 08640
郭 07427
康 00232
粘 91960
扈 30217
執 45417
梅 48957
曹 55606
戚 53200
常 90227
莫 44430
莊 44214
婁 50404
崔 22214
斜 84900
第 88227
移 27927
御 27220
祭 27901
逢 37305
脫 78216
魚 27336

尉 7420$_0$
張 1123$_2$
陸 7421$_4$
陳 7529$_6$
陶 7722$_0$

十二畫

游 3814$_7$
湯 3612$_7$
温 3611$_7$
甯 3022$_7$
富 3060$_6$
馮 3112$_7$
庾 0023$_7$
曾 8060$_6$
彭 4212$_2$
黄 4480$_6$
棧 4395$_3$
椒 4794$_0$
項 1118$_6$
盛 5310$_7$
華 4450$_4$
鄂 6722$_7$
單 6650$_6$
喻 6802$_1$
舒 8762$_2$
番 2060$_9$
智 8660$_0$
嵇 2397$_2$
程 2691$_4$
喬 2022$_7$
傅 2324$_2$
象 2723$_2$
豚 7123$_2$
費 5580$_6$
强 1623$_6$
賀 4680$_6$
疏 1011$_3$
陽 7622$_7$

十三畫

源 3119$_6$
亶 0010$_6$
廉 0023$_7$
雷 1060$_3$
達 3430$_4$
楊 4692$_7$
賈 1080$_6$
葉 4490$_4$
萬 4442$_7$
葛 4472$_7$
董 4410$_4$
敬 4864$_0$
虞 2123$_4$
路 6716$_4$
解 2725$_2$
鄔 2742$_7$
辟 7024$_1$

十四畫

滿 3412$_7$
寬 3021$_3$
齊 0022$_3$
廖 0022$_2$
褚 3426$_0$
趙 4980$_2$
綦 4490$_3$
甄 1111$_7$
臧 2325$_0$
裴 1173$_2$
蒲 4412$_7$
蓋 4410$_7$
暢 5602$_7$
聞 7740$_1$
管 8877$_7$
箕 8880$_1$
僧 2826$_6$
熊 2133$_1$
翟 1721$_4$

十五畫

潘 3216$_9$
審 3060$_9$
諸 0466$_0$
鄭 8742$_7$
摯 4550$_2$
覩 4661$_2$
樓 4594$_4$
歐 7778$_2$
慕 4433$_3$
蔡 4490$_1$
蔣 4424$_7$
虢 2131$_7$
樊 4443$_0$
黎 2713$_2$
樂 2290$_4$
徹 2824$_0$
劉 7210$_0$
滕 7923$_2$
魯 2760$_3$
鄧 1712$_7$

十六畫

霍 1021$_4$
燕 4433$_1$
駱 7736$_4$
盧 2121$_7$
蕭 4422$_7$
閻 7777$_7$
錢 8315$_3$
穆 2692$_2$
衛 2122$_1$
鮑 2731$_2$
獨 4622$_7$

十七畫

謝 0460$_0$
襄 0073$_2$
應 0023$_1$
戴 4385$_0$
轅 5403$_2$
鞠 4752$_0$
韓 4445$_6$
薛 4474$_1$
鍾 8211$_4$
翼 1780$_1$

十八畫

顏 0128$_6$
聶 1014$_1$

豐 22108
魏 26413
歸 27127

十九畫

譙 00631
龐 00211
關 77772
羅 60914
邊 36302

二十畫

竇 30806
蘇 44394
嚴 66248

二十一畫

顧 31286
巙 21747

二十二畫

龔 01801
權 44914
酈 17227

二十三畫

欒 22904

二十四畫

鬬 77121